Max-Planck-Institut für ausländisches
öffentliches Recht und Völkerrecht

Beiträge zum ausländischen öffentlichen Recht und Völkerrecht

Begründet von Viktor Bruns

Herausgegeben von
Armin von Bogdandy · Rüdiger Wolfrum

Band 192

Ingo Niemann

Geistiges Eigentum in konkurrierenden völkerrechtlichen Vertragsordnungen

Das Verhältnis zwischen WIPO und WTO/TRIPS

Intellectual Property Under Concurring Treaty Regimes – The Relation of WIPO and WTO/TRIPS

(English Summary)

La propriété intellectuelle dans des traités concurrants – La relation entre l'OMPI et l'OMC/ADPIC

(Résumé)

Springer
the language of science

ISSN 0172-4770
ISBN 978-3-540-75348-3 Springer Berlin · Heidelberg · New York

Bibliografische Information der Deutschen Nationalbibliothek
Die Deutsche Nationalbibliothek verzeichnet diese Publikation in der Deutschen Nationalbibliografie; detaillierte bibliografische Daten sind im Internet über http://dnb.d-nb.de abrufbar.

Herstellung: LE-TEX Jelonek, Schmidt & Vöckler GbR, Leipzig
Umschlaggestaltung: WMX Design GmbH, Heidelberg

SPIN 12166244 64/3180YL - 5 4 3 2 1 0 Gedruckt auf säurefreiem Papier

Meinen Eltern

Vorwort

Diese Arbeit lag der Juristischen Fakultät der Humboldt-Universität zu Berlin am 4. September 2005 als Inauguraldissertation vor. Ich danke Herrn Prof. Dr. Dr. h.c. Christian Tomuschat für seine Betreuung bei der Erstellung der Arbeit, seine Kollegialität und sein Vorbild bei der Zusammenarbeit am Lehrstuhl, seine Unterstützung bei der Veröffentlichung sowie dafür, daß er mir großzügig einen zweimonatigen Forschungsaufenthalt in Genf ermöglicht hat. Für die Zweitkorrektur danke ich herzlich Herrn Prof. Dr. Artur-Axel Wandtke. Herrn Richter Prof. Dr. Rüdiger Wolfrum gilt mein Dank für die Aufnahme in die Reihe des Instituts für ausländisches öffentliches Recht und Völkerrecht. Des weiteren danke ich meinen Gesprächspartnern in Genf bei WIPO und WTO sowie den ständigen Vertretungen verschiedener Mitgliedstaaten für die Einblicke in die Praxis, die sie mir gewährt haben. Schließlich danke ich allen, die – bewußt oder unbewußt – in Gesprächen und ihren Schriften mein Verständnis vertieft und meine Gedanken geschärft haben, allen voran Jeannine Drohla, der Lotusblume des Völkerrechts.

Berlin, den 9. August 2006 Ingo Niemann

Inhaltsübersicht

Inhaltsverzeichnis

Abkürzungsverzeichnis

ADPIC	Aspects des droits de la propriété intellectuelle qui touchent au commerce
AJIL	American Journal of International Law
AO	Ausführungsordnung
AustralianYIL	Australian Yearbook of International Law
BIRPI	Bureaux internationaux réunis pour la protection de la propriété intellectuelle
BISD, S	Basic Instruments and Selected Documents, Supplement
BÜ (Jahr)	Berner Übereinkunft
BV	Budapester Vertrag
CIJ	Cour internationale de Justice
CIPR	Commission on Intellectual Property Rights
CJTL	Columbia Journal of Transnational Law
CMLR	Common Market Law Review
DdA	Le Droit d'Auteur
DSU	Dispute Settlement Understanding
EJIL	European Journal of International Law
EPIL	Encyclopedia of Public International Law
FS	Festschrift
GATT	General Agreement on Tariffs and Trade
GSP	General[ized] System of Preferences
GWILR	George Washington International Law Review
GYIL	German Yearbook of International Law
HILJ	Harvard International Law Journal
HMA	Haager Musterabkommen
HMSO	Her/His Majesty's Stationary Office
ICLQ	International and Comparative Law Quarterly
ICTY	International Criminal Court for the Former Yugoslavia
IFC	International Finance Corporation

ILA	International Law Association
ILR	International Law Reports
IOK	Internationales Olympisches Komitee
IPC	International Patent Classification (Straßburger Abkommen)
ITO	International Trade Organization
JIEL	Journal of International Economic Law
JO/SN	Journal Officiel de la Société des Nations
LJIL	Leiden Journal of International Law
LKA	Klassifikationsabkommen von Locarno
LUA	Lissabonner Ursprungsabkommen
MA	Der Markenartikel (Zeitschrift)
MHA	Madrider Herkunftsabkommen
MMA	Madrider Markenabkommen
MPYUNL	Max Planck Yearbook of United Nations Law
NDLR	Notre Dame Law Review
NKA	Nizzaer Klassifikationsabkommen
NYBIL	Netherlands Yearbook of International Law
NYUJILP	New York University Journal of International Law and Politics
NYULR	New York University Law Review
ORD	Organe de règlement des différends
PCT	Patent Cooperation Treaty
PI	La Propriété industrielle (Zeitschrift)
PLT	Patent Law Treaty
PVÜ	Pariser Verbandsübereinkunft
RBÜ	Revidierte Berner Übereinkunft
RdC	Recueil des Cours
RGDIP	Revue générale de droit international public
Stat.	US Statutes at Large
SVB	Satzung des Völkerbundes
TLT	Trademark Law Treaty
TPRM	Trade Policy Review Mechanism

TRIPS	Trade-Related Aspects of Intellectual Property Rights
UNYB	United Nations Yearbook
VandJTL	Vanderbilt Journal of Transnational Law
VfO	Verfahrensordnung
WCT	WIPO Copyright Treaty
WIPO	World Intellectual Property Organization
WKA	Wiener Klassifikationsabkommen
WPPT	WIPO Performances and Phonograms Treaty
WVRK	Wiener Vertragsrechtskonvention
YBIEL	Yearbook of International Environmental Law
YEL	Yearbook of European Law
ZP	Zusatzprotokoll

Einleitung

Der WTO ist seit ihrer Gründung Mitte der 1990er Jahre in der Literatur ein erhebliches Interesse entgegengebracht worden; gleiches gilt für ihre immaterialgüterrechtliche Komponente, das TRIPS-Abkommen. Gleichwohl ist die Behandlung der „handelsbezogenen Aspekte geistigen Eigentums" unbefriedigend geblieben. Zwar wurde die Einbeziehung des geistigen Eigentums in das Handelssystem anfangs seitens der Immaterialgüterrechtler verhalten aufgenommen, und es klang mitunter auch ein gewisses Unbehagen an der Instrumentalisierung der privatnützigen Schutzrechte für die Handelspolitik an. Doch da sich die anfänglichen Bedenken, die WIPO könnte aus ihrer traditionellen Rolle als Spezialorganisation für geistiges Eigentum verdrängt werden, nicht realisierten – die WIPO ist heute größer und verfügt über mehr Mittel als je zuvor –, wird das TRIPS-Abkommen schlicht als weiterer Schritt auf dem Weg zu einem möglichst ausgeprägten weltweiten geistigen Eigentumsschutz behandelt.

Woran es bereits fehlt, ist eine überzeugende Behandlung der konzeptionellen Unterschiede zwischen geistigem Eigentum und der gewöhnlich mit dem Welthandelssystem in Verbindung gebrachten Wirtschaftsliberalisierung. Obwohl geistiges Eigentum als ein Ausschlußrecht, das eine bevorzugte Stellung auf dem Markt durch den Ausschluß von Wettbewerbern sichern soll, geradezu die Antithese einer von Handelshemmnissen befreiten Wirtschaft ist, wird ein mangelnder Immaterialgüterschutz heute zumeist ohne weiteres den nichttarifären Handelshemmnissen zugeschlagen und so gleichsam in sein Gegenteil verkehrt. Es erscheint daher angebracht, trotz der bereits vorliegenden umfänglichen Literatur zum TRIPS-Abkommen die Grundlagen von geistigem Eigentumsschutz einerseits und Handelspolitik andererseits einmal grundlegend herauszuarbeiten.

Eher technischer Natur sind die Probleme, die sich aus dem Nebeneinander zweier konkurrierender Organisationen ergeben. Hierbei geht es allerdings nicht um die vieldiskutierte „Trade and ..."-Problematik der Integration des Handelssystems mit konkurrierenden politischen Zielen, denn schon das frühere GATT nahm hinreichend Rücksicht auf die wohlbekannten Systeme des geistigen Eigentumsschutzes. Worum es dagegen geht, ist eine Konkurrenz zwischen Institutionen, die in Verfolgung desselben Ziels die eingesetzten Ressourcen unnötig erhöhen oder sogar miteinander in Konflikt geraten und deshalb möglicherweise einer Koordinierung bedürfen. Ein gewisser Bezug zur „Trade and ...“-Diskussion ergibt sich allerdings, soweit die Durchsetzung politischer Ziele – des geistigen Eigentumsschutzes – durch Verknüpfung mit der Handelspolitik realisiert werden soll. Hierin liegt eine erhebliche Abweichung von der in der WIPO vorherrschenden Rechtssetzungsmethode, die besondere Aufmerksamkeit erfordert.

Entsprechend dem Gesagten wird im ersten Teil anhand der Grundlagen von geistigem Eigentumsschutz und Handelspolitik untersucht, inwieweit sich beide Konzepte in dem Begriff der „handelsbezogenen Aspekte geistigen Eigentums“ integrieren lassen und ob sich aus dem Welthandelssystem tatsächlich Anhaltspunkte ergeben, die eine Einbeziehung des geistigen Eigentumsschutzes geboten erscheinen lassen. Zum Abschluß wird der Frage nachgegangen, ob es bereits außerhalb des Völkervertragsrechts normative Vorgaben für die Einführung geistigen Eigentums gibt, die für alle Staaten gelten. Im zweiten Teil folgt eine Bestandsaufnahme über Struktur und Regelungsinhalt der Systeme von WIPO und WTO, die die Grundlage für die anschließende rechtliche Analyse ihres Konkurrenzverhältnisses im dritten Teil gibt.

Hier geht es dann zunächst um grundsätzliche Aussagen über die Stellung konkurrierender Institutionen innerhalb der Völkerrechtsordnung, die insbesondere unter dem Gesichtspunkt einer Bindung der Staaten an Gemeinschaftsziele die Frage nach einer koordinierten Struktur der Staatengemeinschaft aufwirft. Im Anschluß werden mögliche Konfliktlagen zwischen beiden Ordnungen in materieller Hinsicht und bezüglich der Streitschlichtung behandelt. Diese hier exemplarisch anhand von WTO und WIPO behandelte Kollisionsproblematik hat in den letzten Jahren unter dem Stichwort der Fragmentierung des Völkerrechts in sektorielle Sonderrechtsordnungen, zu der nicht zuletzt das Phänomen der WTO beigetragen hat, besondere Aktualität erlangt. Wenngleich hier – wie bereits angesprochen – keine definitiven Aussagen zur „Trade and ...“-Problematik gesucht werden, liegt der Akzent auf einer allgemein tragfähigen rechtlichen Analyse, die möglicherweise auch für jenen Bereich Lösungsansätze ergibt. Abschließend wird die unterschiedliche Normsetzungsmethodik in beiden Organisationen wiederaufgenommen. Obgleich die jeweilige Verhandlungsdynamik hier nicht empirisch untersucht werden konnte, kann das Problem der Verknüpfung von politischen Zielen und Marktzugang nicht unerörtert bleiben. Die Arbeit schließt mit einer Zusammenfassung der Ergebnisse in Thesenform.

Erster Teil: Grundlagen

Erster Abschnitt: Das Wesen des geistigen Eigentums

I. Zum Begriff des geistigen Eigentums

Der Begriff „geistiges Eigentum“ sorgte bereits bei der Namensgebung einer der ältesten multilateralen Konventionen zu seinem Schutz, der Berner Übereinkunft von 1886 zum Schutz des Urheberrechts, für Streit. Während die französische Delegation die Bezeichnung „propriété littéraire et artistique“ den in Frankreich anders konnotierten *droits d'auteur* vorzog, hielt die deutsche Delegation einen an den Eigentumsbegriff angelehnten Titel in Erwartung der Schlüsse, die die Rechtswissenschaft hieraus ziehen würde, für unverantwortlich; auf Schweizer Vorschlag einigte man sich auf die neutrale Formulierung „Convention pour la protection des œuvres littéraires et artistiques“. Der Begriff „propriété intellectuelle“ war verworfen worden, weil er die Erfindungspatente einschließe,[1] die bereits Gegenstand der 1883 geschlossenen Pariser Verbandsübereinkunft über den Schutz der „propriété industrielle“ waren. Jene Übereinkunft war ohne Beteiligung Deutschlands ausgehandelt worden,[2] wo die so bezeichneten Gegenstände unter dem Oberbegriff des gewerblichen Rechtsschutzes zusammengefaßt werden. International wurde der Begriff des geistigen Eigentums gleichwohl als zusammenfassende Bezeichnung für gewerblichen Rechtsschutz und Urheberrecht gebräuchlich.[3] Seit Ende der 1950er Jahre waren die vereinten Büros der Konventionen von Paris und Bern als „Bureaux internationaux réunis pour la protection de la propriété intellectuelle“ (BIRPI) bekannt,[4] einer Bezeichnung, die Namen und Präambel der 1967 gegründeten „World Intellectual Property Organisation“ („Organisation mondiale pour la propriété intellectuelle“) (WIPO/OMPI) übernahmen. Spätestens seit die „Trade-Related

---

1 *Röthlisberger*, S. 78.

2 Vgl. die Verzeichnisse der beteiligten Staaten in Actes 1880 (2. Auflage Bern 1902) sowie 1883 (2. Auflage Bern 1900), jeweils S. 6 f.

3 Vgl. etwa *Ladas*, Industrial Property, § 1, S. 3 ff; *Hubmann/Götting*, S. 1.

4 *Ricketson*, Ziff. 13.29, S. 726.

Aspects of Intellectual Property Rights“ (TRIPS)[5] Einzug in die WTO gehalten haben, setzt sich auch in Deutschland die Bezeichnung geistiges Eigentum immer weiter durch.

A. Der intellektuelle Gehalt des geistigen Eigentums

Streiten läßt sich bereits, inwieweit die als geistiges Eigentum bezeichneten Rechte überhaupt einen geistigen oder intellektuellen Charakter haben. Während es beim Urheberrecht trotz gewisser Unterschiede zum wirtschaftlich ausgerichteten *Copyright* des anglo-amerikanischen Rechtskreises um den Schutz von Produkten des menschlichen Geistes geht, erheben sich für die Kategorien des gewerblichen Rechtsschutzes ernstere Zweifel.

Das Urheberrecht schützt den individuellen künstlerischen Ausdruck einer Idee in einem Werk. Auch Patente zum Schutz von Erfindungen, verstanden als neue Ideen über die wirtschaftliche Nutzbarmachung eines naturwissenschaftlichen Wirkungszusammenhangs, beruhen wesentlich auf einem intellektuellen Beitrag. Gleiches gilt für die gewerblichen Muster und Modelle.[6] Zu ihnen gehören die Geschmacksmuster, die als ästhetische Formgebungen dem Urheberrecht nahestehen, mitunter aber eine rechtliche Sonderbehandlung erfahren, sofern sie die geforderte Gestaltungshöhe nicht erreichen oder wegen ihrer gewerblichen Zweckbestimmung als wesentlich anders als künstlerisches Wirken behandelt werden. Bei den Gebrauchsmustern hingegen handelt es sich nicht um ästhetische, sondern funktionelle Formgebungen, deren zweckmäßige Gestaltung ihnen eine besondere Funktionalität vermittelt und die insofern den Patenten nahestehen. Ursprünglich sollten sie Neuerungen Schutz gewähren, die die spezifischen Anforderungen einer Erfindung verfehlten,[7] kommen aber auch als kostengünstige Alternative zum Patentschutz (*petty patents*) insbesondere für Entwicklungs-

---

[5] Die Form TRIPS wird im WTO-Abkommen verwendet (Art. IV Abs. 5, Art. X Abs. 2). Im Sprachgebrauch der EG wird teilweise die übliche (vgl. *Ungerer*, S. 23, Ziff. 11.5) Pluralbildung TRIPs verwendet, die etwa auch in Art. 1, 2 des Abkommens über „Trade-Related Investment Measures“ TRIMs zur Anwendung kommt. Die französische Bezeichnung für TRIPS lautet „Aspects des droits de la propriété intellectuelle qui touchent au commerce“ (ADPIC).

[6] Muster sind zwei- und Modelle dreidimensional, *Staehelin*, S. 74.

[7] Vgl. *Ladas*, Industrial Property, § 304, S. 456 f; *Bogsch*, PI 1983, 205, 210 f.

länder, deren Ressourcen zur Unterhaltung einer umfangreichen Patentbürokratie begrenzt sind,[8] in Betracht.

In die besonderen Institute zum Schutz von Formgebungen reiht sich neuerdings der Schutz von Halbleitertopographien ein, deren Funktionalität nicht notwendigerweise auf intellektuellen Leistungen beruht, sondern auch durch technische Berechnungen hervorgebracht werden kann. In ähnlicher Weise geht es beim Schutz neuer Pflanzensorten vor allem um den Schutz der zur Züchtung getätigten Aufwendungen. Eine weitere Zwischenform sind die dem Urheberrecht „benachbarten" oder „angrenzenden" Leistungsschutzrechte der ausübenden Künstler (Darsteller), Tonträgerhersteller und Sendeunternehmen. Ausübende Künstler genießen den Schutz ihres künstlerischen Ausdrucks, der erst mit den modernen Aufzeichnungsmethoden seine Vergänglichkeit verloren hat; das Urheberrecht wird ihnen versagt, da sie nur einem Werk zum Ausdruck verhälfen, nicht aber selbst ein solches hervorbrächten.[9] Bei Tonträgern und Sendungen handelt es sich wiederum im wesentlichen um Produkte der Technik. Freilich wären diese Leistungen, wie jede menschliche Tätigkeit, ohne einen geistigen Beitrag undenkbar. Sie bereichern das menschliche Wissen und die Kultur und mögen daher in einem weiteren Sinne als intellektuelle Leistungen gelten.

Dasselbe ließe sich über Marken und geographische Angaben sagen, für die im einzelnen gleichwohl Besonderes gilt. Sie dienen der Identifizierung von Waren oder sonstigen Leistungen im Verkehr und verdanken ihren Wert nicht wesentlich ihrer eigentümlichen Namens- oder Formgebung, die als Idee des menschlichen Geistes gesondert dem Urheberschutz zugänglich sein mag, sondern einer handwerklichen oder gewerblichen Tüchtigkeit und bei geographischen Angaben unter Umständen den natürlichen Gegebenheiten eines Ortes, die sich in Qualität und Eigenschaften der so erbrachten Leistungen niederschlägt und der Öffentlichkeit über ein Wiedererkennungsmerkmal kommuniziert werden soll.[10] Hinzu traten zumindest ursprünglich Interessen der öffentlichen Ordnung. Marken sollten dem Publikum die Identifizierung der Herkunft eines Produkts ermöglichen und konnten nach früherem Recht oft nur mitsamt der Produktionsstätte veräußert werden. Ähnlichen Zwecken dienen mitunter geographische Angaben, die noch heute namentlich im Zollwesen zur Ursprungsermittlung bei differenzieren-

---

[8] *Primo Braga/Fink/Paz Sepulveda*, S. 28 f.

[9] *Rehbinder*, Rn 58.

[10] *Troller*, S. 63, bezeichnet sie daher als „Symbol der Leistung".

den Zöllen Anwendung finden.[11] Schwer zu vereinbaren mit dem Schutz einer geistigen Leistung ist im übrigen die charakteristische Abhängigkeit der Marken und geographischen Angaben von den Usancen des Verkehrs. Verbindet dieser mit der betreffenden Angabe kaum noch eine bestimmte Herkunft, sondern vor allem die Vorstellung einer Beschaffenheit, so ist eine Gattungsbezeichnung entstanden, auf die kein exklusiver Nutzungsanspruch mehr erhoben werden kann.

Die Geschäftsgeheimnisse schließlich hat erst das TRIPS-Abkommen in den Rang einer eigenen Schutzkategorie geistigen Eigentums erhoben.[12] Ihrer Natur nach können sie alle möglichen Leistungen umfassen, etwa ein Ersatz für Patente sein, aber auch bloße Datensammlungen oder Geschäftsstrategien schützen.

Nach alldem wohnt den geistigen Eigentumsrechten kein spezifisches gemeinsames Merkmal des „Geistes" inne, das sie von sonstigen Privatrechten abgrenzte. Was sie vielmehr im rechtstechnischen Sinne verbindet, ist die Abgrenzung zum Sacheigentum. Geistiges Eigentum bezeichnet bestimmte Kategorien von Ausschließlichkeitsrechten, die nicht an körperliche Gegenstände gebunden sind, kurz gesagt Immaterialgüterrechte.[13]

B. Der Eigentumscharakter des geistigen Eigentums

Auch die Bezeichnung der Immaterialgüterrechte als Eigentum ist zweifelhaft, erweckt sie doch Assoziationen zum Sacheigentum und nimmt so dessen weithin anerkannte Legitimität für sich in Anspruch.[14]

---

[11] Je nach Zweck differenziert der Sprachgebrauch uneinheitlich zwischen Herkunfts- und Ursprungsbezeichnungen bzw. -angaben, vgl. *Loschelder/Loschelder*, S. 4; *Beier*, GRUR Int. 1974, 134; *Tilmann*, S. 17 f; *Ullrich*, S. 10; *Christians*, S. 73 f.

[12] Als unvollkommene Immaterialgüterrechte behandelt sie *Troller*, S. 75.

[13] Der Begriff geht auf *Kohler* zurück, vgl. *dieser*, Urheberrecht an Schriftwerken, S. 1, 13, 27 f. Er ist zu unterscheiden von sonstigen unkörperlichen Rechten (*incorporeal rights*), die auf das römische Recht zurückgehen und ursprünglich im Gegensatz zu Rechten an Sachen vertragliche Ansprüche, Erbschaften u.ä. umfaßten, denen erst später die eigentlichen Immaterialgüterrechte hinzugefügt wurden, vgl. *Drahos*, S. 16-21.

[14] So tritt *Rehbinder*, Rn 79 (12. Auflage), einer Verwendung des Begriffs geistiges Eigentum im deutschen Sprachgebrauch entgegen, weil dieser das Urheberrecht „durch naturrechtliche Dogmatisierung in rechtpolitischer Absicht der Begrenzung" entziehe. Deutlicher noch in der aktuellen 13. Auflage:

Einmal anerkannt teilen Immaterialgüterrechte allerdings die Charakteristika des Sacheigentums:[15] Sie haben Ausschließlichkeitswirkung gegen jedermann, die Sache bzw. die geschützte Leistung ist dem Gemeingebrauch entzogen – sie ist „privat". Aus dem gemeinsamen Privatrechtscharakter können eine Reihe von Parallelen zwischen Sach- und geistigem Eigentum gezogen werden. So kann geistiges Eigentum wie Sacheigentum als Grundlage der persönlichen Existenzsicherung und damit als Freiheits- und Abwehrrecht gegen den Staat und andere Private gelten. Aus wirtschaftlicher Perspektive läßt sich die Festlegung des Privatrechts als Voraussetzung für einen Güteraustausch und die Ressourcenallokation über den Marktmechanismus darstellen.[16]

Indessen liegt der Unterschied des geistigen Eigentums zum Sacheigentum auf der Hand: Es bezieht sich auf unkörperliche Gegenstände, die anders als Sachen unerschöpflich, nahezu beliebig vermehrbar und allgegenwärtig (ubiquitär) sind.[17] Immaterialgüter muß ihr Inhaber nicht aufgeben, damit ein anderer sie nutzen kann, vielmehr können sie von beliebig vielen Personen gleichzeitig genutzt werden, ohne etwas von ihrem inhärenten Nutzwert zu verlieren (Nichtrivalität im Gebrauch). Was ihnen hingegen ohne besonderen Schutz fehlt, ist ein Marktwert. Sind sie frei verfügbar, so besteht wenig Anlaß, für ihre Nutzung ein Entgelt zu entrichten. Auch insofern unterscheiden sie sich von Sachen. Ein Besitzer wird seine Sache nur gegen einen Preis hergeben, der den Nutzen aufwiegt, den er aus ihr zieht. Der Aneignung von Immaterialgütern stehen dagegen allein technische Vermittlungshindernisse im Weg; sind sie überwunden, kann der ursprüngliche Inhaber faktisch wenig gegen eine Nutzung durch beliebig viele andere unternehmen. So gesehen entspricht der „natürliche" Marktwert einer Sache ihrem Nutzwert, der eines Immaterialguts hingegen den zumeist ungleich geringeren technischen Kosten seiner Vervielfältigung.

„‚Geistiges Eigentum' ist (…) ein ideologischer Kampfbegriff, der bestimmte Forderungen nach gesetzgeberischen Inhaltsbestimmungen als aus der Natur der Sache dem Gesetzgeber vorgegeben erscheinen lassen will".

[15] So schon *Kohler*, Urheberrecht an Schriftwerken, S. 21.

[16] Vgl. *Fikentscher*, Wirtschaftsrecht Band I, S. 40 f, mit der Erwägung, das Sachenrecht (Eigentum) regele die Vermögenszuordnung und das Schuld-, Wettbewerbs- und Kartellrecht den Vermögensaustausch, sowie deren Übertragung auf das Immaterialgüterrecht, aaO., S. 41, 256; ebenso *ders.*, in: FS Benisch, S. 482 f.

[17] Vgl. etwa *Christians*, S. 77.

Diese Unterschiede verändern das der Gewährung von Rechtschutz zugrundeliegende Kalkül erheblich. Intuitiv erscheint die Nutzung „fremder" Immaterialgüter weniger vorwerfbar als die Aneignung fremder Sachen. Da dem Inhaber die Nutzung nicht entzogen wird, vermittelt die Nutzungshandlung den Eindruck eines autonomen Verhaltens, dessen Unterbindung geradezu als Begrenzung der natürlichen Freiheit erscheint. Dem ursprünglichen Inhaber entsteht durch die zusätzliche Nutzung lediglich eine Konkurrenz, die etwa unter dem Gesichtspunkt der durch Wettbewerb vermittelten Leistungsmotivation nicht von vornherein als unrecht erscheint. Die Erwägung, ihm solle der aus dem Immaterialgut fließende Nutzwert auch auf dem Markt gesichert werden, erfordert angesichts dessen einen deutlich höheren Begründungsaufwand als das Sacheigentum. Hinzu kommt, daß die Allgemeinheit aus einer freien Nutzung von Immaterialgütern unter Umständen einen größeren Nutzen zieht als aus einem Gemeingebrauch an Sachen. Eine Sache bedarf notwendigerweise der Zuweisung an eine Person, um überhaupt sinnvoll genutzt werden zu können.[18] Das „Recht des Stärkeren" gibt über die Befriedigung ganz unmittelbarer Bedürfnisse hinaus wenig Anreiz zu ihrer Ausbeutung. Daher weisen auch die verschiedenen Formen der gemeinschaftlichen, gesellschaftlichen oder genossenschaftlichen Nutzung von Sachen formelle Zuweisungsmechanismen auf, wenngleich diese die wirtschaftliche Effizienz des Marktes möglicherweise nicht erreichen. Im Gegensatz dazu stiftet ein Immaterialgut um so mehr Nutzen für die Allgemeinheit, je intensiver es genutzt wird.[19] Der Gemeingebrauch ermöglicht eine schnelle Verbreitung von Ideen und Technologien und eine allgemeine Erhöhung der Produktivität, die durch die Schaffung eines Ausschließlichkeitsrechts beeinträchtigt werden können. Auch hier bedarf die Privatisierung daher eines höheren Begründungsaufwandes als das Sacheigentum.

Die Eigenarten des Immaterialgüterschutzes setzen diesen dem Vorwurf der Monopolisierung allgemein zugänglicher Ressourcen aus. Hier ist zu differenzieren. In der Tat schließt ein Ausschließlichkeitsrecht an einem Immaterialgut eine Nutzung, die in Konkurrenz zu der des Rechtsinhabers tritt, aus. Dies ist unbedenklich, soweit es von den für

---

[18] Ebenso *Christians*, S. 87.

[19] In diesem Sinne *Penrose*, S. 98 f: „The law of patents takes away the right of a man to put to his own use ideas developed and patented by others, even though he also may have developed them independently. It takes away from the public the right to imitate."

den Immaterialgüterschutz maßgeblichen Erwägungen des öffentlichen Wohls gedeckt wird. Allerdings eröffnen Immaterialgüterrechte darüber hinaus Möglichkeiten zu einer Ansammlung von Marktmacht. Urheberrechte schützen einen individuellen Ausdruck, während die Idee der weiteren Kreativität frei zur Verfügung steht.[20] Sie verleihen daher kaum Marktmacht. Anders liegt die Sache bei den gewerblichen Schutzrechten. Produktivitätserhöhende Neuerungen verschaffen einen Wettbewerbsvorteil und haben das Potential zur Verdrängung älterer Praktiken vom Markt. Ihre Privatisierung kann daher die Herausbildung von Monopolstrukturen begünstigen. So gesehen sind Patentrecht und Wettbewerbsschutz zwei Seiten derselben Medaille.[21] Darüber hinaus können Patentrechte auch gezielt mit wettbewerbsbeschränkender Absicht zum Einsatz gebracht werden.[22] Ein Beispiel hierfür sind die vor allem vor dem ersten Weltkrieg üblichen Patentpoolverträge, in denen Patentinhaber konkurrierender Technologien sich gegenseitig exklusive Nutzungsrechte zusagten und so den maßgeblichen Markt unter sich aufteilen konnten. Vertikal ermöglichen Immaterialgüter die Konzentration von Marktmacht, wenn die Lizenzierung mit zusätzlichen Bedingungen, etwa exklusiven Abnahmeverpflichtungen, verkoppelt wird („Restrictive Licensing“). Ersichtlich stellen diese Instrumente einen zweckwidrigen Mißbrauch geistigen Eigentums dar, dem heute insbesondere mit Instrumenten des Kartellrechts entgegengetreten wird.[23]

Eine Ausnahme vom dargestellten Charakter der Immaterialgüterrechte machen die Kennzeichnungsrechte, insbesondere Marken und geographische Angaben. Sie haben keinen Nutzwert an sich, dieser beruht vielmehr auf der Möglichkeit, die Herkunft der so bezeichneten Ware

---

[20] Vgl. *Goldman*, NYULR 44 (1969) 574-576; *Posner*, S. 41 f; *Mason*, EIPR 11 (1997) 636-638. Zum freien Umgang Goethes mit vorhandenem Material siehe *Wandtke*, UFITA 2000, 453, 464-467.

[21] *Fikentscher/Theiss*, in: *Adrian/Nordemann/Wandtke (Hrsg.)*, S. 55, 71. Vgl. dagegen *Kohler*, Handbuch des Deutschen Patentrechts, S. 18 f, der das Patentrecht von den durch Privileg errichteten Monopolen unterscheidet. Vgl. auch *Sodipo*, S. 91-94, der nur solche geistigen Eigentumsrechte als Monopole ansieht, die eine erhebliche Marktmacht verleihen, sowie *Pires de Carvalho*, S. 133-140, der die Bezeichnung Monopol für geistiges Eigentum ablehnt, gleichwohl Marktbeschränkungen bekämpfen will.

[22] *Penrose*, S. 103-105, 188-194.

[23] Zu Mißbräuchen und Regulierungsansätzen eingehend *Sodipo*, S. 101-118.

auf dem Markt zu identifizieren.[24] Eine freie Benutzung liefe nicht nur dem Markierungszweck zuwider, sondern kann die Distinktionswirkung verwässern und damit den inhärenten Nutzen des Immaterialguts selbst untergraben. Da der Gemeingebrauch der Allgemeinheit keine besonderen Vorteile bringt, erscheint eine Privatisierung unter diesem Gesichtspunkt unbedenklich, solange das Interesse des Verkehrs an der Nutzung von Gattungsbezeichnungen gewahrt bleibt. Bedenken ergeben sich vielmehr aus dem Gesichtspunkt der Marktmacht. Marken ermöglichen kostenintensive Vermarktungsstrategien und können so hohe Markteintrittsschranken errichten. Da sie Ausschlußrechte vermitteln, können sie darüber hinaus, wie oben angesprochen, zu wettbewerbsbeschränkenden Abreden mißbraucht werden.

C. Fazit

Die Betrachtung zeigt, daß sich geistiges Eigentum nicht kurzerhand mit dem Eigentum an Sachen gleichsetzen läßt. Vielmehr ist nach den besonderen Erwägungen zu fragen, die die Beschränkung des Gemeingebrauchs an Immaterialgütern begründen und zur Einführung von Ausschließlichkeitsrechten geführt haben.

II. Entstehung und Begründung des geistigen Eigentums

A. Zur Entstehung geistigen Eigentums

Urheberrecht und Patente sind im Ursprung eng mit dem königlichen und landesfürstlichen Privilegienwesen verbunden.[25] Frühere Immaterialgüterrechte sind nur anekdotenhaft überliefert.[26] Das Römische Recht

---

[24] *Ladas* bezweifelt daher, daß es sich überhaupt um Monopolrechte handelt, Industrial Property, S. 38, § 22.

[25] Vgl. *Hubmann/Götting*, S. 15-17, *Rehbinder*, Rn 15-18.

[26] So aus dem antiken Sybaris ein Gesetz, das über Jahresfrist die Nachahmung besonderer Speisen verbot, *Troller*, S. 15; *Hubmann/Götting*, S. 12. Vgl. aber auch *Sodipo*, S. 37-50, zu Formen des Immaterialgüterschutzes im vorkolonialen Afrika.

kannte, trotz einer erheblichen Buchproduktion im Römischen Reich, einen Urheberschutz nicht.[27]

1. Patentrecht

Der Begriff Patent heißt eigentlich „offen“ und leitet sich vom lateinischen *patentes litterae* bzw. dem wörtlich übersetzten englischen Begriff *letters patent* ab, was einen offenen Brief bezeichnet, in dem der Landesherr ein Privileg mit Wirkung gegen alle Untertanen zusicherte.[28] Privilegien dienten vor allem dazu, durch Anwerbung ausgebildeter Ausländer die Ausübung ausländischer Technologien im Inland zu sichern. Sie regten die weitgehend durch Zünfte und Gilden beherrschte Wirtschaft an, indem sie Produzenten von deren Disziplin ausnahmen und direkt dem Schutz des Landesherrn unterstellten.[29] Darüber hinaus stellten sie den Einfluß des Landesherrn auf die Wirtschaft sicher und verschafften ihm Einkommen.

Die ersten bekannten Patente wurden 1331 in England und 1336 in Irland an Weber verliehen. Ihre Schutzdauer von 14 Jahren entsprach der doppelten Ausbildungsdauer eines Gesellen, so daß das Monopol sich über zwei Ausbildungsgenerationen erstreckte.[30] Weiter werden ein schlesisches Patent für ein Wasserwerk aus dem Jahre 1404[31] und ein Patent der Republik Venedig aus dem Jahre 1416 genannt.[32] Venedig erließ 1474 auch die erste gesetzliche Regelung.[33] Im 16. Jahrhundert wurden dann vielerorts Patente für neue und eingeführte Verfahren verliehen, die den Inhabern unter Befreiung von den Restriktionen der Zünfte die ungestörte Berufsausübung zusicherten und z.T. ähnlich den

---

27 *Kohler*, Urheberrecht und Verlagswesen, S. 29-31; *Ladas*, Literary and Artistic Property, S. 13, § 6; *Rehbinder*, Rn 12.

28 *Lieberwirth*, S. 221; *David*, in: *Wallerstein u.a. (Hrsg.)*, S. 44; *Sodipo*, S. 18; *Pires de Carvalho*, S. 11.

29 *Pires de Carvalho*, S. 12 f.

30 *David*, in: *Wallerstein u.a. (Hrsg.)*, S. 45 f.

31 *Hubmann/Götting*, S. 16.

32 *Troller*, S. 24.

33 *Machlup*, GRUR Int. 1961, 373; *Troller*, S. 25 (mit dt. Wortlaut); *Benkard/Bruchhausen*, Einl. Rn 2; *Oddi*, VandJTL 29 (1996) 415, 419 (mit engl. Wortlaut); *Hubmann/Götting*, S. 17. Schon 1332 wurden in Venedig Anwerbungsanreize in Form von Krediten geschaffen, *David*, in: *Wallerstein u.a. (Hrsg.)*, S. 46.

heutigen Patenten Ausschließlichkeitsrechte schafften.[34] Sollten diese Privilegien den Bedachten noch ein Auskommen sichern, so waren die späteren königlichen Privilegien der Hansestädte entgeltlich, eine Praxis, die später auf andere Privatleute ausgedehnt wurde.[35]

Den Mißbrauch des Privilegienwesens in England beendete im Jahre 1603 ein Gerichtsurteil, das ein Monopol an Spielkarten als Beschränkung von Handel und Gewerbe nach Gemeinrecht für nichtig erklärte. Diese Entscheidung wurde durch das Statute of Monopolies 1623/1624 bestätigt, das sämtliche Monopole abschaffte und allein das Erfinderpatent beibehielt.[36] Dieses Gesetz gilt als „Magna Carta" des Patentwesens.[37] Im 17. und 18. Jahrhundert wurden in verschiedenen Ländern Regelungen geschaffen, die die Verleihung von Patenten zuließen oder, wie das Patentgesetz von Massachusetts von 1641,[38] auch schon gesetzlich anordneten. In den USA wurde aufgrund der Kompetenzbestimmung des Art. I Nr. 8 der Verfassung 1790 ein Bundespatentgesetz angenommen, und in Frankreich wurde im Jahre 1791 gesetzlicher Patentschutz geschaffen.[39] Nach weiteren gesetzlichen Regelungen in Europa und Rußland[40] begann Mitte des 19. Jahrhunderts allerdings die Freihandelsbewegung, sich nachdrücklich gegen die durch Patente vermittelten Monopole auszusprechen.[41] Diese Entwicklungen führten dazu, daß die Annahme von Patentgesetzen, etwa im Norddeutschen Bund und der Schweiz, verzögert, der Patentschutz in England gelockert und die Patentgesetze Japans und der Niederlande gar widerrufen wurden. Mit Einsetzen einer Wirtschaftskrise Anfang der 1870er Jahre gewannen die gegen den Freihandel gerichteten Kräfte die Oberhand und mit ihnen die Befürworter des Patentwesens. Darauf wurden die Patentgeset-

---

34 *Machlup*, GRUR Int. 1961, 373 f.

35 *Ladas*, Industrial Property, S. 9, § 4.

36 *Ladas*, Industrial Property, § 4, S. 9 (mit engl. Wortlaut); *Machlup*, GRUR Int. 1961, 374; *Troller*, S. 26 f; *Hubmann/Götting*, S. 18; *David*, in: *Wallerstein u.a. (Hrsg.)*, S. 47 f.

37 So *Kohler*, Handbuch des Deutschen Patentrechts, S. 19, der die Zäsur in der Lösung des Patentrechts vom Privilegienwesen und seiner Ausgestaltung als allgemeines Recht sieht, aaO., S. 17 f.

38 *Troller*, S. 27 f; *Hubmann/Götting*, S. 23.

39 *Ladas*, Industrial Property, S. 10, § 4.

40 *Machlup*, GRUR Int. 1961, 374. Zu deutschen Gesetzen siehe *Benkard/Bruchhausen*, Einl. Rn 2 f.

41 Vgl. hierzu *Machlup/Penrose*, Journal of Economic History 1952, 6 ff.

ze verschärft oder neue erlassen, so zuletzt 1887 in der Schweiz, 1907 erweitert auf die chemische und die Textilindustrie, und 1912 in den Niederlanden.[42]

2. Urheberrecht

Druckprivilegien wurden nach der Erfindung des Buchdrucks gebräuchlich, der eine Buchproduktion und -verbreitung in einem bis dahin unbekannten Ausmaß ermöglichte. Sie dienten einerseits der Regulierung des einsetzenden Wettbewerbs und andererseits der Kontrolle der Informationsverbreitung durch die Zensur.[43] Die ersten Bücherprivilegien für Drucker wurden 1481 und 1483 in Mailand vergeben,[44] gefolgt von Venedig einige Jahre später. Diese Privilegien standen zunächst meist den Verlegern als gewerbliche Monopole zu. Doch auch die ersten Autorenprivilegien wurden bereits 1486 und 1493 in Venedig erteilt.[45] In England wurden ab 1557 Druckprivilegien, „copyrights", innerhalb der königlich regulierten Druckergilde (*stationers' company*) geschützt; auch sie dienten ausdrücklich der Zensur.[46] Nach Abschaffung der Privilegien durch Oliver Cromwell wurden Druckgewerbe und Import von Druckwerken ab 1662 durch Gesetz geregelt, das 1672 nicht mehr verlängert wurde, weil die Buchproduktion zu stark behindert war.[47] Aufgrund des einsetzenden starken Wettbewerbs wurde 1709 das Statute of Anne erlassen, das ein zeitlich befristetes ausschließliches Druckrecht insbesondere für Autoren vorsah.[48] Eine Entscheidung des House of Lords stellte im Jahre 1774 klar, daß es daneben kein gemeinrechtliches *copyright* des Druckers gab.[49] Dem Statute of Anne

---

[42] *Machlup/Penrose*, Journal of Economic History 1952, 3-6; *Machlup*, GRUR Int. 1961, 374-376; vgl. auch *Hubmann/Götting*, S. 26 f.

[43] *Ladas*, Literary and Artistic Property, S. 14-16, § 6; *Troller*, S. 19.

[44] *Troller*, S. 15.

[45] *David*, in: *Wallerstein u.a. (Hrsg.)*, S. 51.

[46] *Davies*, S. 10 mit Abdruck der Präambel der Stationers' Company Charter.

[47] *Davies*, S. 11.

[48] *Ladas*, Literary and Artistic Property, § 6, S. 17 f (mit Wortlaut); *Ricketson*, S. 4 f, Ziff. 1.2 f; *David*, in: *Wallerstein u.a. (Hrsg.)*, S. 53 f; *Davies*, S. 11.

[49] *Rehbinder*, Rn 19; *Davies*, S. 28-32. Zum *copyright* auch *Ladas*, Literary and Artistic Property, § 6, S. 15. Zur Wandlung der Rechtsauffassung in Deutschland *Wandtke*, UFITA 2000, 461.

folgten gesetzliche Autorenrechte in Dänemark 1741, verschiedenen Staaten der USA nach 1783 und dem Bund 1789, nach der Abschaffung des Privilegienwesens durch die französische Revolution 1793 in Frankreich und im 19. Jahrhundert in weiteren Staaten Europas und Lateinamerikas.[50] Die Zersplitterung Deutschlands führte zu einer Vielzahl territorialer Regelungen und förderte so die illegalen Nachdrucke, bis 1870 ein Reichsgesetz erlassen wurde.[51]

3. Weitere Schutzkategorien

Die Ursprünge des Markenrechts werden in Eigentümer- und Steuerzeichen im antiken Griechenland, den germanischen Haus- und Hofzeichen und den mittelalterlichen Zunftzeichen, mit denen die Öffentlichkeit vor Irreführung bewahrt werden sollte, gesehen.[52] Nach Aufhebung der Gilden in Frankreich 1789 wurde ein strafrechtlicher Markenschutz vorgesehen. Privatnütziger gerichtlicher Markenschutz wurde in geringem Umfang ab dem Jahre 1850 in England gewährt. In der zweiten Hälfte des 19. Jahrhunderts wurde dann in verschiedenen Industriestaaten der Markenschutz gesetzlich geregelt.[53] Das Recht des unlauteren Wettbewerbs einschließlich des Schutzes geographischer Angaben[54] entwickelte vor allem die Rechtsprechung.[55] Der mit der Wettbewerbsregulierung verbundene Eingriff des Staates in das Wirtschaftsleben stand zunächst in einem gewissen Spannungsverhältnis zum Wirtschaftsliberalismus des 19. Jahrhunderts, der staatliche Schutz der Redlichkeit im Wettbewerb erwies sich nach Wegfall der Regulierung durch die Zünfte aber als unerläßlich.[56] Der Geheimnisschutz hat

---

[50] Vgl. *Ladas*, Literary and Artistic Property, S. 17-19, § 6; *Ricketson*, S. 6-8, Ziff. 1.5; *Troller*, S. 33 f; *Rehbinder*, Rn 20 f; *Davies*, S. 22 f.

[51] RGBl. 1870, 339-353. Vgl. *Ladas*, Literary and Artistic Property, S. 19 f, § 6; *Rehbinder*, Rn 23-25; vgl. auch *Wandtke*, UFITA 2000, 453, 458-461.

[52] *Ladas*, Industrial Property, S. 6-8, §§ 2, 3; *Troller*, S. 35 f; *Hubmann/ Götting*, S. 13-15.

[53] *Ladas*, Industrial Property, § 6, S. 11 f.

[54] Im weiteren Sinne fallen die Ursprünge des Schutzes geographischer Angaben mit denen des Markenschutzes in eins, in diesem Sinne etwa *Loschelder/ Loschelder*, S. 3 f.

[55] *Ladas*, Industrial Property, S. 12, § 7. Zur Entwicklung in Frankreich und Deutschland auch *Lammel*, GRUR 1986, 362-368.

[56] *Lammel*, GRUR 1986, 362, 363-365.

seinen Ursprung im allgemeinen Zivilrecht, etwa in England im Gemeinrecht, das Geheimhaltungspflichten aus Vertrags- und Vertrauensverhältnissen schützte.[57] Später wurde er auch aus dem Wettbewerbsrecht abgeleitet.

Der erste Musterschutz für die Textilindustrie wurde in der ersten Hälfte des 18. Jahrhunderts in Frankreich eingeführt, gefolgt von einer gesetzlichen Regelung 1787 in England. Ein Gesetz von 1806 in Frankreich zum Schutz der Industrie Lyons wurde auf das gesamte Land ausgeweitet und durch die Rechtsprechung zu einem Regime *sui generis* des Musterschutzes entwickelt, das sich an das Patentsystem anlehnte. Dieses System wurde beispielgebend für den Musterschutz europaweit, der im 19. Jahrhundert einsetzte.[58] Der Gebrauchsmusterschutz wurde 1891 in Deutschland als Alternative zum Patentschutz eingeführt, 1905 von Japan und 1924 wegen der in den ehemals deutschen Gebieten bestehenden Schutzrechte von Polen übernommen.[59] Die Einordnung der neueren Schutzrechte bereitete oft Schwierigkeiten. Für die Photographie setzte sich recht früh ein Urheberschutz mit verkürzter Schutzdauer durch, während die angrenzenden Schutzrechte nach kontinentaleuropäischer Tradition nach einem System *sui generis* geschützt werden. Ähnliche Irritationen lösten Computerprogramme und Schaltkreistopographien aus.[60]

B. Die Begründungsansätze des geistigen Eigentums

Die Begründungsansätze für den Immaterialgüterschutz lassen sich grob in Naturrechtstheorie, Belohnungstheorie, Ansporntheorie und Vertragstheorie einteilen,[61] wobei die Argumente im einzelnen nicht streng getrennt werden. Mit einigen Vorbehalten gelten die angestellten wirtschaftlichen und persönlichkeitsrechtlichen Überlegungen für das

---

[57] *David*, in: *Wallerstein u.a. (Hrsg.)*, S. 30-32.

[58] Vgl. *Ladas*, Industrial Property, § 5, S. 10 f; § 245, S. 367 f; *Troller*, S. 32 f; *Hubmann/Götting*, S. 20, 22.

[59] *Ladas*, Industrial Property, S. 456 f, § 304.

[60] Zur urheberrechtlichen Einordnung von Computerprogrammen *Ricketson*, Berne Convention, S. 895-900, Ziff. 16.9-16.14. Zur Entwicklung des Schutzes *Dreier*, in: Beier/Schricker I, S. 67-72, speziell zu Schaltkreisen *Wippermann*, S. 46-54.

[61] So für das Patentrecht *Machlup*, GRUR Int. 1961, 373, 377; *Freytag*, S. 23 f. Zur Entwicklung der urheberrechtlichen Theorien *Rehbinder*, Rn 26-28.

Urheberrecht in ähnlicher Weise wie für das Patentrecht und die übrigen Schutzkategorien. Eine Ausnahme hiervon machen Kennzeichnungsrechte wie das Markenrecht und geographische Angaben, die als Vermarktungsinstrumente eine öffentliche Kommunikation voraussetzen, so daß abgesehen vom Freihaltebedürfnis für Gattungsbegriffe mit einem Gemeingebrauch von vornherein nicht gerechnet werden kann.

1. Naturrechtstheorie

In Anlehnung an die Eigentumstheorie Lockes wird die innere Berechtigung geistigen Eigentums aus der auf das Immaterialgut verwendeten Arbeit gefolgert:[62] Wer etwas aus der Natur entnimmt und verbessert, soll auch den Nutzen daraus ziehen. Allerdings wird darauf hingewiesen, daß der verkürzte Schluß von investierter Arbeit auf das Eigentum den genaueren Kontext der Theorie verkenne.[63] Unausgesprochen sei vorausgesetzt, daß die Natur eine *res nullius* sei, die der privaten Okkupation unterliege. Während sich aber Sachen als klar abgrenzbare körperliche Objekte schon ihrer Natur nach zur Okkupation eignen, sind Immaterialgüter als fiktive abstrakte Objekte nur schwer abgrenzbar,[64] so daß die Okkupation einer gewissen Beliebigkeit unterliegt.[65] Die Annahme einer *res nullius* erscheint daher nicht gleichermaßen plausibel wie bei körperlichen Gegenständen – ähnlich dem Ozean lassen Immaterialgüter sich ebensogut als der Aneignung unzugängliche natürliche *res communes* ansehen.[66]

---

62 Vgl. *May*, S. 24-26; *Drahos*, S. 42-44; *Troller*, S. 23.

63 Vgl. *Drahos*, S. 44-47; 162.

64 Vgl. das Zitat Thomas Jeffersons, u.a. bei *David*, in: *Wallerstein u.a. (Hrsg.)*, S. 26: „If nature has made any thing less susceptible than all others of exclusive property, it is the action of the thinking power called an idea, which an individual may exclusively possess as long as he keeps it to himself; but the moment it is divulged, it forces itself into the possession of everyone, and the receiver can not dispossess himself from it."

65 Vgl. *Drahos*, S. 54-68.

66 *Grotius*, Freedom of the Seas, S. 27: „(A)ll that which has been so constituted by nature that although serving some one person it still suffices for the common use of all other persons, is today and ought in perpetuity to remain in the same condition as when it was first created by nature. (...) All things which can be used without loss to any one else come under this category." Den Vergleich zum geistigen Eigentum zieht *Drahos*, S. 64, 66.

Hinzu tritt das persönlichkeitsrechtlich inspirierte Argument, dem Erfinder oder Urheber stehe ein naturgegebenes Eigentumsrecht an seinem „geistigen Kind“ zu. Dies war die Vorstellung der deutschen Lehre vom „geistigen Eigentum“,[67] die erst mit dem auf Sachen beschränkten Eigentumsbegriff des BGB obsolet wurde. Auch die französische Gesetzgebung proklamierte nach 1789 in menschenrechtlicher Manier ein naturgegebenes Recht auf geistiges Eigentum.[68] Hierzu wird angemerkt, daß die fortgesetzte Patentpraxis des *ancien régime* eines neuen, legitimen Geltungsgrundes bedurft habe, an dessen Stelle das revolutionäre Pathos getreten sei.[69] In die gleiche Richtung zielt die Erwägung, daß nach der Revolution staatliche Beschränkungen der Wirtschaftsfreiheit verpönt waren und die Rechtsprechung, namentlich auf dem Gebiet des Markenschutzes, zunächst auf das Rechtsinstitut des Eigentums ausgewichen sei, um dem Staat ein Mindestmaß an Regulierungsgewalt über den Wettbewerb zu sichern.[70] In der Freihandelsdebatte des 19. Jahrhunderts avancierte das Naturrecht dann zum Kampfargument, um das Patentrecht gegen die allgemein diskreditierten Monopole abzugrenzen.[71]

Eingewandt wird nicht nur, daß eine Idee von Natur aus niemand besitzen könne und daß dem Urheber oder Erfinder auch ohne Ausschlußrecht das Nutzungsrecht an seiner Leistung verbleibe,[72] es wird auch auf die innere Inkonsistenz der naturrechtlichen Position verwiesen: Eine zeitliche Begrenzung und die Erteilung von Patenten auf eingeführte Erfindungen, wie sie selbst das im Überschwang des naturrechtlichen Pathos verabschiedete französische Patentgesetz einführte, vertrügen sich schlecht mit dem naturgegebenen Recht des Erfinders.[73] Ebensowenig leuchte ein, daß dem autonomen Zweiterfinder durch ein früheres Patent die Nutzung der Früchte seines Geistes versagt bleiben

---

[67] Vgl. *Troller*, S. 20-22. Gegen diese Lehre wandte sich maßgeblich *Kohler* (oben, Fn 13, 15).

[68] *Oddi*, VandJTL 29 (1996) 415, 421.

[69] *David*, in: *Wallerstein u.a. (Hrsg.)*, S. 50.

[70] *Lammel*, GRUR 1986, 362, 363-365.

[71] *Machlup*, GRUR Int. 1961, 377.

[72] *Machlup*, GRUR Int. 1961, 377 f.

[73] *Machlup*, GRUR Int. 1961, 377 f; *Oddi*, VandJTL 29 (1996) 415, 421.

soll.[74] Allgemein erklärt der Ansatz nicht, warum nur bestimmte geistige Leistungen geschützt werden, während andere schutzlos bleiben.[75]

Das Persönlichkeitsrecht hat in der kontinentaleuropäischen Rechtstradition des Urheberrechts seinen festen Platz.[76] Im Patentrecht finden sich persönlichkeitsrechtliche Elemente im veräußerlichen Recht auf Identifizierung als Erfinder[77] sowie allgemein für Fragen der Rechtszuordnung.[78] Der Grund für die unterschiedlich starke Betonung des persönlichkeitsrechtlichen Elements dürfte in der unterschiedlichen Schutzmotivation liegen: Während der Urheber seine subjektiven Erfahrungen und Urteile, also seine Individualität, in sein Werk legt, löst der Erfinder ein technisches Problem, das sich der Allgemeinheit in einem gegebenen Stadium der technologischen Entwicklung stellt und dessen Lösung in den Naturgesetzen angelegt ist, ohne daß es gerade auf die Individualität des Erfinders ankäme.[79]

2. Belohnungstheorie

Nach der Belohnungstheorie wird dem Schöpfer geistigen Eigentums für seinen Dienst an der Allgemeinheit eine Belohnung in Form eines zeitlich begrenzten Monopols eingeräumt. Dieser Gedanke wird bis auf die Antike zurückgeführt[80] und entspricht einem verbreiteten Gerechtigkeitspostulat. Was den Lebensunterhalt des Urhebers betrifft, übernimmt das Urheberrecht heute zumindest teilweise die Rolle von Kirche, Hof und Mäzenatentum. Während es keinen grundsätzlichen Bedenken begegnet, die Entlohnung des Urhebers dem langzeitigen Markterfolg des Werkes zu überlassen, sorgt die Frage nach der Angemessenheit der im Patentschutz liegenden Belohnung des Erfinders für

---

74 *Oddi*, VandJTL 29 (1996) 415, 431; *Hubmann/Götting*, S. 67 f.

75 *Deardorff*, World Economy 13 (1990) 387, 500.

76 Vgl. z.B. *Schack*, Rn 7: „Das Urheberrecht ist das Recht des schöpferischen Geistes. Geisteswerke sind verselbständigte Ausstrahlungen der Persönlichkeit ihres Schöpfers." Vgl. auch *Ricketson*, §§ 8.93 ff, S. 456 ff; *Rehbinder*, Rn 26-28.

77 Art. 4ter PVÜ, vgl. *Bodenhausen*, S. 53.

78 So für das deutsche Recht *Benkard/Bruchhausen*, Einl. Rn 1a; § 6 Rn 1.

79 So auch *Ladas*, Industrial Property, S. 370 f, § 247.

80 *Primo Braga/Fink/Paz Sepulveda*, S. 5.

erheblichen Streit.[81] Da jede Erfindung auf Vorbekanntem basiere, lasse sich der Beitrag des einzelnen schwer aussondern und angemessen entgelten; beim Patent mit einheitlicher Schutzdauer stünden die Gewinnaussichten keineswegs in Relation zum Entwicklungsaufwand im konkreten Fall.[82] Grundsätzlicher noch ist auf die Belohnung hinzuweisen, die bereits der Markt bereithält. Innovative Produkte verfügen über einen natürlichen Marktvorsprung, und die Wertschätzung für Erfinder oder Wissenschaftler schlägt sich in Ansehen und Gehältern nieder. Der Wettbewerbsvorsprung läßt sich durch Geheimhaltung noch ausbauen, insbesondere bei Verfahrenserfindungen in Eigenentwicklung.[83] Auch können Zulieferer in den höheren Absatzchancen ihrer Produkte einen Anreiz dafür sehen, ihre Abnehmer mit Innovationen zu versorgen.[84] Schließlich wird kritisiert, daß die Verwertungserlöse anstatt bei den Urhebern oder Erfindern zum großen Teil bei Verlagen oder forschungsfinanzierenden Unternehmen verblieben, so daß geistiges Eigentum heute eher einen wirtschaftlichen Investitionsschutz als die Belohnung geistiger Leistungen darstelle.[85] In der Tat ist die Stärkung der Urheber gegenüber den Verwertern ein andauerndes rechtspolitisches Problem.[86] Auch was den Geheimnisschutz angeht, können Kenntnisse, Fähigkeiten und Erfahrungen, die eine Person im Arbeitsprozeß erwirbt, vertraglich weit über die üblichen Grenzen des geistigen Eigentums hinaus dem Unternehmer zugeordnet werden.[87]

---

[81] Vgl. die Darstellung älterer Lehrmeinungen bei *Machlup*, GRUR Int. 1961, 381-383.

[82] Tatsächlich orientierte sich die Frist etwa an der Ausbildungsdauer (siehe oben, Fn 30). Wegen solcher historischen Zufälligkeiten vergleicht *David*, in: *Wallerstein u.a. (Hrsg.)*, S. 22 f, das geistige Eigentum mit dem „Panda's Thumb", einem zufälligen, aber nutzbringend als Daumen eingesetzten Auswuchs der Gelenkknochen der Pandabären.

[83] Vgl. *von Hippel*, S. 54 f, 73 sowie Fallstudie S. 60-63.

[84] *Von Hippel*, S. 36, 68-70. Eine Variante hiervon sind Terminkontrakte auf Ressourcen, deren Wert durch die Erfindung beeinflußt wird, *Hirshleifer/Riley*, Journal of Economic Literature 17 (1979) 1405.

[85] Vgl. *Machlup*, GRUR Int. 1961, 385; vgl. auch *May*, S. 120-124.

[86] Vgl. zur Zeit Goethes *Wandtke*, UFITA 2000, 459-461 und für heute *ders.*, Kommerzialisierung der Kunst, S. 124-128.

[87] *May*, S. 57-59.

3. Ansporntheorie

Für sich genommen wohnt der Belohnungstheorie ein gewisser Altruismus inne. Da ihre Ubiquität offensichtlich ist, könnten Immaterialgüter auch von vornherein als Geschenk an die Allgemeinheit gelten. Daß die Gesellschaft auch aus Eigeninteresse eine Belohnung in Aussicht stellt, bringt der wohlfahrtstheoretische Ansatz der Ansporn- oder Anreiztheorie ins Spiel. Ausgehend vom grundsätzlichen Interesse der Gesellschaft an Immaterialgütern soll die mit dem Ausschlußrecht in Aussicht gestellte Belohnung Ansporn und Anreiz zu deren Produktion sein. Dabei handelt es sich um eine wirtschaftliche, im einzelnen allerdings hochumstrittene Betrachtungsweise, die oft auf Plausibilitätserwägungen oder Modellrechnungen zurückgreift und an einem Mangel an empirischen Erhebungen leidet.[88]

Betriebswirtschaftlich beruht das Anspornargument auf der Erwägung, daß ein Immaterialgut mit hohen Festkosten verbunden ist und zur Verwertung keiner oder ungleich niedrigerer Kosten bedarf. Könnte es jeder Mitbewerber des Produzenten frei nutzen, so hätte dieser keine Möglichkeit, seine Festkosten wieder zu verdienen; folglich würde niemand derartige Aufwendungen machen.[89] Wegen ihrer natürlichen Nicht-Ausschließlichkeit glichen Immaterialgüter insofern den öffentlichen Gütern im Sinne der Wirtschaftstheorie, die nur mittels besonderer institutioneller Anreize bereitgestellt werden.[90] Im Hinblick auf den Urheber kann bereits bezweifelt werden, daß es in erster Linie das Geld ist, das ihn zur schöpferischen Tätigkeit bewegt. Immerhin kann ihm sein Immaterialgüterrecht ein Auskommen sichern und verschafft ihm die Befriedigung gesellschaftlicher Anerkennung. Die Einwände gegen das Patentrecht wiegen hingegen schwerer. Soweit nach dem oben zur Belohnungstheorie Gesagten der Leistungswettbewerb selbst genügend Innovationsanreiz bietet, sichert das Patent nur zusätzliches Einkommen für Erfindungen, die ohnehin gemacht worden wären.[91] Daher

---

[88] *Primo Braga/Fink/Paz Sepulveda*, S. 30 f.

[89] *Machlup*, GRUR Int. 1961, 524; *Posner*, S. 38. Zum Teil wurden auch die zur gewerblichen Umsetzung der Erfindung erforderlichen Investitionen als schutzbedürftig angesehen, vgl. *Machlup*, GRUR Int. 1961, 386.

[90] Vgl. nur *Christians*, S. 77 f; *David*, in: *Wallerstein u.a. (Hrsg.)*, S. 27 und 29.

[91] *Machlup*, GRUR Int. 1961, 473; *Turner*, NYULR 44 (1969) 452; *Subramanian*, World Economy 13 (1990) 387, 514.

wird das Patentsystem zum Teil ganz entschieden abgelehnt:[92] Der Erfinder sei durch seinen Wettbewerbsvorsprung ausreichend entgolten, und ein Mehr beeinträchtige den freien Leistungswettbewerb, weil es die freie Nutzung vorhandenen Wissens beeinträchtige.[93] Dies belege die in hochinnovativen Industrien gängige Praxis, Verletzungen geistigen Eigentums durch Mitbewerber hinzunehmen und nur nach außen hin zu verfolgen.[94] Patente dienen dann nur noch zur Abwehr entsprechender Patentklagen von Konkurrenten, denen so mit der Verwicklung in eine Prozeßspirale gedroht werden kann.[95] Das Patentsystem würde so nur noch genutzt, um seine eigenen Wirkungen zu neutralisieren.

Gemeinsamer Nenner dieser Argumente ist der im Wettbewerb liegende natürliche Neuerungsansporn auf funktionierenden Märkten,[96] die durch die Einführung von Patenten in ihrer Innovationskraft eher gehemmt als gefördert werden können. Es läge daher nahe, Erfindungen vom Patentschutz auszunehmen, die bereits aufgrund der normalen Wettbewerbsanreize gemacht würden. Vorgeschlagen wird in diesem Sinne eine Begrenzung des Patentschutzes auf Erfindungen, die grundlegende Neuerungen betreffen oder sich auf kein bestehendes Vermarktungssystem stützen können.[97] Auch ließe sich nach der Innovationsdynamik auf den verschiedenen Märkten und den erforderlichen Investitionen differenzieren. Diese Differenzierung mag man in den gesetzlichen Voraussetzungen des Patentschutzes angelegt sehen,[98] die Rechtspraxis allerdings verschließt sich einer ökonomischen Erklä-

---

92 Vgl. nur *Templeman*, JIEL 1998, 603-605.

93 Vgl. *Turner*, NYULR 44 (1969) 457 f (mit Zitat Rahl).

94 So für die frühe Automobilindustrie *Machlup*, GRUR Int. 1961, 524, 537, für die Musik- und Softwareindustrie *May*, S. 141 f, 146, und für die Halbleiterindustrie *von Hippel*, S. 52 f; ferner *Wippermann*, S. 46; *Correa*, in: *Correa/Adulqawi (Hrsg.)*, Layout Designs, S. 233.

95 *Von Hippel*, aaO. (Fn 94), S. 53.

96 Im Überblick hierzu auch *Christians*, S. 81-83.

97 Vgl. die Darstellung der Position Ravenshears bei *Machlup*, GRUR Int. 1961, 385 f. Vgl. auch die hierzu bei *David*, in: *Wallerstein u.a. (Hrsg.)*, S. 37-42, und *Oddi*, NDLR 71 (1995) 267, 281-258 und VandJTL 29 (1996) S. 441-452 referierten ökonomischen Ansätze.

98 *Posner*, S. 39.

rung.[99] Grundsätzlicherer Natur sind die Zweifel, ob der Ansporn überhaupt in der vermuteten Weise wirksam wird. In der Praxis würden Forschungsinvestitionen nämlich nicht als diskontierte Patenterlöse, sondern als Prozentsätze der aktuellen Umsätze kalkuliert.[100] Empirische Studien deuten zudem darauf hin, daß das Patentrecht subjektiv allein in der chemischen und pharmazeutischen Industrie als maßgeblich für Innovationsbemühungen angesehen wird.[101] In anderen Industrien würden Patente nur wegen der relativ geringen Kosten im bestehenden System angemeldet, während das Patentrecht im übrigen als weitgehend ineffektiv gelte.[102] Die Begeisterung der chemischen und pharmazeutischen Industrie für das Patentwesen verwundert nicht, da die Patente in diesem Bereich oft sehr weit reichen und eine wirksame Monopolstellung auf dem betreffenden Markt versprechen.[103]

Was die volkswirtschaftliche Dimension betrifft, ist bereits darauf hingewiesen worden, daß sich das geistige Eigentum nicht mit der für das Sacheigentum plausiblen Vorstellung der effizienten Ressourcenallokation durch den Markt erklären läßt. Da die mit der Schaffung von Ausschließlichkeitsrechten einhergehenden Informations- und Wettbewerbsbeschränkungen mit ins Kalkül gezogen werden müssen, kann es vielmehr nur um einen optimalen Anreiz gehen, der die für eine Volkswirtschaft angemessene Produktion von Immaterialgütern sicherstellt, ohne den Gemeingebrauch an Immaterialgütern über Gebühr zu beschränken.

---

[99] So schließt *Oddi*, daß ökonomische Analyse die US-amerikanische Rechtspraxis nicht erklären, aber hermeneutischen Zwecken dienen kann, NDLR 71 (1995) 267, 326 f.

[100] *Machlup*, GRUR Int. 1961, 530 f. Zweifel, daß sich der künftige Gewinn einer Forschung überhaupt sicher schätzen lasse, hegt *Turner*, NYULR 44 (1969) 459.

[101] Vgl. die Zusammenfassungen amerikanischer Studien bei *von Hippel*, S. 47-51, und *Mansfield*, in: *Wallerstein u.a. (Hrsg.)*, S. 134.

[102] *Von Hippel*, S. 51 f; vgl. etwa seine Feststellung zur Pultrusionsindustrie, S. 61: „Innovators typically would not even attempt to contest infringement of their patents and expected only the naive or exceedingly cautious to honor them." Siehe auch *Maskus*, World Economy 13 (1990) 387, 405 mwN.

[103] *Von Hippel*, S. 53; *Oddi*, VandJTL 29 (1996) 415, 447. Der weite Patentumfang wird u.a. darauf zurückgeführt, daß die Wirkungszusammenhänge von Medikamenten oft noch nicht vollständig verstanden werden und daher das Patent nicht gezielter erteilt werden kann (*von Hippel*, aaO.).

In erster Linie müssen die volkswirtschaftlichen Kosten der Unterbenutzung des privatisierten Wissens im Vergleich zur freien Verfügbarkeit berücksichtigt werden.[104] Im Verbrauchsgüterbereich drückt sich dies als Verlust an Verbrauchermehrwert aus, weil fehlender Immaterialgüterschutz die Ausbringungsmenge an Gütern steigert und die Preise senkt, während geistiges Eigentum zu einer geringeren Ausbringungsmenge bei höheren Preisen führt.[105] Ein übermäßiger Immaterialgüterschutz kann darüber hinaus zur Fehlallokation von Ressourcen führen, da die zusätzlich ins Neuerungswesen investierten Mittel von der Produktion oder Erhaltung anderer Güter abgezogen werden.[106] Der entgangene Wert dieser Alternativverwendungen (Opportunitätskosten) ist den aus der verstärkten Innovation erwarteten Zuwächsen gegenüberzustellen. Übermäßiger geistiger Eigentumsschutz kann sogar zur Mittelverschwendung führen. Zu erwarten ist nicht nur eine Vernachlässigung der Grundlagenforschung,[107] sondern auch eine Zunahme der Doppelforschung, d.h. voneinander unabhängiger Bemühungen um dieselbe Problemlösung, von denen nur die erste patentiert wird. In gleicher Weise angeregt wird die Umgehungsforschung, also die Suche nach Alternativen zu einem bekannten, aber wegen des Patentschutzes nicht verfügbaren Produkt oder Verfahren. Schließlich kann der Patentinhaber zur Blockadeforschung greifen, die im Interesse eines möglichst umfassenden Patentschutzes die Umgehungsmöglichkeiten vorwegzunehmen versucht.[108] Da jeder technologische Entwicklungsstand nur eine gegebene Zahl von Problemen aufwirft, wird mit zunehmenden Forschungsaktivitäten zudem eine überproportionale Zunahme dieser verschwenderischen Forschung erwartet.[109] Im übrigen zu berücksichtigen sind die Betriebskosten des Patentsystems und der Rechtsdurchsetzung, die nicht immer durch die erhobenen Gebühren gedeckt wer-

---

[104] *Machlup*, GRUR Int. 1961, 524, 527. Siehe auch die Zusammenstellung der zu berücksichtigenden Kosten bei *Christians*, S. 84 f.

[105] Vgl. *Maskus*, World Economy 13 (1990) 387, 398; *Beath*, ebd. S. 411, 417.

[106] *Machlup*, GRUR Int. 1961, 474-477.

[107] *Turner*, NYULR 44 (1969) 455.

[108] *Machlup*, GRUR Int. 1961, 473, 477 f; *Turner*, NYULR 44 (1969) 454 f. Im Zusammenhang mit der Doppelforschung steht der „Rush to Invent", den *Hirschleifer/Riley* mit dem Überfischungsmodell beschreiben, Journal of Economic Literature 17 (1979) 1404 f. Auch *Posner* beschreibt dieses Allokationsproblem als solches der Ausgestaltung des Patentrechts, S. 39.

[109] *Machlup*, GRUR Int. 1961, 524, 532; *Beath*, World Economy 13 (1990) 387, 418, 419.

den, sodann die möglichen Verluste aus einem Mißbrauch der Monopolmacht einschließlich mißbräuchlicher Rechtsstreitigkeiten zur Einschüchterung konkurrierender Forschung, ferner unterlassene Forschungen, die aufgrund bestehender Patente keine gewerbliche Anwendung haben, und schließlich der Wertverfall bestehender Kapitalgüter aufgrund ständiger Neuerungen.[110]

Daß diese komplexen Zusammenhänge den beim physischen Eigentum anfallenden Kosten für die unvermeidliche Eigentumsfestsetzung und -verteidigung entsprechen,[111] ist angesichts der Unterschiede zum Sacheigentum eine nur oberflächliche Analogie. Letztlich hängt die Höhe der Kosten von den tatsächlichen Umständen in der gegebenen Volkswirtschaft ab, auf die die Ausgestaltung der Schutzsysteme Rücksicht nehmen muß. Eine eindeutige ökonomische Rechtfertigung des Patentsystems ist bislang nicht gelungen.[112] In den Industrieländern begnügt man sich daher mit dem Hinweis auf das Funktionieren des bestehenden Systems.[113] Etwas anders fällt die Bewertung für das Urheberrecht und die angrenzenden Schutzrechte aus, bei denen die Ressourcenallokation grundsätzlich dem Erfolg am Markt überlassen werden kann. Korrekturen sind hier im öffentlichen Interesse an der Reproduktion von Wissen und der Informationsfreiheit erforderlich.

4. Vertragstheorie

Der Vertragstheorie geht es um die Offenbarung neuen Wissens. Dem Erfinder wird als Gegenleistung für die Offenlegung seiner Erfindung das Ausschlußrecht gewährt.[114] Auf das Urheberrecht ist diese Idee nur bedingt anwendbar, allerdings knüpfen einige Rechtsordnungen die

---

[110] Vgl. *Machlup*, GRUR Int. 1961, 524, 527 f, und *Turner*, NYULR 44 (1969) 454 f.

[111] So die „portable fence"-Analogie *Posners* für die Opportunitätskosten, S. 39 f. *Reichman* gibt als „portable fence"-Analogie dagegen eine zur Sacheigentumsanalogie gesteigerte Anreiztheorie wieder, VandJTL 22 (1989) 747, 800-811. Auf die Nähe dieser Position zum Naturrecht weist *Oddi* hin, VandJTL 29 (1996) 415, 453-455.

[112] *Machlup*, GRUR Int. 1961, 524, 537; *Turner*, NYULR 44 (1969) 450, 454; *Christians*, S. 85 f; *Oddi*, NDLR 71 (1995) 267, 270 f; skeptisch mangels Daten *Primo Braga/Fink/Paz Sepulveda*, S. 28-30; CIPR, S. 20 f.

[113] *Machlup*, GRUR Int. 1961, 524, 537.

[114] *Machlup*, GRUR Int. 1961, 373, 379; *Benkard/Bruchhausen*, Einl. Rn 1a.

Gewährung oder den prozessualen Nachweis des Urheberrechts an die Hinterlegung von Pflichtexemplaren in öffentlichen Bibliotheken. Seit die Berliner Revision der RBÜ 1908 die Formfreiheit für den internationalen Urheberschutz eingeführt hat, gelten solche Erfordernisse nur noch gegenüber inländischen Urhebern oder unabhängig vom Urheberschutz als öffentlich-rechtliche Pflicht der inländischen Produzenten.

Die Vertragstheorie entspricht der ursprünglichen Absicht, durch Patente die Verbreitung von Technologien durch Ausbildung im Inland zu fördern. Auch daß erst das Patent den Erfinder zur Offenbarung der Erfindung veranlaßte, ist von Patenten der Renaissance überliefert.[115] Während im Grundsatz angenommen werden kann, daß in einer Wettbewerbswirtschaft nützliche Innovationen auch ohne Patentschutz ihren Weg in den Markt finden, werden entsprechende Erwägungen heute für den Investitions- und Technologietransfer in Entwicklungsländer angestellt. In diesem Zusammenhang ist auch von einer Maßfunktion der Patente die Rede,[116] da diese die risikolose Offenlegung und damit die Prüfung und Bewertung der Erfindung durch potentielle Lizenznehmer ermöglichten und so die Assoziation des Erfinders mit Kapitalgebern förderten, während die Verwertungschancen bei geheimen Entwicklungen unklar blieben und die Lizenzverhandlungen erheblich erschwert seien.[117] Darüber hinaus sei bei Patenten der Schutzumfang genau umschrieben, so daß Konkurrenten Möglichkeiten und Zulässigkeit weitergehender Forschungen abschätzen könnten, während die Kriterien, unter denen Gerichte Geheimnisschutz gewähren, nur schwer vorhersehbar seien.

Eingewendet wird gegen die Vertragstheorie, daß Erfindungen ohnehin nicht geheimzuhalten seien; sofern dies doch der Fall sei, habe der Inhaber ein natürliches Monopol und sei des Patentschutzes nicht bedürftig.[118] Das Patentsystem rege sogar zur Geheimhaltung von Erkenntnissen bis zur Patentanmeldung an, die anderenfalls sofort nach der Entdeckung veröffentlicht würden, um den Ruhm des Forschers zu mehren.[119] In praktischer Hinsicht wird moniert, daß Patente durchaus auch aufgrund unvollkommener Offenlegung erteilt würden und die Patent-

---

115 Vgl. *Troller*, S. 23 f.

116 *Pires de Carvalho*, S. 1 f, 17 f, 20-22.

117 *Rozek*, Journal of World Trade 22 (1988) 27 f.

118 *Machlup*, Political Economy of Monopoly, S. 281; *Posner*, S. 40 f.

119 Vgl. die Darstellung der älteren Lehrmeinungen bei *Machlup*, GRUR Int. 1961, 373, 383 f; ähnlich *David*, in: *Wallerstein u.a. (Hrsg.)*, S. 34 f.

archive teilweise gar nicht öffentlich zugänglich seien. Auch ein überlegenes „know how“ des Patentinhabers gegenüber potentiellen Lizenznehmern kann auf solch unzureichender Offenlegung beruhen.[120]

5. Besonderheiten für Kennzeichnungsrechte

Wie bemerkt gelten die aufgezeigten Begründungszusammenhänge nicht in gleicher Weise für Kennzeichnungsrechte wie Marken und geographische Angaben, die von vornherein nur bei einer offenen Benutzung auf dem Markt einen Nutzwert entfalten. Im Hinblick auf ihre Identifizierungsfunktion weisen sie eine gewisse Nähe zum Namensrecht und damit ein persönlichkeitsrechtliches Element auf. Wirtschaftlich wird ihr Nutzen vor allem darin gesehen, daß sie einen Anreiz zur Investition in Qualität setzen und die Suchkosten der Verbraucher senken.[121] Bedenken bestehen dagegen vor allem wegen ihrer Eignung zur Wettbewerbsbeschränkung.[122]

6. Politische Ökonomie

Weniger ein Begründungsmodell als eine empirische Beschreibung der der Einführung von Immaterialgüterrechten zugrundeliegenden Interessen liefert die politische Ökonomie. Ausgehend von der Spieltheorie, die das Verhalten rationaler Akteure in einem gegebenen Regelungsrahmen untersucht, beschreibt sie Strategien, mit denen Private ihre Ressourcen zur Manipulation des öffentlichen Normsetzungsprozesses im Eigeninteresse einsetzen.[123]

Grundsätzlich hat Recht eine koordinierende und stabilisierende Funktion, weil es Erwartungsunsicherheiten in bezug auf die Zukunft entgegenwirkt. Da auch der wirtschaftliche Wettbewerb einen Druck erzeugt, unter unvollständigen Informationen potentiell riskante Entscheidungen zu treffen, setzt er einen Anreiz, die eigene Erwartungslage zu stabilisieren; so läßt sich etwa die private Neigung zu Wettbewerbsabsprachen erklären. In ähnlicher Weise nun ist es für Private attraktiv, auf die öffentliche Meinungsbildung Einfluß zu nehmen, um eine Aus-

---

[120] *Penrose*, S. 197.

[121] *Posner*, S. 43 f.

[122] Siehe oben, Text nach Fn 24.

[123] Dazu *Drahos*, S. 132 f.

weitung von Immaterialgüterrechten zu erwirken und so den Leistungswettbewerb zu begrenzen.[124] Dabei werden die Immaterialgüter als besonders anfällig für derartige Manipulationen angesehen, weil sie nur schwer abgrenzbare abstrakte Gegenstände sind, ihr Umfang also gleichsam erst im Geiste des Rechtsanwenders entstehe; diesem kann etwa eine Vergleichbarkeit mit Sachen suggeriert werden. Habe die Rechtspraxis das Immaterialgüterrecht auch weitgehend konsolidiert, so ließen dessen unscharfe Grenzen doch eine Vielzahl von Analogien zu, die die öffentliche Meinungsbildung beeinflussen könnten.[125] Weil das Wettbewerbsbeschränkungspotential des geistigen Eigentums dem Inhaber einen höheren Gewinn verspreche als der Gemeingebrauch dem einzelnen Angehörigen der Öffentlichkeit, organisierten sich dabei die Gruppeninteressen der Privatisierung stärker als die des allgemeinen Wohls.[126] Zum Teil wird die Förderung des geistigen Eigentumsschutzes in diesem Sinne gar einer wirtschaftlich motivierten gesellschaftlichen Machtstruktur zugeordnet, die auf eine ständig fortschreitende Privatisierung des im Gemeingebrauch befindlichen Wissens hinwirke;[127] aus dieser Sicht erscheint die weltweite Stärkung des geistigen Eigentumsschutzes als Expansion des Kapitalismus in Felder, die einer kommerziellen Verwertbarkeit bislang entzogen waren.[128]

Wenngleich in ihnen ein gewisses Mißtrauen gegenüber dem demokratischen Meinungsbildungsprozeß anklingt, sind diese Erwägungen nicht von vornherein von der Hand zu weisen. Wie die weitere Untersuchung zeigen wird, haben private Interessen nicht nur maßgeblich zur Gründung der ersten Verbände zum Schutz geistigen Eigentums beigetragen, sie hatten ebenso erheblichen Anteil an der Einbeziehung des geistigen Eigentums in die Uruguay-Runde.

---

[124] *Drahos*, S. 127-133.

[125] *Drahos*, S. 153-159. Siehe auch *Rehbinder* (oben, Fn 14).

[126] *Drahos*, S. 136-139. Grundlegend hierzu *Olson*, insbesondere S. 125-129, 143 f, 165-167.

[127] *May*, S. 29-44, 88 f und *passim*.

[128] So *May*, S. 43, der sie mit den Einhegungen im England des 17. Jahrhunderts vergleicht.

III. Internationaler Schutz

Für den internationalen Schutz geistigen Eigentums gelten etwas andere Erwägungen als für eine geschlossene Volkswirtschaft. Eine naturrechtliche Forderung nach dem Schutz geistigen Eigentums dürfte an Landesgrenzen zwar nicht haltmachen, ein Verzicht auf die Reziprozität im geistigen Eigentumsschutz hat sich gleichwohl nur allmählich durchgesetzt. Wirtschaftlich betrachtet generieren im Ausland gehaltene Immaterialgüterrechte Einkommen, das in die inländische Volkswirtschaft transferiert werden und so zu ihrem Wachstum beitragen kann; die mit dem Immaterialgüterschutz verbundenen gesellschaftlichen Kosten verbleiben dagegen im wesentlichen im Ausland. Aus dessen Sicht schränken Schutzrechte, die Ausländer im Inland halten, vor allem die freie Nutzung ausländischen Wissens ein und führen zum Mittelabfluß ins Ausland. Hinzu tritt für die gewerblichen Schutzrechte das technische Problem der Schutzerlangung. Selbst wenn verschiedene Staaten gewerbliche Schutzrechte anerkennen, bedarf es Absprachen darüber, wann eine Erfindung als neu gelten kann bzw. wie sich das Verhältnis zu bereits benutzten inländischen Marken gestaltet. Schließlich erweist sich bei weitgehender Übereinstimmung über die Anerkennung geistigen Eigentums eine internationale Harmonisierung als zweckmäßig, um den Rechteinhabern unnötige Aufwendungen beim Erwerb und der Übertragung von Schutzrechten zu ersparen.

A. Entwicklung des internationalen geistigen Eigentumsschutzes

Die gewerblichen Schutzrechte waren entsprechend dem zugrundeliegenden Anwerbekalkül Ausländern keineswegs unzugänglich. In aller Regel wurden sie, teilweise unter dem Vorbehalt der Reziprozität, Ausländern zu gleichen Konditionen erteilt wie Inländern.[129] Dagegen konnte ein Mangel an Koordination zwischen den Rechtssystemen dazu führen, daß eine Marke im Ausland nicht als schutzfähig angesehen wurde, die Offenlegung eines inländischen Patents dessen Neuheit im Ausland ausschloß oder gar eine Erfindung oder Marke von einem Dritten im Ausland angemeldet wurde. Außerdem erschwerten mit den Schutzrechten verbundene Obliegenheiten den Schutz von Ausländern, wenn etwa ein Ausübungszwang für Patente oder Muster den Export geschützter Güter ins Schutzland schlechthin ausschloß oder den Be-

[129] Vgl. zu den einzelnen Schutzkategorien *Ladas*, Industrial Property, S. 33, § 19; S. 37, § 21; S. 44 f, §§ 27 f; S. 48 f, § 30; S. 50-54, §§ 32-34.

ginn ihrer Herstellung im Schutzland an unangemessen kurze Fristen band.[130] Internationale Regelungen wurden ab der Mitte des 19. Jahrhunderts zunächst in allgemeine Handelsverträge aufgenommen und später auch speziell geregelt. Von 69 Verträgen mit derartigen Regelungen, die zwischen 1859 und 1883 geschlossen wurden, enthielten alle eine Regelung über Marken, 1/3 eine Regelung über den Musterschutz und jeweils zwei über Patente, geographische Angaben bzw. Handelsnamen.[131]

Dagegen schützten die ersten Urhebergesetze üblicherweise nur die im Inland veröffentlichten Werke.[132] Ausländische Werke standen dem Nachdruck frei, wovon insbesondere in den relativ liberalen Niederlanden und in Deutschland rege Gebrauch gemacht wurde.[133] Obwohl Autoren z.T. aufgrund freiwilliger Vereinbarungen auch ohne rechtlichen Schutz ein Entgelt für ausländische Nachdrucke sichern konnten,[134] setzten im 19. Jahrhundert wegen des weitverbreiteten Nachdrucks in Europa wie in den Territorialstaaten Deutschlands Bemühungen um einen grenzüberschreitenden Schutz ein. Einige Länder gewährten ausländischen Werken Schutz unter dem Vorbehalt der Reziprozität.[135] Frankreich, das bis 1852 nur vier bilaterale Verträge hatte schließen können, gewährte ab 1852 Ausländern einseitig und vorbehaltlos Urheberschutz und konnte daraufhin zunächst mit Belgien, in dem die meisten französischen Bücher nachgedruckt wurden, und dann mit den meisten anderen europäischen Staaten weitere Verträge schließen. Um die Jahrhundertmitte wurden in Europa auch erste multilaterale Verträge geschlossen. Insgesamt kam es zwischen 1827 und der Gründung des Berner Verbandes 1886 zu über 100 internationalen urheberrechtlichen Konventionen, die Ende des 19. Jahrhunderts ein dichtes Netz gegen-

---

[130] *Ladas*, Industrial Property, S. 31 f, § 18; S. 37 f, § 21; S. 43 f, § 26.

[131] *Ladas*, Industrial Property, S. 54-58, § 35 mit einer Liste der Verträge.

[132] So das Statute of Anne 1709 und das französische Gesetz von 1793, *Ladas*, Literary and Artistic Property, § 7, S. 21 f.

[133] *David*, in: *Wallerstein u.a. (Hrsg.)*, S. 52.

[134] So das *courtesy copyright* in den USA, vgl. *Briggs*, S. 111-113, 115 f; *Ricketson*, S. 19 f, Ziff. 1.24.

[135] So Dänemark ab 1828 und England ab 1837, siehe *Ladas*, Literary and Artistic Property, § 7, S. 20-23. Zu den Formen der Reziprozität *Ricketson*, S. 23-25, Ziff. 1.27.

seitiger Verpflichtungen bildeten.[136] Dies gestaltete die Rechtslage überaus unübersichtlich, da die zumeist vorgesehene Inländerbehandlung auf den Umfang des im Herkunftsstaat gewährten Rechts begrenzt wurde[137] und eine Reihe von Verträgen überdies Meistbegünstigungsklauseln enthielten. Zudem wurden die Verträge oftmals im Zusammenhang mit Handelsabkommen in Zehnjahresintervallen ausgehandelt, so daß sie deren Schicksal teilten und jederzeit dem Risiko der Kündigung ausgesetzt waren.[138] Ein über Europa hinausgehender multilateraler Vertrag war die Übereinkunft von Montevideo von 1889.[139] Dem regen Nachdruck in den USA, die 1831 die Vervielfältigung von Werken ausländischer Urheber legalisiert hatten,[140] wurde seitens Deutschlands 1892 mit einem bilateralen Vertrag abgeholfen.[141]

Die Ursprünge des multilateralen geistigen Eigentumsschutzes in Verwaltungsverbänden und später der WIPO liegen in einer Reihe literarischer und künstlerischer Kongresse zwischen 1858 und 1877,[142] die eine Verbesserung des grenzüberschreitenden Schutzes und teilweise sogar eine einheitliche Gesetzgebung anstrebten. Zur eigentlichen Initialzündung wurde die Pariser Weltausstellung 1878, bei der über dreißig inoffizielle[143] internationale Kongresse zusammenkamen, darunter ein literarischer, ein künstlerischer und ein gewerblicher. Alle drei Kongresse sprachen sich für eine einheitliche Gesetzgebung, teilweise auch für die Gründung internationaler Verbände sowie die Unabhängigkeit urheber-

---

136 Vgl. *Röthlisberger*, S. 3; im einzelnen *Ladas*, Literary and Artistic Property, §§ 16-18, S. 44-47 sowie *Ricketson*, Ziff. 1.29-1.31, S. 25-30 mit Übersicht S. 38.

137 *Ricketson*, S. 32, Ziff. 1.35.

138 *Briggs*, S. 142 f; *Penrose*, S. 44; *Ricketson*, S. 35-37, Ziff. 1.41 f.

139 Beitritt Deutschlands 1927, vgl. RGBl. 1927 II 95.

140 *Ladas*, Literary and Artistic Property, S. 21, § 7. Zum Problem des Nachdrucks in den USA vgl. *Fleischmann*, Wiederabdruck von 1888 in UFITA 103 (1986) 45, 48 f.

141 Übereinkommen vom 15.1.1892, RGBl. 1892, 473.

142 Vgl. *Röthlisberger*, S. 3-5; *Ladas*, Literary and Artistic Property, S. 71-73, §§ 30-31; *Ladas*, Industrial Property, S. 73-75, §§ 44 f.; *Ricketson*, S. 41-45, Ziff. 2.5; *Ekedi-Samnik*, S. 30 f; *Cavalli*, S. 90-155.

143 Vgl. *Penrose*, S. 48 f, zur Übermacht privater Interessen auf dem gewerblichen Kongreß.

rechtlicher Abkommen von Handelsverträgen aus.[144] Den Appellen der Kongresse folgend berief die französische Regierung 1880 eine diplomatische Konferenz zum Schutze des gewerblichen Eigentums ein, die den Vertragstext der späteren PVÜ erarbeitete, welcher mit geringen Ergänzungen 1883 von elf Staaten unterzeichnet wurde.[145] Die ebenfalls eingeleiteten Vorbereitungen einer Urheberkonvention wurden aufgrund außenpolitischer Rücksichten zunächst eingestellt.[146] Auf Anregung des Vertreters des Börsenvereins des deutschen Buchhandels wurde dann von privater Seite eine inoffizielle internationale Konferenz initiiert, die 1883 in Bern zusammentrat und dem Schweizer Bundesrat einen Entwurf zur Gründung eines internationalen literarischen Verbandes mit Bitte um Ausarbeitung einer Konvention und Einberufung einer diplomatischen Konferenz zuleitete. Unter maßgeblicher Mitwirkung des Bundesrats erarbeiteten drei diplomatische Konferenzen 1884, 1885 und 1886 einen Konventionstext, und auf der dritten Konferenz 1886 zeichneten zehn Staaten die Berner Übereinkunft, die am 5.12.1887 für neun von ihnen in Kraft trat.[147]

Obwohl die bilateralen Verträge zunächst fortgalten, verlagerte sich die Entwicklung des internationalen Immaterialgüterschutzes in die Verbände.[148] Die Pariser Übereinkunft wurde auf Revisionskonferenzen 1886 (Rom), 1890/1891 (Madrid), 1897 und 1900 (Brüssel), 1911 (Washington), 1925 (Den Haag), 1934 (London), 1958 (Lissabon), 1967 (Stockholm)[149] und 1971 (Paris) fortgeschrieben, die Berner Übereinkunft auf Revisionskonferenzen 1896 (Paris), 1908 (Berlin), 1948 (Brüssel), 1967 (Stockholm) und 1971 (Paris).[150] Zudem wurden zu den beiden ursprünglichen Verträgen, die heute unter den Namen Pariser Verbandsübereinkunft (PVÜ) und Revidierte Berner Übereinkunft (RBÜ) bekannt sind, eine Reihe weiterer multilateraler Verträge geschlossen,

---

[144] Vgl. *Röthlisberger*, S. 5 f; *Ladas*, Industrial Property, S. 75-78, § 46; *Ladas*, Literary and Artistic Property, S. 73-75, §§ 32 f.; *Ricketson*, S. 46 f, Ziff. 2.7.

[145] Eingehend hierzu *Ladas*, Industrial Property, S. 79-84, §§ 47 f. Beitritt Deutschlands 1903, RGBl. S. 147.

[146] *Röthlisberger*, S. 7 f.

[147] Eingehend *Röthlisberger*, S. 11-18; *Ladas*, Literary and Artistic Property, §§ 33-37, S. 75-86; *Ricketson*, S. 49-80, Ziff. 2.10-2.52. Für Deutschland vgl. RGBl. 1887, 493.

[148] Zum Begriff des Verbands im einzelnen unten, ab Seite 146.

[149] *Bodenhausen*, S. 9.

[150] Vgl. BGBl. II, Fundstellennachweis B vom 4.2.2005, S. 219, 224.

deren Verwaltung das internationale Büro, das heutige Sekretariat der WIPO, übernahm.

B. Besonderheiten der Entwicklungsländer

Oben wurde bereits angesprochen, daß der geistige Eigentumsschutz sich nach den volkswirtschaftlichen Gegebenheiten in einem Land richten muß. Angesichts des Vermögensabflusses, zu dem von Ausländern gehaltenes geistiges Eigentum Anlaß gibt, erscheint es einleuchtend, daß namentlich bei Entwicklungsländern besondere Erwägungen anzustellen sind. Es läßt sich argumentieren, daß eine Industrialisierung auf Nachahmungsstrategien nicht verzichten kann, während erst nach Schaffung einer angemessenen Kapitalbasis ein Immaterialgüterschutz seine Vorteile entfaltet. Dem steht der in der Uruguay-Runde erhobene Vorwurf gegenüber, fehlende Schutzstandards in Entwicklungsländern seien der „Piraterie" an Immaterialgütern gleichzusetzen. Er weckt Assoziationen zur völkerrechtlich geächteten Piraterie auf dem Meer und appelliert so an das Empfinden von Billigkeit und Gerechtigkeit.

Normativer Ausgangspunkt ist die grundsätzliche Freiheit jedes Staates, über die Gestaltung seines internen Wirtschaftssystems selbst zu bestimmen.[151] Die Beeinträchtigung einer fremden Souveränität durch die bloße Nutzung im Ausland produzierter Immaterialgüter wäre allenfalls dann denkbar, wenn es eine allgemeine völkerrechtliche Pflicht zur Gewährleistung geistigen Eigentums gäbe.[152] Es erscheint in der Tat nicht unbillig, daß Unternehmen ihre Festkosten für die Erzeugung von Immaterialgütern auf den Märkten wiedereinbringen, für die ihnen die Schutzrechte gewährt wurden. Da darüber hinaus keine legitimen Erwartungen auf Sonderprämien für das Immaterialgut bestehen, dürften solche Überlegungen von vornherein nicht in die unternehmerische Planungsentscheidung einfließen.[153] Anderes gilt allerdings, wenn rechtsverletzende Leistungen auf die schutzgewährenden Märkte gelan-

---

[151] Friendly Relations Declaration der UN-Generalversammlung, Resolution 2625 (XXV) vom 24.10.1970, UNYB 24 (1970) 788, Prinzip 6, lit. e).

[152] Hierzu im einzelnen unten, Seiten 135 ff.

[153] Diesen Zusammenhang vernachlässigt der von *Pires de Carvalho*, S. 49, erhobene Vorwurf, die Verbraucher in den Industriestaaten subventionierten den Gebrauch von Immaterialgütern in den Entwicklungsländern; vielmehr bringt es die natürliche Nichtrivalität im Gebrauch von Immaterialgütern mit sich, daß an ihnen ohne Verlust für den Erzeuger partizipiert werden kann.

gen, dort illegale Wettbewerbsvorsprünge in Anspruch nehmen und so das dortige legitime Anreizkalkül stören. Sollten sich Grenzmaßnahmen und der inländische Rechtsvollzug zur Abwehr solcher Störungen als unzureichend erweisen, so kann eine internationale Kooperation Abhilfe schaffen. Diese Problematik ist freilich streng von der Frage zu unterscheiden, ob Entwicklungsländer in ihrer nationalen Rechtsordnung selbst Immaterialgüterschutz einführen. Nur beim illegalen Export geschützter Güter oder Leistungen, nicht aber bei der Nutzung vorhandener Immaterialgüter für eigene Zwecke, kann der Vorwurf der Produktpiraterie legitimerweise erhoben werden.

Was den Patentschutz betrifft, so hängt seine Anreizwirkung vor allem von der Innovationsfähigkeit der betrachteten Volkswirtschaft ab. Da eine Fehlallokation von Ressourcen in armen Ländern stärkere Auswirkungen hätte als in reichen,[154] ist ein Ausbleiben der Anreizwirkungen im Inland abzusehen.[155] Tatsächlich wird der übergroße Anteil von Patenten in Entwicklungsländern durch Ausländer, namentlich solche aus Industrieländern, gehalten.[156] Der Beschränkung der freien Nutzung und dem Mittelabfluß ins Ausland durch Patente für Ausländer steht damit weder eine Zunahme der Innovationstätigkeit im Inland noch ein reziproker Vorteil aus dem Patentschutz für die eigenen Staatsangehörigen im Ausland gegenüber. Auch die Anregung ausländischer Forschungen durch inländischen Immaterialgüterschutz wird regelmäßig gering bleiben, weil der heimische Markt eines Entwicklungslands selten groß genug ist, um neben dem von Industriemärkten ausgehenden Anreiz ins Gewicht zu fallen.[157] Das gilt in besonderem Maße für spezifisch auf Entwicklungsländer zugeschnittene Forschungstätigkeiten, etwa im Arzneimittelbereich; zu deren Förderung wäre eher an eine öffentliche Finanzierung denn an Immaterialgüterschutz zu den-

---

[154] *Primo Braga*, VandJTL 22 (1989) 243, 256. Vgl. auch *Machlup*, GRUR Int. 1961, 475: „Für eine unentwickelte Wirtschaft ist es überaus schwer, sich auf ein höheres Niveau zu erheben, da arme Leute verhungern würden, ehe genug Kapitalgüter und nützliches Wissen angesammelt sind, um die Produktivität in einer Weise zu erhöhen, die auch eine wesentliche Erhöhung des Verbrauchs erlaubt."

[155] *Fritschak*, in: *Wallerstein u.a. (Hrsg.)*, S. 93 f; CIPR, S. 23 f.

[156] UNCTAD, The Role of the Patent System, S. 39-41; siehe auch unten, Seiten 103 f.

[157] *Penrose*, S. 113 f. Ebenso die „Small Country Assumption" bei *Subramanian*, World Economy 13 (1990) 387, 514 f; *Fritschak*, in: *Wallerstein u.a. (Hrsg.)*, S. 103 f. Ähnlich auch *Staehelin*, S. 164.

ken.[158] Bleiben die Vorteile aus dem Anreizkalkül gering, so wiegen die Kosten um so schwerer: Wegen der meist geringeren Zahl von Anmeldungen können Patentregister in Entwicklungsländern auch bei verhältnismäßig gleicher Ausstattung weniger effizient geführt werden als in Industrieländern.[159] Auch wenn nach westlichem Vorbild kostenübersteigende Gebühren erhoben werden,[160] absorbieren die Institutionen ausgebildetes Personal, das so der Industrie oder Forschung entzogen wird.[161] Allerdings werden Vorschläge gemacht, die Verwaltungskosten durch besondere Verwaltungsmodelle, regionale Kooperation oder globale Anmeldesysteme, wie den Patent Copyright Treaty der WIPO, zu verringern.[162] Schließlich entstehen neben den Verwaltungskosten vorübergehende, gleichwohl nicht unerhebliche Belastungen aus der Umstrukturierung von Gewerbezweigen, die sich auf die Nutzung freien Wissens stützen.[163]

Vorteile sollen den Entwicklungsländern dagegen der mit dem Patentschutz verbundene Technologietransfer und der Anreiz zu Direktinvestitionen bringen.[164] Da die Schutzrechtsinhaber nicht fürchten müßten, daß sich Mitbewerber das von ihnen mitgeteilte Wissen aneigneten, seien sie eher bereit, solches zu lizenzieren oder in Entwicklungsländern selbst wirtschaftlich auszubeuten; dies führe zu einem wirtschaftlichen Aufschwung und einer Verbreitung des Wissens im Lande. Entgegnet wird dem dasselbe wie der Vertragstheorie: Im allgemeinen sei das geschützte Wissen in Entwicklungsländern heute ohnehin erhältlich, und wenn dies nicht der Fall sei, bedürfe es auch keines Immaterialgüter-

---

[158] *Fritschak*, in: *Wallerstein u.a. (Hrsg.)*, S. 96; *Mansfield*, ebd., S. 138 f.

[159] *Primo Braga/Fink/Paz Sepulveda*, S. 43 f.

[160] Dafür *Oddi*, VandJTL 29 (1996) 415, 461; eine faktische Benachteiligung kleiner Unternehmen halten *Primo Braga/Fink/Paz Sepulveda* für möglich, S. 44.

[161] *Maskus*, World Economy, 13 (1990) 405.

[162] *Primo Braga/Fink/Paz Sepulveda*, S. 43 f.

[163] *Primo Braga*, VandJTL 22 (1989) 243, 256.

[164] Mit dem Technologietransfer begründete z.B. die deutsche Bundesregierung während der Uruguay-Runde die Vorteile geistigen Eigentums für Entwicklungsländer, BT-Drs. 11/5626, S. 14. Ähnlich auch *Drexl*, Entwicklungsmöglichkeiten, S. 353 f. Eine Parallele zur Renaissance (siehe oben, Text bei Fn 29) ziehen *Primo Braga/Fink/Paz Sepulveda*, S. 5.

schutzes.[165] Wichtiger als geistiges Eigentum dürfte für den Technologietransfer die Fähigkeit des Ziellandes zur Aufnahme einströmenden Wissens sein, die von Faktoren wie Bildungsniveau und Infrastruktur abhängen.[166] Zudem besteht die Gefahr, daß Rechteinhaber kraft ihrer Monopolmacht den Wissenstransfer zusätzlich beschränken.[167] Zu kartellrechtlichen Reaktionen fehlt Entwicklungsländern oft nicht nur die juristische Expertise, auch die Abhängigkeit von ausländischen Investitionen kann ein wirksames Vorgehen erschweren. Es ist daher durchaus plausibel, daß die Nachahmung ausländischer Technologien und deren Anpassung an lokale Bedürfnisse die geeignetere Strategie zum Technologietransfer ist.[168] Im übrigen werden Zweifel an der Wirksamkeit des Investitionsanreizes gehegt. Anlageentscheidungen richteten sich nicht vorrangig nach dem erhältlichen Immaterialgüterschutz, sondern den allgemeinen wirtschaftlichen Umständen im Zielland.[169] Da zudem die fortschreitende internationale Marktöffnung Zentralisierungen an attraktiven Standorten ermöglicht, ist ein Immaterialgüterschutz keineswegs ein sicherer Garant für Direktinvestitionen.[170] Dagegen verhindert

---

[165] *Beath*, World Economy 13 (1990) 387, 414; *Subramanian*, ebd., S. 515 und 517.

[166] CIPR, S. 24 f.

[167] Dem sollte Anfang der 1980er Jahre ein Code der UNCTAD entgegenwirken. Zur Praxis in Nigeria nach diesen Regeln *Sodipo*, S. 103 f. Das TRIPS-Abkommen verweist insofern auf nationales Kartellrecht (Art. 40 TRIPS-Abkommen), das in Entwicklungsländern oft fehlt, CIPR, S. 25.

[168] CIPR, S. 24.

[169] *Fritschak*, in: *Wallerstein u.a. (Hrsg.)*, S. 99 f; *Maskus*, World Economy 13 (1990) 387, 406; CIPR, S. 23 f. Anderes gelte u.U. für Pharma-, chemische und Hochtechnologielizenzen, *Fritschak*, in: *Wallerstein u.a. (Hrsg.)*, aaO., mit Verweis auf eine OECD-Studie von 1987. Ähnlich *Mansfield*, in: *Wallerstein u.a. (Hrsg.)*; IFC I und IFC II. Für seine Studien hat Mansfield die subjektive Gewichtung des Faktors geistiges Eigentum im Zielland bei einer Investitionsentscheidung erfragt (für die USA: *Mansfield*, in: *Wallerstein u.a. (Hrsg.)*, S. 107-126, zusammengefaßt in *Mansfield*, IFC I, S. 2-11; für Deutschland und Japan *Mansfield*, IFC II S. 2-16); als zweiten Schritt hat er Zusammenhänge statistisch zu erfassen versucht, mangels weiterer Daten allerdings nur für die USA (*Mansfield*, IFC II, S. 17-21). Differenziert zu betrachten sind auch Markenprodukte, die sich unkompliziert und arbeitsintensiv herstellen lassen und daher einen erheblichen Anreiz zur Produktionsverlagerung in Entwicklungsländer bieten, vgl. *Maskus*, aaO., S. 406 f.

[170] *May*, S. 114.

ein gesetzlicher Immaterialgüterschutz die Inaussichtstellung von Ausschließlichkeitsrechten als Sonderanreiz im Einzelfall.[171]

Für das Urheberrecht und die verwandten Schutzrechte gelten etwas andere Erwägungen. Diese Rechte vermitteln nicht nur tendenziell weniger Marktmacht als Patente, typischerweise haben Entwicklungsländer auch eine nicht unerhebliche Kapazität zur Produktion literarischer und künstlerischer Werke.[172] Urheberrechtsschutz in Entwicklungsländern entlastet die einheimischen Künstler von der Konkurrenz billiger Imitationen und fördert so die inländische Kultur und Wirtschaft.[173] Zudem verursacht er weit weniger Verwaltungsaufwand als Patentschutz.[174] Bedenken bestehen dagegen im Hinblick auf die Verbreitung von Informationen zur Ausbildung der Bevölkerung und zur Schaffung einer Infrastruktur, die den Aufbau einer eigenen Industrie und eigener Forschungskapazitäten erst ermöglicht. Den massenhaft benötigten Lehrmaterialien stehen oft hohe Preise ausländischer Publikationen gegenüber, welche die einheimische Produktion, die oft an Absatzunsicherheit, mangelnder Managementkompetenz und fehlendem Kapital krankt, nicht einbringen kann.[175] Ähnliches gilt für wissenschaftliche Werke und Fachzeitschriften, deren hohe Subskriptionspreise selbst Bibliotheken in Industrieländern oft nicht mehr tragen können.[176] Hierzu sieht ein Anhang der RBÜ Ausnahmeregelungen für Entwicklungsländer vor, die Nachdrucke und Übersetzungen zu Unterrichtszwecken erlauben. Wurde davon zunächst wenig Gebrauch gemacht,[177] haben in

---

171 Verstärkten Immaterialgüterschutz als Einzelfallanreiz schlägt *Oddi* vor, VandJTL 29 (1996) 468.

172 Vgl. *Sodipo*, S. 27-29, zur Entwicklung des Urheberrechts in Nigeria.

173 *Drexl*, Entwicklungsmöglichkeiten, S. 355; CIPR, S. 97.

174 Allerdings können unangemessene Kosten entstehen, wenn aufgrund internationaler Verpflichtungen informelle Wirtschaftssektoren selbst dann einer rigiden Kontrolle unterworfen werden müssen, wenn der Marktanteil kopierter ausländischer Leistungen verschwindend gering ist, vgl. zum Musikmarkt in Peru *Pacón*, in: Beier/Schricker II, S. 351 (dt. GRUR Int. 1995, 884) sowie *dies.*, GRUR Int. 1999, 1004-1006.

175 CIPR, S. 98, 102 f.

176 CIPR, S. 103 f.

177 1990 verblieben allein Mexiko und Indien als Notifikationsstaaten, *Drexl*, Entwicklungsmöglichkeiten, S. 156. Nach *Pacón*, TRIPS and Developing Countries, S. 348, ist offenbar nie eine einzige Lizenz erteilt worden.

jüngerer Zeit eine Reihe von Staaten ihre Absicht zur Anwendung der Ausnahmen angezeigt.[178]

Ernstere Befürchtungen treffen den urheberrechtlichen Schutz der eher gewerblich ausgerichteten Computerprogramme und Datenbanken:[179] Er beeinträchtige die schnelle und kostengünstige Nutzung dieser Leistungen in der Industrie, und es wird sogar befürchtet, daß die enormen Möglichkeiten des Internets für die Wissensverbreitung, Ausbildung und Forschung zunichte gemacht werden, wenn der freie Zugriff auf Datenbanken beschränkt wird. Andererseits seien auf spezifische Anwendungen ausgerichtete Computerprogramme oft mit relativ geringen Entwicklungskosten verbunden, so daß ein Schutz auch in Entwicklungsländern einen gewissen Innovationsanreiz bieten könne. Allerdings befinden sich die Rechte an den massenhaft verwendeten Standardprogrammen in den Händen von Unternehmen aus Industrieländern. Ob dies wie bei Patenten zur Nutzungsbeschränkung und Mittelabfluß ins Ausland oder im Gegenteil sogar zu einem erhöhten Angebot bei sinkenden Preisen führt,[180] ist umstritten. In jedem Fall besteht hier eine besondere Gefahr wettbewerbswidriger Praktiken, mit denen Entwicklungsländer oft nicht angemessen umgehen können. Insofern wird auf das Potential frei erhältlicher Software oder von Programmen mit öffentlichem Quellcode, die eine gezielte Anpassung an spezifische Bedürfnisse erlauben, verwiesen.[181] Schließlich bestehe die Gefahr, daß Rechteinhaber durch technologische Maßnahmen, deren Schutz neuerdings z.T. rechtlich sanktioniert werde, auch den bislang zulässigen öffentlichen Gebrauch weiter einschränkten.[182]

Zusammenfassend läßt sich sagen, daß die Vorteile, die ein Entwicklungsland aus geistigem Eigentum ziehen kann, maßgeblich von seiner eigenen Innovationsfähigkeit abhängen. Sofern deren Fehlen nicht bereits grundsätzlich gegen einen geistigen Eigentumsschutz spricht, müssen die Schutzsysteme angemessen an die lokale Innovationsfähigkeit angepaßt werden. In Betracht kommen hierzu neben Urheberrechten vor allem Schutzrechte für wenig kapitalintensive Innovationen, die von kleinen und mittleren Unternehmen in Anspruch genommen werden

---

[178] Die WIPO verzeichnet derzeit 11 Notifikationen zur Anwendung des Anhangs, Internetseite der WIPO, Stand 22.4.2007.

[179] Vgl. CIPR, S. 104.

[180] *Primo Braga/Fink/Paz Sepulveda* S. 33 f.

[181] CIPR, S. 105.

[182] CIPR, S. 106 f.

können. Im übrigen ist die Vorstellung, daß geistiger Eigentumsschutz in Entwicklungsländern Investitionen und Technologietransfer begünstigt, zwar weit verbreitet, in dieser Allgemeinheit aber empirisch nicht belegt.

IV. Ergebnis zum ersten Abschnitt

Entgegen dem durch den Begriff vermittelten ersten Eindruck ist das verbindende Wesensmerkmal der als geistiges Eigentum apostrophierten Schutzrechte nicht eine besondere intellektuelle Leistung, sondern der immaterielle Charakter ihres Bezugsgegenstands. Auch die ebenfalls anklingende Analogie zum Sacheigentum verfängt nur, was die Wirkungsweise des geistigen Eigentums, nicht hingegen was die seiner Begründung zugrundeliegenden Erwägungen betrifft. Wegen des ubiquitären Charakters der Immaterialgüter muß ihre ausschließliche Zuordnung zu einer Person gegen die aus einer freien Nutzung fließenden Vorteile abgewogen werden. Das Römische Recht kannte den Immaterialgüterschutz nicht, vielmehr entstand dieser zu Beginn der Neuzeit als Ausfluß der landesherrlichen Wirtschaftsregulierung. In Form des Pivilegienwesens sicherte er zunächst den obrigkeitlichen Einfluß auf Wirtschaft und Gesellschaft, bis er in gesetzlichen Regelungen seine heute bekannte privatrechtliche Ausgestaltung fand. Dem Ursprung nach ist geistiges Eigentum damit ein staatliches Instrument der Wirtschaftsregulierung, das im übrigen zuweilen in Widerspruch zu Vorstellungen einer liberalen Wirtschaft trat. Die Umformung zum Privatrecht auf gesetzlicher Grundlage begleiteten eine Reihe von Begründungsansätzen, die sich namentlich auf naturrechtliche und wirtschaftliche Erwägungen beriefen. Eine eindeutige wirtschaftliche Rechtfertigung des geistigen Eigentums gelingt indessen nicht, vielmehr beruht es auf kulturell geprägten Wert- und Gerechtigkeitsvorstellungen und bedarf letztlich einer politischen Entscheidung, die auch die beteiligten privaten Sonderinteressen angemessen ausbalancieren muß. Was den internationalen Schutz geistigen Eigentums angeht, so können koordinierende Regelungen den grenzüberschreitenden Schutzrechtserwerb technisch erleichtern. Darüber hinaus ist zu berücksichtigen, daß im Ausland gehaltene Schutzrechte einen Vermögenswert darstellen, der insbesondere Ländern mit erheblicher Immaterialgüterproduktion zugute kommt, ohne daß ihnen die im Ausland entstehenden Auswirkungen der Wissensverknappung und Wettbewerbsbeschränkung direkt zur Last fielen. Dies ist einer der Gründe für die Zweifel an der Sinnhaftigkeit starken

Immaterialgüterschutzes in Entwicklungsländern, denen die Vorstellung eines durch geistigen Eigentumsschutz angeregten Technologie- und Investitionstransfers entgegengesetzt wird. Ob es über politische Erwägungen hinaus eine gewohnheitsrechtliche Pflicht zum Schutz geistigen Eigentums gibt, wird noch Gegenstand der Betrachtung sein.[183]

[183] Hierzu unten, ab Seite 135.

Zweiter Abschnitt: Das Handelssystem

I. Entwicklung der staatlichen Handelspolitik

A. Vom Merkantilismus zur Politik des Freihandels

Daß Staaten schon immer Handelsbeziehungen geknüpft und daraus zu Zeiten erheblichen Vorteil gezogen haben, steht außer Zweifel.[1] Eine vertiefte Verflechtung der Volkswirtschaften setzte allerdings erst im 19. Jahrhundert ein. Voraussetzung war zum einen die Abschaffung der Binnenzölle und ähnlichen Abgaben, die den Gütertransport zu Lande erheblich verteuerten. Diese Entwicklung begann in Frankreich mit dem Merkantilismus Colberts; in England entstand durch den Zusammenschluß mit Schottland zum 1.5.1707[2] das damals größte zusammenhängende Wirtschaftsgebiet, während in den deutschen Staaten zunächst Reformen die innere Wirtschafts- und Handelsfreiheit herstellten[3] und der Zollverein 1834 auch die hemmende Wirkung der Territorialgrenzen überwand. Zum anderen ließen die technologischen Neuerungen des 19. Jahrhunderts – Eisenbahn, Dampfschiffe und Kühlmöglichkeiten – die Transportkosten erheblich sinken. Waren die Handelswaren zuvor vor allem hochpreisige Luxusgüter, so konnten nun nahezu alle Güter zum Gegenstand des internationalen Austauschs

---

[1] Abkommen in verschiedener Form, die Handelsregelungen enthielten, sind bereits aus der Antike und dem Mittelalter bekannt, während sich gesonderte Handelsverträge erst im 18. Jh. herausbildeten, vgl. *Nussbaum*, S. 36; *Herrmann*, in: *Weiß/Herrmann*, Rn 78-82. Zu älteren Handelsverträgen auch *Nolde*, RdC 3 (1924-III), 299-306; *Kohler*, Grundlagen des Völkerrechts, S. 35 f.

[2] Art. IV des englischen Einigungsgesetzes sah die vollständige Handelsfreiheit und Art. VI die Abschaffung aller Zölle usw. im Vereinigten Königreich vor: An Act for an Union of the Two Kingdoms of England and Scotland, in: The Statutes, Third Revised Edition, Vol. I (1235-1770), HMSO, London 1950, S. 471-482.

[3] Insbesondere ab dem preußischen Zoll- und Steuergesetz von 1818, vgl. *Kaufhold*, in: *Mieck (Hrsg.)*, S. 588. Für ein Beispiel der Wirkung von Binnenzöllen und ähnlichen Abgaben in der 2. Hälfte des 18. Jh. in Süddeutschland vgl. *R. Walter*, in: *Volckart (Hrsg.)*, mit dem Schluß, daß die nichttarifären Maßnahmen den Hauptteil der Handelslasten in jener Zeit ausmachten, aaO., S. 242 f.

werden.[4] Gleichzeitig konzentrierte der Wegfall der Binnenzölle die Regulierung auf den Grenzübertritt und ermöglichte so eine effektivere Steuerung der Handelsströme mit dem Ausland.

Dienten die Handelsverträge der frühen Neuzeit vor allem dazu, Kaufleuten den Zugang zum Ausland zu erschließen und ihre Freiheit und Sicherheit zu gewährleisten, so rückte mit Aufkommen des Merkantilismus der Schutz der eigenen Wirtschaft in den Vordergrund.[5] Durch staatliche oder monopolistische Lenkung und Förderung des Gewerbes sollte die Ertragskraft der inländischen Wirtschaft gestärkt werden. Dazu gehörte die Erhöhung der Exporte verarbeiteter Güter bei möglichst weitgehender Einschränkung der Importe durch die Erhebung von Schutzzöllen. Die Schutzzollpolitik Frankreichs führte bereits im 17. Jahrhundert auch zu politischen Auseinandersetzungen, z.B. mit Holland. Ab dieser Zeit enthalten die Handelsverträge verstärkt Regelungen über Zölle.[6] Zollregelungen waren auch Gegenstand eines ganzen Netzes von Handelsverträgen, das sich in Europa im 18. Jahrhundert bildete und nach dem abrupten Abbruch der Wirtschaftsbeziehungen durch die napoleonischen Kriege ab 1815 wieder aufgebaut wurde.[7] Die Abkehr von der Schutzzollpolitik vollzog das durch die Insellage und seine industrielle Entwicklung besonders am Handel interessierte Großbritannien im Jahre 1846 durch die Abschaffung der Agrarzölle (*corn laws*). In der Folge handelte Großbritannien mit etlichen Staaten Handelsverträge aus, in denen Zollsenkungen vereinbart und das Prinzip der Meistbegünstigung für jeglichen grenzüberschreitenden Warenverkehr festgeschrieben wurde; eine ähnliche Politik verfolgte Holland. Im Jahre 1860 erreichten die Bestrebungen Großbritanniens im Cobden-Chevalier-Vertrag mit Frankreich einen vorläufigen Höhepunkt.[8]

---

4 Von den neuen Transportmöglichkeiten profitierte zunächst vor allem der innereuropäische Handel, während im Fernhandel die Dampfschiffe noch nicht mit den Segelschiffen konkurrieren konnten, *Foreman-Peck*, S. 31-35. Die ab Mitte des 19. Jh. fallenden Preise für Ferntransporte kamen insbesondere dem Welthandel mit landwirtschaftlichen Produkten zugute, aaO., S. 97-99.

5 Zur Wirtschaftspolitik des Merkantilismus/Kameralismus vgl. *Hoock*, in: *Mieck (Hrsg.)*, S. 479 f., sowie *Kaufhold*, ebd., S. 579 ff.

6 *Nolde*, RdC 3 (1924-III), 306 f.

7 *Nolde*, RdC 3 (1924-III), 309 f, 314.

8 Handelsvertrag zwischen Frankreich und Großbritannien vom 23.1.1860, ratifiziert am 4.2.1860, in: Archives diplomatiques: Recueil de diplomacy et d'histoire, Band 3 (Juli/August/September 1861), S. 5-12, sowie in *Martens/Cussy/Geffcken (Hrsg.)*, Recueil manuel pratique de Traités et Conventions,

In diesem Vertrag öffnete Frankreich gegen die Senkung englischer Zölle seinen Markt für englische Importe; zudem wurde die Meistbegünstigung vereinbart.[9] Mit Ratifizierung dieses Vertrags erhob Großbritannien einseitig Zölle nur noch aus fiskalischem, nicht mehr aus protektionistischem Interesse. Frankreich seinerseits vereinbarte mit einer Reihe weiterer Staaten Zollsenkungen auf Basis der Meistbegünstigung, darunter 1862 mit Preußen, 1864 erweitert auf den Zollverein. Mit einer Welle weiterer Verträge begann die Hochzeit des Freihandels in Europa,[10] die bis zu einer internationalen Wirtschaftskrise 1873 anhielt, als in vielen Staaten wieder protektionistische Kräfte die Oberhand gewannen: Deutschland, Frankreich, Österreich-Ungarn und Rußland führten ab Ende der 1870er und Anfang der 1880er Jahre wieder Schutzzölle auf Industrie- und Agrarprodukte ein; zwischen Frankreich und Italien sowie zwischen Deutschland und Rußland kam es zu regelrechten Zollkriegen.[11] Die gemäßigten Bestrebungen der Handelsverträge des Reichskanzlers von Caprivi 1891-1894[12] führten zu einer gewissen Ent-

---

Deuxième série, Tome 1 (1857-1869), Leipzig 1885, S. 130-138. Zum Cobden-Chevalier-Vertrag vgl. *Weber*, S. 14; *Nussbaum*, S. 226.

[9] Art. 12 lautet: « Chacune des deux Hautes Puissances contractantes s'engage à faire profiter l'autre Puissance de toute faveur, de tout privilège ou abaissement dans les tarifs des droits à l'importation des articles mentionnés dans le présent Traité, que l'une d'elles pourrait accorder à une tierce puissance. Elles s'engagent, en outre, à ne prononcer l'une envers l'autre aucune prohibition d'importation ou d'exportation qui ne soit en même temps applicable aux autres nations ».

[10] Ausführlich *Weber*, S. 13 ff. Vgl. auch *Nolde*, RdC 3 (1924-III), S. 316 f; *Nussbaum*, S. 226 f.; *W. Fischer*, in: *W. Fischer (Hrsg.)*, S. 432; *Foreman-Peck*, S. 43-46. Außerhalb Europas variierten die Ansätze: Die USA gingen nach dem Bürgerkrieg zu einer Schutzzollpolitik über; China, Japan und das Osmanische Reich verpflichteten sich einseitig zu Niedrigzöllen; Brasilien, Mexiko und Venezuela waren protektionistisch, Argentinien dagegen liberal ausgerichtet. Die englischen Kolonien erhielten ab 1854 Zollautonomie und verfolgten unterschiedliche Politiken, namentlich Indien nach Umwandlung in ein Vizekönigreich 1858 eine Niedrigzollpolitik (*Foreman-Peck*, S. 45-48).

[11] *Weber*, S. 24; *Nolde*, RdC 3 (1924-III), 317 f.; *Nussbaum*, S. 226; *W. Fischer*, in: *W. Fischer (Hrsg.)*, S. 187; *Foreman-Peck*, S. 113 f. Nach *Winkler*, S. 237 f, hatte die Schutzzollpolitik Bismarcks vor allem finanzpolitische Zwecke, nämlich der Stärkung der finanziellen Unabhängigkeit des Reiches gegenüber den Einzelstaaten.

[12] Insbesondere Verträge 1891 mit Belgien (RGBl. 1892, 241), Italien (RGBl. 1892, 97), Österreich-Ungarn (RGBl. 1892, 3), Schweiz (RGBl. 1892, 195), 1893

spannung, doch 1902 wendete sich Deutschland wieder nachdrücklicher der Schutzzollpolitik zu.[13] Großbritannien hingegen hielt weitgehend am Freihandel fest. Trotz dieser Entwicklungen war die Epoche von einer erheblichen Verflechtung der Volkswirtschaften mit allgemeiner Bewegungsfreiheit für Waren, Kapital und Personen geprägt. Noch am Vorabend des ersten Weltkriegs war die internationale Wirtschaft in einem Grade integriert, wie er erst in der zweiten Hälfte des 20. Jahrhunderts wieder erreicht wurde.[14]

B. Das System der Meistbegünstigung

Bemerkenswert an der Zollpolitik des 19. Jahrhunderts ist vor allem die unbedingte Meistbegünstigung. Sie findet sich in den Handelsverträgen zunehmend ab der Jahrhundertmitte; vor dem ersten Weltkrieg gestaltete sich die deutsche Außenhandelspolitik nahezu ausnahmslos nach diesem Prinzip.[15] Mit der Meistbegünstigungsklausel sagen die Vertragsstaaten zu, sich gegenseitig nicht schlechter als den meistbegünstigten Drittstaat zu behandeln, und erhalten so die Sicherheit, daß ausgehandelte Konzessionen der Gegenseite nicht im nachhinein durch weitergehende Konzessionen an Drittstaaten ausgehöhlt werden.[16] In dieser Weise werden die Vorteile bilateraler Verträge gleichsam multilateralisiert, Nebeneffekt ist eine vereinfachte Zollverwaltung, da den meistbegünstigten Staaten gegenüber ein einheitlicher Zolltarif angewendet werden kann. Die seit 1778 durch die USA praktizierte bedingte Meistbegünstigung,[17] bei der einem Drittstaat eingeräumte Handelsvorteile

---

mit Rumänien (RGBl. 1894, 1) und Serbien (RGBl. 1893, 269) und 1894 mit Rußland (RGBl. 1894, 153); siehe auch *v. Liszt*, S. 228 f; *Weber*, S. 21-24.

[13] ZolltarifG vom 25.12.1902, RGBl. 1902, 303; vgl. *v. Liszt*, S. 229; *Weber*, S. 30 f; *v. Liszt/Fleischmann*, S. 320. Zu den politischen Hintergründen *Winkler*, S. 271-274.

[14] *Foreman-Peck*, S. 115 f. Skeptisch zur wirtschaftlichen Bedeutung der Schutzzollpolitik auch *W. Fischer*, in: *W. Fischer (Hrsg.)*, S. 186, 433.

[15] *Weber*, S. 222.

[16] Vgl. nur *Weber*, S. 208; *Nolde* RdC 3 (1924-III), 409; *Hudec*, Tiger, Tiger in the House, S. 307.

[17] *Weber*, S. 215 ff; *Nolde*, RdC 3 (1924-III), 312 f; *ders.*, RdC 39 (1932 I), 29 f, 85 ff. Ausführlich zur Außenhandelspraxis der USA um die Jahrhundertwende zum 20. Jh. *Hornbeck*, AJIL 3 (1909) 395, 405-414. Bedingte Meistbegünstigung bestand Anfang des 20. Jh. auch im Verhältnis Deutschlands zu Chile, Argentinien und Liberia, *Weber*, S. 223 f. Später unternahm Frankreich zwi-

nicht automatisch auf den Vertragspartner erstreckt, sondern durch weitere Handelszugeständnisse jeweils erkauft werden mußten, gewährleistet die Sicherung der im Verhandlungswege erzielten Vorteile für die Zukunft dagegen nicht.[18]

Enthalten Zollabkommen allein die Meistbegünstigungsklausel ohne zusätzliche Zollbindungen, so ermöglichen sie eine autonome Zollpolitik,[19] wie sie Bismarck ab 1879 verfolgte.[20] Im Gegensatz hierzu stehen die bilateralen Konventionalzölle, d.h. vertraglich vereinbarte Zollsätze auf bestimmte Warengruppen. Dabei wird der zunächst autonom festgelegte Maximal- oder Generalzoll durch beiderseitige Zugeständnisse auf den niedrigeren Konventionalzoll verringert.[21] Die Verhandlungen über derartige Zollbindungen werden durch die Meistbegünstigungsklausel allerdings erschwert, weil neben dem bilateralen Ausgleich die Vorteile mitberücksichtigt werden müssen, die automatisch den meistbegünstigten Staaten zufließen. Zweckmäßigerweise wurden die Verhandlungen daher parallel geführt und die Verträge gleichzeitig abgeschlossen.

Für das Konventionalzollsystem auf Basis der Meistbegünstigung bilden die caprivischen Handelsverträge[22] ein anschauliches Beispiel. Ihr Anlaß war das Auslaufen einer Reihe von bestehenden Handelsverträ-

---

schen 1919 und 1927 noch einmal Zollverhandlungen auf der Basis bedingter Meistbegünstigung, *Nolde*, RdC 39 (1932 I), 31. Zu weiteren Erscheinungsformen der Meistbegünstigungsklausel vgl. *Schwarzenberger*, RdC 117 (1966-I), 1, 73; *Kramer*, RIW 1989, 473, 474; *Drexl*, Entwicklungsmöglichkeiten, S. 348-351.

[18] Vgl. *Nolde*, RdC 39 (1932 I) S. 91; *Hudec*, Tiger, Tiger in the House, S. 308 f.

[19] *Nolde*, RdC 3 (1924 III), 314 f.

[20] Beginnend mit dem Gesetz betreffend den Zolltarif des Deutschen Zollgebiets und den Ertrag der Zölle und der Tabaksteuer vom 15.7.1879, RGBl. 1879, 207.

[21] Im einzelnen *Nolde*, RdC 3 (1924-III), 392-394. Eine Unterart war der variable Konventionalzoll, bei dem nach Vereinbarung im bilateralen Verhältnis anstatt der Maximalzölle verringerte Zollsätze bzw. ein gesetzlicher Minimalzoll angewendet wurden, die einseitig variiert werden konnten, *Nolde*, aaO., S. 402-405. Konnte keine Einigung über die Konventionalzölle erzielt werden, kam die autonome Einräumung der Meistbegünstigung auf Basis der Gegenseitigkeit in Betracht, z.B. im Verhältnis Deutschlands zu Großbritannien ab 1898, vgl. *Weber*, S. 225.

[22] Siehe oben (Fn 12).

ge, deren Meistbegünstigungsklauseln Deutschland trotz seiner autonomen Zollpolitik die niedrigeren Konventionalzölle sicherten, welche die Vertragspartner Drittstaaten gewährten. Mit dem Auslaufen der Verträge wären die höheren autonomen Zölle des Auslands gegenüber Deutschland in Kraft getreten, so daß ein Zusammenbruch der deutschen Außenhandelsbeziehungen drohte.[23] In dieser Situation wurden parallele Verhandlungen mit den Haupthandelspartnern aufgenommen, und es wurde bewußt ein zusammenhängendes System von Konventionalzöllen geschaffen.[24] Alle Verträge sahen die Meistbegünstigung bei Ein- und Ausfuhr von Waren vor und enthielten ein umfangreiches Verzeichnis gebundener Zölle. Die umfassende Zollbindung ebenso wie die einheitliche Geltungsdauer – sämtliche Verträge galten bis 1903 mit anschließender einjähriger Kündigungsfrist – war Ausdruck des Bestrebens, Stabilität und Vorhersehbarkeit in die Handelsbeziehungen zu bringen.[25] Dieser ganzheitliche Ansatz wurde trotz erstarkter protektionistischer Interessen auch in einer zweiten Vertragsperiode aufrechterhalten: Zum Ende der Geltungsdauer erhöhte Deutschland im Vorgriff auf die Neuverhandlungen seinen autonomen Generalzoll,[26] setzte ihn, damit die Handelsbeziehungen in der Verhandlungsphase nicht unterbrochen würden, aber erst nach Abschluß der Zusatzverträge in Kraft.[27] Die Neuverhandlungen mit den Vertragspartnern wurden wiederum parallel geführt und zielten nicht nur auf neue Konventionalzöl-

---

[23] Denkschrift, Drucksachen zu den Verhandlungen des Bundesraths des Deutschen Reichs, Jg. 1891, Bd. II, No. 109, Teil E, S. 1, 8 f.

[24] So die Denkschrift, aaO., S. 10: „Diese Verträge stellen sich nach ihrer Entstehungsgeschichte und nach dem bei ihrem Abschlusse verfolgten Ziele als ein zusammengehöriges Ganzes dar und müssen auch bei Abwägung der in ihnen deutscherseits gemachten Zugeständnisse und der dafür eingetauschten Vortheile einheitlich betrachtet werden."

[25] Denkschrift, aaO., S. 5 f, 11.

[26] Siehe oben (Fn 13).

[27] § 16 des Gesetzes sah zum Schutz der Handelsbeziehungen die Inkraftsetzung durch kaiserliche Verordnung mit Zustimmung des Bundesrats vor, vgl. Begründung zum Entwurf eines Zolltarifgesetzes (Erster Band), 4. Anlageband zu den Stenographischen Berichten über die Verhandlungen des Reichstags, 10. Legislaturperiode, II. Session 1900/1902, S. 19. Inkraftsetzen zum 1.3.1906 durch Verordnung vom 27.2.1905, RGBl. 1905, 155.

le, sondern auch eine inhaltliche Vereinheitlichung der Verträge.[28] Nach Zeichnung der Zusatzverträge 1904[29] kündigte Deutschland die alten Verträge unter der Bedingung, daß die Zusatzverträge nicht im ersten Halbjahr 1906 ratifiziert sein sollten.[30] Die neuen Verträge sollten zunächst bis 1917 gültig bleiben und danach wiederum mit einjähriger Frist kündbar sein.[31] Die neuen Verträge sollten sich als Einleitung einer Hochschutzzollpolitik erweisen; zudem höhlte eine zunehmende Differenzierung der Warengruppen die Meistbegünstigung aus.[32] Gleichwohl kann das Modell weitgehend vereinheitlichter Handelsverträge mit der Meistbegünstigung als Element der Mehrseitigkeit[33] als Vorläufer einer multilateralen Handelsordnung gelten.[34]

Gegenstück zum Prinzip der Meistbegünstigung sind bilaterale diskriminierende Zölle, unter denen die Präferenzverhältnisse einen besonderen Platz einnehmen. Berühmtes frühes Beispiel ist der Methuen-Vertrag von 1703,[35] der im Gegenzug der Öffnung Portugals für den Import englischer Wollprodukte die englischen Einfuhrzölle auf portugiesische Waren auf 1/3 unter denen für französische Waren festschrieb.

---

[28] Denkschrift, Anlage 543, 6. Anlageband zu den Stenographischen Berichten über die Verhandlungen des Reichstags, 11. Legislaturperiode, I. Session 1903/1905, S. 1 f.

[29] Zusatzverträge mit Belgien (RGBl. 1905, 599), Italien (RGBl. 1905, 413), Österreich-Ungarn (RGBl. 1906, 143), Rumänien (RGBl. 1905, 253), Rußland (RGBl. 1905, 35), Schweiz (RGBl. 1905, 319) und Serbien (RGBl. 1906, 319).

[30] *Weber*, S. 31.

[31] Außer dem Vertrag mit Österreich-Ungarn, der die vorzeitige Kündigung zum 31.12.1915 zuließ (Art. 7).

[32] Prägnantes Beispiel hierfür ist der faktische Vorzugszoll Deutschlands für die Einfuhr von Kälbern aus der Schweiz, Anlage A zum Zusatzvertrag mit der Schweiz (Fn 29), RGBl. 1905, 319, 331: Der vereinbarte Zollsatz galt für „weibliches Jungvieh im Alter von 6 Wochen bis zu 1½ Jahren, das in einer Höhenlage von mindestens 300 Meter über dem Meeresspiegel aufgezogen worden ist und eine mindestens einmonatige Sömmerung in einer Höhenlage von mindestens 800 Meter über dem Meeresspiegel durchgemacht hat" – Voraussetzungen, die kaum ein Kalb erfüllte, das nicht aus der Schweiz kam. Das Beispiel führen an: *Nussbaum*, S. 290 f; *Curzon*, S. 60; *Hoekman/Kostecki*, S. 128.

[33] *Nussbaum*, S. 227, nennt die Meistbegünstigung „ein Element der Mehrseitigkeit, wie es dem Geist dieser Epoche entsprach".

[34] Für die Herausbildung eines allgemeinen Rechts der Handelsverträge plädierte z.B. *Weber*, S. 50 f.

[35] Wortlaut bei *Smith*, S. 546.

Diese Regelung verhinderte, daß das englische Parlament den im Rahmen des Friedens von Utrecht 1713 ausgehandelten englisch-französischen Handelsvertrag ratifizierte, da die in jenem Vertrag enthaltene Meistbegünstigungsklausel[36] das Präferenzverhältnis zu Portugal zunichte gemacht hätte.[37] Später wurden vorbestehende Präferenzverhältnisse durch Besitzstandsklauseln gegen die Berufung auf die Meistbegünstigung abgesichert. Soweit die Meistbegünstigung die Entwertung von Handelskonzessionen in der Zukunft verhindern sollte, beeinträchtigten solche rückwirkenden Schutzklauseln ihre Funktion nicht. Allerdings fördern Präferenzzölle, ähnlich wie Freihandelszonen, den Handel innerhalb des begünstigten Wirtschaftsraums und erlauben dessen Isolierung gegenüber dem Handel mit außenstehenden Staaten. Im 19. Jahrhundert wurden Präferenzzölle vor allem gegenüber den Kolonien angewendet. Das generell niedrige Zollniveau nahm ihnen jedoch die Bedeutung, und so läßt sich für die Zeit bis zum ersten Weltkrieg kaum ein Übergewicht des Handels zwischen Kolonien und dem jeweiligen Mutterland feststellen.[38] Demgegenüber schloß die Politik der offenen Tür gegenüber formell nichtkolonisierten Staaten, etwa China, Korea, Siam und dem Kongo,[39] wirtschaftliche Sonderbeziehungen aus und läßt sich insofern mit dem System der Meistbegünstigung vergleichen; im Gegensatz zu den europäischen Verträgen beruhte sie aber nicht auf Gegenseitigkeit.

---

[36] Art. VIII des britisch-französischen Handelsvertrags vom 11.4.1714: „De plus on est convenu et il a été estably pour règle générale que tous et chacun des Sujets du Sérénissime Roy T.-C. et de la Sérénissime Reyne de la Grande Bretagne, useront et jouiront respectivement dans toutes les Terres et Lieux de leur obéissance des mêmes Privilèges, Libertez, Immunitez, sans aucune exception, dont jouit et use, ou pourra jouir et user et être en possession à l'avenir la Nation la plus amie, par rapport aux Droits, Douanes, et impositions quels qu'ils soient à l'égard des personnes, marchandises, effets, Navires, Matelots, enfin en tout ce qui regarde la Navigation et le Commerce et qu'ils auront la même faveur en toutes choses tant les Cours de Justice, que dans tout ce qui concerne le Commerce ou tous autres Droits", *Strupp*, Documents, Tome I, No. XI, S. 34, 36 f.

[37] *Nolde*, RdC 3 (1924), S. 308 f.; *Nussbaum*, S. 141 f.

[38] So die Schlußfolgerung *Flux'*, The Flag and Trade, in: *Foreman-Peck (Hrsg.)*, S. 206, 237. Allgemein zur geringen Bedeutung des außereuropäischen Handels für Europa *W. Fischer*, in: *W. Fischer (Hrsg.)*, S. 171 f.

[39] Vgl. *Weber*, S. 222 f.

Mit der Freihandelszeit des 19. Jahrhunderts verloren die nichttarifären Handelshemmnisse, insbesondere Ein- und Ausfuhrbeschränkungen, als Instrumente der Handelspolitik an Bedeutung. Dagegen kamen die schon im Merkantilismus gebräuchlichen Exportsubventionen weiter zur Anwendung, und zwar insbesondere für die Haupthandelsprodukte Eisen und Zucker. Ins 19. Jahrhundert datieren auch die ersten Versuche, Subventionen einer internationalen Regelung zuzuführen. Im Zuckerabkommen vom 5.3.1902 wurde die Abschaffung von Subventionen für Zucker und zuckerhaltige Waren sowie die Erhebung von Zuschlagzöllen zum Ausgleich für die gewährten Exportsubventionen vereinbart.[40] Die Währungspolitik unterlag dagegen kaum handelspolitischen Erwägungen. Insbesondere der seit den 1870er Jahren weithin geltende Goldstandard sicherte eine dauernde Währungsstabilität,[41] die über die Anpassung in Preisen und Löhnen und in gewissem Grade über die Zinspolitik der nun in den meisten europäischen Ländern bestehenden Zentralbanken gesichert wurde.[42]

C. Fragmentierung des Handelssystems in der Zwischenkriegszeit

Der erste Weltkrieg führte zum endgültigen Zusammenbruch des liberalen Handelssystems des 19. Jahrhunderts. Die Wirtschaft wurde in die kriegsnotwendigen Bahnen gelenkt, und Beziehungen mit den Feindstaaten wurden abgebrochen. Der Verlust menschlichen Lebens schwächte auch die Wirtschaftskraft der kriegführenden Staaten. Zudem durchzog die Zerteilung Österreich-Ungarns und die Abtrennung von Teilen Deutschlands funktionierende Wirtschaftsräume mit neuen Grenzen.[43] Als eines der Hauptprobleme erwiesen sich jedoch die Kriegsschulden, die die Sieger während des Krieges untereinander und insbesondere gegenüber den USA eingegangen waren, und die Reparationszahlungen, die den Verlierern in den Friedensverträgen auferlegt

---

[40] Vertrag zwischen dem Deutschen Reich und mehreren anderen Staaten über die Behandlung des Zuckers, RGBl. 1903, 7. Zur späteren Entwicklung des Abkommens *v. Liszt/Fleischmann*, S. 325 f.

[41] Zum Weltwährungssystem im 19. Jh. *Foreman-Peck*, Kap. 5 und 9. Zum ab 1871 in Deutschland geltenden Goldstandard *W. Fischer*, in: *W. Fischer (Hrsg.)*, S. 429-431.

[42] *Foreman-Peck*, S. 161 f, 169-172.

[43] Näher zu den Auswirkungen des Krieges auf Wirtschaft und Handel *Foreman-Peck*, S. 177-180.

wurden. Unmittelbare Folge war eine akute Devisenknappheit. In Europa fehlte es an US-Dollars, mit denen die benötigten Importe aus der einzigen funktionierenden und nunmehr mächtigsten Wirtschaftsmacht USA bezahlt werden konnten. Reaktionen waren ein verstärkter Protektionismus und die Abwertung der europäischen Währungen. Zwar flossen in Erwartung einer baldigen Rückkehr zum Goldstandard der Vorkriegszeit zunächst erhebliche Dollarbeträge nach Europa, insbesondere nach Deutschland, die Wechselkurse wurden aber erst gegen Mitte der 20er Jahre unkoordiniert und aufgrund staatlicher Interventionen stabilisiert, nachdem es in Deutschland zu einer Hyperinflation und in Frankreich im Vertrauen auf die deutschen Reparationszahlungen zu einer erheblichen Staatsverschuldung gekommen war.[44] Ab Mitte der 1920er Jahre bauten die meisten europäischen Staaten dann Handelsbeschränkungen und Devisenkontrollen nach und nach ab und ersetzten die mit der Kriegswirtschaft in Gebrauch gekommenen Instrumente der direkten Regulierung wie Einfuhrverbote, -quoten und Lizenzbestimmungen wieder durch Zölle.[45] Obwohl nach 1927 wieder mehr Zollverträge geschlossen und eine Reduzierung der in Erwartung von Verhandlungen erheblich erhöhten Maximalzölle erreicht werden konnte, blieb das relativ freie, auf vergleichsweise niedrigen Zöllen und Meistbegünstigung basierende Handelssystem der Vorkriegszeit unerreicht.[46]

Der wirtschaftliche Aufschwung der 1920er Jahre fand mit der Depression in den USA und der Weltwirtschaftskrise 1929/1930 sein Ende. 1930 erließen die USA mit dem Smoot-Hawley-Tariff[47] extrem hohe Schutzzölle. Im Bestreben, die eigene Wirtschaft vor Importen zu schützen, führten in der Folge nahezu alle europäischen Staaten ohne Rücksicht auf die Auswirkungen in anderen Ländern Zölle, Quoten oder Devisenbeschränkungen ein, die von den jeweiligen Handelspartnern durch reziproke Handelsbeschränkungen beantwortet wurden.[48]

---

[44] League of Nations, International Currency Experience, S. 113-117; *Foreman-Peck*, S. 210-215.

[45] League of Nations, Commercial Policy in the Interwar Period, S. 32 f.

[46] Vgl. League of Nations, Commercial Policy in the Interwar Period, S. 38 ff.

[47] Tariff Act 1930 vom 17.6.1930, 46 Stat. 590.

[48] Vgl. League of Nations, Commercial Policy in the Interwar Period, S. 48 f; Commercial Policy in the Post-War World, S. 16-18; *Foreman-Peck*, S. 198-200.

Großbritannien erhöhte seine Zölle 1932, nachdem es auf einer Konferenz in Ottawa mit den Dominions ein System von Präferenzzöllen ausgehandelt hatte.[49] Auch Frankreich und Holland reagierten auf die Situation mit einer Vertiefung der Handelsbeziehungen zu den Kolonien.[50] Mit der amerikanischen Depression blieb das zur Finanzierung der europäischen Zahlungsbilanzdefizite erforderliche amerikanische Kapital aus. In Österreich und Deutschland führte die Devisenknappheit zu Bankenpleiten, und Deutschland führte 1931 Devisenkontrollen ein. Mit dem Verlust des Vertrauens in die britische Währung und dem Ausbleiben der zur Stützung benötigten Kapitalreserven war auch die Goldbindung des Pfunds nicht mehr zu halten; Großbritannien löste sie im September 1931. Obgleich die US-Zentralbank die Leitzinsen erhöhte, mußten auch die USA 1933 den Goldstandard aufgeben.[51] Eine gewisse Entspannung trat ein, als der US-amerikanische Kongreß den Präsidenten 1934 zum Aushandeln von Zollverträgen ermächtigte[52] und die USA mit 20 Ländern Zollabkommen im Umfang von 60 % ihres Außenhandels schließen konnten.[53] Auch bei der Währungsstabilisierung brachte eine Zusammenarbeit zwischen den USA, Großbritannien und Frankreich Fortschritte.[54] Deutschland, das am Goldstandard festgehalten hatte, wehrte eine Überbewertung der Reichsmark durch strenge Devisenbewirtschaftung ab: Für Ausländer galt ein differenziertes Wechselkurssystem, mit den auf den Handel mit Deutschland angewiesenen Staaten des östlichen und südöstlichen Mitteleuropas wurden direkte Warentauschabkommen geschlossen, und der Ausgleich privater Devisenforderungen wurde auf bilateralen Abrechnungskonten staatlicher Kontrolle unterstellt.[55] Mit den Zollpräferenzen von Ottawa und den Sonderbeziehungen Deutschlands nach Osten und Südosten traten

[49] Gesetz vom 20.8.1932, British and Foreign State Papers 135 (1932) 151-231.

[50] *Foreman-Peck*, S. 201 f.

[51] *Foreman-Peck*, S. 222-225.

[52] Änderung des Tariff Act 1930 durch den Reciprocal Trade Agreements Act 1934, 48 Stat. 943.

[53] League of Nations, Commercial Policy in the Interwar Period, S. 88.

[54] League of Nations, Commercial Policy in the Interwar Period, S. 79; *Foreman-Peck*, S. 232.

[55] League of Nations, Commercial Policy in the Interwar Period, S. 147; *Foreman-Peck*, S. 202 f.

so an die Stelle eines offenen Weltwirtschaftssystems voneinander isolierte wirtschaftliche Großräume.[56]

D. Die Entwicklung des multilateralen Handelssystems

1. Ansätze in der Zeit des Völkerbundes

Rufe nach einer internationalen Handelsorganisation waren bereits seit dem ersten Weltkrieg laut geworden.[57] In seinen Vierzehn Punkten plädierte Präsident Wilson für freien und gleichen Handel.[58] Art. 23 lit. e des Versailler Vertrages enthielt dagegen anstatt des Bekenntnisses zu gleichen Handelsbedingungen lediglich die Forderung nach gerechtem Handel.[59] Der mit der Klärung dieses Begriffs beauftragte Wirtschaftsausschuß des Völkerbunds sah die Wirtschaftspolitik souveräner Staaten außerhalb seines Mandats.[60] Daher beschränkte sich die Arbeit des Völkerbunds in den Folgejahren auf konsensfähige Sonderbereiche. So wurde eine Reihe harmonisierender Abkommen geschlossen, etwa zum Scheck- und Wechselrecht sowie zur Zollklassifizierung.[61] Die Zollpolitik wurde erst wieder auf zwei Genfer Konferenzen 1927 im multilate-

---

[56] Für eine Deutung der Ereignisse als „natürliche" Entwicklung zur Großraumwirtschaft *Fried*, S. 7-31.

[57] *Wilcox*, S. 37.

[58] The Fourteen Points Speech vom 8.1.1918, Punkt III: „The removal, so far as possible, of all economic barriers and the establishment of an equality of trade conditions among all the nations consenting to the peace and associating themselves for its maintenance", *Wilson*, S. 155-162, auf S. 159.

[59] „(U)n équitable traitement du commerce de tous les membres de la Société", „an equitable treatment for the commerce of all the Members of the League" anstatt, wie noch bei Wilson formuliert, „equality of trade conditions". Zu den in diesem Sinne gehaltenen Entwürfen Deutschlands und Österreichs *Schücking/Wehberg*, S. 715-717.

[60] Berichte von März 1922, JO/SN 3 (1922) 620, 624 f, und September 1922, aaO., S. 1392, Annahme durch den Rat des Völkerbunds JO/SN 3 (1922) 617 f; 1191; Mandat: Beschluß des Völkerbundrats, JO/SN 2 (1921) 1156.

[61] Übersicht siehe League of Nations, Commercial Policy in a Post-War World, S. 20 f; vgl. auch *Schücking/Wehberg*, S. 746-749; *Ray*, Commentaire, S. 663-666.

ralen Rahmen behandelt,[62] das entworfene Abkommen konnte aber die erforderliche Anzahl von Ratifizierungen nicht erreichen.

2. Grundlegungen in der Nachkriegszeit

Als Ursprung des multilateralen Handelssystems wird die am 14.8.1941 auf der HMS „Prince of Wales" vor der Küste Neufundlands durch Roosevelt und Churchill erklärte Atlantic Charter[63] angesehen, der sich am 24.9.1941 die verbündeten Nationen anschlossen.[64] Die Erklärung enthielt folgende Bekenntnisse zum künftigen Weltwirtschaftssystem:

> „Fourth, they[65] will endeavor, with due respect for the existing obligations, to further the enjoyment by all states, great or small, victor or vanquished, of access, on equal terms, to the trade and to the raw materials of the world which are needed for their economic prosperity;
>
> Fifth, they desire to bring about the fullest collaboration between all nations in the economic field with the object of securing, for all, improved labor standards, economic advancement; and social security(.)"

Die auffällige Kombination von liberalen und wirtschaftspolitischen Elementen erklärt sich aus einem Interessengegensatz zwischen Großbritannien und den USA: Während die US-Regierung getreu der Ermächtigung des Hull-Tariff einen freien Handel anstrebte und damit insbesondere auf das britische Kolonial-Präferenzsystem zielte, hatte Großbritannien nicht nur ein – auch aus nationalem Stolz gespeistes – Interesse an den Präferenzen, sondern wollte sich angesichts der Erfahrungen nach dem ersten Weltkrieg die Freiheit zu Handelsbeschrän-

---

[62] Die Konferenz im Mai 1927 sprach sich grundsätzlich für den Abbau der Handelsbeschränkungen aus (vgl. im einzelnen *Elstermann*, S. 111-117), die zweite von Oktober/November befaßte sich spezifisch mit dem Abbau von Zöllen und Ein- und Ausfuhrverboten und führte zu dem erwähnten Abkommensentwurf.

[63] Declaration of Principles, known as the Atlantic Charter, by the Prime Minister of the United Kingdom and the President of the United States of America, British and Foreign State Papers 144 (1940-1942) 683 f. Wortlaut auch in AJIL 1941, 191-193.

[64] Vgl. *Schlochauer*, Atlantic Charter, EPIL Vol. I, S. 288 f.

[65] Präsident Roosevelt für die USA und Premierminister Churchill für das Vereinigte Königreich.

kungen bewahren, und zwar zum einen in Erwartung eines erheblichen Zahlungsbilanzdefizits in der Nachkriegszeit und zum anderen, um sich vor dem neuerlichen Übergreifen einer amerikanischen Depression zu schützen.[66] Dieser Interessenkonflikt prägte auch die folgende Lend-Lease-Vereinbarung (Mutual Aid Agreement) zwischen den USA und Großbritannien vom 23.2.1942,[67] die Grundlage der Militärhilfe der USA an Großbritannien. Ein auch hierin enthaltenes Bekenntnis zu freiem Handel gewährte Großbritannien die Aussicht auf einen offenen US-Markt und den USA durch allgemeine Senkung der Zölle eine Abmilderung des Präferenzproblems.[68] Auf dieser Grundlage wurden ab 1943 in der amerikanischen Regierung Entwürfe für das Handels- und Währungssystem der Nachkriegszeit erstellt und informell mit den Alliierten diskutiert.[69] Hieraus gingen im Währungsbereich nach der Konferenz von Bretton Woods 1944 der IWF und die Weltbank hervor. Im Bereich des Handels erarbeitete die amerikanische Regierung den Entwurf für eine Welthandelsorganisation, der nach Erlaß der Lend-Lease-Verbindlichkeiten und einer Einigung über amerikanische Finanzhilfen[70] als Verhandlungsgrundlage der USA und Großbritanniens veröffentlicht wurde.[71] Er war Grundlage der Resolution 2/46 des ECOSOC vom Februar 1946,[72] mit der ein Ausschuß zur Vorbereitung einer dip-

---

[66] *Gardner*, S. 43-47.

[67] Agreement between the United Kingdom and the United States of America on the Principles applying to Mutual Aid in the Prosecution of the War against Aggression, British and Foreign State Papers 144 (1940-1942) 1041-1044. Entsprechende Abkommen wurden mit 13 weiteren Staaten geschlossen, *Wilcox*, S. 38. Als klar wurde, daß IWF und Weltbank allein den europäischen Wiederaufbau kaum effektiv begleiten konnten, stellten die USA, auch angesichts des Einflusses der Sowjetunion, mit dem Marshallplan Finanzhilfen in einer zur nachhaltigen Erholung notwendigen Größenordnung bereit, im einzelnen *Gardner*, S. 293-304.

[68] *Gardner*, S. 55-62.

[69] Zu den britisch-amerikanischen Gesprächen einer möglichen Welthandelsorganisation *Gardner*, S. 103-109. Ausführlich behandelt *Gardner* die britisch-amerikanischen Verhandlungen zu den Finanzinstitutionen, aaO., Kap. V und VII.

[70] Financial Agreement between the United Kingdom and the United States together with a Joint Statement regarding Settlement for Lend-Lease, Reciprocal Aid, Surplus War Property and Claims, British and Foreign State Papers 145 (1945), 775-783.

[71] *Wilcox*, S. 39.

lomatischen Konferenz mit dem Ziel einer „international trade organization, as a specialized agency of the United Nations" berufen wurde.

Fortan wurden einerseits die Errichtung der Welthandelsorganisation (International Trade Organization, ITO) und gesondert hiervon die Zollbindungen verhandelt. Während die ITO-Verhandlungen im Zeichen von Forderungen nach staatlichen Interventionen ins Marktgeschehen, namentlich einer internationalen Beschäftigungspolitik sowie Handelsbeschränkungen zur Sicherung der Zahlungsbilanz und für Entwicklungszwecke, standen,[73] konnte in den Zollverhandlungen eine erhebliche Liberalisierung erzielt werden.[74] Die Ergebnisse wurden in einem Regelwerk mit zugehörigem Zollverzeichnis, dem General Agreement on Tariffs and Trade (GATT), festgehalten, das in der ITO aufgehen sollte. Die abschließende Beratung der ITO im März 1948 in Havanna begann mit einem erfolglosen Sturm der nichtentwickelten Länder gegen den Entwurf;[75] die politische Stimmung in den USA, aber auch in Großbritannien hatte sich indessen bereits von den Ideen des Multilateralismus und des Freihandels abgewandt.[76] Unter dem Eindruck der öffentlichen Meinung verzichtete der amerikanische Präsident darauf, dem amerikanischen Kongreß die Ergebnisse der Konferenz zur Ratifizierung zu unterbreiten.[77] Der unter der Bezeichnung „Havana Charter" bekannt gewordene Entwurf der ITO trat nie in Kraft, während das mit einem Vorbehalt für die bestehende Rechtslage zum 1.1.1948 vorläufig in Kraft gesetzte GATT[78] in Geltung verblieb.

Inhaltlich griff die ITO-Charta[79] über die Handelspolitik hinaus. Sie enthielt Bestimmungen über aktive Beschäftigungs- und Entwicklungs-

---

72 ECOSOC, Official Records 1 (1946) 173 f.

73 Näher zu den Verhandlungen *Wilcox*, S. 40-45; *Gardner*, S. 270-285, 361-364.

74 So für US-Importe eine Rückführung auf das Niveau von 1913, *Wilcox*, S. 46 f; *Gardner*, S. 360 f.

75 *Wilcox*, S. 47-49; *Gardner*, S. 364-368.

76 *Gardner*, S. 369-378.

77 Future Administration of GATT, Pressemitteilung, 6.12.1950, Department of State Bulletin 23 (1950) 977.

78 Protocol of Provisional Application vom 30.10.1947, British and Foreign State Papers 148 (1947) 817-819. Zur vorläufigen Geltung des GATT *Jaenicke*, AVR 7 (1958/59) 371, 372-379.

79 Wortlaut bei *Wilcox*, S. 231-327. Deutsche Übersetzung in *Hummer/Weiß (Hrsg.)*, Nr. 5.

politik (Kap. I und II) und Grundsätze über Rohstoffübereinkommen (Kap. VI), sah aber keine Durchgriffsbefugnisse gegenüber den Mitgliedstaaten vor. Allerdings traf sie als Konsequenz aus den Erfahrungen der Vor- und Zwischenkriegszeit besondere Regelungen zu privaten Wettbewerbsbeschränkungen: Als schädlich eingestufte wettbewerbsbeschränkende Praktiken wurden in einer Liste zusammengefaßt (Art. 46 Abs. 2 und 3 ITO) und sollten von den Mitgliedstaaten bekämpft werden (Art. 50 Abs. 1 ITO); in einem besonderen Verfahren (Art. 48 ITO) konnten sie einer Untersuchung durch die Organisation unterworfen werden, das in einer Feststellung über ihren schädlichen Charakter und einer Empfehlung von Maßnahmen endete (Art. 50 Abs. 4 ITO). Der betroffene Staat unterlag einer Berichtspflicht gegenüber der Organisation, die ihrerseits öffentlich über ihre Empfehlungen und die Maßnahmen des Mitgliedstaats berichten sollte (Art. 48 Abs. 8-10 ITO). In einem gewissen Grade hätte die ITO also die Funktion einer internationalen Kartellbehörde erfüllt.

3. Vom GATT zur WTO

Das GATT wurde nach dem Scheitern der ITO in einigen Punkten geändert und in der Praxis der Mitgliedstaaten wie ein vollgültiges Abkommen behandelt. Sein Sekretariat wurde formell durch den in Havanna geschaffenen internationalen Ausschuß der ITO (ICITO) gestellt und dienstrechtlich der UNO eingegliedert.[80] Die nach Art. XXV GATT einzig zum kollektiven Handeln ermächtigte Gesamtheit der Vertragsparteien (CONTRACTING PARTIES) setzte durch Beschlüsse eine Reihe von Unterorganen ein.[81] Ein Versuch, Mitte der 1950er Jahre eine Welthandelsorganisation geringeren Ausmaßes, die „Organization of Trade Cooperation" (OTC), ins Leben zu rufen, die vor allem die organisatorischen Grundlagen des GATT gestärkt hätte, blieb ohne

[80] *Jaenicke*, AVR 7 (1957/58) 371, 392. Vgl. auch *Jackson*, World Trading System, S. 42.

[81] So ein „Intersessional Committee", Intersessional Procedures, BISD 5S/17. Vgl. auch *Jaenicke*, AVR 7 (1957/58) 371, 391.

Erfolg.[82] Gleichwohl verstetigte sich in den folgenden Jahren die institutionelle Struktur des Vertragswerks.[83]

Die Zollpolitik wurde im GATT zunächst in fünf in kurzen Abständen stattfindenden Runden verhandelt.[84] Nachdem so erhebliche Zollreduzierungen erreicht worden waren und die meisten westeuropäischen Länder im Laufe der 1950er Jahre nachkriegsbedingte Handelsbeschränkungen und Devisenkontrollen aufheben konnten, traten eine Reihe struktureller Probleme hervor, auf die die 1964 eröffnete und 1969 abgeschlossene Kennedy-Runde reagierte.[85] Hier wurde erstmals auch das Problem der nichttarifären Handelshemmnisse aufgegriffen, das die folgende, 1976 eröffnete Tokio-Runde[86] prägen sollte. Neben weiteren Zollreduzierungen legten bei ihrem Abschluß 1979 eine Reihe von Sonderabkommen zum GATT detaillierte Regeln u.a. zu technischen Standards, öffentlichem Beschaffungswesen und Subventionen nieder.[87] Deren Anerkennung allerdings war den Staaten freigestellt, und es blieb unklar, ob ihre Regelungen im Wege der Meistbegünstigung auf alle GATT-Mitglieder erstreckt werden mußten. Dies wurde allgemein als Gefahr der Zersplitterung des multilateralen Handelssystems angesehen.[88] Im übrigen brachte die Tokio-Runde eine Bestätigung der bereits praktizierten entwicklungspolitisch motivierten Präferenzzölle in Form einer Ermächtigung zur Aussetzung der Meistbegünstigung.[89]

Mit Beginn der 1980er Jahre zeigte sich eine Verschiebung der internationalen Wirtschafts- und Handelsstrukturen. Die nach der Ölkrise En-

---

[82] Vgl. Organizational and Functional Questions (Report), Draft Agreement on the Organization of Trade Co-operation, BISD 3S/231, 232-237; ferner auch *Jaenicke*, AVR 7 (1958/59) 371, 392 f. Vgl. auch *Jackson*, World Trade and the Law of GATT, S. 51; *ders.*, World Trading System, S. 42.

[83] Vgl. hierzu *Benedek*, S. 214-219.

[84] Übersicht *Jackson*, World Trading System, S. 74. Zu den Runden im einzelnen *Senti*, WTO, Rn 106-133.

[85] Zur Kennedy-Runde *Senti*, WTO, Rn 134-148.

[86] Declaration of Ministers Approved at Tokyo on 14 September 1973, BISD 20S/19-22.

[87] Ergebnisse der Tokio-Runde in BISD 26S/3-191.

[88] Zur Problematik vgl. *Hudec*, Tiger, Tiger in the House, S. 310 f mwN.

[89] Differential and More Favourable Treatment, Reciprocity and Fuller Participation of Developing Countries, BISD 26S/203-205. Ursprünglicher Waiver: Generalized System of Preferences, BISD 18S/24-26.

de der 1970er Jahre einsetzende Rezession führte zu einem erheblichen Rückgang des internationalen Handels. Gleichzeitig kam es zu Strukturproblemen in Form von industriellen Überkapazitäten und Arbeitslosigkeit, die durch die Verlagerung arbeitsintensiver Produktionen, wie etwa der Textilindustrie, in Länder mit niedrigerem Lohnniveau noch verschärft wurden. Angesichts der wirtschaftlichen Probleme, steigender Haushalts- und Handelsbilanzdefizite und steigender Arbeitslosigkeit griffen immer mehr Industriestaaten zu Handelsbeschränkungen und setzten so das Handelssystem des GATT seiner bis dahin größten Belastungsprobe aus.[90] Waren bis in die 1970er Jahre Handelsstreitigkeiten in aller Regel, gegebenenfalls aufgrund eines GATT-Panel-Berichts, einvernehmlich beigelegt worden, betrafen die dem Streitschlichtungsverfahren zugeführten Fälle nun grundlegende Strukturprobleme und wurden immer öfter mißachtet.[91] Insbesondere in den USA wurden nicht zuletzt angesichts des erheblichen amerikanischen Handelsdefizits Rufe laut, das multilaterale Handelssystem zu verlassen.[92]

In dieser Situation ließ das GATT-Sekretariat durch sieben angesehene Handelsexperten einen Bericht über den Zustand des Handelssystems erstellen, der die Prinzipien des Freihandels auch unter den neuen Bedingungen bekräftigte und in 15 Punkten Empfehlungen zur Festigung

---

[90] Vgl. Leutwiler-Report, S. 25-28. Allgemein zum wirtschaftlichen Umfeld ebd., S. 18-24; GATT-Ministererklärung 1982, BISD 29S/9f; *Senti*, WTO, Rn 168, 171-174; *Christians*, S. 157-159, 160 f.

[91] Übersicht bei *Hudec*, Thinking About the New Section 301, S. 203-206; *ders.*, Enforcing International Trade Law, S. 141-169. Als Reaktion auf die schwindende Autorität der Panel-Berichte verabschiedeten die Vertragsparteien Änderungen der Regeln des Streitschlichtungsverfahrens, vgl. *Hudec*, Enforcing International Trade Law, S. 165-167. Darüber hinaus wurde 1983 ein Rechtsbüro beim GATT-Sekretariat eingerichtet, das die rechtliche Qualität der Berichte verbesserte, *Hudec*, aaO., S. 137 f, 167 f; *Petersmann* CMLR 31 (1994) 1157, 1225. Allgemein zur Überforderung des Panel-Verfahrens in bestimmten Fällen *Benedek*, S. 335-339.

[92] Vgl. nur Clayton Yeutter (U.S. Trade Representative), Address before the Chamber of Commerce on September 10, 1986, US Department of State Bulletin 86 (1986) 43 f.; ferner Leutwiler-Report, S. 20 f; *Hudec*, Mirror, Mirror on the Wall, S. 247 f. Auf das Handelsdefizit wurde namentlich auch die GATT-Initiative der USA zum geistigen Eigentum zurückgeführt, *Meister*, MA 1987, 420, 424; *von Lewinski*, GRUR Int. 1996, 630, 635; UFITA 136 (1998) 103, 108 f.

und Weiterentwicklung gab.[93] Die Ministererklärung von Punta del Este[94] unternahm dann 1986 den entscheidenden Anlauf zur Weiterentwicklung des GATT-Systems. Die mitunter schwerfälligen, 1990 noch einmal verlängerten Verhandlungen der Uruguay-Runde führten schließlich mit Annahme der Marrakesch-Akte vom 15.4.1994 zur Gründung der WTO. Das GATT wurde in der bisherigen Form beibehalten (Art. 1 lit. a GATT 1994), allerdings wurde eine Reihe der Sonderabkommen der Tokio-Runde erweitert und durch weitere Zusatzvereinbarungen ergänzt. Außerdem wurden dem GATT, das nur den Warenhandel betrifft, das GATS als Rahmenabkommen für die Verhandlungen von Erleichterungen des internationalen Dienstleistungsverkehrs sowie das TRIPS-Abkommen, ferner das Streitschlichtungsabkommen DSU und das Instrument zur regelmäßigen Prüfung der nationalen Handelspolitik TPRM zur Seite gestellt. GATT mit Zusatzabkommen, GATS und TRIPS sowie DSU und TPRM bilden als „Single Undertaking" den multilateralen *acquis* des Welthandelssystems, der von allen Mitgliedern der WTO ratifiziert werden muß. Daneben wurden vier Codes der Tokio-Runde zum Handel mit Zivilflugzeugen, Milchprodukten und Rindfleisch sowie zu öffentlichen Ausschreibungen als beitrittsoffene plurilaterale Abkommen beibehalten, die durch die WTO verwaltet werden.

E. Zusammenfassung

Die zweite Hälfte des 19. Jahrhunderts war durch eine erhebliche Verflechtung der Volkswirtschaften und eine vergleichsweise große Handelsfreiheit geprägt. Ein Netz bilateraler Zollabkommen auf Basis der Meistbegünstigung und das Gold als einheitlicher Währungsstandard sicherten die Vorhersehbarkeit und Offenheit der internationalen Wirtschaftsbeziehungen. Auf die Zerstörungen des ersten Weltkriegs und die Kriegsschulden der europäischen Staaten folgte zunächst eine restriktive Handelspolitik, die nach einer kurzen Erholung durch die von Amerika ausgehende Depression in vertiefte Präferenzbeziehungen zulasten des freien internationalen Austauschs überging. Diese Erfahrungen führten während des zweiten Weltkriegs auf Initiative der USA zum Entwurf eines umfassenden multilateralen Handels- und Wäh-

[93] Leutwiler-Report (nach dem Vorsitzenden der Expertenkommission), erstmals veröffentlicht 1985.

[94] Ministerial Declaration on the Uruguay Round, Declaration of 20 September 1986, BISD 33S/19, 25 f.

rungssystems, von der neben den Währungs- und Finanzinstitutionen von Bretton Woods allein das GATT als Teilstück der umfassenderen ITO bestehen blieb. Als multilaterales Verhandlungs- und Streitbeilegungsforum trug es zur Stabilisierung und Liberalisierung des Welthandels bei, bis nach den Krisenerscheinungen der 1980er Jahre die Verhandlungen der Uruguay-Runde zur förmlich organisierten und materiell auf Dienstleistungen und Immaterialgüterrechte erweiterten Handelsordnung der WTO führten.

II. Wirtschaftstheoretische Grundlagen

Erstes Anliegen der Handelspolitik ist die Stabilität und Kontinuität der Handelsbeziehungen. Die jedem Unternehmen zugrundeliegende, spezifisch auf seine Zwecke zugeschnittene Zusammenstellung von Vermögenswerten – der eingerichtete und ausgeübte Gewerbebetrieb – wird entwertet, wenn eine Änderung der Handelspolitik das Unternehmen abrupt von seinen Bezugs- oder Absatzquellen abschneidet. Die Folge sind nicht nur Einkommensverluste des Betriebsinhabers, sondern auch ein Sinken der volkswirtschaftlichen Leistung insgesamt. Für eine verläßliche betriebliche Planung ebenso wichtig ist die Transparenz der bestehenden Regelungen; auch sie ist Gegenstand staatlicher Handelspolitik.[95]

Über diese grundlegenden Postulate hinaus liefert die Wirtschaftswissenschaft ein Modell, nach dem eine am Freihandel orientierte Politik, die möglichst wenig in das spontane Marktgebaren der am Außenhandel beteiligten Individuen eingreift, zu einer Wohlfahrtsmaximierung führt. Diese Auffassung geht auf die klassische Wirtschaftstheorie zurück, die sich in bewußter Abkehr vom Merkantilismus mit Adam Smiths 1776 erschienenem Grundlagenwerk zu entwickeln begann und durch David Ricardo und John Stuart Mill maßgeblich weitergeführt wurde.[96] Die um die Wende zum 20. Jahrhundert aufgekommene neo-

---

[95] Ein frühes Beispiel findet sich im britisch-französischen Handelsvertrag von 1714 (oben, Fn 36), nach dessen Art. VI die Zolltarife in den großen Handelsstädten öffentlich bekannt gemacht werden mußten. Vgl. auch den entsprechenden heutigen Art. X GATT.

[96] Die Ideen der klassischen Wirtschaftstheorie lassen sich zu großen Teilen auf frühere oder parallel entstandene Werke zurückführen; so die Adam Smiths auf Werke der Merkantilisten, David Ricardos Idee des komparativen Kostenvorteils findet sich zur gleichen Zeit bei Robert Torrens, und John Stuart Mill

klassische Handelspolitik erweiterte und verfeinerte die klassischen Modelle,[97] während sich die sogenannte neue Außenhandelspolitik ab den 1980er Jahren um die Erklärung einer Reihe von Einzelphänomenen bemühte.[98]

A. Die Theorie des komparativen Kostenvorteils

Adam Smith wandte sich gegen das merkantilistische Streben, durch Förderung des Exports und Behinderung des Imports den Wohlstand zu heben.[99] Wie jeder Familienvater und Handwerker seine Einkäufe bei der billigsten Quelle tätige, könne ein Land nicht falsch daran tun, Güter zu importieren, die im Ausland billiger als im Inland hergestellt werden. Importzölle dagegen führten dazu, daß Inländer ihr Kapital in die geschützten Industrien investierten. Das inländische Kapital werde so für eine Produktion aufgewandt, die teurer als die Produktion im Ausland ist, anstatt in der volkswirtschaftlich sinnvollsten Weise eingesetzt zu werden. Ein optimaler Kapitaleinsatz ergebe sich dagegen ohne staatliche Eingriffe, gleichsam geleitet von einer unsichtbaren Hand, wegen des individuellen Interesses an einem möglichst hohen Zins.[100] Mit dem Namen David Ricardos verbindet sich die zusätzliche Erkenntnis, daß Handel auch dann von Vorteil ist, wenn ein Land in jeder Hinsicht einen Kostenvorteil gegenüber einem anderen hat. Auch in diesem Fall stellt der Austausch beide besser, wenn sich das Land mit dem absoluten Kostenvorteil auf diejenige Produktion verlegt, in der sein Vorteil am größten ist; im Vergleich dazu hat das andere Land bei der Produktion, in der sein Nachteil weniger stark ausgeprägt ist, einen komparativen Kostenvorteil. Ricardo belegt dies an einem berühmt ge-

---

griff für seine Terms-of-Trade-Theorie wohl auf eine Arbeit von William Whewell zurück. Im einzelnen *Maneschi*, S. 40 f, 54 f, 111 f. Zu älteren Handelstheorien *Niehans*, S. 24 f, 27 f, *Maneschi*, S. 26-40, *Gerken*, Freiheit und Freihandel, S. 8 f.

97 Vgl. den Überblick bei *Maneschi*, Kap. 7 (zu Marshall, Pareto und Barone) und Kap. 8 (zu Haberler, Heckscher und Ohlin), ferner bei *Niehans*, S. 34-38, 58-66, 78-94.

98 Überblick ausgewählter Vertreter bei *Maneschi*, Kap. 9.

99 Die Annahme, dem Merkantilismus sei in erster Linie daran gelegen, Gold und Silber in den Staatsschatz zu spülen, ist allerdings zu vereinfachend, vgl. *Maneschi*, S. 30-34.

100 *Smith*, S. 455-457.

wordenen Zahlenbeispiel, in dem er die in England bzw. Portugal benötigte Arbeitskraft zur Produktion von Tuch und Wein gegenüberstellt. Obwohl in dem Modell England in beider Hinsicht unterlegen ist, kann hiernach bei freiem Handel dieselbe Gesamtmenge an Gütern mit weniger Arbeitskräften erzeugt werden als im Autarkiezustand.[101]

Als Grund für die komparativen Kostenunterschiede gibt die klassische Wirtschaftstheorie die Immobilität der Produktionsfaktoren an:[102] Wären Kapital und Arbeit international ebenso mobil wie im Inland, so würden sie dorthin streben, wo sie sich am gewinnträchtigsten einsetzen lassen, im Beispiel Ricardos also nach Portugal. Nur wegen der Schwierigkeit, Produktionsfaktoren ins Ausland zu verlagern, nähmen Arbeiter und Unternehmer in England einen niedrigeren Lohn bzw. Gewinn hin, als er in Portugal zu erzielen wäre. Allgemeiner formulierte diese Zusammenhänge die neoklassische Wirtschaftstheorie, indem sie nicht wie die klassische Lehre allein nach dem Arbeitsaufwand fragte, sondern nach dem Nutzen, der sich aus einer alternativen Verwendung der in verschiedenen Kombinationen eingesetzten Produktionsfaktoren ziehen läßt (Opportunitätskostenansatz).[103] Die vermittelt ü-

---

[101] Das Beispiel *Ricardos*, S. 135, geht wie folgt: Benötigt England zur Fabrikation einer bestimmten Menge Tuches 100 Mann pro Jahr und zur Fabrikation einer bestimmten Menge Weines 120 Mann pro Jahr, während Portugal zur selben Produktion 90 bzw. 80 Mann benötigt, also in beiden Produkten einen absoluten Vorteil hat, so kann England, verlegt es sich ganz auf die Tuchproduktion, dieselbe Menge Weins für die Arbeit von nur 100 Mann erwerben, während Portugal, wenn es sich auf Wein spezialisiert, dieselbe Menge Tuches anstatt mit dem Produkt von 90 mit dem von 80 Männer Arbeit erwirbt. Anders ausgedrückt wird die Gesamtmenge Tuchs nun durch 200, die Weins durch 160 Mann erzeugt. Gegenüber dem Autarkiezustand werden bei Erzeugung derselben Gesamtmenge in England 20 und in Portugal 10 Arbeitskräfte frei, die für andere Verrichtungen verwendet werden können. – Daß Ricardo in seinem Beispiel ausgerechnet England als das unterlegene Land hinstellte, könnte auf sein Anliegen zurückzuführen sein, gegenüber dem merkantilistischen Geist die Vorteile des Handels auch in denkbar ungünstiger Situation deutlich zu machen, *Maneschi*, S. 56 mit dortiger Fn 7.

[102] *Ricardo*, S. 134; *Mill*, S. 587 f. Zur Immobilität des Kapitals auch schon *Smith*, S. 454 f.

[103] *Ohlin*, S. 13 f mit dortiger Fn 1 auf S. 14; in diesem Sinne auch *Haberler*, S. 133, der die Produktionskosten als „Kosten im Sinne der österreichischen Schule, Kosten = entgangener Nutzen“ (für den sonstigen Einsatz der verwendeten Produktionsfaktoren) ausdrückte.

ber den Wechselkurs in Geld ausgedrückten[104] Preise der Produktionsfaktoren differierten je nach der natürlichen Ausstattung von Land zu Land.[105] Der Handel wird sodann zum Instrument, um für die Warenproduktion die weltweit günstigste Kombination von Produktionsfaktoren zu erschließen.[106] Denn sofern die Verschiebung von Produktionsfaktoren unmöglich oder prohibitiv teuer ist, kann nur er die Nutzung der günstigsten Faktorkombination ermöglichen. So nimmt auch diese Theorie die Immobilität der Produktionsfaktoren zum Ausgangspunkt, um die aus dem Handel zu ziehenden Vorteile zu erklären.[107] Indem sie die Produktionsfaktoren umfassend nach den Opportunitätskosten bewertet, stellt sie den komparativen Kostenvorteil zudem als allgemeines wirtschaftliches Phänomen dar,[108] das auch ganz ohne zwischenstaatlichen Bezug zu erklären ist: Eine Rechtsanwältin übertrüge ihrer Sekretärin selbst dann die Schreibarbeit, wenn sie sie selbst schneller erledigen könnte, da sie ihre höher qualifizierte Arbeitskraft in anderer Weise noch profitabler einsetzen kann.[109]

B. Begründungsansätze für Handelsbeschränkungen

Angesichts des Postulats der Wirtschaftstheorie stellt sich die Frage nach den Gründen für die in vielen Bereichen gleichwohl anzutreffenden Handelsbeschränkungen. Sie lassen sich zum einen im staatlichen Bestreben finden, aus einer bestehenden Marktmacht im Wege des Optimalzolls finanziellen Gewinn zu schlagen.

---

[104] Vgl. *Ohlin*, S. 29 f; 587 f, 590, Anhang III.

[105] *Ohlin*, S. 47 f, erklärt dies u.a. an folgendem Beispiel: Handel führe dazu, daß ein Staat mit relativ gutem Ackerland und vielen Arbeitern arbeitsintensive Produkte wie Kartoffeln erzeuge, während ein landreicher Staat, in dem Arbeit wegen anderer, produktiverer Produktionszweige hoch bezahlt werden muß, sich auf die Produktion weniger arbeitsintensiver Produkte wie Weizen verlege. Selbst wenn im ersten Staat Weizen besser gedeiht als im zweiten, bringt der niedrige Preis der Arbeit einen Kostenvorteil beim Anbau von Kartoffeln.

[106] *Heckscher*, S. 57; *Ohlin*, S. 42; 167 f; 178.

[107] *Ohlin*, S. 9 f; vgl. auch S. 48.

[108] *Ohlin*, S. 23, lehnte den mit zwischenstaatlichem Handel verbundenen Begriff des komparativen Kostenvorteils ab; er habe einen allgemeinen Zusammenhang formuliert.

[109] *Samuelson*, S. 689.

1. Der Optimalzoll und das handelsrechtliche Gefangenendilemma

Der komparative Kostenvorteil allein erklärt noch nicht, wie sich der aus der grenzüberschreitenden Spezialisierung zu ziehende Produktivitätsgewinn auf die Handelspartner verteilt. Dies hängt davon ab, wie viele inländische Güter tatsächlich für eine bestimmte Menge Importe aufgewendet werden müssen (reales Austauschverhältnis), nach John Stuart Mill auch als „Terms of Trade" bezeichnet.[110] Dieses hängt nach Mill durch die bei gegebenen Preisen bestehende Nachfrage nach den Produkten des jeweils anderen Handelspartners ab. Die Grenze bilden die Extremsituationen, in denen das eine oder das andere Land die benötigten Produkte nur zum gleichen oder mit größerem Aufwand als im Autarkiezustand erhält; dann findet kein spontaner Außenhandel mehr statt, da die Waren im Inland bezogen werden können.[111] Je nach der konkreten Gestaltung des Austauschverhältnisses zwischen diesen beiden Extremsituationen fließen den Ländern größere oder kleinere Teile des Handelsgewinns zu; bei einer Verschiebung spricht man von einer Verbesserung oder Verschlechterung der Terms of Trade.

Nun liegt es nicht fern, die Terms of Trade durch einen Zoll, der die Preise im Inland erhöht und so die Nachfrage dämpft, zu beeinflussen.[112] Dies gelingt allerdings nur, wenn der Weltmarkt den Nachfragerückgang nicht auffängt. In dem von Mill gebildeten Beispiel von zwei Ländern und zwei Produkten leuchtet der Einfluß des Zolls auf die Nachfrage ohne weiteres ein, während in der Praxis die Handelspolitik eines einzelnen Staates den Weltmarktpreis oft kaum beeinflussen wird. Staaten, deren Handelsvolumen den Weltmarktpreis maßgeblich bestimmt, können sich ihre Marktmacht dagegen durch Festsetzung eines Optimalzolls zunutze machen.[113] Ein solches Verhalten widerspräche allerdings dem Ideal der klassischen Wirtschaftstheorie, da dem erhöhten Anteil am Handelsgewinn ein durch den staatlichen Eingriff angeregter ineffizienter Einsatz des inländischen Kapitals gegenüberstün-

---

[110] *Mill*, S. 595: „(T)he values of foreign commodities depend on the terms of international exchange."

[111] *Mill*, S. 596-599, exemplifiziert dies an Zahlenbeispielen und formuliert es sodann abstrakt, S. 614 f.

[112] Vgl. *Mill*, S. 853 f.

[113] Vgl. *Rose/Sauernheimer*, S. 585-593, *Niehans*, S. 58 f, 60-62; *Gerken*, Freiheit und Freihandel, S. 31-37, *Krugman/Obstfeld*, S. 223 f, 252-254, *Dunn/Mutti*, S. 161 f, 163, 164; *Samuelson*, S. 705.

de.[114] Gleichwohl wird der Optimalzoll für den anwendenden Staat theoretisch profitabel, wenn die inländischen gesamtwirtschaftlichen Verluste kleiner sind als der durch den Zoll erzielte Gewinn.[115]

Selbst in dieser Situation aber entsteht über die bloße Verschiebung der Terms of Trade ein zusätzlicher Nachteil daraus, daß die Produktion nicht unter optimalem Kapitaleinsatz erfolgt, den die Handelspartner tragen. Was die Festsetzung von Zöllen zwischen Staaten angeht, läuft also der Individualanreiz keineswegs mit dem gemeinsamen Interesse an einer Wohlstandsmaximierung parallel, eine Situation, die die Wirtschaftstheorie unter dem Schlagwort der öffentlichen Güter diskutiert.[116] Der Anreiz zur Realisierung eines individuellen Nutzens, der den anderen entstehenden Nachteil übersteigt, wird als negative Externalität bezeichnet. Beide Begriffe stehen für Situationen, in denen das spontane Marktgeschehen nicht zugleich ein optimales Ergebnis zustande bringt (Marktversagen). Das Marktversagen kann nur durch eine Verbesserung der institutionellen Marktordnung, insbesondere eine Änderung der Sitten- oder Rechtsordnung, behoben werden. Sieht man in dem hier diskutierten Fall des Optimalzolls den Freihandel als öffentliches Gut und die ausbeuterische staatliche Handelsintervention als negative Externalität, so kann der Gesamtnutzen nur durch internationale Handelsabmachungen gesichert werden. Eine zusätzliche Gefahr eigennütziger Zollmanipulationen liegt in der Eskalation, wenn die Handelspartner versuchen, die Verschiebung der Terms of Trade durch Retorsionszölle wieder auszugleichen (Zollkrieg).[117] Zur Vorstellung

---

114 Nach *Haberler*, S. 217, ist dies nur einer von verschiedenen Faktoren, die in die Gegenrechnung einfließen müßten.

115 Dies gilt unter den idealisierenden Bedingungen der klassischen Wirtschaftstheorie. In der Praxis komplizieren eine Vielzahl von Phänomenen die genaue Feststellung der Wirkung von Zöllen. Handelsbeschränkungen können im Einzelfall sogar bestehende Marktverzerrungen im Inland korrigieren; allerdings erweisen sich in solchen Fällen binnenwirtschaftliche Maßnahmen als wirksamer als Handelsmaßnahmen, *Rose/Sauernheimer*, S. 532 f. Verschiedene Szenarios zur Handelspolitik auf unvollständigen Märkten führt *Gerken* vor, Freiheit und Freihandel, S. 61-75.

116 Zur Theorie der öffentlichen Güter vgl. etwa *Buchanan*, S. 36-39; ferner *Gerken*, Freiheit und Freihandel, S. 186-188, sowie S. 27 f mit dortiger Fn 39 zur Anwendung der Theorie auf die Freihandelsproblematik.

117 Auf die Gefahr von Handelskriegen wird regelmäßig hingewiesen. Eine mathematische Darstellung von Retorsionszöllen findet sich bei *Rose/Sauernheimer*, S. 593-596.

des Freihandels als öffentliches Gut tritt hier eine Wechselwirkung, in der das isolierte rationale Handeln zu ungünstigeren Ergebnissen führt als das kooperative Handeln (Gefangenendilemma).[118] Für die Handelspolitik bedeutet dies wiederum nichts anderes, als daß internationale Kooperation die im Ergebnis allen zum Schaden gereichende Eskalation verhindern kann.

Indessen kann eine an strikter Gegenseitigkeit ausgerichtete Handelspolitik auch zum Abbau von Handelshemmnissen eingesetzt werden, wie es der amerikanische Reciprocal Tariff Act 1934 unternahm. Zölle erhalten so einen Eigenwert als Verhandlungsmasse, wobei die Größe der Zollzugeständnisse, die ein Staat in Aussicht stellen kann, seine Verhandlungsmacht repräsentiert.[119] Eine strikte Ausrichtung an der Gegenseitigkeit eröffnet allerdings nicht nur die Gefahr, daß ein Staat im Eigeninteresse liegende einseitige Zollsenkungen nur deshalb unterläßt, weil das Ausland ihm keine gleichwertigen Konzessionen anzubieten hat. Die überlegene Verhandlungsmacht, welche ein großer Importmarkt vermittelt, kann darüber hinaus genutzt werden, um von den Handelspartnern über Zollkonzessionen hinaus weitere Zugeständnisse zu erzwingen. Hierauf beruhte der in der Uruguay-Runde verzeichnete amerikanische „aggressive Unilateralismus“.[120]

---

[118] Das Gefangenendilemma beruht auf folgendem Bild: Wird zwei Angeklagten in Aussicht gestellt, durch Verrat des jeweils anderen ihr Los zu verbessern, so verraten sie sich gegenseitig und werden beide verurteilt, wenn sie isoliert voneinander nach ihrem individuellen Vorteil und unter der Annahme entscheiden, der andere werde genauso handeln; koordinieren sie dagegen ihr Verhalten durch Verabredung oder die Institution der „Gaunerehre“, so schweigen sie und werden beide freigesprochen. Vgl. nur *K. Abbott*, HILJ 26 (1985) 501, 504-506 sowie 525-531; *Jackson*, in: *Abbott/Gerber*, S. 189; *Herrmann*, in: *Weiß/Herrmann*, Rn 28. Das Gefangenendilemma ist ein Anwendungsfall der mathematisch begründeten Spieltheorie *von Neumanns*, Mathematische Annalen 100 (1928), 295-320; *von Neumann/Morgenstern*, Theory of Games and Economic Behavior. Eingehende Diskussion des hier vereinfachten Gefangenendilemmas bei *Luce/Raiffa*, S. 94-97, 111 f.

[119] *J.W. Evans*, The Kennedy Round, S. 30-32. Ähnlich schon *ders.*, Proceedings ASIL 61 (1967) 141, 143 f.

[120] Siehe unten, Seite 108.

2. Erziehungsargument und Industriepolitik

Die festgestellten einseitigen Vorteile des Optimalzolls beruhen auf einem einfachen Vergleich zweier Situationen mit und ohne Handelsbeschränkungen (statische Betrachtung). Darüber hinaus können aber auch die Rückwirkungen der Handelspolitik auf die Produktionsstrukturen selbst (dynamische Betrachtung) Argumente für zeitweilige Handelsbeschränkungen liefern.

Die klassische Wirtschaftstheorie befaßte sich zunächst vor allem mit den dynamischen Rückwirkungen des Freihandels auf die Produktionsstrukturen. Bereits der Merkantilismus kannte den Einfluß der Zollpolitik auf die inländische Kostenstruktur, sofern der Preis importierter Rohprodukte betroffen war. Hierauf beruhte die die Freihandelsepoche einleitende Ablehnung von Getreidezöllen, die die Nahrungsgrundlage der Arbeiter verteuere und über die Löhne in die Kosten der gewerblichen Produktion zurückfließe, die zu Kostennachteilen gegenüber dem Ausland führten.[121] Schon David Hume wies außerdem darauf hin, daß der Handel die inländische Industrie anregt, indem er die Bevölkerung mit ausländischen Sitten und Technologien in Berührung bringt.[122] Darüber hinaus sind die Aussagen Adam Smiths zur Produktivitätssteigerung, zu der der freie Handel Anlaß gibt, von Bedeutung. Der arbeitsteiligen Spezialisierung, die durch Ausbildung der Geschicklichkeit, Zeitersparnis und die Möglichkeit des Maschineneinsatzes die Produktivität erhöhe,[123] sei durch die Größe des Marktes Grenzen gesetzt, auf dem sich die vermehrten Produkte absetzen lassen.[124] Außenhandel dagegen biete die Möglichkeit, überschüssige Produktion abzusetzen und so die Spezialisierung zu vertiefen.[125] Hierin liegt eine frühe Beschreibung dessen, was später mit Skaleneffekten[126] bezeichnet wurde: Kann eine Produktion mengenmäßig ausgeweitet werden, so sinken die Fixkosten pro produzierten Stücks (firmeninterne Skaleneffekte); zudem kann die räumliche Konzentration gleichartiger Produzenten durch größere Spezialisierung, besondere Ausbildung der Arbeitskräfte

---

121 *Smith*, S. 535; *Ricardo*, S. 132.

122 *Hume*, S. 285 f. Ähnlich auch *Smith*, S. 447.

123 *Smith*, S. 13-21.

124 *Smith*, S. 31-34.

125 *Smith*, S. 446 f.

126 Zu Skaleneffekten auch schon *Ohlin*, S. 52-54. Zur heutigen Theorie *Rose/Sauernheimer*, S. 369 f, 535-548; *Krugman/Obstfeld*, S. 120-122.

und den Austausch von Erfahrungen und Innovationen zu besonders rationeller Produktion in diesem Gebiet führen (firmenexterne Skaleneffekte oder „Spillover"-Effekte).[127]

Die dynamischen Vorteile der Markterweiterung auf das Ausland nun können die natürliche Faktorausstattung überlagern. Dies zeigt sich in dem der Theorie der komparativen Kostenvorteile scheinbar widersprechenden Phänomen, daß der Großteil des Welthandels zwischen den in ihrer Kostenstruktur weitgehend vergleichbaren Industriestaaten abgewickelt wird (intraindustrieller Handel). Erklären läßt sich dies mit einer Differenzierung gleichartiger Produkte, deren Produktion jeweils durch Konzentration effizienter gestaltet wird.[128] Da die durch die Markterweiterung auf Auslandsmärkte erzielten Skaleneffekte nicht an eine bestimmte geographische Lage gebunden sind, hängt es vom historischen Zufall ab, wo die betreffende Produktion zuerst aufgenommen wurde.[129] Von hier ist es nur noch ein kleiner Schritt zu der Erwägung, Handelsbeschränkungen selbst in den Dienst der Erhöhung inländischer Kostenvorteile zu stellen. Angesprochen sind hiermit die Erziehungszölle, die junge Industrien gegen die ausländische Konkurrenz abschirmen, damit sie Kapital ansammeln und ihre Kapazitäten entwickeln, bis sie aus eigener Kraft am Wettbewerb teilnehmen können.[130]

---

[127] *Krugman/Obstfeld*, S. 122 f.

[128] Vgl. *Rose/Sauernheimer*, S. 539-548, *Krugman/Obstfeld*, S. 136 f. Intraindustrieller Handel läßt sich darüber hinaus mit Kosten- oder Preisdifferenzen aufgrund von Marktverzerrungen erklären, und zwar infolge externer Effekte (oben, nach Fn 116) oder Marktmacht auf den nationalen Gütermärkten, vgl. *Rose/Sauernheimer*, S. 524-533, *Gerken*, Freiheit und Freihandel, S. 54-61.

[129] So schon *Ohlin*, S. 55 f; ebenso *Rose/Sauernheimer*, S. 370. *Krugman/Obstfeld*, S. 150-152, heben die historische Komponente für die externen Skaleneffekte mit der Aussage hervor, der einzelne Unternehmer habe einen Anreiz, sich dort anzusiedeln, wo bereits eine Ansammlung von Produzenten besteht, selbst wenn für die beabsichtigte Produktion ein anderer Standort nach seiner natürlichen Ausstattung besser geeignet wäre. In diesem Sinne schließt auch *Maneschi*, S. 231, seine Betrachtung der Ideengeschichte des komparativen Vorteils: „An economist with a deep historical sense such as Adam Smith must be smiling in his grave over the fact that economists, as the twentieth century draws to a close and a new millenium approaches, have rediscovered that ‚history matters' after all."

[130] Vgl. etwa *Samuelson*, S. 705 f.

Das Erziehungsargument folgt damit derselben Logik wie ursprünglich die Anwerbung von Technologien durch Patenterteilung.[131]

Adam Smith lehnte staatliche Erziehungshilfen ab, da sie die Investitionstätigkeit willkürlich in eine Richtung lenkten, die die Ausschöpfung der natürlichen Potentiale eines Landes behindert.[132] Demgegenüber sprach sich Mill grundsätzlich für einen zeitweiligen Schutz aus, allerdings unter strikter zeitlicher Begrenzung, die dem Begünstigten keinen Zweifel lassen dürfe, daß über das für einen „fair trial" erforderliche Maß hinaus keine Unterstützung zu erwarten sei.[133] Namentlich in industriell weniger entwickelten Ländern als England wurde das Schutzargument in diesem Sinne verwendet und entwickelt.[134]

So regte eines der bekanntesten Dokumente einer frühen Industriepolitik, der „Report on Manufactures" von Alexander Hamilton, staatliche Interventionen mit dem Ziel einer Industrialisierung der USA an. Hamilton verkannte nicht die theoretische Logik der Handelstheorie, verwies aber auf die tatsächliche Politik Europas, die amerikanische Exporte behindere und die USA auf die Lieferung landwirtschaftlicher Produkte beschränke. Da Amerika eine stetige Nachfrage nach Industrieprodukten verzeichne, die europäische Nachfrage nach Agrarprodukten hingegen naturgegeben schwanke, liege eine Industrialisierungspolitik im langfristigen nationalen Interesse.[135] Smiths „unsichtbarer Hand" setzt Hamilton die tatsächliche Risikoscheu der Menschen und ihre Neigung, an Erprobtem festzuhalten, entgegen; ferner setze der Wettbewerbsvorsprung der englischen Industrie amerikanische Unternehmer in einen Nachteil, der durch staatliche Intervention wirksam ausgeglichen werden könne.[136] Offenbar von diesen Ideen beeinflußt plädierte auch Friedrich List nach einem Aufenthalt in den USA in Deutschland für die bewußte Förderung der nationalen Produktivkräfte, die sich angesichts der erdrückenden Wirtschaftsmacht der „Handels- und Gewerbssuprematie (England)" nicht natürlich entwickeln

---

[131] *Dunn/Mutti*, S. 166. In diesem Sinne auch schon *Mill*, S. 920: „Such temporary protection is of the same nature as a patent, and should be governed by similar conditions."

[132] *Smith*, S. 458.

[133] *Mill*, S. 918 f.

[134] Vgl. *Maneschi*, Kap. 5, zu den Theorien Hamiltons (USA 1791), Raes (Kanada 1834) und Lists (Deutschland 1841).

[135] *Hamilton*, S. 199-202.

[136] *Hamilton*, S. 202-205.

könnten.[137] Prohibition und Zollschutz sollten die innere Manufakturkraft derjenigen Nationen entwickeln, „welche durch ein ausgedehntes wohlarrondiertes Territorium, durch große Bevölkerung, durch den Besitz natürlicher Hilfsquellen, durch einen weit vorgerückten Ackerbau, durch einen hohen Grad von Zivilisation und politischer Ausbildung berufen sind, mit den ersten Agrikultur-Manufaktur-Handelsnationen, mit den größten See- und Landmächten gleichen Rang zu behaupten."[138]

Eine moderne Variante des Erziehungsarguments ist die strategische Handelspolitik, die durch protektionistische Handelsbeschränkungen einheimischen Unternehmen den Eintritt in einen sonst schwer zugänglichen Markt ermöglichen[139] oder den Aufbau einer zukunftsträchtigen Industrie unterstützen soll, damit sie frühzeitig Skaleneffekte ausbildet und so einen komparativen Kostenvorteil vor dem Ausland erwirbt.

Was die Mittel angeht, werden Subventionen als einem Schutzzoll überlegen erachtet.[140] Ein Zoll behindert den ausländischen Wettbewerb pauschal, verteuert die Waren im Inland und belastet einseitig die Verbraucher der betreffenden Waren, während eine Subvention das geförderte Unternehmen in den Markt einreiht, das Preisniveau unverändert läßt und aus dem allgemeinen Steueraufkommen finanziert werden kann. Für die strategische Handelspolitik werden darüber hinaus gezielte Subventionen von Forschung und Entwicklung bloßen Betriebskostenbeihilfen vorgezogen, da sie spezifischer auf die gewünschten Entwicklungs- und „Spillover"-Effekte hinwirkten.[141] Grundsätzliche

---

[137] *List*, S. 312 f.

[138] *List*, S. 321.

[139] Exemplifiziert wird dies am Beispiel zweier Unternehmen vor der Entscheidung über die Neuentwicklung eines Produkts bei oligopolistischer Marktstruktur: Könnte auf dem begrenzten Markt jedes Unternehmen allein, nicht aber beide zugleich die Entwicklungskosten wiedereinbringen, so ermutige eine Subvention, die diesen Nachteil ausgleicht, beim begünstigten Unternehmen die Entscheidung zur Entwicklung, während das andere von der Entwicklung absehe und dem geförderten den Markt überlasse. So für das Beispiel Boeing/Airbus *Krugman/Obstfeld*, S. 278-280, für ein Beispiel mit Fernsehapparaten *Dunn/Mutti*, S. 167 f.

[140] *Hamilton*, S. 235-237; *Rose/Sauernheimer*, S. 574; *Dunn/Mutti*, S. 137 f; *Jackson*, World Trading System, S. 22; vgl. auch *Maneschi*, S. 84 (zu Hamilton). Ebenso *Hudec*, Tiger, Tiger in the House, S. 290, für zeitweilige Handelsbeschränkungen bei Zahlungsbilanzproblemen.

[141] *Krugman/Obstfeld*, S. 278.

Bedenken gegen die staatliche Entwicklungsförderung ergeben sich dagegen aus der Frage, ob die geförderte Industrie überhaupt international konkurrenzfähig werden kann.[142] Da die Förderung vom Wettbewerb entlastet, kann sie einem Heranwachsen zur Konkurrenzfähigkeit selbst im Wege stehen, zumal sie besonders organisierte Interessen hervorbringt. Die strategische Handelspolitik wird aus ökonomischer Sicht ebenfalls ambivalent beurteilt:[143] Der Markt könne selbst für die nötige Kapitalausstattung der aussichtsreichsten Unternehmen sorgen, und die „Spillover"-Effekte ließen sich nur schwer auf das Inland beschränken.[144] Als marktgerechte Alternative zu Handelsmaßnahmen wird vorgeschlagen, die inländischen Rahmenbedingungen so zu gestalten, daß sie privaten Investoren günstig erscheinen. Ein solcher „Wettbewerb der Staaten"[145] allerdings läuft Gefahr, im Hinblick auf allgemeinpolitische Ziele zu einem „Senkungswettlauf" oder „Race to the Bottom" zu werden.[146]

3. Abmilderung von Strukturproblemen

Eine zweite dynamische Auswirkung eines freien Außenhandels liegt in der Schwierigkeit, festgelegtes Kapital umzuwidmen, wenn sich die komparativen Kostendifferenzen verschieben. Dieses Problem war weder der klassischen[147] noch der neoklassischen Wirtschaftstheorie[148] unbekannt. Besondere Brisanz erhält es wegen der sozialen Auswirkungen, die Änderungen in der Industriestruktur für die Beschäftigten mit

---

[142] So etwa *Friedrich List*, S. 325: „Im allgemeinen dürfte anzunehmen sein, daß da, wo eine Gewerbsindustrie bei einem anfänglichen Schutz von 40 bis 60 Prozent nicht aufkommen und bei einem fortgesetzten Schutz von 20 bis 30 Prozent sich nicht auf die Dauer behaupten kann, die Grundbedingungen der Manufakturkraft fehlen."

[143] Vgl. *Krugman/Obstfeld*, 5. Auflage, S. 285 ff mit verschiedenen Fallstudien.

[144] *Krugman/Obstfeld*, S. 277 f: *Dunn/Mutti*, S. 170.

[145] *Gerken*, Wettbewerb der Staaten, S. 16-20.

[146] Hierzu sogleich unten, bei Fn 163.

[147] *Smith*, S. 468-472; *Ricardo*, S. 263 f. *Smith* plädierte in diesen Fällen für eine allmähliche Zollsenkung (S. 471 f), *Ricardo* für einen zeitweiligen Zollschutz (S. 266-268).

[148] So etwa *Heckscher*, S. 52 f; *Haberler*, S. 135; vgl. auch Diskussion bei *Maneschi*, S. 162-165.

sich bringen.[149] Dies gilt in besonderem Maße für Entwicklungsländer, wo die oft wenig diversifizierte Produktion ein Umlenken freigesetzter Arbeitskräfte nur in engen Grenzen erlaubt und der zum Aufbau neuer Industrien notwendige Kapitalstock fehlt. Darüber hinaus kann die Anpassung der Wirtschaftsstruktur auf gesellschaftliche Widerstände stoßen.[150] Der Territorialstaat, dessen traditionelle Aufgabe die Sicherung der öffentlichen Ordnung und der Schutz vor äußeren Gefahren ist, kann hier durch Handelsmaßnahmen für Befriedung sorgen. Gleichwohl muß aus wirtschaftlicher Sicht die Zeit, in der fehlinvestiertem Kapital durch Protektion eine Rendite gesichert wird, begrenzt sein, damit unwirtschaftliche Strukturen nicht über Gebühr am Leben erhalten werden.

Strukturprobleme besonderer Art bereitet das Dumping.[151] Dabei werden Güter unter Marktpreis abgegeben, so daß Konkurrenten verdrängt oder ebenfalls zur verbilligten Abgabe ihrer Produkte gezwungen werden; dies führt zum Aufbrauch der Liquiditätsreserven und kann langfristige Schäden der betroffenen Industrie zur Folge haben. Da hierdurch im Gegensatz zum normalen Konkurrenzdruck effiziente Strukturen zerstört werden, schützen Staaten ihre Industrien durch Anti-Dumping-Abgaben, die bei der Einfuhr auf die verbilligt angebotenen Waren erhoben werden.[152] Allerdings muß im Einzelfall festgestellt werden, ob nicht etwa eine marktkonforme differenzierende Preispolitik vorliegt und das Dumping-Argument lediglich protektionistische Interessen verschleiert.

4. Allgemeinpolitische Zielstellungen

Schließlich können allgemeine politische Zielstellungen Handelsbeschränkungen begründen. Die klassische Wirtschaftstheorie blendete derartige Zielstellungen im Sinne des auf die Sicherung der Rechtsordnung beschränkten „Nachtwächterstaats" weitgehend aus. Nahezu die

---

[149] Zum Einsatz der Handelspolitik zur Vermeidung von Arbeitslosigkeit *Samuelson*, S. 705 f; kritisch Leutwiler-Report, S. 33-38.

[150] *Gerken*, Freiheit und Freihandel, S. 51 f, mit dem Hinweis, eine Lohnrigidität zwinge zur Anpassung durch Rationalisierung, die ihrerseits zum Arbeitsplatzabbau führt und so die strukturelle Arbeitslosigkeit fördere.

[151] Vgl. hierzu *Krugman/Obstfeld*, S. 142-145; *Dunn/Mutti*, S. 111-113.

[152] Inländische Dumpingpraktiken können dem Wettbewerbs- und Kartellrecht unterliegen, das sich Ausländern gegenüber oft als unpraktikabel erweist.

einzige Handelsbeschränkung, die Adam Smith guthieß, war der Ausschluß ausländischer Schiffe vom Handelsverkehr Grobritanniens und der Kolonien, der zum Aufbau der britischen Flotte beitrage und so Großbritanniens Macht zur See und seine äußere Sicherheit gewährleiste.[153] Darüber hinaus wurden Einfuhrbeschränkungen zum Schutz der inländischen öffentlichen Ordnung und Moral (*ordre public*) für zulässig gehalten.

Über die nationalstaatliche Wohlfahrtsmaximierung hinaus ist allerdings der freie Handel auch als politisches Ziel aus eigenem Recht angesehen worden. Maßgeblich hierfür ist zum einen seine verbindende und friedensstiftende Funktion. Deutlich wird dies in Kants Entwurf „Zum ewigen Frieden", in dem neben die Republik und die internationale Föderation der Staaten ein Mindestmaß an Weltbürgerschaft als dritte Bedingung für einen dauerhaften Frieden tritt.[154] Nach Kant entspricht es dem Plan der zweckmäßigen Natur, daß die durch Kriege in alle Welt zerstreuten Menschen über den mit der Zeit unerläßlich werdenden Handel wieder friedlich zueinander finden.[155] Auch den klassischen Wirtschaftstheoretikern war diese Dimension des freien Handels gegenwärtig.[156] Zum anderen wird der Handel als Funktion eines weiter angelegten Freiheitsbegriffs aufgefaßt, der nur im Interesse konkurrierender Freiheiten eingeschränkt werden und so den Staatsbürgern ihr individuelles Glück in die eigene Hand legen soll.[157] Im Ansatz ähnlich ist die Vorstellung, in der WTO seien nach dem Vorbild der EG-Grundfreiheiten wirtschaftliche Grundrechte angelegt, die wie die Menschen- und Bürgerrechte dem staatlichen Zugriff nur unter erschwerten Bedingungen unterliegen sollen.[158]

---

[153] *Smith*, S. 463-465, entsprechend auch für Beihilfen für den Heringfang, S. 518. Ähnlich auch *Mill*, S. 916 f.

[154] *Kant*, Dritter Definitivartikel zum ewigen Frieden, S. 69-72.

[155] *Kant*, S. 76 f, 80 f. Ähnlich auch schon *Grotius*, Freedom of the Seas, S. 7.

[156] So etwa *Mill*, S. 594: „It is commerce which is rapidly rendering war obsolete, by strengthening and multiplying the personal interests which are in natural opposition to it". Der friedensstiftende Charakter des Handels klingt auch bei *Adam Smith* an, S. 493.

[157] Dies führt bis zur Ablehnung der Bereitstellung öffentlicher Güter und der Daseinsvorsorge durch den Staat, *Gerken*, Freiheit und Freihandel, S. 188 f.

[158] Vgl. etwa *Tumlir*, ORDO 34 (1983) 71, 81 f; *Petersmann*, Michigan Journal of International Law 20 (1998) 1-30; GATT/WTO Dispute Settlement System, S. 22-24; 39 f; JIEL 3 (2000) 19, 23 f; in: FS Jackson, S. 131-133. Kritisch

Dessen ungeachtet hat die Fixierung der Wirtschaftstheorie auf Effizienzkriterien zu erheblicher Kritik am multilateralen Handelssystem geführt. Einer der führenden Kommentatoren des GATT bescheidet sich gleich zu Beginn seines Werks: „If there be biases in this work (...), first among them is probably the bias that both law and economics should be subservient to goals that essentially come from outside the limits of these disciplines."[159] Ganz in diesem Sinne bemängeln Globalisierungskritiker, daß das multilaterale Handelssystem der WTO die Souveränität untergrabe, dadurch Staaten eine selbstbestimmte Entwicklung verwehre und eine wirksame Einflußnahme auf drängende Probleme der Völkergemeinschaft behindere.[160] Mit dem wirtschaftlichen Effizienzkriterium konkurrieren eine Vielzahl allgemeinpolitischer Ziele: von Wirtschaftssanktionen gegenüber mißliebigen Staaten über die Förderung der inländischen Kultur und Kunst bis hin zu grenzüberschreitendem Umweltschutz und internationalen Standards für soziale Rechte, Menschenrechte und gute Regierungsführung. Auch die bereits erörterten Strukturprobleme können, wenn sie zu sozialen Verwerfungen führen, zu politisch motivierten Handelshemmnissen Anlaß geben. So lassen sich die Agrarsubventionen der EG mit der Erhaltung einer kulturell konnotierten, politisch gewollten ländlichen Sozialstruktur begründen, und in ähnlicher Weise kann die Industrieförderung gerade in Entwicklungsländern als politisches Ziel begriffen werden, das durch rigide Handelsregeln behindert wird.[161] Im übrigen können sich lokale politische Ziele mit universellen politischen Ansprüchen wie dem Schutz globaler Gemeinschaftsgüter und der Menschenrechte, Sozialstandards und guter Regierungsführung verbinden. Hieraus erklärt sich der mitunter erstaunliche Schulterschluß zwischen protektionistischen Industrieinteressen und globalisierungskritischen Aktivisten.[162]

---

zur Berufung auf Kant in diesem Zusammenhang *Alston*, EJIL 13 (2000) 815, 837-841.

[159] *Jackson*, World Trade and the Law of GATT, S. 5; vgl. auch *ders.*, World Trading System, S. 19 f.

[160] Die globalisierungskritische Bewegung ist weniger eine geschlossene Theorie als eine Sammlung verschiedener, z.T. durchaus gegensätzlicher Standpunkte. So steht die Forderung nach Handelsmaßnahmen zur exterritorialen Durchsetzung politischer Anliegen in einer gewissen Spannung zu der Forderung, Entwicklungsländern eine gleichberechtigte Teilnahme am Welthandel zu ermöglichen, vgl. *P. Singer*, S. 69.

[161] Vgl. *Jackson*, World Trading System, S. 23 f.

[162] Zu solchen „unheiligen" Allianzen *Senti*, Rn 721 f.

Besonders deutlich tritt der Konflikt ökonomischer und politischer Prämissen in dem Bild des „Race to the Bottom" hervor. Inländische Regulierungen, etwa Sozial- oder Umweltstandards, erhöhen die Produktionskosten und sind ein Wettbewerbsnachteil gegenüber Waren aus Staaten ohne solche Standards. Haben deren billigere Produkte freien Zugang zum inländischen Markt, so geraten die inländischen Standards politisch unter Druck. Ähnliches gilt für den „Wettbewerb der Staaten" um private Investitionen. In der pessimistischen Perspektive führt dies zu einer gegenseitigen Unterbietung der staatlichen Regulierungsstandards, die den nationalen Gesetzgebern unter Freihandelsbedingungen kaum noch Regelungsmöglichkeiten beläßt.[163] Die Präambel der ILO stellte diesen Gedanken sogar in Zusammenhang mit der Wahrung des Weltfriedens.[164] In der optimistischen Perspektive drücken dagegen Standortnachteile schlicht die Kosten bewußt gesetzter politischer Präferenzen aus, ohne daß es zu einer merklichen Unterregulierung komme.[165] Ob dieses für die USA formulierte Postulat in gleicher Weise für die weniger organisierte und weniger homogene Völkergemeinschaft gilt, ist indessen zweifelhaft.[166]

Beenden läßt sich das „Race to the Bottom" durch eine gemeinsame Gesetzgebung, welche einheitliche Wettbewerbsbedingungen gewährleistet und zugleich protektionistisch wirkende interne Regulierungen harmonisieren kann. Dieses Modell findet sich nicht zuletzt in der Regulierung des EG-Binnenmarkts, der in der unter Präsident Roosevelt eingeleiteten Bundesgesetzgebung zur Regulierung des durch die Rechtsprechung zur „Commerce Clause" (Art. 1 sec. 8 cl. 3 US-Verfassung) weitgehend liberalisierten US-Binnenmarkts einen frühen Vorläufer hatte.[167] Das Fehlen einer vergleichbar effektiven Rechtssetzung auf

---

[163] Vgl. etwa *Scharpf*, in: *Marks u.a. (Hrsg.)*, S. 17, mit Blick auf USA und EG.

[164] Versailler Vertrag, Teil XIII, Abschnitt 1, Präambel, insbesondere Abs. 3: „Attendu que la non-adoption par une nation quelconque d'un régime de travail réellement humain fait obstacle aux efforts des autres nations désireuses d'améliorer le sort des travailleurs dans leurs propre pays".

[165] So etwa *Revesz*, NYULR 67 (1992) 1210, 1233-1235, mit Diskussion weiterer Literatur zum Thema, S. 1236-1244. Ähnlich auch *Stewart*, Yale Law Journal 102 (1993) 2039, 2058 f.

[166] *Revesz*, JIEL 3 (2000) 219, 223-228.

[167] *Scharpf*, in: *Marks u.a. (Hrsg.)*, S. 17. Zum verfassungsrechtlichen Hintergrund *Nowak/Rotunda*, S. 154 f.

internationaler Ebene[168] eröffnet eine Reihe möglicher Koordinierungsszenarios: von einem rigiden Handelssystem, in dem sich jeder Staat eigene politische Ziele mit Kostennachteilen und globale Standards mit Zugeständnissen an Staaten mit anderen Schwerpunktsetzungen erkaufen muß, über eine Kombination des Handelssystems mit Rechtssetzungsaktivitäten in anderen Foren bis zu einer weitgehenden Freistellung der Handelspolitik, die es den wirtschaftlich stärksten Staaten erlaubt, ihre politischen Vorstellungen gegenüber schwächeren Partnern durch Verweigerung des Marktzutritts durchzusetzen.

5. Begründungsansatz der Politischen Ökonomie

Zur Erklärung von Handelsbeschränkungen wird im übrigen in besonderer Weise auf die Einflußnahme privater Interessen hingewiesen, die den innenpolitischen Hintergrund der Handelspolitik bestimmen. Auch wenn eine Volkswirtschaft insgesamt von freiem Handel profitiert, verteilen sich die Einkommenszuwächse und -einbußen im Inland auf unterschiedliche Beteiligte. Da die unter der Öffnung leidenden Produzenten- und Exportinteressen oft stärker organisiert sind als die profitierenden Interessen der Importeure oder Verbraucher, können Staaten zu Handelsbeschränkungen neigen, die eigentlich nicht in ihrem Interesse liegen.[169] Insofern kann ein mit völkerrechtlichen Verpflichtungen bewehrtes Handelssystem das Interesse am freien Handel im innerstaatlichen Willensbildungsprozeß unterstützen.[170]

---

[168] Insbesondere fehlen der WTO mit EG oder USA vergleichbare Rechtssetzungskompetenzen, vgl. *Dewost*, in: FS Ehlermann, S. 125 f.

[169] Grundlegend zu Organisationsasymmetrien bereits oben, Seite 26; ferner *J.W. Evans*, The Kennedy Round, S. 27-29; *Gerken*, Freiheit und Freihandel, S. 255-259. Das Zustandekommen von Entscheidungen im demokratischen Prozeß wird unter dem Stichwort „Public Choice“ diskutiert, vor allem im Hinblick auf Absprachen zwischen den Nutznießern umverteilender Maßnahmen mit der Folge einer übermäßigen Staatstätigkeit; zu einer entsprechenden Deutung protektionistischer Maßnahmen *Hudec*, The Role of Judicial Review, S. 143-145; vgl. auch *Rose/Sauernheimer*, S. 574; *Dunn/Mutti*, S. 137 f, mit der Aussage, im politischen Prozeß würden Zölle den zweckmäßigeren Subventionen vorgezogen, weil sie als Staatseinnahmen, Subventionen hingegen als Steuerausgaben erschienen.

[170] *Hudec*, „Circumventing Democracy“; *K. Abbott*, HILJ 26 (1985) 501, 514 f, 522-524; *Benedek*, S. 84-86; *Senti*, Rn 482.

C. Zusammenfassung

Die Wirtschaftstheorie lehrt, daß jeder Staat sich durch internationalen Handel auf seine komparativen Kostenvorteile konzentrieren und so letztlich mehr konsumieren kann, als er allein produzieren könnte,[171] und daß zugleich die vorhandenen knappen Ressourcen der Welt effizient genutzt werden. Abweichend von diesem Standardmodell können Staaten unter Umständen durch einseitige Handelsbeschränkungen ihre Terms of Trade verbessern; die hieraus entstehenden wirtschaftlichen Vorteile gehen allerdings zulasten ihrer Handelspartner, fordern deren Reaktionen heraus und bergen die Gefahr einer Verstrickung in eskalierende Zollkriege. Zeitweilige Handelsbeschränkungen können darüber hinaus zur Entwicklung der einheimischen Industrie oder zur Abfederung von Strukturproblemen eingesetzt werden. Im übrigen können Staaten wegen der Durchsetzungsmacht gut organisierter protektionistischer Einkommensinteressen im politischen Prozeß zu Handelsbeschränkungen neigen, die wirtschaftlich nicht zu rechtfertigen sind. Einseitige Strategien zur Verbesserung der eigenen Terms of Trade oder auch zur Zollsenkung auf Basis der Reziprozität versprechen um so mehr Erfolg, je größer das Außenhandelsvolumen des betreffenden Staates ist. Die hierdurch vermittelte Verhandlungsmacht kann, soweit das internationale Handelssystem es zuläßt, zur Durchsetzung allgemeinpolitischer Ziele gegenüber dem Ausland eingesetzt werden. Von der Ausgestaltung des Handelssystems hängt es letztlich ab, inwieweit die inländische Hoheitsausübung einem rigorosen wirtschaftlichen „Wettbewerb der Staaten" untergeordnet werden muß oder umgekehrt wirtschaftliche Macht zur internationalen Politikgestaltung eingesetzt werden kann.

III. Die Grundzüge des GATT

Wie der Ursprung des GATT als Teil der breiter angelegten ITO bereits vermuten läßt, ist es nicht einseitig dem Freihandelspostulat der Wirtschaftstheorie verhaftet.[172] Nach Abs. 2 der Präambel sind seine Ziele vielmehr die Erhöhung des Lebensstandards, Vollbeschäftigung und ein großes und ständig wachsendes Maß an Realeinkommen und effektiver

---

[171] So die markante Formulierung von *Samuelson/Nordhaus*, S. 688.

[172] Ebenso *Meng*, ZaöRV 41 (1981) 69, 73, sowie aufgrund grundsätzlicher Erwägungen *Benedek*, S. 87, 89 f.

Nachfrage, die die Weltressourcen voll entwickeln und Produktion und Handel ausweiten. Obwohl der dritte Absatz den Abbau von Handelsschranken als Mittel zu diesem Ziel angibt, ist seine Formulierung offen genug, um auch sonstige staatliche wirtschaftspolitische Maßnahmen zuzulassen. So spiegelt insbesondere der Bezug auf die Vollbeschäftigung das Bestreben Großbritanniens, die seinerzeit verfolgte Nachfragepolitik abzusichern, während sich der Wunsch, die Weltressourcen zu entwickeln, im Sinne des Erziehungsarguments deuten läßt. Mit der Präambel zum WTO-Abkommen sind die Ziele des Umweltschutzes und der nachhaltigen Entwicklung hinzugetreten.[173]

A. Grundlegende Regelungen des GATT

Das GATT stellt in erster Linie einen Rahmen für multilaterale Verhandlungen zum Abbau von Handelshemmnissen auf der Basis der Gegenseitigkeit dar.[174] Die Handelspolitik wird so weit wie möglich auf das Instrument der Zölle festgelegt, um die ausgetauschten Konzessionen gegen eine Entwertung durch nichttarifäre Handelshemmnisse zu schützen.[175] Mengenmäßige Beschränkungen werden grundsätzlich verboten (Art. XI GATT) und die wichtigsten nichttarifären Handelshemmnisse einer besonderen Disziplin unterworfen.[176] Interne Steuern dürfen ebensowenig wie interne Regulierungen durch eine Diskriminierung des Auslands eine protektionistische Wirkung entfalten (Art. III GATT). Subventionen waren ursprünglich zwar nicht generell verboten, unterliegen nach dem Subventionsabkommen des GATT 1994 aber

---

[173] Vgl. Appellate Body, *US – Import Prohibition on Certain Shrimp and Shrimp Products*, WTO-Dokument WT/DS/58/AB/R vom 12.10.1998, Ziff. 129 f.

[174] Vgl. Abs. 3 der Präambel des GATT: „Being desirous of contributing to these objectives by entering into reciprocal and mutually advantageous arrangements directed to the substantial reduction of tariffs and other barriers to trade and to the elimination of discriminatory treatment in international commerce". Nach Art. XXVIIIbis Abs. 1 GATT unterliegen insbesondere die Verhandlungsrunden dem Prinzip der Gegenseitigkeit. Zur Gegenseitigkeit im WTO-Recht *Senti*, Rn 461-467, sowie sogleich unten, Seite 79.

[175] *Jackson*, World Trade and the Law of GATT, S. 195.

[176] Hierzu gehören die Regeln über die Feststellung des Warenwerts für Zollzwecke (Art. VII GATT), über Gebühren und Formalien im Zusammenhang mit Ein- und Ausfuhr (Art. VIII GATT) und die Herkunftsbezeichnung von Waren (Art. IX GATT).

restriktiven Voraussetzungen. Hier sind auch nähere Festlegungen zum Ausgleich von Subventionen durch neutralisierende Gegenmaßnahmen getroffen (Art. VI GATT). Auch die extremste Form des staatlichen Einflusses, der Handel durch staatliche Außenhandelsunternehmen, ist gemäß Art. XVII GATT auf die Grundsätze des GATT festgelegt.[177] Allerdings ist die Abwehr nichttarifärer Handelshemmnisse, insbesondere interner Regulierungen nach Art. III Abs. 4 GATT, nicht auf den Schutz der ausgetauschten Konzessionen beschränkt, sondern gilt auch für Produkte, für die keine Zollbindungen vereinbart wurden.[178] Nach Senkung der Industriezölle traten die nichttarifären Handelshemmnisse in ihrer Bedeutung hervor und wurden selbst zum Verhandlungsgegenstand.[179] Die Abkommen der Kennedy-Runde, der Tokio-Runde und des GATT 1994 haben eine Reihe nichttarifärer Handelshemmnisse detailliert geregelt, darunter Bereiche wie Gesundheitsschutz und technische Standards, die zuvor allein Art. III GATT unterfallen waren.

Zölle haben gegenüber nichttarifären Handelshemmnissen den Vorteil, daß sich ihr Einfluß auf den Warenhandel relativ genau bestimmen läßt. Dies macht die Handelsbeschränkungen der verschiedenen Staaten vergleichbar und ermöglicht Zollsenkungen durch den Austausch von Konzessionen, die vorhersehbare Änderungen im Volumen des grenzüberschreitenden Handels zur Folge haben. Die in den Verhandlungsrunden (Art. XXVIIIbis GATT) vereinbarten Zollbindungen werden in Listen festgehalten, von denen im nachhinein nicht mehr abgewichen werden darf (Art. II Abs. 1 GATT). Nur unter bestimmten Voraussetzungen ist eine spätere Anpassung möglich, die zur Rücknahme der reziprok gewährten Zugeständnisse berechtigt (Art. XXVIII GATT). Gegen das nachträgliche Aushöhlen der Konzessionen durch weitergehende Zugeständnisse an Drittstaaten sichert in bewährter Weise die Meistbegünstigungsklausel (Art. I Abs. 1 GATT), die zugleich den

---

[177] Im Hinblick auf die Staatshandelsländer ergaben sich konzeptionelle Probleme, so daß für diese Staaten besondere Beitrittsbedingungen ausgehandelt wurden, vgl. *Senti*, 1986, S. 339.

[178] *Brasilian Internal Taxes*, BISD II/181, 182, Ziff. 4; *Jackson*, World Trade and the Law of GATT, S. 196 mwN; Appellate Body, *Japan – Taxes on Alcoholic Beverages*, WTO-Dokument WT/DS8/AB/R vom 4.10.1996, Abschnitt F, mwN in dortiger Fn 38 f.

[179] Ab der Kennedy-Runde: Ministerial Meeting, Conclusions and Resolutions adopted on 21 May 1963, Teil III A. Ziff. 3, BISD 12S/36, 47; Meeting of the Trade Negotiations Committee at Ministerial Level, Resolution adopted on 6 May 1964, Teil C – Non-Tariff Barriers, BISD 13S/109, 111.

multilateralen Rahmen des Systems garantiert und einem Auseinanderdriften in Präferenzblöcke, wie vor dem zweiten Weltkrieg, grundsätzlich entgegensteht. Regelungen über die zollfreie Durchfuhr (Art. V GATT) und das Gebot der Transparenz und Nachprüfbarkeit (Art. X GATT) sichern zusätzlich, daß allein die Zölle die für die Entscheidungen über die Aus- oder Einfuhr von Waren maßgeblichen Größen der staatlichen Politik sind.

B. Verhandlungsführung im GATT

Die Verhandlungen im GATT sind durch das in der Präambel und Art. XXVIIIbis GATT genannte Prinzip der Gegenseitigkeit geprägt. Im Grundsatz sollen sich die in den Verhandlungen gemachten Zugeständnisse gegenseitig ausgleichen. Insbesondere die ersten Handelsrunden waren von der Vorstellung eines quantifizierbaren Gleichgewichts geprägt, und zur Ratifizierung wurden den Gesetzgebern die Ergebnisse in den Termini der erwirkten Zugeständnisse präsentiert.[180]

1. Die quantitative Gegenseitigkeit der ersten Zollrunden

Die Bewertung eines Zugeständnisses ist dem GATT nicht zu entnehmen, sondern den beteiligten Staaten anheim gestellt.[181] Im Grundsatz wird hierzu versucht, die durch eine vorgeschlagene Zollsenkung zu erwartende Veränderung von Handelsströmen quantitativ zu erfassen.[182] Maßgebliche Größe ist dabei vor allem das bei gegebenem Zollsatz bestehende Handelsvolumen,[183] so daß sich Zolländerungen am

---

[180] *Jackson*, The World Trading System, S. 148.

[181] Schedules and Customs Administration, Report adopted on 26 February 1955, BISD 3S/205, 220, Ziff. 38. Vgl. hierzu auch *J.W. Evans*, Proceedings ASIL 61 (1967) 141 f.

[182] Vgl. etwa *J.W. Evans*, The Kennedy Round, S. 21: „(T)he expected increase in his [des Verhandlungsführers] country's exports should at least equal any likely increment in its imports."

[183] *Jackson*, The World Trading System, S. 147 f; *Hoekman/Kostecki*, S. 124 f; *Hoda*, S. 53, Ziff. 3. Darüber hinaus können weitere Faktoren wie nichttarifäre Handelshemmnisse und bestehende Präferenzen berücksichtigt werden, vgl. die Beispiele bei *Hoda*, S. 53 f, Ziff. 4-8. Skeptisch zur Berechenbarkeit des Werts von Handelszugeständnissen *J.W. Evans*, The Kennedy Round, S. 23 f; ähnlich *Curzon-Prize/Curzon*, in: *Demaret/Bourgeois/van Bael*, S. 311. Nach *Finger/Nogués*, World Economy 25 (2002) 321, 333, stellte die US-Administration auch

stärksten im Verhältnis zwischen Hauptliefer- und Hauptabnehmerstaat eines Produkts auswirken. In den ersten Handelsrunden wurden Zollsenkungen daher produktweise im Verhältnis der jeweiligen Haupthandelsländer verhandelt (*principal supplier rule*); zugleich wurden so die Drittstaaten aus der Meistbegünstigung zufließenden Vorteile, denen keine Gegenkonzessionen gegenüberstanden, reduziert.[184]

Die bilateral unterbreiteten Anfragen für Zollsenkungen wurden über das GATT-Sekretariat zugleich an alle GATT-Vertragsparteien verteilt. Auf die Anfragelisten reagierten die Staaten mit Angebotslisten zur Zollsenkung, die wiederum simultan dem GATT-Sekretariat zugeleitet und von dort verbreitet wurden. Bei dieser Gelegenheit konnten sich auch kleinere Lieferstaaten zusammentun, um den Hauptnachfragestaat zu Zollkonzessionen zu bewegen. Die simultane Kommunikation über das Sekretariat verhinderte, daß Staaten aus strategischen Gründen Zugeständnisse vorerst zurückhielten. Da nur die von Anfang an gemachten Angebote ernstlich in Betracht gezogen wurden, war eine Korrektur der Verhandlungsposition im Lichte besserer Erkenntnisse über die Präferenzen der Verhandlungspartner kaum möglich. Zu der im GATT geübten Transparenz trug maßgeblich die Praxis der USA bei, die mögliche Zugeständnisse zuvor in Gesetzesform niederlegten und so mit offenen Karten an den Verhandlungstisch kamen, im Gegenzug aber angemessene Gegenkonzessionen erwarteten. Da sich hieran auch die anderen Vertragsstaaten hielten, waren die GATT-Verhandlungen insgesamt transparenter als die Verhandlungen zu den früheren bilateralen Verträgen.[185]

Waren die maßgeblichen Verhältnisse festgelegt, folgten die eigentlichen Verhandlungen zwischen den Hauptlieferländern. Da die Meistbegünstigung die Ergebnisse in jedem Fall „multilateralisierte", konnten zusätzlich parallele Konsultationen mit dritten oder vierten Partnern geführt und gegebenenfalls ein Ausgleich in jenem Verhältnis gefunden werden,[186] ebenfalls ein Vorteil gegenüber bilateralen Verhandlungen.[187]

---

in den ersten Handelsrunden keine quantitativen Gegenüberstellungen empfangener und gemachter Zugeständnisse an.

[184] Zu dieser Verhandlungsmethode *Curzon*, S. 72-75; *Jackson*, World Trade and the Law of GATT, S. 219 f; *Baldwin*, Aussenwirtschaft 41 (1986) 379, 379-381; *Hoda*, S. 44-46, Ziff. 1-5.

[185] *Curzon*, S. 74.

[186] *Curzon*, S. 75; *Hoekman/Kostecki*, S. 126 f; *Hoda*, S. 45 f, Ziff. 4.

[187] *Hoekman/Kostecki*, S. 127; *Hoda*, S. 46, Ziff. 4.

Die bilateralen Verhandlungsergebnisse wurden vorläufig beim Sekretariat hinterlegt, allerdings erst mit Abschluß der gesamten Runde als definitiv angesehen, so daß sie korrigiert werden konnten, wenn sich kein angemessener Ausgleich mit den meistbegünstigten Drittstaaten finden ließ.[188]

2. Modifizierungen der rein quantitativen Gegenseitigkeit

Im Vorfeld der Kennedy-Runde erschienen die produktbezogenen bilateralen Zollverhandlungen zunehmend unpraktikabel. Zum einen erhöhten die Vielzahl der gebundenen Produktgruppen, die gestiegene Zahl der GATT-Vertragsparteien und die im Verhältnis der EG-Staaten erforderlichen internen Abstimmungen die Komplexität der Verhandlungen beträchtlich, zum anderen profitierte eine Reihe von Staaten noch von erheblichem Zollschutz, während bei den generell bereits sehr niedrigen Zöllen die Hauptlieferländer keine kommerziell erheblichen Reduzierungen mehr in Aussicht stellen konnten.[189] Auch kleinen GATT-Vertragsstaaten, die ihre Zölle bereits stark gesenkt hatten, fehlte es an Verhandlungsmasse, um nennenswerte Zugeständnisse zu erlangen.[190] Schließlich traten angesichts des generell niedrigeren Zollniveaus die verbliebenen nichttarifären Handelshemmnisse in ihrer Bedeutung hervor.[191]

Um die Komplexität der Verhandlungen zu reduzieren, ging man in der Kennedy-Runde zur Methode der linearen Zollsenkung über.[192] Dazu

---

[188] *Curzon*, S. 75.

[189] *Jackson*, World Trade and the Law of GATT, S. 223 f; Hoda, S. 30 f, Ziff. 8.

[190] *J.W. Evans*, The Kennedy Round, S. 22.

[191] Vgl. etwa *Jackson*, World Trade and the Law of GATT, S. 228 f; *Baldwin*, Nontariff Distortions, S. 1 f; *Hasenpflug*, S. 14. Die Aussage bestätigen empirische Erhebungen zur GATT-Streitbeilegung, vgl. *Hudec*, Enforcing International Trade Law, S. 338.

[192] Ministerial Meeting, Conclusions and Resolutions adopted on 21 May 1963, Teil III, Abschnitt A. Ziff. 4, BISD 12S/36, 47. Ein derartiges Vorgehen war Anfang der 1930er Jahre in den USA durch Cordell Hull angedacht, aus Praktikabilitätsgründen aber zugunsten der im Reciprocal Trade Agreements Act 1934 festgeschriebenen bilateralen Reziprozität verworfen worden, *J.W. Evans*, The Kennedy Round, S. 6. Ein entsprechender Vorschlag Frankreichs von 1951 wurde im GATT diskutiert (Technical Study of the French Proposal for the Reduction of Tariff Levels, Report adopted on 13 October 1953, BISD

wurde am Anfang der Verhandlungen als Ziel die Reduzierung der bestehenden Zölle um 50 % festgelegt,[193] sodann tauschten die Staaten Listen mit Ausnahmewünschen aus, die im einzelnen begründet werden mußten.[194] Da die große Zahl der Ausnahmewünsche die Verhandlungen in der Praxis wieder der bisherigen produktbezogenen Methode annäherte, wurden die Angebote ebenso wie die erzielten Ergebnisse allerdings doch wieder in Positivlisten ausgedrückt,[195] und sowohl in der Kennedy- wie auch in der späteren Tokio-Runde wurden produktspezifische Zugeständnisse teilweise auch wieder im bilateralen Verhältnis verhandelt.[196] Zur Angleichung der unterschiedlich hohen Zollsätze diskutierte man eine Reihe von Modellen, die auf eine stärkere prozentuale Senkung höherer im Vergleich zu weniger hohen Zöllen hinausliefen. Für die Tokio-Runde fand man so eine Formel, die Hochzolländern höhere Zugeständnisse abverlangte als Niedrigzolländern.[197] In der Uruguay-Runde wurde eine Vielzahl von Formeln für die Zollreduzierung vorgeschlagen, und mit moderner Informationstechnik erschien auch die bilaterale Methode wieder erfolgversprechend.[198] Auf Wunsch der USA wurde dann bilateral verhandelt, wobei die verschiedenen Staaten ihren Angeboten unterschiedliche Methoden zugrunde

---

2S/67-92), führte aber zu keiner bindenden Entschließung (Schedules and Customs Administration, Report adopted on 26 February 1955, BISD 3S/205, 218 f, Ziff. 35). 1962 sanktionierte der amerikanische Kongreß die Methode für die amerikanische Verhandlungsführung, so daß sie in der Kennedy-Runde Anwendung finden konnte, vgl. *Jackson*, World Trade and the Law of GATT, S. 222; *J.W. Evans*, The Kennedy Round, S. 22 f; *Senti*, Rn 516-518.

[193] Meeting of the Trade Negotiations Committee at Ministerial Level, Resolution adopted on 6 May 1964, BISD 13S/109 f. Zum Aushandeln der Formel im einzelnen *J.W. Evans*, The Kennedy Round, Kap. 9.

[194] Vgl. *J.W. Evans*, The Kennedy Round, S. 222 f; *Hoda*, S. 31, Ziff. 9 f; S. 47, Ziff. 6.

[195] *Senti*, Rn 519; *Hoda*, S. 47, Ziff. 7.

[196] *Jackson*, World Trade and the Law of GATT, S. 225 f; *Baldwin*, Aussenwirtschaft 41 (1986) 379, 383-385; *Senti*, Rn 144, 520; *Hoekman/Kostecki*, S. 130; *Hoda*, S. 31, Ziff. 10. Zur Kennedy-Runde im einzelnen *J.W. Evans*, The Kennedy Round, Kap. 11 und 14.

[197] Vgl. *Senti*, Rn 155; *Hoekman/Kostecki*, S. 129; *Hoda*, S. 31 f, Ziff. 11 f. Zur Diskussion im Vorfeld auch Report of the Committee on Trade in Industrial Products, BISD 20S/96, 100-103, Ziff. 18-30.

[198] *Baldwin*, Aussenwirtschaft 41 (1986) 379, 389 f, 391.

legten;[199] gleichwohl konnten im Ergebnis lineare Zollsenkungen und in einigen Bereichen eine völlige Zollfreiheit vereinbart werden.[200]

3. Die nichttarifären Handelshemmnisse und der „Rules-Based Approach“

Die nichttarifären Handelshemmnisse stellen ein besonderes Problem dar, weil sie sich im Gegensatz zu Zöllen in ihrer ökonomischen Wirkung nur schwer bewerten und in Handelsströme übersetzen und folglich nicht in strikt quantitativer Gegenseitigkeit ausgleichen lassen.[201] In der Tokio-Runde wurde daher die vollständige, Zölle und nichttarifäre Handelshemmnisse erfassende Liberalisierung bestimmter Handelssektoren erwogen („sector approach“).[202] Im Ergebnis wurden die nichttarifären Handelshemmnisse aber nach einer anderen Methode behandelt: Aufgrund eines im GATT nach der Kennedy-Runde erstellten systematischen Inventars[203] waren Anfang der 1970er Jahre Arbeitsgruppen zur Erörterung der verschiedenen Arten nichttarifärer Handelshemmnisse eingerichtet worden. Nach diesem Beispiel diskutierte man in der Tokio-Runde nichttarifäre Handelshemmnisse nach funktionellen Gesichtspunkten in verschiedenen Verhandlungsgruppen, ein Ansatz, der zu den funktionellen GATT-Sonderabkommen (Kodizes) führte.[204] Tendenziell[205] wirkt eine solche isolierte Verhandlung abstrakter Regeln

---

[199] *Senti*, Rn 211; *Hoekman/Kostecki*, S. 130; *Hoda*, S. 48-50, Ziff. 10-13; S. 48 f, Ziff. 10 f.

[200] Vgl. *Hoda*, S. 37-39, Ziff. 27-30.

[201] *J.W. Evans*, The Kennedy Round, S. 256 f, 314 f; *Hoda*, S. 56, Ziff. 9; *Senti*, Rn 542.

[202] Ministererklärung von Tokio, 14.9.1973, BISD 20S/19, 20, Ziff. 3 lit. c. Vgl. auch Report of the Committee on Trade in Industrial Products, BISD 20S/96, 110-112. Die USA unterbreiteten auch in der Uruguay-Runde derartige Angebote, *Jackson*, World Trading System, S. 148 f; *Hoda*, S. 36, Ziff. 25 f.

[203] Hierzu sogleich unten, 96 f.

[204] *Senti*, Rn 157, führt den Abschluß von Sonderabkommen darauf zurück, daß eine Änderung des GATT nach Art. XIX und XXX GATT nicht durchsetzbar gewesen sei.

[205] Von quantitativer Gegenseitigkeit war dagegen das Sonderabkommen zu staatlichen Ausschreibungen (Agreement on Government Procurement, BISD 26S/33-55) geprägt, das für bestimmte staatliche Einheiten galt, welche unter Gegenseitigkeitsgesichtspunkten in den Anhang aufgenommen wurden, vgl. *Baldwin*, Aussenwirtschaft 41 (1986) 379, 388; *Hoekman/Kostecki*, S. 134. Siehe

dem Austausch quantifizierbarer Zugeständnisse entgegen und verschiebt den Fokus auf die gemeinsamen Interessen.

Diese Änderungen in der Herangehensweise haben sich auch in den Formulierungen der Handelsmandate niedergeschlagen. Das Mandat der Kennedy-Runde wich mit der linearen Zollreduzierungsformel und der besonderen Rücksicht auf Niedrigzolländer bereits vom quantitativen Austausch von Zugeständnissen ab,[206] behielt aber zusätzliche Handelszugeständnisse im bilateralen Verhältnis vor, „where this is necessary to obtain a balance of advantages".[207] Nichttarifäre Handelshemmnisse erklärte es schlicht zum Verhandlungsgegenstand ohne Festlegung des Vorgehens im einzelnen.[208] Die Ministererklärung von Tokio dagegen stellte der bloßen Gegenseitigkeit der Vorteile die Prinzipien der gegenseitigen Bindung und der allgemeinen Reziprozität zur Seite.[209] Die Erklärung von Punta del Este verweist für die Frage der Gegenseitigkeit lediglich allgemein auf das GATT[210] und geht für das Verhandlungsergebnis ebenfalls von einer „overall balance" im Rahmen eines „Single Undertaking" aus.[211] Im Vordergrund standen also nicht mehr einzelne, gegenseitig vorteilhafte Lösungen, sondern eine Art allgemeines Gleichgewicht innerhalb des Gesamtpakets. Die Ministererklärung von Doha hat dieses Prinzip aufgenommen[212] und betont darüber hinaus neben Handelsliberalisierung und Marktzugang die Notwendigkeit

---

auch *Hoda*, S. 60, Ziff. 6, zum versuchten bilateralen Ausgleich von Zollzugeständnissen gegen den Abbau nichttarifärer Handelshemmnisse zwischen den USA und einem Entwicklungsland in der Tokio-Runde.

[206] Ministerial Meeting, Conclusions and Resolutions, 21.3.1963, Teil III, Abschnitt A, Ziff. 4, 6, BISD 12S/36, 47 f.

[207] AaO., Ziff. 5.

[208] AaO., Ziff. 3. Vgl. auch Meeting of the Trade Negotiations Committee at Ministerial Level, Resolution adopted on 6 May 1964, Teil C – Non-Tariff Barriers, BISD 13S/109, 111.

[209] „The negotiations shall be conducted on the basis of the principles of mutual advantage, mutual commitment and overall reciprocity (...)", Declaration of Ministers Approved at Tokyo on 14 September 1973, BISD 20S/19, 21, Ziff. 5.

[210] Ministerial Declaration on the Uruguay Round, 20.9.1986, Teil I, Abschnitt B, lit. i, BISD 33S/20.

[211] AaO., Part I, B. (ii), BISD 33S/19, 20 f.

[212] WTO-Dokument WT/MIN(01)/DEC/W/1 vom 14.11.2001, Ziff. 47.

von „balanced rules“[213] und die Funktion der WTO als „unique forum for global trade rule-making“.[214] Mehr noch als in den früheren Verhandlungsrunden kann daher von einem „Rules-Based Approach“ gesprochen werden, der im Gegensatz zur strikten Gegenseitigkeit den Schwerpunkt auf angemessene allgemeine Regeln legt, die den internationalen Handel zum Vorteil aller Beteiligten einer gemeinsamen Disziplin unterwerfen.

C. *Wirtschaftlich motivierte Ausnahmen*

Ausnahmen von dem gemeinsamen Regelungsrahmen sieht das GATT insbesondere zur Abwehr kurzfristiger wirtschaftlicher Störungen vor. Hierzu gehört zunächst die in der Nachkriegszeit besonders bedeutsame Abwehr von Zahlungsbilanzungleichgewichten. Da insbesondere in der Nachkriegszeit die Produktivität in Europa kriegsbedingt gering war, konnte die durch den Wiederaufbau erzeugte hohe Nachfrage nach Importen nicht durch die Bereitstellung von Exportgütern befriedigt werden. Eine Abwertung der eigenen Währung verbilligt in einer solchen Situation die eigenen Produkte auf dem Weltmarkt und verteuert die Einfuhren; die Währungspolitik ist allerdings manipulationsanfällig, und unvorhersehbare und hohe Wechselkursschwankungen verursachen ihrerseits Unsicherheit über die zu erwartenden Warenströme.[215] Alternativ kann die erhöhte Nachfrage durch den Verkauf von Edelmetall- oder Devisenreserven finanziert werden. Deren zeitweiligem Schutz dient Art. XII GATT, der eine der Leistungsfähigkeit der inländischen Wirtschaft entsprechende Beschränkung der Einfuhren zuläßt. Nach Art. XII Abs. 2 GATT setzt dies eine erhebliche Gefahr für die Devisenreserven oder einen sehr geringen, auffüllungsbedürftigen Stand voraus und soll sobald wie möglich wieder eingestellt werden.[216] In der

---

[213] AaO., Ziff. 2 Satz 6.

[214] AaO., Ziff. 4.

[215] Diese Problematik regelt das IWF-Abkommen, auf das Art. XV GATT mit der Maßgabe verweist, daß Währungs- und Handelspolitik sich nicht gegenseitig vereiteln dürfen; gleichwohl haben Währungsfragen im GATT wenig Beachtung gefunden, vgl. *Senti*, Rn 834 f.

[216] Da die nur schwachen Vorgaben für die interne Wirtschaftspolitik (Art. XII Abs. 3) eine kontinuierliche Binnenpolitik zu Lasten der Zahlungsbilanz nicht verhindern, wurden die Beschränkungen in der Praxis allerdings oft viel länger beibehalten als eigentlich beabsichtigt, *Senti*, Rn 828, sowie *ders.*, Auflage 1986, S. 259 f.

Realität wurde die wiederaufbaubedingte europäische Nachfrage maßgeblich durch Kredite finanziert, den amerikanischen Marshallplan. Darüber hinaus nahmen die USA als Hauptexporteur europäische Einfuhrbeschränkungen zum Schutz der Zahlungsbilanzen hin, bis Ende der 1950er Jahre die westeuropäischen Währungen ihre Konvertibilität wiedererlangten und die Handelsbeschränkungen aufgehoben wurden.[217]

Weiter berücksichtigt das GATT Strukturprobleme aus plötzlichen Veränderungen der Handelsströme. Art. XIX GATT erlaubt Handelsbeschränkungen, wenn einheimischen Produzenten durch Importe die Gefahr einer erheblichen Schädigung droht (*safeguard measures*). Ebenso dürfen nach Art. VI GATT gegen Dumping-Praktiken und ausländische Subventionen gerichtete Einfuhrabgaben auf bestimmte Produkte verhängt werden, wenn die gegenüber dem normalen Wert herabgesetzten Preise eine einheimische Industrie der Gefahr einer bedeutenden Schädigung aussetzen oder ihre Errichtung erheblich verzögern; sie dürfen in der Höhe allerdings nicht über die Neutralisierung der Preisverfälschung hinausgehen.

Das Erziehungsargument hat die GATT-Praxis dagegen nur in modifizierter Weise akzeptiert. Zwar erkennt der 1955 neugefaßte[218] Art. XVIII GATT ein entwicklungspolitisches Interesse an Handelsbeschränkungen grundsätzlich an, erlaubt aber Handelsmaßnahmen nur unter erschwerten Voraussetzungen. Da die Vorschriften kaum praktikabel waren und die meisten Entwicklungsländer zu Zwecken ihrer Entwicklungsstrategien auf die Ausnahmen zu Zahlungsbilanzproblemen auswichen,[219] gingen die Vertragsparteien das Problem von einer anderen Seite an: Nicht Protektion, sondern Exporterlöse sollten den industriellen Aufbau in Entwicklungsländern fördern. Nach dem 1964 hinzugefügten[220] Teil IV des GATT sollte den Entwicklungsländern der Marktzugang ohne Gegenkonzessionen erleichtert werden, diese Bestimmungen sind allerdings unverbindlich und haben kaum zu einer

---

[217] *Jackson*, World Trade and the Law of GATT, S. 676 f, 707-710.

[218] Zur Entstehungsgeschichte *Senti*, Rn 574-579.

[219] *Jackson*, World Trade and the Law of GATT, S. 639.

[220] Zur Entstehungsgeschichte *Jackson*, World Trade and the Law of GATT, S. 640-646; *Senti*, Rn 581-587. Teil IV galt zunächst nicht für die Nichtunterzeichner Frankreich, Gabun, Nikaragua, Senegal und Südafrika (*Senti*, Rn 587), ist nun aber integraler Bestandteil des GATT 1994.

Förderung geführt.[221] In einem weiteren Schritt beschlossen die Vertragsparteien aufgrund eines durch die UNCTAD erarbeiteten Vorschlags 1971 ein zunächst auf zehn Jahre befristetes allgemeines Präferenzsystem, das Sonderzölle für Entwicklungsländer von der Pflicht zur Meistbegünstigung nach Art. I GATT ausnahm[222] und mit Abschluß der Tokio-Runde als allgemeine Ausnahmeermächtigung bestätigt wurde.[223] Obgleich insbesondere Südostasien erfolgreich eine exportgestützte Entwicklungsstrategie verfolgt hat, trifft das Welthandelssystem heute der Vorwurf, gerade für die Exportprodukte wenig industrialisierter Länder im Agrar- und Textil-, aber auch Rohstoffbereich keine angemessenen Bedingungen herbeigeführt zu haben.[224]

Eine weitere Ausnahme des GATT schließlich betrifft die Handelsförderung im regionalen Maßstab. Art. XXIV Abs. 4 und 5 GATT läßt entgegen dem Meistbegünstigungsprinzip die Einrichtung von Präferenzzonen zu. Wirtschaftlich beruht dies auf der Erwägung, daß die innerhalb der Zonen geschaffenen Handelszuwächse („Trade Creation") die Ablenkung internationaler Handelsströme in die Präferenzzonen hinein („Trade Distortion") überwiegen, so daß die internationalen Handelsbeziehungen über die im multilateralen Rahmen erreichbare Öffnung hinaus gefördert werden.[225] Allerdings können auch politische oder protektionistische Interessen für Präferenzverhältnisse sprechen.[226] Der Text des GATT beschränkt die zulässigen Abweichungen von der Meistbegünstigung auf Zollvereine und Freihandelszonen, jedoch wurden Präferenzsysteme in großem Umfang angemeldet, die teilweise weit über diese Grenzen hinausgehen.[227]

---

[221] *Senti*, Rn 588 f.

[222] Generalized System of Preferences, BISD 18S/24.

[223] Differential and More Favourable Treatment, Reciprocity and Fuller Participation of Developing Countries, BISD 26S/203-205, sogenannte „Enabling Clause".

[224] Schon der Leutwiler-Bericht empfahl dagegen, die Zölle auf Produkte der Entwicklungsländer auf Grundlage der Meistbegünstigung abzubauen und nur die schwächsten Staaten durch Präferenzen zu unterstützen (Empfehlung 10, S. 50-53); insbesondere Agrar- und Textilsektor seien nach Möglichkeit zu liberalisieren (Empfehlungen 2, S. 43 f, und 4, S. 45 f).

[225] Zur Problematik *Herrmann*, in: *Weiß/Herrmann*, Rn 607-609.

[226] *Jackson*, World Trade and the Law of GATT, S. 579 f.

[227] *Jackson*, World Trade and the Law of GATT, S. 586-599 zur Praxis. Vgl. im Überblick auch *Herrmann*, in: *Weiß/Herrmann*, Rn 605-609.

D. Politisch motivierte Ausnahmen

Handelsmaßnahmen zu politischen Zwecken ermöglichen Art. XX und XXI GATT. Art. XXI GATT betrifft Vorbehalte für die nationale Sicherheit, internationale Notfälle und die UN-Charta.[228] Art. XX hingegen enthält einen Katalog politischer Ziele, die unter Abweichung von der sonstigen Disziplin des GATT verfolgt werden dürfen. Dies macht ihn zur zentralen Vorschrift, über die politische, mit dem Effizienzkriterium des Freihandelsideals konkurrierende Vorstellungen in das Welthandelssystem einfließen können.[229]

Der seit 1947 unveränderte Katalog des Art. XX GATT setzt Handelsbeschränkungen zur Abwehr eines „Race to the Bottom", aber auch zur Erzwingung höherer Standards im Ausland Grenzen. Er enthält zumeist genuine Belange der inländischen öffentlichen Ordnung.[230] Die einzige Ausnahme zum Ausgleich politisch begründeter Kostennachteile betrifft im Strafvollzug hergestellte Waren (lit. e), die in der Regel weit unter Marktkosten produziert werden. Darüber hinaus läßt sich argumentieren, daß die inländische „öffentliche Sittlichkeit" (lit. a) auch die Sorge der inländischen Bevölkerung um die Verhältnisse in anderen Ländern, zumindest aber den völkerrechtlichen *ordre public*, wie er in

---

[228] Hierzu *Hahn*, S. 342-363.

[229] Ein anderer Ansatz wäre eine Unterscheidung von Produkten nach politischen Kriterien (z.B. Umweltverträglichkeit des Produktionsprozesses), vgl. *Senti*, Rn 716-720; *Herrmann*, in: *Weiß/Herrmann*, Rn 518-520. Die Spruchpraxis der GATT-Panels lehnte dies ab: nicht angenommene Panel-Berichte *US – Restrictions on Imports of Tuna I*, BISD 39S/155, 193-195, Ziff. 5.8-5.15; *US – Restrictions on Imports of Tuna II*, ILM 33 (1994) 839, 888 f, Ziff. 5.8; auch der Appellate Body der WTO beurteilt die Gleichartigkeit nach Art. III Abs. 4 GATT allein nach dem tatsächlichen Konkurrenzverhältnis, *EC – Measures Affecting Asbestos and Asbestos-Containing Products*, WTO-Dokument WT/DS135/AB/R vom 12.3.2001, Ziff. 99. Die Feststellung des Konkurrenzverhältnisses sollte als Vorfrage zur politischen Rechtfertigung von Handelsbeschränkungen aus analytischen Gründen von dieser getrennt werden, *Senti*, Rn 720; *Herrmann*, in: *Weiß/Herrmann*, Rn 520. Für eine extreme Produktdifferenzierung nach Produktionsmethoden siehe oben, Fn 32 (Schweizer Kälber).

[230] Zum Beispiel der Schutz der öffentlichen Sittlichkeit (lit. a) und von Leben und Gesundheit von Menschen, Tieren und Pflanzen (lit. b), der Vollzug sonstiger GATT-konformer Rechtsvorschriften (lit. d) und der Schutz nationalen Kulturguts von künstlerischem, geschichtlichem oder archäologischem Wert (lit. f). Vgl. aber *Senti*, Rn 677, der aus der Berechtigung zum Schutz *nationaler* Kulturgüter (lit. f) den Umkehrschluß zieht, die anderen Ausnahmen müßten auch extraterritoriale Maßnahmen zulassen.

den Kategorien des *ius cogens*, gewohnheitsrechtlichen Normen *erga omnes* oder völkerrechtlichen Verbrechen zum Ausdruck kommt,[231] umfaßt.

Allerdings hat die GATT- und WTO-Streitschlichtung bislang eine für praktische Zwecke befriedigende Integration politischer Ziele in das Welthandelssystem ermöglicht. Abgesehen von einem frühen Fall, der klarstellte, daß der Gleichbehandlungsgrundsatz des Art. III Abs. 2 GATT die Berücksichtigung ausländischer Sozialstandards bei Käufen der öffentlichen Hand ausschließt,[232] ging es vor allem um den Umweltschutz. Die einschlägigen Entscheidungen ziehen Art. XX lit. g GATT zum Schutz erschöpflicher natürlicher Ressourcen heran.[233] Wenn ihnen auch keine abschließende Stellungnahme zum exterritorialen Schutz natürlicher Ressourcen zu entnehmen ist,[234] gewährleistet doch das in Art. XX lit. g GATT enthaltene Junktim mit der Beschränkung von Produktion oder Verbrauch im Inland eine gewisse Gleichbehandlung in- und ausländischer Sachverhalte.[235] Zudem wird aufgrund des seit Beginn der WTO-Streitbeilegungspraxis als Abwägungsgebot be-

---

[231] Alle drei Kategorien enthalten grundlegende Normen der Völkerrechtsordnung, vgl. nur *Tomuschat*, RdC 281 (1999 VI), 81-88, Ziff. 38-45.

[232] *Belgian Family Allowances*, BISD 1S/59, 60, Ziff. 3.

[233] Panel-Berichte *US – Prohibition of Imports of Tuna and Tuna Products from Canada*, BISD 29S/91, 107-109, Ziff. 4.7-4.15; *Canada –Measures Affecting Exports of Unprocessed Herring and Salmon*, BISD 35S/98, 113-115, Ziff. 4.4-4.7; *Tuna Dolphin I* (oben, Fn 229), S. 200 f, Ziff. 5.30-5.34 (zudem Art. XX (b) GATT: S. 198-200, Ziff. 5.24-5.29); *Tuna Dolphin II* (oben, Fn 229), S. 890-894, Ziff. 5.11-5.27 (zudem Art. XX (b) GATT: S. 895-898, Ziff. 5.28-5.39); Berichte des Appellate Body *US – Reformulated Gasoline*, WTO-Dokument WT/DS2/AB/R vom 29.4.1996, S. 13-22; *Shrimp-Turtle* (oben, Fn 173), Ziff. 121-145.

[234] Gegen eine extraterritoriale Anwendung von Art. XX GATT *Tuna Dolphin I* (oben, Fn 229), S. 199, 200 f, Ziff. 5.27, 5.32; das Panel in *Tuna Dolphin II* (oben, Fn 229) entnahm Art. XX lit. g GATT keine solche Beschränkung (S. 891-893, Ziff. 58.13-5.20), lehnte aber die Rechtfertigung von Handelsmaßnahmen ab, welche anderen Staaten eine Änderung ihrer internen Politik aufdrängten (S. 894, Ziff. 5.26 f). In *Shrimp-Turtle* hielt es der Appellate Body für ausreichend, daß die zu schützenden Seeschildkröten als wandernde Art auch in US-Gewässern vorkamen, und ließ die Frage im übrigen offen, aaO. (oben, Fn 173), Ziff. 133. Zur Problematik im Überblick auch *Herrmann*, in: *Weiß/Herrmann*, Rn 537-539.

[235] Der Appellate Body spricht von „even-handedness“, *Reformulated Gasoline* (oben, Fn 233), S. 20 f.

griffenen[236] *chapeau* des Art. XX GATT ein vor Erlaß der Handelsmaßnahmen nach Treu und Glauben unternommener Verhandlungsversuch gefordert.[237] Hierin deutet sich eine Tendenz an, die internationale Politikgestaltung einem „aggressiven Unilateralismus" zu entziehen und anderen völkerrechtlichen Foren zu überantworten.

E. Zusammenfassung

Ohne eine Öffnung der inländischen Wirtschaft vorzuschreiben, macht das GATT die Handelspolitik im multilateralen Rahmen verhandelbar, wobei es in den anfangs an einer strikten quantitativen Gegenseitigkeit ausgerichteten Verhandlungen zunehmend auch um die Festlegung allgemeiner Regeln geht. Die Ausnahmen des GATT beschränken sich im wesentlichen auf vorübergehende wirtschaftliche Probleme, während die Funktion der Erziehungszölle nationale Zollpräferenzen für Entwicklungsländer übernehmen sollen. Politische Handelsmaßnahmen sind nur begrenzt zulässig, haben in der Praxis aber bislang keine schwerwiegenden Probleme aufgeworfen. Namentlich die Streitschlichtung der WTO räumt der internationalen Kooperation tendenziell den Vorrang vor einseitigen politisch motivierten Handelsbeschränkungen ein.

IV. Ergebnis zum zweiten Abschnitt

Die Außenhandelspolitik zielt auf die staatliche Beeinflussung der grenzüberschreitenden Güterströme ab. Die Verkehrsfreiheit in den zunehmend vergrößerten Wirtschaftsgebieten der europäischen Flächenstaaten, die mit der Industrialisierung verbundene Produktionserhöhung und die Verbesserung der Transportmöglichkeiten ließen sie zu einem wichtigen staatlichen Instrument der Wirtschaftsregulierung werden. In Abgrenzung zur aktiven Außenhandelspolitik des Merkantilismus entwickelte sich ab dem beginnenden 19. Jahrhundert ausgehend von Großbritannien die Vorstellung eines auch grenzüberschreitend liberalisierten Handelsverkehrs. Theoretisch zwingend entwirft

---

236 *Reformulated Gasoline* (oben, Fn 233), S. 25 f; *Shrimp-Turtle* (oben, Fn 173), Ziff. 156-159.

237 *Shrimp-Turtle* (oben, Fn 173), Ziff. 166-172. So auch schon *Tuna Dolphin I* (oben, Fn 229), 199 f, Ziff. 5.28.

dieser Ansatz ein Wirtschaftsmodell mit minimalen staatlichen Eingriffen in den Außenwirtschaftsverkehr, das durch internationale Arbeitsteilung einen weltweit effizienten Ressourceneinsatz erlaubt und selbst bei einer einseitigen Liberalisierung Wohlstandsgewinne für den einzelnen Staat verspricht. Obwohl von großem Einfluß auf das wirtschaftspolitische Denken, konnte dieses Modell nicht verhindern, daß vor allem in der Zwischenkriegszeit die Staaten in großem Maßstab zu Handelsmaßnahmen griffen und so nicht nur dem Effizienzgedanken zuwiderhandelten, sondern vor allem die bestehenden Industrien erheblichen Unsicherheiten über ihre wirtschaftlichen Entwicklungsmöglichkeiten aussetzten. Als Konsequenz hieraus entstand auf maßgebliche Initiative der USA und Großbritanniens nach dem zweiten Weltkrieg mit dem GATT ein multilateraler Rahmen, in dem die Außenhandelspolitik weitgehend auf das Instrument des Zolls reduziert wird, um erratische Schwankungen zu verhindern und sie einer Liberalisierung durch reziproke Zollsenkungen zugänglich zu machen.

Dritter Abschnitt: Zum Handelsbezug des geistigen Eigentums

Nach den bisherigen Erörterungen haben geistiges Eigentum und Handelspolitik gegenläufige Zielrichtungen. Sowohl das geistige Eigentum als fürstliches Monopol wie auch die Zölle gehörten zum Repertoire der merkantilistischen Wirtschaftsregulierung. Während der Abbau von Handelshemmnissen den Marktkräften international zur Geltung verhelfen soll, ist geistiges Eigentum ein Instrument der Marktintervention mit dem Zweck, ein Marktversagen zu beheben. Die Handelspolitik drängt also zur Liberalisierung, das geistige Eigentum dagegen zur Restriktion. Inwiefern ist es dennoch berechtigt, von handelsbezogenen Aspekten geistigen Eigentums zu sprechen?

I. Die Einbeziehung des geistigen Eigentums ins Handelssystem

Es ist bereits deutlich geworden, daß der Immaterialgüterschutz im Ausland bereits im 19. Jahrhundert als volkswirtschaftlicher Vermögenswert behandelt wurde. Hieraus erklärt sich der enge Zusammenhang zwischen den Handels- und den Patent- und Literarverträgen jener Zeit.[1] Zuweilen wurden selbst Handelszugeständnisse an eine Verstärkung des geistigen Eigentumsschutzes beim Handelspartner geknüpft. So erwirkte Deutschland durch die Androhung von Zollerhöhungen 1907 eine Verstärkung des Patentschutzes in der Schweiz.[2] Dagegen gelang mit Gründung der Verbände von Paris und Bern eine Entkoppelung von geistigem Eigentum und Handelspolitik, die der weithin geäußerten Kritik daran Rechnung trug, daß die privatnützigen geistigen Eigentumsrechte das unsichere Schicksal der Handelsverträge teilten. Diese Trennung sollte erst die Uruguay-Runde gezielt wiederaufheben.

---

[1] Hingewiesen sei auch auf die Forderung Portugals auf der Gründungskonferenz der PVÜ, auch Agrarprodukte dem gewerblichen Rechtsschutz zu unterstellen; anderenfalls habe eine Beteiligung an dem Vertragswerk für Portugal kein Interesse, Actes Paris 1880, S. 32 f, 144.

[2] *Machlup*, GRUR Int. 1961, 373, 375 f.

A. Handelsbezüge vor der Uruguay-Runde des GATT

Während die übrige ITO-Charta Patentrechte, Marken und Urheberrechte vor allem als Instrumente der privaten Wettbewerbsbeschränkungen erwähnte (Art. 46 Abs. 3 lit. f), enthält das GATT eine Reihe von Bezügen auf das geistige Eigentum. Interessant sind in diesem Zusammenhang nicht nur die Regelungen und die Streitbeilegungspraxis des GATT. Da ein Mangel an geistigem Eigentum heute mitunter schlicht als nichttarifäres Handelshemmnis eingeordnet wird, ist darüber hinaus zu fragen, ob die frühere GATT-Praxis Anhaltspunkte für eine solche Qualifizierung gibt.

1. Regelungen zum geistigen Eigentum im GATT

Bei den Regelungen des GATT zum geistigen Eigentum geht es vor allem darum, Konflikte des Handelssystems mit den etablierten Schutzsystemen auszuschließen.[3] So dürfen mengenmäßige Beschränkungen zum Schutz der Zahlungsbilanz nach Art. XII Abs. 3 lit. c (iii) GATT nicht den Import von Waren verhindern, die zum Erwerb oder zur Verlängerung gewerblicher oder urheberrechtlicher Schutzrechte erforderlich sind;[4] dasselbe gilt nach Art. XVIII Abs. 10 GATT für Handelsbeschränkungen im Interesse der Entwicklungspolitik. Des weiteren enthält Art. XX lit. d GATT eine Ausnahme für „measures (...) necessary to secure compliance with laws or regulations which are not inconsistent with the provisions of this Agreement, including those relating to (...) the protection of patents, trade marks, copyrights and the prevention of deceptive practices". Damit ermöglicht das GATT den Vertragsstaaten die Gestaltung geistigen Eigentums in der nationalen Rechtsordnung.[5]

Einen weiteren Bezug auf geistige Eigentumsrechte enthält Art. IX GATT über die Ursprungsbezeichnungen. Derartige Kennzeichnungen sind vor allem notwendig, um Präferenzzölle zuzuordnen und den Mißbrauch mittels Durchfuhr nichtbegünstigter Waren durch ein Land,

---

3 Ebenso *Christians*, S. 210 mwN; 219.

4 Vgl. auch *Christians*, S. 217, mit Hinweis auf den entsprechenden Art. 21 Abs. 3 lit. c (i) ITO.

5 Vgl. *Jackson*, World Trade and the Law of GATT, S. 511 f; *Christians*, S. 212 f. Zu entsprechenden „defensive(n), ‚negative(n)'" Vorschriften anderer multilateraler Handelsabkommen *von Lewinski*, GRUR Int. 1996, 630, 631-633 (Zitat S. 634).

für das die niedrigeren Tarife gelten, zu verhindern. Obwohl die Meistbegünstigungsklausel des Art. I GATT Präferenzzölle verbietet, behält die Ursprungsbezeichnung ihre Berechtigung im Hinblick auf Staaten, die keine Vertragsstaaten des GATT sind oder von Ausnahmen des GATT Gebrauch machen. Darüber hinaus können Ursprungsbezeichnungen aus Verbraucherschutzgründen, aber auch aus protektionistischen Erwägungen vorgeschrieben werden.[6] Aus dem Fehlen einer Inländerbehandlungsklausel läßt sich schließen, daß die Vorschrift nur Ursprungsbezeichnungen, nicht aber Kennzeichnungspflichten im allgemeinen betrifft.[7] Art. IX Abs. 1-5 GATT stellt zunächst nur sicher, daß solche Ursprungsbezeichnungen den Warenverkehr nicht übermäßig behindern.[8] Wenn Abs. 3 erlaubt, daß die Kennzeichnung auch noch zum Zeitpunkt des Imports soll angebracht werden können, so sind auch hiermit nur die nach nationalem Recht vorgeschriebenen Bezeichnungen gemeint.[9]

Im Gegensatz dazu zielt Art. IX Abs. 6 GATT auf einen Schutz geographischer Angaben ab, die in ihrem Herkunftsstaat Schutz genießen.[10] Zu diesem Zweck sollen die Vertragsstaaten zusammenarbeiten und entsprechende Anträge oder Vorstellungen anderer Vertragsparteien eingehend und wohlwollend prüfen. Zwar ergibt sich hieraus keine strikte Pflicht, die mitgeteilten geographischen Angaben im Inland zu

---

[6] Vgl. *Jackson*, World Trade and the Law of GATT, S. 459; *Christians*, S. 213. Berühmtes Beispiel ist die ursprünglich protektionistische Bezeichnung „Made in Germany" nach dem britische Merchandise Act 1887, vgl. *Drexl*, Entwicklungsmöglichkeiten, S. 291.

[7] So auch der nicht angenommene Panel-Bericht *United States – Restrictions on Imports of Tuna*, BISD 39S/155, 203, Ziff. 5.41.

[8] Vgl. nur *Jackson*, World Trade and the Law of GATT, S. 459 f; *Christians*, S. 213. Ebenso das GATT-Sekretariat in einem Hintergrundpapier zur Uruguay-Runde: GATT Provisions Bearing on Trade-Related Aspects of Intellectual Property Rights, GATT-Dokument MTN.GNG/NG11/W/6, Ziff. 10. Zur GATT-Praxis vgl. Marks of Origin, Recommendation of 21 November 1958, BISD 7S/30-33.

[9] Vgl. hierzu Certificates of Origin, Marks of Origin, Consular Formalities, Report adopted on 17 November 1956, BISD 5S/102, 104, Ziff. 6-8. Entgegen *Drexl*, Entwicklungsmöglichkeiten, S. 290 f, liegt daher in Art. IX Abs. 3 GATT kein Ansatz eines geistigen Eigentumsschutzes. Wie hier auch *Christians*, S. 213.

[10] *Japan – Customs Duties, Taxes and Labelling Practices on Imported Wines and Alcoholic Beverages*, Panel-Bericht, BISD 34S/83, 126, Ziff. 5.15.

schützen,[11] und namentlich sollte der Gebrauch differenzierender Produktbezeichnungen im Importstaat nicht präjudiziert werden, solange keine wirkliche Herkunftstäuschung vorlag.[12] Dennoch ist die Kooperationspflicht die einzige Vorschrift des GATT, die für eine Kategorie des geistigen Eigentums ein Schutzbedürfnis positiv befürwortet.[13] Allerdings ist sie in der Praxis ohne Bedeutung geblieben.

2. Streitschlichtungspraxis des GATT

Die Streitschlichtungspraxis des GATT beschäftigte sich in drei Fällen mit Bezügen zu geistigem Eigentum. In einem 1984 entschiedenen Fall[14] rügte die EG den Schutz der US-amerikanischen Druck- und Verlagsindustrie vor ausländischer Konkurrenz. Die umstrittene, schon 1891 eingeführte Vorschrift verbot Einfuhr und Vertrieb englischsprachiger Druckwerke von in den USA ansässigen Autoren, wenn Erstellung der Druckvorlagen, Druck und Bindung nicht in den USA oder Kanada erfolgt waren, und gewährte zudem eine prozessuale Einrede gegen Klagen des Urheberrechtsinhabers.[15] Ähnlich einem Ausübungszwang im Patentrecht zwang sie damit den Rechtsinhaber zur Produktion in den USA oder Kanada, wenn er sein Urheberrecht wirksam wahrnehmen wollte. Das Panel sah – wie unstreitig war – bereits im Einfuhrverbot einen Verstoß gegen Art. XI GATT, ohne sich zu dem urheberrechtlichen Zusammenhang zu äußern.[16] Daher kann der Fall nicht als Beleg dafür gelten, daß das GATT die wirtschaftlichen Interessen des geistigen Eigentümers schützt.[17]

Die beiden anderen Fälle betrafen das Verfahren zur Durchsetzung von Patenten in den USA. Während Patentinhaber mit Klagen gegen Verlet-

---

[11] AaO.

[12] AaO., S. 125, Ziff. 5.14; Hintergrundpapier des GATT-Sekretariats (oben, Fn 8), Ziff. 13.

[13] Ebenso *Hartridge/Subramanian*, Vand JTL 22 (1989) 893, 900 f. Anders *Christians*, S. 214-217, der der Vorschrift keinen immaterialgüterrechtlichen Gehalt zuerkennen will.

[14] *US – Manufacturing Clause*, BISD 31S/74-94.

[15] AaO., S. 76, Ziff. 4 f mit den maßgeblichen gesetzlichen Bestimmungen auf S. 92 f.

[16] AaO., S. 88, Ziff. 34.

[17] So aber *Drexl*, Entwicklungsmöglichkeiten, S. 285, 286.

zer innerhalb der USA auf den normalen Gerichtsweg verwiesen waren, konnten sie gegen Importprodukte zusätzlich in einem vereinfachten Verfahren vor der United States International Trade Commission (USITC) vorgehen. Im einem von Kanada angestrengten Fall war auf diesem Wege ein Einfuhrverbot für bestimmte Produkte ergangen, die amerikanische Patente verletzten.[18] Ohne auf die Frage der GATT-Verletzung einzugehen, hielt das eingesetzte Panel die Maßnahme im konkreten Fall nach Art. XX lit. d GATT für gerechtfertigt,[19] merkte allerdings an, daß einige Elemente des USITC-Verfahrens unter Umständen über den bloßen Patentschutz hinausgehen könnten.[20] Das Panel in dem späteren, durch die EG betriebenen Fall *US – Section 337* sah in den unterschiedlichen Durchsetzungsverfahren eine Ungleichbehandlung nach Art. III Abs. 4 GATT,[21] die durch die besonderen Schwierigkeiten der Rechtsdurchsetzung gegenüber Ausländern nur teilweise gerechtfertigt werden konnte. Insbesondere seien kurze Verfahrensfristen und der Ausschluß von Widerklagen nicht notwendig im Sinne von Art. XX lit. d GATT.[22] Ausdrücklich trat dieses Panel aber jedem Eindruck entgegen, Art. III Abs. 4 GATT oder Art. XX lit. d GATT könnten sich Verpflichtungen über das materielle Schutzniveau des nationalen Patentrechts oder die Wirksamkeit von Vollzugsverfahren entnehmen lassen.[23]

3. Die Arbeiten zu den nichttarifären Handelshemmnissen

Nachdem die Kennedy-Runde erstmals nichttarifäre Handelshemmnisse zum Gegenstand von Verhandlungen gemacht hatte, beschlossen die GATT-Vertragsparteien eine systematische Erfassung dieser Form von Handelsbeschränkungen. In einem ersten Schritt sollten die Vertragsstaaten derartige Maßnahmen anderer Staaten notifizieren, sodann sollte das Verzeichnis analytisch erfaßt und systematisch konsolidiert wer-

---

[18] *US – Imports of Certain Automotive Spring Assemblies*, BISD 30 S/107, 108 f, Ziff. 6 f; 110 f, Ziff. 11-13.

[19] AaO., S. 125-127, Ziff. 54-61.

[20] AaO., S. 128, Ziff. 71-73.

[21] *US – Section 337 of the Tariff Act of 1930* (auch *AKZO*-Fall genannt), BISD 36S/345, 388 f, Ziff. 5.18; 389 f, Ziff. 5.19 zu den einzelnen Verfahrenselementen.

[22] AaO., S. 395, Ziff. 5.24.

[23] AaO., S. 396, Ziff. 6.1.

den.[24] Eine erste, nach Ländern geordnete Zusammenstellung der erhaltenen Notifizierungen lag zum 30.8.1968,[25] das systematische Verzeichnis schließlich im Dezember 1968 vor.[26] Insgesamt wurden über 800 Maßnahmen notifiziert.[27] Das Verzeichnis war später Grundlage zur Einsetzung von Arbeitsgruppen zu besonderen Schwerpunktbereichen.[28]

Inhaltlich finden sich in der ursprünglichen Fassung des Inventars kaum Bezüge zum geistigen Eigentum. Allein Großbritannien notifizierte den Ausübungszwang für Patente im italienischen Recht, der entgegen Art. 5 A Abs. 3 PVÜ bei Nichtausübung in Italien einen Verfall des Patents ohne vorherige Zwangslizenz vorsah.[29] Als Kommentar vermerkte England: „This constitutes a barrier to trade in that importers are reluctant to run the risk of losing patent protection." Dies zielt im Kern darauf ab, daß Patentinhaber unter der Drohung des Patentverlusts zu unwirtschaftlicher Patentausübung in Italien gezwungen werden, womit die handelsverzerrende Wirkung des Ausübungszwangs, nicht jedoch ein Mangel an geistigem Eigentumsschutz an sich angesprochen ist. Im übrigen erwähnte die Notifikation der USA das Patentrecht:

> „By definition, a ‚non-tariff barrier' is any action other than a tariff which restricts a flow of international trade. However, the United States submission is confined to those ‚non-tariff barriers' which act directly on imports. It does not list measures such as subsidies and rebates, export controls, domestic price controls, marketing controls, investment restrictions, *patent laws and regulations,* differential shipping costs or regulations concerning remittance of earnings such as motion picture films. Nor does it attempt to identify non-

24 Programme of Work of the Contracting Parties, Conclusions adopted on 24 Nov. 1967, BISD 15S/67, 69.

25 Inventory of Non-Tariff Barriers, GATT-Dokument COM.IND/4 vom 30.8.1968.

26 Inventory of Non-Tariff Barriers, GATT-Dokument COM.IND/6 vom 2.12.1968 mit Zusätzen (~/Add. 1-6) zu den verschiedenen systematischen Gruppen.

27 Committee on Trade in Industrial Products, Report adopted on 24 February 1970, BISD 17S/115, Ziff. 3.

28 AaO., S. 117 f, Ziff. 8 f; siehe auch Programme of Work of the Contracting Parties – Summing up of the Chairman, BISD 18S/37, 38 f.

29 GATT-Dokument COM.IND/6/Add.6 vom 11.12.1968, S. 8.

> governmental restrictive business practices. However, these measures may have a significant influence in retarding the growth of international trade, equal to or exceeding the non-tariff barriers applied directly to imports."[30]

Die USA sahen das – nur nicht gesondert notifizierte – Patentrecht also grundsätzlich als mögliches nichttarifäres Handelshemmnis an. Die ganz allgemeine Erwähnung des Patentrechts läßt aber nicht erkennen, daß gerade ein mangelnder Patentschutz als Handelshemmnis angesehen würde. Der Zusammenhang zu den anderen genannten Maßnahmen läßt eher vermuten, daß wiederum an Regulierungen gedacht war, die direkt auf Handelsströme einwirkten. Ursprünglich hat ein mangelnder Schutz geistigen Eigentums als nichttarifäres Handelshemmnis im GATT demnach keine Rolle gespielt. Allerdings wurde das Verzeichnis auch später noch fortgeschrieben.[31] Ein Arbeitspapier des GATT-Sekretariats für die Verhandlungen der Uruguay-Runde vermerkt, das Verzeichnis nichttarifärer Handelshemmnisse enthalte „in its present form" eine Reihe von Notifikationen zu geistigem Eigentum.[32] Im Anhang des Papiers finden sich derartige Notifikationen aufgelistet, die nun teilweise in der Tat den Mangel an geistigem Eigentumsschutz betreffen.[33]

B. Die Umdeutung zum nichttarifären Handelshemmnis

Hergestellt wurde der Zusammenhang von geistigem Eigentum und nichttarifären Handelshemmnissen erstmals in der Tokio-Runde. In der Verhandlungs-Untergruppe für Zollangelegenheiten gaben die USA 1978 ihre Absicht zur Einleitung von Konsultationen zur Verhinderung

---

[30] COM.IND/4, S. 19 (Hervorhebung hinzugefügt). Entsprechend auch COM.IND/6, S. 2, Ziff. 4.

[31] Vgl. Report of the Committee on Trade in Industrial Products, BISD 20S/96, 107, Ziff. 47.

[32] „Work Undertaken in GATT Concerning Trade-Related Aspects of Intellectual Property Rights, Including Trade in Counterfeit Goods", Note by the Secretariat, GATT-Dokument MTN.GNG/NG11/W/4 vom 6.5.1987, Ziff. 16.

[33] Im einzelnen haben hiernach Ungarn und die USA fehlenden Patentschutz („lack of patent protection") in Italien und die EG und Kanada die Patent- und Markenregistrierung („patent and trade mark registration") in Japan als nichttarifäre Handelshemmnisse notifiziert, aaO. (oben, Fn 32), Anhang.

von Piraterie im internationalen Handel bekannt.[34] In der Folge legten sie gemeinsam mit der EWG einen zuvor mehrfach revidierten Abkommensentwurf zur Verminderung des Imports von Pirateriewaren vor.[35] Pirateriewaren definierte dieser Entwurf als Ware mit falscher Marke, die im Importland Schutz genießt;[36] demgegenüber sollte das materielle Recht geistigen Eigentums in den einzelnen Vertragsstaaten unberührt bleiben.[37] Da die Verhandlungsgruppe keine Übereinstimmung in der Sache erzielen konnte, wurde das Abkommen nicht in die Ergebnisse der Tokio-Runde aufgenommen, die Frage aber bei den Vorbereitungen des Ministertreffens 1982 wieder von den USA auf die Tagesordnung gesetzt.[38] Auch hier sollte es nur darum gehen, Importe von Pirateriewaren zu verhindern:

> „It should be underscored that we are concerned only with the trade-related aspects of international commercial counterfeiting. The proposed draft code does not address the general problems of intellectual property protection, which are under the purview of WIPO. However, to the extent that there is international counterfeiting in trademarks, it is appropriate that the GATT urge countries to deter international trade in counterfeited trademark merchandise."[39]

Der sich hier andeutende Streit über die Kompetenzen von WIPO und GATT wurde akzentuiert durch eine Anfrage von Trinidad und Tobago als Vorsitzender der die Entwicklungsländer repräsentierenden „Gruppe der 77" bei der WIPO, die der Generaldirektor der WIPO mit dem Angebot einer Arbeitsgruppe bei der WIPO zur besseren Durchsetzung der Bestimmungen der PVÜ zum Schutz vor unlauterem Wettbe-

---

[34] Zunächst informell (GATT-Dokument MTN/NTM/45 vom 21.7.1978) und später förmlich: Request for Consultations – United States, GATT-Dokument MTN/NTM/W/187 vom 12.9.1978. Eine Darstellung des Verhandlungsverlaufs enthält das erwähnte Hintergrundpapier (oben, Fn 32), Ziff. 3 ff.

[35] Zuletzt GATT-Dokument L/4817 vom 31.7.1979.

[36] Art. 1 Abs. 2 UAbs. 1: „'Counterfeit goods' means any imported goods with a false representation of a trademark that is entitled to protection under the laws of the country of importation and which is legally registered, where such registration is required by the country of importation."

[37] Art 1 Abs. 3: „The substantive intellectual property law of the Parties is unchanged by this agreement."

[38] Justification of Suggested Topics – Communication from the United States, GATT-Dokument PREP.COM/W/2 vom 7.2.1982.

[39] AaO., S. 1.

werb beantwortete.[40] Gleichwohl präsentierten USA, EWG, Kanada und Japan im GATT einen überarbeiteten Abkommensentwurf zum Handel mit Piraterieprodukten.[41] In ihrer Ministerdeklaration von 1982 sprachen sich die GATT-Vertragsparteien für die weitere Verfolgung der Frage in Konsultation mit dem Generaldirektor der WIPO aus.[42] Nach weiteren Diskussionen setzten die GATT-Vertragsparteien 1984 ein Expertengremium ein, das allen Vertragsstaaten offen stehen und zudem ein durch den Generaldirektor der WIPO bestimmtes Mitglied umfassen sollte.[43]

Die Arbeit des Expertengremiums stützte sich auf ein Hintergrundpapier, in dem das GATT-Sekretariat die verschiedenen Positionen der Vertragsstaaten und von Experten anderer Organisationen zusammenfaßte. Auch hier war einhellige Grundlage der Diskussion, daß keinem Land Vorschriften zu seinem materiellen Marken- oder sonstigen Recht geistigen Eigentums gemacht, sondern nur der Vollzug bestehenden nationalen Rechts effektiver gestaltet werden sollte.[44] Auch die Forderung nach internationaler Kooperation zielte nicht auf eine weltweite Verstärkung der materiellen Schutzstandards, sondern auf den Schutz von Drittmärkten, auf die Produktpiraten bei stärkeren Grenzkontrollen möglicherweise ausweichen würden.[45] In diesem Sinne fiel auch der Bericht der Expertengruppe aus. Obwohl ohne sachlichen Konsens, ging auch er davon aus, daß allenfalls solche geistigen Eigentumsrechte im GATT behandelt werden sollten, die im Importland bereits materiellen Schutz genössen.[46] Forderungen nach Verstärkung der internationalen Regeln knüpften auch hier an den Schutz von Drittmärkten und mögliche Ausweichstrategien der Produktpiraten an.[47]

Ein erstes Umschwenken der Argumentation findet sich im Protokoll der Diskussion einer „Senior Officials' Group“ von GATT-Vertrags-

---

[40] Vgl. GATT-Dokument PREP.COM/W/28 vom 18.8.1982.

[41] GATT-Dokument L/5382 vom 18.10.1982.

[42] Ministerial Declaration vom 29.11.1982, BISD 29S/9, 19.

[43] Action Taken, 30.11.1984, BISD 31S/14.

[44] Trade in Counterfeit Goods – Preliminary Background Note by the Secretariat, GATT-Dokument MDF/W/19 vom 10.1.1985, S. 4, Ziff. 8.

[45] AaO., S. 33 f, Ziff. 94.

[46] Report of the Group of Experts on Trade in Counterfeit Goods, GATT-Dokument L/5878 vom 9.10.1985, S. 10, Ziff. 27.

[47] AaO., S. 5 f, Ziff. 17.

staaten vom Oktober 1985. Hier erklärte der US-Vertreter, verschiedene Niveaus geistigen Eigentumsschutzes führten zu Handelsverzerrungen ähnlich den in der Tokio-Runde diskutierten Produktstandards.[48] Sollten bis dahin nur die Zollbehörden das Einsickern von Piratenprodukten in geschützte Märkte verhindern, so wurde nun ein Mangel an geistigem Eigentumsschutz pauschal mit nichttarifären Handelshemmnissen gleichgesetzt. Diese neue Argumentationslinie wurde in den mit der Vorbereitung des Ministertreffens von Punta del Este befaßten Ausschuß hineingetragen, wo die USA den besseren Schutz geistiger Eigentumsrechte zu einer Schlüsselfrage der neuen Handelsrunde erklärten: Er fördere Innovationen, den Technologietransfer sowie ausländische Investitionen und komme daher auch Entwicklungsländern zugute.[49] Während sich die EWG zurückhaltend verhielt und für eine weitere Diskussion der Frage plädierte,[50] nannte nun auch Japan die Nichtexistenz von Schutzvorschriften auf Gebieten neuer Technologien einen Faktor, der die Ausweitung des Handels mit Technologien behindere.[51] Zunächst grenzten die USA zwar die Kompetenzen des GATT zur WIPO noch mit dem Hinweis ab, die WIPO befasse sich mit dem klar verschiedenen Ziel der Herstellung internationaler Mindestrechte geistigen Eigentums.[52] Wenige Monate später dagegen bezeichneten sie ausdrücklich den Mangel an Schutz und Vollzug geistiger Eigentumsrechte als Handelsverzerrung.[53] Auch andere Industriestaaten öffneten sich

---

[48] Wiedergabe der Äußerung im Diskussionsprotokoll: „The trade distortions arising from different levels of intellectual property protection were in many ways similar to the trade distortions discussed during the Tokyo Round with respect to product standards", Senior Officials' Group, Record of Discussion, GATT-Dokument SR.SOG/6 vom 22.11.1985, S. 16.

[49] Preparatory Committee, Record of Discussions, Discussions of 17-20 March 1986, GATT-Dokument PREP.COM (86) SR/3 vom 11.4.1986, S. 9, Ziff. 22.

[50] AaO., S. 10, Ziff. 23.

[51] AaO., S. 12, Ziff. 30.

[52] Vgl. das Protokoll der Diskussionen vom 17.-20.3.1986: „The representative of the *United States* stated that the existing provisions [des GATT] left no doubt as to GATT competence to deal with the trade aspects of commercial counterfeiting. WIPO's clearly distinct competence was to deal with the establishment of minimum international legislation for the protection of industrial property", GATT-Dokument PREP.COM (86) SR/3 vom 11.4.1986, S. 13, Ziff. 34.

[53] Äußerung des US-Vertreters laut Protokoll der Diskussionen vom 8.-31.7.1986: „The failure to protect and enforce intellectual property rights re-

nun vorsichtig der Formulierung, daß der geistige Eigentumsschutz einen gewissen Bezug zum internationalen Handel habe.[54] Der bislang auf die Produktpiraterie beschränkte Handelsbezug des geistigen Eigentums wurde so zunehmend konturlos. In der Ministererklärung von Punta del Este, die das Verhandlungsmandat für die Uruguay-Runde erteilte,[55] fand sich schließlich eine Formulierung, die beide Deutungen zuließ:

> „In order to reduce the distortions and impediments to international trade, and taking into account the need to promote effective and adequate protection of intellectual property rights, and to ensure that measures and procedures to enforce intellectual property rights do not themselves become barriers to legitimate trade, the negotiations shall aim to clarify GATT provisions and elaborate as appropriate new rules and disciplines.
>
> Negotiations shall aim to develop a multilateral framework of principles, rules and disciplines with international trade in counterfeit goods, taking into account work already undertaken in GATT.
>
> These negotiations shall be without prejudice to other complementary initiatives that may be taken in the World Intellectual Property Organization and elsewhere to deal with these matters."[56]

Die Formulierung, deren erster Absatz zur Vorlage für die Präambel des TRIPS-Abkommens wurde, ist eine typische Kompromißformel. Wie geistiges Eigentum sich zu Verzerrungen und Behinderungen des internationalen Handels verhält, bleibt offen. Während sich das Bekenntnis zur Förderung wirksamen und adäquaten Schutzes für eine internationale Erweiterung der materiellen Schutzstandards in Anspruch nehmen läßt, kann der zweite Absatz als Beschränkung auf die bisher im GATT behandelte Produktpiraterie gedeutet werden. Der dritte Absatz schließlich hält die Frage nach der Kompetenz des GATT für die weiteren Verhandlungen offen. Damit waren Inhalt und Ergebnis der Handelsrunde in diesem Bereich der Verhandlungsdynamik zwischen den Vertragsstaaten überantwortet.

---

sulted in trade distortions which should be addressed in the GATT", GATT-Dokument PREP.COM (86) SR/9 vom 26.8.1986, S. 7, Ziff. 33.

[54] So die Schweiz, die EWG und Österreich sowie entschiedener Kanada und Japan, aaO., S. 7-9.

[55] Zum Ablauf der Verhandlungen in Punta del Este *Winham*, in: *Stein (Hrsg.)*, Getting to the Table, S. 59-64.

[56] Ministererklärung von Punta del Este, 20.9.1986, BISD 33S/19, 25 f.

C. Aktivitäten in anderen Foren

Die im GATT unternommenen Anstrengungen zur Behandlung geistigen Eigentums zeugen von der Unzufriedenheit mit der WIPO.[57] Seit der letzten großen Revision von RBÜ und PVÜ 1971 war es dort zu keiner nennenswerten Entwicklung mehr gekommen. Dagegen wurden im Rahmen der 1974 verkündeten Neuen Weltwirtschaftsordnung[58] eine Reihe von Regelwerken als Rahmen einer geordneten Weltwirtschaft in Angriff genommen.[59] Namentlich wurde in der UNCTAD ab 1973 ein „Code of Conduct" zum Technologietransfer verhandelt, der staatlichen Regulierungen zur Abwehr restriktiver Geschäftspraktiken eine zentrale Rolle einräumte.[60] Erheblichen Einfluß übte dabei eine gemeinsam von UNO, UNCTAD und WIPO erarbeitete Studie aus, nach der 1972 84% der in Entwicklungsländern erteilten Patente Ausländer und davon über 80% Angehörige der fünf größten westlichen Industriestaaten, vorwiegend multinationale Unternehmen, hielten.[61] Angehörige von Entwicklungsländern hielten dagegen weltweit nur 6% aller Patente.[62] Von den Ausländern erteilten Patenten in Entwicklungsländern würden nur 5%-10% zur Produktion im Inland genutzt.[63] Die Nichtausübung liege im ökonomischen Interesse der Patentinhaber, das seinerseits keinen Bezug zu den Erfordernissen der ökonomischen Ent-

---

[57] Die USA waren Mitglied von WIPO und PVÜ, nicht aber der RBÜ; zudem waren sie 1984 aus der UNESCO ausgetreten, die mit der WIPO das Welturheberrechtsabkommen verwaltet. Allerdings wurden sie in der WIPO in die wesentlichen Beratungen zu den Urheberrechten einbezogen, vgl. US General Accounting Office, S. 30.

[58] Charter of Economic Rights and Duties of States, Resolution der UN-Generalversammlung 3281/XXIX vom 12.12.1974 gegen die Stimmen Belgiens, der Bundesrepublik Deutschland, Dänemarks, Luxemburgs, Großbritanniens und der USA bei zehn Enthaltungen, ILM 14 (1975) 251-261; Abstimmung aaO., S. 265. Art. 13 der Charta enthält einen Aufruf zum Technologietransfer.

[59] Überblick zur Neuen Weltwirtschaftsordnung bei *Fikentscher*, Wirtschaftsrecht Band I, S. 116-124.

[60] Vgl. *Stoll*, Kap. II, 2. Teil. Übersicht zu Verhandlungsverlauf und Grundprinzipien aaO. S. 90-98, 205 f. Zum „Code of Conduct" auch *Fikentscher/Lamb*, in: *Fikentscher*, Recht und wirtschaftliche Freiheit, S. 320-322.

[61] UNCTAD, The Role of the Patent System, S. 39, Ziff. 267-270.

[62] AaO., S. 41, Tabelle 12.

[63] AaO., S. 40 f, Ziff. 277-280.

wicklung in den betroffenen Ländern habe.[64] Selbst die in Entwicklungsländern ausgeübten Patente führten in vielen Fällen zu unangemessen hohen Preisen, und die abgeschlossenen Lizenzvereinbarungen brächten häufig zusätzliche Beschränkungen für die Nutzung der patentierten Produkte in Entwicklungsländern.[65] Eine Reihe von Staaten habe daher den inländischen Patentschutz gelockert, und insgesamt sei ein Umbau des internationalen Patentsystems erforderlich.[66]

Von den Entwicklungsländern auch in das Forum der WIPO getragen,[67] nahmen die Industrieländer diese Vorstöße als Gefahr für den erreichten Standard des internationalen geistigen Eigentumsschutzes wahr.[68] Eine Reihe diplomatischer Konferenzen zur Revision der PVÜ Anfang der 1980er Jahre scheiterte vor allem an den Forderungen der Entwicklungsländer nach der Zulassung eines verschärften Ausübungszwangs.[69] So verfestigte sich der Eindruck, daß im Rahmen der WIPO keine globale Fortentwicklung des geistigen Eigentumsschutzes mehr erreichbar, eher sogar eine Schwächung zu befürchten sei. Kritisiert wurde[70] eine starke Blockbildung in der WIPO, in der sich zumeist die Abstimmungsblöcke des UN-Systems gegenüberstanden.[71] Demgegenüber sei das Verhalten der Staaten im Handelssystem stärker vom Eigeninteresse geprägt und damit flexibler. Zudem wurde der WIPO ein Mangel an Rechtsdurchsetzungsmöglichkeiten vorgeworfen, im Gegen-

---

[64] AaO., S. 40 f, Ziff. 280.

[65] AaO., S. 57-59, Ziff. 368-380.

[66] AaO., S. 64-65, Ziff. 404-409.

[67] *Stoll*, S. 245, weist hierzu auf den Bezug auf den Technologietransfer in dem Abkommen, durch das die WIPO zur Sonderorganisation der UNO wurde, hin: Hierdurch sei die politische Führung der PVÜ-Revisionen an die UNCTAD gefallen.

[68] Zusammenfassend zur Nord-Süd-Auseinandersetzung in der WIPO US General Accounting Office, S. 25-29. Kritisch auch *Stoll*, ZaöRV 54 (1994) 241, 311.

[69] Vgl. Aktuelle Informationen, GRUR Int. 1981, 713; 1982, 686; 1983, 59; 1985, 604; 1987, 440. Zur Diskussion um den Ausübungszwang, auch in historischer Perspektive, *Kunz-Hallstein*, GRUR Int. 1981, 347, 348-351. Eine Übersicht über die Revisionsbemühungen der PVÜ seit 1974 findet sich bei *Stoll*, S. 246 f.

[70] Nach US General Accounting Office, S. 36 f.

[71] Zur Anwendung des UN-typischen Gruppensystems auf der PVÜ-Revisionskonferenz 1980 *Kunz-Hallstein*, GRUR Int. 1981, 137, 138 f.

satz zu den guten Erfahrungen mit dem GATT-Panel-Verfahren. Nicht zuletzt ermöglichte das Aufbrechen der institutionellen Isolierung von geistigem Eigentumsschutz und Handelssystem den Einsatz bislang durch das GATT verbotener Handelsmaßnahmen als Druckmittel gegen Staaten, die sich einem verstärkten geistigen Eigentumsschutz in ihren nationalen Rechtsordnungen widersetzten.[72]

D. Das bilaterale Vorgehen der Industriestaaten

Die Erweiterung des Diskussionsgegenstandes auf den materiellen Schutz geistigen Eigentums im Ausland zeichnete sich bereits Anfang der 1980er Jahre ab.[73] 1984 erstellte die United States International Trade Commission (USITC) eine Studie, in der aufgrund von Unternehmensbefragungen das Volumen US-amerikanischer Güter, das durch markenrechtswidrige Waren vom US-amerikanischen und von Drittmärkten verdrängt worden war, auf 6-8 Mrd. US-Dollar geschätzt wurde.[74] Im selben Jahr erweiterte der US-Gesetzgeber durch Änderung von „Section 301" des amerikanischen Handels- und Zollgesetzes[75] den Anknüpfungspunkt für Handelsmaßnahmen auf unfaire („unjustifiable, unreasonable, or discriminatory") ausländische Praktiken.[76] Zusätzlich wurden die amerikanischen Zollpräferenzen für Entwicklungsländer mit dem geistigen Eigentumsschutz im Empfängerland verknüpft und

---

[72] *Christians*, S. 154; *Bhagwati*, World Economy 13 (1990) 149, 167; *von Lewinski*, GRUR 1996, 630, 636; UFITA 136 (1998) 103, 108. Für eine solche Verbindung auch schon Intellectual Property Committee/Keidanren/UNICE, in: Beier/Schricker I, S. 353, 370.

[73] Zum Meinungsbildungsprozeß in den USA und insbesondere der Rolle privater Akteure vgl. *Christians*, S. 34 f, 37-41. Nach *Christians* ist das Umschwenken darauf zurückzuführen, daß die im GATT diskutierten Grenzkontrollmaßen gegen Pirateriewaren 1984 bereits in den USA eingeführt wurden, aaO., S. 38. Zur Rolle privater Interessen auch *Jackson*, VanderbiltJTL 22 (1989) 343 f.

[74] USITC, The Effects of Foreign Product Counterfeiting on U.S. Industry, USITC Publ. 1479, Januar 1984. Die Darstellung hier folgt der Zusammenfassung im Anhang des GATT-Hintergrundpapiers (oben, Fn 44), S. 37-41.

[75] Trade Act of 1974, Publ. Law 93-618, 88 Stat. 1978, 2041, abgedruckt in: ILM 14 (1975) 181, 213.

[76] Sec. 304 Trade and Tariff Act of 1984, Publ. Law 98-573, 98 Stat. 2948, 3003, abgedruckt in ILM 24 (1985) 826. Zu Entwicklung und Praxis der Vorschrift *Bello*, in: *Demaret/Bourgeois/van Bael (Hrsg.)*, S. 111-121.

zum Verhandlungsziel erklärt.[77] Die neuen Möglichkeiten der Handelssanktionierung unterstützten die Konsultationen mit den Hauptproblemländern, in die die USA seit 1983 eingetreten waren und die bis 1986 insbesondere in Singapur und Taiwan zu einer Stärkung des geistigen Eigentumsschutzes führten. Mit Südkorea konnte erst eine Einigung erzielt werden, nachdem die USITC eine förmliche Untersuchung des dortigen Schutzes geistigen Eigentums als Vorstufe zu Handelsmaßnahmen eingeleitet hatte.[78]

Weiteren Diskussionsstoff brachte eine neuerliche Studie der USITC aus dem Jahre 1988, die Daten für die Verhandlungsposition der US-Regierung in der Uruguay-Runde erheben sollte.[79] Nach dem Vorbild der 1984er Studie wurden ausgewählte, besonders betroffene Unternehmen nach einer Einschätzung gefragt, welches Handelsvolumen ihnen weltweit aufgrund mangelnden geistigen Eigentumsschutzes verlorengehe, darüber hinaus wurden freiwillige Angaben von Industrieverbänden und US-Handelskammern im Ausland berücksichtigt. Im Gegensatz zu 1984[80] war die Untersuchung nicht auf Märkte beschränkt, auf denen wegen existierender Gesetzgebung ein durch geistiges Eigentum geschützter Warenabsatz legitimerweise erwartet werden konnte. Maßgeblich sollte vielmehr allgemein „business not undertaken because of inadequate or ineffective protection" sein.[81] Methodisch war die Ermittlung abgesehen von allgemein gehaltenen Vorschlägen den Befragten selbst anheim gestellt. Wegen des begrenzten Kreises der Befragten erhob die Untersuchung zwar keinen Anspruch auf Repräsentativität.[82] Unter einer Reihe beschränkender Annahmen wurde gleichwohl aus gemeldeten 23,8 Mrd. US-Dollar ein „Verlust" der gesamten US-Indu-

---

[77] Trade and Tariff Act of 1984, aaO., Sec. 305, 98 Stat. 3006 f; Sec. 504, 98 Stat. 3020 f.

[78] Zum bilateralen Vorgehen gegenüber Taiwan, Singapur und Südkorea vgl. US General Accounting Office, S. 50-53.

[79] USITC, Foreign Protection of Intellectual Property Rights and the Effect on U.S. Industry and Trade, Report to the United States Trade Representative, Washington 1988.

[80] In jener Untersuchung (oben, Fn 74) sollten zwar auch Verdrängungseffekte auf Exportmärkten berücksichtigt werden, der Begriff „counterfeiting" war aber auf Produkte beschränkt, die im Import- oder Verkaufsland materiell Immaterialgüterschutz genossen, GATT-Hintergrundpapier (oben, Fn 44), S. 37 f.

[81] AaO. (Fn 79), S. D-5.

[82] AaO. (Fn 79), S. H-2.

strie von 43-61 Mrd. US-Dollar im Jahre 1986 hochgerechnet.[83] Trotz der methodischen Bedenken[84] wurde die Studie vielfach als Beleg für einen Mangel an internationalem Schutz geistigen Eigentums zitiert.[85]

Der Omnibus Trade and Competitiveness Act 1988 setzte schließlich materielle Standards zum Schutz geistigen Eigentums im Ausland förmlich auf die Verhandlungsagenda der US-Administration für die Uruguay-Runde und verschärfte nochmals das handelsrechtliche Instrumentarium. Anstatt dem Präsidenten wies er dem United States Trade Representative (USTR) die Zuständigkeit zur Feststellung unfairer Praktiken zu,[86] erklärte einen Mangel an „adequate and effective" geistigem Eigentumsschutz im Ausland zur unfairen Handelspraktik[87] und verpflichtete den USTR zur Erstellung von Listen zur Schutzsituation

---

[83] AaO. (Fn 79), S. H-2 f.

[84] Die Studie selbst räumt ein, daß die Angaben der Befragten „biased and self-serving" sein könnten, daß auch die eingebauten „cross-checks" (Abgabe der Schätzungen unter Eid, Möglichkeit späterer Kontrollumfragen, Vergleich mit Angaben der Handelsverbände und US-Handelskammern) nicht „high definition or conclusiveness of the results" gewährleiste und die abgegebenen Schätzungen nur insofern schlüssig seien, als die für bestimmte Sektoren relativ hoch geschätzten Verluste mit der als relativ hoch eingeschätzten Bedeutung geistigen Eigentums in ebenjenen Sektoren übereinstimme (aaO. [oben, Fn 79], S. 4-1). Kritisch auch *Mansfield*, in: *Wallerstein u.a. (Hrsg)*, S. 133. Vgl. im übrigen F.M. Abbots Wiedergabe der späteren Äußerung eines ungenannten Mitarbeiters des USTR: „„... everybody involved in this study is quite embarrassed by it, and wishes it would go away, because it was so unscientifically produced that they wish they had not done it.'" (Diskussionsbeitrag, in: *Abbott/Gerber [Hrsg.]*, S. 123). – Schätzungen der Industrie betrachten oft nur den Umsatz an Piraterieprodukten und vernachlässigen die durch den Schutz geistigen Eigentums eintretenden Änderungen in Preisen, Marktstrukturen und Verbraucherverhalten, *Maskus*, IPR in the Global Economy, S. 100 f.

[85] So Intellectual Property Committee/Keidanren/UNICE, in: Beier/Schricker I, S. 353, 362; *Christians*, S. 29; *Cottier*, CMLR 28 (1991), 383, 385; *Staehelin*, S. 15; *Primo Braga/Fink*, in: *Abbott/Gerber (Hrsg.)*, S. 118. Den Einfluß des Berichts auf die US-amerikanische Verhandlungsposition unterstreicht *Cheek*, GWILR 33 (2001) 277, 287.

[86] Sec. 301 (a) und (b) Trade Act 1974 in der Fassung von Sec. 1301 (a) Omnibus Trade and Competitiveness Act 1988, Publ. Law 100-418, 102 Stat. 1107, 1164, abgedruckt in ILM 28 (1989) 15, 26.

[87] Sec. 301 (d) (3) (B) (i) (II) Act 1974 in der Fassung von Sec. 1301 (a) Omnibus Trade and Competitiveness Act 1988, 102 Stat. 1107, 1167.

geistigen Eigentums im Ausland („Special 301").[88] Dadurch hatte das präsidentielle Ermessen im Bereich der Handelsmaßnahmen zwar grundsätzlich Bestand,[89] die ausdrückliche Erwähnung des geistigen Eigentums, die Zuweisung an eine allgemeinpolitischen Erwägungen weniger zugängliche Spezialbehörde und die genaue Identifizierung der betroffenen Staaten erhöhten jedoch den öffentlichen Druck auf die Handelspolitik und wirkten nach außen als implizite Drohung mit Handelsmaßnahmen ohne Rücksicht auf die Vorgaben des GATT.[90] Für dieses Vorgehen wurde die Bezeichnung des „aggressiven Unilateralismus" geprägt, der dadurch gekennzeichnet ist, daß der amerikanische Gesetzgeber einseitig die Bedingungen für eine ausgeglichene Handelsordnung („Level Playing Field") festlegte und entgegen dem Prinzip der Gegenseitigkeit ein einseitiges Entgegenkommen von den Handelspartnern erwartete.[91]

Das Neue (Handelspolitische) Instrument der EG aus dem Jahre 1984 sah ebenfalls ein Verfahren zur Einleitung von Handelsmaßnahmen durch Private vor.[92] Es stand seinem amerikanischen Gegenstück insofern nach, als es ausdrücklich die Bindung ans Völkerrecht und einschlägige internationale Konsultations- und Streitschlichtungsverfahren anordnete und so GATT-widrige Repressalien ausschloß.[93] Zu den unerlaubten Handelspraktiken, die zu Handelssanktionen Anlaß geben

---

[88] Sec. 182 Trade Act 1974 in der Fassung von Sec. 1303 (b) des Omnibus Trade and Competitiveness Act 1988, 102 Stat. 1107, 1179.

[89] *Barton/Fisher*, Introductory Note, ILM 28 (1989) 15, 27. Ebenso *Boisson de Chazournes*, S. 85 f.

[90] *Hudec*, Thinking About the New Section 301, S. 164-166; *Petersmann*, GYIL 34 (1991) 175, 194 f. Zur Praxis *Ross/Wasserman*, S. 13-15; *Stegemann*, S. 9 f; ausgewählte Fälle bei *Boisson de Chazournes*, S. 113 f, 117 f.

[91] *Stegemann*, S. 7. Zur Einseitigkeit von Forderungen nach „fair trade" und einem „level playing field" auch *Hudec*, VandJTL 22 (1989) 321 f sowie *ders.*, Mirror, Mirror on the Wall, S. 227, 229 f. Die Bezeichnung „aggressive unilateralism" ist weit verbreitet, z.B. auch *Petersmann*, CMLR 31 (1994) 1157, 1165; *ders.*, in: FS Jackson, S. 124. Vgl. auch *Senti*, Rn. 477-480, zur „aggressiven Reziprozität".

[92] Verordnung (EWG) Nr. 2641/84 des Rates vom 17. September 1984 zur Stärkung der gemeinsamen Handelspolitik und insbesondere des Schutzes gegen unerlaubte Handelspraktiken, ABl. 1984 L 252/1.

[93] AaO., Art. 2 Abs. 1 und 2, Art. 10 Abs. 2 und 3. Vgl. *Bronckers*, in: *Demaret/Bourgeois/van Bael (Hrsg.)*, S. 161; *Boisson de Chazournes*, S. 91; *von Lewinski*, GRUR Int. 1996, 630, 640 f.

konnten, gehörte aber außer Völkerrechtsverletzungen auch die Verletzung „allgemein anerkannte(r) Regeln" (Art. 2 Abs. 1 der Verordnung). Die Kommission vertrat hierzu die Auffassung, aufgrund einer Wägung des Anteils der Mitgliedstaaten von PVÜ, RBÜ und WIPO am Welthandel könnten die in diesen Abkommen vorgesehenen Standards als allgemein anerkannt gelten.[94] So gesehen erlaubte auch das Neue Instrument ein einseitiges Vorgehen gegen „unfaire" Handelspraktiken. Obwohl die Verordnung keinen ausdrücklichen Bezug zum geistigen Eigentum enthielt, wurde von privater Seite eine Reihe von Verfahren wegen unzureichenden Schutzes geistigen Eigentums im Ausland angestrengt.[95] Tatsächlich leitete die Kommission aufgrund der Verordnung Konsultationen gegen Indonesien und später gegen Thailand wegen Verletzung der Inländerbehandlung im Urheberrecht ein. Indonesien war zu jener Zeit zwar Vertragsstaat des GATT, nicht aber der RBÜ.[96] Da die in Aussicht genommenen Sanktionen nicht näher spezifiziert wurden,[97] ist der EG zwar kein offener Bruch des GATT vorzuwerfen,[98] dennoch standen die Sanktionen latent im Raum,[99] so daß das Vorgehen ähnlich aggressiv wie das der USA erscheint.[100] Die Verfahren wurden eingestellt, nachdem die beiden Staaten legislative Änderungen

---

94 Grünbuch zum Urheberrecht, KOM (88) 172 endg., S. 233 f, Ziff. 7.6.3.-7.6.6.

95 Vgl. *Drexl*, Entwicklungsmöglichkeiten, S. 296, 298 f; *Bronckers*, in: *Demaret/Bourgeois/van Bael (Hrsg.)*, S. 141-146, 161 f; *Castillo de la Torre*, CMLR 1993, 687, 689-691, 697; ferner *Hartridge/Subramanian*, Vand JTL 22 (1989) 893, 895 mit der Ansicht, das Instrument sei fast ausschließlich im Bereich des geistigen Eigentums angewandt worden.

96 Thailand war nicht Mitglied des GATT, aber Verbandsstaat der RBÜ in der Fassung von Berlin 1908. Vgl. jeweils BGBl. II, Fundstellennachweis B vom 31.12.2001, S. 291 (GATT); *Nordemann/Vinck/Hertin*, S. 392, 398 (RBÜ Stand 1.1.1977) sowie BGBl. II, Fundstellennachweis B vom 31.12.2001, S. 201, 202 (RBÜ seit Fassung von Rom 1928).

97 Zur Bandbreite der möglichen Sanktionen nach dem Neuen Instrument allgemein *Bronckers*, in: *Demaret/Bourgeois/van Bael (Hrsg.)*, S. 161-163.

98 Die Kommission selbst betonte die Bindung ans Völkerrecht, Grünbuch zum Urheberrecht, S. 235, Ziff. 7.6.9.

99 *Boisson de Chazournes*, S. 116.

100 Vgl. aber *von Lewinski*, GRUR Int. 1996, 630, 638-640, die als Gegensatz zu den USA die Berücksichtigung der lokalen Situation in den Ländern Ost- und Südosteuropas in der EG-Politik hervorhebt.

zur Verstärkung ihres geistigen Eigentumsschutzes getroffen hatten.[101] Im Bereich des gewerblichen Rechtsschutzes lehnte die Kommission Handelsmaßnahmen ab, da die PVÜ den betroffenen Staaten ein weites Ermessen bei der Ausgestaltung ihrer Rechtsordnungen einräume.[102] In einem weiteren Fall genügte bereits die Androhung, bei der Kommission Handelsmaßnahmen wegen unzulänglichen Schutzes geographischer Angaben („Scotch Whisky") zu beantragen, um den betroffenen Staat Bulgarien zum Einlenken zu bewegen.[103] Im übrigen entzog die EG in einem Fall Zollpräferenzen nach der „Enabling Clause" der Tokio-Runde, und zwar in Reaktion auf ein bilaterales Abkommen Südkoreas mit den USA zum Schutz von Schaltkreistopographien, dessen Schutzverbesserung nicht auf EG-Bürger erstreckt worden war.[104] Diese Reaktion, die eine bloße Retorsion darstellte, dürfte dem Umstand geschuldet gewesen sein, daß mangels Meistbegünstigungspflicht im internationalen geistigen Eigentumsschutz Südkorea kein Völkerrechtsbruch vorzuwerfen war.[105]

Während die EG-Kommission sich noch zu Beginn der Uruguay-Runde zurückhaltend verhielt,[106] machte sie sich auf Initiative insbesondere der Musik- und Videoindustrie[107] in ihrem 1988 erschienenen Grünbuch zum Urheberrecht die Position zu eigen, unzureichende

---

[101] Entscheidungen der Kommission 87/553/EWG vom 23.11.1987, ABl. 1987 L 335/22, und 88/287/EWG vom 11.5.1988, ABl. 1988 L 123/51, wegen unerlaubter Handelspraktiken in Form widerrechtlicher Reproduktion von Tonaufzeichnungen in Indonesien.

[102] Entscheidung der Kommission 89/74/EWG vom 23.12.1988 über die Ablehnung des Antrags der Firma Smith Kline & French Laboratories Limited nach der Verordnung (EWG) Nr. 2641/84 des Rates gegen Jordanien, ABl. 1989 L 30/67.

[103] *Bronckers*, in: *Demaret/Bourgeois/van Bael (Hrsg.)*, S. 161 f.

[104] Verordnung (EWG) Nr. 3912/87 des Rates vom 18.12.1987 zur Aussetzung der allgemeinen Zollpräferenzen für Waren mit Ursprung in der Republik Korea, ABl. EG L 369/1 vom 29.12.1987. Siehe auch Grünbuch zum Urheberrecht (oben, Fn 94), S. 228, Ziff. 7.3.9.; EuGH, Gutachten 1/94, Rn 64; *Boisson de Chazournes*, S. 116 f; *Govaere/Demaret*, in: *Esty/Geradin (Hrsg.)*, S. 368.

[105] *Boisson de Chazournes*, S. 117. Anders die EG-Kommission, Grünbuch zum Urheberrecht, aaO., mit unspezifiziertem Hinweis auf „eine( ) frühere( ) Verpflichtung der Koreanischen Republik, geistiges und gewerbliches Eigentum von Staatsangehörigen und Unternehmen der Gemeinschaft zu schützen".

[106] Vgl. unten, Fn 116.

[107] So *B. Posner*, S. 3, Ziff. 1.3.

Schutzstandards im Ausland seien mit „Piraterie“ gleichzusetzen,[108] und kündigte ein verstärktes bilaterales und multilaterales Vorgehen zum Schutz geistigen Eigentums im Ausland an.[109] Auch die deutsche Bundesregierung war zunächst überrascht über die breitangelegte GATT-Initiative der USA, wollte aus übergeordneten politischen Gründen aber keine offene Ablehnung zeigen, sondern in bilateralen Gesprächen mit den USA deutlich machen, daß sie in der WIPO das geeignetere Forum zur Fortentwicklung des internationalen Schutzes geistigen Eigentums sehe.[110] Allgemein wurde in dem aggressiven einseitigen Vorgehen ein Zeichen der Gefahr gesehen, die dem multilateralen Handelssystem drohte, wenn die Industriestaaten in der Frage „unfairer“ Handelspraktiken kein Entgegenkommen fänden.[111]

E. Die TRIPS-Verhandlungen

Die TRIPS-Verhandlungen[112] waren zunächst noch von unterschiedlichen Auslegungen der Erklärung von Punta del Este geprägt. Ein früher Vorstoß der USA zur Verabschiedung des Entwurfs zum Anti-Piraterie-Code von 1984 *tel quel*[113] wurde aus Sorge, eine weitergehende Ei-

---

[108] AaO. (oben, Fn 94), S. 19-22, Ziff. 2.1.1., 2.1.3., 2.2.3.; S. 28, Ziff. 2.2.11.; S. 35, Ziff. 2.2.30.; S. 230, Ziff. 7.4.5.

[109] AaO. (oben, Fn 94), S. 223, Ziff. 7.2.7; S. 228, Ziff. 7.3.11; S. 231, Ziff. 7.4.8; S. 234-235, Ziff. 7.6.7.-7.6.10.

[110] *Meister*, MA 1987, 420, 422 f.

[111] *Stegemann*, S. 11. *Hudec* hält das aggressive Vorgehen der USA im Prinzip für rechtfertigungsfähig, um das Handelssystem sinnvoll weiterzuentwickeln (Thinking About the New Section 301, S. 156 f, 167 ff). Im konkreten Fall lehnt er es aber, insbesondere was das geistige Eigentum angeht, ab (aaO., S. 191 f): „This provision [sec. 301] demands unilateral reduction of ordinary trade restrictions explicitly authorized by GATT law, without any justification other than political pressure from industry that would benefit“, aaO., S. 192.

[112] Zum Verhandlungsverlauf *Ross/Wasserman*, S. 21-36; *Stoll*, ZaöRV 54 (1994) 241, 250 f; *Gervais*, Ziff. 1.15-1.32; für den Abschnitt bis zur „Mid-Term Review“ (1988) auch *Christians*, S. 166-171.

[113] Vgl. die Zusammenfassung der Diskussion in der Verhandlungsgruppe zum Treffen vom 25.3.1987 durch das Sekretariat, GATT-Dokument MTN.GNG/NG11/1 vom 10.4.1987, Ziff. 15, sowie zum Treffen vom 10.6.1987, GATT-Dokument MTN.GNG/NG11/2 vom 23.6.1987, Ziff. 11.

nigung zu präjudizieren, nicht weiterverfolgt.[114] 1987 sprachen sich die USA in einem ersten umfassenden Verhandlungsvorschlag für die Regelung von materiellen Schutzstandards und Vollzugsmaßnahmen aus.[115] Die EG verhielt sich zur Verhandlung materieller Standards zunächst reserviert,[116] legte aber 1988 ihrerseits einen Verhandlungsvorschlag mit solchen Standards vor.[117] Auch ein 1988 veröffentlichtes gemeinsames Papier von amerikanischen, europäischen und japanischen Industrieverbänden sprach sich nachdrücklich für die Aufnahme materieller Standards in ein neu zu schließendes Abkommen aus.[118] Demgegenüber bestanden eine Reihe von Entwicklungsländern weiter auf einer engen Auslegung des Verhandlungsmandats.[119] Zur Ministerkonferenz von

---

[114] *Christians*, S. 167 f, mit Zweifeln an der Ernstlichkeit des Vorschlags in Fn 104. Vgl. auch *Jackson*, VandJTL 22 (1989) 343 f, mit dem Hinweis auf private Interessen, die sich der schnellen Annahme entgegenstellten.

[115] Suggestions by the United States for Achieving the Negotiating Objective, GATT-Dokument MTN.GNG/NG11/W/14 vom 20.10.1987, in: Beier/Schricker I, S. 179, 182, 184 ff.

[116] Guidelines Proposed by the European Community for the Negotiations on Trade-Related Aspects of Intellectual Property Rights, GATT-Dokument MTN.GNG/NG11/W/16 vom 20.11.1987, abgedruckt in: Beier/Schricker I, S. 203, 207 f. Zur zurückhaltenden Verhandlungsposition der EG auch *Christians*, S. 168 f; *Cheek*, GWILR 33 (2001) 277, 283 f.

[117] Guidelines and Objectives Proposed by the European Community for the Negotiations on Trade Related Aspects of Intellectual Property Rights, GATT-Dokument MTN/GNG/NG11/W/26 vom 7.7.1988, abgedruckt in: Beier/Schricker I, S. 321, 326 ff.

[118] Intellectual Property Committee/Keidanren/UNICE, in: Beier/Schricker I, S. 353, 362 f, 371 ff. Nach *Stegemann*, S. 13 f, ging die Zusammenarbeit der Industrieverbände auf die Initiative des USTR zurück und führte erst nach Überwindung einer anfänglichen Zurückhaltung der europäischen und japanischen Industrie zu dem gemeinsamen Papier.

[119] So die wiederkehrenden Äußerungen in den Zusammenfassungen der Diskussionen in der Verhandlungsgruppe durch das Sekretariat, GATT-Dokumente MTN.GNG/NG11/2 vom 23.6.1987, Ziff. 4; MTN.GNG/NG11/3 vom 8.10.1987, Ziff. 6; MTN.GNG/NG11/4 vom 17.11.1987, Ziff. 11 f, 24; MTN.GNG/NG11/5 vom 14.12.1987, Ziff. 12-14; MTN.GNG/NG11/7 vom 21.7.1988, Ziff. 24, 53. Die Dokumente identifizieren die jeweiligen Wortführer nicht, aufgrund der Interessenlage darf aber angenommen werden, daß die Äußerungen von seiten der Entwicklungsländer stammten. Entsprechende Bedenken waren bereits im Vorfeld der Uruguay-Runde geäußert worden, so durch Brasilien, Diskussionsprotokoll vom 17.-20.3.1986 (oben, Fn 52), S. 10, Ziff. 24,

Montreal 1988, der „Mid-Term Review", verhinderte u.a. der Dissens zwischen Industrie- und Entwicklungsländern über das geistige Eigentum eine förmliche Einigung.[120] Allerdings machte die verabschiedete Ministererklärung ausdrücklich die Bereitstellung adäquater Standards und Prinzipien für handelsbezogene geistige Eigentumsrechte zum Gegenstand der weiteren Verhandlungen.[121] Gleichwohl legte noch im Juli 1990 der Vorsitzende der Verhandlungsgruppe zum geistigen Eigentum aufgrund informeller Konsultationen einen Abkommensentwurf vor, der deutlich zwischen den Alternativen eines reinen Anti-Piraterie-Codes und einer umfassenden Regelung geistiger Eigentumsstandards unterschied.[122] Nach weiteren Entwürfen von verschiedenen Seiten und intensiven Verhandlungen, die in Kleingruppen und flexiblen Allianzen jenseits der bekannten Blockbildungen geführt wurden, lag zum vorgesehenen Ende der Runde im Dezember 1990 ein umfassender Abkommensentwurf vor, der formell noch immer von einem Anti-Piraterie-Code als Alternative begleitet war.[123] Allerdings scheiterte die Handelsrunde zu diesem Zeitpunkt an der Uneinigkeit im Agrarbereich. Erst nach einer Umstrukturierung der Verhandlungsgruppen und einer Zusammenfassung der bislang erzielten Verhandlungsergebnisse durch den Generaldirektor des GATT Arthur Dunkel im sog. „Dunkel Draft" konnte schließlich 1993 ein abschließender Konsens auf der Grundlage des in der Erklärung von Punta del Este angelegten Prinzips des „Single Undertaking"[124] gefunden werden.[125]

---

sowie Indien, Diskussionsprotokoll vom 8.-31.7.1986 (oben Fn 53), S. 8, Ziff. 38.

[120] *Ross/Wasserman*, S. 24; *Senti*, WTO, Rn 203.

[121] Decisions adopted at the Mid-Term Review of the Uruguay Round, Abschnitt „Trade-related aspects of intellectual property rights, including trade in counterfeit goods", Ziff. 4 (b), ILM 28 (1990) 1023, 1030.

[122] GATT-Dokument MTN.GNG/NG11/W/76 vom 23.7.1990. Die Regelungsalternativen waren jeweils mit den Großbuchstaben A und B gekennzeichnet. Während die A-Alternativen verbindlich materielle Schutzstandards vorschrieben, verwiesen die B-Alternativen jeweils auf das nationale Recht des geistigen Eigentums und beschränkten die Anwendbarkeit des Abkommens auf Pirateriewaren, die im Importland Schutz genossen.

[123] *Cottier*, CMLR 28 (1991) 383, 388.

[124] Erklärung von Punta del Este, Teil I, Abschnitt B (ii), BISD 33S/19: „The launching, the conduct and the implemetation of the outcome of the negotiations shall be treated as parts of a single undertaking."

F. Fazit

Das ursprüngliche GATT beschränkte sich im wesentlichen auf Regelungen zur Vereinbarkeit mit den bestehenden nationalen und internationalen Systemen zum Schutz des geistigen Eigentums. Weder die Streitschlichtungspraxis noch die Diskussionen zu den nichttarifären Handelshemmnissen lassen erkennen, daß das inländische Schutzniveau geistigen Eigentums als relevant für die Handelsbeziehungen angesehen wurde. Aufmerksamkeit fand der geistige Eigentumsschutz erst unter dem Eindruck von Schutzrechtsverletzungen durch den grenzüberschreitenden Handel, namentlich die illegale Einfuhr auf Märkte, auf denen geistiger Eigentumsschutz gewährt wurde. Waren diese Bestrebungen anfangs noch auf diesen Problemkreis beschränkt, führte die Umdeutung eines Mangels an geistigem Eigentumsschutz zum nichttarifären Handelshemmnis zu der zusätzlichen Forderung, weltweit hohe Standards geistigen Eigentums einzuführen. Die hierzu in der Uruguay-Runde eingeleiteten Verhandlungen wurden durch die Drohung einseitiger Handelsmaßnahmen gegen widerstrebende Staaten begleitet („aggressiver Unilateralismus"), an der die an einem gestärkten geistigen Eigentumsschutz interessierten Industrien der Industriestaaten maßgeblichen Anteil hatten. Die im Ergebnis der Verhandlungen gegründete WTO, die das bisherige Handelssystem des GATT ersetzt, enthält als integralen Bestandteil das TRIPS-Abkommen, zu dessen Ratifizierung alle Mitglieder verpflichtet sind („Single Undertaking").

II. Geistiges Eigentum als Gegenstand der Handelspolitik

Die Aufwertung des geistigen Eigentums im Handelssystem von der eher technischen Anknüpfung des Schutzes der nationalen Märkte vor einsickernden Piraterieprodukten an der Grenze zur umfassenden internationalen Regelung materieller Schutzstandards wirft die Frage nach der konzeptionellen Einheit von Handelssystem und geistigem Eigentumsschutz auf.

---

[125] Zu den Verhandlungen im TRIPS-Bereich *Ross/Wasserman*, S. 31-36, allgemein *Senti*, WTO, Rn 260-267.

A. Fehlendes geistiges Eigentum als nichttarifäres Handelshemmnis

Erster Ansatzpunkt ist die Frage, ob fehlender Schutz geistigen Eigentums sich als nichttarifäres Handelshemmnis auffassen läßt. Eine Reihe von Definitionen wird für diesen Begriff vorgeschlagen. Ausgehend vom Wortsinn des nichttarifären Handelshemmnisses, der Übersetzung des englischen „non-tariff barrier" und des französischen „barrières nontarifaires au commerce", handelt es sich um Beschränkungen des Handels, die auf anderen Maßnahmen als Zöllen beruhen.[126] Für die Frage nach der Handelsbeschränkung nimmt die weiteste Auffassung eine ideale Verteilung der verfügbaren Ressourcen zum Ausgangspunkt und stuft all das als Handelshemmnis ein, was dieser Verteilung entgegensteht.[127] In diesem Sinne könnten selbst strukturell motivierte oder im Rahmen der strategischen Industriepolitik getroffene Handelsbeschränkungen als Abbau nichttarifärer Handelshemmnisse angesehen werden.[128] Da damit die Gesamtheit ordnungspolitischer Rahmenbedingungen zur Debatte steht, wird diese These allgemein nicht für praktikabel gehalten.[129] Statt dessen wird die grundsätzlich als effizient angesehene Ressourcenverteilung, welche sich bei ungehindertem Marktgeschehen einstellt, zum Ausgangspunkt genommen. Aus dieser Sicht kann es dann allerdings nicht mehr nur um Handels*beschränkungen* gehen, da auch die handels*fördernden* Subventionen marktverfälschend wirken.[130] Andererseits erscheint auch der Sprachgebrauch der *Verzerrung* des internationalen Handels[131] nicht unproblematisch, da so auch

---

[126] Zur Begriffsprägung vgl. *Quambusch*, S. 4-8.

[127] *Baldwin*, S. 5. In Anlehnung hieran auch *Senti*, Rn. 534.

[128] Zum Beispiel kann ein Erziehungszoll dazu führen, daß auf lange Sicht eine Industrie wettbewerbsfähig wird, sich die handelbare Güterproduktion so insgesamt erhöht und die Weltressourcen effizient genutzt werden. Anderes gilt für den Optimalzoll, der zu Lasten des Handelspartners geht und insgesamt keine Wohlfahrtserhöhung bewirkt. *Baldwin* selbst weist auf den möglichen Ausgleich bestehender Marktstörungen durch Handelsbeschränkungen hin, aaO., S. 6.

[129] So auch *Baldwin* selbst (S. 5). Ebenso etwa *Quambusch*, S. 11 f; *Senti* 1986, S. 146.

[130] *Hasenpflug*, S. 14 f.

[131] So *Walter*, Banca Nazionale del Lavoro Quarterly Review 88 (1969) 16, 18: „In the broadest sense, nontariff barriers to international trade emcompass all private and governmental policies and practices that serve to *distort* the volume, commodity-composition, or direction of international trade." (Hervorhebung im Original).

allgemeine wirtschaftspolitische Maßnahmen, die den Kostenvorteil eines Landes verbessern, ohne in den spontanen Handelsverkehr einzugreifen, als nichttarifäre Handelshemmnisse aufgefaßt werden könnten. Als Handelshemmnis kann daher nur das gelten, was den spontanen grenzüberschreitenden Güteraustausch zwischen individuell nutzenoptimierenden Personen in Volumen, Güterzusammensetzung oder regionaler Ausrichtung verzerrt.[132] Die Einteilung und Abgrenzung im einzelnen soll hier ebenso dahinstehen wie die Frage nach privaten Handelsbeschränkungen.[133]

Daß es sich bei einem Mangel an geistigem Eigentumsschutz nicht um einen Zoll handelt, liegt auf der Hand.[134] Im Grundsatz nichts anderes gilt für die Beschränkung des Handels. Als Recht, das dem Inhaber durch den Ausschluß seiner Konkurrenten am Markt die Chance auf einen erhöhten Gewinn sichern soll, zielt das geistige Eigentum auf eine Behinderung des spontanen Güteraustauschs ab und stellt so eigentlich selbst eine Beschränkung des Handels dar.[135] Verfehlt wäre die Überlegung, geistiges Eigentum fördere den Handel, weil es die Zahl der handelbaren Güter – eben um Immaterialgüter – erhöhe. Zwar verwandelt das geistige Eigentum Immaterialgüter in fungible Marktgüter. Ob dies wirtschaftlich aber überhaupt sinnvoll ist, ergibt erst die Abwägung des

---

[132] Nach *Gröner*, Wirtschaftspolitische Chronik 1974, Heft 2, 29, 30; *Hasenpflug*, S. 15. In diesem Sinne auch *Quambusch*, die von „Störfaktoren im Hinblick auf den als optimal aufgefaßten freien Handel" spricht, aaO. S. 16; im Anschluß daran ebenso *Christians*, S. 202.

[133] Abgrenzung und Einteilung folgen meist dem Erörterungszweck, vgl. etwa die rechtstechnisch orientierte Einteilung des GATT (oben, Seite 97); *Walter*, aaO. (Fn 131), S. 20 ff (nach handelsbeschränkender Absicht); *Baldwin*, S. 10-12 (konventionelle technische Klassifizierung); *Gröner*, aaO. (Fn 132), S. 32 (nach Nähe zu Zöllen oder mengenmäßigen Beschränkungen); *Quambusch*, S. 25-43 (Diskriminierungsabsicht, Skalierung nach Entscheidungsträgern und Instrumenten); *Hasenpflug*, S. 22, 24 (nach Import- und Exportorientierung); *Garnreiter*, S. 30 (Schlagwort für mögliche Verhandlungsgegenstände); *Ohlinger*, S. 119 (im Anschluß an *Gröner*, aaO.). Auch die Erfassung privater Maßnahmen wird unterschiedlich gehandhabt. Dafür: *Baldwin*, S. 7, 11 f; *Garnreiter*, S. 32 f; *Senti*, Rn. 534, sowie unter dem Gesichtspunkt der staatlichen Billigung *Walter*, aaO., S. 21, 30; *Quambusch*, S. 25; wohl auch *Ohlinger*, S. 110. Dagegen: *Hasenpflug*, S. 15, *Christians*, S. 202 f.

[134] Zölle sind staatliche Geldabgaben, die auf den Grenzübertritt von Waren oder anderen Gütern erhoben werden, vgl. im einzelnen *Senti*, Rn. 495-498.

[135] In diesem Sinne auch *Christians*, S. 206 f; *von Lewinski*, GRUR Int. 1996, 630, 631.

gesellschaftlichen Schutzinteresses mit den Vorteilen der freien Verfügbarkeit.

Zu kurz greift auch der Hinweis auf die verdrängende Wirkung, die ein Mangel an geistigem Eigentumsschutz auf den „legitimen" Handel habe. Allerdings ist die Untergrabung der Wettbewerbsfähigkeit von Produkten mit hohem Anteil an innovativen Leistungen eines der Hauptargumente für den weltweiten Schutz geistigen Eigentums. Da die eingesetzten Leistungen in Ländern mit hohen Schutzstandards teuer bezahlt werden müßten, seien die dort produzierten Güter auf Märkten ohne entsprechenden Schutz nicht konkurrenzfähig, so daß der Mangel an geistigem Eigentumsschutz wie eine handelsverzerrende Subvention lokal hergestellter Produkte wirke.[136] Allerdings sind diese Kostendifferenzen in dem vom nationalen Gesetzgeber festgelegten Ordnungsrahmen angelegt.[137] Nach der Logik der Wirtschaftstheorie sind sie das *sine qua non* des internationalen Handels, der gerade auf der Ausnutzung komparativer Kostenvorteile beruht. Einen eigentlichen Wettbewerbsnachteil stellen sie dagegen nicht dar, da der Anbieter der Originalware von vornherein keine legitimen Erwartungen auf Sondererlöse für Immaterialgüter hegen und seine Investitionen daher allein an den Umsatzerwartungen auf den geschützten Märkten ausrichten konnte. Selbst wenn der Markt eines Landes zu bis zu 90% von „Piraterieprodukten" dominiert ist und ein Handel mit den Originalwaren praktisch nicht mehr stattfindet,[138] belegt dies noch lange nicht, daß dem Originalanbieter der Wettbewerb zu den lokalen Ordnungsbedingungen verwehrt wäre. Normativ unbefriedigend ist im übrigen der Hinweis auf die Gefahr von Handelssanktionen, die zur „Abwehr" unzureichender geistiger Eigentumsstandards verhängt werden könnten.[139] Solange das Völkerrecht es nicht sanktioniert, kann fehlendes geistiges Eigentum allein wegen dieses Reflexes nicht als Handelshemmnis gelten.[140]

---

136 So z.B. *Christians*, S. 222 f; *Drexl*, S. 287, jeweils mwN.

137 So zur Territorialität des geistigen Eigentumsschutzes *H. Ullrich*, GRUR Int. 1995, 623, 625-627.

138 Dieses Beispiel bildet *Herrmann*, in: *Weiß/Herrmann*, Rn 907, zum Beleg der handelshemmenden Wirkung fehlenden geistigen Eigentums. Ähnlich *Haas*, S. 35, mit der Erwägung, geistiges Eigentum sei erst Voraussetzung eines Wettbewerbs mit den geschützten Waren.

139 Dieses Argument bringt etwa *Haas*, S. 51 f, mwN.

140 Zutreffend *Jackson*, VandJTL 22 (1989) 343, 350.

Eine effizientere Ressourcenallokation könnte allerdings dann angenommen werden, wenn mit der Einführung geistigen Eigentums tatsächlich eine Zunahme des Warenhandels korreliert. Ein Kausalzusammenhang ließe sich durch die Erwägung herstellen, daß Produzenten nur aus Angst vor einer Aneignung ihrer Immaterialgüter vom Export ihrer Waren absehen, obwohl sie kostenmäßig mit ausländischen Herstellern konkurrieren könnten.[141] Diesem handelsausweitenden Effekt geistigen Eigentums steht zunächst der handelsmindernde Effekt der erhöhten Marktmacht des Rechtsinhabers gegenüber, die zur Preiserhöhung und Begrenzung der ausgebrachten Warenmenge führen kann.[142] Welcher Effekt überwiegt, hängt von einer Reihe Faktoren ab,[143] so daß ein expansiver Handelseffekt nicht von vornherein zu erwarten ist. Zum anderen belegt auch eine empirisch feststellbare Erhöhung des Handelsvolumens[144] noch keinen kausalen Zusammenhang, sondern lediglich eine tatsächliche Korrelation. Als ausschlaggebender Faktor kann das geistige Eigentum nur schwer aus der Vielzahl von Umständen ausgesondert werden, die die Warenströme beeinflussen.

Festzuhalten bleibt, daß ein Mangel an geistigem Eigentum sich *a priori* nicht als nichttarifäres Handelshemmnis deuten läßt. Daß die Verstärkung der internationalen Schutzstandards tatsächlich zu einer verbesserten Ressourcenallokation führt, läßt sich empirisch nicht belegen und ist auf die Hypothese angewiesen, Hersteller aus Industrieländern scheuten vor einem Engagement in Staaten mit fehlenden Schutzstandards aus Angst um ihr geistiges Eigentum zurück, auch wenn sie im Hinblick auf die Produktionskosten mit den dortigen Anbietern konkurrieren könnten. Die im Vergleich zu nicht schutzgewährenden Staaten höheren Kosten innovativer Güter in den Industriestaaten dagegen sind Folge unterschiedlicher ordnungspolitischer Grundentscheidungen und rechtfertigen die Annahme eines handelsverzerrenden Wettbewerbsnachteils nicht.

---

[141] So hegten amerikanische Industrielle aus Angst vor Imitationen Bedenken, an der Weltausstellung 1873 in Wien teilzunehmen, woraufhin Österreich einen begrenzten Ausstellungsschutz einführte, vgl. *Penrose*, S. 45 f.

[142] *Maskus*, IPRs in the Global Economy, S. 112.

[143] Etwa der Marktgröße im Importland und der Imitationsfähigkeit der dortigen Industrie, vgl. *Maskus*, aaO.

[144] Eine solche meint *Maskus* in bestimmten Sektoren feststellen zu können, IPR in the Global Economy, S. 113-116, vgl. aber auch die dort referierten gegenteiligen Modellrechnungen, S. 116-118.

B. Geistiges Eigentum als Voraussetzung eines fairen Handels

Zur Rechtfertigung ihres einseitigen Vorgehens zur Stärkung des internationalen geistigen Eigentumsschutzes beriefen sich namentlich die USA auf das Argument des „fair trade". Ronald Reagan verkündete im Vorfeld des Treffens von Punta del Este:

> „Above all else, free trade is, by definition, fair trade. (...) When governments permit counterfeiting or copying of American products, it is stealing our future, and it is no longer free trade."[145]

Zugrunde liegt dem die Behauptung, das Handelssystem in seiner bestehenden Form enthalte fundamentale Benachteiligungen, welche ein Festhalten schlechterdings nicht mehr zumutbar erscheinen ließen:[146] Die USA hätten einen komparativen Kostenvorteil in der Produktion hochwertiger, wissensintensiver Güter, dessen Wahrnehmung ihnen ohne weltweiten starken Schutz geistigen Eigentums verwehrt werde. Nach dem oben Gesagten ist diese Aussage mit der Grundidee der Wirtschaftstheorie schlechthin unvereinbar, wird doch nicht mehr der Ausschöpfung komparativer Kostenvorteile das Wort geredet, sondern einer grenzüberschreitenden ordnungspolitischen Entscheidung, die einseitig bestimmte Produktionsstrukturen bevorzugt.[147] Mit gleicher Berechtigung könnten unter Berufung auf Gerechtigkeitsmaßstäbe rohstoffreiche Länder nicht nur auf eine Verstetigung der Rohstoffpreise, sondern auch ihre dauerhafte Erhöhung dringen. Liegen selbstgeschaffene Produktivitätsvorsprünge wie ein durch inländischen Immaterial-

---

[145] The President's Action Plan, President Reagan's address before business leaders and members of the President's Export Council and Advisory Committee for Trade Negotiations in the East Room of the White House on September 23, 1985, US Department of State Bulletin 85 (1985) 1.

[146] Vgl. *Hudec*, Mirror, Mirror on the Wall, S. 248. Seinen Ursprung hat das „fair trade"-Konzept nach *Hudec*, S. 231, im Recht des unlauteren Wettbewerbs, nach dem geschäftlicher Erfolg grundsätzlich auf Leistung und nicht auf Sondervorteilen beruhen soll. Traditionell wurde es im Rahmen der Handelspolitik eher mit dem Vorwurf der Verzerrung von Handelsströmen durch Dumping und Subventionen verbunden, *Jackson*, The World Trading System, S. 247-250.

[147] In diesem Sinne *H. Ullrich*, GRUR Int. 1995, 623, 629 f, zur „Globalisierung der Märkte" im Interesse der Industrieländer. Richtig auch *von Lewinski*, die von der „Schaffung, Öffnung oder Stärkung neuer ausländischer Märkte *zugunsten* der U.S.-amerikanischen Urheberrechtsindustrie" spricht, GRUR Int. 1996, 630, 636 sowie UFITA 136 (1998) 103, 109 (Hervorhebung hinzugefügt).

güterschutz geschaffenes hohes Wissens- und Technologieniveau durchaus im Sinne der Freihandelsideen, so folgt nicht zwingend, daß auch der gemeinsame Ordnungsrahmen einseitig geändert werden müßte.

Gleichwohl sind Forderungen nach der Rücksichtnahme auf nationale Wirtschaftsstrukturen im Welthandelssystem nicht unbekannt. Nur ein Beispiel ist das Dringen Großbritanniens auf die Anerkennung wirtschaftspolitischer Maßnahmen gegenüber dem Freihandelsstreben der USA im Vorfeld der GATT-Verhandlungen. Es liegt daher nahe zu fragen, ob das GATT selbst Standards für von der spontanen Verteilung abweichende „faire" Handelsströme enthält, die ein Vorbild für die weltweite Regelung geistigen Eigentums unter Fairneßgesichtspunkten abgeben könnten.

1. Analogie zur Nichtverletzungsbeschwerde des GATT

Die GATT-Praxis betrachtet nur das ausgehandelte Gleichgewicht der Konzessionen, nicht die tatsächlichen Handelsströme. Wurden auch in früheren Entscheidungen zuweilen die durch Rechtsverletzungen ausgelösten Handelsverzerrungen thematisiert,[148] stellte die spätere Spruchpraxis klar, daß die Pflichten des GATT abstrakt die Wettbewerbsbedingungen schützen.[149] Damit ist das in den Zollisten niedergelegte Ergebnis der Handelsrunden als gegeben hinzunehmen und kann nicht mit Hinweis auf eine unfaire Entwicklung der Handelsströme korrigiert werden. Allerdings sieht Art. XXIII Abs. 1 lit. b GATT die Nichtverletzungsbeschwerde für den Fall vor, daß die Maßnahme einer

---

[148] So Panel-Bericht *Italian Discrimination Against Imported Machinery*, BISD 7S/60 zu Art. III Abs. 4 GATT; das Panel im Fall *Uruguayan Recourse to Article XXIII*, BISD 11S/95, 99 f, Ziff. 15, entwickelte das Konzept der *prima facie*, also widerlegbaren, Entwertung von Handelszugeständnissen, das auch dem Streitschlichtungsabkommen der Tokio-Runde zugrunde lag, Agreed Description of the Customary Practice of the GATT in the Field of Dispute Settlement (Art. XXIII:2), BISD 26S/210, 216, Ziff. 5; im Anschluß hieran *Canada – Administration of the Foreign Investment Review Act*, BISD 30S/140, 166 f, Ziff. 6.4. Vgl. im übrigen *Jackson*, World Trade and the Law of GATT, S. 181-182; *de Lacharrière*, S. 121.

[149] So insbesondere für Art. III Abs. 4 GATT *US – Taxes on Petroleum and Certain Imported Substances*, BISD 34S/136, 158, Ziff. 5.1.9; *US – Section 337 of the Tariff Act of 1930*, BISD 36S/345, 386 f, Ziff. 5.11, 5.14; Appellate Body, *Japan – Taxes on Alcoholic Beverages*, WTO-Dokument WT/DS8/AB/R vom 4.10.1996, S. 18.

anderen Partei auch ohne Rechtsverstoß ein Zollzugeständnis entwertet. Noch weiter geht die bislang nie angewandte Situationsbeschwerde nach lit. c, die allein auf die gesamtwirtschaftliche Situation gestützt werden kann. Mit Blick auf diese Bestimmungen ließe sich argumentieren, die gestiegene Bedeutung der Technologie in den wirtschaftlichen Strukturen der Industriestaaten sei beim Austausch von Zollkonzessionen in den vergangenen Handelsrunden nicht vorherzusehen gewesen; nach dem Eintreten eines grundlegenden Ungleichgewichts sei nach Art. XXIII Abs. 1 lit. b GATT eine Neujustierung erforderlich, anderenfalls früher eingeräumte Zugeständnisse nach Art. XXIII Abs. 2 GATT suspendiert werden könnten.[150]

Die Nichtverletzungsbeschwerde ist ein traditionelles Instrument reziproker Handelsabkommen, das das zwischen den Vertragsparteien erreichte Gleichgewicht der Zollkonzessionen gegen eine nachträgliche Verschiebung durch innerstaatliche Regulierungsmaßnahmen zusätzlich sichern soll.[151] Üblicherweise wurden Rechtsverletzungen und sonstige Reziprozitätsstörungen unter dem Begriff „nullification and impairment" zusammengefaßt.[152] In den Materialien zur ITO finden sich Hinweise, daß eine entsprechende Klausel in der ITO-Charta das handelspolitische Gleichgewicht sichern, aber auch eine Reaktion auf veränderte Umstände ermöglichen sollte.[153] Beschränkte der ursprüngliche Entwurf die Nichtverletzungsbeschwerde entsprechend der Tradition der bilateralen Handelsabkommen noch auf den handelspolitischen Teil der Charta,[154] führten Befürchtungen, eine amerikanische Depression könnte erneut zu einer Weltwirtschaftskrise führen, zu einer Ausdehnung der Klausel auf die gesamte ITO.[155] Die Nichtverletzungsbeschwerde stellte damit insbesondere eine Verbindung zum allgemein gehaltenen Ziel der Arbeitsmarktpolitik dar und hätte die Suspendie-

---

[150] Entsprechend zu Arbeits- und Umweltstandards *Pauwelyn*, AJIL 95 (2001) 535, 559; *Bagwell/Mavroidis/Steiger*, AJIL 96 (2002) 56, 66 f.

[151] Vgl. *Petersmann*, GYIL 34 (1991) 175, 196 f, mit Beispielen aus der älteren Praxis.

[152] *Hudec*, GATT Legal System, S. 25 mwN.

[153] *Jackson*, World Trade and the Law of GATT, S. 167 f, 170 f, sowie *Petersmann*, GYIL 34 (1991) 175, 198 f, mit Zitaten aus den relevanten Dokumenten.

[154] *Hudec*, GATT Legal System, S. 38.

[155] *Hudec*, GATT Legal System, S. 38 f. Vgl. auch *Petersmann*, GYIL 34 (1991) 175, 198.

rung von Handelskonzessionen ermöglicht, wenn im Falle einer amerikanischen Depression konkurrenzlos billige amerikanische Güter die Märkte der anderen Länder überschwemmt hätten. Das Spannungsverhältnis, in dem eine solche generalklauselartige, an keinerlei Regelverletzung anschließende Sanktionsmöglichkeit zu dem Regelcharakter des Vertragswerks insgesamt stand, war bereits bei den Verhandlungen der ITO-Charta Gegenstand lebhafter Auseinandersetzungen.[156]

Die erste praktische Nichtverletzungsbeschwerde[157] betraf eine Subventionsproblematik. Chile hatte 1947 von Australien eine Zollkonzession auf einen Kunstdünger erwirkt, den Australien damals in gleicher Weise wie einen substituierbaren Dünger subventionierte. Eine Streichung der Subvention auf den zollbegünstigten Dünger machte diesen erheblich teurer als den weiter subventionierten Alternativdünger.[158] Obwohl keine Verletzung des Buchstaben des GATT vorlag, hielt die eingesetzte Arbeitsgruppe die Klage für begründet, weil Chile unter den gegebenen Umständen die Änderung der Wettbewerbsbedingungen durch die Subventionsstreichung bei den Zollverhandlungen nicht habe antizipieren können, vielmehr begründet angenommen habe, die im Kriege auf beide Dünger eingeführte Subvention werde nicht für eines der beiden Produkte früher gestrichen werden als für das andere.[159] Diese am Schutz berechtigter Erwartungen orientierte Sichtweise bestätigte die spätere Spruchpraxis der Panels. Eine Nichtverletzungsbeschwerde ist hiernach begründet, wenn die aufgrund einer Konzession zu erwartende Wettbewerbsbeziehung durch andere Maßnahmen gestört, insbesondere die zu erwartenden Preisvorteile im Wettbewerb systematisch entwertet werden, da dies das Vertrauen in den Bestand von Konzessionen und damit den Zweck des GATT als Rahmen zur Umsetzung der Verhandlungsergebnisse gefährdet.[160] Obwohl zumeist im Zusammen-

---

[156] Vgl. *Hudec*, GATT Legal System, S. 39-42; *Petersmann*, GYIL 34 (1991) 175, 199.

[157] Ein früherer Fall zwischen den USA und Kuba wurde einvernehmlich beigelegt, *Petersmann*, GYIL 34 (1991) 175, 200.

[158] *The Australian Subsidy on Ammonium Sulphate*, 3.4.1950, BISD II/188-195. Die australischen Subventionen sollten Einkommenseinbußen abfangen, die den Produzenten aufgrund kriegsbedingter Preisfestsetzungen entstanden. Zum Hintergrund vgl. *Hudec*, GATT Legal System, S. 159 f.

[159] AaO., S. 193, Ziff. 12. Zusammenfassend zum Fall auch *Petersmann*, GYIL 34 (1991) 175, 200-204.

[160] *EEC – Oilseeds and Related Animal-Feed Proteins*, BISD 37S/86, 126 f, Ziff. 144, 128 f, Ziff. 148; *Japan – Measures Affecting Consumer Photographic*

hang mit Subventionen angewendet,[161] gilt dies grundsätzlich für alle staatlichen Maßnahmen, die eine eingeräumte Konzession entwerten.[162] Wie bei den Verletzungsbeschwerden geht es allerdings nur um den Schutz abstrakter Wettbewerbsbedingungen, nicht um konkrete Handelsvolumen.[163] Allgemein kann deshalb gesagt werden, daß die Nichtverletzungsbeschwerde als Ausprägung des Prinzips der Vertragserfüllung nach Treu und Glauben auf die faktische Entziehung ausdrücklich eingeräumter Handelszugeständnisse begrenzt ist.[164]

Nach diesem Maßstab kann der Technologiewandel schwerlich zur Neujustierung im Sinne der Nichtverletzungsbeschwerde Anlaß geben.[165] Da es an verbindlichen Standards fehlt, kann kein Staat ohne weiteres die Erwartung hegen, daß ein anderer Regelungen über geistiges Eigentum erlassen werde, die seine Leistungen unter Schutz stellen. Etwas anderes gilt allenfalls dann, wenn die Staaten entsprechenden völkerrechtlichen Regeln unterworfen sind, etwa einer Konvention im Rahmen der WIPO, oder wenn nach nationalem Recht bestehende materielle Schutzrechte nicht wirksam vollzogen werden. Selbst dann

---

Film and Paper, WTO-Dokument WT/DS44/R vom 31.3.1998, Ziff. X/35 mwN; Appellate Body, *EC – Measures Affecting Asbestos and Asbestos-Containing Products*, WTO-Dokument WT/DS135/AB/R vom 12.3.2001, S. 67 f, Ziff. 185 f. Übersicht über die Spruchpraxis der Panels des alten GATT bei *Petersmann*, GYIL 34 (1991) 175, 200-220.

[161] Da Subventionen lange nicht wirksam der GATT-Disziplin unterlagen, waren sie prädestiniert für die Nichtverletzungsbeschwerde. Allerdings verständigten sich die Vertragsparteien früh darauf, daß zumindest solche Subventionen verboten seien, die eingeräumte Zollzugeständnisse neutralisierten: Other Barriers to Trade, Bericht einer Arbeitsgruppe der Vertragsparteien, angenommen am 3.3.1955, BISD 3S/222, 224, Ziff. 13. Wegen der zunehmenden „Verdichtung" der Normen über Subventionen wird teilweise eine rückläufige Bedeutung der Nichtverletzungsbeschwerde angenommen, so z.B. *Kuyper*, NYIL 25 (1990) 227, 247.

[162] Panel *Japan – Measures Affecting Consumer Photographic Film and Paper*, WTO-Dokument WT/DS44/R vom 31.3.1998, Ziff. X/38; Appellate Body, *EC – Measures Affecting Asbestos and Asbestos-Containing Products*, WTO-Dokument WT/DS135/AB/R vom 12.3.2001, S. 67 f, Ziff. 188.

[163] *Japan – Measures Affecting Consumer Photographic Film and Paper*, aaO.

[164] So zu Recht *Petersmann*, GYIL 34 (1991) 175, 225 f; im Anschluß daran auch *Hahn*, S. 208 f.

[165] Kritisch zur Herleitung von „fair trade"-Standards aus Art. XXIII Abs. 1 lit. b GATT auch *Jackson*, AJIL 96 (2002), 119; *Bhagwati*, AJIL 96 (2002) 128 f.

müßte aber gezeigt werden, welches konkrete Handelszugeständnis durch das Vollzugsdefizit entwertet worden ist. Eine pauschale weltweite Einführung von geistigem Eigentumsschutz kann das Konzept dagegen nicht begründen. Schließlich ergeben sich die erhöhten Kosten für technologiehaltige Produkte aus dem nationalen Immaterialgüterschutz der „klageführenden" Staaten selbst. Das schlichte Unterlassen entsprechender Regulierungen kann weder als Maßnahme im Sinne des Art. XXIII Abs. 1 lit. b GATT gelten, noch kann dem unterlassenden Staat ein Treuebruch vorgeworfen werden.

Was schließlich die Situationsbeschwerde betrifft, war an weltweite wirtschaftliche Krisensituationen gedacht, die über den Rahmen des GATT hinaus Reaktionen erforderten.[166] Obgleich schon zu Zeiten des alten GATT als Fall des *desuetudo* angesehen,[167] ist diese Beschwerdeform nicht nur weiter im pauschal übernommenen Text des GATT enthalten, sondern zumindest theoretisch in Art. 26 Abs. 2 DSU auch weiter in der Streitbeilegung berücksichtigt. Mangels einschlägiger Praxis liefert die Vorschrift keinerlei konkreten Fairneßstandard. Immerhin mag sie als letzte Notbremse des GATT in Situationen extremer wirtschaftlicher Schieflagen gelten. Beim Fehlen weltweiter Standards geistigen Eigentums dürfte es sich hierum nicht gehandelt haben.

2. Fairneßstandards im Recht der Subventionen

Weiter findet sich die Vorstellung „fairer" Handelsströme in den GATT-Regeln über Subventionen. Gemäß dem 1955 beschlossenen und ab 1969 für alle GATT-Parteien gültigen[168] Art. XVI Abs. 3 GATT, der insofern den Wortlaut des Art. 28 Abs. 1 ITO-Charta wiederaufnimmt, sind unmittelbare und mittelbare Exportsubventionen auf Grundstoffe nur zulässig, soweit sich der betreffende Staat nicht dadurch mehr als einen gerechten Anteil („equitable share") am Welthandel sichert.

Die Vorstellung, es lasse sich ein angemessener Anteil am Welthandel für ein einzelnes Land bestimmen, stand von Beginn an im Gegensatz zum abstrakten Preisvergleich zwischen Heimat- und Exportmarkt, welcher für nichtprimäre Produkte gilt (Art. XVI Abs. 4 GATT; Art. 26 Abs. 1 ITO-Charta). In Abkehr von den Lehren der Wirtschaftstheorie

---

[166] *Petersmann*, GYIL 34 (1991) 175, 227.

[167] *Petersmann*, aaO.

[168] Zur Entstehungsgeschichte des Art. XVI GATT *Jackson*, World Trade and the Law of GATT, S. 368-376; *Senti*, Rn. 845-847.

wird administrativ ein vom spontanen Marktgeschehen abweichendes Marktvolumen festgesetzt und durch die Zulassung handelsverzerrender Subventionen sanktioniert.[169] Die Termini „equitable“ und „fair“ können dabei synonym verwendet werden.[170] Der gerechte Anteil wurde durch Art. XVI Abs. 3 Satz 2 GATT vor allem als Funktion historischer Handelsvolumen bestimmt. Zusätzlich sollten besondere Umstände in Betracht gezogen werden, insbesondere sollte die Nichtteilnahme am Handel in der Vergangenheit keinen Staat von der Zuteilung eines Anteils in der Zukunft ausschließen (Interpretationsnote Ad Art. XVI, Abs. 3 UAbs. 1 GATT). Die GATT-Vertragsparteien kamen darüber hinaus überein, daß auch die ökonomisch effektive Befriedigung des weltweiten Bedarfs[171] und der Einfluß bestehender Handelsbeschränkungen auf die historischen Handelsströme zu berücksichtigen seien.[172] Der in der Tokio-Runde abgeschlossene Subventionskodex[173] führte ein etwas leichter handhabbares Kriterium ein: Ein mehr als angemessener Anteil lag demnach zumindest dann vor, wenn die subventionierten Produkte diejenigen anderer Staaten in erheblichem Maße verdrängten (Art. 10 Abs. 2 lit. a Subventionskodex 1979).[174]

Das Subventionsabkommen des GATT 1994 enthält zwar nicht mehr den Maßstab des angemessenen Anteils. Was die im wesentlichen noch durch Art. XVI Abs. 3 GATT betroffenen Agrarprodukte[175] betrifft,

---

[169] Vgl. Leutwiler-Report, S. 47, der insofern von „market-sharing“ spricht.

[170] So z.B. *Phegan*, JWTL 16 (1982) 251, 253 mwN.

[171] Der entsprechende Art. 28 Abs. 4 lit. e ITO-Charta faßte nur Subventionen ins Auge, die der effizienten Belieferung des Weltmarkts entgegenstanden; die allgemeinere GATT-Entscheidung könnte dagegen auch für Subventionen gelten, die die Entwicklung dieser Industrien fördern, vgl. *Phegan*, JWTL 16 (1982) 251, 254.

[172] Other Barriers to Trade (oben, Fn 161), BISD 3S/222, 226, Ziff. 19. Im Fall *French Assistance to Exports of Wheat and Wheat Flour*, 21.11.1958, bestätigte das Panel diesen Standard, argumentierte dann aber im wesentlichen mit historischen Marktanteilen, BISD 7S/46, 52 f, Ziff. 15-19.

[173] Agreement on Interpretation and Application of Articles VI, XVI and XXIII of the General Agreement on Tariffs and Trade, BISD 26S/56-83.

[174] Dieses Kriterium war *de facto* bereits in der Streitschlichtung angewendet worden, vgl. *Phegan*, JWTL 16 (1982) 251, 257-261, 262 mwN.

[175] In einer Fußnote zum Subventionskodex 1979 stellten die GATT-Vertragsparteien klar, daß für die Zwecke des Kodex Mineralprodukte nicht mehr als Primärprodukte gelten sollten, Fn 7 zu Art. 9 Subventionskodex 1979. Das

stehen die Regelungen aber unter dem Vorbehalt des Übereinkommens über die Landwirtschaft (Art. 3.1 Subventionsabkommen 1994). Jenes wiederum enthält seinerseits Bezüge auf historische Importvolumen und -preise, deren Erreichen zur Zahlung von Schutzsubventionen berechtigen (Art. 5 Abs. 1 Landwirtschaftsabkommen 1994).[176] Diese lassen sich allerdings nicht als administrativ festgelegte Standards für „faire" Marktanteile im Sinne eines „managed trade" ansehen, da das Abkommen in seiner Gesamttendenz auf den langfristigen Abbau der Landwirtschaftsbeihilfen ausgerichtet ist.[177]

Der Fairneßstandard des Art. XVI Abs. 3 GATT ist in der GATT-Praxis demnach nicht im Sinne einer dauerhaften administrativen Regulierung von Handelsströmen aufgefaßt worden, sondern stellte nur eine behelfsmäßige Regel bis zur Einigung über den grundsätzlichen Abbau von Exportsubventionen dar. Eine Parallele zu einer dauerhaften Regelung geistiger Eigentumsstandards ergibt sich daher nicht.

3. Fairneßstandards in sonstigen Ausnahmen

Nichts anderes als bei den Subventionen gilt für die wirtschaftlich motivierten Ausnahmen von der GATT-Disziplin, die den Vertragsstaaten durchweg eine lediglich zeitweilige Regulierung ihrer Handelsströme erlaubt. Zieht man zusätzlich die ITO-Charta in Betracht, so findet sich in Art. 7 Abs. 1 Satz 3 ITO ein Bekenntnis zur handelsverzerrenden Wirkung unfairer Arbeitsstandards. Enthält dies auch keine Regelung „fairer" Handelsvolumen, so liegt darin immerhin eine Anerkennung des nationalen Interesses am Schutz vor „Lohndumping". Die ITO

---

zeigt, daß die Sonderbestimmung des Art. XVI Abs. 3 GATT zu dieser Zeit praktisch nur noch für landwirtschaftliche Produkte von Bedeutung war.

[176] Vgl. hierzu *Senti*, Rn. 1023-1028.

[177] Vgl. insbesondere Abs. 3 der Präambel, der auf die Erklärung von Punta del Este Bezug nimmt: „Recalling further that ‚the above-mentioned long-term objective is to provide for substantial progressive reductions in agricultural support and protection sustained over an agreed period of time, resulting in correcting and preventing restrictions and distortions in world agricultural markets'". Art. 20 Landwirtschaftsabkommen 1994 bestätigt dieses Ziel für die weiter zu führenden Verhandlungen. Zur Funktionsweise des Abkommens *Senti*, Rn. 1012-1022; allgemein auch *Herrmann*, in: *Weiß/Herrmann*, Rn. 723 f.

folgte hier dem Ansatz der ILO,[178] während das GATT diese Vorstellungen nicht aufnahm.

4. Fazit

Auf Dauer angelegte Fairneßstandards, auf die sich ein Ruf nach internationalen Standards geistigen Eigentumsschutzes stützen könnte, fehlen in der Konzeption des GATT. Allein in Art. 7 ITO fand sich ein Anhaltspunkt, daß unter Fairneßgesichtspunkten eine dauerhafte Abweichung vom unbeschränkten Regulierungswettbewerb der Staaten gerechtfertigt sein könnte. Ein weltweiter geistiger Eigentumsschutz im Interesse der Industriestaaten findet im normativen Gefüge des GATT daher keine Argumentationsgrundlage. Freilich kann letztlich kein Staat auf ein Handelssystem verpflichtet bleiben, in dem er selbst kein Interesse sieht. Damit nicht das letzte Mittel der Befreiung von vermeintlich unannehmbaren Bindungen, die Kündigung nach Art. XXXI GATT, ergriffen wird, hat die GATT-Praxis durch Konsultationsverfahren und generelle Ausnahmen (Waiver) immer wieder besonderen Interessenlagen Rechnung getragen.

C. Geistiges Eigentum als positive Regulierung

Nach den bisherigen Erörterungen läßt sich der internationale geistige Eigentumsschutz weder als nichttarifäres Handelshemmnis noch als unfaire Handelspraktik in die Konzeption des GATT einordnen. Beschreiben läßt sich diese Sonderstellung durch die Unterscheidung von negativer und positiver Regulierung.[179] Mit Blick auf den betroffenen

---

[178] Siehe oben, Seite 74; auf den Zusammenhang hin weist *Charnovitz*, AJIL 96 (2002) 28, 38. Anders dagegen Leutwiler-Report, S. 35, mit dem Hinweis, daß niedrige Löhne oft der einzige Wettbewerbsvorteil armer Staaten seien.

[179] In diesem Sinne *Christians*, S. 226, 233 f; *Stegemann* S. 22-24; *Petersmann*, CMLR 37 (2000) 1363, 1364 f; *ders.*, in: FS Jackson, S. 112-114; JIEL 4 (2001) 3, 25 f; *Dewost*, in: FS Ehlermann, S. 125 ff; *Ostry*, in: FS Hudec, S. 287 f. Ähnlich auch *Jackson*, in: *Abbott/Gerber (Hrsg.)*, S. 186-188, zu „regulation" i.S.v. Marktintervention. Zur Unterscheidung von positiver und negativer Regulierung im europäischen Kontext auch schon *Weiler*, Yearbook of European Law (1981) 267, 291. Vgl. auch *von Lewinski*, GRUR Int. 1996, 630, 634 f mit der Unterscheidung zwischen „defensive(m), ‚negative(m)'" und „aggressive(m), ‚positive(m)'" Charakter von Handelsabkommen in bezug auf den geistigen Eigentumsschutz.

Markt kann auch von positiver und negativer Integration gesprochen werden: Die negative Integration besteht im Abbau regulativer Hemmnisse, der zu einer stärkeren Verflechtung bisher abgegrenzter Teilmärkte zu einem gemeinsamen Markt führt, während die positive Integration die politische Gestaltung der Rahmenbedingungen des gemeinsamen Marktes bezeichnet.[180] Der Vorwurf der „Unfairneß" enthält implizit die Forderung nach einer bestimmten positiven Regulierung der weltwirtschaftlichen Ordnungsbedingungen.

Die im GATT niedergelegte Pflicht zur Beseitigung nichttarifärer Handelshemmnisse erlaubt nur eine negative Kontrolle der im nationalen Rahmen getroffenen politischen Ordnungsentscheidungen. Zwar kann dem GATT kein eigenes auf Deregulierung angelegtes Ordnungsprogramm im Sinne der klassischen Wirtschaftstheorie unterstellt werden.[181] Eine positive Marktregulierung kann allerdings nur durch die Mitgliedstaaten, nicht hingegen durch das GATT selbst vorgenommen werden. Da das GATT einen gemeinsamen positiven Ordnungsrahmen nicht vorsieht, erscheint die nationale positive Regulierung von vornherein als Handelsbeschränkung, die als Ausnahme der Rechtfertigung bedarf. Maßnahmen, die dem Markt einen positiven Ordnungsrahmen geben sollen, stehen damit schlechthin im Widerspruch zu den Regeln des GATT. Dabei sind positive Regulierungsmaßnahmen nicht kurzweg gleichzusetzen mit politisch motivierten staatlichen Interventionen in die natürlichen Marktabläufe. Nicht nur erscheint im Szenario des „Race to the Bottom" die gemeinsame Regulierung als einzige Möglichkeit, dem Markt überhaupt wirksam einen Ordnungsrahmen zu setzen. Darüber hinaus kann die Harmonisierung technisch verschiedener nationaler Regelungen Transaktionskosten senken und die Effizienz auf dem betroffenen Markt erhöhen. Dies gilt übrigens besonders für eine Harmonisierung geistigen Eigentums, die an die Stelle technisch verschiedener, aber im Niveau vergleichbarer nationaler Regelungen tritt und damit den grenzüberschreitenden Erwerb und die Übertragung von Schutzrechten vereinfacht.[182]

---

[180] *Scharpf*, in: *Marks u.a. (Hrsg.)*, S. 15; *Scott*, in: *Shaw/Moore (Hrsg.)*, S. 147, 154 mwN, 161 f.

[181] Siehe oben, Seite 76.

[182] Vgl. *Baldwin*, S. 147, der aufgrund seiner weitgefaßten Definition (oben, Fn 127) die Uneinheitlichkeit der nationalen Patentsysteme als nichttarifäres Handelshemmnis einstufte.

Das GATT enthält nur ganz rudimentäre positive Regulierungsvorgaben, nämlich die Bestimmungen über Transparenz und Vollzug von Zollbestimmungen (Art. X GATT),[183] ferner den ansatzweisen Schutz geographischer Angaben in Art. IX Abs. 6 GATT. Bei dem positiven Standard für die Politik staatlicher Handelsunternehmen in Art. XVII GATT handelt es sich bei näherem Hinsehen um eine Festlegung der Staatsunternehmen auf kommerzielle Handelspraktiken, wiederum also die Abwehr politisch motivierter Marktinterventionen.[184] Nichts anderes gilt übrigens für die ITO-Charta. Die einzigen konkret festgelegten positiven Regulierungsvorgaben fanden sich in Kapitel V und betrafen die Abwehr beschränkender Handelspraktiken durch Private. Sonstige Aussagen über positive Regulierungen erschöpften sich in allgemeinen Postulaten, so die Zielstellungen der Vollbeschäftigung und Stärkung der Nachfrage (Art. 3 Abs. 1 ITO) einschließlich der wirtschaftlichen Entwicklung und des Wiederaufbaus (Art. 9 ITO), ferner die Rohstoffabkommen nach Kapitel VI. Immerhin sah die Charta im Gegensatz zum GATT ein Zusammenwirken der Staaten zur globalen Gestaltung der Marktbedingungen vor.

Da sie immer intensiver in die staatliche Regulierungskompetenz eingreifen, werden eine Reihe der detaillierten Regelungen zum GATT 1994 mitunter dem positiven Integrationsrecht zugerechnet.[185] Zu nennen wäre das TBT-Abkommen mit Vorgaben zur Aufstellung und Durchsetzung nationaler technischer Standards (Präambel Abs. 5, Art. 2.1-2.3 TBT), das auf existierende internationale Standards verweist (Art. 2.4, 4, 5.4, 9 TBT). Auch das SPS-Abkommen enthält ins einzelne gehende Vorgaben für die Kriterien, nach denen die Mitgliedstaaten Gesundheitsschutzmaßnahmen aufstellen und vollziehen dürfen, und verweist ebenfalls auf bestehende internationale Standards. Ähnlich detaillierte Vorgaben für bestimmte handelsrelevante Bereiche der internen Wirtschaftspolitik enthalten die anderen Abkommen des GATT 1994. Gemeinsam ist diesen bloßen Präzisierungen des GATT 1947 (Art. 1 GATT 1994), daß es in der Sache um die Abwehr von Verzerrungen des spontanen Handels geht. Einen positiven Ordnungsrahmen vermag allein der Bezug auf Standards, die in anderen Foren ausgearbeitet wurden, zu vermitteln.

---

[183] *Stegemann*, S. 23 f sowie Übersicht auf S. 25.

[184] *Stegemann*, S. 24.

[185] So z.B. *Christians*, S. 233 f; *Petersmann*, CMLR 37 (2000) 1363, 1365; *ders.*, in: FS Jackson, S. 113 f.

Klar abzuheben davon ist das TRIPS-Abkommen, das selbst detaillierte Standards für eine kollektive Marktintervention vorgibt.[186] Erstmals hat sich hier das multilaterale Handelssystem nicht mit einem pauschalen Verweis auf Standards begnügt, die in anderen internationalen Foren bestehen, sondern selbst einen positiven Ordnungsrahmen für den Weltmarkt gesetzt.

III. Deutung des Handelsbezugs als „Issue Linkage"

Die in den Industrieländern vermeinte Unfairneß des bestehenden Handelssystems war ganz offensichtlich der Grund für die Verknüpfung der Verhandlungen im Handelsbereich mit denen zum geistigen Eigentum im „Single Undertaking". Diese Verknüpfung wird mitunter mit einem der Politikwissenschaft entlehnten Begriff[187] als beiderseitig vorteilhaftes, kompensatorisches „Issue Linkage" dargestellt.[188] Dieses Konzept erscheint ein geeigneter Ausgangspunkt für tiefere Einsichten in die Hintergründe der willkürlich hergestellten Handelsbezüge des geistigen Eigentums.

„Issue Linkage" wird mit der Ausdehnung nicht ausgeschöpfter Verhandlungsmacht auf bislang unverbundene Verhandlungsgegenstände verbunden.[189] Im Gegensatz zum Postulat der realistischen Theorie entfalte sich Macht heute, nach dem weitgehenden Ausschluß von Gewaltanwendung in den internationalen Beziehungen, nur noch innerhalb begrenzter Gegenstandsfelder („Issue Areas"), die im Rahmen rechtlich oder anderweitig normativ abgegrenzter politischer Strukturen (Regimes) verhandelt würden.[190] Sofern die Machtverteilung innerhalb der „Issue Areas" allerdings stark von den zugrundeliegenden „eigentli-

---

186 Ebenso *Stegemann*, S. 26 f. Auch *Petersmann* stellt den „negative *prohibitive rules*" des GATT als besondere Kategorie die „*affirmative obligations*" des TRIPS-Abkommens gegenüber, CMLR 37 (2000) 1363, 1366, sowie in: FS Jackson, S. 114.

187 *Hoeman/Kostecki*, S. 134. *Sebenius*, IO 37 (1983) 281, 287, definiert „issue linkage" wie folgt: „Issues are said to be ‚added', combined, or linked when they are simultaneously discussed for joint settlement."

188 So z.B. *Leebron*, AJIL 96 (2002) 5, 12 f; *Trachtman*, ebd., S. 77, 78 f.

189 *Keohane/Nye*, S. 26 f; *Tollison/Willet*, IO 33 (1979) 425; verschiedene Modelle hierzu bei *Sebenius*, IO 37 (1983) 281, 289-292.

190 *Keohane/Nye*, S. 43 f, 47 f.

chen" Machtverhältnissen abweiche, entstehe ein Druck auf die Regimestrukturen, der zu einer angemesseneren Zusammenfassung der Verhandlungsgegenstände in neu abgegrenzten „Issue Areas" führen könne.[191] Ihren praktischen Ausdruck kann eine überlegene Verhandlungsmacht namentlich in der strategischen Zusammenfassung von Verhandlungsgegenständen finden, die das Scheitern der Verhandlungen für den Partner verschlimmert, indem sie ihm für diesen Fall Nachteile in einem bislang unverbundenen Gegenstand in Aussicht stellt.[192] In positiver Hinsicht wird in diesem Zusammenhang betont, daß auch Gegenstände, die isoliert verhandelt keine Einigung erwarten lassen, mit kompensatorischer Wirkung so miteinander verbunden werden können, daß sie zu beiderseitig vorteilhaften Ergebnissen führen.[193] Ein striktes Bestehen auf der gemeinsamen Verhandlung verschiedenartiger Gegenstände könne allerdings die Verhandlungsatmosphäre vergiften und sich als wenig zweckmäßiges Gegenmodell zu einer kooperativen, das gemeinsame Interesse betonenden Normsetzung im Sinne eines *esprit communautaire* erweisen.[194]

Der Verhandlungslogik des GATT folgend war auch die Aufnahme des geistigen Eigentums ins GATT ein Austauschgeschäft. Anderenfalls hätte es einer Verknüpfung mit dem Ausgang der Verhandlungen im Handelsbereich nicht bedurft. Im einzelnen wurde das *quid pro quo* des erhöhten geistigen Eigentumsschutzes in den Entwicklungsländern in deren verbessertem Zugang zu den Agrar- und Textilmärkten der Industrieländer gesehen.[195] Allerdings lastete mit dem einseitigen Vorgehen der USA nach „Section 301" und „Super 301" die latente Drohung des Scheiterns des bestehenden multilateralen Handelssystems auf den Verhandlungen.[196] So gesehen bestünde die Gegenleistung für den er-

---

[191] *Keohane/Nye*, S. 45.

[192] *Odell*, S. 37 f, der mit dem Begriff „best alternative to negotiated agreement" („batna") argumentiert, hierzu näher aaO., S. 25-28. Vgl. auch *Keohane/Nye*, S. 27, zur Möglichkeit, stärkere Partner durch „issue linkage" zu Sonderleistungen zu bewegen.

[193] *Tollison/Willet*, IO 33 (1979) 425, 435-437; *Sebenius*, IO 37 (1983) 281, 294-296; *Leebron*, AJIL 96 (2002) 5, 12-14.

[194] *Sebenius*, IO 37 (1983) 281, 306.

[195] *Frederick Abbott*, in: *Abbott/Gerber*, S. 41; *Petersmann*, in: FS Jackson, S. 121 f; *Finger/Nogués*, World Economy 25 (2002) 321, 322.

[196] *Subramanian*, World Economy 13 (1990) 509, 511, nennt die in „Section 301" liegende Drohung der Marktzutrittsverweigerung „the conspicuously in-

höhten Immaterialgüterschutz allein in der Sicherung von Zugeständnissen, die auf Basis der Gegenseitigkeit bereits in der Vergangenheit gemacht worden waren.[197]

Bereits in der früheren Literatur zum GATT ist das schematische Streben nach quantifizierbarer Gegenseitigkeit als ein Streben nach Ausgleich für die Aufgabe künftiger Verhandlungsmacht gedeutet worden.[198] Es sei daran erinnert, daß die Wirtschaftstheorie zwar die einseitige Handelsliberalisierung grundsätzlich für sinnvoll erklärt, Einfuhrtarife aber Verhandlungsmacht gegenüber dem Ausland repräsentieren.[199] Das „Single Undertaking" der Uruguay-Runde ließe sich so als eine durch die Ausnutzung überlegener Verhandlungsmacht herbeigeführte Änderung des Handelsrechtsregimes begreifen, das die tatsächlichen Machtverhältnisse nicht mehr angemessen abbildete. Hierin spiegelt sich die Auffassung, die Industrieländer hätten sich in „unfaire", die eigene Leistungsfähigkeit nicht adäquat berücksichtigende Handelsregeln verstrickt. Auf der anderen Seite wird die Verbindung des Marktzutritts mit dem geistigen Eigentum als Zwangssituation beschrieben, in der die Entwicklungsländer als Gegenleistung für die Beibehaltung bereits gebundener Zölle zu Zugeständnissen in einem völlig anders gearteten Bereich genötigt wurden.[200] Aus dieser Sicht kann der Uruguay-Runde allenfalls zugute gehalten werden, eine in den Industriestaaten wahrgenommene Ungerechtigkeit des Handelssystems ausgeglichen und die internationalen Handelsbeziehungen auch zugunsten der Entwicklungsländer zumindest auf eine festen Regeln folgende Grundlage gestellt zu haben.[201]

---

visible ghost, lurking on the margins of the multilateral arena, but like Hamlet's father's ghost, defining and determining the outcome."

[197] *Stegemann*, S. 16.

[198] *J.W. Evans*, Proceedings ASIL 61 (1967) 141, 143 f. Ebenso *ders.*, The Kennedy Round, S. 30-32.

[199] Siehe oben, Seite 65.

[200] So z.B. *Finger/Nogués*, World Economy 25 (2002) 321, 337: „This is the politics of imperialism, of extracting from a less powerful party." In diesem Sinne auch *Govaere/Demaret*, in: *Esty/Geradin (Hrsg.)*, S. 381 („regulatory coercion"); *Hindley*, in: FS Hudec, S. 164 f („coercion"). *May*, S. 88, spricht von „horse trading". Vgl. aber *Trachtman*, ebd., S. 172, der angesichts des „state of nature" der internationalen Beziehungen auf den Konsens als Beleg für die gegenseitige Vorteilhaftigkeit verweist.

[201] So die Schlußfolgerung *Stegemanns*, S. 19 f.

Eine Parallele weist die Verknüpfung von geistigem Eigentumsschutz und Handelspolitik im übrigen zum Optimalzoll auf, der unter Ausnutzung der Marktmacht die Terms of Trade einseitig verschiebt. Durch die Einführung geistigen Eigentums im Ausland erzeugt ein Land eine geldwerte Nachfrage nach seiner Immaterialgüterproduktion und verschiebt insofern seine Terms of Trade von null in den positiven Bereich; einfacher gesagt generiert es Einkommen ohne zusätzlichen Aufwand. Im Unterschied zum Optimalzoll allerdings, dessen gesamtwirtschaftliche Allokationsnachteile einseitig dem Ausland aufgebürdet werden, ist es bei der weltweiten Einführung geistigen Eigentums nicht ausgeschlossen, daß die so geschaffenen zusätzlichen Innovations-, Kreativitäts- und Investitionsanreize auch im Weltmaßstab zu einer Wohlstandsmehrung führen. Gelingt allerdings schon für die nationale Volkswirtschaft keine überzeugende wirtschaftliche Begründung des geistigen Eigentums, so dürfte für die Weltwirtschaft nichts anderes gelten. Auch erschiene es in normativer Hinsicht unbefriedigend, die Gestaltung des internationalen Ordnungsrahmens ohne weiteres den marktstärksten Staaten zu überantworten. Um die Weltwohlfahrt erscheint eine von „Fairneß“ umgetriebene Außenhandelspolitik wenig besorgt. Vielmehr läuft sie Gefahr, den gemeinsamen weltwirtschaftlichen Ordnungsrahmen einseitig an die wirtschaftlichen Strukturen der Industrieländer anzupassen. Prägnant auf den Punkt bringt dies die Aussage: „The adoption of the TRIPS Agreement represented a major victory for industrialized countries and for their most active industrial lobbies.“[202]

IV. Ergebnis zum dritten Abschnitt

Eine am Abbau von Handelshemmnissen orientierte Handelspolitik und der Schutz geistigen Eigentums sind im Ansatz verschiedene Regulierungsstrategien. Die handelsbezogenen Aspekte des geistigen Eigentums lassen sich weder *a priori* noch empirisch ermitteln und knüpfen auch im übrigen an keine Regelungen des alten GATT an. Vielmehr wurde der Handelsbezug geistigen Eigentums durch einen Willensentschluß herbeigeführt, der in der Aufnahme des TRIPS-Abkommens ins „Single Undertaking“ der neugegründeten WTO liegt. Damit wurde zugleich zum ersten und bislang einzigen Mal eine wesentliche Entscheidung über einen positiven Ordnungsrahmen des Weltmarkts im

[202] *Correa*, Implementing the TRIPS Agreement, Kap. 11.

Rahmen des multilateralen Handelssystems getroffen, die diesen im übrigen im wesentlichen an den wirtschaftlichen Strukturen der Industrieländer ausrichtet.

Vierter Abschnitt: Geistiges Eigentum als Völkergewohnheitsrecht

Die weite Verbreitung, die das geistige Eigentum durch die WIPO und ihre Verbände, vor allem aber durch die Gründung der WTO erfahren hat, mag die Frage nach seinem gewohnheitsrechtlichen Status angebracht erscheinen lassen. Sollte sich herausstellen, daß bereits das Völkergewohnheitsrecht zur Gewährleistung gewisser Schutzstandards zugunsten Privater zwingt, so stellten sich die Organisationen lediglich als Instanzen der gemeinsamen Verwaltung einer der Völkergemeinschaft insgesamt aufgegebenen Gemeinschaftsaufgabe dar, was auf die Einschätzung ihrer Stellung in der Völkerrechtsordnung und ihres Verhältnisses zueinander nicht ohne Einfluß bleiben könnte. Allerdings spricht das – zwischenstaatliche – Völkerrecht im Regelfall nicht Private an. Eine Ausnahme bilden lediglich das Fremdenrecht und der internationale Menschenrechtsschutz; hier muß die Prüfung ansetzen.

I. Geistiges Eigentum im Fremdenrecht

Das völkergewohnheitsrechtliche Fremdenrecht zwingt zur Achtung des Eigentums. Im Grundsatz darf ein Staat das Privateigentum von Ausländern nur im Gemeininteresse und gegen adäquate, prompte und effektive Entschädigung enteignen (Hull-Formel).[1] In diesem Sinne ordnete etwa das US-Iran Claims Tribunal auch eine auf Patent- und Markenrechten gegründete Lizenzvereinbarung völkerrechtlich als schützenswertes Eigentum ein.[2] Indessen ist offensichtlich, daß es hier um den Schutz wohlerworbener Rechte (*acquired rights*) geht. Der Ausländer, der im Vertrauen auf die staatliche Eigentumsordnung Rechte erwirbt und in diesem Zusammenhang unter Umständen Aufwendungen macht oder Investitionen tätigt, soll der erworbenen Rechte nicht ohne weiteres enthoben werden können. Bereits hier ließe sich fragen, ob dies in gleicher Weise für Immaterialgüterrechte gelten muß, die zumeist auf dem Gebiet des Schutzlandes in Geltung gesetzt wer-

---

1 *Verdross/Simma*, S. 805-807, § 1216 f mN.

2 *Kimberley-Clark Corp. v. Bank Markazi Iran*, 25.3.1983, Fall Nr. 57, Slg. Band 2, S. 339-343.

den, ohne daß – abgesehen von den erforderlichen Förmlichkeiten – ein besonderer Erwerbsaufwand betrieben werden müßte. In jedem Fall ist der Schutz erworbener Rechte nicht in eins zu setzen mit der Pflicht, einen bestimmten Standard für den Immaterialgüterschutz vorzuhalten, den der Ausländer bei Bedarf in Anspruch nehmen kann.[3] Auch das zum absoluten fremdenrechtlichen Mindeststandard zählende Recht, die für das normale Leben erforderlichen Privatrechte zu erwerben,[4] dürfte Vorschriften über den Immaterialgüterschutz nicht erfordern. Konkrete Standards für den geistigen Eigentumsschutz lassen sich aus den fremdenrechtlichen Grundsätzen über das Eigentum daher nicht ableiten.[5]

Auch eine Pflicht zur Gleichbehandlung kennt das völkerrechtliche Fremdenrecht nur im Ansatz. Dem Ausländer dürfen keine grundlegenden Verfahrensgarantien vorenthalten, insbesondere darf er nicht willkürlich vom Genuß der im Aufenthaltsland allgemein üblichen Rechtsschutzstandards ausgeschlossen werden.[6] Darüber hinaus ist den Staaten eine Ausländerdiskriminierung unbenommen. Eine immaterialgüterrechtliche Inländerbehandlung läßt sich auf diesem Wege nicht begründen.

II. Geistiges Eigentum als Menschenrecht

Ein menschenrechtlicher Eigentumsschutz auf universeller Ebene besteht nur in Ansätzen. Art. 17 der Allgemeinen Erklärung der Menschenrechte[7] und Art. 23 der Amerikanischen Erklärung der Menschenrechte[8] von 1948 enthalten allgemeine Vorschriften über das Eigentum. Dagegen konnte bei der Verhandlung der beiden UN-Menschenrechtspakte von 1966 keine Einigung über die Aufnahme von Vorschriften zum Eigentum erzielt werden.[9] Allerdings finden sich in einer Reihe re-

---

[3] Ebenso *Christians*, S. 107; *Buck*, S. 252; *Freytag*, S. 254, jeweils mwN.

[4] *Verdross/Simma*, S. 802, § 1213.

[5] Ebenso *Ballreich*, AVR 19 (1980/81) 121, 130, dortige Fn 16.

[6] Vgl. *Verdross/Simma*, S. 802, § 1213. Siehe auch BVerfGE 60, 256, 303 f.

[7] Resolution der UN-Generalversammlung Nr. 217 (III) vom 10.12.1948.

[8] American Declaration of the Rights and Duties of Man, Bogotá, 2.5.1948, AJIL Suppl. 43 (1949) 133-139.

[9] Vgl. *Buck*, S. 230 mwN.

gionaler Instrumente Regelungen über ein Recht auf Eigentum.[10] Welchen Inhalt der menschenrechtliche Begriff des Eigentums haben soll, ist umstritten.[11] Zu beachten sind vor allem zwei Gesichtspunkte: Zunächst geht es in den einschlägigen Bestimmungen um die individuelle Existenzsicherung und insbesondere den Schutz vor entschädigungsloser Enteignung, während Inhalt und Grenzen des Eigentums abstrakt in erster Linie durch das nationale Recht ausgestaltet werden. Darüber hinaus enthalten eine Reihe der angesprochenen Instrumente in anderem Zusammenhang eigene Bestimmungen über einen Immaterialgüterschutz. Eine Herleitung allgemeiner menschenrechtlicher Schutzstandards für geistiges Eigentum erscheint daher ausgeschlossen.

Was die besonderen menschenrechtlichen Bestimmungen zum Immaterialgüterschutz angeht, anerkennen Art. 27 Abs. 2 der Allgemeinen Erklärung der Menschenrechte und Art. 15 Abs. 1 lit. c des Internationalen Paktes für wirtschaftliche, soziale und kulturelle Rechte sowie Art. 14 Abs. 1 lit. c des Protokolls von San Salvador von 1988 zur Amerikanischen Menschenrechtskonvention[12] übereinstimmend das Recht einer Person auf „protection of the moral and material interests resulting from any scientific, literary or artistic production of which he is the author."[13] Man mag sich streiten, ob Wortlaut und systematischer Zusammenhang zur Teilnahme am kulturellen Leben einen Schwerpunkt auf urheberrechtliche Interessen nahelegen und wirtschaftlich orientierte Schutzrechte des gewerblichen Rechtsschutzes ausschließen.[14] Deutlicher wird allein Art. 13 der Amerikanischen Erklärung der Menschenrechte, der bei ansonsten gleichem Wortlaut Erfindungen ausdrücklich einbezieht. Obwohl Art. 17 Abs. 2 der Afrikanischen Charta der Men-

---

[10] Art. 1 Zusatzprotokoll zur EMRK vom 20.3.1952; Art. 21 Abs. 1 Amerikanische Menschenrechtskonvention von 1969, ILM 9 (1970) 673, 681; Art. 14 Afrikanische Charta der Menschenrechte und Rechte der Völker von 1981, abgedruckt in: *Umozurike*, S. 145-162.

[11] Vgl. die Diskussion bei *Buck*, S. 229-237.

[12] Additional Protocol to the American Convention on Human Rights in the Area of Economic and Cultural Rights, „Protocol of San Salvador", ILM 28 (1989) 161, 166.

[13] Im Protokoll von San Salvador fehlt der Artikel „the" vor „moral and material interests". Auf eine Divergenz in der deutschen Übersetzung von AEMR und IPwsR weisen *Buck*, S. 216, und *Freytag*, S. 252, hin. Zutreffend dagegen die *Tomuschat*, Völkerrecht, Nr. 10 zugrundeliegende Fassung.

[14] Für den Einschluß des Patentrechts *Béguin*, Industrial Property 2 (1962) 267, 269. Zur Diskussion *Buck*, S. 218-227; *Freytag*, S. 252 f.

schenrechte und Rechte der Völker, der die Teilnahme am kulturellen Leben betrifft, zu geistigem Eigentum keine Regelung trifft, wird man wohl von einer grundsätzlichen menschenrechtlichen Relevanz des geistigen Eigentums ausgehen können.

Problematisch erscheinen dagegen die konkreten Schlußfolgerungen, die aus diesen Grundsätzen zu ziehen sind. Sie kurzerhand mit dem Urheberrecht gleichzusetzen,[15] erscheint unrichtig. In den Diskussionen des Dritten Komitees der UN-Generalversammlung, die die Aufnahme des Abs. 2 in Art. 27 AEMR veranlaßte, bestand keine Einigkeit über den menschenrechtlichen Status des Urheberrechts.[16] Auch bei der Formulierung des Internationalen Pakts für wirtschaftliche, soziale und kulturelle Rechte wurde bewußt auf eine Formulierung des Umfangs der geschützten Rechte verzichtet.[17] In der Tat ist in sämtlichen angesprochenen Bestimmungen allein von einem Recht auf Schutz von geistigen und materiellen Interessen die Rede. Es ist nicht einmal gesagt, daß der Schutz gerade im Wege des geistigen Eigentums realisiert werden muß. Vielmehr erschiene es unbedenklich, etwa eine bloße Pflicht zur Identifizierung des Schöpfers eines Immaterialguts verbunden mit einem Gratifizierungssystem einzuführen, eine konkrete Verfügung über das Schicksal des Immaterialguts aber zu verwehren und dieses statt dessen in den Gemeingebrauch zu stellen. Hinzu kommt, daß die Bestimmung, die strukturell durchaus mit den bürgerlichen und politischen Rechten vergleichbar ist,[18] nicht im Internationalen Pakt für bürgerliche und politische Rechte, sondern lediglich im Internationalen Pakt für wirtschaftliche, soziale und kulturelle Rechte Aufnahme gefunden hat, der in weitem Umfang keine einklagbaren individuellen Rechte, sondern Zielbestimmungen enthält, deren Umsetzung wesentlich von den wirtschaftlichen Voraussetzungen in den verschiedenen Gesellschaften bestimmt wird.[19] Tatsächlich ist der Wortlaut gegenüber

---

[15] So *Melander*, in: *Eide u.a. (Hrsg.)*, S. 429, 431.

[16] *Adalsteinsson/Thórhallson*, in: *Alfredsson/Eide (Hrsg.)*, S. 575, 578 f. Nicht zu lassen diesen Schluß dagegen die Darstellungen von *Béguin*, Industrial Property 2 (1962) 267, 269, und *Buck*, S. 225.

[17] *Buck*, S. 226.

[18] *Melander*, in: *Eide u.a. (Hrsg.)*, S. 429, 431.

[19] Vgl. *Buck*, S. 214; allgemein auch *Tomuschat*, Human Rights, S. 28, 44, 47. Im einzelnen Committee of Economic, Social and Cultural Rights, General Comment No. 3: The Nature of States Parties' Obligations (Art. 2 para. 1 of the Covenant), u.a. enthalten in: Compilation of General Comments and General

der AEMR noch abgeschwächt, wenn nur von dem Recht, den angesprochenen Schutz „zu genießen" („[t]o benefit from"), die Rede ist. Den gleichen Wortlaut hat das Protokoll von San Salvador. Eine Ableitung konkreter universeller Schutzstandards für Immaterialgüterrechte auf gewohnheitsrechtlicher Grundlage erscheint bei dieser Sachlage ausgeschlossen.[20]

III. Einwirkung der vertraglichen Festlegung

Allerdings läßt sich fragen, ob nicht die zahlreichen internationalen Verträge zum Schutz geistigen Eigentums zur Herausbildung gewohnheitsrechtlicher Grundsätze beitragen. Der IGH hat im Nordseefestlandsockelfall die hierfür in Betracht zu ziehenden Hypothesen formuliert: Zum einen können Verträge vorbestehendes Gewohnheitsrecht kodifizieren; zum anderen können sie es ausdefinieren und zur Kristallisation bringen; und schließlich können sie nachträglich zu Gewohnheitsrecht erstarken.[21] Gestützt auf den obigen Befund, daß zumindest das geistige und materielle Interesse des Schöpfers von Immaterialgüterrechten allgemeine Anerkennung genießt, ließe sich eine Konkretisierung und Ausformung in den Verbänden der WIPO und neuerdings der WTO erwägen.

Voraussetzung für die Bildung von Gewohnheitsrecht ist in jedem Fall eine weitverbreitete Übung, getragen von einer entsprechenden Rechtsüberzeugung (Art. 38 Abs. 1 lit. b IGH-Statut).[22] Was den Beitrag von

---

Recommendations Adopted by Human Rights Treaty Bodies, UN-Dokument HRI/GEN/1/Rev. 7 vom 12.5.2004, S. 15-18, ferner abgedruckt bei *Craven*, S. 373-377. Eingehend zur Problematik *Craven*, Teil 3.

[20] Ebenso *Freytag*, S. 253; *Haas*, S. 46 f.

[21] *North Sea Continental Shelf Cases*, Urteil vom 20.2.1969, ICJ Reports 1969, 3, 38 f, Ziff. 60-62; 41, Ziff. 71. Bei der vom ILA Committee on Formation of Customary Law in dem Urteil erkannten vierten Methode, der Erzeugung einer gewohnheitsrechtlichen Regel durch eine Konvention „by its own impact" („par celle-ci") (ILA Report 2000, 712, 761-765, Regel 27 mit Kommentaren), handelt es sich offenbar nur um eine Umschreibung des IGH dafür, daß die Konvention den Anfangspunkt für die nachfolgende Praxis setzt.

[22] Vgl. auch IGH, *North Sea Continental Shelf Cases*, aaO., S. 41 f, Ziff. 71-73; *Military and Paramilitary Activities (Nicaragua/USA) (Merits)*, ICJ Reports 1986, 14, 97 f, Ziff. 183 f. Zweifelnd an der Notwendigkeit des gesonderten Nachweises der Rechtsüberzeugung ILA Committee on Formation of Cu-

Vertragsabschlüssen zur Kristallisation von Gewohnheitsrecht anbelangt, so ist vor allem nach dem Verfahren zu fragen, in dem die Regel entwickelt wird; der IGH hat eine solche Kristallisation jedenfalls dann für ausgeschlossen gehalten, wenn die fraglichen Rechtsgrundsätze schon in der Verhandlungsphase umstritten waren.[23] Zu fordern ist daher zumindest, daß die gemeinsame Rechtsüberzeugung schon in den Vertragsverhandlungen klar hervortritt. Darüber hinaus ist denkbar, daß die Praxis sich schon parallel zu den Verhandlungen, ihre Ergebnisse gleichsam antizipierend, entwickelt.[24] Eine nachträgliche Entstehung von Gewohnheitsrecht birgt dagegen besondere Probleme bei der Feststellung der Rechtsüberzeugung, da regelmäßig anzunehmen ist, daß die gebundenen Staaten zunächst ihren Vertragspflichten nachkommen wollen.[25]

Die heutigen Mitgliederzahlen der Verbände vermitteln bei oberflächlicher Betrachtung den Eindruck einer bereits erreichten hohen Repräsentativität. Die Mitgliederzahl[26] der WIPO von 184 dürfte für ein grundlegendes gemeinsames Bekenntnis zum Interesse am Immaterialgüterschutz stehen. Zumindest den beiden größten und ältesten Verbänden PVÜ und RBÜ gehören mit 171 bzw. 163 Verbandsländern ebenfalls eine große Mehrheit der Staaten der Erde an. Selbst die hohen Standards des TRIPS-Abkommens scheinen bei 150 WTO-Mitgliedern bereits eine hohe internationale Akzeptanz erreicht zu haben. Relativiert wird das Bild, wenn man es mit dem Zustand zu Beginn der Uruguay-Runde vergleicht. Am 1.1.1986 hatte die WIPO 112,[27] die PVÜ 97[28] und die RBÜ 76 Mitglieder;[29] es war erst das TRIPS-Abkommen, das die vermeintlich hohe Repräsentativität bewirkte. Auch eine Wägung der Mitgliedstaaten nach ihrem Anteil am Welthandel wird bei

---

stomary Law, ILA Report 2000, 712, 743-745, Regel 16 mit Kommentar sowie S. 751 f, Regel 19 mit Kommentar (a).

[23] *North Sea Continental Shelf Cases*, aaO. (oben, Fn 21), S. 39, Ziff. 62.

[24] ILA Committee on Formation of Customary Law, ILA Report 2000, 712, 760 f, Regel 26 mit Kommentar (a).

[25] IGH, aaO., S. 43 f, Ziff. 76. Zustimmend ILA Committee on Formation of Customary Law, ILA Report 2000, 712, 757 f, Regel 24 mit Kommentar (b).

[26] Alle Angaben aus den Internetseiten von WIPO bzw. WTO, Stand 15.4.2007.

[27] DdA 1986, 3-5.

[28] Industrial Property 25 (1986) 6-8.

[29] DdA 1986, 6-8.

diesen Zahlen die Annahme von Gewohnheitsrecht nicht stützen können. Die EG-Kommission, welche in ihrem Grünbuch zum Urheberrecht 1988 eine solche Wägung zur Bestimmung der allgemein anerkannten Standards im Sinne des Art. 2 Abs. 1 des Neuen Handelspolitischen Instruments vorgeschlagen hatte, ging selbst davon aus, daß es dabei nicht um die Feststellung von Völkergewohnheitsrecht ging.[30] Die durchschlagende Wirkung des TRIPS-Abkommens verwundert kaum, da doch fehlende Schutzstandards in vielen Ländern gerade der Grund für die GATT-Initiative der USA waren. Ein weltweiter geistiger Eigentumsschutz entsprach nicht der gemeinsamen Rechtsüberzeugung der Staaten, sondern sollte auf vertraglichem Wege im Rahmen des Handelssystems durchgesetzt werden.

Was den gewohnheitsrechtlichen Charakter der in der WTO niedergelegten Regeln betrifft, sind die Besonderheiten des Handelssystems in Rechnung zu stellen. Die materiellen Bestimmungen der Handelsabkommen im engeren Sinne sind nicht von einer grundlegenden gemeinsamen Überzeugung getragen, sondern lediglich institutionelle Arrangements für eine geordnete Behandlung der Handelspolitik im multilateralen Rahmen. Das Regelwerk des GATT beruht nicht etwa auf der Überzeugung, Quoten und Diskriminierungen im internationalen Wirtschaftsverkehr seien an sich unrecht,[31] sondern dient lediglich der Rückführung der Handelspolitik auf Zollsätze, die einem Vergleich leichter zugänglich sind. Weit entfernt von einer gewohnheitsrechtlichen Geltung ist ein Wegfall dieser Pflichten im Fall einer Kündigung nach Art. XV Abs. 1 WTO-Abkommen sogar unabdingbar, wenn danach überhaupt noch eine handelspolitische Handlungsfähigkeit bestehen soll. Eine allgemeine Anerkennung der Freihandelsidee anzunehmen, die in der WTO ihren praktischen Niederschlag gefunden hätte, dürfte nicht nur wegen der nicht unerheblichen Zahl von Staaten, die der WTO fernstehen, zumindest verfrüht sein.

Nun nimmt freilich das TRIPS-Abkommen innerhalb der WTO wiederum eine Sonderstellung ein. Im Gegensatz zu GATT und GATS ist es kein bloßer Verhandlungsrahmen, sondern enthält materielle Pflichten, die von einem wirklichen Schutzbestreben getragen sind, wenngleich dieses in den einschlägigen Verbänden keine gewohnheitsrechtliche Geltung hatte erlangen können. Wenn man fragt, was die WTO

---

[30] KOM (88) 172 endg., S. 232, Ziff. 7.6.2. Siehe auch oben, Seite 109.

[31] Gegen Art. III GATT als Völkergewohnheitsrecht auch BVerfGE 31, 145, 177 f.

dem erreichten Stand hinzugefügt hat, fällt der Blick abermals auf den besonderen Charakter der handelspolitischen Beziehungen. Die Uruguay-Runde hat das geistige Eigentum als Handelszugeständnis behandelt und damit der dem Handelssystem eigentümlichen Logik des Gebens und Nehmens unterworfen, die die Akzeptanz bestimmter Verpflichtungen an konkrete Gegenleistungen knüpft. Einen starken Kontrast hierzu bilden die Verbände der WIPO, auf deren Revisionskonferenzen die Zweckmäßigkeit gewisser Vorschriften zum Schutz geistigen Eigentums als solcher diskutiert wird. Zwar ist eine gewisse über den reziproken Austausch identischer Verpflichtungen hinausgehende Kompensationslogik auch anderen völkerrechtlichen Verträgen nicht fremd. Gewohnheitsrecht verkörpern ihre Bestimmungen aber nur, wenn sie konkret von einer gemeinsamen Rechtsüberzeugung getragen und in der Staatenpraxis befolgt werden, und nicht weil sie das kompensatorische Gegenstück in einem Gesamtregime bilden. Das Handelsrecht aber beruht gerade auf dem fortwährenden Gleichgewicht der ausgetauschten Zugeständnisse. Niemand käme auf die Idee, in ein multilaterales Abkommen aufgenommene Zollbindungen als Gewohnheitsrecht anzusehen; vielmehr fällt die Zollautonomie an den Staat zurück, sobald die Bindung erlischt.

Nun ist bereits auf die neuere Tendenz zu regelorientierten Verhandlungen („Rules-Based Approach") hingewiesen worden, die die Verhandlungen strukturell wieder an die in den WIPO-Verbänden vorherrschende Methode der Regelsetzung im Gemeininteresse annähert. Sofern die Ratifikation der so ausgehandelten Kodizes den Staaten jeweils freigestellt ist, mag eine weite Verbreitung auch zur Frage nach einer Herausbildung von Gewohnheitsrecht Anlaß geben. Wird hingegen der Erfolg des Gesamtpakets von der Zustimmung zu allen Sonderregeln abhängig gemacht, zeugt eine Ratifikation und eine ihr folgende Praxis vor allem vom Willen zur Sicherung der ausgehandelten Vorteile durch Gewährung der erwarteten Gegenleistung. Die Erwägung des IGH, das tatsächliche Verhalten der Staaten sei regelmäßig in erster Linie ihrem Willen zur Vertragstreue geschuldet,[32] gewinnt bei solchen Kompensationsgeschäften gegenüber der völkerrechtlichen Verträgen zumeist ohnehin inhärenten Gegenseitigkeit sogar noch an Schärfe.

Als Institution der Staatengemeinschaft, die die allmähliche Entwicklung des von einer gemeinsamen Grundüberzeugung getragenen Immaterialgüterschutzes im Wege des geistigen Eigentums übernommen hätte, kann die WTO unter diesen Umständen nicht gelten; die durch Ver-

[32] Siehe oben (Fn 25).

knüpfung mit der Handelspolitik erzielte weitverbreitete Übung beim Schutz der Immaterialgüterrechte auf hohem Niveau ist nicht Ausdruck einer gemeinsamen Rechtsüberzeugung, sondern zeugt lediglich vom Willen zur Vertragstreue in Erwartung der Gegenleistung.

Allerdings finden sich in der Literatur Vorschläge, die in der WTO festgeschriebenen Grundsätze – ähnlich den Grundfreiheiten der EG – als wirtschaftliche Grundrechte anzuerkennen und so dem menschenrechtlichen Rechtsschutzsystem in gewisser Weise zu assimilieren. Dem widerspricht bereits die Staatenpraxis, die die unmittelbare Anwendbarkeit der WTO-Abkommen in den nationalen Rechtsordnungen zumeist ausgeschlossen hat.[33] Für das geistige Eigentum ist die Bereitschaft zur unmittelbaren Anwendung zwar höher, auch hier aber ist der menschenrechtliche Befund, wie oben dargestellt, dürftig. Anschaulich belegt dies eine deutsche Initiative in der ILA zur Formulierung gewohnheitsrechtlicher Grundsätze über den geistigen Eigentumsschutz, die auf Unverständnis und Befremden stieß.[34]

IV. Ergebnis zum vierten Abschnitt

Im Ergebnis ist festzustellen, daß der Schutz der geistigen und materiellen Interessen der Schöpfer von Immaterialgütern unter dem Gesichtspunkt von deren Teilnahme am kulturellen menschlichen Leben im Grundsatz eine weitgehende Anerkennung genießt, die heute in den Verbänden der WIPO und der WTO festgeschriebenen hohen Standards aber keine gewohnheitsrechtliche Kraft entfalten.

Ergebnis zum ersten Teil

Geistiges Eigentum und eine liberalisierte Handelspolitik lassen sich auf kein gemeinsames Erklärungsmodell zurückführen. Weder läßt sich ein Fehlen geistigen Eigentums in ein nichttarifäres Handelshemmnis umdeuten, noch gibt die Wirtschaftstheorie allgemeingültige Kriterien für eine „faire" geistige Eigentumsordnung an die Hand. Der Handelsbezug geistigen Eigentums liegt vielmehr in der willkürlich hergestellten institutionellen Verbindung zur Handelspolitik. Mit der unterschwelli-

---

[33] Im einzelnen unten, ab Seite 226.

[34] Hierzu *Oppermann*, in: FS Hahn, S. 461-464.

gen Drohung, ihnen den Zutritt zu den Industriemärkten zu versagen, konnten so die Entwicklungsländer zur Akzeptanz der TRIPS-Standards veranlaßt werden. Zugleich brachte so das internationale Handelssystem erstmals selbst eine positive Regulierung der internationalen Marktordnung hervor, deren Gestaltung bis dahin nur in anderen Foren unternommen worden war. Diese Festlegung des weltwirtschaftlichen Ordnungsrahmens auf bestimmte Standards des geistigen Eigentumsschutzes erweist sich im übrigen als bewußte Gestaltungsentscheidung, die nicht bereits in der Völkerrechtsordnung angelegt ist. Das Völkergewohnheitsrecht enthält keine Pflicht zur Gewährung geistigen Eigentums. Vielmehr spricht es gegen eine allgemeine Anerkennung des geistigen Eigentumsschutzes, daß erst die Verbindung mit der Handelspolitik zu seiner weltweiten Verbreitung führte.

Zweiter Teil: Bestandsaufnahme

Erster Abschnitt: Struktur der Organisationen

Betrachtet man die Mandate von WTO und WIPO, so findet man im wesentlichen identische Aufgabenstellungen vor. Die WTO soll als gemeinsamer institutioneller Rahmen für die Handelsbeziehungen ihrer Mitglieder (Art. II Abs. 1 WTO-Abkommen) die multilateralen Handelsabkommen und die weiteren ihr integrierten Übereinkünfte verwalten (Art. III Abs. 1, 3 und 4 WTO-Abkommen) und Forum zur Verhandlung der Handelspolitik sein (Art. II Abs. 2 WTO-Abkommen); mit Abschluß des TRIPS-Abkommens gehört hierzu auch das geistige Eigentum, soweit die WTO-Mitglieder einen Bezug zum Handel hergestellt haben. Die WIPO soll ihrerseits den Schutz des geistigen Eigentums fördern und die Verwaltungszusammenarbeit zwischen den angeschlossenen Verbänden sicherstellen (Art. 3 WIPO-Konvention). Dazu soll sie die administrativen Aufgaben der ihr zugeordneten Übereinkünfte wahrnehmen und den Abschluß internationaler Abkommen fördern (Art. 4 Abs. ii, iii, iv, vii WIPO-Konvention). Freilich erschöpfen sich hierin ihre Aufgaben nicht, soll sie doch auch aus eigener Initiative Maßnahmen zur Förderung des geistigen Eigentumsschutzes ergreifen, Entwicklungsländern rechtlich-technische Hilfe leisten, Informationen sammeln und verbreiten und auch sonst alle angemessenen Aktivitäten entfalten (Art. 4 Abs. i, v, vi, viii WIPO-Abkommen).

Mögen also beide Organisationen auch jeweils eigene Tätigkeitsfelder haben, fallen doch ihre Aufgaben, was Verwaltung und Weiterentwicklung des geistigen Eigentumsschutzes auf weltweiter Ebene betrifft, in eins. Unterschiede ergeben sich zwar insofern, als die WTO einen Handelsbezug voraussetzt, während die ausschließlich mit geistigem Eigentum befaßte WIPO ein ausdrückliches Mandat zu dessen Förderung hat. Soweit ein Handelsbezug durch Willensentschluß der WTO-Mitglieder aber hergestellt wurde, steht das Mandat der WTO dem Förderungsauftrag der WIPO in nichts nach. Näheren Aufschluß über die Zuständigkeiten beider Organisationen verschafft erst die Betrachtung der ihnen konkret zugewiesenen Sachmaterien; diese wiederum setzt ein Verständnis der den Organisationen zugrundeliegenden Strukturen voraus.

I. Struktur der WIPO

Das Frappierende an der Struktur der WIPO ist, daß neben der 1967 errichteten internationalen Organisation WIPO die Verfassung der einzelnen Schutzsysteme als Verwaltungsunionen beibehalten wurde und diese sogar mit umfangreichen eigenen Organstrukturen ausgestattet wurden. Die verschiedenen Verbände und Sonderverbände und die WIPO selbst bilden heute ein komplexes Konglomerat an theoretisch selbständigen rechtlichen Einheiten mit teilweise gemeinsamen Organen.

A. Die Verbände als Ursprung des Schutzsystems

Wie bereits dargelegt hat das heutige System der WIPO seine Ursprünge in den beiden Konventionen zum Schutz des gewerblichen Eigentums von 1883 und zum Schutze der Werke der Literatur und Kunst von 1886. Nach dem Vorbild des Welttelegraphenverbandes (1865) und des Weltpostvereins (1874) wurden durch die Pariser und Berner Konventionen Verbände gegründet:

> Les Gouvernements (...) sont constitués à l'état d'Union pour la protection de la Propriété intellectuelle. (Art. 1 Pariser Übereinkunft 1883.)
>
> Les pays contractants sont constitués à l'état d'Union pour la protection des droits des auteurs sur leurs œuvres littéraires et artistiques. (Art. 1 Berner Übereinkunft 1886.)

Die sogenannten Verwaltungsvereine oder Verwaltungsunionen, für die der Pariser und der Berner Verband geradezu als Paradebeispiel gelten, waren in der zweiten Hälfte des 19. Jahrhunderts und der Zeit bis zum ersten Weltkrieg eine verbreitete Form internationaler Zusammenarbeit. Eine Untersuchung aus dem Jahr 1911 zählt über 45 derartige Verbände, von denen 30 mit eigenen Organen ausgestattet waren.[1] Zur Rechtsfigur des internationalen Verbandes ist gesagt worden, er habe ursprünglich auf keinerlei dogmatischen Grundlagen beruht, sondern sei pragmatischen Bedürfnissen und dem Beispiel bereits existierender Verbände gefolgt.[2] Bei der Gründung von Pariser und Berner Verband

---

1 *Reinsch*, S. 4 und *passim*.

2 *Reinsch*, S. 143. Vorläufer der Verbände sind z.B. im deutschen Zollverein (*Renault*, RGDIP 3 [1896] 14, 15; *von Toll*, S. 9 f) gesehen worden, aber auch in der Heiligen Allianz von 1815, der Rheinschiffahrtsakte u.a., *Lavollée*, Revue

waren rechtsdogmatische Fragen ebenfalls kaum Gegenstand der Diskussion.[3] Das kann freilich nicht heißen, daß die Verfasser der Gründungsverträge mit diesen Formulierungen keinerlei Bedeutung verbunden hätten. So wurde auf der vorbereitenden Berner Konferenz von 1885 die von deutscher Seite vorgeschlagene Streichung des Begriffs „Union" im Titel der Konvention und deren Bezeichnung als „Convention universelle" von den französischen Vertretern unter Hinweis auf die Telegraphenunion und den Weltpostverband abgelehnt. Der Verzicht auf den Begriff „Union" schwäche die Verbindung der Vertragsländer untereinander, und es sei schwer einzusehen, wie ohne „Union" ein internationales Büro eingerichtet werden könne.[4]

Die Rechtsnatur der Verwaltungsunionen beschäftigte die Rechtswissenschaft von den Anfängen im 19. Jahrhundert bis in die 1930er Jahre hinein. Grundlegende Einigkeit bestand darüber, daß Verwaltungsunionen nur durch Staaten und auf völkerrechtlichem Wege gegründet werden konnten.[5] Umstritten war, ob sie ihrem Wesen nach universell ausgerichtet sein müßten und daher gegen die aufgrund ihrer Zwecksetzung begrenzten Vereinbarungen wie Flußschiffahrtskommissionen abzugrenzen seien.[6] Ebenso wurde diskutiert, ob das Phänomen auf Verwaltungsaufgaben begrenzt oder auch eine internationale Wahr-

---

d'histoire diplomatique 1 (1887) 331, 334-336, 338-340 und *passim*. Allgemein zur Entstehung der Verwaltungsunionen auch *Ekedi-Samnik*, S. 37-40.

[3] Siehe *Ekedi-Samnik*, S. 33 f, zu den Verhandlungen der PVÜ.

[4] Actes, Bern 1885, S. 20.

[5] Vgl. etwa *Kazanski*, Jahrbuch der internationalen Vereinigung für vergleichende Rechtswissenschaft und Volkswirtschaftslehre zu Berlin 6 (1904) 275, 281; *von Toll*, S.16, 62-70; *Strupp*, in: *von Stengel/Fleischmann (Hrsg.)*, Bd. III, S. 735; *Neumeyer*, Revue de droit international de sciences diplomatiques, politiques et sociales 3 (1925) 20, 21; *Ruffini*, RdC 12 (1926 II) 391, 479. Die in PVÜ und RBÜ mit Rücksicht auf die Verschiedenartigkeit der Verfassungen und nach dem Vorbild anderer Konventionen gewählte Bezeichnung „Länder" („pays") (Actes, Bern 1884, S. 41) trug den Kolonialverfassungen Rechnung, die einigen Gebieten Selbstverwaltungsrechte zusprachen, ohne ihnen Staatsqualität zuzuerkennen, und besteht heute nur aus Gründen der Tradition fort, *Bodenhausen*, Art. 1 Anm. b; *Masouyé*, Art. 1, Ziff. 1.3.

[6] So z.B. *von Toll*, S. 11-15, 16 f mwN; *Neumeyer*, Revue de droit international de sciences diplomatiques, politiques et sociales 2 (1924) 343, 346; 3 (1925) 20, 22; *Ruffini*, RdC 12 (1926-II) 391, 479. Weniger kategorisch *Kazanski* (oben, Fn 5), S. 285; *Reinsch*, S. 149; *Strupp*, in: *von Stengel/Fleischmann (Hrsg.)*, Bd. III, S. 736. Ablehnend *Rapisardi-Mirabelli*, RdC 7 (1925 I) 345, 354 f, 359, 366.

nehmung legislativer und judikativer Funktionen möglich sei.[7] Die Diskussion im einzelnen nachzuzeichnen hätte heute allenfalls noch geschichtliches Interesse. Allerdings wurde eine Reihe von Merkmalen herausgearbeitet, die auch Pariser und Berner Verband prägen und für den weiteren Gang der Untersuchung von Interesse sind.

1. Der normsetzende Charakter der Gründungsverträge

Wie schon die angeführte Äußerung auf der vorbereitenden Berner Konferenz zeigt, verbindet sich mit der Formulierung „Union" zunächst die Vorstellung einer besonders engen Verbindung der beteiligten Staaten. Die Lehre ergänzte, es handele sich bei den Verbänden um Vereinigungen, Gemeinschaften oder „Associationen" zur Erreichung eines gemeinsamen Zwecks; dies unterscheide sie von Verträgen, mit denen die Parteien ihre jeweils spezifischen Interessen regelten.[8] Auf diese Unterscheidung verwies insbesondere die gegen Ende des 19. Jahrhunderts geprägte Einteilung völkerrechtlicher Willensakte in „Verträge" und „Vereinbarungen", die den gegensätzliche Interessen betreffenden „Verträgen" die Rechtsqualität ab- und in Analogie zum innerstaatlichen Recht nur den gemeinsamen Interessen dienenden „Vereinbarungen" normsetzenden Charakter zusprach.[9] Ausdrücklich wird dabei die Parallele zum zivilrechtlichen Institut der Gesellschaftsverträge hervorgehoben.[10] Da „Vereinbarungen" in diesem Sinne eine gemein-

---

[7] Hierfür im Grundsatz schon *Brie*, Staatenverbindungen, S. LXII-LXIV; ebenso *Rapisardi-Mirabelli*, RdC 7 (1925 I) 345, 356-358, 369-374; *Potter*, RdC 64 (1938 II) 71, 131. Restriktiver *Renault*, RGDIP 3 (1896) 14, 25 (keine bindende Gesetzgebung). In der späteren Lehre wurden die Verwaltungsunionen meist als besondere, auf Verwaltungstätigkeiten beschränkte Kategorie von Staatenverbindungen angesehen, so *von Toll*, S. 7; *Strupp*, in: *von Stengel/ Fleischmann (Hrsg.)*, Bd. III, S. 736; *Ruffini*, RdC 12 (1926 II) 391, 479.

[8] *Jellinek*, Staatenverbindungen, S. 159; *Brie*, Staatenverbindungen, S. XXIV, L f; *Lavollée*, Revue d'histoire diplomatique 1 (1887) 331, 347, 361. Zum Interessengleichklang auch *Ballreich*, AVR 19 (1981) 121, 125.

[9] Grundlegend *Triepel*, Völkerrecht und Landesrecht, S. 49-57, 63-74 mit Erwähnung der Verwaltungsvereine auf S. 68. Ähnlich in bezug auf den Begriff „Union" *Renault*, RGDIP 3 (1896) 14, 16 f, der im Zusammenwirken möglichst vieler Staaten die Chance auf eine Durchsetzung der allgemeinen Interessen (interêts généraux) und so eine Annäherung an „les lois proprement dites" sieht.

[10] Etwa *Brie*, Staatenverbindungen, S. LII, LXVII f; *Triepel*, Völkerrecht und Landesrecht, S. 51-54; *von Toll*, S. 73-75. Grundsätzlich zur Rezeption rö-

same normative Struktur errichteten, wurden sie in Abgrenzung zu den „Verträgen" (*traités-contrats*) auch als *traités-lois* oder *law-making treaties* bezeichnet.[11] In der neueren Lehre besteht eine Parallele zu den als objektiv, absolut oder integral apostrophierten Verträgen, mit denen sich der IGH im Gutachten zu den Vorbehalten zur Völkermordkonvention auseinandersetzte[12] und die auch den Berichterstatter der UN-Völkerrechtskommission bei den Vorarbeiten zur Wiener Vertragsrechtskonvention beschäftigten.[13]

Die ältere Lehre hob zwar den normsetzenden Charakter der Gründungsverträge der Verwaltungsunionen hervor[14] und sah zum Teil sogar in der universellen normsetzenden Zielrichtung ein Wesensmerkmal der Verwaltungsunionen.[15] In der Praxis setzte sich allerdings die rechtliche Bindungswirkung des Vertrags als maßgebliches Kriterium des Rechtsquellencharakters durch,[16] so daß die Unterscheidung zwischen Verträ-

---

misch-rechtlicher Begriffe im Völkerrecht *Triepel*, Völkerrecht und Landesrecht, S. 212-215, 223-225.

[11] *Ruffini*, RdC 12 (1926 II) 391, 474.

[12] *Réserves à la Convention pour la préservation et la répression du crime de génocide*, Gutachten vom 28.5.1951, ICJ Reports 1951, 15, 23. Vgl. *Simma*, Das Reziprozitätselement, S. 170, 177 f; RdC 250 (1994 VI) 217, 365 f.

[13] *Fitzmaurice*, Second Report on the Law of Treaties, YBILC 1957 II, Art. 19 Abs. 1 (iv), (S. 31) mit Kommentar S. 51, Ziff. 125 f; Third Report, YBILC 1958 II, Art. 19 lit. b (S. 27 f) mit Kommentar S. 44, Ziff. 91; Vierter Bericht, YBILC 1959 II Art. 18 Abs. 3, lit. e (S. 46) mit Kommentar S. 69 f (Ziff. 95). Zur Berücksichtigung „integraler" oder „interdependenter" Verträge in der WVRK sogleich unten (bei Fn 26). Eingehend zu den genannten Verträgen auch *Simma*, Das Reziprozitätselement, S. 176-181; RdC 250 (1994 VI) 217, 364-375; *Hahn*, S. 3-100, 104 f, jeweils mwN.

[14] *Kaufmann*, RdC 3 (1924 II) 181, 187; *Rapisardi-Mirabelli*, RdC 7 (1925 I) 345, 351 f; *Ruffini*, RdC 12 (1926 II) 391, 473-478. Vgl. auch *Strupp* (aaO., Fn 5), der eine Gemeinschaft u.a. bei einer „völkerrechtlich gebotenen Parallelgesetzgebung", im Gegensatz zum einmaligen „Umguß von Völkerrecht in Landesrecht", annimmt.

[15] Vgl. *Kazanski* (oben, Fn 5), S. 279 f. *Ruffini*, RdC 12 (1926 II) 391, 476 f, sieht den Gesetzescharakter bei allgemeiner Offenheit zum Beitritt verwirklicht. Ähnlich auch schon die Überlegung von *Renault* (oben, Fn 9).

[16] So in der ILC: Waldock, Second Report on the Law of Treaties, YBILC 1963 II, S. 76 f, Ziff. 15. Ebenso leitete der IGH im Namibia-Gutachten von 1971 aus dem Charakter der Mandatsverträge als „institution" keine besonderen Rechtsfolgen ab, *Legal Consequences for States of the Continued Presence of South Africa in Namibia (South West Africa)*, Gutachten vom 21.6.1971, ICJ

gen und Vereinbarungen für diese Zwecke obsolet wurde.[17] In der Tat bezeichnet der normsetzende Charakter einer Vereinbarung nach dem oben Gesagten lediglich den grundlegenden Interessengleichklang der Beteiligten, und es wäre bedenklich, allein aus der Einordnung als Vereinbarung weitergehende Rechtsfolgen ableiten zu wollen. Indessen hat der Normcharakter in den Verträgen des Pariser und des Berner Verbandes eine besondere Ausformulierung erfahren. Nach Art. 19 PVÜ, Art. 15 BÜ 1886 (Art. 20 RBÜ) dürfen die Verbandsländer untereinander nur solche Abmachungen treffen, die den in den Verträgen enthaltenen Verpflichtungen nicht zuwiderlaufen. Mit gleicher Zielsetzung bestimmte ein Zusatzartikel zur Berner Übereinkunft 1886,[18] daß die vorbestehenden bilateralen Urheberrechtsverträge nur insofern fortgelten sollten, wie sie der Berner Übereinkunft nicht widersprachen.[19] Zur Frage, wann ein solcher Widerspruch vorliege, wurde auf deutsche Initiative klargestellt, daß den Autoren namentlich weitergehende Rechte als die nach der Konvention zu garantierenden eingeräumt werden dürfen.[20]

In diesen Klauseln, die aus den Verträgen über die Post- und Telegraphenunion übernommen wurden,[21] ist eine Bekräftigung des Verbots von Verträgen zu Lasten Dritter gesehen worden.[22] Diese Aussage bedarf allerdings der Qualifizierung. Sollte nur verboten werden, daß zwei Verbandsstaaten untereinander verabreden, den Angehörigen eines dritten den Konventionsschutz gezielt zu verweigern, so wäre nicht nur ein ganz außergewöhnlicher Fall ins Auge gefaßt, sondern angesichts des gewohnheitsrechtlichen Rechtszustands eine vollkommen redundante Bestimmung getroffen worden. Zu Lasten Dritter geht ein kon-

---

Reports 1971, 16, 45, Ziff. 94. Hierzu *Simma*, Das Reziprozitätselement, S. 178, dortige Fn 10, sowie S. 182 f.

17 *H. Lauterpacht*, BYIL 17 (1936) 54; *Bindschedler*, in: *Strupp/Schlochauer*, S. 254, der der Unterscheidung nur für den Inhalt, nicht die Rechtsnatur von Verträgen Bedeutung beimißt; ähnlich auch *Klein*, Statusverträge, S. 78. Im übrigen bestehen praktische Abgrenzungsschwierigkeiten, *Klein*, aaO.; *Wildhaber*, EPIL III, 949, 950; *Bernhardt*, EPIL IV, 926, 928.

18 Actes, Bern 1885, S. 37. Abgedruckt u.a. auch bei *Röthlisberger*, S. 330.

19 Beide Artikel sind seit der Berliner Revision in Art. 20 RBÜ zusammengefaßt, vgl. Actes Berlin 1908 (erschienen in Bern 1910), S. 271.

20 Actes, Bern 1884, S. 35, 59.

21 Actes, Paris 1880, S. 92.

22 Durch *Bappert/Wagner*, Art. 20 Rn 1 a.E.

ventionswidriger Vertrag allerdings dann, wenn die konventionsgemäße Behandlung fremder Staatsangehöriger nicht nur im bilateralen Verhältnis, sondern zugleich den übrigen Verbandsländern geschuldet ist. Einen Sinn erhält die Beschränkung der Vertragsschlußbefugnis *inter se* auf konventionskonforme Verträge mit anderen Worten nur dann, wenn man eine innerhalb des Verbandes geltende allgemeine Disziplin annimmt, die die Verbandsländer nicht durch bilaterale Vereinbarungen unterlaufen dürfen. Das muß nicht heißen, daß die konkreten Erfüllungsansprüche zwischen den Verbandsstaaten durch eine mystische Verpflichtung gegenüber der Gemeinschaft oder ein frei im Raume schwebendes objektives Interesse ersetzt worden wären.[23] Allerdings tritt gegenüber einer Pflichtenstruktur, die lediglich bilateral orientierte Verpflichtungen zusammenfaßt, ein weiteres Moment hinzu, wenn jeder Staat die vorgeschriebene Behandlung fremder Staatsangehöriger nicht nur jeweils deren Heimatstaat, sondern zugleich allen übrigen Verbandsmitgliedern (*erga omnes partes*) schuldet. Da eine Abdingung der gegenseitigen Pflichten nur noch im Konsens möglich ist, tritt in der Tat eine Objektivierung der so geschützten Interessen ein, die an eine gemeinsame konsensuale Rechtssetzung denken läßt. Die Staaten haben den Schutz des geistigen Eigentums mit anderen Worten zu einem gemeinsamen Interesse gemacht, das im Wege der allgemeinen Verpflichtung aller Verbandsmitglieder in den Status eines unabdingbaren *ordre public* des Verbandes erhoben worden ist. Nicht unangebracht erscheint die Bezeichnung eines vertraglichen *ius cogens*,[24] das freilich nicht mit dem in Art. 53 WVRK angesprochenen gewohnheitsrechtlichen, für alle Staaten verbindlichen *ius cogens* verwechselt werden darf.[25]

Dieser Auffassung ist auch die ILC. Anläßlich der Fertigstellung ihrer Kodifizierung des Vertragsrechts nannte sie Art. 15 PVÜ 1934 (heute Art. 19 PVÜ) und Art. 20 RBÜ als Beispiele für Klauseln, die abwei-

---

[23] Allgemein kritisch zu solchen Aussagen *Simma*, Das Reziprozitätselement, S. 182-189, 197-199. Im Sinne einer Verpflichtung der RBÜ-Verbandsstaaten gegenüber dem Verband aber *Baum*, GRUR 1950, 437, 458.

[24] So spricht *Meili*, S. 43, im Zusammenhang mit Art. 15 BÜ 1886 von einem „internationalrechtliche(n) ius cogens (...) des Urheberrechts". Nach *Röthlisberger*, S. 39, bildet die Vorschrift „zwingendes Recht", von den Mindestrechten spricht er als *„ius cogens minimum"* (S. 29). Ähnlich auch *Baum*, GRUR 1950, 437, 455, sowie *Landau*, DRiZ 1986, 325, 327.

[25] Dies aber unterläuft *Buck*, S. 54. Zur unterschiedlichen Wirkung von vertraglichem und gewohnheitsrechtlichem *ius cogens* unten, Seite 329 f.

chende Abkommen *inter se* verbieten, und führte in diesem Zusammenhang aus:[26]

> „Other obligations may be of a purely reciprocal kind, so that a bilateral treaty modifying the application of the convention *inter se* the contracting States is compatible with its provisions. Even then the parties may in particular cases decide to establish a single compulsive régime for matters susceptible of being dealt with on a reciprocal basis, e.g. copyright or the protection of industrial property. The chief legal relevance of a clause asserting the priority of a treaty over subsequent treaties which conflict with it therefore appears to be in making explicit the intention of the parties to create a single ‚integral' or ‚interdependent' treaty régime not open to any contracting out; in short, by expressly forbidding contracting out, the clause predicates in unambiguous terms the incompatibility with the treaty of any subsequent agreement concluded by a party which derogates from the provisions of the treaty."

Eine solche Konstruktion ist im Hinblick auf den Zweck von RBÜ und PVÜ nur konsequent, die letztlich dem Schutz privater Rechte dienen. Die Garantie eines Minimums an Schutz für die Urheber wurde auf der Berner vorbereitenden Konferenz 1884 bei der Formulierung des Art. 16 des Entwurfs (Art. 15 BÜ 1886) ausdrücklich als Zielsetzung angeführt.[27] Solange Privatpersonen keine Völkerrechtssubjekte sind, kann sich ein solcher Schutz nur als Reflex aus den in den völkerrechtlichen Verträgen enthaltenen Verpflichtungen ergeben, und er ist am effektivsten, wenn diese Verpflichtungen den bilateralen Dispositionen der Verbandsländer entzogen sind. Der Sache nach ist die verbandsinterne Verpflichtung *erga omnes* dem Kalkül des Odysseus vergleichbar, als er sich an den Mast seines Schiffes binden ließ, um nicht dem Gesang der Sirenen zu verfallen: Die der (bilateralen) Willkür entzogene zusätzliche Bindung wirkt der Versuchung entgegen, private Rechte aus handelspolitischen Erwägungen kurzerhand zur Disposition zu stellen. Damit ist lange vor den insofern vergleichbaren humanitären und menschenrecht-

---

[26] YBILC 1966 II, S. 216, Kommentar 7 zu Art. 27 Draft articles on the law of treaties (später Art. 30 WVRK). In Kommentar 2 zu Draft Art. 37 (Art. 41 WVRK), aaO., S. 235, wird Art. 20 RBÜ ebenfalls als Beispiel eines Verbots von Vereinbarungen *inter se* erwähnt.

[27] Actes, Bern 1884, S. 59 (Rapport de la Commission plénière): „Le but de l'Union projetée étant d'assurer aux auteurs un *minimum* de protection, rien ne s'oppose à ce que des arrangements particuliers leur accordent des droits plus étendus que ceux garantis par l'Union".

lichen Verträgen[28] eine integrale Verpflichtungsstruktur geschaffen worden, die das zu schützende Rechtsgut einer Verfügung der Staaten entzieht.

Die Bedeutung der Vergemeinschaftung des internationalen Schutzes geistigen Eigentums in den Verbänden liegt auf der Hand. Das System ist stabiler als ein Netz bilateraler Verträge, da die privaten geistigen Eigentumsrechte der Disposition der Staaten entzogen sind und nicht mehr nach Belieben als Mittel der Außenpolitik eingesetzt werden können. Daß das Schicksal der bilateralen Verträge an die politischen Beziehungen der Partner, namentlich in der Handelspolitik, geknüpft war, war einer der Hauptkritikpunkte an jenem System.[29] So hatte Frankreich in Verträgen von 1881 und 1882 mit Belgien und der Schweiz bewußt Regelungen über die Zollpolitik von denen über das geistige Eigentum getrennt, um die Stabilität des Immaterialgüterrechtsschutzes im Ausland von handelspolitischen Erwägungen abzukoppeln, konnte damit aber nicht verhindern, daß beim Auftreten handelspolitischer Spannungen auch die Verträge zum geistigen Eigentum gekündigt wurden. Einen Verbandsvertrag aufzukündigen dagegen wiegt viel schwerer, da beim Ausscheiden aus dem Verband der Verlust des Immaterialgüterschutzes in allen anderen Verbandsländern droht. Entsprechend blieb Frankreich auch nach Kündigung der bilateralen Verträge der Schutz der Immaterialgüter seiner Staatsangehörigen aufgrund der Verbandszugehörigkeit erhalten.[30]

2. Kontinuität und Einheitlichkeit der Verbände

Weiter sichert die Verfassung als Verband die Kontinuität der eingegangenen Verbindung. Im Gegensatz etwa zur Allianz[31] wurde die Dauerhaftigkeit als typisches oder sogar wesentliches Merkmal der Verwal-

---

[28] Hierzu *Simma*, Das Reziprozitätselement, S. 195-197, 208 (zur EMRK) sowie 219; *Hahn*, S. 96 mwN.

[29] Vgl. etwa *Briggs*, S. 140-143; *Röthlisberger*, S. 5; *Penrose*, S. 44; *Khadjavi-Gontard*, S. 9; *Beier*, GRUR Int. 1983, 339, 341; *Cavalli*, S. 83 f.

[30] *Renault*, RGDIP 3 (1896) 14, 19 f. Ein weiteres Beispiel zur Problematik berichtet *Cavalli*, S. 84, dortige Fn 59. Vgl. auch die Verabredung zwischen Deutschland und der Schweiz vom 23.5.1881, den gegenseitigen Urheberschutz auch nach Auslaufen des Handels- und Zollvertrags vom 13.5.1896 zu verlängern, RGBl. 1881, 171.

[31] Hierzu *Jellinek*, Staatenverbindungen, S. 123 f; *von Toll*, S. 8.

tungsunionen angesehen.[32] Das Ausscheiden eines Staates führt nicht automatisch zum Erlöschen des vertraglichen Bandes unter den übrigen Staaten des Verbandes, und ebensowenig beeinträchtigt eine Neufassung der Gründungsverträge den Fortbestand und die Identität des Verbands.[33] In den revidierten Fassungen von PVÜ und RBÜ wurde das durch eine Klausel deutlich gemacht, die die Fortgeltung der früheren Fassungen im Verhältnis zu Staaten anordnete, die die jeweils neueste Fassung nicht ratifiziert haben (Art. 27 Abs. 1, 2 PVÜ, Art. 32 Abs. 1 RBÜ).

Im Zusammenhang mit der Einheitlichkeit des Verbands steht die besondere rechtliche Natur des Beitritts. Wie die meisten anderen Verwaltungsunionen sehen Pariser und Berner Verband eine Aufnahme neuer Mitglieder vor, ohne daß hierzu das Einvernehmen der bisherigen Verbandsländer hergestellt werden müßte. Der Beitritt erfolgte durch einfache Notifizierung an die Schweizer Regierung (Art. 16 PVÜ 1883, Art. 18 BÜ 1886), heute an den Generalsekretär der WIPO (Art. 21 Abs. 1 PVÜ, Art. 29 Abs. 1 RBÜ). Ein solcher Beitritt durch einfache Erklärung läßt sich als Sonderbeziehung begreifen, die durch das Zusammentreffen von Beitrittsklausel und Beitrittserklärung begründet wird.[34] Im Pariser und Berner Verband spielte diese Konstruktion für die Frage eine Rolle, in welcher rechtlichen Beziehung der einer revidierten Fassung beitretende Staat zu früheren Verbandsmitgliedern stand, die noch älteren Fassungen anhingen. Bei einer vertraglichen Konstruktion ist der Schluß schwer zu vermeiden, daß gar keine rechtliche Beziehung zwischen beiden besteht. Denn da die älteren Fassungen mit Inkrafttreten der Revisionsakte zum Beitritt geschlossen wurden (vgl. Art. 23 PVÜ, Art. 34 Abs. 1 RBÜ), kam eine Bindung beider Staaten an ein und dieselbe Vertragsfassung nicht in Betracht.[35] Eine – wenngleich uneinheitliche – Praxis ging dagegen davon aus, daß beide

---

[32] Vgl. *Jellinek*, Staatenverbindungen, S. 165 f; *Brie*, Staatenverbindungen, S. IV f; *von Liszt/Fleischmann*, S. 226. Ablehnend *von Toll*, S. 19.

[33] *Masouyé*, Art. 1 Ziff. 1.5.

[34] Vgl. *Ruffini*, RdC 12 (1926 II) 391, 476. Vgl. auch *von Toll*, S. 59, der das Zusammentreffen von Akzessionsklausel und Beitrittsklausel Vereinbarung nennt. In diesem Sinne auch BGHZ 31, 374, 382, der in der ursprünglichen Beitrittsklausel die Zustimmung zum Beitritt sieht.

[35] Denkbar wäre auch eine teleologische Reduktion in dem Sinne, daß eine förmliche Ratifizierung älterer Fassungen zum Zweck der Einbindung älterer Verbandsstaaten zulässig bleibt; eine derartige Praxis ist indes nicht belegt, vgl. *Karnell*, GRUR Int. 1968, 25, 27.

Staaten einander aufgrund ihrer gemeinsamen Verbandsangehörigkeit verpflichtet seien.[36] Diese durch die BIRPI auf der Wiener Vertragsrechtskonferenz bekräftigte[37] Auffassung fand die Anerkennung der Lehre[38] und wurde 1967 in die Konventionstexte aufgenommen (Art. 27 Abs. 3 PVÜ, Art. 32 Abs. 2 RBÜ).

3. Die Organisation der Verbände

Schon die ersten Untersuchungen zu den Verwaltungsunionen sahen die ihnen eigene Organisation als ein wesentliches Merkmal an.[39] Als Organ, das die Willensbildung des Verbandes vollzog, kamen einerseits Kommissionen aus Vertretern aller oder einer in einem bestimmten Verfahren bestimmten Anzahl von Mitgliedstaaten in Betracht.[40] Derartige Repräsentativorgane versahen häufig Verwaltungs- und Aufsichtsfunktionen, mitunter auch die Funktion der Streitschlichtung.[41] Andererseits

---

[36] Vgl. *Ricketson*, S. 814 f.

[37] Vgl. *Sinclair*, S. 95.

[38] Diese geht überwiegend davon aus, daß der neu beitretende Staat allen anderen den Schutz der letzten Fassung gewähren muß, während die früheren Fassungen angehörigen Verbandsmitglieder nur jene anzuwenden brauchen: *Khadjavi-Gontard*, S. 55-59; *Nordemann/Vinck/Hertin*, RBÜ Art. 32 Rn 2; *Ricketson*, S. 822; *Drexl*, Entwicklungsmöglichkeiten, S. 42 f; *Buck*, S. 111, jeweils mwN. Anders *Bappert/Wagner*, RBÜ Art. 27 Rn 1, die das beigetretene Verbandsland nur im Umfang der Verpflichtungen des alten gebunden sehen. Ebenso das ursprüngliche Projekt in Stockholm 1967, Records, Vol. I, S. 472, Ziff. 170 (c). Zu den Beratungen der Frage auf der Stockholmer Konferenz *Karnell*, GRUR Int. 1968, 25, 30 f; *Ricketson*, S. 815-821.

[39] *Jellinek*, Staatenverbindungen, S. 58 f, 158 f; *Brie*, Staatenverbindungen, S. XXIV, LI; *Renault*, RGDIP 3 (1896) 14, 15; *Kazanski* (oben, Fn 5), S. 280; *ders.*, RGDIP 9 (1902) 353, 358; *von Toll*, S. 17 f; *Strupp*, in: *von Stengel/Fleischmann (Hrsg.)*, Bd. III, S. 736; *Neumeyer*, Revue de droit international de sciences diplomatiques, politiques et sociales 2 (1924) 343, 346; 3 (1925) 20, 21 f; *Rapisardi-Mirabelli*, RdC 7 (1925 I) 345, 360 f, 366 f. Anders *Lavollée*, Revue d'histoire diplomatique 1 (1887), 331 ff sowie *Kaufmann*, RdC 3 (1924 II) 181, 186, der in der Organisation nur ein typisches Merkmal der Unionen sieht. Offengelassen bei *Ruffini*, RdC 12 (1926 II) 391, 481 f.

[40] Vgl. *Kazanski* (oben, Fn 5), S. 286 f; *ders.*, RGDIP 9 (1902) 353, 358 f; *von Toll*, S. 35 f, 47-52; *Reinsch*, S. 149-156; *Strupp*, in: *von Stengel/Fleischmann (Hrsg.)*, Bd. III, S. 739 f; *Neumeyer*, Revue de droit international de sciences diplomatiques, politiques et sociales 2 (1924) 343, 348-351.

[41] Vgl. *Kazanski* (oben, Fn 5), S. 290 f; *Reinsch*, S. 164-166.

waren die Verbände üblicherweise mit zentralen Büros oder internationalen Ämtern ausgestattet.

So waren auch die Organe der Pariser und Berner Verbände in erster Linie die internationalen Büros in Bern (Art. 13 PVÜ 1883, Art. 16 BÜ 1886), die genau den Büros des Weltpostvereins und des Welttelegraphenverbandes nachgebildet waren.[42] Das Büro des Pariser Verbandes nahm 1884 zunächst als Abteilung innerhalb des Schweizer Handelsministeriums und 1885 als selbständiges Büro seine Arbeit auf. Ihm wurde das Büro des Berner Verbandes 1887 vorläufig angegliedert, 1893 wurde die Vereinigung aus Praktikabilitätserwägungen, allerdings unter Wahrung einer strikten Aufgabentrennung, auch rechtlich vollzogen.[43] Die vereinigten Büros wurden von einem Direktor geführt. Ihre Aufgaben, die ihnen durch die Schlußprotokolle der Übereinkünfte[44] zugewiesen wurden, entsprachen inhaltlich den bestehenden Verwaltungsverbänden:[45] Sammlung von Gesetzen und Gerichtsentscheidungen zur Information der Verbandsstaaten sowie die Ausarbeitung von Studien, die in den von den Büros herausgegebenen Zeitschriften „Le droit d'auteur" und „La propriété industrielle" veröffentlicht wurden. Darüber hinaus übernahmen die Büros Verwaltungsaufgaben der Sonderverbände zum Pariser Verband, namentlich die Führung der Register des Madrider Markenübereinkommens 1891 und der späteren Registrierungsverbände.[46] Die vereinigten Büros zogen 1960 nach Genf um.[47] Um diese Zeit wurden sie unter der Bezeichnung BIRPI bekannt.[48]

Außer dem Büro sahen die Pariser und die Berner Konvention regelmäßige Revisionskonferenzen der Mitgliedstaaten vor, deren Status als Verbandsorgane allerdings Zweifeln unterlag, da es keine festgelegten Intervalle für die Einberufung gab[49] oder weil der körperschaftliche

---

42 *Ekedi-Samnik*, S. 41.

43 Zur Einrichtung der Büros im einzelnen *Ekedi-Samnik*, S. 41 f, 48 f.

44 Protocole de clôture, Actes Paris 1883 (2. Auflage Bern 1900), S. 39 f; Protocole de clôture, Actes Berne 1885, S. 39-41. Abgedruckt auch bei *Röthlisberger*, S. 330, sowie *Cavalli*, S. 211-214.

45 Hierzu allgemein *von Toll*, S. 42-44.

46 Hierzu unten, ab Seite 193.

47 Im einzelnen zur Entwicklung der Büros *Ekedi-Samnik*, S. 49.

48 *Ballreich*, AVR 19 (1981) 121, 140; *Bogsch*, PI 193, 205, 238 f.

49 Vgl. *Ekedi-Samnik*, S. 44.

Charakter der Verbände von vornherein in Abrede gestellt wurde.[50] Neben ihrer Hauptaufgabe, der Revision der Konventionen mit Blick auf eine Fortschreibung des internationalen geistigen Eigentumsschutzes, ergab sich in praktischer Hinsicht von Zeit zu Zeit die Notwendigkeit, die finanzielle Ausstattung des Berner Büros den gewachsenen Aufgaben anzupassen. Da die Beiträge einvernehmlich durch die Mitgliedstaaten festzulegen waren (Art. 13 PVÜ 1883, Art. 16 BÜ 1886),[51] war hierzu mangels eines ständigen Organs, das die Mitgliedstaaten repräsentierte, nur eine Revisionskonferenz in der Lage. Im Gegensatz zu anderen Verwaltungsunionen hatten die Konferenzen dagegen nicht die Aufgabe, das Berner Büro zu beaufsichtigen. Dies versah die Schweiz, der diese Funktion durch die Vertragstexte ausdrücklich zugewiesen wurde (Art. 13 Abs. 2 PVÜ 1883, Art. 16 Abs. 2 BÜ 1886). Sie fungierte auch als Notifikar für Beitritts- und Austrittserklärungen (Art. 16 PVÜ 1883, Art. 18 BÜ 1886), stellte das Budget der internationalen Büros auf, zog die Beiträge ein und leistete die zum Betrieb erforderlichen Vorschüsse (Schlußprotokoll zur PVÜ 1883, Ziff. 6, Schlußprotokoll zur BÜ 1886, Ziff. 5). In der Praxis versah die Schweiz auch die sonstigen das Büro betreffenden Verwaltungsaufgaben, insbesondere besetzte sie das Büro personell und regelte den Status seiner Bediensteten.[52]

Repräsentativorgane der Mitgliedstaaten wurden für die vom Berner Büro verwalteten Verbände erst nach dem zweiten Weltkrieg eingerichtet. Eine Resolution der Brüsseler Konferenz zur Revision der RBÜ 1948 errichtete zur Unterstützung des Büros bei der Vorbereitung künftiger Revisionskonferenzen einen Ausschuß aus Vertretern von zwölf Mitgliedern, die durch alle Verbandsländer gewählt und alle drei Jahre zu einem Drittel ersetzt wurden.[53] Die PVÜ wurde auf der Lissabonner Revisionskonferenz 1958 um eine Vorschrift ergänzt, die zwischen den Revisionskonferenzen dreijährliche Treffen der Verbandsstaaten zur Anpassung des Budgets und Erörterung von Fragen zur weiteren Entwicklung des Verbandes vorsah (Art. 14 Abs. 5 PVÜ 1958).[54] Zunächst nahm diese Aufgaben ein ebenso zusammengesetzter

50 *Ballreich*, AVR 19 (1981) 121, 136.

51 Im einzelnen wurde die Beitragserhebung zunächst in den Schlußprotokollen geregelt.

52 *Ruffini*, RdC 12 (1926 II) 391, 483; *Ekedi-Samnik*, S. 48 f.

53 Résolution relative à la création d'un Comité près le Bureau de l'Union, Documents, Brüssel 1948, Résolution et vœux adoptés par la Conférence.

54 Actes, Lissabon 1958, S. 996.

Konsultativausschuß[55] wahr, der bei Arbeitsaufnahme der Vertreterkonferenz wieder aufgelöst wurde.[56] Der Konsultativausschuß hatte indessen durch seine Geschäftsordnung 1962 ein kleineres, aus 15 Mitgliedern bestehendes „Ständiges Büro" (Bureau permanent, Permanent Bureau) eingesetzt,[57] das die Vertreterkonferenz beibehielt. Ab 1962 tagten dieses Ständige Büro des Pariser Verbandes und der ständige Ausschuß des Berner Verbandes gemeinsam als Interunions-Koordinierungsausschuß („Comité de coordination interunions", „Interunion Coordination Committee"), der zusätzlich Vertreter der Repräsentativorgane der anderen bereits existierenden oder in Gründung begriffenen Sonderverbände[58] zum Pariser Verband aufnahm.[59] Damit war eine einheitliche Organisation herbeigeführt, ohne die Trennung der Verbände aufzugeben, ein Modell, das zum Vorbild für die spätere WIPO werden sollte.

Offiziell beriet der Interunions-Koordinierungsausschuß die Schweiz bei der Aufsicht über die BIRPI.[60] Zu seiner konstituierenden Sitzung lag ihm der Bericht einer Arbeitsgruppe[61] vor, der beklagte, daß Aufgaben der BIRPI zunehmend von anderen Institutionen – EWG, Europarat, UNESCO, ILO, ECOSOC und Generalversammlung der UNO – übernommen würden. Zurückgeführt wurde dies hauptsächlich auf das Fehlen von Organen, in denen die Staaten regelmäßig beraten und entscheiden könnten, ferner auf das Fehlen eines finanziell und personell

---

55 Résolutions et vœux adoptés par la Conférence de Lisbonne, Resolution II, aaO. (oben, Fn 54), S. 1014.

56 Conference of Representatives and Consultative Committee, Genf 30.9.-1.10.1964, BIRPI-Dokument CC/II/10, S. 3, Ziff. 15.

57 Règlement interne pour le Comité consultatif de l'Union Internationale pour la Protection de la Propriété industrielle, BIRPI-Dokument CC/11/61, Art. 6.

58 Zu den Sonderverbänden unten, ab Seite 168.

59 Joint Meeting of the Permanent Bureau of the Paris Union and the Permanent Committee of the Berne Union, Genf, 15.-19.10.1962, BIRPI-Dokument BPCP/I/29a, S. 3; siehe auch Industrial Property 1 (1962) 234-237; Comité de coordination interunions, première session, Nov. 1963, BIRPI-Dokument CCIU/I/1, S. 2 f; General Report, Interunion Coordination Committee, First session, November 1963, BIRPI-Dokument CCIU/I/21.

60 Joint Meeting, aaO. (oben, Fn 59).

61 Eingesetzt auf der Tagung des Ständigen Büros des Konsultativausschusses der PVÜ vom 29.3.1962, siehe Industrial Property 1 (1962) 112. Treffen der Arbeitsgruppe im Juni 1962, Industrial Property 1 (1962) 143.

angemessen ausgestatteten „truly international secretariat".[62] Dies sollte zur Initialzündung für die Gründung der WIPO werden.[63]

B. Das Verhältnis der Verbände zur WIPO

Auf der Stockholmer Konferenz 1967 wurde die WIPO gegründet und wurden die Texte von PVÜ und RBÜ revidiert[64] und die bestehenden Sonderabkommen zur PVÜ in institutioneller Hinsicht angepaßt. Die Verbände behielten ihre grundlegende Struktur, die durch Repräsentativorgane der Verbandsländer ergänzt wurde. Die BIRPI wurden als Internationales Büro zum gemeinsamen zentralen Organ, geführt durch den Generaldirektor der WIPO, der zugleich als gemeinsames Vertretungsorgan und Depositar fungiert.

1. Die Organstrukturen von WIPO und Verbänden

Die WIPO beruht auf einer eigenständigen Konvention. Dieser Gründungsvertrag verpflichtet die Mitgliedstaaten zur Anerkennung ihrer Rechtspersönlichkeit, zumindest nach nationalem Recht (Art. 12 WIPO). Eine Völkerrechtsfähigkeit ist insofern vorgesehen, als die WIPO ein Sitzstaatsabkommen mit der Schweiz (Art. 12 Abs. 2 WIPO), Abkommen über Vorrechte und Immunitäten mit ihren Mitgliedstaaten (Art. 12 Abs. 3 WIPO) sowie Abkommen mit anderen internationalen Organisationen (Art. 12 Abs. 1 WIPO) soll schließen dürfen. Hauptorgan ist die Generalversammlung derjenigen Mitgliedstaaten, die zugleich Mitglied eines der Verbände oder sonstigen von der WIPO verwalteten Abkommen sind (Art. 6 Abs. 1 iVm Art. 2 [vii] WIPO). Hinzu treten in der sogenannten Konferenz diejenigen Mit-

---

62 Joint Meeting of the Permanent Bureau of the Paris Union and the Permanent Committee of the Berne Union, Genf, 15.-20.10.1962, BIRPI-Dokument BP/GT/2/Rev., S. 5.

63 Die Stockholmer Revisionskonferenz wurde auf der konstituierenden Sitzung des Interunions-Exekutivausschusses angeregt; Ziele waren insbesondere die Überleitung der Aufsichtsfunktion der Schweiz auf eine Versammlung der Verbände sowie ein neues Beitragssystem, Dok. BPCP/1/29a (oben, Fn 59), S. 5. Zur Vorgeschichte der Stockholmer Konferenz *Krieger/Rogge/Krieger*, GRUR Int. 1967, 462 f.

64 Stockholmer Fassungen von RBÜ, PVÜ und WIPO-Konvention BGBl. 1970 II 295, 348, 391 sowie in GRUR Int. 1967, 489-538.

gliedstaaten der WIPO, die keinem der sonstigen Abkommen angehören (Art. 7 WIPO). Zwischen den Tagungen versieht ein Koordinierungsausschuß die notwendigen Leitungsaufgaben (Art. 8 WIPO). Die BIRPI wurden als „Internationales Büro" zum Sekretariat der WIPO, geleitet vom Generaldirektor der WIPO (Art. 9 Abs. 1 und 2 WIPO). Die Nachfolge des Internationalen Büros in die Stellung der BIRPI ist in PVÜ und RBÜ ausdrücklich angeordnet (Art. 15 lit. a PVÜ, Art. 24 Abs. 1 lit. a RBÜ). Der Generaldirektor der WIPO vertritt die Organisation bei ihren völkerrechtlichen Handlungen (Art. 12 Abs. 4, Art. 13 Abs. 1 Satz 2 WIPO).

In ähnlicher Weise sind der Pariser und der Berner Verband verfaßt. Ihre rechtliche Grundlage finden sie in den revidierten Pariser und Berner Konventionen von 1967, deren organisatorische Bestimmungen nahezu wortgleich sind und auch mit denen der WIPO-Konvention in wesentlichen Teilen übereinstimmen. Beide Verbände haben jeweils eine Generalversammlung aller Mitgliedstaaten zum Hauptorgan, die ursprünglich ebenfalls im Drei-Jahres-Rhythmus tagen sollte (Art. 13 PVÜ, Art. 22 RBÜ);[65] dazwischen versieht jeweils ein Exekutivausschuß die Leitungsaufgaben (Art. 14 PVÜ, Art. 23 RBÜ). Die Exekutivausschüsse bestehen jeweils aus einem Viertel gewählter Mitglieder der Versammlungen mit einem zusätzlichen Sitz für die Schweiz als Sitzstaat (Art. 14 Abs. 2 PVÜ, Art. 23 Abs. 2 RBÜ). Diejenigen Mitglieder beider Exekutivausschüsse, die zugleich Mitglieder der WIPO sind, bilden den oben erwähnten Koordinierungsausschuß der WIPO, zu dem erforderlichenfalls Nichtverbandsstaaten hinzugezogen werden (Art. 8 Abs. 1 WIPO). Die Aufgaben der früheren BIRPI sind dem Internationalen Büro übertragen (Art. 15 lit. a PVÜ, Art. 24 RBÜ), das mithin als gemeinsames Organ der Verbände und der WIPO fungiert. Nämliches gilt für den Generaldirektor der WIPO, der die Verbände vertritt (Art. 15 Abs. 1 lit. c PVÜ, Art. 24 Abs. 1 lit. c RBÜ).

Die Generalversammlungen der WIPO, die Konferenz sowie die Versammlungen von Berner und Pariser Verband sollen nach Möglichkeit gemeinsam tagen (Art. 7 Abs. 4 lit. a WIPO, Art. 13 Abs. 7 lit. a PVÜ, Art. 22 Abs. 4 lit. a RBÜ); gleiches gilt für die jährlichen Tagungen von Koordinierungs- und Exekutivausschüssen (Art. 14 Abs. 7 lit. a PVÜ, Art. 23 Abs. 7 lit. a RBÜ). So ist, nach dem Vorbild des Interunions-Koordinierungsausschusses, eine einheitliche Sitzung aller Repräsentativorgane gesichert. Im übrigen weisen die Pariser und Berner Konventionen von 1967 die Besonderheit auf, daß sie eine getrennte Ratifizie-

---

[65] Zur späteren Verkürzung der Sitzungsperiode siehe unten (Fn 125).

rung des materiellen und des organisatorischen Teils zuließen (Art. 20 PVÜ, Art. 28 RBÜ 1967).[66] So war es möglich, daß die institutionelle Struktur der RBÜ am 26.2.1970,[67] zwei Monate vor Inkrafttreten der WIPO-Konvention am 26.4.1970,[68] in Kraft trat, während die in Stockholm mit weitgehenden Ausnahmen für die Entwicklungsländer versehenen materiellen Bestimmungen[69] erst aufgrund einer erneuten Revision 1971 genügend Ratifizierungen erhielten, um am 10.10.1974 in Kraft zu treten.[70] Die PVÜ dagegen trat hinsichtlich der administrativen Bestimmungen mit der WIPO-Konvention am 26.4.1970 und hinsichtlich der materiellen Bestimmungen am 19.5.1970 in Kraft.[71]

2. Die WIPO als organisatorische Klammer der Verbände

Die Struktur des WIPO-Systems zeigt deutlich, daß neben der WIPO die Verbände als eigenständige, selbst handlungsfähige Einheiten erhalten geblieben sind. Darüber hinaus ist das Verhältnis zwischen WIPO und Verbänden mit einer Föderation verglichen worden, das wegen des Charakters der WIPO als Sonderorganisation der UNO mit dieser eine Art föderatives Mehrebenensystem bilde.[72] Sofern hierin eine gewisse

---

[66] Damit sollte die Ratifikation der administrativen Struktur auch bei Bedenken gegenüber den materiellen Änderungen – und umgekehrt – erleichtert werden (Records, Stockholm 1967, Vol. I, S. 197, 429). Da die administrativen Bestimmungen 1970 in Kraft getreten waren, wurde die Möglichkeit ihres Ausschlusses 1971 wieder gestrichen (Records, Paris 1971, S. 56); der Beitritt zu den administrativen Bestimmungen ohne Ratifikation der materiellen Bestimmungen bleibt dagegen möglich (Art. 28 Abs. 1 lit. b RBÜ). Kritisch hierzu *Nordemann/Vinck/Hertin*, RBÜ Art. 28 Rn. 1.

[67] DdA 1970, 6.

[68] Industrial Property 1970, 74, DdA 1970, 18.

[69] Protocol Regarding Developing Countries, Berne Convention, Stockholm Act, 1967, Records, Stockholm 1967, Vol. II, S. 1313-1319. Das Protokoll war zwingend (Art. 21, 28 Abs. 1 lit. b [i] RBÜ 1967). Zum Protokoll *Schiefler*, GRUR Int. 1967, 454-460.

[70] *Nordemann/Fink/Hertin*, RBÜ Art. 28 Rn. 2 sowie Kommentierung zu Art. 29bis.

[71] Industrial Property 1970, 76.

[72] *Ekedi-Samnik*, S. 181: „une espèce de fédération à plusieurs étages".

Vorrangstellung der WIPO gegenüber den Verbänden anklingt,[73] ist diese Bezeichnung indessen zweifelhaft.

a) Grundsatz der Autonomie der Verbände

Prägend für das Verhältnis zwischen WIPO und Verbänden ist die gegenseitige Unabhängigkeit. Die Verbände sind nicht nur mit eigenen Willensbildungsorganen ausgestattet, sie sind der WIPO auch nur ganz ansatzweise rechtlich untergeordnet.[74] Eine Konzession an die Einbindung der Verbände in das WIPO-System ist die Pflicht zur Anhörung des Koordinierungsausschusses in Fragen, die andere angeschlossene Verbände berühren (Art. 13 Abs. 2 lit. b, Art. 14 Abs. 6 lit. b PVÜ, Art. 22 Abs. 2 lit. b, Art. 23 Abs. 6 lit. b RBÜ); nicht vorgesehen ist für solche Fälle dagegen ein Entscheidungsrecht der WIPO. Einziger Fall einer rechtlichen Bindung der Verbände durch Akte der WIPO ist die Bestimmung des Generaldirektors, der nicht durch die Versammlungen der Verbände, sondern die Generalversammlung der WIPO auf Vorschlag des Koordinierungsausschusses gewählt wird (Art. 6 Abs. 2 [i] WIPO), allerdings in keinem Fall gegen das Veto eines der Verbände (Art. 6 Abs. 3 lit. g WIPO).

Die Autonomie der Verbände setzt sich im Haushaltsrecht fort. Pariser und Berner Verband haben jeweils einen eigenen, autonom beschlossenen Haushaltsplan, der lediglich der notwendigen Koordinierung mit den Haushaltsplänen anderer Verbände Rechnung tragen soll (Art. 16 Abs. 2 PVÜ, 25 Abs. 2 RBÜ).[75] Die WIPO hat ihrerseits zwei Haushaltspläne (Art. 11 Abs. 1 WIPO), den der Generalversammlung, der die die Verbände betreffenden Aufgaben betrifft, und den der Konferenz für alle sonstigen Aufgaben, namentlich die Unterstützung für Entwicklungsländer. Der Haushaltsplan der Generalversammlung besteht hauptsächlich aus den Zuweisungen der Verbände, ergänzt nur

---

[73] *Ekedi-Samnik*, S. 178, spricht von „préponderence dans la conduite des affaires extérieures". Allgemein zum Begriff *fédération* aber auch *Potter*, RdC 64 (1938 II) 71, 138 f, der darunter alle Formen der Zusammenarbeit von einfacher Diplomatie bis zum Bundesstaat faßt.

[74] Vgl. *Nordemann/Vinck/Hertin*, RBÜ Art. 22-26, Rn 3. *Krieger/Rogge/Krieger*, GRUR Int.1967, 462, 463 f und *passim*, spricht sogar von der „Unabhängigkeit und Souveränität der alten Unionen". In diesem Sinne auch *Ballreich*, AVR 19 (1981) 121, 154.

[75] *Nordemann/Vinck/Hertin* leiten hieraus eine Pflicht zur Abstimmung mit den anderen Verbänden ab, RBÜ Art. 22-26, Rn 3.

durch Nebeneinnahmen, die nicht mit der Arbeit eines der Verbände im Zusammenhang stehen (Art. 11 Abs. 2 WIPO). Eine Beitragsfinanzierung durch die Mitgliedstaaten ist nur für den Haushaltsplan der Konferenz vorgesehen (Art. 11 Abs. 2, 3 WIPO). Was die Aufgaben der Verbände betrifft, hängt die WIPO also finanziell am Tropf der Verbände. Obendrein unterliegt es dem freien Belieben der Verbände, ob sie überhaupt einen Beitrag zum Haushalt der Konferenz leisten (Art. 11 Abs. 3 (b) (ii) WIPO). Eine Einflußnahme der WIPO auf die Verbände über das Haushaltsrecht ist damit von vornherein ausgeschlossen.

Ebensowenig vermittelt das Internationale Büro oder der Generaldirektor der WIPO eine exekutive Vorrangstellung gegenüber den Verbänden. Zwar nimmt die WIPO nach Art. 4 (ii) WIPO die Verwaltung der Verbände wahr. Eine entsprechende Aufgabenzuweisung seitens der Verbände fehlt indes. Sie verweisen für die Verwaltungsbefugnisse nicht auf die WIPO als Organisation, sondern auf das Internationale Büro und den Generaldirektor der WIPO (Art. 15 Abs. 1 lit. a PVÜ, Art. 24 Abs. 1 lit. a RBÜ). Für Angelegenheiten der Verbände unterliegt das Internationale Büro und namentlich der Generaldirektor aber deren Weisungen (Art. 13 Abs. 2 lit. a, 14 Abs. 6 lit. a [v] PVÜ, Art. 22 Abs. 2 lit. a, Art. 23 Abs. 6 lit. a [v] RBÜ).[76] Beide Organe werden also insofern von den Verbänden gesteuert und als deren Organe tätig. Eine intervenierende Weisungsbefugnis, und sei es auch nur im Sinne eines Aufsichtsrechts, steht der WIPO demgegenüber nicht zu. Auch die Bestimmung des Generaldirektors vermittelt der WIPO kaum eine Machtstellung, da in der zur Wahl berufenen Generalversammlung – im Gegensatz zur Konferenz – nur Verbandsländer vertreten sind und den Versammlungen der beiden Verbände obendrein ein Vetorecht zusteht. Es kommt also allenfalls eine gegenseitige Behinderung der Verbände bei der Besetzung des Amtes, in keinem Fall hingegen eine Einflußnahme der WIPO als solcher in Betracht.

Schließlich ist darauf hingewiesen worden, daß die Gründungsverträge den Verbänden die Befugnis zur Änderung der eigenen Verfassung zuerkennen (Art. 17 PVÜ, Art. 26 RBÜ), während die WIPO-Konvention nur unter der Voraussetzung entsprechender Anpassungen in PVÜ und RBÜ geändert werden kann (Art. 17 Abs. 2 WIPO).[77] Die Verbän-

[76] Die Weisungsbefugnis gegenüber dem Generaldirektor wurde auf deutschen Vorschlag ausdrücklich in die Übereinkünfte aufgenommen, *Krieger/Rogge*, GRUR Int.1967, 462, 465, 481.

[77] *Ekedi-Samnik*, S. 180.

de könnten sich also aus eigener Macht und ohne Zustimmung der WIPO aus dem gemeinsamen Organisationszusammenhang lösen, während die WIPO ohne Zustimmung der Verbände weder eine solche Lösung noch eine weitergehende Bindung der Verbände bewirken kann. Im übrigen ist selbst die Ausübung der den Verbänden im WIPO-Abkommen eingeräumten Rechte[78] ausdrücklich der Zustimmung durch die Versammlungen der Verbände unterworfen (Art. 13 Abs. 2 lit. a [xiii] PVÜ, Art. 22 Abs. 2 lit. a [viii] RBÜ). Damit wird klargestellt, daß die Verbände zur Wahrnehmung solcher Rechte nicht verpflichtet sind, was ihre Unabhängigkeit von den Verfassungsstrukturen der WIPO nochmals untermauert.[79]

b) Sonderfall Außenbeziehungen

Eine Besonderheit gilt allerdings für die völkerrechtlichen Außenbeziehungen. Solange die Schweiz durch die Gründungsverträge der Verbände als Sitzstaat mit Aufsichts-, Depositar- und Verwaltungsfunktionen für die internationalen Büros betraut war, ergab sich für die Verbände keine Notwendigkeit eines Verkehrs mit anderen Völkerrechtssubjekten. Es verwundert daher nicht, daß die Verträge zu solchen Befugnissen schwiegen. Die mit der Schaffung selbstverwaltender Repräsentativorgane einhergehende Verselbständigung des Systems läßt dagegen zumindest den Abschluß eines Sitzstaatsabkommens und möglichst auch darüber hinausgehende völkerrechtliche Handlungsmöglichkeiten geboten erscheinen. Bei der Reform 1967 sind indessen keine völkerrechtlichen Handlungsbefugnisse für die Verbände, wohl aber für die WIPO vorgesehen worden. Wie bereits angesprochen hat sie die ausdrückliche Macht zum Abschluß eines Sitzstaatsabkommens (Art. 12 Abs. 2), zum Abschluß von Abkommen mit ihren Mitgliedstaaten zur Sicherung von Vorrechten und Immunitäten für ihre Mitarbeiter (Art. 12 Abs. 4 WIPO) sowie zum Abschluß von Abkommen mit anderen

---

[78] Namentlich die Mitwirkung an der Wahl des Generaldirektors, der Aufstellung der Haushaltspläne für Generalversammlung und Konferenz sowie etwaiger Änderungen der WIPO-Konvention (Art. 6 Abs. 3 lit. g, Art. 11 Abs. 2 lit. b [i], 3 lit. b [ii] und 8 lit. b, Art. 17 Abs. 2 WIPO), vgl. *Bodenhausen*, Art. 13 Anm. (m).

[79] Als Beleg für die Autonomie der Verbände führen die Vorschrift ebenfalls an *Ekedi-Samnik*, S. 180, sowie *Nordemann/Vinck/Hertin*, RBÜ Art. 21-26 Rn 3, mit der Bemerkung: „Nicht einmal die Rechte, die das WIPO-Abkommen der RBÜ überträgt, sind *self-executing.*“

internationalen Organisationen (Art. 13 Abs. 1 WIPO). Darüber hinaus sehen die Gründungsverträge der Verbände vor, daß deren Verhältnis zum Sitzstaat durch ein Sitzstaatsabkommen *der WIPO* geregelt werde: Hinsichtlich der beibehaltenen finanziellen Verpflichtungen des Sitzstaats für die Verbände nehmen Art. 16 Abs. 7 PVÜ, Art. 25 Abs. 7 RBÜ übereinstimmend Bezug auf das durch die WIPO[80] geschlossene Sitzstaatsabkommen. Die Höhe eventueller Vorschüsse des Sitzstaates vereinbart diese, nicht die Verbände, und auch die Kündigung fällt in ihre Zuständigkeit. Der Zusammenhang der genannten Regelungen läßt den Schluß zu, daß die WIPO die völkerrechtlichen Außenbeziehungen der Verbände umfassend wahrnehmen soll.[81]

Auch dies begründet indes keine Vorrangstellung der WIPO.[82] Denn auch für die Außenbeziehungen enthält die Weisungsbefugnis der Verbände gegenüber den gemeinsamen Organen keine Beschränkungen. Die WIPO hat also keinerlei vorrangige, der Gewalt der Verbände entzogene Kompetenzen, kraft derer sie diese gegen ihren Willen rechtlich verpflichten könnte.

c) Kongruenz der Mitgliedschaft

Konfliktlagen zwischen WIPO und Verbänden werden allerdings kaum auftreten, soweit der Mitgliederbestand identisch ist. Aus Sicht der WIPO ist die Doppelmitgliedschaft in WIPO und Verbänden der Regelfall, darüber hinaus steht sie aber auch allen anderen Staaten, soweit sie zum weiteren Kreis der UNO gehören oder von der WIPO-Generalversammlung besonders eingeladen werden,[83] offen (Art. 5 WIPO). Um den organisatorischen Zusammenhang sicherzustellen, können allerdings Verbandsländer der WIPO nur beitreten, wenn sie zugleich die

[80] Wörtlich verweisen die Vorschriften auf die „Organisation"; gemeint ist die WIPO (Art. 13 Abs. 2 lit.a [ii] PVÜ, Art. 22 Abs. 2 lit. a [ii] RBÜ).

[81] So im Ergebnis auch *Ekedi-Samnik*, S. 181.

[82] So aber *Ekedi-Samnik*, S. 180 f.

[83] Die Kompromißformel war vor allem Ergebnis des Streits um die Staatsqualität der DDR, vgl. *Krieger/Rogge/Krieger* GRUR Int. 1967, 462, 477-480. Noch in Stockholm von der Zeichnung der Übereinkünfte ausgeschlossen (aaO., S. 480, dortige Fn 18), trat die DDR, nach Beitritt der deutschen Staaten zur UNO, am 26.4.1970 der WIPO bei und wendete in der Nachfolge des Deutschen Reiches die RBÜ in der Fassung von Rom 1928 an (*Nordemann/Vinck/Hertin*, S. 391).

organisatorischen Bestimmungen der Stockholmer Fassung der PVÜ oder RBÜ von 1967 ratifizieren (Art. 14 Abs. 2 WIPO). Da mit Inkrafttreten der Pariser Fassung der RBÜ von 1971 die Stockholmer Fassung von 1967 für Beitritte geschlossen wurde (Art. 34 Abs. 1 RBÜ), die WIPO-Konvention andererseits aber zwingend die 1967er Fassung als Beitrittsvoraussetzung in Anspruch nimmt und eine Änderung in Paris nicht zur Debatte stand,[84] fingiert Art. 29bis RBÜ für die Zwecke des Art. 14 Abs. 2 WIPO eine Ratifikation der Stockholmer Fassung durch Ratifikation der Pariser Fassung von 1971.[85] Dagegen besteht von seiten der Verbände keine ausdrückliche Verpflichtung zur Mitgliedschaft in der WIPO.[86] Dies deckt sich mit den Austrittsbestimmungen der WIPO, die einen Austritt aus der WIPO unter Beibehaltung der Verbandsmitgliedschaft zulassen.[87] Allerdings sehen PVÜ und RBÜ den Beitritt der Verbandsländer zur WIPO als Regelfall vor.[88] Für die Praxis sind diese Bestimmungen obsolet, da heute sämtliche Verbandsstaaten zugleich Mitglieder der WIPO sind. Der Austritt eines Verbandslands aus der WIPO dürfte ein theoretischer Fall bleiben. Fehlt auch eine

---

[84] Records, Paris 1971, S. 58. Vgl. auch *Masouyé*, Art. 29bis Ziff. 29bis.2.

[85] Hiergegen hegen *Nordemann/Vinck/Hertin*, Kommentierung zu RBÜ, Art. 29bis, dogmatische Bedenken, weil so die RBÜ eine Auslegungsregel für einen anderen Vertrag – die WIPO-Konvention – enthalte. Da die RBÜ allerdings einen einheitlichen Verband errichtet hat (siehe oben, ab Seite 153), erscheint es unbedenklich, wenn die Verbandsländer die Stockholmer Fassung, deren Ratifizierung nach 1971 zu einer leeren Förmlichkeit verkäme, durch vertragliche Abrede in die Folge der Revisionsfassungen einreihen.

[86] So auch *Krieger/Rogge/Rogge*, GRUR Int. 1967, 462, 470 f, mit Hinweisen zur Verhandlungsgeschichte.

[87] Vgl. aber *Nordemann/Vinck/Hertin*, RBÜ Art. 22-26 Rn 7, die dies im Verhältnis zu Art. 14 Abs. 2 WIPO als „ungereimt" bezeichnen. Eine auch von der deutschen Delegation unterstützte Bindung der Kündigung an die Kündigung auch der Organisationsnormen der Verbände wurde in Stockholm verworfen, *Krieger/Rogge/Krieger*, GRUR Int. 1967, 462, 487.

[88] Vgl. Art. 21 Abs. 3 WIPO, Art. 30 Abs. 3 PVÜ und Art. 38 Abs. 2 RBÜ, nach denen das Internationale Büro als Büro des jeweiligen Verbandes auftritt, solange nicht alle Verbandsländer Mitglieder der WIPO geworden sind; weiter Art. 30 Abs. 4 PVÜ, Art. 38 Abs. 3 RBÜ, Art. 21 Abs. 4 WIPO zum Übergang von Rechten, Pflichten und Vermögen der Verbandsbüros auf die WIPO, sobald alle Verbandsländer Mitglieder der WIPO geworden sind, sowie Art. 21 Abs. 2 WIPO, nach dem innerhalb von fünf Jahren ab Inkrafttreten der WIPO-Konvention Mitgliedstaaten von Pariser oder Berner Verband auf Antrag volle Mitgliedschaftsrechte in der WIPO ausüben dürfen.

zwingende Bestimmung zur Mitwirkung der Verbandsländer in der WIPO, so stellt doch die in der Praxis eingetretene Konsolidierung in den Mitgliedschaftsverhältnissen eine weitgehend einheitliche Willensbildung sicher.

d) Fazit

Trotz der zahlreichen Verweise zwischen den Verträgen haben die Verfassungsstrukturen des WIPO-Systems die Rechtsstellung von Berner und Pariser Verband weitgehend unangetastet gelassen. Allein im Völkerrechtsverkehr ist ein Auftreten der WIPO für das Gesamtsystem vorgesehen, ohne daß hierdurch eine rechtliche oder auch nur faktische Vorrangstellung der WIPO begründet würde.[89] Die Erklärung für die autonome Stellung der Verbände ist wohl im politischen Hintergrund der Verhandlungen zu suchen. Die Umgestaltung des Systems in Stockholm war nicht zuletzt eine Reaktion auf Bestrebungen, Fragen des geistigen Eigentums in andere internationale Foren zu tragen, in denen Entwicklungsländer ihre Interessen stärker geltend machen konnten als in den damals von Industriestaaten dominierten Verbänden.[90] Während sich ernsthaft am geistigen Eigentumsschutz interessierte Staaten regelmäßig den Verbänden anschließen werden, bringt eine Mitwirkung in der Konferenz der WIPO keine materiellen Verpflichtungen mit sich. Wollte man das erreichte Schutzniveau gegen eine Nivellierung durch gegenläufige Interessen sichern, so lag es nahe, die Arbeit der Verbände gegen eine Einflußnahme aus der WIPO zu sichern.[91]

---

[89] Nach *Krieger/Rogge/Krieger*, GRUR Int. 1967, 462, 464, stellt die WIPO „eher ein Organ, ein völkerrechtliches Instrument der alten Unionen dar, an dem dritte Staaten in gewissem Umfang zwar beteiligt werden, aber unter der alleinigen Entscheidungsgewalt der alten Unionen."

[90] Siehe oben die Diskussion zum Technologietransfer, ab Seite 103.

[91] Gleichwohl verliefen die Fronten in Stockholm nicht derart geradlinig: Die Unabhängigkeit der Verbände war vor allem der Verhandlungsposition Frankreichs und Italiens geschuldet, die von vornherein die Gründung einer besonderen Organisation mit Skepsis sahen, während eine Reihe anderer Delegationen, darunter die deutsche, verschiedentlich für eine stärkere Verzahnung von WIPO und Verbänden eintraten, vgl. *Krieger/Rogge/Krieger*, GRUR Int. 1967, 462, 475 und *passim*.

3. Weitere Abkommen des WIPO-Systems

Da zum WIPO-System eine ganze Reihe weiterer Verträge gehören, erscheinen die Verhältnisse auf den ersten Blick etwas unübersichtlich. Für das Verständnis der Struktur der WIPO empfiehlt sich zunächst ein Überblick nach der institutionellen Einordnung in das System, während eine Betrachtung der funktionellen Gesichtspunkte im einzelnen dem folgenden Abschnitt vorbehalten bleibt.

a) Sonderverbände zum Pariser Verband

Zum Pariser Verband sind im Laufe der Zeit eine Reihe von Sonderverbänden („unions restreintes“) gegründet worden, die besondere Ziele auf dem Gebiet des gewerblichen Rechtsschutzes verfolgen und nur Mitgliedern des Pariser Verbandes offenstehen. Im einzelnen handelt es sich um die Verbände zur internationalen Registrierung von:

- Marken (Madrid 1891);[92]
- Gebrauchsmustern (Den Haag 1925);[93]
- geographischen Angaben (Lissabon 1958);[94]
- Patenten (Patentzusammenarbeitsvertrag) (Washington 1970);[95]
- zur Hinterlegung von Mikroorganismen (Budapest 1977)[96]

sowie die Verbände zur Klassifizierung von

- Marken (Nizza 1957);[97]

---

[92] Madrider Abkommen vom 14.4.1891 über die internationale Registrierung von Marken, Stockholmer Fassung 1967, BGBl. 1970 II 418.

[93] Haager Abkommen vom 6.11.1925 über die internationale Hinterlegung gewerblicher Muster und Modelle, BGBl. 1962 II 775, mit Ergänzungsvereinbarung von Stockholm von 1967, BGBl. 1970 II 448.

[94] Abkommen von Lissabon vom 31.10.1958, GRUR Int. 1959, 135-137, revidiert am 14.7.1967 in Stockholm, Industrial Property 1967, 339, geändert am 28.9.1979, Industrial Property 1984, 31.

[95] Vertrag vom 19.6.1970 über die Zusammenarbeit auf dem Gebiet des Patentwesens, BGBl. 1976 II 664, zuletzt geändert am 3.2.1984, BGBl. 1984 II 799.

[96] Budapester Vertrag vom 28.4.1977 über die internationale Anerkennung der Hinterlegung von Mikroorganismen für die Zwecke von Patentverfahren, BGBl. 1980 II 1105, geändert am 26.9.1980, BGBl. 1984 II 679.

- deren figürlichen Elementen (Wien 1973);[98]
- Gebrauchsmustern (Locarno 1968)[99] und
- Patenten (Straßburg 1971).[100]

Ein weiterer, 1989 in Washington gegründeter Verband zum Schutz von Schaltkreisoberflächen[101] ist nicht in Kraft getreten; seine materiellen Bestimmungen sind im TRIPS-Abkommen aufgegangen.

Die Sonderverbände sind weniger komplex verfaßt als Pariser und Berner Verband. Das Madrider Markenregistrierungsabkommen sieht in seiner ebenfalls 1967 in Stockholm revidierten Fassung eine Versammlung der Vertragsstaaten mit ähnlichen Aufgaben wie PVÜ und RBÜ vor (Art.10 MMA), und auch die Verwaltungs- und Sekretariatsaufgaben sind dem Internationalen Büro zugewiesen (Art. 11 MMA), das namentlich für die internationalen Registrierungen zuständig ist (Art. 3 MMA). Eine entsprechende Organstruktur haben die Verbände von Den Haag (Art. 2, 3 Zusatzabkommen von 1967), Lissabon (Art. 9, 10), Nizza (Art. 5, 6), Locarno (Art. 5, 6), Straßburg (Art. 7, 8), Wien (Art. 7, 8) und Budapest (Art. 10, 11). Von dieser durchweg zweigliedrigen Organstruktur macht allein der Patentzusammenarbeitsvertrag eine Ausnahme, der der Versammlung (Art. 53 PCT) die Einrichtung eines Exekutivausschusses erlaubt (Art. 54 PCT), wovon diese allerdings keinen Gebrauch gemacht hat;[102] im übrigen verpflichtet der PCT die Ver-

---

[97] Abkommen von Nizza vom 15.6.1957 über die Internationale Klassifikation von Waren und Dienstleistungen für die Eintragung von Marken, zuletzt revidiert in Genf am 13.5.1977, BGBl. 1981 II 359.

[98] Vienna Agreement Establishing an International Classification of the Figurative Elements of Marks vom 12.6.1973, Industrial Property 1973, 281, geändert am 1.10.1985.

[99] Abkommen von Locarno vom 8.10.1968 zur Errichtung einer internationalen Klassifikation für gewerbliche Muster und Modelle mit Änderung vom 2.10.1979, BGBl. 1990 II 1679.

[100] Straßburger Abkommen vom 24.3.1971 über die Internationale Patentklassifikation, BGBl. 1975 II 284, geändert am 28.9.1979, BGBl. 1984 II 801. Die gängige Abkürzung IPC steht für „International Patent Classification“.

[101] GRUR Int. 1989, 772-775.

[102] Vgl. Final Recommendations of the WIPO General Assembly Working Group on Constitutional Reform, WIPO-Dokument A/37/5 vom 24.7.2002, S. 3 f, Ziff. 11 f mit der Empfehlung, die Vorschrift bei der nächsten Revision des Vertrags zu streichen.

sammlung zur Einsetzung eines Ausschusses für technische Zusammenarbeit (Art 56 PCT).

b) Weitere Abkommen des WIPO-Systems

Neben die Verbände sind eine Reihe multilateraler Konventionen getreten, die den Beitritt nicht auf Verbandsmitglieder beschränken und in der Regel nicht ausdrücklich als Verbände konstituiert sind. Hinsichtlich des gewerblichen Rechtsschutzes sind dies:

- das Abkommen zur Unterdrückung falscher oder irreführender Herkunftsangaben (Madrid 1891)[103] sowie
- das Übereinkommen zum Schutz des Olympischen Symbols (Nairobi 1981);[104]

hinsichtlich der dem Urheberrecht verwandten Schutzrechte:

- das Romabkommen (1961);[105]
- das Genfer Tonträgerabkommen (1971);[106]
- das Übereinkommen zur Verbreitung satellitenübertragener programmtragender Signale (Brüssel 1974).[107]

Auch die neueren Abkommen

- Trademark Law Treaty (TLT) von 1994;[108]
- WIPO Copyright Treaty (WCT) von 1996[109] und

---

[103] Madrider Abkommen über die Unterdrückung falscher oder irreführender Herkunftsangaben auf Waren vom 14. April 1891, zuletzt revidiert in Lissabon 1958, BGBl. 1961 II 293, mit Zusatzvereinbarung von Stockholm über administrative Bestimmungen 1967, BGBl. 1970 II 444.

[104] Industrial Property, Supplement, Dez. 1981, 1-007.

[105] Internationales Abkommen vom 26.10.1961 über den Schutz der ausübenden Künstler, der Hersteller von Tonträgern und der Sendeunternehmen, BGBl. 1965 II 1244.

[106] Übereinkommen vom 29.10.1971 zum Schutz der Hersteller von Tonträgern gegen die unerlaubte Vervielfältigung ihrer Tonträger, BGBl. 1973 II 1669.

[107] Brüsseler Abkommen vom 21.5.1974 über die Verbreitung der durch Satelliten übertragenen programmtragenden Signale, BGBl. 1979 II 114.

[108] Markenrechtsvertrag vom 27.10.1994, BGBl. 2002 II 174.

[109] WIPO-Urheberrechtsvertrag vom 23. Dezember 1996, BGBl. 2003 II 755.

- WIPO Performances and Phonograms Treaty (WPPT)[110] von 1996 sowie
- Patent Law Treaty (PLT) aus dem Jahr 2000[111]

sind nicht ausdrücklich als Verbände verfaßt; allerdings weisen eine Reihe dieser Abkommen eigene Repräsentativorgane der Mitgliedstaaten auf.

Der nach Art. 32 Romabkommen zu bildende Ausschuß von Regierungsvertretern umfaßt eine von der Zahl der Vertragsstaaten abhängige begrenzte Anzahl von Mitgliedern, die durch die Vertragsstaaten gewählt werden; die Organisation der Wahl liegt in den Händen der Generaldirektoren von ILO, UNESCO und Berner Verband (jetzt WIPO). Voraussetzung für den Beitritt zum Romabkommen ist die Mitgliedschaft in der RBÜ oder im Welturheberrechtsabkommen,[112] so daß es als „union restreinte" zum internationalen Urheberschutz gelten könnte. In Art. 22 weist das Romabkommen, ähnlich PVÜ und RBÜ, ein Verbot abweichender Vereinbarungen *inter se* auf. Es erscheint daher angemessen, es wie diese als Verband zu bezeichnen.

Auch die 1996 abgeschlossenen, ursprünglich als Revisionen von RBÜ und Romabkommen angelegten Abkommen zum Urheberrecht und den verwandten Schutzrechten WCT und WPPT haben jeweils eine Versammlung der Vertragsstaaten (Art. 15 WCT, Art. 24 WPPT). Die Verwaltung wird in beiden Abkommen durch das Internationale Büro wahrgenommen (Art. 16 WCT, Art. 25 WPPT). Dem Generaldirektor der WIPO ist keine besondere Funktion als Vertretungsorgan zugewiesen, so daß er insofern ausschließlich als Direktor des Internationalen Büros tätig wird. Allerdings fungiert er als Depositar (Art. 20, 25 WCT, Art. 29, 33 WPPT) und Notifikar von Kündigungserklärungen (Art. 23 WCT, Art. 31 WPPT). Der Beitritt zu den Abkommen steht nur Mitgliedstaaten der WIPO offen. Damit ergibt sich keine enge Bindung an Berner Verband oder Romabkommen, wohl aber ist die organisatorische Kohärenz im Rahmen der WIPO gesichert.

Ähnlich ist der PLT verfaßt. Er sieht eine Versammlung der Vertragsstaaten vor (Art. 17 PLT) und weist die Verwaltungsbefugnisse dem internationalen Büro zu (Art. 18 PLT); der Generaldirektor der WIPO

---

[110] WIPO-Vertrag über Darbietungen und Tonträger vom 20. Dezember 1996, BGBl. 2003 II 770.

[111] Patentrechtsvertrag vom 1.6.2000, GRUR Int. 2000, 648.

[112] Hierzu sogleich unten, Seite 173.

erfüllt darüber hinaus die Funktion des Depositars (Art. 21 Abs. 1, 27 PLT) und Notifikars für Kündigungserklärungen (Art. 24 Abs. 1 PLT). Der Vertrag steht sowohl Verbandsländern des Pariser Verbands als auch allen anderen Mitgliedern der WIPO zum Beitritt offen. Im Gegensatz zu den Sonderverbänden zur PVÜ ist eine Mitgliedschaft im Pariser Verband also nicht erforderlich, allerdings bestimmt der Vertrag in materieller Hinsicht, daß die Bestimmungen der PVÜ zum Patentrecht eingehalten werden müssen (Art. 15 Abs. 1 PLT). Theoretisch eröffnet er so einem Staat die Möglichkeit, zum internationalen Schutz von Patenten, nicht aber den anderen in der PVÜ vorgesehenen Schutzrechten Verpflichtungen einzugehen, und entfernt sich so in gewisser Weise vom tradierten Verbandsansatz der PVÜ. Freilich würde ein Staat, der diese sektorielle Lösung bevorzugt, nicht in direkte Rechtsbeziehung zum Pariser Verband treten und könnte reziproken Schutz nur innerhalb des kleineren Kreises des PLT erwarten.

Die übrigen in den Rahmen der WIPO eingebundenen Abkommen sind in unterschiedlicher Weise institutionell mit der Organisation verbunden. Für das Madrider Abkommen zu den Herkunftsangaben und den TLT fungiert der Generaldirektor der WIPO als Depositar für Beitrittserklärungen;[113] die anderen Konventionen weisen dieses Amt dem Generalsekretär der Vereinten Nationen zu, der im Gegenzug den Generalsekretär der WIPO über Beitritte informiert.[114] Eine Reihe von Abkommen betrauen den Generaldirektor der WIPO mit weiteren Aufgaben, insbesondere dem Erstellen offizieller Texte in weiteren Sprachen.[115]

Erwähnung verdient schließlich ein 1989 geschlossener Vertrag zur Registrierung von Filmwerken, der allen WIPO-Mitgliedern zum Beitritt offensteht und als Verband mitsamt Versammlung und Internationalem Büro als Sekretariat konstituiert ist. Der auf Betreiben der amerikanischen Filmindustrie 1989 in Wien unterzeichnete[116] und 1991 in Kraft getretene[117] Vertrag richtete sein Register 1994 im österreichischen Klo-

---

[113] Art. 1 Stockholmer Akt 1971 zum Madrider Abkommen 1891; Art. 25 TLT.

[114] Art. 9 Abs. 3, 11 Abs. 1, 12 Abs. 4 Brüsseler Satellitenabkommen 1974.

[115] Art. 13 Genfer Tonträgerabkommen; Art. 12 Abs. 12 Brüsseler Satellitenabkommen 1974; Art. 8 Abs. 2 Abkommen von Nairobi 1981; Art. 24 TLT.

[116] GRUR Int. 1989, 498 f.

[117] GRUR Int. 1991, 241 f. Bis 1990 war der Vertrag von 17 Staaten gezeichnet worden, GRUR Int. 1990, 333.

sterneuburg ein. Da er nicht nennenswert in Anspruch genommen wurde, löste Österreich die Vereinbarung mit der WIPO über den Betrieb des Registers, und 1999 instruierte die Vertragsversammlung den Generalsekretär der WIPO, sie bis auf weiteres nicht mehr einzuberufen; die WIPO-Versammlung beendete ihrerseits den Vertrag mit Österreich unter Erstattung der vorgeschossenen Kosten.[118]

c) Lose mit der WIPO verbundene Abkommen

Nur eine periphere Verbindung zur WIPO haben

- das Welturheberrechtsabkommen von 1952[119] und
- das internationale Schutzsystem für Pflanzensorten (UPOV).[120]

Das Welturheberrechtsabkommen ist eine Reaktion auf die Zurückhaltung insbesondere der USA gegenüber den an kontinentaleuropäischen Traditionen ausgerichteten Standards der RBÜ.[121] Als „kleine RBÜ" stellte es auf niedrigerem materiellem Niveau einen erweiterten internationalen Rahmen des Urheberschutzes dar. Nach Art. XI WUA wird ein Ausschuß von Regierungsvertretern aus 18 Staaten gebildet, an dessen Sitzungen die Generaldirektoren der UNESCO, der WIPO sowie der Generalsekretär des OAS teilnehmen können. Dem Ausschuß obliegt insbesondere die Einberufung etwaiger Revisionskonferenzen. Da das Welturheberrechtsabkommen gerade der RBÜ fernstehende Staaten in die internationalen Schutzbemühungen einbeziehen soll, steht es Verbandsländern der RBÜ nur unter der Maßgabe offen, daß es in ihrem Verhältnis untereinander nicht anwendbar ist (Zusatzerklärung zu Art. XVII WUA). Dies trägt dem Verbot der Abweichung von den RBÜ-Standards innerhalb des Berner Verbandes Rechnung (Art. 20 RBÜ). Zudem ist eine Anwendung auf Staaten ausgeschlossen, die ihn zum Anlaß nehmen, aus der RBÜ auszutreten (Zusatzerklärung zu Art.

---

[118] Assemblies of the Member States of WIPO 2000, General Report, WIPO-Dokument A/35/15 vom 3.10.2000, S. 75, Ziff. 158-160.

[119] Zuletzt revidiert 1971 in Paris, BGBl. 1973 II 1111.

[120] Gegründet durch die Internationale Übereinkunft zum Schutz von Pflanzenzüchtungen vom 2.12.1961, Industrial Property 1961, 5-14; revidiert in Genf am 10.11.1972, 23.10.1978 und 19.3.1991, aktuelle Fassung abgedruckt in *Wuesthoff/Leßmann/Würtenberger*, Handbuch Sortenschutz, Band I, S. 75-97. Die Abkürzung steht für „Union internationale pour la protection des obtentions végétales".

[121] *Nordemann/Vinck/Hertin*, Einl. Rn 5.

XVII WUA, lit. a). Das Welturheberrechtsabkommen wurde anläßlich der Revision der RBÜ 1971 in Paris revidiert, hat seit dem Beitritt der USA zur RBÜ im Jahre 1989 aber an praktischer Bedeutung verloren. Es ist daher im Folgenden nicht mehr Gegenstand gesonderter Betrachtung.

Der Internationale Verband zum Schutz von Pflanzenzüchtungen UPOV ist eine eigenständige internationale Organisation für den Schutz von Pflanzensorten als geistiges Eigentum *sui generis*. Aufgrund einer Vereinbarung mit der WIPO ist deren Generaldirektor zugleich der ihre.[122] Obgleich dergestalt mit der WIPO verbunden, ist sie doch organisatorisch getrennt von ihr[123] und nicht mit den unmittelbar ins WIPO-System eingebundenen Verbänden zu vergleichen. Auch zum TRIPS-Abkommen besteht nur eine entfernte Verbindung. Dieses nimmt in Art. 27 Abs. 3 lit. b Pflanzen von den spezifischen Pflichten zum Patentschutz aus, bestimmt aber in allgemeiner Form, daß ein Schutz in Form von Patenten oder *sui generis* oder in einer Kombination beider Systeme gewährt werden soll; dieser Pflicht dürften die Verpflichtungen des UPOV genügen.[124] Im Folgenden wird auch der UPOV nicht näher untersucht.

C. Die Konsolidierung der Verfassungsstrukturen

Das auf den ersten Blick überaus komplexe System der WIPO funktioniert in der Praxis recht übersichtlich. Schon 1979 war der Turnus der Versammlungen von PVÜ, RBÜ, PCT und der Verbände von Madrid, Den Haag, Lissabon, Nizza und Locarno einheitlich auf zwei Jahre festgelegt worden,[125] um eine einheitliche Beschlußfassung und eine

[122] UPOV Publ. No. 437 (E), S. 2.

[123] Die Delegierten auf der Gründungskonferenz sprachen sich ausdrücklich gegen die Einbindung als Sonderverband der PVÜ aus, Industrial Property, 1961, 5.

[124] Vgl. *Correa*, EIPR 8 (1994) 329; *Straus*, in: Beier/Schricker I, S. 186; *Pacón*, GRUR Int. 1995, 875, 981.

[125] General Report 1979, WIPO-Dokument AB/X/32 vom 2.10.1979, S. 5. Text der Änderungen in: Program and Budget Cycles, Memorandum by the Director General, WIPO-Dokument AB/X/5 vom 25.6.1979, Annex I, S. 2 f. Entsprechende Änderungen folgten für den Budapester, den Wiener und den Straßburger Verband (oben, Fn 96, 98, 100). Die Änderungen traten zunächst vorläufig (Beschluß: General Report, aaO.; Wortlaut: Dok. AB/X/5, Annex III) und endgültig für die WIPO-Konvention am 25.5.1984, die PVÜ am 3.6.1984

Harmonisierung des Programms mit denen der „sister organizations" der UN-Familie zu ermöglichen.[126] Da die verschiedenen Repräsentativorgane gleichzeitig tagen, ist in der Regel eine einheitliche jährliche Tagung ausreichend, um alle die WIPO und die einzelnen Verbände betreffenden Fragen zu behandeln; nur bei Bedarf finden zusätzliche Sondersitzungen statt. Diskussion und Abstimmung auf der gemeinsamen Sitzung erfolgen jeweils im Kreise der Staaten, die in den turnusmäßigen Generalversammlungen oder Koordinierungsausschüssen der verschiedenen Verbände bzw. WIPO vertreten sind. Die Ergebnisse der Tagung werden in einem allgemeinen Bericht niedergelegt, der für die Einzelheiten auf die besonderen Berichte zu den Versammlungen der einzelnen Verbände bzw. der WIPO verweist. Die Praxis hat sich einer einheitlichen jährlichen Sitzung aller Versammlungen angenähert, so daß insbesondere die Exekutivausschüsse von PVÜ und RBÜ als Interimsorgane weitgehend leerlaufen.

Dieser Befund war Anlaß für eine Reihe von Änderungen in den vergangenen Jahren. Zunächst begrenzten die Versammlungen von PVÜ, RBÜ und WIPO durch eine Änderung des Art. 9 Abs. 3 WIPO-Konvention die Amtszeit des Generaldirektors der WIPO auf zwei Amtsperioden.[127] Die sogenannten Konferenzen der Vertragsstaaten, die die früheren Fassungen angehörenden Verbandsstaaten in die Repräsentativstrukturen einbinden sollten,[128] inzwischen aber auf nur zwei bis drei Verbandsstaaten geschrumpft waren, wurden aufgrund der Erwägung, daß die Interessen ebensogut durch eine Beobachterstellung gewahrt seien, im Jahr 2000 abgeschafft.[129] Im Jahr 2003 beschlossen dann die Versammlungen von WIPO und elf Verbänden weitere Änderungen im

---

und die RBÜ am 19.11.1984 in Kraft (vgl. BGBl. 1984 II 799, BGBl. 1985 II 81). Zur Zulässigkeit der vorläufigen Anwendung vgl. Dok. AB/X/32, Annex IV.

[126] WIPO-Dokument AB/X/5 (Fn 125), S. 2, Ziff. 3-5, wörtliches Zitat: Ziff. 3.

[127] Assemblies of the Member States of WIPO, General Report 1999, WIPO-Dokument A/34/16 vom 29.9.1999, S. 68, Ziff. 148 mit Wortlaut der Änderung in der Vorlage des Generalsekretärs, WIPO-Dokument A/34/4 vom 15.2.1999, S. 6, Ziff. 12. Deutsche Ratifizierung mit Wortlaut BGBl. 2002 II 598 f.

[128] Hierzu *Ricketson*, S. 715-717.

[129] Assemblies of the Member States of WIPO 2000, General Report, WIPO-Dokument A/35/15 vom 3.10.2000 mit Vorlage A/35/5 vom 26.5.2000.

Wortlaut der betreffenden Konventionen,[130] die entsprechend den Vorschriften der Verbände allgemein erst nach Ratifikation durch 2/3 der jeweiligen Mitglieder in Kraft treten, im wesentlichen aber die heute bereits gängige Praxis widerspiegeln.

Zum einen wird der Sitzungsrhythmus einheitlich auf ein Jahr verkürzt. Sodann wird die WIPO-Konferenz abgeschafft, so daß als einziges Repräsentativorgan, dem dann alle Mitglieder der WIPO angehören, die WIPO-Versammlung verbleibt. Die institutionelle Differenzierung zu den Kompetenzen, die allein die Verbände betreffen, wird zu einer Frage des Abstimmungsmodus: An Entscheidungen, die einzelne Verbände betreffen, dürfen nur deren Mitglieder teilnehmen. Dagegen konnte über die vorgeschlagene Einführung einer einheitlichen Versammlung der WIPO und aller Verbände keine Einigung erzielt werden.[131] Erhalten bleibt damit der Koordinierungsausschuß der WIPO, dem in der eingesetzten Arbeitsgruppe zur Reform der Verfassungsstrukturen anhaltende Bedeutung als Koordinierungs- und Vollzugsgremium bescheinigt wurde.[132] Die Exekutivausschüsse von RBÜ und PVÜ wurden zwar als praktisch nutzlos erkannt, wegen ihrer Funktion zur Bestimmung des Koordinationsausschusses aber beibehalten.[133] Indessen wurde die Repräsentation der nicht PVÜ oder RBÜ angehörigen WIPO-Mitglieder im Koordinationsausschuß nach Art. 8 Abs. 1 lit. c WIPO-Konvention gestrichen, da nach Abschaffung der WIPO-Konferenz alle WIPO-Mitglieder in der WIPO-Versammlung stimmberechtigt seien.[134] Damit setzt sich der Koordinierungsausschuß, welcher die WIPO-Versammlung vorbereitet, dem Vertragstext nach ausschließlich aus Mitgliedern von PVÜ und RBÜ zusammen. Allerdings scheint die Erwartung zu bestehen, daß die WIPO-Versammlung auch weiter Mit-

---

[130] Beschlüsse in: Assemblies of the Member States of WIPO 2003, General Report, WIPO-Dokument A/39/15 vom 1.10.2003, S. 113, Ziff. 166 f. Wortlaut der Änderungen im einzelnen in den Vorlagen des Sekretariats, WIPO-Dokumente A/39/2 und A/39/3 vom 24.2.2003.

[131] Final Recommendations of the WIPO General Assembly Working Group on Constitutional Reform, WIPO-Dokument A/37/5 vom 24.7.2002, S. 4, Ziff. 14.

[132] Progress Report of the Working Group on Constitutional Reform, WIPO-Dokument A/35/3 vom 7.8.2000, S. 3, Ziff. 10.

[133] AaO., Ziff. 13.

[134] Änderungsvorlage des Sekretariats, WIPO-Dokument A/39/2 vom 24.2.2003, S. 18, Ziff. 8.01. Deutlicher noch die entsprechende Vorlage des Vorjahres, WIPO-Dokument A/37/11 vom 19.8.2002, S. 16, Ziff. 8.04.

glieder *ad hoc* aus dem Kreis der Nicht-Verbandsländer ernennt.[135] Im übrigen werden die Finanzierungsvorschriften dem bereits praktizierten einheitlichen Beitragssystem angepaßt, nach dem Einkommen und Kosten der Verbände nur noch rechnerisch getrennt in einem einheitlichen Budget ausgewiesen werden, sowie die bislang in den Verträgen festgeschriebene Eingruppierung der Beitragsklassen in die Entscheidungsgewalt der Versammlungen gestellt.

Die Änderungen der Verfassungsstrukturen tragen zur Übersichtlichkeit des Systems bei, bringen aber für die Praxis kaum Neues. Namentlich bleibt es bei der Autonomie der Verbände gegenüber der WIPO.

II. Struktur der WTO

Die WTO ist eine internationale Organisation, die nach dem Willen der Mitglieder Rechtspersönlichkeit besitzt (Art VII Abs. 1 WTO). Obgleich sie in der Tradition des alten GATT steht (Art. XVI Abs. 1 WTO), handelt es sich um eine Neugründung. Das alte GATT trat nach einer Übergangsperiode von einem Jahr zum 1.1.1996 außer Kraft.

A. Einheit der WTO im „Single Undertaking"

Im Gegensatz zur WIPO ist die WTO vergleichsweise einfach strukturiert. Während das frühere GATT, nicht unähnlich der WIPO, von einer zunehmenden Fragmentierung der durch die einzelnen Mitglieder übernommenen Verpflichtungen gekennzeichnet war, hat Art. II Abs. 2 WTO-Abkommen den in der Erklärung von Punta del Este angelegten „Single Package Approach" übernommen. Hiernach müssen mit dem WTO-Abkommen die in seinem Anhang aufgeführten Abkommen ratifiziert werden. Dabei handelt es sich zum einen um die drei materiellen Handelsabkommen GATT 1994, GATS und TRIPS (Anhang1A-1C), sodann um das Abkommen über die Streitschlichtung DSU (Anhang 2) sowie das Abkommen über den Mechanismus zur Überprüfung der Handelspolitik TPRM (Anhang 3). Der „Single Package Approach" schließt eine Auffächerung der Mitgliedstaaten in verschiedene Vertragskreise aus, vielmehr bilden die verschiedenen multilateralen Abkommen verschiedene Abteilungen eines einheitlichen Vertrages. Einen

[135] Vgl. Stellungnahme Mexikos, Assemblies of the Member States of WIPO 2002, WIPO-Dokument A/37/14 vom 1.10.2002, S. 135, Ziff. 296.

Ausbruch aus diesem unitarischen System stellen allein die plurilateralen Handelsabkommen in Anhang 4 dar, deren Ratifizierung den WTO-Mitgliedern freigestellt ist (Art. II Abs. 3 WTO-Abkommen).

Das GATT 1994 ist wie das GATT 1947 ein Rahmen für multilaterale Verhandlungen über die Handelspolitik im Warenhandel. Es übernimmt den *acquis* des GATT 1947 und ergänzt ihn durch eine Reihe zusätzlicher detaillierter Vereinbarungen. Das GATS stellt einen entsprechenden Rahmen für Verhandlungen im Dienstleistungsbereich dar. Im DSU finden sich die gemeinsamen Regeln über die Streitbeilegung, während nach dem TPRM-Abkommen regelmäßig reihum Berichte über alle WTO-Mitglieder erstellt werden, die die nationalen Handelspolitiken transparent machen und Grundlage für bilaterale Verhandlungen oder Streitschlichtungsverfahren werden können. Die Regeln über das geistige Eigentum enthält allein das TRIPS-Abkommen, ergänzt durch das Streitbeilegungsverfahren nach DSU.

B. Die Organstruktur der WTO

Die Einheitlichkeit der WTO-Abkommen schließt eine komplexe Binnenstruktur, wie die WIPO sie aufweist, von vornherein aus. Entsprechend einfach ist die Organstruktur: Oberstes Organ ist die Ministerkonferenz, der Vertreter aller Mitglieder angehören und die mindestens alle zwei Jahre zusammentritt (Art. IV Abs. WTO).[136] Als Interimsorgan fungiert ein Allgemeiner Rat, dem ebenfalls Vertreter aller Mitglieder angehören (Art. IV Abs. 2 WTO). Während die Ministerkonferenz, früheren Forderungen entsprechend,[137] aus hochrangigen Staatenvertretern besteht, ist die Arbeit im Rat sachverständigen Staatenvertretern vorbehalten.[138] Der Allgemeine Rat fungiert zugleich als Streitbeilegungsgremium „Dispute Settlement Body“ (DSB) und als Organ zur Überprüfung der Handelspolitik nach dem TPRM-Abkommen (Art. IV Abs. 2 und 3 WTO). Darüber hinaus werden Räte für die multilateralen Handelsabkommen eingerichtet, nämlich ein GATT-Rat, ein GATS-Rat und ein TRIPS-Rat, die wiederum Vertretern aller Mitglie-

---

[136] Bisher wurde dieses Intervall nicht wesentlich unterschritten; Ministerkonferenzen traten 1996 in Singapur, 1998 in Genf, 1999 in Seattle, 2001 in Doha, 2003 in Cancún und 2005 in Hongkong zusammen.

[137] Vgl. Leutwiler-Bericht, Empfehlung 14, S. 56 f; Mandat der Uruguay-Runde, BISD 33S/19, 26, Teil E (ii).

[138] *Stoll*, ZaöRV 54 (1994) 241, 259 f.

der offenstehen (Art. IV Abs. 5 WTO). Sowohl die Ministerkonferenz als auch die Räte können Unterorgane einsetzen (Art. IV Abs. 6 und 7 WTO).

Eine Art Parallelstruktur ergibt sich in den durch die Ministerkonferenz ausgerufenen Handelsrunden, in denen, vergleichbar den Revisionskonferenzen der WIPO-Verbände, Ergänzungen zu den bestehenden Regeln ausgehandelt werden. Die Ministerkonferenz von Doha im November 2001 hat nach dem Vorbild der Uruguay-Runde einen Verhandlungsausschuß, das „Trade Negotiating Committee" (TNC) eingesetzt,[139] das die Verhandlungen koordiniert. Dieses hat seinerseits für bestimmte Fragen zwei Verhandlungsgruppen eingesetzt und die restlichen Verhandlungsgegenstände den regulären Organen zur Verhandlung in Sondersitzung zugewiesen.[140] Was das geistige Eigentum angeht, sind die im TRIPS-Abkommen offengebliebenen Fragen der geographischen Angaben und im Patentbereich den speziellen Verhandlungsmechanismen der Doha-Runde zugewiesen und werden durch den TRIPS-Rat in Sondersitzung behandelt, während Fragen der Verwaltung und Umsetzung des TRIPS-Abkommens ihm in regulärer Sitzung obliegen.

Den Staatenvertretungsstrukturen zur Seite steht das Sekretariat, das vom Generalsekretär geführt wird und nur der WTO selbst verpflichtet ist (Art. VI WTO). Es verfügt über eine eigene mit geistigem Eigentum befaßte Abteilung, die im starken Kontrast zu den 938 Mitarbeitern des WIPO-Sekretariats aus nur 14 Stellen besteht (WTO-Sekretariat gesamt 594 Stellen).[141] Finanziert wird die WTO im wesentlichen aus Mitgliederbeiträgen. Das Budget des Sekretariats umfaßte im Jahre 2006 170 Mill. Schweizer Franken, während das voraussichtliche Budget der WIPO 2006/2007 531 Mill. Schweizer Franken beträgt,[142] also im jährlichen Schnitt etwa das Eineinhalbfache des Budgets für die gesamte WTO.

---

[139] Ministerial Declaration, WTO-Dokument WT/MIN(01)/DEC/W/1 vom 14.11.2001, Ziff. 46.

[140] Statement of the Chairman of the General Council, WTO-Dokument TN/C/1 vom 4.2.2002, S. 3; Protokoll der TNC-Treffen vom 28.1. und 1.2.2002, WTO-Dokument TN/C/M/1 vom 14.2.2002, S. 4 f, Ziff. 7, 12.

[141] Alle Angaben nach den Internetseiten der Organisationen, Stand 15.4.2007; Zahl der Stellen im WIPO-Sekretariat Stand 5.4.2005.

[142] Proposed Program and Budget 2006/2007, WIPO Publication No. 360E/PBO607, Genf 2006, S. 14..

C. Zum Integrationscharakter der WTO

Namentlich zur Zeit der Gründung der WTO wurde diese mitunter als eine Art weltweite wirtschaftliche Integrationsgemeinschaft dargestellt. Derartige Wirtschaftsgemeinschaften sind auf eine enge Verflechtung der einzelstaatlichen Volkswirtschaften angelegt, der ein rechtlicher Rahmen entspricht, in dem sich Verstöße gegen die gemeinsame Ordnung nicht nur als bilaterale Vertragsverletzungen, sondern als Verletzung des Gemeinschaftsinteresses darstellen.[143] Paradebeispiel ist die EG mit ihren ausdifferenzierten Mechanismen der unmittelbar wirksamen Normen, eigenen Rechtssetzung und amtlicher Verfolgung von Vertragsverstößen. Ob auch der WTO in diesem Sinne Allgemeinverbindlichkeit zukommt, ist allerdings zweifelhaft.

Für das alte GATT wurde eine Allgemeinverbindlichkeit allgemein abgelehnt. Es war ein Fragment der nicht zustande gekommenen ITO auf prekärer Grundlage, das nur durch die Praxis der Vertragsparteien eine rudimentäre Organstruktur hervorbringen konnte. Schon dies weckt Zweifel, daß hier eine Wirtschaftsgemeinschaft errichtet werden sollte. Zudem wurde bereits darauf hingewiesen, daß das GATT seiner Entstehungsgeschichte nach ein Verhandlungsrahmen ist, der durch eine Rückführung der Handelspolitik auf Zollsätze ihre Vergleich- und Verhandelbarkeit ermöglichen und die erzielten Verhandlungsergebnisse gegen nachträgliche Entwertungen sichern sollte. Dem entspricht nicht nur die Praxis der Verhandlungen nach Warengruppen im bilateralen Verhältnis der Hauptlieferländer,[144] sondern auch der textliche Befund, der keinen Hinweis auf eine Allgemeinverbindlichkeit liefert.[145] Allerdings bewirkt die Meistbegünstigungsklausel des Art. I Abs. 1 GATT eine Multilateralisierung der Verhandlungsergebnisse in der Art, daß bilateral gewährte Vorteile automatisch allen anderen Vertragsparteien zugute kommen. Wie bereits erklärt, ist dies notwendig, um die erzielten Zugeständnisse vor einer Entwertung durch weitergehende Handelserleichterungen gegenüber dritten Staaten zu schützen. Sie verhindert aber nicht, daß im bilateralen Verhältnis *Erschwerungen* des Handels vereinbart werden, was mit einer allgemeinverbindlichen Freihandelsordnung unvereinbar wäre. Tatsächlich wurde in den Strukturkrisen der 1980er Jahre eine Reihe von Streitbeilegungsverfahren durch frei-

[143] Vgl. nur *Tomuschat*, in: Judicial Settlement of Disputes, S. 285, 404.

[144] Siehe oben, ab Seite 79.

[145] Vgl. die eingehende Untersuchung bei *Hahn*, S. 111-133.

willige Exportbeschränkungen einvernehmlich beigelegt.[146] Es entstand die Vorstellung eines „Managed Trade" im Wege der einvernehmlichen bilateralen Begrenzung der Handelsvolumen bestimmter Warengruppen zwischen den Haupthandelspartnern. Wenngleich in solchen bilateralen Arrangements zu Recht eine Gefahr für das multilaterale Welthandelssystem gesehen wurde, bedeuten sie doch keinen Verstoß gegen den Buchstaben des GATT. Im übrigen sieht das GATT zwar gewisse Befugnisse vor, mit denen die Vertragsparteien im Interesse der Integrität des Gesamtsystems in bilaterale Verhältnisse zwischen Vertragsstaaten eingreifen können. Diese beschränken sich aber auf bilateral nicht auszuräumende Streitfälle und dienen eher der Wahrung des Rechtsfriedens als einer gemeinschaftlichen Wirtschaftspolitik. Die Annahme einer allgemeinverbindlichen Pflichtenstruktur vermögen sie daher nicht zu stützen.[147]

Die WTO hat in dieser Frage nur wenig Neues gebracht. Eine den Verbänden vergleichbare eindeutige Festlegung, daß die gemeinsame Disziplin durch bilaterale Abkommen verletzt werden kann, fehlt.[148] Das Verfahren zur Vertragsänderung nach Art. X WTO betrifft Vereinbarungen *inter se* ersichtlich nicht.[149] Vielmehr ist die WTO ebenso wie das frühere GATT lediglich als Rahmen für weitere Verhandlungen der Handelspolitik angelegt (Art. I Abs. 1, III Abs. 2 WTO). Sie übernimmt und präzisiert die Regeln des GATT 1947, ohne ihnen ein wesentliches Element der Allgemeinverbindlichkeit hinzuzufügen.[150] In institutioneller Hinsicht mag sie gewisse zwingende Regeln enthalten, die für die technische Funktionsfähigkeit einer jeden internationalen Organisation unverzichtbar sind, wie etwa Regeln über das Haushalts-

---

[146] Beispiele bei *Hudec*, Enforcing International Trade Law, S. 352, dortige Fn 64. Siehe auch *White*, NYIL 16 (1985) 137, 153. Theoretische Beispiele nach dem Recht der WTO bildet *Pauwelyn*, AJIL 95 (2001) 535, 548.

[147] Zu Recht *Hahn*, S. 138-141.

[148] Für eine Abdingbarkeit des WTO-Rechts *inter se* daher *Pauwelyn*, AJIL 95 (2001) 535, 548 f; *ders.*, EJIL 14 (2003) 907929 f. Im gleichen Sinne nennt *Jan Neumann*, Koordination des WTO-Rechts, S. 377 f, das WTO-Recht „bipolar". Unentschieden *Marceau*, JWT 35 (2001) 1081, 1104 f.

[149] Zu Recht *Jan Neumann*, Koordination des WTO-Rechts, S. 389 f; *Pauwelyn*, EJIL 14 (2003), S. 947, dortige Fn 139.

[150] In diesem Sinne auch die Diskussion bei *Pauwelyn*, EJIL 14 (2003) 907, 930-936.

recht; die materielle Pflichtenstruktur ist hierdurch aber nicht verändert worden.[151]

Namentlich fehlt es an Institutionen, die die Durchsetzung der Vertragspflichten im Gemeinschaftsinteresse betreiben könnten. Zwar ist die WTO mit Umsetzung und Verwaltung der materiellen Abkommen befaßt, auch insofern wird ihre Rolle aber mit Erleichtern, Fördern und Bereitstellen eines Rahmens in eher schwachen Termini beschrieben (Art. III Abs. 1 WTO). Dem entspricht die Praxis des WTO-Sekretariats, das sich auf eine Betreuung der Aktivitäten der Mitgliedstaaten in der WTO beschränkt. Eigene politische Initiativen ergreift es im Gegensatz zum WIPO-Sekretariat nicht, vielmehr ist es angesichts der oftmals kontroversen Verhandlungsthemen um seine Neutralität besorgt, die Voraussetzung für die Akzeptanz seiner Dienste durch alle Vertragsparteien ist. Das TPRM-Abkommen dient schon seinem Zweck nach nicht der Durchsetzung konkreter Vertragsverpflichtungen, sondern soll die Vertragstreue durch Transparenz und Information der Vertragsparteien fördern (Abschnitt A, Abs. i TPRM). Allerdings können die in diesem Rahmen offengelegten Informationen Vertragsstaaten Anlaß geben, ihre Rechte über den Streitbeilegungsmechanismus von dem untersuchten Staat einzuklagen. Indessen weist auch die Streitbeilegung, wie die weitere Untersuchung ergeben hat,[152] nur rudimentäre Elemente einer Streitschlichtung im Allgemeininteresse auf, die nicht zum Schluß auf eine gemeinverbindliche Rechtsordnung führen.

Eine Besonderheit ergibt sich beim TRIPS-Abkommen, das in Art. 2 Abs. 1 und Art. 9 Abs. 1 pauschal die materiellen Bestimmungen von PVÜ und RBÜ übernimmt und sich damit auf den ersten Blick zugleich die Allgemeinverbindlichkeitsklauseln der Art. 19 PVÜ und 20 RBÜ zu eigen macht. Andererseits sieht Art. 64 Abs. 1 TRIPS-Abkommen in Verbindung mit Art. 22 Abs. 2 DSU eine Aussetzung von TRIPS-Verpflichtungen im bilateralen Verhältnis zu einem vertragsbrüchigen Mitgliedstaat vor, was mit der integralen Pflichtenstruktur der Verbände nur schwer vereinbar erscheint. Aufgeworfen ist hier die schwierige Problematik, daß private Eigentumsrechte in der Uruguay-Runde zur Verhandlungsmasse der Handelspolitik gemacht worden sind, die im Folgenden noch näher untersucht werden wird.[153]

---

[151] Zutreffend *Hahn*, S. 142-144. Zu entsprechenden Befugnissen des alten GATT aaO., S. 136-138.

[152] Im einzelnen siehe unten, ab Seite 254.

[153] Unten, ab Seite en page 307.

III. Kooperationsstrukturen zwischen den Organisationen

A. Ansätze formeller Kooperation

Erste förmliche Kontakte zwischen BIRPI und dem damaligen Sekretariat der ICITO gab es bereits im Vorgriff auf die zu gründende ITO. In einem Briefwechsel vereinbarten der Direktor der BIRPI und der ICITO-Exekutivsekretär die gegenseitige Einladung von Beobachtern, Kontakte des Personals auf Arbeitsebene sowie den Austausch von Dokumenten; darüber hinaus wurden in allgemeiner Form sogar gemeinsame Ausschüsse in Aussicht genommen.[154] Einer Resolution des ECOSOC zur Intensivierung des Technologietransfers[155] folgend wurden in einem Briefwechsel von 1964 wiederum ein Informationsaustausch und die Entsendung von Beobachtern verabredet.[156] Intensivere Kontakte brachten Anfang der 1980er Jahre die Forderungen, geistiges Eigentum im GATT zu verhandeln. Aufgrund der GATT-Ministererklärung von 1982[157] trafen sich 1983 die Generaldirektoren beider Organisationen zum Informationsaustausch über die jeweiligen Aktivitäten auf dem Gebiet der Produktpiraterie. Der 1984 hierzu eingesetzten GATT-Arbeitsgruppe gehörte ein beratendes Mitglied der WIPO an.[158] Im übrigen stellte die Erklärung von Punta del Este aber klar, daß die GATT-Initiative zum geistigen Eigentum die Aktivitäten in der WIPO unberührt lasse.[159]

B. Die Diskussion um die Kooperationsformen

Als Reaktion auf den Vorstoß des GATT ins Gebiet des geistigen Eigentums bot der WIPO-Generaldirektor dem des GATT in einem Briefwechsel und einem persönlichen Gespräch eine aktive Zusammen-

---

[154] Accord de travail avec la commission intérimaire de l'Organisation internationale du Commerce, Briefwechsel vom 17.3.1949/21.3.1949, in: Manuel administratif des BIRPI, Genf 1963, S. 63.18.

[155] The Role of Patents on the Transfer of Technology to Underdeveloped Countries, Resolution Nr. 1013 (XXXVII) vom 27.7.1964.

[156] Briefwechsel vom 28.9.1964/2.10.1964, in: Manuel administratif des BIRPI (oben, Fn 154), S. 63.3-63.6.

[157] Ministerial Declaration of 29 November 1982, BISD 29S/9, 19.

[158] Siehe oben, Seite 100.

[159] Ministerial Declaration on the Uruguay Round, Declaration of 20 September 1986, BISD 33S/19, 25 f (siehe oben, Seiteon page 102).

arbeit an, namentlich gemeinsame Expertentreffen zum Studium möglicher Entscheidungen, die die beiden Organisationen nach ihren jeweiligen Gründungsverträgen treffen könnten.[160] Unter Hinweis auf die Entscheidungsgewalt der GATT-Mitgliedstaaten beschränkte sich die Antwort zunächst auf die Anforderung allgemeiner Informationen. Die WIPO führte darauf eine Reihe informeller Informationsveranstaltungen zum geistigen Eigentum für Angehörige der ständigen Missionen in Genf, die an den GATT-Verhandlungen teilnahmen, durch, blieb selbst aber von den Sitzungen der GATT-Verhandlungsgruppen ausgeschlossen.[161] Auch die im Juli 1987 gefaßte Entscheidung des „Trade Negotiations Committee" über „Attendance of International Organizations in the Proceedings of the Uruguay Round"[162] blieb hinter dem Angebot der WIPO zurück. Auch sie sah die Rolle der WIPO auf die Gewährung technischer Hilfe und Expertise beschränkt; im übrigen sollten die Vertraulichkeit gewahrt und die Verhandlungspositionen der teilnehmenden Staaten in keiner Weise durch eine solche Unterstützung beeinträchtigt werden. Dies war die Grundlage, auf der der WIPO-Generaldirektor[163] zur Teilnahme an den Verhandlungen eingeladen wurde. Obwohl die WIPO nach Einschätzung ihres Generaldirektors unter diesen Umständen intellektuell nichts zu den GATT-Verhandlungen beizutragen hatte,[164] nahmen die Generalversammlungen von WIPO, PVÜ und RBÜ die Einladung an.[165] Ab Oktober 1987 nahmen Vertreter der WIPO an Sitzungen der GATT-Verhandlungsgruppe teil.[166] Im Folgenden trug die WIPO in beratender Funktion zu den Verhandlungen bei, namentlich durch Teilnahme an Verhandlungssitzungen, die In-

---

[160] Hierzu und zum Folgenden: Role of WIPO in the Uruguay Round of Multilateral Trade Negotiations of GATT, Memorandum of the Director-General, WIPO-Dokument AB/XVIII/8 vom 21.7.1987, S. 2-6, Ziff. 3-14 mit Briefwechsel im Anhang; Ergänzung dazu: WIPO-Dokument AB/XVIII/8 Add. vom 18.9.1987. Für eine institutionelle Zusammenarbeit auch *Fikentscher*, in: FS Benisch, S. 488.

[161] AaO., S. 3, Ziff. 9; vgl. auch General Report 1988, WIPO-Dokument AB/XIX/2, S. 112, Ziff. 101.

[162] Abgedruckt aaO. (Fn 160), S. 4 f, Ziff. 11.

[163] Nicht die WIPO als solche, so die Klarstellung seitens des GATT-Generaldirektors, WIPO-Dokument AB/XVIII/8 Add., S. 2, Ziff. 3.

[164] AaO. (Fn 160), S. 6, Ziff. 13 (vi).

[165] WIPO General Report 1987, WIPO-Dokument AB/XVIII/14 vom 1.10.1987, S. 17, Ziff. 86.

[166] WIPO General Report 1988 (oben, Fn 161), S. 112, Ziff. 903 f.

formation teilnehmender Staatenvertreter und von Mitarbeitern des GATT sowie Hintergrundpapiere zum internationalen Eigentumsschutz.[167]

Die erste Versammlung von WIPO und Verbänden nach Abschluß der Uruguay-Runde zeigt anschaulich den Gegensatz zwischen Interessen an einer möglichst engen Einbindung der WIPO und einer möglichst weitgehenden Autonomie der WTO. Entgegen seiner ursprünglichen Empfehlung, in institutioneller Hinsicht die Initiative der WTO abzuwarten,[168] führte der WIPO-Generaldirektor in den mündlichen Verhandlungen unerwartet einen zuvor dem Vorsitzenden der TRIPS-Kontaktgruppe zur Kenntnis gebrachten Vorschlag zur Einrichtung einer informellen WIPO-GATT-Konsultationsgruppe ein, die allen WIPO- und GATT-Mitgliedern offenstehen und auf Grundlage gemeinsamer oder, bei Uneinigkeit, getrennter Papiere der Sekretariate Empfehlungen an beide Organisationen aussprechen sollte.[169] Die im Vorfeld der WTO-Gründung eingesetzte TRIPS-Kontaktgruppe hatte ihrerseits vor allem eine Partizipierung an den Notifizierungsmechanismen der WIPO in Betracht gezogen, über die Einladung der WIPO als Beobachter hinaus aber keine substantiellen Vorstellungen für eine Zusammenarbeit entwickelt[170] und war dem Vorstoß des WIPO-Generaldirektors mit Zurückhaltung begegnet.[171] Unabhängig von der institutionellen Zusammenarbeit sollten nach den Vorstellungen des WIPO-

---

[167] Berichte des Generaldirektors zu den Aktivitäten der WIPO im 1. Halbjahr 1988 (EIPO-Dokument AB/XIX/2 Add. vom 29.8.1988), S. 54, Ziff. 416 f; 1988 (WIPO-Dokument AB/XX/12 vom 30.6.1989) S. 69, Ziff. 581; 1989 (WIPO-Dokument AB/XXI/2 vom 29.6.1990) S. 72, Ziff. 662 f; 1990 (WIPO-Dokument AB/XXII/8), S. 95, Ziff. 857-860; 1991 (WIPO-Dokument AB/XXIII/2 vom 29.5.1992) S. 104 f, Ziff. 898 f; 1992 (WIPO-Dokument AB/XXIV/8 vom 25.6.1993) S. 149 Ziff. 390 f. Kritisch zur begrenzten Rolle der WIPO bei der Normsetzung im GATT äußerte sich Brasilien auf der Versammlung der WIPO 1992, General Report 1992, WIPO-Dokument AB/XXIII/6, S. 12 f, Ziff. 36.

[168] Memorandum by the Director General, WIPO-Dokument WO/GA/XV/2 vom 18.7.1994, S. 2, Ziff. 10.

[169] General Report, WIPO-Dokument AB/XXV/6 vom 4.10.1994, S. 6, Ziff. 24 f.

[170] Stellungnahme des GATT-Vertreters auf der WIPO-Versammlung, aaO., S. 5 f, Ziff. 23.

[171] Stellungnahme Deutschlands, aaO., S. 9, Ziff. 35.

Generaldirektors die WIPO-Strukturen sämtlichen Mitgliedern für Anfragen zur Umsetzung des TRIPS-Abkommens offenstehen.

Während Simbabwe als Sprecher der afrikanischen Gruppe sowie eine Reihe von Entwicklungsländern den Vorschlag des Generaldirektors begrüßten und Brasilien sogar ein permanentes Kooperationsgremium beider Organisation für die Umsetzung des TRIPS-Abkommens für angebracht hielt,[172] zeigten sich eine Reihe von Industriestaaten gemeinsamen Strukturen gegenüber reserviert und äußerten auch zu dem Unterstützungsansinnen Bedenken.[173] Um Konflikten vorzubeugen, sollte die Unterstützung der WIPO bei der Umsetzung des TRIPS-Abkommens sogar von vorherigen Vereinbarungen („arrangements") mit der WTO abhängig gemacht werden. Im Ergebnis begnügte sich die WIPO mit einer internen Arbeitsgruppe, die Vorschläge für eine gemeinsame Konsultationsgruppe erarbeiten sollte. Die Unterstützung zur Umsetzung des TRIPS-Abkommens wurde bestätigt und das Sekretariat hierzu mit einer Studie über die Implikationen des TRIPS-Abkommens beauftragt;[174] im Bericht wurde überdies ausdrücklich vermerkt, daß diese entsprechend der Praxis der WIPO keine Auslegung internationaler Abkommen darstelle.[175]

Die eingesetzte Arbeitsgruppe, auf deren Sitzungen auch die WTO vertreten war, konnte sich über gemeinsame Institutionen mit der WTO nicht verständigen;[176] die der WIPO-Versammlung im folgenden Jahr vorliegenden Vorschläge[177] griffen das Thema nicht wieder auf. Nach-

---

[172] AaO., S. 7-11, Ziff., 29, 31, 33 f, 37-42. Zum Vorschlag einer institutionalisierten Zusammenarbeit auch *F.M. Abbott*, Hastings Int'l & Com. L. Rev. 20 (1997) 661, 680 f.

[173] Niederlande, USA und – vermittelnd – Deutschland, aaO., S. 7-9, Ziff. 27, 32, 35.

[174] AaO., S. 15, Ziff. 74. Die erste Fassung der Studie lag den Versammlungen im folgenden Jahr vor (Anhang zu: Cooperation with the WTO – Memorandum of the Director General, WTO-Dokument WO/GA/XVI/1 vom 10.8.1995); die Studie wurde als WIPO Publication No. 464 veröffentlicht.

[175] General Report (oben, Fn 169), S. 14, Ziff. 75.

[176] Activities in the Year 1995 – Report by the Director-General, WIPO-Dokument AB/XXIX/2 vom 31.5.1996, S. 187 f, Ziff. 1526-1534. Siehe auch die zusammenfassende Bemerkung in: Cooperation with the WTO – Memorandum of the Director General (oben, Fn 174), S. 2, Ziff. 5.

[177] Vorschläge der USA (WIPO-Dokument WO/GA/XVI/4 vom 22.9.1995), des TRIPS-Rats und der EU (WIPO-Dokumente WO/GA/XVI/5 und 6 vom 26.9.1995).

dem die Versammlung bereits das Entwicklungshilfebudget aus den steigenden Einnahmen aus den internationalen Registrierungssystemen[178] aufgestockt hatte, bekräftigte ihr Beschluß zur WTO[179] die Zusammenarbeit in Notifizierungsfragen und erteilte dem Internationalen Büro den Auftrag, seine Sammlung nationaler Gesetze zum geistigen Eigentum auf alle Bereiche des TRIPS-Abkommens zu erweitern, Gesetze auf Anfrage der WTO oder Mitgliedern von WIPO oder WTO zugänglich zu machen, die Entwicklungsländer bei der Umsetzung des TRIPS-Abkommens zu unterstützen und seine Entwicklungshilfetätigkeiten insgesamt auf den Bereich des TRIPS-Abkommens auszudehnen; für die zusätzlichen Aufgaben stellte sie weitere 3 Mill. Schweizer Franken bereit. Neben der Grundsatzentscheidung für eine technisch sinnvolle Kooperation im Notifizierungsbereich war damit ein *modus vivendi* gefunden, nach dem die Überschüsse aus dem internationalen Anmeldesystem für Patente, die auf den Gebührenzahlungen der mehrheitlich in Industrieländern ansässigen Anmelder beruhten, über die WIPO zur Unterstützung der Entwicklungsländer bei der Umsetzung des TRIPS-Abkommens eingesetzt wurden. Nebenbei behielt die WIPO so nahezu eine Alleinstellung bei der Beratung der Entwicklungsländer zu Fragen des geistigen Eigentumsschutzes einschließlich TRIPS.

C. Das Kooperationsabkommen

Das am 22.12.1995 unterzeichnete und am 1.1.1996 in Kraft getretene Abkommen[180] zwischen WIPO und WTO bestätigt lediglich diese Grundentscheidungen. Die in den Sammlungen der WIPO enthaltenen nationalen Gesetze sollen WTO-Sekretariat, WTO-Mitgliedern und ihren Staatsangehörigen in gleicher Weise wie im Verhältnis zu WIPO-Mitgliedern zugänglich gemacht werden; das WTO-Sekretariat erhält sie für Zwecke des TRIPS-Abkommens kostenlos und ohne Nutzungsbeschränkung (Art. 2 Abs. 1-4). Seinerseits übermittelt das WTO-Sekretariat dem Internationalen Büro nach Art. 63 Abs. 2 TRIPS-Abkom-

---

[178] Draft Programme and Budget for the 1996-1997 Biennium, WIPO-Dokument AB/XXVI/2 vom 29.5.1995, S. iv und Anhang 3.

[179] WIPO General Assembly Report, WIPO-Dokument WO/GA/XVI/7 vom 3.10.1995, S. 5 f, Ziff. 24.

[180] Vgl. Activities in the Year 1995 (oben, Fn 176), S. 189, Ziff. 1537, mit Wortlaut des Abkommens in Anhang C. Das Abkommen wurde u.a. veröffentlicht als WIPO Publication No. 223 (Genf 1996).

men notifizierte nationale Gesetze zur Aufnahme in die Sammlung (Art. 2 Abs. 5). Entwicklungsländer, die WTO-Mitglieder sind, unterstützt das Internationale Büro bei den anfallenden Übersetzungsarbeiten wie eigene Mitglieder (Art. 2 Abs. 6). Der Notifizierungsmechanismus des nach Art. 2 Abs. 1 TRIPS-Abkommen übernommenen Art. 6ter PVÜ für staatliche Symbole, die nicht als Marken geschützt sind, wird komplett von der WIPO verwaltet (Art. 3). Schließlich machen beide Organisationen Entwicklungsländern der jeweils anderen ihre rechtlich-technische Unterstützung zum TRIPS-Abkommen wie den eigenen zugänglich (Art. 4 Abs. 1). Für diesen Zweck sind die Sekretariate mit der Zusammenarbeit, regelmäßigen Kontakten und Informationsaustausch beauftragt (Art. 4 Abs. 2 und 3).

IV. Ergebnis zum ersten Abschnitt

Während die WIPO das Dach eines komplexen Systems jeweils selbständiger Verwaltungsverbände und multilateraler Abkommen ist, denen sich die Staaten nach Erwägungen des nationalen Interesses am Schutz geistigen Eigentums anschließen können, folgt die WTO einem unitarischen Modell, das die Ratifizierung des TRIPS-Abkommens als Komponente des geistigen Eigentumsschutzes zwingend mit den den Zugang zu ausländischen Märkten betreffenden Handelsabkommen und ferner den Streitbeilegungs- und Überprüfungsmechanismen für die Handelspolitik verknüpft. Darüber hinaus fällt auf, daß der Schutz geistigen Eigentums in einer Reihe von Verbänden der WIPO durch eine integrale Pflichtenstruktur zusätzlich abgesichert ist, die den geistigen Eigentumsschutz in der nationalen Rechtsordnung dem Zugriff der Handelspolitik entzieht und so im Reflex zu einem faktischen Schutz der begünstigten Individuen vor außenwirtschaftlich motivierten staatlichen Eingriffen in ihre privaten Rechte führt. Eine entsprechende Pflichtenstruktur findet sich in der WTO nicht. Was die Zusammenarbeit beider Organisationen angeht, hat sich eine institutionelle Koordinierung nur in Ansätzen entwickelt. Das 1996 abgeschlossene Kooperationsabkommen weist im wesentlichen die rechtlich-technische Zusammenarbeit mit Entwicklungsländern der WIPO zu und regelt darüber hinaus technische Fragen der Notifizierung und des Informationsaustauschs. Die Rechtssetzungs- und Streitbeilegungsaktivitäten in beiden Organisationen führt das Abkommen hingegen keiner förmlichen Koordinierung zu. Nämliches gilt für die Diskrepanz zwischen den integralen Pflichtenstrukturen in der WIPO und dem bilateral ausgerichteten Schutz des TRIPS-Abkommens, die insbesondere mit Blick auf den Einfluß einer Aussetzung geistiger Eigentumsrechte nach Maßgabe des WTO-Rechts auf die Rechtslage nach den betreffenden WIPO-Verbänden problematisch erscheint.

Zweiter Abschnitt: Die materiellen Regelungen

I. Regelungsansätze

Als Kreation nationaler Gesetzgeber gilt geistiges Eigentum nur auf dem Territorium des jeweils schutzgewährenden Staates. Dies folgt aus der völkerrechtlichen Kompetenzordnung, die die Ausübung von Staatsgewalt an ein berechtigtes Interesse knüpft und Hoheitsakte auf fremdem Territorium untersagt.[1] Eine Koordinierung der nationalen Rechtsordnungen ist vor allem aus zwei Gründen zweckmäßig: Zum einen überwindet sie die technische Verschiedenheit der nationalen Systeme im Interesse des grenzüberschreitenden Erwerbs von Immaterialgüterrechten und des Verkehrs mit ihnen (Harmonisierung). Zum anderen kann sie international verbindlich ein bestimmtes Niveau des geistigen Eigentumsschutzes, und zwar insbesondere materielle Mindeststandards festlegen. Was die Koordinierungsmethoden betrifft, ergibt sich eine Bandbreite vom rein tatsächlich konvergenten Verhalten bis zur einheitlichen Gesetzgebung. Eine Untersuchung der Regelungsansätze von WTO und WIPO wird zeigen, wo sich ihre materiellen Regelungen überschneiden, und Hinweise auf mögliche Konfliktfälle liefern.

A. Regelungsansätze der WIPO

Nach ihrem materiellen Regelungsansatz lassen sich die im Rahmen der WIPO geschlossenen Abkommen in drei Gruppen einteilen, nämlich in Abkommen über fremdenrechtliche Mindeststandards, internationale Registrierungs- sowie Klassifizierungssysteme.

1. Fremdenrechtliche Mindeststandards

Eine erste Gruppe von Konventionen schreibt vertraglich fremdenrechtliche Standards für die Behandlung von Ausländern bei der Gewährung von Immaterialgüterrechten fest. Dies geschieht zunächst über die Verpflichtung zur Inländerbehandlung, nach der der begünstigte Ausländer nicht schlechter behandelt werden darf als ein Inländer in gleicher Position. Da so nur ein Schutz auf dem Niveau des Schutzlan-

---

[1] Vgl. *Verdross/Simma*, S. 778 f, § 1183. Für das Patentrecht *Benkard/Ullmann*, PatG IT, Rn 1 mwN.

des, nicht aber ein gemeinsames Schutzniveau sichergestellt ist, treten verbindliche Mindeststandards für die Ausgestaltung der materiellen Rechtsordnung im Schutzland, soweit sie auf Ausländer Anwendung findet, hinzu. Räumen die nationalen Regelungen stärkeren Schutz ein, so kommt dieser dem Ausländer wiederum über die Inländerbehandlung zugute.

Zu den Abkommen, die in dieser Weise internationale Mindeststandards festlegen, zählen die beiden ältesten und größten Verbände der PVÜ und der RBÜ. Beide enthalten die Inländerbehandlungsklausel und eine Reihe von Mindeststandards.[2] Insbesondere bei der RBÜ, die diese Standards als positive Rechte des Urhebers formuliert, spricht man auch von Mindestrechten. Die PVÜ enthält weniger konkrete Mindeststandards, besondere Bedeutung für den grenzüberschreitenden Schutz geistigen Eigentums hat allerdings die Prioritätsregelung des Art. 4 PVÜ, die Patent- und Markenanmeldungen im Ausland auf den Zeitpunkt der Erstanmeldung zurückbezieht und so verhindert, daß zwischenzeitlich vorgenommene Akte Dritter den Erwerb des Schutzrechts dort vereiteln.[3]

Nur recht allgemein gehaltene Mindeststandards enthält das Madrider Herkunftsabkommen (MHA) von 1891.[4] Nach dem Vorbild des Art. 9 PVÜ[5] trifft es Regelungen über die Beschlagnahme von Waren mit falschen Herkunftsangaben, erfaßt dabei aber außer den falschen auch irreführende Angaben.[6] Es dient vor allem dem Schutz des Verkehrs vor unlauterem Wettbewerb, ordnet hingegen nicht die Gewährleistung ausschließlicher Schutzrechte an. Konkretere Standards für die dem Urheberrecht benachbarten Leistungsschutzrechte der ausübenden Künstler, Tonträgerhersteller und Sendeunternehmen enthält dagegen das Romabkommen von 1961, das die in der RBÜ umstrittene Assimilierung dieser Rechte mit dem Urheberrecht durch eine besondere Regelung gelöst hat und wie die RBÜ die Pflicht zur Inländerbehandlung sowie gewisse Mindestrechte vorschreibt. Neben PVÜ und RBÜ ist es

---

2 Dazu im einzelnen unten, ab Seite 208.

3 Vgl. *Ladas*, Industrial Property, § 1129, S. 209; *Bodenhausen*, S. 33 f; *Bogsch*, PI 1983, 205, 216, 223.

4 Fundstellen der im Folgenden aufgeführten Abkommen im vorigen Abschnitt oben, ab Seite 168.

5 Art. 10bis PVÜ erhielt seine heutige Form in Lissabon 1958, war aber im Kern bereits in der Urfassung der PVÜ enthalten, vgl. *Bodenhausen*, S. 119.

6 WIPO, Introduction, S. 238, Ziff. 11.32.

das dritte große Abkommen der WIPO über fremdenrechtliche Mindeststandards. Ähnlich wie beim Welturheberrechtsabkommen folgte ihm 1971 eine weniger weitgehende Regelung im Genfer Tonträgerabkommen, das nur in allgemeiner Form zum Schutz von Tonträgerherstellern gegen Vervielfältigung und Import vervielfältigter Tonträger verpflichtet. Ähnlich allgemein gehaltene Regelungen trifft das Brüsseler Abkommen über die Verbreitung der durch Satelliten übertragenen programmtragenden Signale, das die unberechtigte Nutzung von Fernseh- oder Radio-Satellitensignalen verhindern soll, welche ein Territorium treffen, für das sie nicht bestimmt sind.

In den 1980er Jahren kam die Rechtsfortentwicklung im Bereich der fremdenrechtlichen Standards dann weitgehend zum Stillstand. Die 1980 begonnene Revision der PVÜ führte im Klima der verschärften Diskussionen um den geistigen Eigentumsschutz in Entwicklungsländern, auch im Zusammenhang mit der GATT-Initiative, zu keinem Ergebnis. Das einzige in dieser Zeit im Rahmen der WIPO neu abgeschlossene Abkommen, der 1981 geschlossene Vertrag von Nairobi über den Schutz des olympischen Symbols, enthält keine eigentlichen fremdenrechtlichen Schutzstandards, sondern schreibt die ausschließlichen Rechte des IOK am olympischen Symbol fest. In den nach Abschluß der Uruguay-Runde im Rahmen der WIPO geschlossenen Verträgen WCT und WPPT finden sich neben der Inländerbehandlungsklausel wiederum materielle Mindestrechte, und zwar mit Blick auf digitale Medien und das Internet. Dagegen enthalten TLT und der PLT entgegen der ursprünglichen Absicht[7] keine materiellen Mindeststandards, sondern nur gemeinsame Standards über das Registrierungsverfahren, dessen Harmonisierung ausländischen Anmeldern den Zugang zu den nationalen Registrierungssystemen erleichtern und ihre Rechtssicherheit fördern soll. Allein der gemeinsame Artikel 15 der beiden Abkommen verweist auf die materiellen Standards der PVÜ.

Die Festlegung fremdenrechtlicher Mindeststandards verbindet die beiden eingangs genannten Ziele des internationalen Immaterialgüterschutzes: Zum einen stellen sie sicher, daß Ausländern überhaupt ein Immaterialgüterschutz eingeräumt wird. Damit erhöhen sie die Erwartungssicherheit Privater an die Schutzgewährung im Ausland und entziehen den Immaterialgüterschutz dem willkürlichen Einsatz als Instrument der Außenpolitik. Darüber hinaus bewirken die geschaffenen

---

[7] Die ursprünglich substantiellen Zielstellungen des PLT wurden wegen der parallelen Verhandlungen in der Uruguay-Runde nicht weiterverfolgt, *Schäfers*, GRUR Int. 1996, 763, 765, 767.

gemeinsamen Standards indirekt eine Harmonisierung der nationalen Immaterialgüterrechte und erleichtern so Erwerb und Nutzung von Schutzrechten im Ausland. Das gilt insbesondere für die weitgehenden Mindestrechte der RBÜ und die Verfahrensvereinheitlichung von TLT und PLT.

2. Registrierungssysteme

Die Überwindung des Territorialprinzips läge in gemeinsamen Schutzrechten, die von einer internationalen Behörde verliehen werden und einheitlich in allen Verbandsstaaten gelten. Für das seit der Berliner Revision von 1908 von allen Förmlichkeiten befreite Urheberrecht (vgl. Art. 5 Abs. 2 RBÜ) hieße dies nichts anderes als ein unmittelbar geltendes Einheitsrecht für alle schutzberechtigten Werke, eine Lösung, die bei der Erarbeitung der Berner Übereinkunft ausdrücklich verworfen worden war.[8] Ein Einheitsrecht trifft nicht nur auf den Einwand, daß so die Abstimmung des Immaterialgüterschutzes auf die örtlichen Gegebenheiten aufgegeben würde. Was die registrierungsabhängigen gewerblichen Schutzrechte angeht, zögern die Staaten auch, umfangreiche internationale Institutionen zu schaffen und mit Hoheitsrechten auszustatten.[9] Allerdings existiert eine Reihe von Sonderverbänden zur PVÜ, die einen jeweils verbandsweiten Schutz aufgrund einer Anmeldung oder Registrierung beim Internationalen Büro vorsehen.

a) Die internationale Markenregistrierung

Ältestes Registrierungssystem des gewerblichen Eigentums ist das Madrider Markenabkommen (MMA) von 1891. Es erlaubt den Einwohnern der Verbandsstaaten, zu ihren Gunsten registrierte Marken über die nationalen Markenämter beim Internationalen Büro als internationale Marke anzumelden. Die internationale Marke wird beim Internationalen Büro registriert, veröffentlicht und den nationalen Ämtern der anderen Verbandsstaaten mitgeteilt (Art. 3 MMA). Grundsätzlich soll sie für die beantragten Produktklassen Markenschutz in allen Vertragsstaaten vermitteln.[10] Während der ersten fünf Jahre ist sie vom Fortbestand

---

8 Vgl. *Landau*, DRiZ 1986, 325, 326 f; *Cavalli*, S. 178 f.

9 Vgl. etwa *Govaere/Demaret*, in: *Esty/Geradin (Hrsg.)*, S. 369 f.

10 Allerdings können die Verbandsländer nach Art. 3bis MMA die Schutzgewährung unter den Vorbehalt stellen, daß der Schutz für ihren Staat ausdrück-

der Marke im Ursprungsland abhängig (Art. 6 Abs. 2-4 MMA), d.h. eine Löschung im Ursprungsland zieht den Verlust des Markenschutzes aufgrund der internationalen Anmeldung nach sich; nach Ablauf der Fünfjahresfrist müssen Einwendungen gegen die internationale Marke in jedem Verbandsland gesondert nach nationalem Recht geltend gemacht werden.[11] Die internationale Marke kann innerhalb des Verbandes grenzüberschreitend abgetreten werden. Solche Abtretungen, die auch einzelne Klassen oder Länder betreffen können, werden ebenfalls beim Internationalen Büro registriert und allen Mitgliedstaaten mitgeteilt (Art. 8bis bis 9ter MMA). Im einzelnen wird das internationale Registrierungsverfahren durch eine Ausführungsordnung geregelt, die von der Versammlung des Sonderverbandes beschlossen wird (Art. 10 Abs. 3 lit. b [ii] MMA).[12]

Daß die internationale Marke kein einheitliches verbandsweites Schutzrecht ist, zeigt sich schon daran, daß jedes nationale Markenamt nach Mitteilung der Antragstellung durch das Internationale Büro binnen Jahresfrist den Schutz – im Rahmen der Mindeststandards der PVÜ – für das jeweilige Land zurückweisen kann (Art. 5 MMA). Seitens des Internationalen Büros wird die Zurückweisung nur auf Formalien geprüft, registriert und dem Antragsteller mitgeteilt.[13] Diesem stehen nach dem nationalem Recht des ablehnenden Staates diejenigen Rechtsmittel zu, die auch bei Ablehnung einer nationalen Anmeldung gelten (Art. 5 Abs. 3 Satz 2 MMA).[14] Eine materielle Beschränkung der Ablehnungs-

---

lich beantragt wird. Da sämtliche den neueren Fassungen angehörigen Staaten diese Erklärung abgegeben haben, muß der Registrierungsantrag in der Praxis jeweils die Länder bezeichnen, für die Schutz beantragt wird, vgl. WIPO, Introduction, S. 410 f, Ziff. 21.20; *Fezer*, MMA, Art. 3bis, Rn 1.

[11] *Scheer*, S. 949. Dies ergibt sich aus der Möglichkeit, die Marke auch nach Ablauf der Jahresfrist aufgrund Verwaltungs- oder Gerichtsentscheidung für ungültig zu erklären, vgl. Art. 5 Abs. 6 MMA; Regel 19 Ausführungsordnung; vgl. ferner WIPO, Leitfaden Marken, Ziff. 117; *Fezer*, MMA Art. 5 Rn 16.

[12] Aktuelle Ausführungsordnung in Kraft seit 1.4.2004, BGBl. 2004 II 682. Zu früheren Ausführungsordnungen WIPO, Leitfaden Marken, S. 103-139; *Baumbach/Hefermehl*, MMA, Einführung, Rn 2.

[13] Regel 18 Ausführungsordnung; vgl. auch WIPO, Leitfaden Marken, Ziff. 109, 116; WIPO, Introduction, S. 413, Ziff. 21.30.

[14] Ferner kann der Antragsteller nach Art. 3ter MMA nachträglich die Ausdehnung einer internationalen Marke auf weitere Verbandsstaaten beantragen, und zwar auch auf solche, deren Markenämter die Schutzgewährung rechtskräftig abgelehnt hatten (WIPO, Leitfaden Marken, Ziff. 141; WIPO, Introduction, S. 413, Ziff. 21.34). Wiederum stehen den Markenämtern die Ablehnung binnen

gründe besteht nur in den Grenzen der Registrierung *telle quelle* nach Art. 6quinquies PVÜ. Im Rahmen der dort genannten abschließenden Voraussetzungen muß eine Marke in der äußeren Form akzeptiert werden, in der sie in einem anderen PVÜ-Vertragsstaat bereits eingetragen ist. Dies gilt für alle internationalen Marken, die nach Art. 1 Abs. 2 MMA ohnehin im Ursprungsland registriert sind.[15] Dagegen vermittelt Art. 6quinquies PVÜ kein materielles Recht auf Markenschutz im Umfang des Ursprungslandes.[16] Vor allem aber ist hervorzuheben, daß dieser materielle Schutz nur wegen der zwingenden Mitgliedschaft der Vertragsstaaten des MMA im Verband der PVÜ (Art. 14 Abs. 2 MMA) gewährt werden muß. Das MMA selbst legt zum Schutzumfang der internationalen Marke allein fest, daß das Schutzland die Registrierung nicht allein deshalb verweigern darf, weil das nationale Recht auf eine bestimmte Zahl von Klassen, Produkten oder Dienstleistungen beschränkt ist (Art. 5 Abs. 1 Satz 3 MMA). Darüber hinaus überlagert die zwanzigjährige, unbegrenzt verlängerungsfähige Laufzeit der internationalen Marke (Art. 6 Abs. 1 MMA) anderweitige Regelungen des nationalen Rechts. Im übrigen aber ist dieses der alleinige Maßstab für die aus der Marke erwachsenden Rechte (Art. 4 Abs. 1 MMA). Auch aus diesem Grunde kann von einem einheitlichen internationalen Schutzrecht keine Rede sein, vielmehr vermittelt die internationale Registrierung ein „Bündel nationaler Marken“.[17]

Dem internationalen Markenregistrierungssystem hing lange Zeit der Makel an, daß einige der größten Handelsnationen – USA, Japan, Großbritannien – nicht zu seinen Verbandsstaaten zählten. Grund war u.a. die anfängliche Abhängigkeit der internationalen Registrierung von der Registrierung im Ursprungsland, die Antragsteller aus Ländern mit striktem Prüfungsverfahren und ausgeprägten Rechtsschutzmöglichkei-

---

Jahresfrist und dem Antragsteller hiergegen die nationalen Rechtsmittel offen (Art. 5 MMA).

[15] WIPO, Leitfaden Marken, Ziff. 124; WIPO, Introduction, S. 412, Ziff. 21.28.

[16] Bericht des Appellate Body der WTO, *US – Section 211 Omnibus Appropriations Act of 1998*, WTO-Dokument WT/DS176/AB/R vom 2.1.2002, Ziff. 139-146. Zur Anwendung der PVÜ in der WTO unten, ab Seite 365.

[17] So der Entwurf eines Abkommens betreffend das internationale Depot von Fabrik- oder Handelsmarken – gefertigt von der holländischen Regierung und dem Berner Internationalen Büro, GRUR Ausl. 1952, 76, 77. Vgl. auch BGH 18, 1, 13; 39, 220, 228.

ten für Dritte benachteiligt.[18] Zum anderen erwuchsen solchen Ländern aus der Prüfung der internationalen Anmeldungen zum Zwecke der Schutzversagung erhebliche ungedeckte Aufwendungen, da das Abkommen eine Gebührenerhebung hierfür nicht vorsah.[19] Der 1973 unterzeichnete „Trademark Registration Treaty", der hier Abhilfe schaffen sollte, trat zwar 1980 nach Ratifikation durch vier Entwicklungsländer und die Sowjetunion in Kraft, erlangte jedoch keine praktische Bedeutung.[20] Mit dem Zusatzprotokoll zum MMA vom 27. Juni 1989[21] wurde schließlich ein System geschaffen, das die Bedenken zerstreuen half.

Inhaltlich enthält das Zusatzprotokoll technische Modifizierungen gegenüber dem Verfahren nach MMA:[22] Die internationale Anmeldung wird bereits mit der Anmeldung, nicht erst der Registrierung, im Ursprungsland wirksam (Art. 2 Abs. 1 ZP MMA), was Anmeldern aus Ländern mit umfangreichem Prüfungsverfahren entgegenkommt. Durch besondere Erklärung kann die Einspruchsfrist der nationalen Ämter auf 18 Monate und bei einem privaten Widerspruch sogar noch darüber hinaus verlängert werden (Art. 5 Abs. 2 lit. b, c ZP MMA). Die Schutzdauer der internationalen Marke beträgt nur zehn Jahre, allerdings mit ebenfalls unbegrenzter Verlängerungsmöglichkeit (Art. 6 Abs. 1 ZP MMA). Zwar wurde die anfängliche Abhängigkeit der internationalen Marke von der Registrierung im Ursprungsland beibehalten (Art. 6 Abs. 3, 4 ZP MMA), im Fall der Löschung im Ursprungsstaat kann die internationale Marke allerdings prioritätswahrend in nationale Anmeldungen in den verschiedenen Schutzstaaten umgewandelt werden (Art. $9^{quinquies}$ ZP MMA). Hinsichtlich der Gebühren ist festgelegt, daß die Schutzländer einen Teil der internationalen Gebühren individuell vereinnahmen können (Art. 8 ZP MMA). Schließlich wurde die für die EG in Aussicht genommene Gemeinschaftsmarke durch eine Beitrittsklausel für internationale Organisationen berücksichtigt (Art. 14 Abs. 1

---

[18] *Krieger*, in: FS Hefermehl, S. 106 f; *Beier/Kur*, GRUR Int. 1991, 677, 678 f.

[19] *Freund-Magnus*, Art. 4, S. 11, Ziff. 1; *Beier/Kur*, GRUR Int. 1991, 677, 679.

[20] Vgl. Aktuelle Mitteilung GRUR Int. 1980, 193 f; *Baumbach/Hefermehl*, Vorbem. Rn 3 f; *Beier/Kur*, GRUR Int. 1991, 677, 682; *Fezer*, MMA Vorbem. Rn 4 f.

[21] Protokoll zum Madrider Markenabkommen von 1891, angenommen in Madrid am 27.6.1989, BGBl. 1995 II 1016.

[22] Vgl. auch Übersicht bei *Fezer*, MMA Vorbem. Rn 8.

lit. b ZP MMA). In organisatorischer Hinsicht ist bemerkenswert, daß die Vertragsstaaten des Zusatzprotokolls, die ebenfalls der PVÜ angehören müssen, vollwertige Mitglieder des Sonderverbands des MMA werden (Art. 1 ZP MMA), wobei das Zusatzprotokoll nur im Verhältnis zu den Verbandsstaaten gilt, die es ratifiziert haben.[23] Eine Schutzklausel stellt sicher, daß die für die bisherigen Verbandsstaaten aus dem MMA erwachsenden Verpflichtungen nicht modifiziert werden (Art. 9^{sexies} Abs. 1 ZP MMA).[24]

Wie sich deutlich zeigt, haben auch die Modifizierungen gegenüber dem MMA nicht zu erweiterten materiellen Schutzstandards gegenüber denen der PVÜ geführt.

b) Die internationale Musterregistrierung

Der 1929 mit dem Haager Musterabkommen (HMA) gegründete Sonderverband zur PVÜ zum Schutz von Geschmacksmustern trägt im wesentlichen die Züge des MMA. Muster können über das nationale Amt oder aber direkt beim Internationalen Büro hinterlegt werden (Art. 4 HMA 1960). Die Hinterlegung wahrt die Priorität (Art. 6 Abs. 2 HMA 1960) und gilt wie eine nationale Anmeldung (Art. 7 Abs. 1 HMA 1960). Das Internationale Büro registriert und veröffentlicht das Muster und leitet die Veröffentlichungen an die nationalen Ämter weiter (Art. 6 Abs. 1-3 HMA 1960), die ihrerseits innerhalb von sechs Monaten den Schutz verweigern können; hiergegen stehen dem Antragsteller die bei Ablehnung der Registrierung nach nationalem Recht einschlägigen Rechtsmittel zu (Art. 8 HMA 1960). Abtretungen und Aufgabe des Rechts werden durch das Internationale Büro registriert (Art. 12 und 13 HMA 1960).

Der Inhalt des Rechts richtet sich wiederum nach dem nationalen Recht des jeweiligen Schutzlandes (Art. 7 Abs. 1 lit. b HMA 1960), allerdings enthält das Abkommen auch weitergehende Vorgaben für das nationale Recht: Die Schutzdauer darf nicht weniger als fünf Jahre mit mindestens einmaliger Verlängerungsmöglichkeit auf zehn Jahre betragen (Art. 11 Abs. 1 HMA 1960), außerdem darf der Musterschutz nicht von einem Hinweis auf den geschützten Waren abhängig gemacht werden, und sofern das nationale Recht solche Angaben etwa im Hinblick auf

---

[23] WIPO, Introduction, S. 417, Ziff. 21.53.

[24] Hierzu näher WIPO, Introduction, S. 416 f, Ziff. 21.52 f, *Fezer*, MMA Vorbem. Rn 9.

die Beweislastverteilung verlangt, gelten sie durch Anbringen eines internationalen Designsymbols als erfüllt (Art. 14 HMA 1960).

Eine Revision von 1999 hat wiederum einige Modifizierungen gebracht.[25] So ist der Kreis der Antragsberechtigten genauer und zugleich weiter als bisher definiert worden (Art. 3 HMA). Außerdem wurde Staaten mit strikteren Registrierungsverfahren durch einen Umgehungsschutz (Art. 5 Abs. 2 HMA) und eine mögliche Verlängerung der Ablehnungsfrist Rechnung getragen. Die Ablehnung des nationalen Schutzes dürfen die nationalen Ämter nicht auf formale Fehler der insofern durch das Internationale Büro geprüften internationalen Anmeldung stützen (Art. 12 Abs. 1 HMA), in materieller Hinsicht hingegen unterliegen sie keinen Bindungen.[26] Weitere Modifikationen betreffen Einzelheiten des internationalen Anmeldungsverfahrens und die Abstimmung mit Vorschriften der nationalen Verfahren. Einzige zusätzliche Vorgabe ist die Schutzdauer, die nun bei zweimaliger Verlängerung insgesamt mindestens 15 Jahre betragen muß (Art. 17 HMA). Im übrigen erschöpft sich die Funktion des Haager Musterabkommens auch weiterhin in der Vermittlung des nationalen Musterschutzes durch ein zentralisiertes Registrierungsverfahren.

c) Die internationale Registrierung von Ursprungsbezeichnungen

Dem Schutz von Ursprungsbezeichnungen dient das auf der Lissabonner Revisionskonferenz der PVÜ 1958 abgeschlossene Lissabonner Ursprungsabkommen (LUA). Wie im Madrider und Haager Verband ist hier eine internationale Anmeldung mit Ablehnungsmöglichkeit[27] der Schutzländer vorgesehen (Art. 5 LUA). Allerdings enthält das Abkommen eine Reihe deutlich weiter gehender besonderer Regelungen.

Das LUA enthält sehr weitgehende materielle Verpflichtungen für den Schutzstaat. Anders als MMA und HMA begnügt es sich nicht mit einem Verweis auf das nationale Recht, vielmehr besteht eine positive

---

[25] Zur Übersicht über den Inhalt vgl. *Mansani*, GRUR Int. 2000, 896-898; WIPO Publication No. 453, Anhang zur Pressemitteilung über das Inkrafttreten der Revisionsfassung, WIPO Information Notice No. 12/2003 vom 1.10.2003.

[26] *Mansani*, GRUR Int. 2000, 896.

[27] Die Ablehnungsmöglichkeit war auf der Lissabonner Konferenz umstritten (*Krieger*, GRUR Ausl. 1959, 90, 99). Zu den Versagungsgründen in der Praxis *G. Ullrich*, S. 73.

Verpflichtung zum Schutz der international registrierten Angaben (Art. 1 Abs. 2 LUA), die gegen jede unberechtigte Aneignung oder Ausbeutung und insbesondere auch für den Fall geschützt werden müssen, daß eine Irreführung durch Angaben zum tatsächlichen Herstellungsort oder erklärende Zusätze ausgeschlossen wird (Art. 3 LUA). Darüber hinaus verhindert Art. 6 LUA, daß eine international registrierte Ursprungsbezeichnung zu einer Gattungsbezeichnung wird, solange ihr Schutz im Ursprungsland fortbesteht. Zusätzlich forciert wird das Schutzregime durch die ausdrücklich angeordnete Legalisierungswirkung, die das Verstreichenlassen der Schutzversagungsfrist mit sich bringt (Art. 5 Abs. 4 LUA). Dritten, die die Bezeichnung vor Anzeige der internationalen Registrierung rechtmäßig im Schutzland genutzt haben, wird dann nur noch eine zweijährige Übergangsfrist zur Einstellung ihrer Benutzung zugebilligt (Art. 5 Abs. 6 LUA).

Im Gegenzug zu diesen umfangreichen Verpflichtungen wird die zu schützende Ursprungsbezeichnung eng definiert. Um den international vermittelten Schutz zu erlangen, genügt es nicht, daß ein Produkt aus einer geographisch bestimmbaren Region kommt; darüber hinaus muß es über besondere Eigenschaften verfügen, die ihm aufgrund der natürlichen Gegebenheiten oder der besonderen Qualifikation der Bevölkerung gerade diese Herkunft vermittelt (Art. 2 Abs. 1 LUA).[28] Außerdem muß die Ursprungsbezeichnung als solche im Ursprungsland anerkannt sein (Art. 1 Abs. 2, Art. 5 Abs. 1 LUA). Diese Anerkennung vermitteln in der Regel besondere öffentliche Rechtsakte wie Verordnungen, Verwaltungsentscheidungen oder Registereintragungen, sie kann sich aber auch aus Urteilen in privaten Rechtsstreiten ergeben.[29]

---

[28] In diesem Sinne WIPO, Introduction, S. 239 f, Ziff. 11.41. Die teilweise vertretene Ansicht, auf eine besondere Qualität komme es nicht an, vielmehr genügten auch bloße Herkunftsbezeichnungen der Definition (*Tilmann*, S. 413, und im Anschluß daran *G. Ullrich*, S. 70, mit der Erwägung, daß „LUA Art. 2 (1) Güte oder Eigenschaften der Ware als existent ansieht"), verdient keine Zustimmung. Deutschland erklärte sich auf der Lissabonner Konferenz mit der auf Vorschlag Israels aufgenommenen Definition des Art. 2 Abs. 1 LUA einverstanden, weil diese materielle Kriterien für Ursprungsbezeichnungen festlegte (*Krieger*, GRUR Ausl. 1959, 90, 98), nicht weil damit die Beschränkung auf Ursprungsbezeichnungen aufgegeben worden wäre (so aber *Tilmann*, S. 413). Für eine Beschränkung auf Ursprungsangaben im engeren Sinne ebenfalls *Krieger*, aaO., *ders.*, GRUR 1972, 304, 305; *Beier*, GRUR Int. 1968, 69, 76; *ders.*, GRUR Int. 1974, 134, 137; *Loschelder/Loschelder*, S. 21.

[29] So Regel 5 Abs. 2 (vi) der Ausführungsordnung zum LUA. Anderer Ansicht noch *Krieger*, GRUR Ausl. 1959, 90, 98: Wegen Art. 1 Abs. 2 LUA („ap-

Insbesondere für Länder, die vor allem auf diesem letzteren Wege den Schutz von Herkunftsangaben sicherstellen, können sich Probleme beim Nachweis der besonderen Eigenschaften der geschützten Waren und bei der Abgrenzung des schutzberechtigten Gebiets und der geschützten Personen ergeben.[30] Die sehr enge Definition beschränkt daher die praktischen Vorteile des Abkommens von vornherein auf Staaten mit einem ausgeprägten nationalen Schutz geographischer Ursprungsangaben.[31] Dies drückt sich nicht zuletzt in der verhältnismäßig geringen Zahl von nur 26 Verbandsmitgliedern[32] aus.

Obgleich sich die Modalitäten der Rechtsverfolgung nach nationalem Recht richten (Art. 8 LUA), enthält das LUA bereits recht weitgehende inhaltliche Vorgaben für die durch die internationale Registrierung vermittelten Befugnisse. Die Ablehnungsbefugnis der Verbandsstaaten zeigt gleichwohl, daß es sich nicht schlechthin um ein einheitliches internationales Schutzrecht handelt. Das LUA könnte im übrigen in den Verhandlungen der Doha-Runde der WTO zum Vorbild für das durch Art. 23 Abs. 4 TRIPS-Abkommen vage in Aussicht genommene multilaterale Registrierungssystem geographischer Angaben werden.

d) Die internationale Patentanmeldung

Einen etwas anderen Ansatz verfolgt der Patentzusammenarbeitsvertrag (PCT) von 1970,[33] der eine internationale Anmeldung und Patentprüfung, aber keine Registrierung vorsieht und so die Entscheidung über die Schutzrechterteilung vollständig bei den nationalen Patentämtern beläßt. Die Anmeldung wird unter Angabe der Länder, in denen Schutz begehrt wird (Bestimmungsländer),[34] bei einem nationalen oder regio-

---

pellations d'origine [...] protégées *à ce titre*") kämen nur durch administrativen Rechtsakt geschützte Ursprungsbezeichnungen in Betracht (Hervorhebung hinzugefügt).

[30] *Beier*, GRUR Int. 1974, 134, 137; *Tilmann*, S. 414.

[31] So schon *Krieger*, GRUR Ausl. 1959, 90, 98. Bereits auf der Lissabonner Konferenz äußerten Großbritannien und Schweden daher auch deutlich Vorbehalte, *Krieger*, aaO., S. 97 f.

[32] Information der Internetseite der WIPO, Stand 15.4.2007.

[33] Zur Vorgeschichte WIPO, Introduction, S. 395 f, Ziff. 20.4.

[34] Nach der zum 1.1.2004 in Kraft getretenen neuen Ausführungsordnung ist jede Anmeldung grundsätzlich für sämtliche Vertragsstaaten bestimmt und kann nachträglich für bestimmte Staaten zurückgenommen werden, Art. 4 Abs.

nalen Patentamt oder dem internationalen Büro selbst eingereicht (Art. 4, 10 PCT, Regel 19.1 lit. a AO PCT). Eine formal ordnungsgemäße Anmeldung vermittelt die Rechtswirkungen, die entsprechenden Anmeldungen nach dem Recht der Bestimmungsländer zukämen (Art. 11 Abs. 3 PCT), sowie die durch die PVÜ vermittelten internationalen Rechtswirkungen (Art. 11 Abs. 4 PCT), namentlich die zwölfmonatige Priorität nach Art. 4 A Art. 1, B PVÜ in den übrigen Verbandsstaaten des Pariser Verbandes. Für die internationale Anmeldung selbst kann eine durch eine frühere nationale oder regionale Anmeldung erworbene Priorität in Anspruch genommen werden (Art. 8 PCT).

Das Anmeldeamt leitet gegebenenfalls eine Kopie der Anmeldung an das Internationale Büro und eine weitere Kopie an eine internationale Recherchebehörde weiter (Art. 12 PCT), die in einer internationalen Recherche den einschlägigen Stand der Technik ermittelt (Art. 15 Abs. 2 PCT). Langfristig nimmt der Vertrag die Errichtung einer einzigen Internationalen Recherchebehörde in Aussicht, da eine derart umfassend ausgestattete, zentralisierte Behörde aber kaum realisierbar erscheint, werden aufgrund besonderer Vereinbarungen mit dem Internationalen Büro derzeit zwölf nationale oder regionale Patentämter als internationale Recherchebehörden tätig (Art. 16 PCT).[35] Die internationale Recherchebehörde erstellt einen Bericht, den sie dem Anmelder und dem Internationalen Büro zuleitet (Art. 18 PCT). 18 Monate nach Antragstellung veröffentlicht das Internationale Büro die Anmeldung, in der Regel gemeinsam mit dem Recherchebericht bzw. der Ablehnungsentscheidung der Recherchebehörde (Art. 21 Abs. 3 PCT, Regel 48 AO PCT).

Anders als in den anderen Systemen führt die internationale Veröffentlichung nicht zu einer automatischen Schutzerteilung. Ihre Wirkung erschöpft sich in der Vermittlung des Schutzes, die das jeweilige nationale Recht der Bestimmungsländer an die Veröffentlichung einer ungeprüften Patentanmeldung im Inland knüpft (Art. 29 Abs. 1 PCT), was zumeist nur für den vorläufigen Schutz bis zur Patenterteilung von Belang ist.[36] Zudem ist das nationale Verfahren für die Dauer der internationa-

---

9 (a), Art. 90bis Abs. 2 Ausführungsordnung PCT (PCT Union, Assembly Report, WIPO-Dokument PCT/A/31/10 vom 1.10.2002, Annex V; vgl. auch WIPO, PCT Newsletter 11/2003, S. 1 f).

[35] Die Patentämter von Australien, China, Finnland, Japan, Kanada, Korea, Österreich, Rußland, Schweden, Spanien, der USA sowie das Europäische Patentamt in München, siehe WIPO, PCT Review 2003, S. 9.

[36] Vgl. hierzu *R. Singer*, Intellectual Property 1973, 380, 382 f.

len Recherche ausgesetzt (Art. 23 PCT) und muß erst 30 Monate nach dem Prioritätsdatum weiterbetrieben werden (Art. 22 Abs. 1 PCT[37]). In der nationalen Phase besteht sodann allein in formeller Hinsicht eine gewisse Bindung an die Vorgaben des Vertrages (Art. 27 Abs. 1-4 PCT), die Patentämter bleiben aber frei in der Beurteilung der materiellen Patentvoraussetzungen und sind auch hinsichtlich der Neuheitsprüfung nicht an das Ergebnis der internationalen Recherche gebunden (Art. 27 Abs. 5 und 6 PCT).

Optional sieht Kapitel II PCT überdies eine internationale vorläufige Patentprüfung vor (Art. 31 PCT), die sich auch auf die sonstigen Patentvoraussetzungen Offensichtlichkeit und gewerbliche Anwendbarkeit erstreckt (Art. 33 PCT). Ergebnis der vorläufigen Prüfung ist ein Gutachten, das ebenfalls keinerlei rechtliche Bindungswirkung für die Patentämter der Bestimmungsländer entfaltet (Art. 33 Abs. 1, Art. 35 Abs. 2 PCT). Die ab 1. Januar 2004 gültige neue Ausführungsordnung sieht vor, daß auch bei den „normalen" Anmeldungen nach Kapitel I PCT neben der internationalen Recherche routinemäßig ein der internationalen vorläufigen Patentprüfung entsprechender Bericht erstellt und an die Bestimmungsländer weitergeleitet wird. Der wesentliche Unterschied zum Verfahren nach Kapitel II PCT besteht nunmehr[38] nur noch darin, daß in jenem Verfahren Änderungen der Anmeldung und eine förmliche Gegenvorstellung[39] des Anmelders bei der jeweiligen internationalen Prüfungsbehörde möglich sind (Art. 34 Abs. 2 PCT).[40] Im Falle eines negativen Prüfberichts nach Kapitel I PCT kann der Anmelder binnen drei Monaten eine Überleitung in das Verfahren nach Kapitel II PCT veranlassen (Regel 54bis.1 lit. a AO PCT) und dabei seine Einwände geltend machen. Im Ergebnis gibt es damit nun in jedem Fall

[37] Neue Fassung seit 1.1.2003, siehe PCT Assembly Report 2001, WIPO-Dokument PCT/A/30/7 vom 3.10.2001, Ziff. 49 und Anhang II.

[38] Bis zur Änderung des Art. 22 Abs. 1 PCT brachte das Verfahren nach Kapitel II einen zusätzlichen Aufschub der nationalen Phase auf 30 Monate ab Prioritätsdatum (Art. 39 Abs. 1, Art. 40 Abs. 1 PCT). Art. 22 Abs. 1 PCT sieht nun für Anmeldungen nach Kapitel I ebenfalls 30 Monate Aufschub vor (siehe oben, Anm. 37).

[39] Auch im Verfahren nach Kapitel I PCT will das Internationale Büro allerdings Gelegenheit zu informellen Gegenvorstellungen geben, vgl. WIPO, PCT Newsletter, No. 12/2003, S. 13.

[40] PCT Union, Matters Concerning the PCT Union, Proposed Amendments of the Regulations under the PCT, Document prepared by the International Bureau, WIPO-Dokument PCT/A/31/6 vom 24.7.2002, S. 5, Ziff. 14-16.

eine umfassende internationale Patentprüfung mit einer förmlichen Einspruchsmöglichkeit in der internationalen Phase. Diese Möglichkeit der Einflußnahme ist für die Praxis auch nicht unerheblich, weil die Patentämter der Bestimmungsländer dem Ergebnis der internationalen Prüfung unter Umständen maßgebliche Bedeutung für den Ausgang des nationalen Verfahrens beimessen.[41]

Obwohl das internationale Anmeldungsverfahren rechtlich keinen Patentschutz in den Verbandsländern vermittelt, bringt es dem Anmelder erhebliche Erleichterungen beim Erwerb von Patenten im Ausland. Es enthebt ihn der gesonderten Anmeldung in den verschiedenen Bestimmungsstaaten und verschafft ihm einen Aufschub der nationalen Erteilungsverfahren, während dessen er Aufschluß über die Erfolgsaussichten seiner Anmeldung erlangt.[42] Außerdem entlastet es die nationalen Behörden, ermöglicht eine eingehende Untersuchung und fördert so die Erteilung starker, d.h. schwer angreifbarer Patente.[43] Zu diesem Zweck können die Verbandsstaaten sogar für ihre nationalen Anmeldungen die Recherche durch eine internationale Recherchebehörde vorsehen (Art. 15 Abs. 5 lit. b PCT).[44] Nicht zuletzt erleichtert die zentrale Veröffentlichung Interessierten weltweit den Zugang zu Informationen zum aktuellen Stand der Technik.[45] Im übrigen ist das internationale Anmeldungsverfahren auf das Anmeldeverfahren des Europäischen Patentübereinkommens (EPÜ)[46] abgestimmt, so daß mit derselben Anmeldung sowohl Schutz nach PCT wie auch nach EPÜ erlangt werden kann. Was den PCT angeht, bleibt es allerdings bei der Feststellung, daß die Entscheidung über das Patent und seine Rechtswirkungen allein den Verbandsstaaten vorbehalten bleibt. Dies mindert nicht den enormen Erfolg des Verbandes, dem 133 Staaten[47] angehören.

---

[41] Aus diesem Grunde empfiehlt die WIPO selbst, bei negativem Ausgang der internationalen Prüfung die Überleitung in einen Antrag nach Kapitel II PCT zu betreiben, PCT Newsletter, No. 12/2003, S. 15.

[42] *Benkard/Ullmann*, PatG IT Rn 83, 85; WIPO, Introduction, S. 400, Ziff. 20.27; S. 401, Ziff. 20.37.

[43] WIPO, Introduction, S. 397, Ziff. 20.11; S. 399, Ziff. 20.25 f; S. 403, Ziff. 20.44 f, 20.46-20.49; S. 404, Ziff. 20.55.

[44] Hierzu auch WIPO, Introduction, S. 400, Ziff. 20.28.

[45] WIPO, Introduction, S. 405, Ziff. 20.57.

[46] Übereinkommen über die Erteilung Europäischer Patente vom 5.10.1973, BGBl. 1976 II, 826.

[47] Information der Internetseite der WIPO, Stand 15.7.2006.

e) Die internationale Hinterlegung von Mikroorganismen

Der Budapester Vertrag (BV) von 1977 regelt technische Einzelheiten auf einem Spezialgebiet des Patentrechts, nämlich der Patentierung lebender Mikroorganismen.[48] Da sich Mikroorganismen nur unzureichend abstrakt beschreiben lassen, wird zum Zwecke der Offenlegung im Patentverfahren eine Probe des Stammes hinterlegt.[49] Sofern Verbandsstaaten Patente auf Mikroorganismen erteilen und dazu eine Hinterlegung verlangen, kann diese mit Wirkung für alle Verbandsstaaten in einer der 34 internationalen Hinterlegungsstellen des Verbandes bewirkt werden. Die Hinterlegungsstellen werden durch die Verbandsstaaten mittels Deklaration gegenüber dem Generaldirektor des Internationalen Büros eingerichtet (Art. 7 Abs. 1 BV). Sie müssen über die notwendige Ausstattung verfügen (Art. 6 Abs. 1 und 2 BV), ihre Widmung wird aber nur in formeller Hinsicht geprüft und kann nur durch die Versammlung des Verbandes wieder entzogen werden (Art. 7 Abs. 2, Art. 8 BV). Die Proben werden mindestens 30 Jahre lang aufbewahrt (Regel 9.1 AO BV) und unter bestimmten Voraussetzungen an andere Patentämter oder interessierte Dritte abgegeben (Regel 11 AO BV).[50] Der Vorteil für den Anmelder liegt darin, daß er mit nur einer einzigen Hinterlegung das Patentverfahren in verschiedenen Staaten betreiben kann. Die Rechtswirkung der internationalen Hinterlegung erschöpft sich in der Anerkennung als Hinterlegung für die Zwecke des nationalen Verfahrens in den anderen Verbandsstaaten (Art. 3 Abs. 1 lit. a BV). Die materiellen Voraussetzungen für die hinreichende Offenbarung unterliegen dagegen ebenso wie die Freigabe von Proben an Dritte den Vorgaben des nationalen Rechts.[51] Im übrigen hat der Verband, der 66 Mitglieder[52] zählt, keine finanziellen Vorschriften, da bei der WIPO allein administrative Kosten anfallen, die aus dem Budget der PVÜ bestritten werden.[53]

---

48 *Hallmann*, GRUR Int. 1978, 55, 61.

49 *Hallmann*, GRUR Int. 1978, 55 f; *Correa*, EIPR 8 (1994) 327, 330.

50 Zur Problematik *Horejš*, in: Schutz von mikrobiologischen Erfindungen, S. 31-35; *Hallmann*, GRUR Int. 1978, 55, 58 f.

51 *Benkard/Ullmann*, PatG IT Rn 214.

52 Information der Internetseite der WIPO, Stand 15.4.2007.

53 *Palágyi*, in: Schutz von mikrobiologischen Erfindungen, S. 15.

f) Zusammenfassung

Die internationalen Anmelde- und Registrierungssysteme zentralisieren bestimmte Schritte der entsprechenden nationalen Verfahren und vermitteln so den nationalen Immaterialgüterschutz der Verbandsstaaten. Sie schaffen kein Einheitsrecht, machen aber teilweise materielle Vorgaben für die nationalen Rechtsordnungen, die sich allerdings auf die Behandlung der internationalen Schutzrechte beschränken. Allerdings sollte die unmittelbare Rechtswirkung der internationalen Anmeldungen in den Rechtsordnungen der Mitgliedstaaten[54] nicht überschätzt werden. Zwar vermitteln sie zumeist einen vorläufigen Schutz, die Möglichkeiten der Schutzverweigerung aber weisen die Entscheidung über die Erteilung der Schutzrechte letztlich den nationalen Behörden zu. Eine Legalisierungswirkung nach Verstreichen der Schutzverweigerungsfrist sieht nur ein einziges Abkommen, das LUA, vor. Patentschutz (PCT und BV) wird dagegen ausschließlich nach Durchlaufen des – durch die internationale Anmeldung gegebenenfalls modifizierten – nationalen Verfahrens erteilt.

Nicht zu unterschätzen ist demgegenüber die praktische Bedeutung. Die internationale Anmeldung bringt dem Anmelder im Vergleich zur Vielzahl der sonst nötigen nationalen Anmeldungen im Ausland mit entsprechendem Recherche- und Übersetzungsaufwand eine enorme Erleichterung. Die internationale Patentprüfung des PCT entlastet darüber hinaus die nationalen Patentämter und macht das offengelegte technische Wissen weltweit zugänglich. Darüber hinaus werden für die internationalen Anmeldungen – mit Ausnahme der Hinterlegungen nach BV – internationale Gebühren erhoben.[55] Insbesondere MMA und PCT verzeichnen ein erhebliches Gebührenaufkommen, das namentlich die technische Zusammenarbeit mit Entwicklungsländern bei der Umsetzung des TRIPS-Abkommens speist.

---

[54] Vgl. etwa *R. Singer*, Industrial Property 1973, 380, 389, der die internationalen Veröffentlichung nach PCT als „creation of (a) supranational act of sovereignty establishing private rights“ bezeichnet.

[55] Art. 8 Abs. 2 MMA, Art. 8 Abs. 2 ZP MMA, Regel 10 AO MMA; Art. 5 Abs. 1 HMA 1960, Art. 7 Abs. 1 HMA 1999, Regeln 12 und 27 AO HMA; Art. 7 Abs. 2 LUA, Regel 23 AO LUA; Art. 3 Abs. 4 (iv) PCT, Regel 15 AO PCT.

3. Die Klassifizierungssysteme

Der dritte in der WIPO verfolgte Ansatz zur Verbesserung des internationalen Immaterialgüterschutzes ist eine Harmonisierung der technischen Systematisierung von Schutzrechten. Hierzu bestimmt das Nizzaer Klassifikationsabkommen (NKA) einheitliche Klassen von Waren und Dienstleistungen, für die eine Marke angemeldet werden kann, und das Klassifikationsabkommen von Locarno (LKA) ein gemeinsames System zur Klassifizierung von gewerblichen Mustern und Modellen. In ähnlicher Weise wurden im Straßburger Abkommen (IPC) gemeinsame Kriterien zur Erfassung von Erfindungen, Gebrauchsmustern und ähnlichen Schutzrechten und im Wiener Klassifikationsabkommen (WKA) ein System zur Klassifizierung der figürlichen Elemente in Marken festgelegt. Expertenkomitees passen die Klassifizierungen regelmäßig den technischen Entwicklungen an.

Bei den internationalen Klassifizierungen handelt es sich um eine objektivrechtliche Vereinheitlichung,[56] die zu einer besseren Vergleichbarkeit der Schutzrechte verschiedener Länder führt und so die Transparenz bei ausländischen Anmeldungen und der grenzüberschreitenden Übertragung von Schutzrechten erhöht. Ferner erleichtert sie die Recherche der Anmelde- oder Registrierungsbehörden nach vorbestehenden Rechten Dritter[57] bzw. dem Stand der Technik.[58] Dagegen enthalten die Abkommen keine inhaltlichen Vorgaben für die nationalen Rechte der Verbandsstaaten.[59] Die Staaten brauchen auch ihre traditionellen Klassifizierungen nicht aufzugeben, wenn sie nur eine parallele Klassifizierung und Bezeichnung nach dem harmonisierten System sicherstellen (Art. 2 NKA, Art. 2 LKA, Art. 3 IPC, Art. 4 WKA). Damit erweisen sich die Klassifikationssysteme als technische Harmonisierungen, die keine materiellen Vorgaben für die nationalen Schutzstandards machen.

---

[56] So *Fezer*, Int. MarkenR, Rn 7, der von bloßen Ordnungsinstrumenten spricht.

[57] *Miosga*, MA 1967, 469, 470; *Fezer*, Int. MarkenR, Rn 7 zum NKA.

[58] Zur Bedeutung der Straßburger Klassifikation für die Neuheitsrecherche *Haertel*, GRUR Int. 1972, 65 f.

[59] *Miosga*, MA 1969, 467, 473.

4. Zusammenfassung

In ihrer Gesamtheit haben die in der WIPO zusammengefaßten Schutzverträge eine erhebliche Komplexität erreicht. Fremdenrechtliche Schutzstandards werden ergänzt durch internationale Anmeldungen oder Registrierungen, die den Erwerb von Schutzrechten in verschiedenen Staaten erheblich rationalisieren, selbst aber nur ansatzweise materielle Schutzverpflichtungen nach sich ziehen. Die Klassifizierungssysteme schließlich machen die nationalen gewerblichen Schutzrechte leichter vergleichbar und fördern so grenzüberschreitenden Erwerb und Übertragung. Im übrigen stellen sie die Kompatibilität mit den globalen Registrierungssystemen her und fördern so zusätzlich deren Attraktivität.

B. Der Regelungsansatz des TRIPS-Abkommens

Von den Regelungsansätzen der WIPO übernimmt das TRIPS-Abkommen nahezu ausschließlich die fremdenrechtlichen Mindeststandards. Es inkorporiert im Verweisungsweg sowohl den materiellen Teil der PVÜ (Art. 2 Abs. 1 TRIPS-Abkommen) als auch große Teile der RBÜ (Art. 9 Abs. 1 TRIPS-Abkommen) und sieht darüber hinaus die Inländerbehandlung vor (Art. 3 TRIPS-Abkommen), ergänzt um das Prinzip der Meistbegünstigung (Art. 4 TRIPS-Abkommen). Im Teil II TRIPS-Abkommen folgen detaillierte Mindeststandards[60] für die einzelnen Schutzrechtkategorien, teilweise unter Verweis auf entsprechende Abkommen der WIPO. Teil III schließlich enthält Vorschriften zur innerstaatlichen Durchsetzung der Schutzrechte und Teil IV Garantien für das innerstaatliche Verfahren zu Erwerb und Unterhaltung gewerblicher Leistungsschutzrechte. Was die in der WIPO bestehenden Anmelde- und Registrierungssysteme betrifft, nimmt sie Art. 5 TRIPS-Abkommen lediglich von der Inländerbehandlung und der Meistbegünstigung aus.

Über die Festlegung von Mindeststandards hinaus geht allein Art. 23 Abs. 4 TRIPS-Abkommen, der dem TRIPS-Rat ein Verhandlungsmandat mit dem Ziel eines multilateralen Systems zur Anzeige und Registrierung geographischer Angaben von Weinen aufgibt. Hierdurch wird die bereits angesprochene,[61] in Art. IX Abs. 6 GATT verankerte Pflicht zum Zusammenwirken gegen die betrügerische Benutzung geographi-

[60] Im einzelnen siehe unten, ab Seite 212.

[61] Siehe oben, Seite 94.

scher Angaben auf eine Aufgabenwahrnehmung in multilateralem Rahmen hin erweitert. Die Frage ist Gegenstand der Doha-Runde und nach wie vor erheblich umstritten. Ob das LUA hierfür zum Vorbild werden kann, erscheint wegen dessen enger Definition der Ursprungsangaben ebenso wie seines hohen Schutzniveaus zweifelhaft. Immerhin wäre ein Betrieb des in Aussicht genommenen Registrierungssystems durch die fachlich qualifizierte WIPO in Erwägung zu ziehen.

C. Fazit

In Konkurrenz zur WIPO tritt das TRIPS-Abkommen im wesentlichen auf dem Gebiet der Mindeststandards, auf die sich die Betrachtung daher im Folgenden beschränkt.

II. Die materiellen Schutzverbesserungen des TRIPS-Abkommens

Inhaltlich werden die Schutzstandards des TRIPS-Abkommens als „Bern-" bzw. „Paris-Plus-Ansatz" beschrieben.[62] Das soll verdeutlichen, daß es auf den Standards der bestehenden Verbände der WIPO aufbauend weitergehende Regelungen trifft. Neben der PVÜ und der RBÜ kommt insbesondere das Romabkommen als Vergleichsmaßstab in Betracht. Ein Überblick über die materiellen Regelungen erleichtert das Verständnis der Situation des TRIPS-Abkommens im internationalen geistigen Eigentumsschutz, wenngleich für die Einzelheiten auf die Spezialliteratur verwiesen werden muß.

A. Das Prinzip der Inländerbehandlung

Das Prinzip der Inländerbehandlung ist das Gebot, Ausländern die Behandlung zukommen zu lassen, welche Inländer in gleicher Situation genießen; da Ausländer Inländern assimiliert werden, spricht man auch vom Assimilationsprinzip.[63] Zur Inländerbehandlung verpflichten Art. 2 PVÜ, Art. 5 Abs. 1 RBÜ und Art. 4-6 Romabkommen, ferner Art. 4 WPPT sowie Art. 2 WCT durch Verweis auf die RBÜ. Das TRIPS-Abkommen übernimmt die Inländerbehandlung der PVÜ und RBÜ durch

---

[62] So etwa *Staehelin*, S. 27.

[63] Vgl. etwa *Nordemann/Vinck/Hertin*, Einl. Rn 22.

Verweis in Art. 2 Abs. 1 und Art. 9 Abs. 1 und enthält darüber hinaus in Art. 3 eine mit „National Treatment" überschriebene eigene allgemeine Pflicht zur Inländerbehandlung.

Bedeutung hat die Inländerbehandlung in den Verbänden vor allem, weil sie die materielle Reziprozität innerhalb des Verbandes ausschließt.[64] Daß der Immaterialgüterschutz für Ausländer nicht unter den Vorbehalt reziproken Schutzes im Herkunftsland gestellt werden darf, wurde auf den Gründungskonferenzen eindeutig klargestellt: Die vorbereitende Konferenz der PVÜ 1880 strich auf Antrag der Schweiz, die damals über kein Patentgesetz verfügte, die Formulierung „réciproquement" aus Art. 2, um klarzustellen, daß auch schweizerische Erfinder Anspruch auf Inländerbehandlung in den anderen Verbandsstaaten haben.[65] Auf der Revisionskonferenz von Den Haag 1925 wurde ein Antrag der USA auf Festschreibung der materiellen Reziprozität verworfen.[66] Ebenso belegt die auf der vorbereitenden Konferenz zur Berner Übereinkunft 1884 auf deutschen Wunsch herbeigeführte Beschränkung der Inländerbehandlung auf die verbandsangehörigen Urheber, daß innerhalb des Verbandes nicht an eine materielle Reziprozität gedacht war.[67] In den Verbänden verwirklicht sich daher die für völkerrechtliche Verträge typische Gegenseitigkeit nicht in einem strikten Leistungssynallagma, sondern nur in formeller Hinsicht in der Bindung an gemeinsame Regeln. Bei der RBÜ besteht darüber hinaus die Besonderheit, daß sich die Inländerbehandlung nicht auf den Regelungsbereich des Abkommens beschränkt, sondern allgemein für das Urheberrecht im Schutzland gilt. Unsicherheiten, ob alle Werkkategorien, die das nationale Recht urheberrechtlich schützt, in den Genuß der Inländerbehandlung kommen,[68] sind zumeist pragmatisch durch

---

[64] *Donzel*, S. 152 f, 353; *Devaux*, S. 85 f; *Ladas*, Industrial Property, S. 207, § 128; *ders.*, Literary and Artistic Property, S. 266, § 123; *Bappert/Wagner*, Einleitung RBÜ Rn 8; *Bodenhausen*, S. 6, 21 f; *Beier*, in: FS Hefermehl, S. 19; *ders.*, GRUR Int. 1983, 339, 349; *Ballreich*, GRUR Int. 1987, 747, 752, 756; *Landau*, DRiZ 1986, 325, 327; *Drexl*, Entwicklungsmöglichkeiten, S. 43 f; *Buck*, S. 89, 90 f.

[65] Actes 1880, S. 33, 35, 37 f. Hierzu *Ladas*, Industrial Property, S. 207, § 128 mit dortiger Fn 2.

[66] Vgl. *Ladas*, Industrial Property, S. 208 f, § 128; *Bodenhausen*, S. 21 f.

[67] Vgl. *Röthlisberger*, S. 83, 129 f; *Landau*, DRiZ 1986, 325, 326; *Cavalli*, S. 175-177.

[68] Vgl. dafür BGE (Schweiz) 62 II (1936) 243, 253; *Nordemann/Vinck/Hertin*, RBÜ Art. 2/2bis Rn 3; *Bergsma* S. 71; *Ricketson*, S. 235 f; dagegen, weil

Klarstellungen in der Konvention oder durch den Abschluß besonderer Abkommen wie des Romabkommens gelöst worden. Was die nicht in der RBÜ enthaltenen urheberrechtlichen Befugnisse des nationalen Rechts betrifft, ist die Inländerbehandlung allerdings teilweise umstritten.[69]

Des weiteren wird der Inländerbehandlung kollisionsrechtliche Bedeutung attestiert.[70] In der Tat erleichtert der Verweis auf das Recht des Schutzlandes die Rechtsfindung und erhöht die Rechtssicherheit, weil der Richter das ihm vertraute Recht anwendet und anders als beim Verweis auf das Heimatrecht des Ausländers[71] nicht die ausländische Rechtslage ermitteln muß. Es ist allerdings nicht ersichtlich, warum eine Pflicht zur kollisionsrechtlichen Anknüpfung bestehen sollte. Mag auch die Anknüpfung am Recht des Schutzlandes der Erwägung folgen, jeder Staat müsse die Interessenabwägung bei der Schaffung geistigen Eigentums im eigenen Staatsgebiet selbst vornehmen,[72] so erscheint es doch unschädlich, die kollisionsrechtliche Anknüpfung den nationalen Rechtsordnungen zu überlassen, solange nur die Schutzstandards gegenüber Ausländern nicht unterschritten werden. Gleichwohl wird die Inländerbehandlung insbesondere in Staaten, die die Konventionen unmittelbar in ihrer Rechtsordnung anwenden,[73] schon aus praktischen Gründen auch als kollisionsrechtliche Regelung angewendet werden können.

Gegenüber einer Gleichsetzung der Inländerbehandlung der Verbände mit der in Art. III Abs. 4 GATT enthaltenen handelsrechtlichen Inländerbehandlung ist eingewandt worden, daß sie Personen schütze, wäh-

---

die RBÜ einen eigenen Werksbegriff kenne, *Vaver*, GRUR Int. 1988, 191, 197; *Drexl*, Entwicklungsmöglichkeiten, S. 57; *Buck*, S. 125; *Khadjavi-Gontard*, S. 77, 81.

[69] Vgl. etwa *Buck*, S. 78 f, *Bergsma*, S. 76 f, *Drexl*, S. 70-77, *Nordemann/Vinck/Hertin*, RBÜ Art. 5 Rn 2, *Khadjavi-Gontard*, S. 83 f; S. 92-95; *Ricketson*, Ziff. 5.68, S. 210; *von Lewinski*, in: Beier/Schricker I, S. 60.

[70] So *Ulmer*, RabelsZ 41 (1977) 479, 487; *Beier*, Festschrift für Ulmer, GRUR Int. 1983, 339, 343; *Drexl*, Entwicklungsmöglichkeiten, S. 38 f.

[71] So Art. 2 der Übereinkunft von Montevideo 1889, der das Deutsche Reich 1927 beitrat, RGBl. 1927 II 95.

[72] So *Drexl*, Entwicklungsmöglichkeiten, S. 35 f.

[73] Hierzu unten, Seite 232.

rend das GATT an die Herkunft von Sachen anknüpfe.[74] Hierin liegt ein richtiger Kern. Die Gleichbehandlungspflichten im Handelsrecht sollen gleichbleibende Wettbewerbsbedingungen gewährleisten und so Zollkonzessionen gegen eine nachträgliche Entwertung sichern. Der ungeschützte ausländische „Inhaber" eines Immaterialguts befindet sich aber weder zu inländischen Schutzrechtsinhabern noch zu denen aus Drittstaaten in einem Wettbewerbsverhältnis, vielmehr fehlt es ihm bereits an einem fungiblen Gut, mit dessen Angebot er zu jenen in Konkurrenz treten könnte.[75] Was ihm allerdings verweigert wird, ist die wirtschaftliche Ausbeutung „seines" Immaterialguts; mag er gegenüber anerkannten Schutzrechtsinhabern auch nicht *als Konkurrent* benachteiligt sein, so ist er doch benachteiligt. Es begegnet auch keinen Bedenken, die durch die Spruchpraxis zum GATT entwickelten Grundsätze der indirekten Diskriminierung auf die Inländerbehandlung des TRIPS-Abkommens zu übertragen.[76] Denn es ist nicht ersichtlich, warum eine Vereitelung der Inländerbehandlung durch Anknüpfung an formal neutrale, faktisch aber nur Ausländer treffende Merkmale im Bereich des geistigen Eigentums zugelassen werden sollte.

Im übrigen beschränkt sich die Inländerbehandlung nach Art. 3 Abs. 1 TRIPS-Abkommen auf die im TRIPS-Abkommen enthaltenen Schutzkategorien des geistigen Eigentums, wie sich der abschließenden Definition des Art. 1 Abs. 2 TRIPS-Abkommen entnehmen läßt; für die durch Verweis inkorporierten Vorschriften der PVÜ gilt sie gleichwohl auch dann, wenn das TRIPS-Abkommen sie nicht besonders erwähnt.[77] Wie Art. 3 Abs. 1 TRIPS-Abkommen beschränken Art. 3 WCT und

---

[74] So *Ballreich*, GRUR Int. 1987, 747, 753; *Fikentscher*, in: FS Benisch, S. 483; *Katzenberger*, GRUR Int. 1995, 447, 459; *Drexl*, Entwicklungsmöglichkeiten, S. 323. Zutreffend freilich *Schwarzenberger*, RdC 117 (1966 I) 1, 74 f (zu Meistbegünstigungsklauseln): „Yet, it would probably be premature to assume that the parties intend to make, for instance, m.f.n. herrings the bearers of rights and duties under such optional international law."

[75] Vgl. *Darras*, S. 555 f: „Si les Espagnols sont plus complètement garantis en France que les Anglais, il en résulte certainement une inégalité mais ce fait ne cause par lui-même aucun préjudice aux Anglais."

[76] So Panel-Bericht der WTO *EC – Protection of Trademarks and Geographical Indications for Agricultural Products and Foodstuffs*, WTO-Dokument WT/DS174/R vom 15.3.2005, Ziff. 7.172-7.176.

[77] Bericht des Appellate Body der WTO, *US – Section 211 Omnibus Appropriations Act of 1998*, WTO-Dokument WT/DS176/AB/R vom 2.1.2002, Ziff. 337 f, zu Art. 8 PVÜ.

Art. 4 WPPT die Inländerbehandlung auf die in ihnen geregelte Rechtsmaterie.[78] Davon abgesehen kann der Inländerbehandlung des TRIPS-Abkommens kein wesentlich anderer Charakter bescheinigt werden als der der Verbandsübereinkünfte.

B. Die Meistbegünstigung

Die Meistbegünstigung wurde nach dem Vorbild des Art. I Abs. 1 GATT in Art. 4 TRIPS-Abkommen aufgenommen. Sie war in den bilateralen immaterialgüterrechtlichen Verträgen des 19. Jahrhunderts verbreitet,[79] erlangt aber neben der Inländerbehandlung nur in den seltenen Fällen der Besserstellung des Ausländers gegenüber dem Inländer (Inländerdiskriminierung) eine praktische Bedeutung.[80] Ihr fundamentaler Charakter für das GATT ergibt sich aus der Anwendung auf Zölle, die als nach außen gerichtete wirtschaftspolitische Instrumente der Inländerbehandlung von vornherein nicht zugänglich sind. Im Bereich des TRIPS-Abkommens ist eine vergleichbare Konstellation nicht ersichtlich. Namentlich für die bereits in Art. 3 Abs. 1 TRIPS-Abkommen freigestellte materielle Reziprozität in RBÜ und Romabkommen[81] braucht keine Meistbegünstigung gewährt zu werden (Art. 4 Abs. 2 lit. b TRIPS-Abkommen). Damit hat Art. 4 TRIPS-Abkommen kaum praktische Bedeutung.

C. Die Mindeststandards

Die Mindestrechte stellen ergänzend zur Inländerbehandlung ein bestimmtes Mindestschutzniveau des geistigen Eigentums sicher. In diesem Bereich hat das TRIPS-Abkommen zu einer wesentlichen Ände-

---

78 Dies hebt *von Lewinski*, GRUR Int. 1997, 667, 671, hervor.

79 Siehe oben, Seite 30.

80 *Reinbothe*, GRUR Int. 1992, 707, 713; *Pacón*, in: Beier/Schricker II, S. 336, sowie grundsätzlich *Katzenberger*, GRUR Int. 1995, 447, 462. Ein Beispiel ist die Gewährung von Schaltkreis-Topographieschutz durch Südkorea gegenüber den USA in den 1980er Jahren, die gegen die EG diskriminierte, vgl. *Drexl*, Entwicklungsmöglichkeiten, S. 342; *Pacón*, in: Beier/Schricker II, S. 336 f, siehe auch oben, Seite 110. Als weiteres Beispiel erwähnt *Pacón*, aaO., S. 337, dortige Fn 48, eine Vereinbarung zwischen den USA und Lettland.

81 Vgl. etwa *Staehelin*, S. 24. Siehe auch unten, Seite 343.

rung gegenüber dem Rechtszustand in den Verbänden der WIPO geführt.

1. Urheberrecht und benachbarte Leistungsschutzrechte

Die urheberrechtlichen Bestimmungen der RBÜ werden durch die Verweisung des Art. 9 Abs. 1 TRIPS-Abkommen pauschal in das TRIPS-Abkommen inkorporiert. Ausformuliert wurde der schon bisher anerkannte[82] Grundsatz, daß Urheberschutz nur dem Ausdruck, nicht jedoch Ideen, Verfahren, Methoden und mathematischen Begriffen als solchen zu gewähren ist (Art. 9 Abs. 2 TRIPS-Abkommen). Ungeachtet der umstrittenen Frage, ob die eher funktionell ausgerichteten Computerprogramme diesen Anforderungen genügen, hat sie Art. 10 Abs. 1 TRIPS-Abkommen zum Schutzgut des Urheberrechts erklärt.[83] Die bereits in Art. 2 Abs. 5 RBÜ erwähnten Datenbanken müssen nach Art. 10 Abs. 2 TRIPS-Abkommen nur geschützt werden, wenn sie selbst schöpferischen Charakters sind, wohl aber unabhängig von der urheberrechtlichen Qualität der in ihnen enthaltenen Daten.[84] Was die urheberrechtlichen Befugnisse angeht, verpflichtet Art. 9 Abs. 1 TRIPS-Abkommen zur Gewährung der Mindestrechte der RBÜ[85] mit Ausnahme der Urheberpersönlichkeitsrechte des Art. 6bis RBÜ, d.i. der Anspruch auf Identifizierung und Abwehr von Beeinträchtigungen des Werks. Über die Standards der RBÜ hinaus sieht Art. 11 TRIPS-Abkommen in gewissen Grenzen ein Vermietrecht für Computerpro-

---

82 Vgl. etwa *Masouyé*, Art. 2.3.

83 Zur Problematik vgl. *Dreier*, in Beier/Schricker I, S. 66 ff; *Reichman*, Int'l Lawyer, 29 (1995) 345, 370-373.

84 *Reinbothe*, GRUR Int. 1992, 707, 710; *Katzenberger*, GRUR Int. 1995, 447, 465; *Rehbinder/Staehelin*, UFITA 1995, 19; *Staehelin*, S. 36.

85 Recht der Übersetzung (Art. 8 RBÜ), Vervielfältigung (Art. 9 RBÜ), öffentlichen Aufführung und Übertragung für dramatisch-musikalische und musikalische Werke (Art. 11) bzw. Sendung und öffentlichen Wiedergabe für literarische und künstlerische Werke (Art. 11bis RBÜ), ferner des öffentlichen Vortrags und dessen Übertragung für literarische Werke (Art. 11ter RBÜ); schließlich Recht der Bearbeitung (Art. 12 RBÜ) einschließlich filmischer Bearbeitung sowie deren öffentlicher Vorführung und Übertragung (Art. 14 RBÜ). Hinzu kommen die Regelungen über Urheberrechte an den Filmwerken selbst (Art. 14ter RBÜ). Das Folgerecht nach Art. 14ter RBÜ bleibt optional.

gramme und Filmwerke vor (Art. 11 TRIPS-Abkommen).[86] Die Ausnahmen der RBÜ[87] übernimmt die Verweisung ebenfalls. Der in Art. 13 TRIPS-Abkommen besonders erwähnte Vorbehalt der legitimen Interessen des Urhebers entspricht dem Standard der RBÜ.[88] In die Verweisung auf die RBÜ aufgenommen ist auch deren Anhang, der Entwicklungsländern Zwangslizenzen für Übersetzungen und Vervielfältigungen zu Unterrichtszwecken erlaubt.[89] Die fünfzigjährige Schutzdauer entspricht ebenfalls der der RBÜ.[90]

Obgleich das TRIPS-Abkommen für die benachbarten Schutzrechte nicht auf das Romabkommen verweist, übernimmt es im wesentlichen dessen Schutzstandards.[91] Allerdings ergänzt Art. 14 Abs. 4 TRIPS-Abkommen die Rechte der Tonträgerhersteller um ein Vermietungsrecht, das auch sonstige Rechteinhaber an Tonträgern, namentlich Urheber und ausübende Künstler,[92] erfaßt. Der Schutz von Sendeunternehmen kann vor dem Hintergrund der Rechtslage in den USA[93] durch einen Schutz der Inhaber von Rechten an den gesendeten Leistungen ersetzt werden (Art. 14 Abs. 3 Satz 2 TRIPS-Abkommen). Für die zulässigen Ausnahmen verweist das TRIPS-Abkommen auf Art. 15 Rom-

---

86 Zur Problematik *Reinbothe*, GRUR Int. 1992, 707, 710 f; *Katzenberger*, GRUR Int. 1995, 447, 466; *Staehelin*, S. 37 f; ferner *Blakeney*, Ziff. 4.07.

87 „Kleine Ausnahmen" (Art. 9 Abs. 2 RBÜ); Zitate und Unterricht (Art. 10 RBÜ); öffentliche Berichterstattung (Art. 10bis RBÜ).

88 *Reinbothe*, GRUR Int. 1992, 707, 711. Es handelt sich um das Auswertungsinteresse des Urhebers, vgl. *Nordemann/Vinck/Hertin* Art. 9 Rn 3, Art. 10 Rn 1 und 2.

89 Solche Zwangslizenzen müssen ausschließlich und nichtübertragbar sein, setzen einen vorherigen Verhandlungsversuch mit dem Urheber voraus und müssen zugunsten des Urhebers ein angemessenes Entgelt vorsehen (Art. IV Anhang RBÜ).

90 *Reinbothe*, GRUR Int. 1992, 707, 711; *Correa*, IIC 25 (1994) 543, 548 f; *Katzenberger*, GRUR Int. 1995, 447, 447, 467; *Staehelin*, S. 41.

91 Zu Besonderheiten *Reinbothe*, GRUR Int. 1992, 707, 711; *Katzenberger*, GRUR Int. 1995, 447, 468; WIPO, Implications, S. 21-28; *Staehelin*, S. 43; *Viana*, S. 239.

92 *Reinbothe*, GRUR Int. 1992, 707, 711, 712; *Katzenberger*, GRUR Int. 1995, 447, 466, 468; *Rehbinder/Staehelin*, UFITA 1995, 21; *Staehelin*, S. 38; *Viana*, S. 237 f; WIPO, Implications, S. 28, Ziff. 70.

93 *Reinbothe*, GRUR Int. 1992, 707, 712; *Katzenberger*, GRUR Int. 1995, 447, 468; *Rehbinder/Staehelin*, UFITA 1995, 24; *Staehelin*, S. 43.

abkommen.[94] Die Schutzdauer beträgt nach Art. 14 Abs. 5 Satz 1 TRIPS-Abkommen für die ausübenden Künstler und Tonträgerhersteller 50 Jahre gegenüber der zwanzigjährigen Frist des Romabkommens; für die Sendeunternehmen bleibt es nach Art. 14 Abs. 5 Satz 2 TRIPS-Abkommen bei der zwanzigjährigen Frist.

2. Gewerblicher Rechtsschutz

Im Gegensatz zur RBÜ legt die PVÜ den Staaten keine eindeutigen Schutzpflichten für die in ihr erfaßten Schutzkategorien auf. Der Katalog des Art. 1 PVÜ sollte von Anfang an nicht zur Schutzeinführung verpflichten.[95] Ausdrückliche Schutzpflichten gelten nur für wenige, untergeordnete Kategorien gewerblicher Schutzrechte,[96] im übrigen ging man davon aus, daß Staaten, die sich dem Verband anschlossen, gewerbliches Eigentum nach Maßgabe ihrer Bedürfnisse schützten. Entsprechend ist die Ausgestaltung weitgehend den Verbandsstaaten überlassen.[97] Eine Reihe punktueller Regeln soll vor allem den Erwerb ausländischen Immaterialgüterschutzes erleichtern; diesem Zweck dient insbesondere das Prioritätsrecht (Art. 4 PVÜ). Die wenigen materiellen Standards in den einzelnen Schutzrechtskategorien hat das TRIPS-Abkommen dagegen durch weitreichende Mindestrechte ergänzt.

a) Patentrecht

Die spezifischen Vorschriften der PVÜ über das Patentrecht erschöpfen sich in dem Recht, als Erfinder identifiziert zu werden (Art. 4ter PVÜ),

---

[94] Dieser sieht Ausnahmen für die private Nutzung, Berichterstattung, ephemere (technisch bedingt vorübergehende) Vervielfältigungen sowie Unterrichts- und Forschungszwecke vor.

[95] *Ladas*, Industrial Property, S. 80, § 47; S. 202, § 124; *Bodenhausen*, S. 16. Nach Bodenhausen soll es aber gegen Art. 25 PVÜ verstoßen, wenn ein Staat für wichtige Kategorien wie Marken oder Patente gar keinen Schutz gewährt.

[96] Gewerbliche Muster und Modelle (Art. 5^{quinquies} PVÜ); Dienstleistungsmarken (Art. 6^{sexies} PVÜ); Handelsnamen (Art. 8 PVÜ); Schutz vor unlauterem Wettbewerb (Art. 10bis Abs. 1 RBÜ); Ausstellungsschutz (Art. 11 PVÜ).

[97] *Straus*, GRUR Int. 1996, 179, 184. Vgl. zur unterschiedlichen Ausgestaltung des nationalen Patentschutzes die vom WIPO-Sekretariat für die Uruguay-Runde ausgearbeitete Übersicht (Stand 1.9.1988) GATT-Doc. MTN.GNG/NGL/W24/Rev. 1, Anhang II (patentierbare Gebiete) und Anhang VI (Schutzdauer).

dem Verbot, einen Patentantrag allein wegen des Verbots des betroffenen Produkts im Inland abzuweisen (Art. 4^quater PVÜ) und einer Begrenzung der Rechtsfolgen einer Nichtausübung (Art. 5 PVÜ). Welche Materien dem Patentschutz zugänglich sein müssen, ist ebensowenig vorgeschrieben wie die Schutzdauer. Das TRIPS-Abkommen übernimmt die Regelungen der RBÜ pauschal (Art. 2 Abs. 1 TRIPS-Abkommen) und ergänzt sie um materielle Mindeststandards.[98] Die in Art. 27 Abs. 1 TRIPS-Abkommen definierten[99] Patente müssen einschließlich Verfahrenspatenten (Art. 34 TRIPS-Abkommen)[100] umfassend[101] gewährt werden; Ausnahmen von der Patentierbarkeit sind allein im öffentlichen Interesse sowie für medizinische Verfahren und den Schutz von Pflanzen und Tieren erlaubt (Art. 27 Abs. 2 und 3 TRIPS-Abkommen). Die durch das Patent vermittelten Rechte werden als Ausschließlichkeitsrechte für Herstellung, Angebot, Verkauf und Import des geschützten Produkts bzw. des durch ein geschütztes Verfahren direkt erzeugten Produkts ausdefiniert (Art. 28 TRIPS-Abkommen). Für die in der PVÜ angesichts der weitgehenden gesetzgeberischen Gestaltungsmacht nicht geregelten Ausnahmen hat Art. 30 TRIPS-Abkommen die Abwägungslösung der RBÜ übernommen.[102] Besondere Anforderungen stellt Art. 31 TRIPS-Abkommen an die Erteilung von Zwangslizenzen,[103] wobei die Formulierung der zugrundeliegenden öffentli-

---

[98] Zu einer detaillierten Analyse der TRIPS-Regelungen im Vergleich zur PVÜ und nationalen Regelungen siehe *Straus* in: Beier/Schricker II, S. 178 ff, sowie *Correa*, in: *Correa/Adulqawi (Hrsg.)*, Patent Rights.

[99] Ungeklärt bleibt das Verhältnis zwischen Entdeckung und Erfindung, insbesondere für Computerprogramme, *Straus* GRUR Int. 1996, 179, 191 sowie *ders.*, in: Beier/Schricker II, S. 187. Zu unterschiedlichen Ansätzen und Problemfeldern *Correa*, in: *Correa/Adulqawi (Hrsg.)*, Patent Rights, S. 198 ff.

[100] Hierzu *Correa*, EIPR 8 (1994) 327, 333.

[101] Die Pflicht, den Patentschutz mit geringen Ausnahmen auf alle Materien zu erweitern, ist als das vielleicht größte Zugeständnis der Entwicklungsländer in der Uruguay-Runde bezeichnet worden, *Correa*, EIPR 8 (1994) 327; *Pacón*, GRUR Int. 1995, 875, 879.

[102] *Canada – Patent Protection of Pharmaceuticals*, Panel-Bericht, WTO-Dokument WT/DS114/R vom 17.3.2000, Ziff. 7.14, 7.29, 7.70-7.72. Gängige Beispiele solcher Ausnahmen sind der private Gebrauch, Forschung, Unterricht, individuelle Zubereitung von Arzneien, Gebrauch durch Dritte vor Anmeldung bzw. Priorität sowie Marktzulassungsverfahren, *Correa*, EIPR 8 (1994) 327, 330, sowie *ders.*, in: *Correa/Adulqawi (Hrsg.)*, Patent Rights, S. 208.

[103] Hierzu im einzelnen *Correa*, EIPR 8 (1994) 327, 331 ff, sowie in: *Correa/Adulqawi (Hrsg.)*, Patent Rights, S. 208 ff. Zu Art. 31 (f) TRIPS-Abkommen

chen Interessen den einzelnen Staaten überlassen bleibt.[104] Die Mindestschutzdauer schließlich legt Art. 33 TRIPS-Abkommen einheitlich auf 20 Jahre ab Antragstellung fest. Im übrigen ordnet Art. 70 Abs. 9 TRIPS-Abkommen einen besonderen Immaterialgüterschutz für chemische und pharmazeutische Erfindungen an, die während der Umsetzungsfrist für Entwicklungsländer nach Art. 65 und 66 TRIPS-Abkommen angemeldet werden und die Marktzulassung erhalten.[105]

b) Marken

Für Marken enthielt die PVÜ ebenfalls kaum materielle Mindeststandards. Art. 6 Abs. 2 und 3 PVÜ bestimmt lediglich die Unabhängigkeit der Markenerteilung von entsprechenden Verfahren in anderen Staaten. Besonderen Schutz genießen nur Marken, die allgemeine Bekanntheit erlangt haben (Art. 6bis Abs. 1 PVÜ) oder bereits in einem Verbandsstaat registriert sind; sie müssen in der äußeren Form (*telle quelle*) akzeptiert werden, in der sie im Ursprungsland eingetragen sind (Art. 6^{quinquies} PVÜ).[106] Im übrigen darf das Wesen des zu markierenden Produkts die Registrierung nicht ausschließen (Art. 7 PVÜ),[107] und Erklärungen des Markeninhabers muß der Vorrang vor denen seines inländischen Vertreters eingeräumt werden (Art. 6^{septies} PVÜ); Regelungen über die zu gewährenden Rechte fehlen.

Auch hier ordnet das TRIPS-Abkommen über die durch Art. 2 Abs. 1 TRIPS-Abkommen übernommenen PVÜ-Standards hinaus einen umfassenden Schutz an.[108] Nach Art. 15 Abs. 1 TRIPS-Abkommen müssen Schrift- und graphische Marken mit Unterscheidungskraft geschützt werden, wobei Dienstleistungsmarken den Warenmarken gleichgestellt

---

siehe Entscheidung des Allgemeinen Rats vom 30.8.2003, WTO-Dokument WT/L/540.

[104] *Reichman*, Int'l Lawyer 29 (1995) 345, 355; *Otten*, in: *Cottier (Hrsg.)*, S. 77; *Correa*, in: *Correa/Adulqawi (Hrsg.)*, Patent Rights, S. 210.

[105] Hierzu *Otten*, in: *Cottier (Hrsg.)*, S. 80; *Otten/Wagner*, VandJTL 29 (1996) 391, 408 sowie *Reichman*, Int'l Lawyer 29 (1995) 345, 353 *Correa*, EIPR 8 (1994) 327, 335, ferner in: *Cottier (Hrsg.)*, Patent Rights, S. 221.

[106] Siehe oben, Seite 195.

[107] Das gilt z.B. für pharmazeutische Produkte, deren Marken auch vor der Marktzulassung müssen registriert werden können, *Bodenhausen*, S. 108.

[108] Zu einer detaillierteren Analyse der Vorschriften vgl. *Kur*, in: Beier/ Schricker II, S. 98 ff.

sind. Allein visuell nicht wahrnehmbaren Marken wie Tonfolgen oder Duftmarken darf ein Schutz generell versagt werden (Art. 15 Abs. 1 a.E. TRIPS-Abkommen). Was die zu gewährenden Rechte betrifft, muß der Gebrauch einer Marke durch Dritte für die Waren- oder Dienstleistungskategorie, für welche die Marke registriert ist, untersagt werden können, wenn eine Verwechslungsgefahr besteht (Art. 16 Abs. 1 TRIPS-Abkommen). Ausnahmen vom Markenschutz sind ins Ermessen der Staaten unter den Vorbehalt der berechtigten Interessen der Markeninhaber oder Dritter gestellt (Art. 17 TRIPS-Abkommen).[109] Markenlöschungen wegen Nichtbenutzung sind besonderen Voraussetzungen unterworfen,[110] und Regulierungen über den Gebrauch der Marke dürfen nicht übermäßig belastend sein (Art. 20 TRIPS-Abkommen).[111] Zwangslizenzen sind ausgeschlossen, und der Markeninhaber muß die Marke mit oder ohne das zugehörige Unternehmen veräußern können (Art. 21 TRIPS-Abkommen).

c) Geographische Angaben

Zu geographischen Angaben enthält die PVÜ abgesehen von der Erwähnung im Katalog des Art. 1 Abs. 2 PVÜ und der wenig effektiven[112] Beschlagnahmebestimmung des Art. 9 in Verbindung mit Art. 10 PVÜ keine Bestimmung. Einen gewissen Schutz sehen dagegen das Madrider Herkunftsabkommen sowie der Verband von Lissabon zum Schutz von Ursprungsbezeichnungen vor.[113] Das TRIPS-Abkommen schafft dem Grunde nach eine recht umfassende Regelung, die aber durch weitgehende Ausnahmen in Art. 24 Abs. 4-8 für Bezeichnungen, die bereits in

---

[109] Beispiele sind die staatliche Kontrolle der Lizenzgebühren, die Benutzung des eigenen Namens im Handelsverkehr und die zweckbestimmende Bezeichnung von Ersatzteilen, vgl. *Pacón*, in: Beier/Schricker II, S. 346; *Kur*, in: Beier/Schricker II, S. 108; *Staehelin*, S. 56.

[110] Zu Problemen der amerikanischen Rechtspraxis hierzu *Kur*, in: Beier/Schricker II, S. 101 ff.

[111] Beispiele vgl. *Pacón*, in: Beier/Schricker II, S. 346; *Kur*, in: Beier/Schricker II, S. 111-114; *Staehelin*, S. 57; *Blakeney*, Ziff. 5.13; *Keon*, in: *Correa/Adulqawi (Hrsg.)*, S. 172.

[112] So zu Art. 9 PVÜ *Bogsch*, PI 1983, 205, 228.

[113] Siehe oben, Seite 191 und Seite 198.

Gebrauch sind, relativiert wird.[114] Nach Art. 22 Abs. 1 TRIPS-Abkommen sind geographische Angaben zu schützen, mit denen eine bestimmte Qualität, ein Ruf oder eine andere Eigenschaft der dortigen Produkte verbunden ist. Art. 22 Abs. 2 TRIPS-Abkommen beschränkt das hieraus fließende Recht darauf, irreführenden Gebrauch und unfairen Wettbewerb zu verhindern (Art. 22 Abs. 2 bis 4 TRIPS-Abkommen). Weiter geht der Schutz für Weine und Spirituosen nach Art. 23 TRIPS-Abkommen, der sich auch gegen Bezeichnungen mit klarstellenden Angaben wie „Art", „Stil", „Typ", „Imitation" richten muß. Schließlich sollen die TRIPS-Parteien nach Art. 23 Abs. 4 TRIPS-Abkommen Verhandlungen über ein mehrseitiges System zur Eintragung der in den jeweiligen Staaten schutzfähigen Marken führen, welche in der Doha-Runde andauern.[115]

d) Muster und Modelle

Aufgrund ihrer Zwitterstellung sind gewerbliche Muster und Modelle sowohl in der RBÜ als auch in der PVÜ erwähnt. Art. 2 Abs. 7 RBÜ läßt für sie vom Urheberschutz abweichende Regelungen zu. Auch die PVÜ zählt sie zwar nach Art. 1 Abs. 2 zu ihren Schutzgegenständen, regelt sie aber nur rudimentär. Zu gewähren ist Priorität wie für Marken (Art. 4 A Abs. 1 PVÜ), sonst besteht nur allgemein eine Schutzpflicht (Art. $5^{quinquies}$ PVÜ), und eine Ausübung durch Import darf nicht zum Verfall führen (Art. 5 B PVÜ). Auch hier ergänzt das TRIPS-Abkommen eine Definition (Art. 25 Abs. 1 TRIPS-Abkommen) und schreibt gewisse Mindeststandards vor. Besonders erwähnt werden Textilprodukte, deren Musterschutz wegen der relativ kurzen Vermarktungszyklen[116] nicht unzumutbar durch Formalitäten erschwert werden darf (Art. 27 Abs. 2 Satz 1 TRIPS-Abkommen). Die Nutzungsrechte müssen zumindest die Kontrolle von Herstellung, Verkauf und Import genauer oder wesentlich ähnlicher Nachahmungen des geschützten Musters für gewerbliche Zwecke umfassen. Ausnahmen[117] vom Schutz ein-

---

[114] Die Ausnahmen spiegeln die Interessen der USA wider, *Knaak*, in: Beier/Schricker II, S. 127.

[115] Ministererklärung von Doha, WTO-Dokument WT/MIN(01)/DEC/W/1, 14.11.2001, Ziff. 18. Ministererklärung von Hongkong, WTO-Dokument WT/MIN(05)/DEC, 22.12.2005, Ziff. 29.

[116] *Otten/Wagner*, VandJTL 29 (1996) 391, 400; *Staehelin*, S. 81 f.

[117] Beispiele nennt *Blakeney*, Ziff. 7.14. Allgemein auch *Kur*, in: Beier/Schricker II, S. 156 ff.

schließlich Zwangslizenzen[118] sind zugelassen, aber dem üblichen Vorbehalt der wirtschaftlichen Interessen des Inhabers unterworfen (Art. 26 Abs. 2 TRIPS-Abkommen). Die Mindestschutzdauer muß einschließlich Verlängerungsmöglichkeit mindestens 10 Jahre betragen (Art. 26 Abs. 3 TRIPS-Abkommen).

e) Schaltkreistopographien

Schaltkreistopographien sind dreidimensionale Konstruktionspläne für die funktional zweckmäßige Anordnung elektronischer Elemente.[119] Für sie hat sich ein eigener Immaterialgüterschutz entwickelt,[120] der namentlich die in der Industrie gebräuchliche technische Auskundschaftung der Topographie eines Mikrochips (*reverse engineering*) erlaubt.[121] Um einen internationalen Schutz zu erreichen, operierten insbesondere die USA in den 1980er Jahren mit bilateralen Abkommen auf Reziprozitätsbasis.[122] Im Rahmen der WIPO wurde mit dem Washington Treaty on Intellectual Property in Respect of Integrated Circuits (IPIC) am 26.5.1989 ein multilateraler Vertrag unterzeichnet,[123] der jedoch nicht in Kraft getreten ist. Seine Regelungen übernimmt Art. 35 TRIPS-Abkommen im wesentlichen durch Verweis mit gewissen Modifizierungen des für das Fehlschlagen des IPIC mitursächlichen[124] Regimes der Zwangslizenzen (Art. 37 TRIPS-Abkommen).[125] Zudem erweitert Art. 36 TRIPS-Abkommen die Rechte des Schutzrechtsinhabers, die nicht nur für die Topographien, sondern auch für die auf ihrer Grundlage hergestellten integrierten Schaltkreise sowie Artikel, die sol-

---

[118] *Phillips*, in: *Correa/Adulqawi (Hrsg.)*, S. 186; *Staehelin*, S. 83.

[119] Zu den technischen Grundlagen *Wippermann*, S. 18-24.

[120] *Wippermann*, S. 46 ff, die selbst für einen Urheberrechtsschutz der Topographien eintritt. Vgl. zu den nationalen Gesetzen ferner GATT-Doc. MTN.GNG/NGL/W24 S. 47 (Stand 1988) sowie WIPO, Cumulative Index of Industrial Property Laws and Treaties (updated to Issue No. 1/2002).

[121] Vgl. *Correa*, in: *Correa/Adulqawi (Hrsg.)*, Layout Designs, S. 225; *Wippermann*, S. 24 f, 71 ff, 113 ff.

[122] Vgl. *Dreier*, in: Beier/Schricker I, S. 70; *Wippermann*, S. 50.

[123] Vgl. *Wippermann*, S. 54 f.

[124] *Wippermann*, S. 54.

[125] Vgl. *Correa*, in: *Correa/Adulqawi (Hrsg.)*, Layout Designs, S. 228 f; *Reichman*, Int'l Lawyer 29 (1995) 375.

che enthalten, gelten müssen.[126] Eine Schutzverstärkung gegenüber dem IPIC stellt auch die zehnjährige Schutzfrist dar (Art. 38 TRIPS-Abkommen). Die Hauptbedeutung des TRIPS-Abkommens liegt hier allerdings darin, daß diese Regeln in einem multilateralen Vertrag überhaupt erst in Kraft gesetzt wurden.

f) Geheimnisschutz

Art. 39 TRIPS-Abkommen macht den Schutz unveröffentlichter Informationen zu einer Schutzkategorie des geistigen Eigentums. Hierbei geht es um Geschäftsgeheimnisse, deren Mißbrauch schon früher zu den unlauteren Geschäftspraktiken gezählt wurde,[127] ohne daß eine über die allgemeine Verpflichtung nach Art. 10bis Abs. 1 und 2 PVÜ hinausgehende konkrete Schutzpflicht bestanden hätte.[128] Nach Art. 39 Abs. 1 TRIPS-Abkommen sind Schutzgegenstand geheime, d.h. in einschlägigen Personenkreisen nicht allgemein bekannte oder leicht zugängliche Informationen, deren Geheimhaltung einen wirtschaftlichen Wert vermittelt und gegen deren Offenbarung die berechtigte Person angemessene Vorkehrungen getroffen hat (Art. 39 Abs. 2 TRIPS-Abkommen). Zu gewähren ist vorbehaltlich anständiger Gepflogenheiten das Recht, die Offenbarung, den Erwerb oder die Nutzung ohne Zustimmung des Berechtigten zu verhindern.[129] Eine Spezialregelung enthält Art. 39 Abs. 3 TRIPS-Abkommen für die Offenlegung geheimer Daten im Marktzulassungsverfahren für Pharma- oder agrochemische Produkte.

3. Die Durchsetzungsrechte

Die private Rechtsdurchsetzung der zu garantierenden Immaterialgüterrechte sicherzustellen war ein Hauptanliegen der Fürsprecher der GATT-Initiative für geistiges Eigentum.[130] Der Sinn erschließt sich nicht sofort, da die materiellen Mindestrechte doch subjektive Ansprü-

---

[126] Hierzu *Correa*, in: *Correa/Adulqawi (Hrsg.)*, Layout Designs, S. 229 f.

[127] Vgl. *Ladas*, Industrial Property, S. 702, § 485; S. 705, § 487.

[128] So auch *Ladas*, Industrial Property, S. 705, § 487.

[129] Hierzu *Krasser*, in Beier/Schricker II, S. 223; *Reichman*, Int'l Lawyer 29 (1995) 345, 378; *Staehelin*, S. 104.

[130] Vgl. zur Verhandlungsgeschichte *Dreier*, in: Beier/Schricker II, S. 255 ff.

che implizieren. Auf eine Bestimmung über die Rechtsbehelfe war etwa in der RBÜ mit Hinweis auf den Inländerbehandlungsgrundsatz bewußt verzichtet worden.[131] Ausdrücklich ist nur die vorläufige Maßnahme der Grenzbeschlagnahme in Art. 9 PVÜ geregelt, die allerdings grundsätzlich ins Ermessen der Verbandsstaaten gestellt ist.[132] Auch der nach dem Vorbild der PVÜ gestaltete Art. 16 Abs. 1 RBÜ verpflichtet zu einstweiligem Rechtsschutz, der ebenfalls Privaten zugänglich sein muß.[133] Dasselbe gilt nach Art. 13 Abs. 3 RBÜ für Tonträger.[134] Darüber hinaus findet sich eine Regelung für das gerichtliche Verfahren nur in Art. 15 RBÜ, der eine Rechtsvermutung für den Inhaber des Urheberrechts aufgrund einer Angabe auf dem Werk anordnet. Im übrigen enthalten alle WIPO-Verbände die allgemeine Pflicht zur wirksamen Umsetzung ihrer Bestimmungen (Art. 36 RBÜ, Art. 25 PVÜ, Art 26 Romabkommen, ferner auch Art. 14 WCT und Art. 23 WPPT).

Das TRIPS-Abkommen vertraut dem allgemeinen Privatrechtsvollzug nach nationalem Recht nicht. Es gibt die traditionelle Zurückhaltung gegenüber der Ausgestaltung des nationalen Verfahrensrechts auf und schreibt erstmals umfassende detaillierte Standards vor.[135] Vorgegeben ist, welche konkreten Maßnahmen Gerichte oder Verwaltungsbehörden (Art. 49, Art. 50 Abs. 8 TRIPS-Abkommen) müssen treffen können. Hierzu gehören Standards eines fairen Verfahrens (Art. 41 Abs.2 TRIPS-Abkommen), Transparenz und rechtliches Gehör (Art. 41 Abs. 3 TRIPS-Abkommen) sowie die Möglichkeit gerichtlicher Nachprüfung (Art. 41 Abs. 4 TRIPS-Abkommen). Gesonderter Rechtsschutz gilt gegen Zwangslizenzen und den Verfall oder Widerruf von Patenten (Art. 31 (i), Art. 32 TRIPS-Abkommen). Art. 42 und 43 TRIPS-Abkommen enthalten Grundsätze über Zustellung, rechtlichen Beistand und Vorbringen von Angriffs- und Verteidigungsmitteln. Nochmals werden sodann die privaten Ansprüche in Form von Unterlassungs-

---

[131] *Röthlisberger*, S. 249.

[132] *Bodenhausen*, S. 116 f, 118; *Bogsch*, PI 1983, 205, 228. Zum vorläufigen Charakter vgl. *Ladas*, Industrial Property, S. 583, § 411.

[133] *Röthlisberger*, S. 258 ff. Zum vorläufigen Charakter dieser Maßnahmen DdA 1904, 14; *Bappert/Wagner*, RBÜ Art. 16 Rn 1; *Nordemann/Vinck/Hertin*, RBÜ Art. 16 Rn 2.

[134] *Nordemann/Vinck/Hertin*, RBÜ Art. 13 Rn 4, halten die Vorschrift neben Art. 16 RBÜ für überflüssig.

[135] *Cottier*, CMLR 28 (1991) 383, 410; *Otten*, in: *Cottier (Hrsg.)*, S. 82 f; *Otten/Wagner*, VandJTL 29 (1996) 391, 403.

und Schadensersatzansprüchen angesprochen (Art. 44 und 45 TRIPS-Abkommen), darüber hinaus muß entschädigungslose Einziehung und nichtkommerzielle Verwertung oder Zerstörung von rechtsverletzenden Gütern und Hilfsmitteln zu ihrer Herstellung gegeben sein (Art. 46 TRIPS-Abkommen). Abgerundet werden die Regeln durch Vorschriften zum Schadens- und Kostenersatz (Art. 48 TRIPS-Abkommen). Eine umfängliche Regelung erfahren die einstweiligen Maßnahmen in Art. 50 und Grenzmaßnahmen in Art. 51-60 TRIPS-Abkommen. Im übrigen müssen bei gewerblichen vorsätzlichen Urheber- und Markenrechtsverletzungen auch strafrechtliche Sanktionen vorgesehen werden (Art. 61 TRIPS-Abkommen). Im Gegensatz zu den Vorschriften zur Rechtsdurchsetzung ist das Verfahren zum Rechtserwerb und zur Rechtsverlängerung in Art. 62 TRIPS-Abkommen nur recht allgemein geregelt.

Ob die festgeschriebenen Durchsetzungsmittel tatsächlich einen wirksamen Schutz geistigen Eigentums garantieren können, ist unsicher. Zum einen läßt sich die tatsächliche Vollzugspraxis durch die Gerichte oder Behörden nur schwer nachprüfen,[136] zum anderen relativieren die Durchsetzungsstandards in gewisser Weise die materiellen Mindestrechte, da eine klare Anweisung zur effektiven Gewährleistung fehlt. Insbesondere muß kein besonderes Vollzugssystem für den Immaterialgüterschutz geschaffen werden, und dieser muß auch nicht zu Lasten des allgemeinen Rechtsvollzugs gehen (Art. 41 Abs. 5 Satz 1 TRIPS-Abkommen). Ist schon hiernach dem geistigen Eigentum gegenüber dem sonstigen Privatrechtsvollzug keine Sonderstellung einzuräumen, so spricht Art. 41 Abs. 5 Satz 2 TRIPS-Abkommen unmißverständlich aus, daß der Staat keine besonderen Ressourcen zum Vollzug der geistigen Eigentumsrechte zur Verfügung stellen muß. Sofern es am Vollzug des Privatrechts im allgemeinen hapert, kann ihm also ein Vollzugsdefizit beim geistigen Eigentum nicht zum Vorwurf gemacht werden.[137]

D. Fazit

Das TRIPS-Abkommen legt hohe Standards zum geistigen Eigentumsschutz in allen Mitgliedstaaten fest. Nach dem Vorbild der in der WIPO

---

[136] So auch *Dreier*, in: Beier/Schricker II, S. 271 ff.

[137] In diesem Sinne auch *Staehelin*, S. 112; ähnlich *Dreier*, in: Beier/Schricker II, S. 260 f und 271 ff. Entsprechende Bedenken äußerte auch schon *Cottier*, CMLR 28 (1991) 383, 411.

zusammengefaßten Verbände gilt das Prinzip der Inländerbehandlung, neben dem die aus dem Handelsrecht übernommene Meistbegünstigung praktisch kaum mehr ins Gewicht fällt. Was materielle Mindeststandards betrifft, wurden entsprechend dem Paris/Bern-Plus-Ansatz vor allem über die bisherigen Verbandsrechte hinausgehende Standards festgelegt. Während der Schutz im Urheberrecht nur marginal verstärkt wurde, müssen im gewerblichen Rechtsschutz nun fast durchweg Mindestrechte gewährt werden, die insbesondere nach Befugnissen, Schutzdauer und Ausnahmen genau ausdefiniert werden. Ähnliches gilt für die dem Urheberrecht benachbarten Leistungsschutzrechte, die nunmehr als individuelle Mindestrechte einschließlich eines gewissen Vermietungsrechts zu gewähren sind. Ergänzt werden die Mindeststandards durch Vorschriften über den Durchsetzungsprozeß vor den nationalen Gerichten oder Behörden. Obgleich auch diese Vorschriften erheblich ins Detail gehen, relativieren sie paradoxerweise den geistigen Eigentumsschutz, da sie nur zu besten Bemühungen, nicht aber zu einem absoluten Erfolg verpflichten. Allerdings wird ihnen Vorbildfunktion für die Durchsetzung der Rechtsstaatlichkeit auch im allgemeinen Zivilverfahren zugebilligt.

Offen blieb in den TRIPS-Verhandlungen die Frage eines multilateralen Systems zur Registrierung geographischer Angaben sowie der Patentschutz von Pflanzen und Tieren. Das TRIPS-Abkommen enthält hierzu weitere Verhandlungsmandate (Art. 23 Abs. 4, Art. 27 Abs. 3 Satz 2 TRIPS-Abkommen), die in die Handelsrunde von Doha übernommen wurden.

III. Ergebnis zum zweiten Abschnitt

Die Ansätze zum Schutz geistigen Eigentums in WTO und WIPO überschneiden sich, soweit es um die Festlegung fremdenrechtlicher Standards zum Immaterialgüterschutz in den nationalen Rechtsordnungen der Vertragsstaaten geht. Die im Rahmen der WIPO verfolgten Ziele der internationalen Registrierung und der technischen Harmonisierung finden dagegen im TRIPS-Abkommen nur marginale Erwähnung. Was die fremdenrechtlichen Standards angeht, hat das TRIPS-Abkommen die in RBÜ, PVÜ und Romabkommen niedergelegten Regelungen – mit Ausnahme der persönlichkeitsrechtlichen Komponente – übernommen und erheblich ergänzt. Abgesehen von gewissen Übergangsfristen für Entwicklungsländer muß nun jeder Mitgliedstaat der WTO geistigen Eigentumsschutz im wesentlichen auf einem Niveau gewährleisten, das in den Industriestaaten für angemessen gehalten wird.

Dritter Abschnitt: Das Durchsetzungsinstrumentarium

I. Zur unmittelbaren Anwendbarkeit

Seine größte Durchsetzungsfähigkeit erlangt das Völkerrecht, wenn es vermittels nationaler Instanzen Anteil an der innerstaatlichen Hoheitsgewalt hat. Eine Umsetzung völkerrechtlicher Verpflichtungen in rechtliche Normen des Landesrechts ist geradezu der Regelfall des Völkerrechtsvollzugs.[1] Besonders wirksam ist die Durchsetzung des Völkerrechts dann, wenn internationale Normen oder Entscheidungen unmittelbar anwendbar sind, also durch die berufenen staatlichen Organe ohne besonderen Umsetzungsakt wie nationales Recht angewendet werden. Tritt eine direkte Berechtigung oder Verpflichtung von Individuen hinzu, so kann der Rechtsvollzug von jedem einzelnen initiiert werden, und die Durchsetzungschancen des Völkerrechts vervielfachen sich.[2]

A. Zum Begriff der unmittelbaren Anwendbarkeit

Grundsätzlich ließe sich fragen, ob die mit der Ratifikation verbundene völkerrechtliche Inkraftsetzung sogleich individuelle Berechtigungen schafft oder ob und inwieweit ein innerstaatlicher Anwendungsbefehl erforderlich ist. Zur Frage der innerstaatlichen Geltung des Völkerrechts stehen sich die Thesen vom Dualismus und vom Monismus gegenüber.[3] Eine auf strenge Trennung von Völker- und Landesrecht ausgerichtete dualistische Auffassung lehnt eine unmittelbare Wirkung völkerrechtlicher Rechtssätze in der nationalen Rechtsordnung ab,[4] während die monistische Auffassung eine innerstaatliche Geltung – jedenfalls theoretisch – bejaht und Abweichungen des nationalen Rechts zu einem Problem der Geltungsrichtung,[5] der Rechtsfolgen[6] oder aber

---

1 Vgl. *Triepel*, S. 271; *Verdross*, Verfassung, S. 75 f; *Scelle*, I, S. 55 f; II, S. 10 f; *Verdross/Simma*, § 45.

2 Vgl. *Tomuschat*, in: FS Constantinesco, S. 801, 805 f.

3 Vgl. nur *Verdross/Simma*, §§ 71-74; *Partsch*, EPIL II, S. 1183, 1184-187.

4 Grundlegend *Triepel*, S. 111.

5 *Verdross*, Verfassung, S. 35-38, 164.

der Geltung des Völkerrechts überhaupt[7] erklärt. Neuere modifizierende Aussagen, die der staatlichen Verfassungswirklichkeit Rechnung tragen, haben heute zu einer weitgehenden inhaltlichen Annäherung beider Thesen geführt.[8] Im Grundsatz bleibt es bei der Mediatisierung der Individuen durch den Staat, der die Anwendbarkeit völkerrechtlich entstandener Normen in der nationalen Rechtsordnung generell oder besonders anordnen muß.[9]

Erst wenn der innerstaatliche Rechtsanwendungsbefehl erteilt ist, stellt sich die Frage nach der unmittelbaren Anwendung. Die Antwort richtet sich nach dem nationalen Verfassungsrecht, namentlich der Methode, nach der die völkerrechtlichen Normen innerstaatlich in Geltung gesetzt wurden.[10] Das Völkerrecht selbst enthält hingegen keine allgemeinen Vorgaben für die Umsetzung völkerrechtlicher Verpflichtungen ins nationale Recht.[11] Allerdings steht es den Staaten jederzeit frei, durch völkerrechtlichen Vertrag eine unmittelbare Anwendung völkerrechtlicher Regeln anzuordnen.[12] Es handelt sich dann um eine völkerrechtliche Verpflichtung, die betreffenden Vertragsbestimmungen unverändert innerstaatlich in Kraft zu setzen. Wenngleich sich gegenüber einer bloßen Umsetzungsverpflichtung oftmals kein Mehr an Effektivität er-

---

6 *Kelsen*, S. 134-136, 144-150.

7 So *Scelle*, I, S. 31. Geltendes Völkerrecht setze sich *ipso facto* gegen nationales Recht durch, aaO., sowie *ders.*, II, S. 356, 359, 363 f.

8 So *Partsch*, EPIL II, 1183, 1186 f; *Tomuschat*, in: *von der Groeben/Schwarze (Hrsg.)*, Art. 300, Rn 68.

9 So schon *Verdross* selbst, Verfassung, S. 41 f, 156 f, 161 f. Zum ganzen *Zuleeg*, ZaöRV 35 (1975) 344-347. Vgl. auch *Verdross/Simma*, die einen innerstaatlichen Rechtsanwendungsbefehl in jedem Fall für erforderlich halten (§§ 73, 863) und eine völkerrechtliche Individualberechtigung an die Existenz völkerrechtlicher Durchsetzungsverfahren knüpfen (§§ 423 f), andererseits aber dem Völkerrecht unter bestimmten Bedingungen einen Geltungsvorrang vor dem nationalen Recht zuerkennen (§ 73, S. 56).

10 Üblicherweise unterscheidet man Transformations-, Vollzugs- und Adoptionsthese, vgl. nur *Verdross/Simma*, § 858; *Partsch*, EPIL II, 1183, 1191 f.

11 StIGH, *Avis consultatif No. 15*, 3.3.1928, S. 17; *Verdross/Simma*, § 848; *Tomuschat*, in: FS Constantinesco, S. 801, 807; *Partsch*, EPIL II, S. 1183, 1190.

12 StIGH, *Avis consultatif No. 15*, 3.3.1928, S. 17 f; *Lauterpacht*, International Law, S. 638, § 289; *Verdross/Simma*, § 848; *Tomuschat*, in: FS Constantinesco, S. 801, 807 f; *Bleckmann*, EPIL IV, 374, 375; *Buergenthal*, RdC 235 (1992-IV) 303, 320; *Jennings/Watts*, S. 847 f, § 375.

gibt,[13] hat dies den Vorteil einer größeren Einheitlichkeit, weil in allen Vertragsstaaten derselbe Text gilt. Freilich werden solche Verpflichtungen nicht von Staaten übernommen werden, deren Verfassung eine unmittelbare Anwendbarkeit von vornherein nicht vorsieht.[14]

Teilweise wird die unmittelbare Anwendung völkerrechtlicher Normen unter Rückgriff auf die Rechtsfigur der *self-executing treaties* des amerikanischen Verfassungsrechts[15] maßgeblich danach beurteilt, ob sich die in Frage stehenden Normen hierzu eignen.[16] Hierbei geht es um eine Auslegung des nationalen Rechts,[17] die von der Frage nach einer völkerrechtlich angeordneten unmittelbaren Anwendung getrennt werden muß.[18] Völkerrechtlich mag die Eignung einer Norm zur unmittelbaren Anwendung ein Indiz für einen entsprechenden Willen der beteiligten Staaten sein, eine Vermutung der unmittelbaren Anwendbarkeit entsprechend geeigneter völkerrechtlicher Normen als allgemeinen Rechtsgrundsatz anzunehmen ginge aber sicher zu weit.[19] Im Folgenden wird daher zunächst nach einer völkerrechtlich angeordneten unmittelbaren Anwendbarkeit und in zweiter Linie nach Erwägungen der nationalen Rechtsordnungen zu fragen sein.

---

[13] *Buergenthal*, RdC 235 (1992 IV) 303, 320; *Hermes*, TRIPS im Gemeinschaftsrecht, S. 112.

[14] *Buergenthal*, RdC 235 (1992 IV) 303, 320; *Hermes*, TRIPS im Gemeinschaftsrecht, S. 112.

[15] US Supreme Court, *Foster & Elam v. Neilson*, 27 U.S. (2 Peters) 253 (1829), S. 314 f; vgl. auch California Supreme Court, *Sei Fujii v. State of California*, 17.4.1952, AJIL 46 (1952) 559, 560. Ähnlich auch die Rechtspraxis in Deutschland (RGZ 36, 182, 185; 117, 280, 284; 119, 156, 162; 121, 7, 9; 124, 204, 206; BGHZ 11, 135, 138 [zur RBÜ]; 52, 372, 383 f) und der Schweiz (BGE 24 I, 312, 319). Zur verfassungsrechtlichen Problematik in den USA *Evans*, BYIL 30 (1953) 178-194. Zu den verschiedenen Inhalten, die dem Begriff „self-executing" beigemessen werden, *Fikentscher*, in: FS Steindorff, S. 1185-1190.

[16] Vgl. *Bleckmann*, EPIL IV, 374, 376.

[17] *Evans*, BYIL 30 (1953) 178, 193 f; *Bleckmann*, EPIL IV, 374, 375. Abstrakt kann die Anwendungsreife einer völkerrechtlichen Norm freilich auch aus der Perspektive des Völkerrechts beurteilt werden, so *Zuleeg*, ZaöRV 35 (1975) 341, 350.

[18] *Tomuschat*, in: FS Constantinesco, S. 807-809; *Buergenthal*, RdC 235 (1992 IV) 303, 320.

[19] Vgl. aber *Bleckmann*, EPIL IV, S. 374, 375, der eine in allen nationalen Rechtsordnungen gültige Vermutung für die unmittelbare Anwendbarkeit entsprechend formulierter Vertragsbestimmungen postuliert.

B. Die unmittelbare Anwendbarkeit der WIPO-Verbandsvorschriften

Hinsichtlich der heute in der WIPO zusammengefaßten Verträge ist vereinzelt eine unmittelbare Wirksamkeit ohne besonderen innerstaatlichen Anwendungsbefehl behauptet worden. Namentlich im Urheberrecht klingen bei früheren Kommentatoren mitunter Vorstellungen einer Art vorrangigen Bundesrechts an. Dies entspräche einer naturrechtlich inspirierten international vereinheitlichten geistigen Eigentumsordnung, wie sie die privaten internationalen Kongresse im Vorfeld der Übereinkünfte gefordert hatten.[20] Die mit der Vorbereitung der Übereinkünfte betrauten Konferenzen erteilten einer derartigen Vereinheitlichung des geistigen Eigentumsrechts aber eine Absage, da auf dieser Grundlage ein Konsens der Staaten nicht erreichbar schien. Allerdings fragt sich, ob die verschiedenen Konventionen für bestimmte in ihnen enthaltene Regeln eine unmittelbare Anwendung anordnen.

1. Urheberrecht

Vor allem im Urheberrecht wurde die These vertreten, die RBÜ errichte zugunsten der Urheber eine eigene fremdenrechtliche Sonderrechtsordnung. Von diesem Standpunkt aus ist es nur konsequent, im Bereich des Konventionsrechts die Geltung des Territorialprinzips im Sinne der territorialen Begrenzung der Schutzrechte auf die nationalen Rechtsordnungen als überwunden anzusehen.[21] Das Konventionsrecht erscheint vielmehr als völkerrechtlich begründete Rechtsordnung, die unmittelbar individuelle Rechte und Pflichten erzeugt, also eine materielle internationale Privatrechtsordnung.[22] Dogmatisch wird diese Sonderrechtsordnung unterschiedlich konstruiert. Zum einen wird der innerstaatliche Rechtsanwendungsbefehl als Verweis auf die außerhalb des nationalen Rechts stehende Konventionsrechtsordnung aufgefaßt, die der nationale Gesetzgeber zwar in Kraft setze, nicht aber nachträglich ändern könne.[23] So ergäbe sich ein Vorrang auch gegenüber späte-

---

[20] Siehe oben, Seite 30.

[21] So *Nordemann/Vinck/Hertin*, RBÜ Art. 2 Rn 1 a.E. Den gleichen Gedankengang verfolgte schon *Röthlisberger*, S. 25, der das Territorialitätsprinzip auf das „Territorium" des gesamten Verbandes bezog.

[22] Vgl. DdA 1929, 50, 51 f: „l'établissement, dans la Convention même, de certaines règles de droit matériel"; ebenso *Saenger*, S. 68 f.

[23] *Baum*, GRUR 1950, 457 f, 437, 469, 471-474.

rem derogierendem nationalem Recht.[24] Nach anderer Ansicht übernimmt das nationale Recht die Konventionsrechtsordnung durch Transformation als solche, so daß sie einheitlich in allen Vertragsstaaten gilt.[25] Stehe dem nationalen Gesetzgeber die nachträgliche Derogation durch Gesetz auch frei, so werde nach den Grundsätzen völkerrechtsfreundlicher Auslegung in der Regel kein Konflikt zum nationalen Recht auftauchen.[26]

Zur Begründung führt namentlich die Vorrangthese das Verbandsprinzip an.[27] Mit der BÜ 1886 hätten die beteiligten Staaten durch völkerrechtlichen Vertrag den Verband und zugleich („uno actu“), handelnd als Verband, das Verbandsrecht geschaffen, das folglich als Produkt des Verbandswillens, als „Gesetze des Verbandes“ anzusehen sei.[28] Dieses Verbandsgesetz sei nach Fassung, Inhalt und Zweck materielles Recht, das sich direkt an die Verbandsurheber als Rechtsträger richte.[29] Aus dieser Sicht läßt sich die RBÜ dann als „urheberrechtlicher Staatenbund“ qualifizieren.[30]

In der Tat sprechen verschiedene Vorschriften der RBÜ dem Wortlaut nach den Urheber direkt als Rechtsträger an. Dies gilt für die Inländerbehandlung bereits von der Urfassung der BÜ von 1886[31] und wurde in der Berliner Revision 1908 für die Mindestrechte bestätigt.[32] Dem steht allerdings der ebenfalls in Berlin eingefügte Art. 2 Abs. 4 RBÜ 1908 gegenüber, der im Zusammenhang mit den zu schützenden Werken ledig-

---

24 *Baum*, aaO.; *Bappert/Wagner*, RBÜ Art. 1 Rn 8. Für den Vorrang auch schon DdA 1929, 50, 52.

25 *Nordemann/Vinck/Hertin*, Einl. Rn 31; RBÜ Art. 1 Rn 2.

26 *Nordemann/Vinck/Hertin*, Einl. Rn 32 f.

27 *Baum*, GRUR 1950, 437, 455-462.

28 *Baum*, GRUR 1950, 437, 458.

29 *Baum*, GRUR 1950, 437, 458-462.

30 *Baum*, GRUR 1950, 437, 468; *Bappert/Wagner*, RBÜ Art. 1, Rn 8. Zu Ansätzen über „partielle Bundesstaaten“ allgemein auch *Geiger*, S. 192-194.

31 Art. 2 Abs. 1 BÜ 1886: „Les auteurs ressortissant à l'un des pays de l'Union, ou leurs ayant cause, jouissent, dans les autres pays, pour leurs œuvres, soit publiées dans un de ces pays, soit non publiées, des droits que les lois respectives accordent actuellement ou accorderont par la suite aux nationaux.“

32 Ergänzung Art. 2 Abs. 1 RBÜ aE (heute Art. 5 Abs. 1 RBÜ): „..., ainsi que des droits spécialement accordés par la présente Convention.“

lich eine Verpflichtung der Staaten anordnet.[33] Eine Änderung hin zu einer unmittelbar anwendbaren Formulierung lehnte noch die Revisionskonferenz von Rom 1928 aufgrund verfassungsrechtlicher Bedenken Großbritanniens und Schwedens ab.[34] Als die Frage 1948 in Brüssel erneut aufgeworfen wurde, vermerkte die Begründung des Änderungsvorschlags zunächst, daß eine Reihe von Konventionsbestimmungen unmittelbare Rechte einräumten.[35] Bedenken gegen eine unmittelbar anwendbare Formulierung auch des Art. 2 Abs. 4 RBÜ aber wurden dann mit der Erwägung zerstreut, daß sich die RBÜ nie über Verfassungsbestimmungen der Verbandsländer habe hinwegsetzen wollen.[36] Die Länder mit entsprechend restriktiven Verfassungen gingen daher keinerlei Risiko ein, während die Länder „où la Convention a la valeur d'une loi interne"[37] erheblichen Nutzen daraus zögen, daß ihre Richter das Konventionsrecht zweifelsfrei auch ohne besondere Umsetzung anwenden müßten. Mit dieser Begründung wurde der neue Text angenommen. Eine ähnliche Diskussion hatte sich im übrigen auch bei der Revisionskonferenz der PVÜ 1928 in Den Haag ergeben, wo durch eine textliche Änderung deutlich gemacht wurde, daß die Konvention Ländern, deren Verfassung eine direkte Berechtigung aus völkerrechtlichen Verträgen nicht vorsah, eine solche nicht aufzwingen wollte.[38]

Aus diesen Bemerkungen ergibt sich, daß bei den Mindestrechten zwar an eine unmittelbare Wirkung der Konventionsrechte gedacht war, die Umsetzung in nationales Recht sich aber nach den Verfassungsbestimmungen der Verbandsländer richtet. Bestätigt wurde diese Rechtslage durch den 1967 in Stockholm eingefügten Art. 36 Abs. 1 RBÜ,[39] der ei-

---

[33] Art. 2 Abs. 4 RBÜ 1908: „Les pays contractant sont tenus d'assurer la protection des œuvres mentionnées ci-dessus" (RGBl. 1910, 965).

[34] *Baum*, GRUR 1950, 437, 462.

[35] Documents Brüssel 1948, S. 146 „...que de nombreuses prescriptions conventionnelles établissent des droits par la voie directe, et non point par celle d'obligation imposée aux États de protéger ces droits dans la législation nationale (...)."

[36] Documents Brüssel 1948, S. 146: „L'application d'un traité est naturellement subordonnée à l'accomplissement des prescriptions constitutionnelles qui règlent dans chaque pays la conclusion et la validité des accords entre États. (...) le principe que nous venons de formuler va de soi".

[37] AaO.

[38] Vgl. *Ladas*, Industrial Property, S. 210, § 130.

[39] *Drexl*, in: FS Beier, S. 595.

ne Umsetzungsverpflichtung entsprechend den nationalen Verfassungsbestimmungen vorsieht. Die RBÜ selbst gibt also keine Modalitäten für die innerstaatliche Umsetzung vor und weicht insofern nicht vom Rechtszustand des allgemeinen Völkerrechts ab.[40] Damit ist auch die These einer zwingenden, innerstaatlich nicht derogierbaren materiellen Verbandsrechtsordnung hinfällig. Das schließt es freilich nicht aus, daß die nationalen Rechtsordnungen die Einladung der RBÜ annehmen und das Konventionsrecht als Sonderrecht der Verbandsurheber behandeln, ein Weg, den namentlich Deutschland[41] sowie eine Reihe weiterer Länder gewählt haben.[42]

Im Gegensatz zur RBÜ sind die Verpflichtungen des Romabkommens ausdrücklich nur an die Vertragsstaaten gerichtet.

2. Gewerblicher Rechtsschutz

Was den gewerblichen Rechtsschutz angeht, ist zunächst daran zu erinnern, daß die internationalen Registrierungssysteme gewisse Rechtswirkungen der internationalen Anmeldungen bzw. Registrierungen in den jeweiligen Verbandsländern vorsehen,[43] daß diese aber durchweg nur vorläufigen Schutz gewähren, den Verbandsstaaten die Befugnis zur Schutzverweigerung einräumen und in keinem einzigen Fall ein einheitliches, unmittelbar anwendbares internationales Schutzrecht schaffen.[44]

Hinsichtlich der fremdenrechtlichen Standards der PVÜ stellt sich die Frage angesichts der rudimentären Mindeststandards vor allem für die Inländerbehandlung und das Recht der Priorität. Dem Wortlaut nach sind Art. 2 Abs. 1 und Art. 4 A Abs. 1 PVÜ ebenfalls auf Individuen bezogen, grundsätzlich also auch für eine unmittelbare Anwendung in

---

40 Insofern zutreffend *Ballreich*, GRUR Int. 1983, 470, 474.

41 BGHZ 11, 135, 138.

42 Genannt werden etwa Belgien, Griechenland, Spanien, Schweiz, vgl. *Bappert/Wagner*, Einleitung RBÜ, Rn 13. Vgl. auch *Kreibich*, S. 165 mwN aus der Literatur. Anders die USA, die mit Rücksicht auf die Urheberpersönlichkeitsrechte der RBÜ eine unmittelbare Anwendbarkeit ausgeschlossen haben: Section 2 (1) Berne Convention Implementation Act vom 31.8.1988, Pub. L. No. 100-568; 17 USC 101.

43 Die internationalen Schutzrechte werden daher teilweise auch als supranationale Rechte bezeichnet, vgl. etwa *R. Singer*, Industrial Property 1973, 380, 389.

44 Siehe oben, ab Seite 193.

den nationalen Rechtsordnungen geeignet.[45] Tatsächlich wird dies, soweit das nationale Verfassungsgefüge es zuläßt, auch weithin praktiziert.[46] Für die Frage, ob die PVÜ eine unmittelbare Anwendung selbst anordnet, gilt dagegen nicht anders als bei der RBÜ, nämlich daß die PVÜ sich nicht über die einschlägigen Verfassungsbestimmungen der Verbandsstaaten hinwegsetzen wollte.[47] Auch hier läßt sich heute der Umsetzungsverpflichtung des Art. 25 Abs. 1 PVÜ eine entsprechende Klarstellung entnehmen.[48]

3. Fazit

Festzuhalten bleibt, daß RBÜ und PVÜ zwar keine Pflicht zur unmittelbaren Anwendung in der nationalen Rechtsordnung enthalten, viele ihrer Regeln aber bewußt so formuliert sind, daß sie sich hierzu eignen, und daß sie vielfach auch dementsprechend angewendet werden.

C. Die unmittelbare Anwendbarkeit der TRIPS-Regeln

1. Grundsatz

Art. 1 Abs. 1 Satz 3 TRIPS-Abkommen bestimmt unmißverständlich, daß die Umsetzung des Abkommens der nationalen Rechtsordnung unterliegt. Auch wenn die WTO insgesamt gedeihliche Wettbewerbsbedingungen sichern soll und man insofern von einer indirekten Wirkung auf Private sprechen könnte, bleibt diesen eine rechtliche Begünstigung vorenthalten.[49] Eine in den Verhandlungen vorgeschlagene völkerrecht-

---

45 Zu weiteren unmittelbar anwendbaren Vorschriften der PVÜ *Bodenhausen*, S. 8.

46 BGHZ 71, 159 f. Vgl. auch RGZ 85, 374, 375 (PVÜ als innerdeutsches Recht). Weiter genannt werden Frankreich, die damalige Sowjetunion, USA, Niederlande (*Bodenhausen*, S. 7), Griechenland und Italien (*Benkard/Ullmann*, PatG Einl. Rn 6 mN). Vgl. allerdings zur früheren amerikanischen Rechtsauffassung unter der Annahme der materiellen Reziprozität *Miller*, Official Opinions of the Attorneys-General, Vol. XIX, S. 274, 278 f. Hierzu mwN A. *Evans*, BYIL 30 (1953) 178, 191.

47 Siehe *Ladas*, aaO. (oben, Fn 38); *Bodenhausen*, S. 7, mit Verweis auf die Verhandlungsgeschichte.

48 *Drexl*, in: FS Beier, S. 595.

49 Panel-Bericht *US – Sections 301-310 of the Trade Act of 1974*, WTO-Dokument WT/DS/152R vom 22.9.1999, Ziff. 7.71-7.78. Hierzu auch *Jackson*,

liche Festschreibung der unmittelbaren Anwendbarkeit fand keine Unterstützung.[50] Freilich wird man dem auch kein Verbot einer Umsetzung im Wege unmittelbarer Anwendbarkeit entnehmen können.[51]

2. Praktische Erwägungen des nationalen Rechts

Gegen eine unmittelbare Anwendbarkeit multilateraler Handelsabkommen im nationalen Recht bestehen grundsätzliche Bedenken aufgrund der ihnen innewohnenden Reziprozität. Sie sind das Ergebnis eines Aushandlungsprozesses, in dem die Vertragsstaaten Konzessionen ausgetauscht haben, die sich im Gesamtergebnis zumindest theoretisch die Waage halten.[52] Um dieses Gleichgewicht auch im Falle einseitiger Störungen – sei es, weil Handelspartner den Vertrag verletzen, sei es, weil wirtschaftliche Gründe zur Inanspruchnahme von Ausnahmen oder gar zur Neuverhandlung einzelner Bereiche zwingen – aufrechterhalten zu können, muß ein Staat rechtlich und tatsächlich zur Suspendierung eingeräumter Konzessionen in der Lage sein. Anderenfalls muß er gewärtig sein, daß das in gegenseitigem Geben und Nehmen erzielte Gleichgewicht im nachhinein zu seinen Ungunsten verändert wird oder daß ihm die anderen Handelspartner bei unerwarteten wirtschaftlichen Problemen nicht mit dem gebotenen Wohlwollen entgegentreten. Beides würde sein Vertrauen in die handelspolitische Verhandlungsmethode in künftigen Handelsrunden untergraben. Hierin liegt der tiefere Grund der Flexibilität, wie sie Art. XXIII GATT vorsieht.

Bindet sich ein Staat hingegen gegenüber den eigenen Bürgern, so werden die flexiblen Reaktionsmöglichkeiten untergraben.[53] Denkbar wäre

---

AJIL 98 (2004) 109, 117 f. Im Ergebnis ebenso EuGH, Rs. C-149/96, *Portugal/Rat*, 23.11.1999, Slg. 1999, I-8425, Rn 41.

[50] *Drexl*, in: FS Fikentscher, S. 823, dortige Fn 8.

[51] So richtig *Hermes*, TRIPS im Gemeinschaftsrecht, S. 311 f; *Kreibich*, S. 143 f.

[52] *Eeckhout*, CMLR 34 (1997) 11, 37, nennt dies „a delicate balance of respective interests". Treffend auch *Tomuschat*, der von der „angemessene(n) Bilanz der wirtschaftlichen Vorteile" spricht, in: *von der Groeben/Schwarze (Hrsg.)*, Art. 300, Rn 121. Siehe auch *Tomuschat*, in: FS Constantinesco, S. 801, 812 f mwN.

[53] So allgemein *Tomuschat*, in: FS Constantinesco, S. 801, 815; zur WTO ebenso *H. Ullrich*, GRUR Int. 1995, 623, 638. Ausweichend *Drexl*, in: FS Beier, S. 593, 602, dortige Fn 26.

zwar eine innerstaatliche Außerkraftsetzung der unmittelbar anwendbaren völkerrechtlichen Regeln *ad hoc*, wenn die Suspendierung von Handelszugeständnissen erforderlich wird.[54] Dies kann aber auf nicht unerhebliche praktische Probleme stoßen. Räumt die nationale Rechtsordnung den aus der völkerrechtlichen Regel fließenden Rechtssätzen einen Vorrang ein, so kommt eine einseitige Aussetzung unter Umständen von vornherein nicht in Betracht.[55] Sodann müßten im nationalen Recht Verfahren vorgehalten werden, die eine rasche und auch im Hinblick auf die Gewaltenteilung verfassungskonforme Rechtsänderung ermöglichen.[56] Sodann werden nicht selten die zu suspendierenden individuellen Rechtspositionen verfassungsrechtlich besonders bewehrt sein oder Probleme im Hinblick auf den Vertrauensschutz aufwerfen. Wenn ein Staat aber etwa nach nationalem Recht verpflichtet wäre, betroffene Private für die entstehenden Schäden zu entschädigen, so würde die flexible Reaktion schon aus finanziellen Gründen ganz erheblich erschwert werden. Bezöge man darüber hinaus Ausländer in eine solche Kompensationspflicht ein, so würde die ökonomische Logik einer Entziehung von Handelszugeständnissen vollkommen *ad absurdum* geführt.[57] Aus praktischen Erwägungen wird darüber hinaus darauf hingewiesen, daß eine unmittelbare Anwendung der Handelsregeln zu einer unterschiedlichen Rechtspraxis in den verschiedenen Staaten und so zu einer Störung des ausgehandelten Gleichgewichts führen kann.[58] Zu weit geht allerdings die Annahme, die Staaten müßten sich eine „Befugnis zum Vertragsbruch" vorbehalten, um nötigenfalls Handelskonzessionen, die bereits in den WTO-Regeln festgeschrieben sind, aus verhandlungstaktischen Gründen zurückzuhalten.[59] Es kann keinem Zweifel unterliegen, daß die im WTO-Abkommen enthaltenen Pflichten

---

[54] *Drexl*, in: FS Fikentscher, S. 822, 835; *Kreibich*, S. 208.

[55] In diesem Sinne für das EG-Recht *Hermes*, TRIPS im Gemeinschaftsrecht, S. 320. Allgemein zur Rangstellung völkerrechtlicher Verträge in der Gemeinschaftsrechtsordnung *Tomuschat*, in: *von der Groeben u.a. (Hrsg.)*, Art. 300, Rn 84.

[56] Zu diesem Problemkreis im deutschen Recht *Tomuschat*, ZaöRV 33 (1973) 179, 200-211.

[57] Insofern zutreffend *Kreibich*, S. 205.

[58] *Tomuschat*, in: FS Constantinesco, S. 801, 814 f; *Eeckhout*, CMLR 34 (1997) 11, 50 f; *Kaddous*, S. 393 f.

[59] Zu diesem Ansatz *Drexl*, in: FS Fikentscher, S. 822, 835 f. Insofern zu Recht ablehnend *Kreibich*, S. 215 f, 218.

Rechtscharakters sind und nicht einfach beiseite geschoben werden können.[60]

Aus den genannten Gründen hat die Praxis der Haupthandelsländer dem GATT die unmittelbare Anwendung im nationalen Recht versagt. Beispielhaft mag dafür die Position des EuGH stehen, der Privaten die Berufung auf Regeln des GATT mit Hinweis auf dessen inhärente Reziprozität und Flexibilität versagt hat.[61] Auch nach Inkrafttreten der WTO haben die maßgeblichen Organe der EG hieran festgehalten. Kommission[62] und Parlament[63] haben sich in diesem Sinne geäußert, und der Rat hat in dem Beschluß, mit dem er das WTO-Abkommen ratifizierte und für die EG-Rechtsordnung in Kraft setzte, die unmittelbare Anwendbarkeit ausdrücklich ausgeschlossen.[64] Auch der EuGH ist von seiner zum GATT vertretenen Position nicht abgerückt.[65] Ein ent-

---

[60] *Jackson*, AJIL 91 (1997) 60-64; *ders.*, AJIL 98 (2004) 109, 112-115; *Tomuschat*, RdC 281 (1999 VI) 311 f; *Pauwelyn*, AJIL 95 (2001) 535, 538. Mißverständlich dagegen *Bello*, AJIL 90 (1996) 416-418, klargestellt in AJIL 95 (2001) 984, 986 f. Vgl. aber die Diskussion bei *Jackson*, AJIL 98 (2004) 109, 110 f, 121 f.

[61] Verbundene Rs. 21-24/72 (*International Fruit*), 12.12.1972, Slg. 1972, I-1219, Rn 21-27; Rs. C-469/93 (*Chiquita Italia*), 12.12.1995, Slg. 1995, I-4533, Rn 26-29. Zustimmend *Zuleeg*, ZaöRV 35 (1975) 341, 355. Zusammenfassend zur Rechtsprechung des EuGH *Tomuschat*, in: *von der Groeben/Schwarze (Hrsg.)*, Art. 300, Rn 73-76.

[62] Vorschlag für einen Beschluß des Rates über die Annahme der Ergebnisse der multilateralen Handelsverhandlungen im Rahmen der Uruguay-Runde (1986-1994), KOM (94) 143 endg., 15.4.1994, S. 6a f.

[63] Das Europäische Parlament hat den Beschlußentwurf der Kommission kommentarlos gebilligt (ABl. 1995 C 18/61 f), in seiner Entschließung vom 15.12.1994 allerdings betont, daß WTO-Streitschlichtungsentscheidungen gemäß DSU in der Gemeinschaft keine unmittelbare Wirkung haben sollten, aaO., S. 166, Ziff. 11.

[64] Ratsbeschluß 94/800 vom 22.12.1994 über den Abschluß des WTO-Übereinkommens, 11. Erwägungsgrund der Präambel, ABl. 1994 Nr. L 336 S. 1.

[65] Rs. C-149/96, *Portugal/Rat*, 23.11.1999, Slg. 1999, I-8395, Rn 36-40; zustimmend *Hilf/Schorkopf*, EuR 35 (2000) 74, 84-87; ferner EuGH Rs. 307/99, *OGT Fruchthandelsgesellschaft*, 2.5.2001, Slg. 2001, I-3159, Rn 26 (für GATT 1994).

sprechender Rechtszustand findet sich im Grundsatz auch in den USA, Japan, Kanada und der Schweiz.[66]

3. Zur Forderung nach unmittelbarer Anwendbarkeit

Seitens der Lehre wird eine unmittelbare Anwendbarkeit der in der WTO zusammengefaßten Handelsregeln zum Teil nachdrücklich befürwortet. Zur Begründung wird angeführt, die WTO, zumindest jedoch das TRIPS-Abkommen, habe gegenüber dem GATT eine neue Qualität, so daß Erwägungen der Reziprozität nicht mehr verfingen.

a) Zur unmittelbaren Anwendbarkeit der WTO-Rechtsordnung im allgemeinen

Es läßt sich fragen, ob die gestärkte institutionelle Verfassung der WTO das Welthandelssystem nicht in einer Weise verändert hat, daß der Gesichtspunkt der Reziprozität gegenüber der gemeinsamen Handelsdisziplin in den Hintergrund getreten ist; verwiesen wird hierzu auf die Präzisierung der Ausnahmebestimmungen des GATT und auf das Streitschlichtungssystem des DSU, das die Einhaltung der Handelsregeln auch ohne Rückgriff auf das Sanktionspotential der Reziprozität sicherstelle.[67] Verliert die Reziprozität ihre Bedeutung für die Sicherung der Handelsdisziplin, so entfällt in der Tat ein wichtiger Grund für die staatliche Interventionsbefugnis in den Außenhandel. Unter der Prämisse der klassischen Wirtschaftstheorie, daß auch einseitige Handelsliberalisierung zu Wohlstandsgewinnen führte, lassen sich dann gute Gründe für eine individualbezogene Festschreibung der Handelsregeln im internen Recht finden. Gezogen werden Parallelen zu den europäischen Grundfreiheiten, deren unmittelbare Anwendbarkeit den Reziprozitätsgedanken im EG-Recht überwand und maßgeblich zur wirtschaftlichen Integration beitrug, und sogar zu den Menschenrechten.

---

[66] Für die USA: Section 102 (c) Uruguay Round Agreement Act vom 8.12.1994, Pub. L. No. 103-465, 19 USC 3512 (c) (1). Vgl. im übrigen *Hermes*, TRIPS im Gemeinschaftsrecht, S. 274-278; *Kreibich*, S. 211 f, jeweils mwN. Zur Behandlung des früheren GATT in der US-amerikanischen Rechtsordnung *Jackson*, World Trading System, S. 96 f.

[67] *Hermes*, TRIPS im Gemeinschaftsrecht, S. 318 f, *Ott*, S. 224. Unentschieden *Scott*, in: *Shaw/More (Hrsg.)*, S. 147, 153; *Drexl*, in: FS Fikentscher, S. 822, 847 f; *Kaddous*, S. 398 f; differenzierend *Beise*, S. 229.

Hieran knüpft sich die Forderung nach einer „Konstitutionalisierung" des internationalen Wirtschaftsrechts im Sinne einer unverrückbaren Festschreibung individueller wirtschaftlicher Freiheiten.[68]

Eine solche Argumentation steht und fällt mit der Frage, ob das WTO-System eine Durchsetzungsmacht erreicht hat, die einen Verzicht auf die mit der Reziprozität verbundenen Reaktionsmöglichkeiten erlaubt. Eine unmittelbare Anwendbarkeit, die eine Durchsetzung vor den nationalen Gerichten aller Mitgliedstaaten sicherstellen würde, ordnen die Abkommen der WTO nicht an, im Unterschied etwa zur EG-Rechtsordnung, die einen integrierten Bestandteil des nationalen Rechts der EG-Mitgliedstaaten bildet.[69] Auch wird die unmittelbare Anwendung der WTO-Regeln von den Haupthandelsländern nicht faktisch praktiziert. Ferner kann nicht übersehen werden, daß die WTO ein weniger weitgehendes Integrationsprogramm als die EG verfolgt. Auch in der EG haben die Grundfreiheiten erst nach Ablauf der Übergangsfrist zur Schaffung des gemeinsamen Marktes ihre unmittelbare Anwendbarkeit erlangt.[70] Das WTO-Abkommen hingegen hat nicht einmal ein eigenes wirtschaftspolitisches Programm, sondern bildet nach wie vor nur den Rahmen für eine fortschreitende Verhandlungstätigkeit der Mitgliedstaaten (Art. II Abs. 1 WTO).[71] Die WTO verfügt auch über keine Organe, die eine für die Mitgliedstaaten verbindliche aktive Wirtschafts- oder Handelspolitik verfolgen könnten. Die einzige Institution, die eine Sanktionierung von Störungen des in den Handelsrunden festgeschriebenen Gleichgewichts sicherstellen kann, ist das Streitschlichtungsverfahren des DSU.[72] Von seinem Funktionieren hängt es letztlich ab, ob

---

[68] So *Petersmann*, Michigan Journal of International Law 18 (1998) 1, 19-30 (hier über rein wirtschaftliche Fragen hinausgehend), ferner JIEL 3 (2000) 3, 19 f, 23 f; JIEL 4 (2001) 3, 30-35; EJIL 13 (2002) 621, 626, 631 f; *Drexl*, in: FS Fikentscher, S. 839-842, 850. Kritisch *Howse*, EJIL 13 (2000) 651-659; *Alston*, EJIL 13 (2000) 815, 818-837.

[69] Grundlegend EuGH, Rs. 26/62, *Van Gend & Loos*, 5.2.1963, Slg. 1963, 1, 25; Rs. 6/64, *Costa/ENEL*, 15.6.1964, Slg. 1964, 1261, 1269 f.

[70] Art. 7 EGV a.F. Vgl. *Bleckmann*, EPIL IV, 374, 376; *Geiger*, Art. 7 EGV, Rn 4.

[71] Siehe vorn, ab Seite 77. Wenig Trost vermittelt die Annahme, das WTO-Recht sei ein „Schritt in die richtige Richtung" zu einem sinnvollen globalen Ordnungskonzept, so *Drexl*, in: FS Fikentscher, S. 822, 846.

[72] Ebenso *Drexl*, in: FS Fikentscher, S. 822, 847. Bei den bei *Kreibich*, S. 214, erwähnten weiteren „Implementierungsmechanismen" handelt es sich nicht um Durchsetzungsinstrumente: Art. 71 TRIPS sieht eine Überprüfung des TRIPS-

sich Thesen einer unmittelbaren Anwendbarkeit der WTO-Regeln im nationalen Recht als tragfähig erweisen. Die Umsetzungspraxis der größten Handelsländer aber zeigt, daß sie von einer solchen neuen Rigidität der WTO-Regeln nicht ausgehen.

b) Zur unmittelbaren Anwendbarkeit des TRIPS-Abkommens

Teilweise wird die Forderung nach einer unmittelbaren Anwendung des TRIPS-Abkommens auf eine isolierende Betrachtung gestützt.[73] Unabhängig von der Eignung des WTO-Abkommens zur unmittelbaren Anwendbarkeit im allgemeinen komme dem TRIPS-Abkommen ein Sondercharakter zu, weil es dem Schutz privater Rechte bzw. der Harmonisierung der nationalen Rechtsordnungen diene.[74] Jedenfalls im Rahmen des TRIPS-Abkommens sei daher eine am Reziprozitätsgedanken orientierte Betrachtung unangebracht, so daß gegen eine unmittelbare Anwendung im nationalen Recht keine durchgreifenden Bedenken bestünden.

Was die Harmonisierung der nationalen Rechtsordnungen betrifft, so zählt diese nicht zu den Zielstellungen des TRIPS-Abkommens.[75] Das TRIPS-Abkommen schreibt fremdenrechtliche Schutzstandards für geistiges Eigentum vor, damit geistigen Eigentümern nicht mangels einschlägiger nationaler Bestimmungen eine Remuneration rechtlich oder faktisch versagt bleibt. Dagegen zielt es nicht auf eine Angleichung der nationalen Rechtsvorschriften mit dem Ziel der Aufwandsersparnis für Schutzrechtsinhaber oder nationale Behörden ab. Dies hat z.B. die EG selbst in ihren Verhandlungsrichtlinien zur Uruguay-Runde klargestellt.[76] Harmonisierende Regeln, wie sie in TLT und PLT und in den

---

Abkommens selbst vor, der TPRM dient nicht der Durchsetzung spezifischer Verpflichtungen (TPRM A. (i) Satz 3).

[73] So grundsätzlich *Eeckhout*, CMLR 34 (1997) 11, 33; kategorisch auch *Ott*, S. 233.

[74] So z.B. *Drexl*, in: FS Beier, S. 593, 601 f; *Kaddous*, S. 400 f; *Kreibich*, S. 222 f; *Hermes*, EuR 2001, 253, 260 f; *ders.*, TRIPS im Gemeinschaftsrecht, S. 297-302.

[75] Die Aussage des EuGH im Gutachten 1/94, 15.11.1994, Slg. 1994, I-5267, Rn 58, daß das TRIPS-Abkommen (auch) der weltweiten Harmonisierung des geistigen Eigentums diene, ist nicht unmittelbar einsichtig und läßt eine Begründung vermissen.

[76] Guidelines and Objectives Proposed by the European Community for the Negotiations on Trade Related Aspects of Substantive Standards of Intellec-

internationalen Klassifikationssystemen niedergelegt sind, sind dem TRIPS-Abkommen ebenso fremd wie der Ansatz der internationalen Registrierungssysteme der WIPO. Wenn es auch den in der WIPO entwickelten Regeln durch die Öffnungsklausel des Art. 5 TRIPS-Abkommen Rechnung trägt, kann ihm doch eine eigene harmonisierende Zielstellung nicht unterlegt werden.

Zur Frage der privaten Rechte wird zunächst auf die Überschneidungen mit den bestehenden Verträgen, insbesondere RBÜ und PVÜ, verwiesen,[77] die zweifellos deren Schutz zur Zielsetzung haben. Sofern das TRIPS-Abkommen Rechte betrifft, zu deren Schutz andere, in der nationalen Rechtsordnung gegebenenfalls unmittelbar anwendbare Verträge ohnehin verpflichten, fällt die Frage nach der unmittelbaren Wirkung des TRIPS-Abkommens nicht ins Gewicht. Anders liegt der Fall, wenn die TRIPS-Standards nicht durch anderweitige völkerrechtliche Verpflichtungen abgedeckt sind. Dann müßte dem TRIPS-Abkommen selbst die Zielsetzung entnommen werden können, Privaten eigentumsgleiche, von handelspolitischen Erwägungen isolierte Rechtspositionen einzuräumen. Gewöhnlich wird hierzu auf Abs. 4 der Präambel des TRIPS-Abkommens verwiesen,[78] der lautet: „*Recognizing* that intellectual property rights are private rights". Diese Formulierung enthält die Anerkennung, daß geistiges Eigentum im allgemeinen ein Privatrecht ist. Daß dagegen auch die einzelnen im TRIPS-Abkommen festgeschriebenen Schutzstandards private Rechtspositionen kreierten, die gerade gegen die Inanspruchnahme für handelspolitische Zwecke geschützt sein sollten, sagt sie dagegen nicht. Wenig überzeugend ist auch die Erwägung, das Ziel des TRIPS-Abkommens werde „konterkariert", wenn ihm keine unmittelbare Anwendbarkeit zuerkannt werde.[79] Solange das TRIPS-Abkommen seine Durchsetzungsmacht aus dem Sanktionspotential der Reziprozität bezieht, ist seine praktische Wirksamkeit keineswegs auf die unmittelbare Anwendung im nationalen Recht angewiesen. Die bessere Durchsetzbarkeit der Regeln über das geistige

---

tual Property Rights, GATT-Dok. MTN.GNG/NG11/W/26 vom 7.8.1988, in: Beier/Schricker I, S. 321, 324. Auch die Denkschrift der deutschen Bundesregierung zum WTO-Abkommen spricht nur von der „Gewährleistung materieller Mindestnormen", BT-Drs. 12/7655 (neu), S. 1.

[77] So *Hermes*, TRIPS im Gemeinschaftsrecht, S. 299-301.

[78] So z.B. *Eeckhout*, CMLR 34 (1997) 11, 33; *Kaddous*, S. 400; *Drexl*, in: FS Fikentscher, S. 822, 850 f; *Petersmann*, JIEL 4 (2001) 3, 33; *Hermes*, TRIPS im Gemeinschaftsrecht, S. 298.

[79] In diesem Sinne aber *Kreibich*, S. 166.

Eigentum im Rahmen des Welthandelssystems war aber einer der Hauptgründe für die Einbeziehung in die WTO.

Eine isolierte Betrachtung des TRIPS-Abkommens verträgt sich indessen kaum mit der Stellung des TRIPS-Abkommens als Teil des WTO-Abkommens (Art. II Abs. 2 WTO). Ausweislich seines Titels regelt es eben *handels*bezogene Aspekte geistigen Eigentums; seine *raison d'être* war die Verknüpfung mit dem Handelsrecht in der Uruguay-Runde. Als Teil des ausgehandelten Gesamtpakets hat es Anteil an dem zugrundeliegenden Gleichgewicht der ausgetauschten Handelszugeständnisse. Seinen Niederschlag findet dies darin, daß zur Kompensation einer im Streitschlichtungsverfahren festgestellten Störung des ausgehandelten Gesamtgleichgewichts auch TRIPS-Verpflichtungen suspendiert werden können (Art. 22 Abs. 3 lit. f [iii] und lit. g [iii] TRIPS-Abkommen). Es ist wenig überzeugend, das TRIPS-Abkommen nun unter Hinweis auf den privatrechtschützenden Charakter des geistigen Eigentums im allgemeinen aus dem Handelszusammenhang, in den es bewußt gestellt wurde, herauszulösen.[80] Auch eine Zergliederung der Reziprozität in Gesichtspunkte der Vertragsaushandlung und der Vertragsdurchsetzung[81] ändert im Grundsatz nichts daran, daß die weltweite Stärkung des geistigen Eigentumsschutzes die Gegenleistung für Konzessionen der Industrieländer war und weiter Anteil am flexiblen Gleichgewicht der Zugeständnisse im WTO-Abkommen hat.

Freilich hindert dies die WTO-Mitglieder nicht, sich der dem WTO-Abkommen innewohnenden Flexibilität aus autonomem Entschluß zu begeben und die Regeln des TRIPS-Abkommens, zu dessen Umsetzung sie ja verpflichtet sind, innerstaatlich auch unmittelbar anzuwenden.[82]

---

[80] Ebenso *H. Ullrich*, GRUR Int. 1995, 623, 639. Diese Auffassung teilt auch der EuGH, der die unmittelbare Anwendung des TRIPS-Abkommens mit Hinweis auf die für die WTO im allgemeinen angestellten Erwägungen abgelehnt hat, verbundene Rs. 300, 392/98, *Dior*, 14.12.2000, Slg. 2000, I-11344, Rn 44; Rs. 307/99, *OGT Fruchthandelsgesellschaft*, 2.5.2001, Slg. 2001, I-3161, Rn 24 f; Rs. C-89/99, *Schiering-Nijstad*, 13.9.2001, Slg. 2001, I-5874, Rn 54 f (offengelassen noch in Rs. C.53/96, *Hermès*, 16.6.1998, Slg. 1998, I-3637, Rn 35). Allerdings sind TRIPS-Bestimmungen bei der Auslegung des EG-Sekundärrechts zu berücksichtigen, Rs. C-53/96, *Hermès*, aaO., Rn 28; Rs. C-300, 392/98, *Dior*, aaO., Rn 47; Rs. C-89/99, *Schiering-Nijstad*, aaO., Rn 54.

[81] So *Hermes*, TRIPS im Gemeinschaftsrecht, S. 309-312.

[82] Diese Befugnis hat auch der EuGH den EG-Mitgliedstaaten für jene TRIPS-Bestimmungen zugestanden, die nach der EG-Kompetenzordnung in ihren Zuständigkeitsbereich fallen, Rs. C-300, 392/96, *Dior*, aaO. (Fn 80), Rn 48.

Dies mag für Industrieländer, deren Schutzniveau im allgemeinen den TRIPS-Vorgaben ohnehin entspricht, durchaus eine praktikable Option sein.[83]

D. Fazit

Weder WIPO-Verbände noch das TRIPS-Abkommen enthalten eine Verpflichtung zur unmittelbaren Anwendbarkeit ihrer Vorschriften in den nationalen Rechtsordnungen. Allerdings sind insbesondere die Bestimmungen der RBÜ und zu einem gewissen Grade auch die der PVÜ individualwirksam formuliert und zur unmittelbaren Anwendbarkeit geeignet. Dasselbe gilt für viele Vorschriften des TRIPS-Abkommens, dessen unmittelbare Anwendung aber wegen des durch die Einbindung in das WTO-System hergestellten Handelsbezugs auf Schwierigkeiten trifft. Eine Selbstbindung der Staaten zugunsten Privater würde die handelspolitische Handlungsfreiheit untergraben, was mit Blick auf die Aussetzung von Handelszugeständnissen als Reaktion auf Vertragsverletzungen bedenklich wäre.[84]

II. Die Streitschlichtungsvorschriften der WIPO-Verbände

Brauchen die nationalen Gerichte nicht unmittelbar in den Dienst des Völkerrechtsvollzugs gestellt zu werden, so ist alternativ nach Möglichkeiten der internationalen Streitschlichtung zu fragen. In den Verbänden zum internationalen Schutz geistigen Eigentums wurden besondere institutionelle Vorkehrungen zur Durchsetzung der vereinbarten Schutzstandards anfangs allerdings kaum für notwendig gehalten.[85] Als Grund hierfür wird ein für funktionalistische Verwaltungsunionen typischer grundlegender Interessengleichklang angegeben, bei dem alle Vertragsstaaten das Prinzip des geistigen Eigentumsschutzes für sich als

---

[83] Zum Beispiel hat die deutsche Bundesregierung in ihrer Denkschrift zum WTO-Abkommen eine unmittelbare Anwendung des TRIPS-Abkommens im deutschen Recht grundsätzlich für möglich erachtet, BT-Drs. 12/7655 (neu), S. 7; 337.

[84] Zur Aussetzung von Handelszugeständnissen im TRIPS-Bereich unten, ab Seite 307.

[85] Zu früheren Vorschlägen einer gemeinsamen Gerichtsbarkeit im Markenwesen *Ladas*, Industrial Property, S. 825, § 583.

maßgeblich ansähen, so daß sogar auf ein besonderes Aufnahmeverfahren verzichtet werden könne.[86] In der Tat stellt der Konsens auf den Revisionskonferenzen die möglichst weitgehende Ratifikationsfähigkeit neuer Fassungen sicher. Was ein Staat aber ratifiziert, wird er regelmäßig als in seinem Interesse liegend erkannt haben und dementsprechend handeln,[87] so daß grundlegende Verstöße gegen die Vertragsordnungen kaum zu erwarten sind. Erforderlichenfalls konnte das Berner Büro mit einer allgemeinen Studie, die es regelmäßig in seinen Zeitschriften veröffentlichte, pragmatisch zu Auslegungsdifferenzen Stellung nehmen.[88] Mit Entwicklung der Gerichtsbarkeit des StIGH mehrten sich indessen auch die Stimmen für eine gerichtliche Streitschlichtung in den Verbänden. Einen Vorschlag Großbritanniens, in die PVÜ eine Zuständigkeitsklausel für den StIGH aufzunehmen, wies die Revisionskonferenz von Den Haag 1925 zurück;[89] ähnliches geschah auf den Konferenzen von London 1934 und Lissabon 1958.[90] Ebenso lehnte die Revisionskonferenz der RBÜ 1928 in Rom eine vorgeschlagene Streitschlichtungsklausel ab.[91] Bemerkenswerterweise stützte sich die Kritik an solchen Klauseln im urheberrechtlichen Bereich u.a. auf die weite Verbreitung, die die Streitschlichtung durch den StIGH durch Unterwerfung nach Art. 36 StIGH-Statut im Verband ohnehin gefunden habe.[92]

Nach Gründung der UNO mit dem IGH als Hauptrechtsprechungsorgan erschien der Revisionskonferenz der RBÜ von Brüssel 1948 die Zeit gekommen,[93] eine Zuständigkeit des IGH zur Beilegung von Streitigkeiten über Auslegung und Anwendung der Konvention einzuführen (Art. 27bis RBÜ 1948). Auch in Art. 30 Romabkommen wurde eine ent-

---

[86] *Ballreich*, AVR 19 (1981) 121, 125, 128, der in der Zuständigkeit des IGH für die Streitbeilegung daher einen Beleg für den Verlust dieses Interessengleichklangs sieht, aaO., S. 150. Vgl. aber schon *Ladas*, Industrial Property, S. 828, § 586, mit dem Hinweis auf ernsthafte Streitigkeiten zwischen Verbandsstaaten der PVÜ.

[87] *Tomuschat*, Berichte der DGVR 28 (1988) 1, 40.

[88] So *Ladas*, Industrial Property, S. 826, § 585, mit Hinweis auf die Studie zu einem Vorbehalt Serbiens in PI 1922, 95.

[89] *Ladas*, Industrial Property, S. 826 f, § 585.

[90] *Bodenhausen*, S. 185.

[91] Vgl. *Collovà/Tournier*, DdA 77 (1964) 10.

[92] *Collovà/Tournier*, DdA 77 (1964) 10, 11.

[93] Zur Vorgeschichte und Diskussion in Brüssel *Baum*, GRUR 1949, 1, 42; *Collovà/Tournier*, DdA 77 (1964) 10, 11 f.

sprechende solche Klausel aufgenommen. Auf der Revisionskonferenz von 1967 endete die Diskussion um die Zuständigkeit des IGH mit einem Kompromiß.[94] Zwar wurden in PVÜ und RBÜ gleichlautende Zuständigkeitsklauseln aufgenommen, in beiden Fällen jedoch Vorbehalte für zulässig erklärt (Art. 29 PVÜ, 33 RBÜ). Während also für die PVÜ eine Streitbeilegung durch den IGH eingeführt werden konnte, wurde die Streitbeilegungsklausel der RBÜ abgeschwächt. In keinem Fall ist indessen der IGH bislang zur Auslegung oder Anwendung einer der drei Konventionen angerufen worden.

Im Zuge der Verhandlungen der Uruguay-Runde entwickelte auch die WIPO ein Projekt für ein eigenes internationales Streitbeilegungsverfahren.[95] Während früh Einigkeit über ein der GATT-Praxis ähnliches Panel-Verfahren bestand,[96] blieb das Verhältnis zum handelsrechtlichen Streitbeilegungsverfahren ungeklärt.[97] Natürlich muß Staaten, die unter Einsatz ihrer Marktmacht den weltweiten Schutz geistigen Eigentums forcieren, das mit Handelssanktionen bewehrte Verfahren der WTO attraktiver erscheinen als eine bloße Feststellung von Rechtsverletzungen im Rahmen der WIPO. Nach Inkrafttreten der WTO bekundeten vor allem die USA in deutlichen Worten ihr Desinteresse.[98] 1998 wurde das Projekt zu den Akten gelegt.[99] Statt dessen intensivierte die WIPO den Aufbau ihres Schiedsverfahrens, das privaten Parteien Gelegenheit zur

---

[94] Records Stockholm 1967 (erschienen Genf 1971), Vol. I, S. 756 f; Vol. II , S. 1218; *Krieger/Rogge/Rogge*, GRUR Int. 1967, 462, 473.

[95] Vgl. den israelischen Vorschlag auf den WIPO-Versammlungen 1988, Governing Bodies of WIPO and the Unions, General Report, WIPO-Dokument AB/XIX/5 vom 3.10.1988, S. 7, Ziff. 37. Allgemein zu dem Projekt *Buck*, S. 192 f.

[96] Vorschlag des Generaldirektors in Draft Program and Budget, WIPO-Dokument AB/XX/2 vom 31.5.1989, S. 17, mit zustimmender Diskussion auf der Generalversammlung 1989, WIPO-Dokument AB/XIX/20 vom 4.10.1989, S. 31, Ziff. 153-156.

[97] Vgl. Stellungnahmen auf der WIPO General Assembly 1994, Report, WIPO-Dokument WO/GA/XV/3 vom 4.10.1994, S. 2-4, Ziff. 9-13, 19. Siehe auch *F.M. Abbott*, Hastings Int'l & Comp. L. Rev. 20 (1997) 661, 673 f.

[98] WIPO General Assembly 1995, Report, WIPO-Dokument WO/GA/XVI/7 vom 3.10.1995, S. 7 f, Ziff. 33.

[99] Während der Generaldirektor auf der WIPO-Versammlung von März 1998 noch versicherte, daß das Projekt weiterverfolgt würde (General Report, WIPO-Dokument A/32/7 vom 27.3.1998, S. 37, Ziff. 129), war es im Herbst von der Tagesordnung verschwunden.

Streitschlichtung gibt und als wichtige Ergänzung internationaler Verfahren gilt.[100] Die beiden nach Inkrafttreten der WTO abgeschlossenen Abkommen WCT und WPPT enthalten im übrigen gar keine Streitbeilegungsklauseln.

III. Die Streitbeilegung in der WTO

Das Handelssystem beruht auf keiner den frühen Verbänden zum Schutz des geistigen Eigentums vergleichbaren Interessenharmonie, da das Ergebnis einer Handelsrunde keine im gemeinsamen Interesse akzeptierten allgemeinen Normen, sondern in erster Linie ein durch den Austausch von Zugeständnissen erzieltes Gleichgewicht spiegelt, dessen einseitige Verschiebung unmittelbare protektionistische Vorteile für die eigene Wirtschaft verspricht. Trotz der grundsätzlichen Billigung in der Ratifikation besteht daher ein fortdauernder Anreiz zum Vertragsbruch, der einen angemessenen Sanktionierungsmechanismus erforderlich macht. Das hierzu im Rahmen des GATT entwickelte zwischenstaatliche Streitbeilegungsverfahren findet seine Grundlage in Art. XXII und XXIII GATT.[101] Grundsätzlich sind die GATT-Vertragsstaaten zur einvernehmlichen Streitbeilegung aufgerufen (Art. XXII GATT). Beschwerden im bilateralen Verhältnis einzelner Vertragsstaaten nach Art. XXIII Abs. 1 GATT sind den Vertragsparteien in ihrer Gesamtheit zur Lösung anvertraut (Art. XXIII Abs. 2 GATT). Diese wenig differenzierte Lösung ergab sich zunächst aus der Erwartung, daß das GATT bald in der stärker ausdifferenzierten ITO aufgehen würde. Nach dem Scheitern des ITO- und später des OTC-Projekts kam eine stärker formalisierte Streitbeilegung zunächst nicht in Betracht. So entwickelte sich das für das GATT typische Panel-Verfahren aus der Praxis der Vertragsstaaten.

---

[100] Hierzu *Kaboth*, S. 63 f.

[101] Darüber hinaus enthält das GATT in Art. XIII Abs. 4, XXVIII Abs. 12 sowie in verschiedenen Sonderabkommen besondere Bestimmungen zur Streitbeilegung (vgl. Art. 1 Abs. 2 DSU sowie Anlage 2 zum DSU). Hierzu näher zum alten GATT *Benedek*, S. 324 f; zur WTO *Stoll/Schorkopf*, Rn 505. Zählt man sämtliche Konsultationsvorschriften zur Streitbeilegung, so käme man nach *Jackson*, Proceedings ASIL 61 (1967) 144 f, allein im GATT 1947 auf 19 Klauseln mit über 30 Verfahren.

A. Entwicklung des GATT-Panel-Verfahrens

Anfänglich wurden Differenzen über die Anwendung des GATT an den Vorsitzenden der Konferenz der Vertragsparteien herangetragen, der sich in abstrakter Form zu der umstrittenen Rechtsfrage äußerte und damit die Grundlage für eine diplomatische Lösung der Konflikte gab.[102] Als Streitfragen mit größerem Nachdruck in das Forum des GATT getragen wurden, ging man zur Bildung von Ausschüssen *ad hoc*, den „Working Parties", über, die aus den Streitparteien und einer Anzahl neutraler Vertragsparteien bestanden.[103] Die siebente Ministerkonferenz 1952 bildete zur Behandlung der an sie herangetragenen Streitigkeiten einen einheitlichen Ausschuß, für den der Vorsitzende der Konferenz den Ausdruck „Panel" prägte.[104] Auf der neunten Ministerkonferenz 1954 ging man dann dazu über, anstatt bestimmter Vertragsstaaten einzelne Personen zu Mitgliedern der eingesetzten Panels zu ernennen.[105] Damit war das Panel-Verfahren in seinen wesentlichen Grundzügen komplett.[106] Förmlich niedergelegt wurden die Regeln 1966 zunächst mit Blick auf eine erleichterte Rechtsdurchsetzung für Entwicklungsländer,[107] sowie mit allgemeiner Geltung in einer Entscheidung zum Ende der Tokio-Runde.[108] Nach Empfehlungen des Leutwiler-Berichts[109] setzten die GATT-Vertragsparteien zur Midterm-Review 1989 für die Dauer der Uruguay-Runde vorläufig eine über-

---

[102] *Hudec*, GATT Legal System, S. 75 f.

[103] *Hudec*, GATT Legal System, S. 77-79.

[104] *Hudec*, GATT Legal System, S. 85-87.

[105] *Hudec*, GATT Legal System, S. 90.

[106] Zu den Grundzügen des Panel-Verfahrens vgl. GATT-Sekretariat, Considerations Concerning the Extended Use of Panels, GATT-Dokument L/392/Rev. 1 vom 6.10.1955, abgedruckt in: *Hudec*, The GATT Legal System, S. 323, dort S. 324 f, Ziff. 5 f.

[107] Procedures under Article XXIII, Entscheidung vom 5.4.1966, BISD 14S/18-20.

[108] Understanding Regarding Notification, Consultation, Dispute Settlement and Surveillance, 28.11.1979, mit Anhang: Agreed Description of the Customary Practice of the GATT in the Field of Dispute Settlement, aaO., S. 215-218. Weitere Entscheidungen folgten 1982, Ministerial Declaration, BISD 29S/9, 13-16, und 1985, BISD 31S/6, 9 f. Zum alten GATT-Panel-Verfahren auch *Benedek*, S. 314-323.

[109] Leutwiler-Bericht, Empfehlung 12, S. 54 f.

arbeitete Fassung in Kraft,[110] die schließlich durch das dem WTO-Abkommen als Anhang beigefügte „Dispute Settlement Understanding“ (DSU) abgelöst wurde.

Was die Verfahrensseite der Streitschlichtung betrifft, nahm diese immer deutlicher Züge eines gerichtlichen Verfahrens an. Bereits die Berichte der „Working Parties“ zeigten erste Abweichungen gegenüber rein konsensualen Lösungen. So empfahl die „Working Party“ im chilenisch-australischen Düngerstreit eine Rücknahme der umstrittenen Maßnahmen, der Australien lediglich noch seine abweichende Stellungnahme anfügte.[111] In den ab 1952 gebildeten Panels fungierten die Streitparteien nicht mehr selbst als Ausschußmitglieder, so daß das Verfahren nun Züge einer Drittstreitschlichtung trug. Dies wurde durch die Berufung von Experten in die Panels verstärkt, die weniger diplomatische Rücksichten als die GATT-Vertragsstaaten nehmen mußten.

Auf der anderen Seite waren die Konfliktparteien an dem Ergebnis der Streitbeilegung formal uneingeschränkt beteiligt. Die Panel-Berichte wurden vor der Fertigstellung mit den Konfliktparteien abgestimmt, um den Anschein eines einseitigen Vorwurfs nach Möglichkeit zu vermeiden.[112] Vor allem aber bedurften die Panel-Berichte der förmlichen Annahme durch die Vertragsparteien in ihrer Gesamtheit, dem nach Art. XXIII Abs. 2 GATT einzigen zur Streitschlichtung autorisierten Gremium. In den Abstimmungen behielten entgegen den Grundsätzen einer gerichtlichen Streitschlichtung, nach denen auch nur der Anschein einer Befangenheit vermieden werden muß, die Konfliktparteien ihr volles Stimmrecht. Zwar hätte die unterlegene Partei durch einen Mehrheitsbeschluß nach Art. XV Abs. 4 GATT überstimmt werden können. Derartige Mehrheitsbeschlüsse wurden im Rahmen des GATT allerdings nie praktiziert, Entscheidungen der Vertragsparteien kamen vielmehr grundsätzlich einstimmig zustande.[113] Daher konnte die unterlegene Streitpartei eine „Verurteilung“ auf der Ebene der Vertragsparteien durch ihre eigene Gegenstimme verhindern. Allerdings wurde von

---

[110] *Stoll*, ZaöRV 54 (1994) 241, 270, dortige Fn 127. Die Regelungen wurden für das GATT übernommen, Improvements to the GATT Dispute Settlement Rules and Procedures, Entscheidung vom 12.4.1989, BISD 36S/61-67.

[111] *Australian Subsidy on Ammonium Sulphate*, Report adopted by the CONTRACTING PARTIES on 3 April 1950, BISD II/188-196. Vgl. hierzu *Hudec*, GATT Legal System, S. 78 f. Siehe auch oben, Seite 122.

[112] GATT-Dokument L/392/Rev. 1 (oben, Fn 106), Ziff. 6.

[113] Vgl. Improvements to the GATT Dispute Settlement Rules and Procedures (oben, Fn 110), Abschnitt G Abs. 3 Satz 2.

diesem Vetorecht nur in wenigen Ausnahmefällen Gebrauch gemacht.[114]

Hierzu trug offenbar der nach außen hin unverbindliche Charakter der Panel-Berichte bei. Bereits in den Verhandlungen zur ITO war bewußt von der gerichtlichen Streitschlichtung Abstand genommen worden. In Abkehr von einer als zu stringent empfundenen rechtlichen Bewertung sollten Konflikte im handelspolitischen Bereich einem „ökonomischen Urteil" zugeführt werden, das die nötige Flexibilität aufwies, um innenpolitischen Zwängen der betroffenen Staaten gerecht zu werden.[115] Nach dem Vorbild einer früheren Entwurfsfassung der ITO-Charta[116] sah Art. XXIII Abs. 2 GATT in ambivalenter Weise Empfehlungen („Recommendations") und Weisungen („Rulings"), nicht aber verbindliche Urteile vor. Dementsprechend enthielten die Panel-Berichte lediglich die Empfehlung an die betreffende Vertragspartei, ihr Recht mit den Schlußfolgerungen des Panels in Einklang zu bringen. Eine solche unverbindliche Empfehlung konnten die unterlegenen Streitparteien gegebenenfalls mittragen und als Argument in den nationalen Gesetzgebungsprozeß einbringen. Die Umsetzung der Empfehlungen blieb auf der Agenda der GATT-Ministerkonferenzen, und in den meisten Fällen wurde – mitunter im Verlauf einiger Jahre – eine Angleichung des nationalen Rechts an die Erfordernisse des GATT erreicht.[117] Die

---

[114] Nach *Hudec*, Enforcing International Trade Law, S. 274, dortige Fn 3, wurden 17 Panel-Berichte nicht förmlich im GATT-Rat behandelt, wobei in den meisten Fällen eine Vergleichslösung erzielt worden sei und nur in wenigen Fällen eine wirkliche Blockade durch die unterlegene Partei vorgelegen habe. In zwei Fällen habe der GATT-Rat eine Panel-Entscheidung sogar faktisch aufgehoben. Zu Beispielen, in denen die Annahme blockiert wurde, *Hudec*, aaO., S. 279 f, dortige Fn 7. Teilweise blockierte die EG Entscheidungen im GATT-Rat, verglich sich aber auf anderem Wege mit den Beschwerdeführern, *Hudec*, aaO., S. 352, dortige Fn 64. Zur Problematik auch *Benedek*, S. 334.

[115] Vgl. *Hudec*, GATT Legal System, S. 28-34.

[116] Vgl. *Hudec*, GATT Legal System, S. 33. Zur Streitbeilegung in der ITO auch *Jaenicke*, AVR 7 (1957/58) 371, 418 f.

[117] Nach den statistischen Erhebungen Hudecs ist es in 2/3 der entschiedenen Fälle zu vollständiger und in 88% der Fälle zu mindestens teilweiser Befriedigung der obsiegenden Partei gekommen, *Hudec*, Enforcing International Trade Law, S. 286. Nur in sieben von insgesamt 88 Panel-Berichten wurde der Entscheidung nicht wenigstens teilweise Folge geleistet, aaO., S. 278 f. *Hahn*, S. 237-245, errechnet sogar eine Erfolgsquote von über 95 %. Zur Erfolgsquote des Panel-Verfahrens auch *Petersmann*, CMLR 31 (1994) 1157, 1192-1195. Vgl.

Suspendierung von Handelszugeständnissen als Reaktion auf Vertragsverletzungen wurde dagegen nur in einem einzigen Fall autorisiert[118] und wegen der Belastungen, die sie für den berechtigten Staat selbst mit sich brachte, nicht vollständig ausgenutzt.[119]

Ungeachtet der Schwierigkeiten der Rechtswissenschaft, das ambivalente Konstrukt in den herkömmlichen Begriffen zu erfassen,[120] trug die Verbindung einer regelgeleiteten Drittstreitschlichtung mit einer bloß empfehlenden Schlußfolgerung unter Beteiligung der betroffenen Parteien dem GATT-Panel-Verfahren den Ruf einer flexiblen Streitbeilegung gleichermaßen rechtlichen wie diplomatischen Charakters mit einer unter internationalen Organisationen weithin unerreichten Effektivität ein.

---

aber auch *Benedek*, S. 332-335, zu den Obstruktionsmöglichkeiten im GATT-Panel-Verfahren.

[118] Understanding von 1979, aaO. (oben, Fn 108), S. 216, Ziff. 4; *Lacharrière*, in: Trade Policy for a Better Future, S. 124. Es handelte sich um den Fall *US Import Restrictions on Dairy Products*, BISD 1S/32, 62-64. Die Suspendierung niederländischer Handelszugeständnisse wurde von 1953 bis 1959 jährlich autorisiert: BISD 2S/28; 3S/46; 4S/31 f; 5S/28 f; 6S/14; 7S/23 f. Im übrigen wurde ein Waiver zugunsten der USA erlassen, der den Ausgleich nach Art. XXIII GATT unberührt ließ, Entscheidung vom 5.3.1955, BISD 3S/32-36. In einem zweiten Fall 1988 wurde eine Suspendierung erwogen, dann jedoch nicht weiterverfolgt, vgl. *Benedek*, S. 323, dortige Fn 74.

[119] So *Hudec*, GATT Legal System, S. 197 f; *ders.*, Enforcing International Trade Law, S. 430; *Petersmann*, CMLR 31 (1994) 1157, 1185 f.

[120] Vgl. *Meng*, ZaöRV 41 (1981) 69, 78, 98 f; *Benedek*, S. 354-356; *Petersmann*, CMLR 31(1994) 1157, 1174 f; *Jackson*, in: FS Schermers, S. 156-160; *ders.*, AJIL 91 (1997) 60. Vgl. auch *Hudec*, GATT Legal System, S. 35, der dem Verfahren trotz seiner Schwächen die grundlegenden Elemente einer normativen Ordnung bescheinigt. Der Appellate Body sieht die Panel-Entscheidungen des alten GATT nicht als Bestandteil der WTO-Rechtsordnung an (*Japan – Alcoholic Beverages*, WTO-Dokument WT/DS8/AB/R, 4.10.1996, S. 13-15), sondern nur als nichtverbindliche Präjudizien (aaO., S. 14; vgl. auch *India – Patent Protection*, WTO-Dokument WT/DS79/R, 24.8.1998, Ziff. 7.30). Ebenso werden nach DSU angenommene Berichte des Appellate Body behandelt (*Shrimp-Turtle-Fall*, Bericht des Appellate Body zum Compliance Panel, WTO-Dokument WT/ DS58/AB/RW, 22.10.2001, Ziff. 109).

B. Die Regeln des DSU

Das DSU des WTO-Abkommens steht in der Tradition der Streitbeilegung nach Art. XXII und XXIII GATT (Art. 3 Abs. 1 DSU). Das TRIPS-Abkommen unterliegt seinerseits der Streitbeilegung nach Art. XXII, XXIII GATT, konkretisiert durch die Bestimmungen des DSU (Art. 64 Abs. 1 TRIPS-Abkommen). Institutionell liegt die Streitbeilegung weiterhin in den Händen der Gesamtheit der Vertragsparteien, die zu diesem Zweck als „Dispute Settlement Body" (DSB) zusammentreten (Art. IV Abs. 3 WTO, Art. 2 DSU).

1. Panel-Verfahren

Das Streitbeilegungsverfahren des DSU ist nach Abschluß der Uruguay-Runde in der Literatur ausgiebig beschrieben worden.[121] Es sieht für den Fall, daß zwei Vertragsstaaten ihre Differenzen über die Anwendung der betroffenen WTO-Abkommen nicht einvernehmlich regeln können, nach vorherigen Konsultationen die obligatorische Einrichtung eines Expertenausschusses (Panel) vor (Art. 4 Abs. 7, Art. 6 DSU). Das Panel besteht aus drei Handelsexperten, die aus einer beim Sekretariat geführten Liste berufen werden (Art. 8 DSU), und erstellt innerhalb enger Zeitvorgaben in Konsultation mit den Parteien einen Bericht über den Streitfall, dem es eine Empfehlung über die gegebenenfalls zu treffenden Maßnahmen anfügt (Art. 11, 12, 15 DSU). Der Bericht des Panels wird auf einer Sitzung des DSB erörtert und kann nur einstimmig abgelehnt werden (Art. 16 DSU). Vor Annahme des Berichts steht jeder der Streitparteien die Berufung wegen Rechtsfragen vor dem Appellate Body zu, einem ständigen Appellationsgremium aus sieben auf jeweils vier Jahre bestimmten Mitgliedern, das in Dreierbesetzung nach einer weitgehend selbstgesetzten Verfahrensordnung[122] tagt (Art. 16 Abs. 4, Art. 17 DSU). Das neu eingeführte Appellationsverfahren soll zu größerer rechtlicher Verläßlichkeit führen und so verhindern, daß Vertragsstaaten festgestellte Verpflichtungen durch den

---

[121] So z.B. *Stoll*, ZaöRV 54 (1994) 241, 273-284; *Petersmann*, CMLR 31 (1994), 1157, 1211-1224; *Marschik*, S. 138-140; *Beise*, S. 217-220; *Stoll/Schorkopf*, Rn 446-474, 495-504. Vgl. auch *Weiß*, in: *Weiß/Herrmann*, § 10, mit weiteren umfangreichen Literaturhinweisen.

[122] Aktuelle Fassung: Working Procedures for Appellate Review, WTO-Dokument WT/AB/WP/5 vom 4.1.2005.

Hinweis auf vermeintliche Mängel des Panel-Berichts unterlaufen.[123] Der Appellate Body erstellt ebenfalls innerhalb strikter zeitlicher Grenzen einen Bericht, der demselben Annahmeverfahren wie der Panel-Bericht unterliegt (Art. 17 Abs. 9-14 DSU).

Art. XXIII Abs. 1 GATT unterscheidet bekanntlich drei Arten von Streitfällen, und zwar die Beschwerden wegen Verletzung von Vertragsbestimmungen und die Beschwerden wegen Entzugs eines Vorteils ungeachtet einer Vertragsverletzung oder wegen einer sonstigen Situation (Nichtverletzungsbeschwerden).[124] Im Falle der Nichtverletzungsbeschwerden findet das Streitbeilegungsverfahren nach DSU zwar grundsätzlich Anwendung, führt allerdings nicht zu bindenden Entscheidungen. Dies ergibt sich für Nichtverletzungsbeschwerden nach Art. XXIII Abs. 1 lit. b GATT unmittelbar aus Art. 26 Abs. 1 lit. c und d DSU. Im Falle von Beschwerden nach Art. XXIII Abs. 1 lit. c GATT finden laut Art. 26 Abs. 2 DSU die Grundsätze der Streitbeilegung von 1989 Anwendung, die noch die einstimmige Annahme der Panel-Berichte vorsehen.[125] Generell sollen Nichtverletzungsbeschwerden eine Ausnahme bleiben.[126] Damit ist die rigorose Annahmepraxis des DSU in ihrer praktischen Wirksamkeit auf die Beschwerden wegen Vertragsverletzungen beschränkt.

Im Rahmen des TRIPS-Abkommens unterliegt die Nichtverletzungsbeschwerde zudem gemäß Art. 64 Abs. 2 TRIPS-Abkommen einem fünfjährigen Moratorium, das zuletzt durch die Ministerkonferenz von Hongkong verlängert wurde.[127] Auch konzeptionell bereitet die Nichtverletzungsbeschwerde in diesem Bereich Probleme. Denn anders als die Handelsregeln lassen sich die positiven Ordnungsvorschriften des geistigen Eigentums weder in konkreten Handelsvolumina ausdrücken, noch beeinflussen sie das Wettbewerbsverhältnis von Produzenten ver-

---

[123] *Petersmann*, CMLR 31 (1994) 1157, 1216.

[124] Hierzu siehe vorn, ab Seite 120.

[125] Siehe oben (Fn 113).

[126] Panel-Bericht *Japan – Photographic Film and Paper*, WTO-Dokument WT/DS44/R, 31.3.1998, Ziff. X/37; Appellate Body, *EC – Measures Affecting Asbestos and Asbestos Containing Products*, WTO-Dokument WT/DS135/AB/R, 12.3.2001, Rn 186.

[127] Ministererklärung, WTO-Dokument WT/MIN(05)/DEC, 22.12.2005, Ziff. 34.

schiedener Staaten oder begründen gar eine Marktzugangsgarantie.[128] Daß ein Staat über die Standards des TRIPS-Abkommens hinaus berechtigte Erwartungen auf einen erhöhten geistigen Eigentumsschutz im Ausland entwickelt, erscheint schlechterdings schwer vorstellbar.[129] Gleichwohl wird die Anwendung der Nichtverletzungsbeschwerde auch im Rahmen des TRIPS-Abkommens teilweise auf die grundlegende Anerkennung in Art. 64 Abs. 2 TRIPS-Abkommen gestützt.[130] Die hierzu im DSB eingeleiteten Diskussionen sind noch nicht beendet.[131] Wegen der fehlenden Bindung der Panel-Empfehlungen nach Art. 26 DSU dürfte die Nichtverletzungsbeschwerde im TRIPS-Bereich auch nach Ablauf des Moratoriums kaum praktikabel sein.

2. Die Suspendierung von Handelszugeständnissen

Die Sanktionsmöglichkeiten des Art. XXIII Abs. 2 Satz 3 GATT sind ebenfalls durch das DSU konkretisiert. Sofern ein entsprechender Panel-Bericht durch die Vertragsparteien angenommen wurde, genießt die Beendigung der Vertragsverletzung den Vorrang vor anderen Lösungen. Dieser Grundsatz wurde bereits früh in der GATT-Praxis klargestellt[132] und hat im DSU gleich an mehreren Stellen seinen Niederschlag gefunden (Art. 3 Abs. 7 Satz 4 und 5, Art. 21 Abs. 1, Art. 22 Abs. 1 Satz 2, Abs. 8 Satz 1 DSU). Der DSB überwacht die Befolgung der Empfehlungen *ex officio* (Art. 21 Abs. 3 und 6, Art. 22 Abs. 8 Satz 2 DSU).[133] Die angemessene Frist zur Einstellung der Vertragsverletzung wird nötigenfalls durch einen Schiedsrichter bestimmt (Art. 21 Abs. 3 und 4 DSU). Entsteht Streit darüber, ob die vom betroffenen Vertragsstaat ge-

---

[128] Vgl. *Petersmann*, GYIL 34 (1991) 175, 226, der die Anwendung der Nichtverletzungsbeschwerde zu Recht auf „*de facto* withdrawals of reciprocal commitments" beschränkt sieht. Ebenso im Grundsatz *Pires de Carvalho*, S. 284, der gleichwohl Raum für Nichtverletzungsbeschwerden insbesondere bei Preiskontrollen auf patentierte Produkte sieht, aaO., S. 285 f.

[129] Ebenso *Petersmann*, CMLR 31 (1994) 1157, 1232 f.

[130] So etwa *Pires de Carvalho*, S. 286.

[131] Annual Report (2004) of the Council for TRIPS, WTO-Dokument IP/C/32, 8.12.2004, S. 5, Ziff. 19.

[132] Organizational and Functional Questions (Report), BISD 3S/231, 250 f; Understanding von 1979 (oben, Fn 108), S. 216 f, Ziff. 4. Vgl. auch *Petersmann*, 31 (1994) 1157, 1176.

[133] Zur entsprechenden Praxis im alten GATT *Benedek*, S. 323.

troffenen Maßnahmen den Anforderungen des Panel- oder Appellate-Body-Berichts genügen, so wird nötigenfalls ein Panel („Compliance Panel"), möglichst in der Originalbesetzung, mit der Sache befaßt (Art. 21 Abs. 5).

Leistet der betroffene Staat den Empfehlungen des DSB nicht rechtzeitig Folge und können sich die Parteien nicht auf eine vorläufige Kompensation einigen, so kann der Verfahrensgegner, zu dessen Gunsten die Vertragsverletzung festgestellt wurde, die Erlaubnis zur Aussetzung von Handelszugeständnissen verlangen (Art. 22 Abs. 2 DSU), und zwar vorrangig im selben Bereich, in dem die Verletzung stattgefunden hat, sofern dies aber unpraktikabel sein sollte, auch in anderen Bereichen („Cross Retaliation") (Art. 22 Abs. 3 DSU). Die Angemessenheit der Kompensation unterliegt der schiedsrichterlichen Entscheidung durch das ursprüngliche Panel oder einen eigens bestellten Schiedsrichter (Art. 22 Abs. 6 und 7 DSU).[134]

3. Fazit

Formell gewährleistet das Streitschlichtungsverfahren des DSU eine angemessene Beilegung von Streitigkeiten in der diplomatischen Tradition des früheren GATT. Die Entscheidungen werden nicht etwa einseitig durch das Panel oder den Appellate Body oktroyiert, sondern durch die im DSB versammelten WTO-Mitglieder in ihrer Gesamtheit getroffen. Die einstimmige Ablehnung eines Panel- oder Appellate-Body-Berichts ermöglicht eine bewußte, politisch motivierte Abweichung von der Disziplin der Welthandelsordnung, vergleichbar der Aufhebung von Vertragsverpflichtungen („Waiver") nach Art. IX Abs. 3 WTO. Auf der anderen Seite sind die gerichtsförmigen Züge des Verfahrens deutlich verstärkt worden. Ganz offensichtlich kann die im Streitbeilegungsverfahren erfolgreiche Partei sich jederzeit der Ablehnung des Berichts im DSB widersetzen, so daß in aller Regel die Panel- oder Appellate-Body-Entscheidung das letzte Wort in der Sache ist.[135]

---

[134] Zum Verhältnis zum *Compliance Panel* nach Art. 21 Abs. 5 DSU *Leier*, EuZW 1999, 204, 211; *Jürgensen*, RIW 2000, 577, 578-580; *Stoll/Schorkopf*, Rn 502-504; *Weiß*, in: *Weiß/Herrmann*, Rn 324.

[135] So etwa *Guillaume*, ICLQ 44 (1995) 848, 860; *Weiß*, in: *Weiß/Herrmann*, Rn 255.

C. *Zur Frage der Rechtsdurchsetzung im Allgemeininteresse*

Der im DSU angelegte Vorrang der Einstellung einer festgestellten Vertragsverletzung vor der Kompensation hat teilweise zu der Auffassung geführt, die Welthandelsordnung der WTO trage Züge eines *ordre public*, von dem die Vertragsparteien durch Sondervereinbarung gar nicht abweichen könnten. Dies ist keineswegs eine rein akademische Frage, wie die freiwilligen Exportbeschränkungen und die Vorstellungen eines „Managed Trade" in den 1980er Jahren beweisen.[136] Hinzu tritt die pragmatische Erwägung, daß kleinere Handelsländer, insbesondere Entwicklungsländer, oftmals wirtschaftlich gar nicht in der Lage sind, Abkommensverletzungen aus eigener Kraft angemessene kompensatorische Gegenmaßnahmen entgegenzusetzen.[137] Da ein allein im Eigeninteresse der Vertragsstaaten funktionierendes Streitschlichtungsverfahren unter solchen Umständen nicht Garant genug für eine freie Handelsordnung ist, erscheint die Frage legitim, ob die WTO-Abkommen über die Hintertür der Streitschlichtung ein zwingendes Ordnungssystem errichtet haben.

Indes vermag eine solche Auffassung rechtlich nicht zu überzeugen. Das Streitschlichtungsverfahren dient nach wie vor dazu, das durch eine Vertragsverletzung gestörte Gleichgewicht der gegenseitigen Handelskonzessionen wiederherzustellen.[138] Dabei kommt im Vorrang der Vertragstreue lediglich zum Ausdruck, daß einer dem ursprünglichen Parteiwillen entsprechenden Lösung der Vorzug gegeben wird. Auch die Suspendierung von Zugeständnissen ist in erster Linie als Kompensation der entzogenen Vorteile angelegt, nicht etwa als Vergeltung für begangenes Unrecht.[139] Namentlich belegt der in Art. 22 Abs. 2 DSU hergestellte Zusammenhang zur einvernehmlichen vorläufigen Kompensation, daß auch die Aussetzung von Handelszugeständnissen der Entschädigung des verletzten Staates bis zur Wiederherstellung der

---

[136] Siehe oben, Seite 181 f.

[137] Vgl. *Benedek*, S. 325 f, 327 f, 339 f.

[138] So die ursprüngliche Vorstellung zum Entwurf des GATT 1947, vgl. *Petersmann*, CMLR 31 (1994) 1157, 1186 (mit Zitat aus UN-Dokument EPCT/A/PV/6 von 1947). Ebenso zum alten GATT *Jackson*, World Trade, S. 177 f; *Jaenicke*, AVR 7 (1957/58) 371, 415; *Lacharrière*, in: Trade Policy for a Better Future, S. 120; *Benedek*, S. 287, 307; zum neuen GATT *Jürgensen*, RIW 2000, 877, 580. Grundlegend kritisch zum Konzept der Wiederherstellung des Gleichgewichts in der WTO-Streitschlichtung *Spamann*, JIEL 9 (2006) 31-79.

[139] *Jürgensen*, RIW 2000, 877, 580; *Jackson*, AJIL 98 (2004) 109, 122.

Vertragstreue dienen soll. Dem entspricht die Begrenzung der Suspendierung auf den Wert der festgestellten Verletzung (Art. 22 Abs. 4 DSU), der einer wirksamen Zwangswirkung enge Grenzen setzt.[140] Freilich erweist sich die Aussetzung von Handelszugeständnissen als Druckmittel, mit dem der Verletzerstaat zu vertragsgemäßem Verhalten angehalten werden kann, wie nicht zuletzt die Zulässigkeit von Kreuzsanktionen nach Art. 22 Abs. 3 lit. b und c DSU zeigt.[141] Dies ist konsequente Folge des Bestrebens, den Verletzten wirksam zu schützen, und findet eine Parallele in den allgemeinen Regeln über Gegenmaßnahmen.[142] Ebenso wie sich Gegenmaßnahmen aber an der Intensität der ursprünglichen Rechtsverletzung orientieren müssen,[143] gilt im WTO-Recht die strikte Gleichwertigkeitsgrenze des Art. 22 Abs. 4 DSU, die unter dem Gesichtspunkt einer Zwangsgewalt im Allgemeininteresse oder gar einer Pönalisierung zu restriktiv erscheint.

Darüber hinaus fehlt es an einer für die Wahrnehmung eines gemeinsamen zwingenden Interesses typischen Durchsetzungsinstanz. Das Verfahren nach DSU dient der Beilegung von Streitigkeiten zwischen Vertragsstaaten (Art. 3 Abs. 2-4 DSU); kein Panel-Verfahren kann von Amts wegen durch den DSB oder ein besonders bestelltes Organ der WTO eingeleitet werden.[144] Die Nebenbeteiligung ist auf WTO-

---

[140] Ebenso *Kuyper*, NYIL 25 (1994) 227, 253-255; *Leier*, EuZW 1999, 204, 205. Vgl. zum alten GATT auch *Hudec*, GATT Legal System, S. 200, mit der Ansicht, die Streitschlichtung stütze sich ohnehin stärker auf die diplomatische denn die ökonomische Zwangswirkung der Panel-Berichte.

[141] In diesem Sinne gehen die Schiedssprüche nach Art. 22 Abs. 6 DSU im Bananenstreit mit der EG von einer Anreizwirkung der Handelssanktionen aus, WTO-Dokument WT/DS27/ARB (USA), 9.4.1999, Ziff. 6.1, 6.3; WT/DS27/ARB/ECU (Ekuador), 24.3.2000, Ziff. 76. In der Literatur wird die Aussetzung von Zugeständnissen teilweise als Zwangsvollstreckungsverfahren behandelt. So sieht *Weiß*, in: *Weiß/Herrmann*, Rn 317, sogar die einvernehmliche vorläufige Kompensationszahlung als Zwangsmaßnahme an (aaO., Rn 317). Differenzierter *Stoll/Schorkopf*, Rn 495, 498.

[142] IGH, *Gabčíkovo-Nagymaros Project*, 25.9.1997, ICJ Reports 1997, 3, 56, Ziff. 85-87. Ebenso Art. 49 Abs. 1 ILC Articles on the Responsibility of States for Internationally Wrongful Acts, Anlage zur Res. 56/83 der UN-Generalversammlung vom 12.12.2001.

[143] Art. 51 ILC Articles (aaO., Fn 142). Hierzu *Tomuschat*, RdC 281 (1999 VI), S. 376.

[144] Vgl. hierzu die Überlegungen zum Sekretariat als „Vertreter des öffentlichen Interesses“ bei *Meng*, ZaöRV 41 (1981) 69, 92, sowie zu einem Generalanwalt, Leutwiler-Bericht, S. 35; *Lacharrière*, in: Trade Policy for a Better Futu-

Mitglieder mit einem wesentlichen Interesse beschränkt (Art. 10 Abs. 2 DSU) und berechtigt nicht zur Anrufung des Appellate Body (Art. 17 Abs. 4 DSU).[145] Auch eine Suspendierung von Handelszugeständnissen ist nur im gegenseitigen Verhältnis der Streitparteien möglich. 1966 durch Argentinien und Brasilien vorgeschlagene besondere Durchsetzungsmaßnahmen für Entwicklungsländer, die eine Kompensation in Geld, eine vorläufige Aussetzung von Handelszugeständnissen während des Streitschlichtungsverfahrens und kollektive Sanktionen umfassen sollten,[146] fanden nicht die Zustimmung der Vertragsparteien.[147] Im übrigen ist nochmals darauf hinzuweisen, daß auch die offizielle Untersuchung nach TPRM ausdrücklich nicht der Durchsetzung konkreter Verpflichtungen dient (Abschnitt A Abs. 2 [i] Satz 3 TPRM), sondern nur die WTO-Mitglieder in die Lage versetzt, Handelsverstöße gegebenenfalls zu erkennen und im eigenen Namen einzuklagen.

Sobald ein förmliches Konsultations- oder Panel-Verfahren nach DSU eingeleitet wurde, scheint die Lösung allerdings nicht mehr vollständig in den Händen der Parteien zu liegen. Daß sich die durch den DSB angenommenen Entscheidungen an den Bestimmungen der einschlägigen Abkommen messen lassen müssen (Art. 3 Abs. 4 DSU), erscheint angesichts des das gesamte DSU durchziehenden Grundsatzes des Vorrangs der Vertragstreue nur konsequent. Darüber hinaus aber bestimmt Art. 3 Abs. 5 DSU, daß auch alle anderen Lösungen mit den betreffenden Abkommen vereinbar sein müssen. Hierzu zählen auch einvernehmliche Lösungen, wie sich aus Art. 3 Abs. 7 Satz 3 DSU ergibt.[148] Einvernehmliche Lösungen unterliegen zudem bis zu einem gewissen Grad der Drittkontrolle, da sie nach Art. 3 Abs. 6 DSU dem DSB vorzulegen

---

re, S. 130 f; *Benedek*, S. 346 f. Eine entsprechende informelle Rolle bei der Streitbeilegung mißt *Benedek*, S. 315, dem Sekretariat bei. Zum Fehlen einer zentralisierten Durchsetzung auch *Hahn*, S. 153 f.

[145] Vgl. *Hahn*, S. 150-152, mit dem Hinweis, daß der Nebenintervention keine Bindungswirkung folgt.

[146] Committee on Trade and Development, Bericht vom 5.4.1966, BISD 14S/129, 139, Ziff. 41.

[147] Diskussion aaO., S. 139 f, Ziff. 42-47, sowie die Entscheidung der Vertragsparteien (oben, Fn 107). Vgl. auch *Meng*, ZaöRV 41 (1981) 69, 79; *Jackson*, World Trade and the Law of GATT, S. 177.

[148] Zutreffend zur Auslegung dieser Bestimmung *Weiß*, in: *Weiß/Herrmann*, Rn 262.

sind und von allen Mitgliedern kommentiert werden können.[149] Auch hierin findet die These einer allgemeinverbindlichen Handelsrechtsordnung indes keine ausreichende Stütze. Aufgabe der Streitschlichtung ist es, Mitgliedstaaten ein rationales Verfahren an die Hand zu geben, mit dem sie ihre Rechte notfalls auch gegen wirtschaftlichen Druck eines Stärkeren verteidigen können. Zum Schutz der verletzten Partei erscheint es nur konsequent, nach Einleitung des förmlichen Verfahrens die Bandbreite möglicher Lösungen auf diejenigen zu verengen, die den Bestand der erhaltenen Konzessionen sichern. Eine entsprechende Zielrichtung hat Art. 3 Abs. 10 DSU, der einer Verbindung einzelner Streitfälle mit sachfremden Erwägungen entgegentritt. Im Ergebnis kann sich jeder Mitgliedstaat in den effektiven Schutz der Abkommensbestimmungen begeben, indem er ein förmliches Streitbeilegungsverfahren einleitet; ab diesem Zeitpunkt wacht der DSB über seinen Schutz. Nur als Reflex hieraus wird dabei auch die Einhaltung der Handelsdisziplin im allgemeinen gefördert.

In diesem Zusammenhang verdient das Verbot der Umgehung des Streitbeilegungsverfahrens (Art. 23 DSU) besonderes Interesse. Es soll schwächere Staaten davor schützen, daß sie außerhalb des Institutionengefüges der WTO zur Änderung des festgeschriebenen Gleichgewichts der Konzessionen genötigt werden, und damit insbesondere den Unilateralismus eindämmen.[150] Entnimmt man ihm überdies eine zwingende Zuweisung von Handelsstreitigkeiten an die WTO-Streitbeilegung, der sich die Streitparteien auch einvernehmlich nicht entziehen können, so erscheint die Annahme eines handelsrechtlichen *ordre public* nicht abwegig.[151] Daß eine von den Vorgaben der Abkommen abweichende Verständigung außerhalb der förmlichen Streitschlichtung von vornherein ausgeschlossen ist, ergibt sich allerdings nicht zwingend.[152] Vor allem aber ist eine Verständigung der Haupthandelsländer über bestimmte Handelsströme nicht notwendigerweise Folge eines Streitfalls. Das GATT selbst sieht in Art. XXVIII Anpassungen des Verhandlungsgleichgewichts durch bilaterale Übereinkunft vor. Gegenüber der-

---

[149] *Petersmann* folgert hieraus ein Allgemeininteresse an der Gewährleistung der Rechtsstaatlichkeit und unverfälschtem Wettbewerb, GYIL 34 (1991) 175, 183 f sowie CMLR 31 (1994) 1157, 1215: „the multilateral public law nature of the WTO agreement *vis-à-vis* bilaterally agreed departures from WTO rules".

[150] Vgl. etwa *Beise*, S. 222.

[151] In diesem Sinne *Weiß*, in: *Weiß/Herrmann*, Rn 257.

[152] Im einzelnen unten, ab Seite 375.

artigen freiwilligen Arrangements bietet auch das DSU keine Handhabe zur Durchsetzung der Handelsordnung im Allgemeininteresse.

Bei alldem wird nicht übersehen, daß die in multilateralen Verhandlungen ausgeglichenen Interessen der WTO-Mitglieder eng verschränkt sind. Die in den Zollisten enthaltenen gebundenen Zölle gelten als Teil des Abkommens für alle Vertragsstaaten.[153] Ein Ausgleich in kleinerem Kreise wird oftmals Rechte der übrigen WTO-Mitglieder berühren, etwa durch Verletzung des Meistbegünstigungsprinzips.[154] Im Zusammenhang mit der in der Spruchpraxis der Panels entwickelten, nunmehr in Art. 3 Abs. 8 DSU niedergelegten Prima-Facie-Beweisregel, die neben einer Rechtsverletzung den zusätzlichen Beweis einer Schädigung entbehrlich macht,[155] mag eine dezentrale Rechtsdurchsetzung durch einzelne Mitgliedstaaten in Sachwalterschaft des Gemeininteresses theoretisch möglich erscheinen.[156] In diesem Zusammenhang wird auch darauf hingewiesen, daß der Appellate Body in *US – Section 211 Appropriations Act* die Geltendmachung kubanischer Rechte durch die EG anerkannt habe.[157] Tatsächlich stellte der Appellate Body auf die Klage der EG fest, daß gewisse US-amerikanische Regelungen Kubaner als originäre Inhaber bestimmter Marken diskriminieren und damit gegen die Inländerbehandlung nach Art. 6 Abs. 1 PVÜ in Verbindung mit Art. 2 Abs. 1 RBÜ verstoßen.[158] Die Klagebefugnis der EG wurde von den USA nicht in Zweifel gezogen, so daß eine Auseinandersetzung mit dieser Problematik in dem Bericht unterblieb. Allerdings ist daran zu erinnern, daß es, insbesondere wenn die Inländerbehandlung betroffen ist, um die Wahrung von Wettbewerbschancen geht. Europäische Unternehmen können an den Marktchancen kubanischer Markeninhaber durchaus partizipieren, ohne förmlich in die Stellung des Rechtsnachfolgers einzurücken, etwa durch Kapitalbeteiligung oder andere Formen der wirtschaftlichen Kooperation. Die Entscheidung belegt daher

---

[153] *Jaenicke*, AVR 7 (1957/58) 371, 381.

[154] Vgl. *Marceau*, JWT 35 (2001) 1081, 1095.

[155] Siehe auch Understanding von 1979 (oben, Fn 108), S. 216, Ziff. 5, sowie oben, ab Seite 120.

[156] So *Pauwelyn*, EJIL 14 (2003) 907, 940. Ähnlich auch *Tietje*, in: *Zimmermann/Hofmann (Hrsg.)*, S. 169, 189.

[157] *Pauwelyn*, EJIL 14 (2003) 907, 943.

[158] *US – Section 211 Omnibus Appropriations Act of 1998*, WTO-Dokument WT/DS176/AB/R vom 2.1.2002, Ziff. 276-296.

keineswegs die Anerkennung einer *actio popularis* oder gar eines integralen Kollektivinteresses in der WTO.[159]

Im übrigen wird in der Praxis das Interesse an einer förmlichen Auseinandersetzung vor allem durch die betroffenen Handelsströme bestimmt. Ein ausschließlich uneigennütziges Tätigwerden einzelner Mitgliedstaaten ist kaum zu erwarten. Daß pragmatische Arrangements allein im Kreise der interessierten Haupthandelsländer auch in der Praxis keineswegs abwegig sind, belegen die bereits erwähnten freiwilligen Exportbeschränkungen. Zudem wäre eine in Prozeßstandschaft erwirkte Entscheidung nicht gegen den Rechtsverletzer durchsetzbar, da bei der Suspendierung von Handelszugeständnissen keine Schadensvermutung *prima facie* gilt, sondern jeder Staat nur selbsterlittene Schäden in Ansatz bringen kann.[160]

IV. Ergebnis zum dritten Abschnitt

Eine Selbstdurchsetzung durch die nationalen Gerichte im Wege der unmittelbaren Anwendung schreiben weder die WIPO-Verbände noch das TRIPS-Abkommen vor, gleichwohl sind eine Reihe von Bestimmungen der Formulierung nach hierzu geeignet. Was die internationale Streitbeilegung betrifft, sehen die WIPO-Verbände optional eine Anrufung des IGH vor, während die WTO mit dem DSU ein eigenes Verfahren bereithält. Obgleich der Rechtsweg zum IGH in diesem Bereich noch nie beschritten wurde, ergibt sich so zumindest theoretisch eine Parallelzuständigkeit, die zur Frage nach den Zuständigkeitsabgrenzungen Anlaß gibt.[161]

Ergebnis zum zweiten Teil

Die WIPO verfolgt den internationalen geistigen Eigentumsschutz mit einer überaus komplexen institutionellen Struktur und verschiedenen

---

[159] Im Ergebnis ebenso *Pauwelyn*, EJIL 14 (2003) 907, 944.

[160] *EC – Bananas*, Schiedsverfahren der USA nach Art. 22 Abs. 6 DSU, WTO-Dokument WT/DS/27/ARB vom 9.4.1999, Ziff. 6.14. Aus diesem Grund ebenfalls ablehnend zur Popularklage *Kuyper*, NYIL 25 (1994) 227, 240-242. Vgl. auch *Benedek*, S. 346 f, zu Überlegungen einer Popularklage im GATT.

[161] Hierzu im einzelnen unten, ab Seite 371.

Regelungsansätzen. Institutionell folgt sie dem vor ihrer Gründung geprägten Modell der Verbände, in denen sich interessierte Staaten zur Realisierung jeweils bestimmter Schutzaspekte zusammenschließen. Als Dachorganisation der Verbände stellt die WIPO gemeinsame Verwaltungsstrukturen bereit, ohne die Selbständigkeit der Verbände zu beeinflussen oder auch nur auf ihre interne Entscheidungsfindung Einfluß zu nehmen. Was die Regelungsansätze betrifft, geht es in den Verbänden um die Festsetzung fremdenrechtlicher Standards für den geistigen Eigentumsschutz im nationalen Recht sowie um die Einrichtung internationaler Anmelde- oder Registrierungssysteme und um die technische Harmonisierung, die beide Erwerb, Ausübung und Veräußerung der Schutzrechte international erleichtern sollen. Von diesen drei Ansätzen übernimmt die WTO mit dem TRIPS-Abkommen im wesentlichen den ersten. In einem einheitlichen Vertragswerk bestimmt sie die geistigen Eigentumsstandards der Industrieländer als maßgeblich für alle Staaten, die am internationalen Handelssystem teilnehmen wollen.

Die mit der Festlegung fremdenrechtlicher Standards geistigen Eigentums befaßten Verbände der WIPO, namentlich PVÜ, RBÜ und Romabkommen, weisen darüber hinaus eine kollektive Pflichtenstruktur auf, die den geistigen Eigentumsschutz der bilateralen Verfügung von Verbandsstaaten im gegenseitigen Verhältnis entzieht und so indirekt zu einem Schutz der aus den Schutzrechten berechtigten Privaten führt. Dagegen enthält die WTO nach wie vor ausschließlich bilaterale Vertragspflichten, die eine einvernehmliche Aussetzung der Verpflichtungen im TRIPS-Bereich nicht nur freistellen, sondern als Reaktion auf Verletzungen anderer Regeln des Vertragswerks sogar ausdrücklich vorsieht. Kein Unterschied zwischen beiden Systemen besteht, was die unmittelbare Anwendbarkeit der fremdenrechtlichen Standards betrifft. Weder WTO noch WIPO verpflichten zur unmittelbaren Anwendbarkeit, in beiden Ordnungen aber finden sich umfänglich Regeln, die hierzu geeignet sind. Im übrigen halten beide Systeme förmliche Streitbeilegungsverfahren bereit, die WTO in Form des Panel-Verfahrens nach DSU und die einschlägigen Verbände der WIPO PVÜ, RBÜ und Romabkommen in Form einer Zuständigkeitsklausel des IGH.

Förmliche Absprachen zur Koordinierung ihrer Tätigkeit haben die Organisationen nur ansatzweise getroffen. Ein Kooperationsabkommen hat zwar zu einer gewissen funktionellen Komplementarität geführt, indem es dem praktischen Ergebnis nach der WIPO auch zur Umsetzung des TRIPS-Abkommens die rechtlich-technische Zusammenarbeit mit Entwicklungsländern zugewiesen hat. Im übrigen aber erschöpft sich das Abkommen in Vorschriften über den Informationsaustausch und die Zusammenarbeit bei Notifizierungsfragen. Für Konflikte, welche sich aus dem Nebeneinander der beiden Systeme mit wesentlich gleichem Schutzansatz und jeweils eigenem Streitschlichtungsverfahren möglicherweise ergeben, hält das Abkommen weder materiell noch institutionell eine Lösung bereit.

Dritter Teil: Analyse

Erster Abschnitt: Die Zuständigkeitskonkurrenz

Während der Uruguay-Runde haben einige Entwicklungsländer argumentiert, die Behandlung von Immaterialgüterrechten sei nicht Sache des GATT, sondern der WIPO.[1] Sofern damit nur die bestehende Kompetenz des GATT oder die Reichweite des Verhandlungsmandats in Zweifel gezogen wurde, hat der Einwand allenfalls rechtspolitisch Gewicht: Da es sich bei der WTO um eine Neugründung handelte, kommt eine Überschreitung der dem alten GATT vertraglich zugebilligten Zuständigkeiten nicht in Betracht, und spätestens seit der Ratifikation der Akte von Marrakesch sind auch die Bedenken zum in Uruguay erteilten Verhandlungsmandat entfallen. Zu erwägen ist aber, ob eine ausschließliche Zuständigkeit der WIPO besteht, gegen die eine hinzutretende konkurrierende Zuständigkeit der WTO verstoßen könnte. Hierbei handelt es sich nur bei oberflächlicher Betrachtung um eine durch die Praxis überholte Entwicklung. Aufgeworfen ist vielmehr die grundsätzliche Problematik konkurrierender Zuständigkeiten innerhalb der geltenden Völkerrechtsordnung.

I. Das Recht der Verträge

Auf den ersten Blick spricht gegen eine ausschließliche Zuständigkeit internationaler Organisationen das Verbot von Verträgen zu Lasten Dritter (Art. 34 WVRK),[2] das als Folge der souveränen Gleichheit der

---

[1] Vgl. nur die Stellungnahmen Kubas im Namen der Gruppe der Entwicklungsländer auf der WIPO-Generalversammlung 1987, General Report, WIPO-Dokument AB/XVIII/14 vom 1.10.1987, S. 13, Ziff. 66, sowie Ägyptens im Namen der Gruppe der Entwicklungsländer auf der WIPO-Generalversammlung 1988, General Report, WIPO-Dokument AB/XIX/5 vom 3.10.1988, S. 9 f Ziff. 50. Zu den Forderungen nach einer engen Auslegung des GATT-Mandats seitens der Entwicklungsländer auch oben, Seite 112.

[2] Zur Staatenpraxis vgl. ILC Report 18th Session, YBILC 1966, Vol. II, S. 226, Kommentar (2) zu Art. 30.

Staaten (Art. 2 Abs. 1 UN-Charta)[3] sicherstellt, daß jeder Staat vertraglich nur durch eigene Willensakte gebunden werden kann. Eine jede in einem begrenzten Kreis von Staaten gegründete Organisation stellt für die Nichtbeteiligten eine *res inter alios acta* dar. Ein Kreis von Staaten kann daher nicht durch Gründung einer universell angelegten Organisation die betreffende Sachmaterie in einer Weise „besetzen", daß es anderen Staaten unmöglich wäre, eine Organisation mit gleicher Zielsetzung zu gründen, die sie als besser geeignet ansehen.[4]

A. Die faktische Drittwirkung

Allerdings haben völkerrechtliche Rechtsgeschäfte eine Tatbestandswirkung nach außen. So können Verträge zu Machtverschiebungen führen, die Dritte als bloßen Fakt hinnehmen müssen.[5] Eine gewisse rechtliche Drittwirkung entfalten völkerrechtliche Realverfügungen, die Staaten in Ausübung ihrer territorialen Souveränität vornehmen.[6] Allerdings können dingliche Rechtsveränderungen keine neuen Pflichten für unbeteiligte Staaten begründen. Ihnen gegenüber stellt der vertragliche Wechsel der Herrschaftsmacht über ein Territorium eine Tatsache dar, die ihre eigene Rechtsstellung inhaltlich nicht berührt.[7] In gleicher Weise kommt der funktionellen Zusammenfassung staatlicher Funktionen in einer internationalen Organisation gegenüber Drittstaaten Tatbestandswirkung zu.[8] Die Ausstattung mit völkerrechtlicher Kapazität nach Maßgabe ihres Statuts eröffnet Drittstaaten die Option, in Rechtsbeziehung zu der Organisation zu treten. So gesehen kann jede internationale Organisation objektiv als Persönlichkeit des Völkerrechts gel-

---

3 Hierzu etwa *Ballreich*, in: FS Bilfinger, S. 5 f; *Talalajew*, S. 113; *Tomuschat*, Berichte der DGVR 28 (1988) 1, 19 mwN. Ebenso mit Hinweis auf die „legal equality" der Staaten schon *Roxburgh*, S. 100, § 65.

4 In diesem Sinne auch *Tomuschat*, RdC 241 (1993 IV) 195, 268.

5 *Ballreich*, in: FS Bilfinger, S. 1, 2 f.

6 Vgl. hierzu *Ballreich*, in: FS Bilfinger, S. 1, 11; *Klein*, Statusverträge, S. 182-188.

7 So zu Recht *Klein*, Statusverträge, S. 187. Ebenso wohl *Reuter*, S. 128, Ziff. 193.

8 *Tomuschat*, Berichte der DGVR 28 (1988) 9, 13. Auch *McNair*, S. 268-270, behandelt die Völkerrechtspersönlichkeit der UNO in Analogie zur vertraglichen Errichtung von Staaten. Ähnlich zur Außenwirkung des „aménagement juridique d('un) milieu intersocial" *Scelle*, II, S. 370.

ten.[9] Ob sich die Bündelung der Kräfte im politischen Alltagsgeschäft bewährt und von Dritten angenommen und rechtlich anerkannt wird, ist durch den Rechtsakt der Gründung dagegen nicht präjudiziert. Allein die Gründung einer internationalen Organisation kann daher nicht zu einer ausschließlichen Zuständigkeit führen, die Dritten entgegengehalten werden könnte.

B. Vertragsrechtliches Störungsverbot

Zu erwägen ist aber, ob es ein allgemeines Verbot der Störung fremder Verträge gibt. Ein gewisses Vorbild hierfür könnte dem englischen Recht entnommen werden, das Abreden zur Vereitelung fremder Vertragspflichten die rechtliche Anerkennung verwehrt.[10] Diese Vorstellung ist unter Hinweis auf die internationale öffentliche Ordnung und das Prinzip von Treu und Glauben als allgemeiner Grundsatz auf das Völkerrecht übertragen worden.[11] Allgemein läßt sich auch formulieren, jede rechtliche Ordnung erfordere den Respekt vor fremden Verpflichtungen, wenn Chaos vermieden werden solle.[12] Im Hinblick auf internationale Organisationen ließe sich hieraus eine Art Störungsverbot ableiten, das einer Einbindung von Mitgliedern bestehender Regime in konkurrierende Gründungen entgegenstünde.

Die Behauptung eines übergeordneten Rechtsguts der Rechtstreue, das alle Staaten unabhängig von Parteien und Inhalt von Drittvereinbarungen allein aufgrund des Rechtscharakters zu respektieren haben, er-

---

9 Entsprechend deutet *Tomuschat*, Berichte der DGVR 28 (1988) 9, 13, die Aussage des IGH zur objektiven Rechtspersönlichkeit der UNO im Bernadotte-Gutachten, *Reparation for Injuries Suffered in the Service of the United Nations*, ICJ Reports 1949, 174, 185. Der Gedanke findet sich ebenfalls bei *Mosler*, RdC 140 (1974) 1, 235; ZaöRV 36 (1976) 6, 25, und *Klein*, Statusverträge, S. 46 f, allerdings mit anderer Deutung des Bernadotte-Gutachtens. Siehe auch unten (bei Fn 105).

10 *H. Lauterpacht*, The Law Quarterly Review 52 (1936) 494-524. Vgl. auch die Nachweise bei *H. Lauterpacht*, (First) Report on the Law of Treaties, Art. 16, Anmerkung, YBILC 1953, Vol. II, S. 90, 158 f, Ziff. 2.

11 *H. Lauterpacht*, BYIL 17 (1936) 54, 60-63; *ders.*, YBILC (oben, Fn 10), S. 156, Ziff. 2, S. 158, Ziff. 1.

12 *Fitzmaurice*, Fünfter Bericht zur Staatenverantwortlichkeit an die ILC, YBILC 1960, Vol. II, S. 77, Ziff. 1; 98, Ziff. 71; *Talalajew*, S. 116. Weitere Nachweise bei *Klein*, Statusverträge, S. 180. Im Grundsatz ebenso wieder *Chinkin*, S. 74.

scheint der Ordnungsfunktion des Rechts durchaus angemessen.[13] Tatsächlich nahm die ältere Lehre an, ein vertraglich gebundener Staat könne einem sein vertragliches Recht verletzenden späteren Vertrag seines Vertragspartners mit einem Dritten entgegentreten.[14] Die Folge hieraus, die relative Unwirksamkeit des Drittvertrages im Verhältnis zum Erstberechtigten, besagt freilich zunächst nichts anderes als das Verbot des Vertrags zu Lasten Dritter selbst, nämlich die rechtliche Unmöglichkeit, ein bestehendes vertragliches Recht durch Vereinbarung mit einem Dritten aufzuheben.[15] Allenfalls ließe sich eine Kollisionsregel zugunsten des früheren Vertrages (*lex prior*) aufstellen.[16] Noch weiter ging dagegen eine ältere, teilweise bis ins 20. Jahrhundert hinein vertretene Lehre,[17] die einen Vertrag, der gegen den älteren Vertrag einer der Parteien verstieß, sogar für nichtig hielt. Die Problematik dieser Auffassung liegt darin, daß so das vertraglich erworbene spätere Recht vereitelt würde, die am älteren Vertrag unbeteiligte Partei also ihrerseits durch einen Vertrag im Drittverhältnis belastet wäre.[18] Dies mag bei einer überschaubaren Zahl völkerrechtlicher Verträge mit allgemeiner Publizität hinnehmbar erscheinen, angesichts der gestiegenen Komplexität der völkerrechtlichen Beziehungen erscheint diese Lösung indessen nicht mehr angemessen.[19]

---

[13] So grundsätzlich *H. Lauterpacht*, The Law Quarterly Review 52 (1936) 494, 523, hinsichtlich des Völkerrechts *ders.*, BYIL 17 (1936) 54, 64. Aus dem genannten Grund plädiert *Jessup*, S. 154, *de lege ferenda* für ein rechtliches Interesse eines jeden Staats am Rechtsbruch auch in fremden Vertragsverhältnissen. Bereits in der *lex lata* verankert vermutete dies *Krüger*, in: Festschrift Bilfinger, S. 169, 200 f.

[14] *Bluntschli*, S. 238, § 414; *Jellinek*, Staatenverträge, S. 59; *Despagnet*, S. 536, Ziff. 445; *Roxburgh*, S. 33, § 24.

[15] Vgl. *Rousseau*, RGDIP 39 (1932) 133, 190.

[16] So Art. 22 (c) Harvard Draft on Law of Treaties, AJIL 29 (1935) 657, 1024 (mit Kommentar).

[17] So *Geiger*, S. 203-205 mN. Nachweise aus späterer Zeit bei *H. Lauterpacht*, BYIL 17 (1936) 54, 60; Harvard Draft on Law of Treaties, AJIL 29 (1935) 657, 1025; *Zuleeg*, GYIL 20 (1977) 246, 262.

[18] *Schwarzenberger*, International Law, Vol. I, S. 475 f; *McNair*, S. 222; *Zuleeg*, GYIL 20 (1977) 246, 263; *Chinkin*, S. 73, 75.

[19] *Waldock*, Second Report on the Law of Treaties, Kommentar zu Art. 14, YBILC 1963 II, S. 36, 56, Ziff. 14. Vgl. auch die Diskussion bei *Geiger*, S. 206-211.

Die allgemeine Änderung der Rechtsauffassung wurde in Art. 30 Abs. 4 lit. b WVRK niedergelegt. Hiernach sind Verträge ungeachtet möglicher Verstöße gegen frühere Verträge in anderem Verhältnis grundsätzlich gültig.[20] Einer Regelung von Kollisionslagen enthält sich die WVRK[21] ebenso wie einer Aussage über die sonstigen Rechtsfolgen. Letztlich ist es daher der politischen Entscheidung eines Staates anheimgestellt, welchen von zwei widersprüchlichen Verträgen er erfüllt.[22] Lediglich Art. 30 Abs. 5 WVRK enthält einen Hinweis auf die an Vertragsbrüche geknüpfte Staatenverantwortlichkeit,[23] mit der sich die WVRK nicht befaßt. Wegen der so zum Leitprinzip erhobenen Relativität der vertraglichen Beziehungen kann ein Staat, der widersprüchliche Verträge eingeht, nicht schon kraft Völkerrechts vom Vorwurf des Vertragsbruchs befreit werden. Vielmehr liegt es an ihm selbst, Widersprüche in seinen vertraglichen Beziehungen zu vermeiden und gegebenenfalls auszuräumen, indem er durch völkerrechtskonforme Mittel eine der konfligierenden Pflichten zum Erlöschen bringt.

Im übrigen stünde auch die Ableitung eines Verbots der Störung fremder Verträge aus Treu und Glauben im Widerspruch zum geltenden Völkerrecht. Denn auch der Grundsatz von Treu und Glauben gilt nur in bezug auf bestehende Rechtspflichten,[24] insbesondere solche aus Vertrag (Art. 26 WVRK). Zwar können Treuepflichten sich auch aus nichtvertraglichen Verhältnissen besonderer Nähe ergeben, und teilweise wird eine Verpflichtung zum Handeln nach Treu und Glauben auch völlig unabhängig von vertraglichen Verhältnissen als allgemeiner Rechtsgrundsatz postuliert, sie erschöpft sich dann aber im wesentlichen im Vertrauensschutz und namentlich im Verbot widersprüchlichen Verhaltens.[25] Eine allgemeine Treuepflicht fremden Verträgen gegenüber besteht dagegen nicht.

---

[20] In diesem Sinne bereits *Rousseau*, RGDIP 39 (1932) 133, 191; *McNair*, S. 222; ferner *Reuter*, S. 107, Ziff. 164; wohl auch *Czapliński/Danilenko*, NYIL 21 (1990) 3, 27.

[21] *Zuleeg*, GYIL 20 (1977) 246, 261 f.

[22] *Zuleeg*, GYIL 20 (1977) 246, 267 f; *Karl*, EPIL IV, 935, 938.

[23] *Zuleeg*, GYIL 20 (1977) 246, 261, 268.

[24] „Friendly Relations Declaration" der UN-Generalversammlung, Resolution 2625 (XXV) vom 24.10.1970, UNYB 24 (1970) 788, Anhang, letzter Abschnitt. Ebenso *Verdross/Simma*, S. 46, § 60; 280 f, § 459 f.

[25] Hierzu *Mosler*, ZaöRV 36 (1976) 6, 44 f; *Verdross/Simma*, S. 47 f, § 62.

Allerdings weisen viele der heute bestehenden Vertragsregime zu großen Teilen identische Mitgliedschaften auf. Es ließe sich eine normative Auslegung des Willens der Mitgliedstaaten erwägen, die ihre Kreationen arbeitsfähig und nicht durch ihre eigenen Nebengründungen gelähmt wissen wollen.[26] Diese Überlegung kann allerdings keine Aussage über die ausschließliche Zuständigkeit einer internationalen Organisation begründen. Denn Konflikte sind nicht grundsätzlich einprogrammiert. Zumeist werden das rechtliche Instrumentarium und der politische Ermessensspielraum der befaßten Organe ausreichen, um unabweisbare Konflikte oder gar fatale Dysfunktionalitäten auszuschließen.[27]

C. Vertragliche Beschränkung der Vertragsfreiheit erga omnes

Unabhängig von der Achtung fremder Verpflichtungen träte eine vertragliche Wirkung *erga omnes* ein, wenn ein Staat im Vereinbarungswege seine eigene Vertragsschlußfähigkeit beschränken könnte.[28] Teilweise wird vertreten, daß dies bereits durch die Zusage geschehen könne, von der eigenen Vertragsfreiheit nicht anderweitig Gebrauch zu machen. Die Funktion derartiger Abreden liege darin, den betroffenen Staaten ein Ausscheren aus dem Vertragsregime zu verwehren, um jeden möglichen Normkonflikt mit einem späteren Drittvertrag von vornherein auszuschließen.[29]

In der ILC konnte bei der Verhandlung der WVRK keine Einigkeit über die vertragliche Beschränkung der Vertragsschlußkapazität im Verhältnis zu Dritten erzielt werden; ein entsprechender Formulierungsvorschlag wurde durch Abstimmung verworfen.[30] Ein solches Selbstbeschränkungsrecht ist auch grundsätzlichen Einwänden ausgesetzt. Die

---

[26] Hierauf scheinen die Erwägungen *Jan Neumanns*, Koordination des WTO-Rechts, S. 399, hinauszulaufen.

[27] Folgerichtig befaßt sich *Jan Neumann* mit einem Störungsverbot im Einzelfall, aaO., S. 400.

[28] Vgl. *McNair*, S. 220 f, mit den Beispielen der Suzeränität und des Protektorats.

[29] *Geiger*, S. 129. Anders *Chinkin*, S. 73-75, die an Kenntnis oder Publizität der Beschränkung anknüpfen will.

[30] YBILC 1962 I, 666th Meeting, S. 243, Ziff. 65. Zur Diskussion aaO., 658th Meeting, S. 193 f, Ziff. 89, 94, 98, 101, 103; 666th Meeting, S. 240-243, Ziff. 17, 26, 29, 35, 44, 46, 50 f, 59, 62 f. Siehe auch *Verdross/Simma*, S. 435 f, § 676.

völkerrechtliche Kompetenzabgrenzung zwischen den verschiedenen Staaten knüpft im Grundsatz an die territoriale Souveränität an, nicht an eine willkürliche Selbstdefinition der eigenen Handlungsmacht.[31] Da die sachlich unbegrenzte Handlungsmacht eines Staates nach außen Voraussetzung für seine Anerkennung als Völkerrechtspersönlichkeit ist, erscheint es widersprüchlich, daß er sich ihrer entäußern können soll, ohne seine Völkerrechtssubjektivität zu verlieren. Einiges spricht daher für die Annahme, die ständige und, vorbehaltlich des *ius cogens*, unumschränkte Vertragsschließungskapazität folge zwingend aus der Anerkennung als Völkerrechtssubjekt.[32] Auch tatsächlich entstünde anderenfalls erhebliche Unsicherheit, wie weit die Vertragsschlußkapazität eines Staates im Einzelfall reicht. Hier in Analogie zur Organkompetenz beim Vertragsschluß nach der Kenntnis des Vertragspartners zu fragen (Art. 46 Abs. 1 WVRK) mag in Evidenzfällen Abhilfe schaffen.[33] Eine generelle Publizität völkerrechtlicher Verträge aufgrund der Notifizierung bei der UNO (Art. 102 Abs. 1 UN-Charta) kann dagegen schon wegen der schieren Zahl solcher Verträge nicht angenommen werden.[34]

Letztlich kann die Frage hier auf sich beruhen. Weder WIPO noch die verschiedenen Sonderverbände verbieten ihren Vertragsstaaten die Mitgliedschaft in konkurrierenden Organisationen. Das folgt für das WIPO-Abkommen bereits aus der weitgehenden Autonomie der Verbände, die einem Anspruch auf ausschließliche Aufgabenwahrnehmung durch die WIPO von vornherein entgegensteht. Was die Verbände selbst angeht, so lassen Art. 19 PVÜ, 20 RBÜ sowie 22 Romabkommen Abkommen unter den Mitgliedern sogar ausdrücklich zu. Das zugleich ausgesprochene Verbot, gegen die Zwecksetzungen des jeweiligen Verbandes zu verstoßen, betrifft den Inhalt derartiger Abreden. Eine Pflicht, sich im organisatorischen Rahmen des jeweiligen Verbandes oder der WIPO zu halten, findet sich dagegen nirgends. Auf der anderen Seite findet sich auch weder im WTO- noch im TRIPS-Abkommen eine Norm, nach der die Mitgliedstaaten ihre Fähigkeit zum Abschluß konkurrierender Verträge aufgäben.

---

[31] So zutreffend *Klein*, Statusverträge, S. 180 f. Siehe auch unten, Seite 295.

[32] So schon *Bluntschli*, S. 237, § 410. Zweifelnd zur Staatsqualität des Protektorats *Doehring*, Rn 131.

[33] *Chinkin*, S. 74.

[34] Zutreffend *Chinkin*, S. 75.

D. Dingliche Verfügung über Hoheitsmacht

Ein Sonderfall gewillkürter Beschränkung der vertraglichen Handlungsmacht wäre eine dingliche Verfügung über hoheitliche Kompetenzen im Sinne einer vollständigen Entäußerung, aus der die logische Unmöglichkeit einer erneuten Verfügung folgt.[35] Eine solche dingliche Übertragung von Hoheitsrechten war, obgleich umstritten, auch der älteren Lehre durchaus geläufig.[36] Sie soll etwa im Falle der positiven Servitute[37] auftreten: Räumt ein Staat einem anderen die Befugnis zur Ausübung von Hoheitsrechten in seinem Territorium ein, so soll diese zum Handeln *erga omnes* berechtigen.[38] Zwar läßt sich diese Folge auch mit der bloßen Ermächtigung zur Ausübung der Gebietsherrschaft erklären,[39] auf deren Achtung durch Dritte der ermächtigende Staat möglicherweise sogar kraft des völkerrechtlichen Interventionsverbots Anspruch erheben kann.[40] Darüber hinaus aber soll die Befugnis im Fall der Zession des belasteten Gebiets als radizierte Forderung bestehenbleiben,[41] und zwar weil der Zedent insofern über keine Hoheitsgewalt, die er übertragen könnte, mehr verfüge.[42] Zumindest unter die-

---

35 So Schiedsspruch im Las-Palmas-Fall (Max Huber), 4.4.1928, RIAA II, 829, 842 zur Übertragung der territorialen Souveränität durch Zession: „It is evident that Spain could not transfer more rights than she herself possessed." Ebenso zur vertraglichen Verfügung *in rem McNair*, S. 224.

36 Vgl. *Bluntschli*, S. 207-209, §§ 353-359 zu Servituten. Kritisch *Roxburgh*, S. 105 f, § 68; S. 107 f, § 69.

37 Auch aktive Servitute, sie begründen eine Duldungspflicht im Gegensatz zu den zum Unterlassen verpflichtenden negativen/passiven Servituten, vgl. *Bluntschli*, S. 209, § 357; *Despagnet*, S. 204 f, Ziff. 190; *Potter*, AJIL 9 (1915) 627, 634 f; *Váli*, S. 309 f; *Verdross/Simma*, S. 638 f, § 1024. Zur Praxis *Váli*, Teil 3 und *passim*.

38 *Váli*, S. 313 f.

39 *Verdross/Simma*, S. 639, § 1024. In diesem Sinne auch *Reuter*, S. 128, Ziff. 192.

40 Dies deutet *Geiger*, S. 213, an.

41 *Váli*, S. 321 f. Vgl. auch Art. 12 Abs. 1 und 2 ILC Draft Convention on Succession of States in Respect of Treaties, wiedergegeben u.a. bei *Reuter*, S. 127, Ziff. 191, sowie *Sinclair*, S. 104 f. Nach *Reuter*, S. 128, Ziff. 192, handelt es sich hierbei nicht um Gewohnheitsrecht.

42 *Verdross/Simma*, S. 617, § 991. Ähnlich *Reid*, S. 210: Ein Servitut „amounts at the most to a *transfer* of the right to exercise certain sovereign rights" (Hervorhebung hinzugefügt).

sem Gesichtspunkt handelte es sich um eine Entäußerung von Hoheitsgewalt kraft vertraglicher Verfügung.

Ein derartiges Auseinanderfallen von Hoheitsmacht und territorialer Zuständigkeit ist eine gewisse Irregularität innerhalb der geltenden völkerrechtlichen Ordnung.[43] Der Westfälische Friede hat die Verteilung der Hoheitsgewalten auf verschiedene Autoritäten überwunden und in der Hand der territorial definierten Staaten konzentriert.[44] Eine ausgedehnte Praxis der isolierten Übertragung von Hoheitsrechten könnte dagegen zu einer Zersplitterung der Staatsmacht führen. Im Hinblick auf internationale Organisationen[45] eröffnet sie darüber hinaus die Vorstellung eines neuen Ordnungsmodells, nach dem die Staatsgewalt unter funktionellen Gesichtspunkten vollkommen neu organisiert wird.[46]

Geläufig ist die Vorstellung einer Übertragung von Hoheitsrechten aus dem Zusammenhang der EG. Um eine Entäußerung nationalstaatlicher Kompetenzen[47] handelt es sich dabei aber nur aus der Binnensicht des Gemeinschaftsrechts. Völkerrechtlich dagegen haben die Mitgliedstaaten die EG zur Ausübung von Hoheitsrechten ermächtigt und sich zugleich verpflichtet, im vertraglich festgesetzten Rahmen von ihren eige-

---

[43] *Bluntschli*, S. 209, § 359, sieht daher in der naturgemäßen Fortbildung der Staatsverfassung einen rechtlichen Erlöschensgrund von Servituten; *Roxburgh*, S. 109, § 69, hält völkerrechtliche Rechte *in rem* wegen der besonderen Beziehung zwischen einem Staat und seinem Territorium für „highly inconvenient". Zweifelnd auch der Schiedsspruch im *North Atlantic Coast Fisheries Case (Great Britain/United States)* vom 7.9.1910, RIAA XI, 169, 182; ferner *Verdross/Simma*, S. 639, § 1024. *Potter*, AJIL 9 (1915) 627, 633, hält nur Servitute zugunsten inländischer Einheiten (Religionen, Familien) für unvereinbar mit der Souveränität. Unklar *Reid*, S. 29-33, die die Zuständigkeit (Jurisdiction) im Gegensatz zur Souveränität beschränkt sieht, welche sie im wesentlichen für eine Frage der nationalen Ehre hält (aaO., S. 27 f). Ablehnend zur vertraglichen Verfügung über Hoheitsrechte mit Ausnahme der Zession heute *Geiger*, S. 223-226.

[44] Vgl. nur *Verdross/Simma*, S. 20 f, § 25.

[45] *Váli*, S. 309, hält Servitute zugunsten internationaler Organisationen für möglich und nennt als Beispiel das Sitzstaatsabkommen der UNO.

[46] Vgl. hierzu die Erwägung *Paulus'*, S. 327, ausgeprägte und tief integrierte sektorale Sonderordnungen führten zu einer Zerklüftung des internationalen Systems, die an eine Ablösung der territorialen Grenzen durch funktionale erinnere.

[47] Zur Verwendung des Begriffs der Übertragung im Sinne einer Entäußerung *Geiger*, S. 64 f, 190-192.

nen Kompetenzen keinen Gebrauch mehr zu machen.[48] Konsequent bedarf eine Beschränkung der mitgliedstaatlichen Verpflichtungen aus gemischten Abkommen gegenüber Drittstaaten der besonderen vertraglichen Abrede.[49] Da Staaten allgemein bei der Übertragung von Hoheitsbefugnissen überaus zurückhaltend sind, wird unabhängig davon, ob eine Entäußerung von Hoheitsrechten zugunsten internationaler Organisationen rechtlich überhaupt möglich ist, die bloße Ermächtigung zum Handeln nach Maßgabe des Statuts der Regelfall sein.

Dies gilt auch für die WIPO und die von ihr verwalteten Verbände, die mit Ausnahme gewisser administrativer Änderungen Revisionen den Mitgliedstaaten zur Ratifizierung anheimstellen. Nicht anders ist die Rechtslage insofern bei der WTO. Was die Exekutivbefugnisse angeht, so könnten zwar den internationalen Anmeldungen bei der WIPO hoheitliche Wirkungen beigemessen werden, auch hier aber stellen die Verträge sicher, daß die nationale Entscheidung über die Schutzgewährung nicht präjudiziert wird.[50] Rechtshandlungen der WTO treten dagegen in keinem Fall an die Stelle staatlicher Hoheitsakte. Daher kann nicht angenommen werden, die Mitgliedstaaten hätten sich der zum Abschluß des TRIPS-Abkommens erforderlichen Hoheitskompetenzen bereits zuvor entäußert oder aber die zum Betrieb der WIPO und ihrer Verbände erforderlichen Kompetenzen an die WTO abgegeben.

E. Objective Regimes

Ein weiterer Ansatzpunkt für die Erzeugung rechtlicher Drittbindungen durch Vertrag sind die „Objective Regimes" oder Statusverträge. Hiermit sind Regelungen, vor allem mit territorialem Bezug, angesprochen, die gewisse Rechtswirkungen gegenüber dritten Staaten sollen entfalten können.[51] Im Unterschied zum allgemeinen Vertragsrecht, das

---

[48] *Seidl-Hohenveldern/Loibl*, Rn 1726 f.

[49] *Geiger*, S. 113 f, 248 f; *Tomuschat*, in: *von der Groeben/Schwarze (Hrsg.)*, Art. 300, Rn 64.

[50] Siehe oben, Seite 205.

[51] Hierzu *Roxburgh*, S. 54-60, §§ 36-39; *Ballreich*, in: FS Bilfinger, S. 12 f; *McNair*, S. 259-271; *Mosler*, RdC 140 (1974 IV) 1, 234-250; *Klein*, Statusverträge, S. 1-20 und *passim*; *Sinclair*, The Vienna Convention, S. 104-106; *Tomuschat*, Berichte der DGVR 28 (1988) 9, 13 f; *Simma*, RdC 250 (1994 VI) 217, 358-364. Nicht zu verwechseln sind die Statusverträge mit den etwa bei *Simma*, Das Reziprozitätselement, S. 176-181 und *passim*; RdC 205 (1994 VI) 217, 336 f behandelten „objektiven" oder „integralen" Verträgen, bei denen es um die Verpflich-

sowohl für Drittverpflichtungen wie auch -berechtigungen die Zustimmung des Dritten erfordert (Art. 35, 36 Abs. 1 WVRK), sollen sich aus Statusverträgen namentlich Rechte für Dritte ergeben, und juristisch konsequent stellt die Lehre auch die Frage nach Drittverpflichtungen. Zum Beispiel sollen dauernd neutralisierte oder demilitarisierte Staaten an der einseitigen Aufgabe ihres Status gehindert sein,[52] und aus einer vertraglichen Internationalisierung von Wasserwegen sollen Dritte Rechte auf Benutzung und Aufrechterhaltung des Regimes ableiten können.[53]

Die ILC hat die Frage der Statusverträge in ihren Arbeiten zum Recht der Verträge bewußt offengelassen.[54] Die Lehre greift zur juristischen Begründung auf anerkannte Erklärungsmuster zurück,[55] wie historische Konsolidierung, stillschweigende Anerkennung[56] oder Gewohnheitsrecht. Darüber hinaus werden die besonderen Wirkungen von Statusverträgen auf die in ihnen realisierten gemeinsamen Interessen aller oder der maßgeblich betroffenen Staaten gestützt, mit anderen Worten auf ihren „öffentlichen“ Charakter.[57] In diesem Zusammenhang wird erwo-

---

tungs- und Erfüllungsstruktur geht (hierzu oben, Seite 149). Zum Verhältnis dieser „objektiven“ Verträge zu den Statusverträgen *Klein*, Statusverträge, S. 76-80.

[52] So die Neutralisierung der Schweiz und Sardiniens durch den Wiener Kongreß 1815, vgl. *McNair*, S. 260-263, die Demilitarisierung der Åland-Inseln, *McNair*, S. 263-265; *Klein*, Statusverträge, S. 2-6. Ähnlich liegt der Fall bei der vertraglichen Gründung von Staaten, vgl. *McNair*, S. 265, 268 f.

[53] So beim Suez- und Panama-Kanal, vgl. *McNair*, S. 265-267, sowie das nach der Deutung *McNairs*, S. 267 f, „objective régime“ des internationalisierten Kieler Kanals; vgl. auch *Klein*, Statusverträge, S. 6-8.

[54] ILC Report 18th Session, YBILC 1966, Vol. II, S. 231, Kommentar (1) zu Art. 34. Statusverträge wurden dagegen in den Arbeiten zur Staatennachfolge berücksichtigt, vgl. *Sinclair*, The Vienna Convention, S. 104-106.

[55] *Reuter*, S. 157, Anmerkung zu Ziff. 188. Ausführlich *Klein*, Statusverträge, §§ 11-13.

[56] So *McNair*, S. 259. Als einzige allgemeine Begründung der Drittwirkung von Statusverträgen erscheint die Anerkennung bei *Geiger*, S. 223, 240-242 und *passim*. Schon *Roxburgh*, S. 56-58, § 38, wollte in den „International Settlements“ Angebote an Drittstaaten zum konkludenten Beitritt sehen.

[57] *McNair*, S. 259; *Mosler*, RdC 140 (1974 IV) 1, 236, mit der Erwägung einer Zustimmungspflicht betroffener Drittstaaten, sowie *Klein*, Statusverträge, S. 52 f mwN. Der Repräsentationsgedanke wird auch als Begründung für die „objektive“ Rechtspersönlichkeit internationaler Organisationen angeführt, so

gen, daß der Vertrag zum Instrument der in der Völkergemeinschaft bislang entbehrten organisierten Gesetzgebung aufrücken und unter Umständen sogar gezielt Pflichten gegen Dritte erzeugen könnte.[58] Indessen verlassen derartige Erwägungen den Bereich des eigentlichen Vertragsrechts.[59] Ob Gemeinschaftsbindungen innerhalb der Völkergemeinschaft zu besonderen Verpflichtungen Anlaß geben können, wird gesondert zu erörtern sein.

II. Die Einbindung ins System der UNO

Im Gegensatz zur WTO ist die WIPO durch das am 17.12.1974 in Kraft getretene Abkommen[60] nach Art. 57 Abs. 1, 63 UN-Charta in das System der UN-Sonderorganisationen eingebunden worden. Der Sinn dieser vertraglichen Regelung der Beziehungen wurde u.a. darin gesehen, Konkurrenzgründungen im Rahmen der UNO, die den Bestand der Verbände hätten gefährden können, auszuschließen.[61] Angesichts dessen ist zu erwägen, ob die Einbindung als Sonderorganisation in das UNO-System der WIPO auf Weltebene die Kompetenz zum geistigen Eigentumsschutz ausschließlich zugewiesen hat.

A. Bindungskraft ratione personae

Nach dem Beitritt der Schweiz am 10.9.2002[62] ist die UNO der Universalität näher denn je.[63] Mit Ausnahme von Macau und Taiwan[64] sind

---

der IGH im Bernadotte-Fall (oben, Fn 9, unten, Fn 105), ebenso *McNair*, S. 269 f.

[58] *Ballreich*, in: FS Bilfinger, S. 24 f; *McNair*, S. 270 f; *Tomuschat*, Berichte der DGVR 28 (1988) 9, 20 ff. Skeptisch *Klein*, Statusverträge, S. 346 f.

[59] So schon *Bluntschli*, S. 65, § 13. Siehe auch *Reuter*, S. 124, Ziff. 187.

[60] PI 1974, 410; 475. Wortlaut PI 1975, 3-6, sowie UNYB 1974, 720-722. Siehe auch Resolution der UNO-Generalversammlung A/RES/3346 (XXIX) vom 17.12.1974.

[61] *Ballreich*, AVR 19 (1980/1981) 121, 159.

[62] BGBl. 2003 II 208.

[63] Die verbleibenden Nachzügler Taiwan, Kiribati, Tuvalu, Tonga und Nauru (vgl. *Faßbender*, UN Security Council Reform, S. 87) sind bis auf Taiwan in den letzten Jahren ebenfalls beigetreten.

heute sämtliche Mitglieder sowohl der WIPO und ihrer Verbände als auch der WTO Mitglieder der UNO. Sofern aus der Einbindung in die UNO eine ausschließliche Zuständigkeit der WIPO folgt, hätte diese der Schweiz bei Verhandlung des WTO-Abkommens und bei ihrem Beitritt zum 1.7.1995[65] möglicherweise noch nicht entgegengehalten werden können. Immerhin wäre an eine mittelbare Bindung über das Beziehungsabkommen mit der WIPO, deren Mitglied die Schweiz bei Inkrafttreten am 17.12.1974 war, zu denken. Ähnliche Bedenken zur Bindung *ratione personae* ergeben sich für die EG, die Gründungsmitglied der WTO ist, mangels Staatsqualität aber nicht der UNO angehört. Hier könnte sich aus der funktionellen Nachfolge in die Zuständigkeit der EG-Mitgliedstaaten, die die EG spätestens mit der Zuweisung der Kompetenzen zu den handelsbezogenen Aspekten geistigen Eigentums durch den am 1.2.2003 in Kraft getretenen[66] Vertrag von Nizza (Art. 133 Abs. 5 EG) antrat, eine Bindung ergeben. Für die übrigen 73 Gründungs-[67] sowie die weiteren Mitglieder der WTO ergäbe sich die Pflicht zur Achtung einer ausschließlichen Zuständigkeit der WIPO *ratione personae* aus ihrer UNO-Mitgliedschaft.

B. Wortlaut des Abkommens

Der Wortlaut des Abkommens zwischen WIPO und UNO gibt keinen Anlaß zur Annahme, die UNO habe mit dem Beziehungsabkommen eine ausschließliche Zuständigkeit der WIPO etablieren wollen. In Art. 1 heißt es:

> L'Organisation des Nations Unies reconnaît l'Organisation Mondiale de la Propriété Intellectuelle (...) comme étant une institution spécialisée et comme étant investie de la responsabilité de prendre des mesures appropriées (...) sous réserve de la compétence et des responsabilités qui incombent à l'Organisation des Nations Unies et à ses organes (...).

Hieraus geht lediglich hervor, daß der WIPO der Status einer Sonderorganisation der UNO zuerkannt wird. Die Zuerkennung einer aus-

---

64 Trotz der umstrittenen Staatsqualität ist Macau Gründungsmitglied der WTO, und Taiwan ist ihr – neben anderen separaten Zollgebieten – am 1.1.2002 beigetreten.

65 BGBl. 1995 II 765.

66 BGBl. 2003 II 1477.

67 Vgl. BGBl., Fundstellennachweis B, 2002, S. 668.

schließlichen Kompetenz an die WIPO dagegen würde den Wortlaut überdehnen, der die WIPO als „eine“, nicht etwa „die“ spezialisierte Institution erkennt. Dies gilt um so mehr, als in vergleichbaren Abkommen eine solche Zurückhaltung nicht zu verzeichnen ist, etwa in dem zwischen UNO und WHO, in dem die WHO als „die“ („the“) Sonderorganisation für Gesundheit bezeichnet wird;[68] indes wird man nicht einmal dieser vermeintlich strengeren Formulierung, die sich auch in einer Reihe weiterer Beziehungsabkommen findet, ein Bekenntnis zur ausschließlichen oder vorrangigen Zuständigkeit entnehmen können.[69]

Nicht weiter führt auch Art. 2, in dem die WIPO die Koordinierungsbefugnis von UN-Generalversammlung und ECOSOC nach der UN-Charta anerkennt (Satz 1) und zu diesem Zweck weitgehende Zusammenarbeit verspricht (Satz 2), insbesondere durch Mitwirkung in durch die UNO eingesetzten Organen (Satz 3). Einen Hinweis auf die Anerkennung einer ausschließlichen Zuständigkeit der WIPO durch die UNO lassen diese Regelungen nicht erkennen. Von einer „Kompetenzzusicherung an die WIPO (...) für den Bereich des gewerblichen Rechtsschutzes unter Einschluß des Technologietransfers“[70] kann daher keine Rede sein. Selbst wenn man aus dem Abkommen eine Treuepflicht der UNO, die Aktivitäten der WIPO nicht zu unterlaufen, herleiten wollte, so stellt der oben zitierte Vorbehalt des Art. 1 zugunsten anderer UN-Institutionen – ausdrücklich UNCTAD, UNDP und UNESCO – klar, daß der UNO auch insofern volle Handlungsfreiheit verbleibt.

C. Stellung im System der UNO

Zu erwägen bleibt, ob nach der Systematik der UN-Charta aus dem Status der Sonderorganisation eine ausschließliche Zuständigkeit folgen könnte. Hierzu bestimmt Art. 57 Abs. 1 UN-Charta: „The various specialized agencies, established by international agreement (...), shall be brought into relationship with the United Nations”. Dies scheint auf eine Rechtspflicht zur Zusammenfassung der bestehenden völkerrecht-

---

68 Abkommen angenommen von der UN-Generalversammlung durch Resolution 124 (II) vom 15.11.1947, Wortlaut in UNYB 1947-48, 919-923.

69 *Jenks*, RdC 77 (1950 II), 157, 208.

70 Diese entnimmt *Ballreich* dem Art. 2 des WIPO/UN-Abkommens, AVR 19 (1980/81) 121, 165.

lichen Institutionen mit universeller Zielsetzung unter dem Dach der UNO zu deuten. Was es für die zuständigkeitsmäßige Abgrenzung zwischen den so mit der UNO verbundenen Organisationen bedeutet, läßt der Wortlaut dagegen offen.

1. Die Sonderorganisationen im Völkerbund

Die Idee, die verschiedenen existierenden funktionellen Verwaltungsunionen unter dem gemeinsamen Dach eines allgemeinen politischen Staatenverbandes zusammenzuführen, wurde bereits im Zusammenhang mit den Haager Friedenskonferenzen entwickelt.[71] In rechtliche Vorschriften umgesetzt findet sie sich in Art. 24 Abs. 1 der Satzung des Völkerbundes,[72] der bestimmte, daß „(a)lle früher durch Gesamtverträge errichteten Stellen" sowie „(a)lle anderen künftig gebildeten internationalen Stellen und mit der Regelung internationalen Interesses betrauten Ausschüsse" vorbehaltlich der Zustimmung der Völkerbund-Mitglieder dem Völkerbund „untergeordnet"[73] werden. Deutlich zeigt sich hier die Absicht, sämtliche zwischenstaatlichen Institutionen in ein hierarchisches Verhältnis zum Völkerbund einzubinden. Freilich wurde das in Art. 24 SVB angelegte Programm nur teilweise vollzogen. Bereits 1921 beschloß der Rat des Völkerbunds, daß die Unterordnung den betreffenden Institutionen eine weitgehende Autonomie gewährleiste.[74] Was das Berner Büro betrifft, wurden die anfangs unternommenen Versuche der Unterordnung überaus kritisch aufgenommen.[75] Ausdrücklich wandte sich die Schweiz als Aufsichtsstaat gegen eine rechtliche Unterordnung und fand hierin die Zustimmung des Rates.[76] 1928 bestätigten Rat und Versammlung des Völkerbundes in aller Form, daß dessen Autorität sich auf den moralischen Beistand, koordinierende Tätigkeiten und den Informationsaustausch beschränke.[77]

Indessen gilt für die hier interessierende Frage der durch die „Unterordnung" vermittelten Zuständigkeit eine Besonderheit. Die schon

---

71 *Schücking*, Das Werk vom Haag, S. 243, 311.

72 Teil I des Vertrags von Versailles, RGBl. 1919, 716-746.

73 Im Original: „placés sous l'autorité", „placed under the direction".

74 *Schücking/Wehberg*, S. 760 f; *Ray*, Commentaire, S. 671 f.

75 *Ballreich*, AVR 19 (1980/81) 121, 132-135.

76 *Ray*, Commentaire, S. 673 f.

77 *Ray*, Commentaire, S. 672 f.

1921 erfolgte weitgehende Zurücknahme des Autoritätsanspruchs des Völkerbunds stand unter dem Vorbehalt des flagranten Mißbrauchs von Kompetenzen einer nach Art. 24 SVB untergeordneten Stelle, und beispielhaft genannt wurden hierfür Eingriffe in die Zuständigkeiten anderer internationaler Organe.[78] 1923 versagte der Rat des Völkerbundes dem „Institut international de commerce“ vor allem deshalb eine Unterordnung, weil dessen Zuständigkeit nicht klar zu der des „Bureau international de statistique commerciale“ abgegrenzt war.[79] 1929 sah der Völkerbund mit Rücksicht auf die Zuständigkeiten des Internationalen Landwirtschaftsinstituts von der Einrichtung eines ständigen landwirtschaftlichen Expertenausschusses ab.[80] In all diesen Fällen ging es offenbar um die Vermeidung von Zuständigkeitsüberschneidungen. Freilich ist zweifelhaft, ob hierbei in Erfüllung einer Rechtspflicht gehandelt wurde. Eine unnötige und teure Doppelung bürokratischer Institutionen zu vermeiden ist ein Gebot des gesunden Menschenverstands und eine nur allzu plausible Zweckmäßigkeitserwägung. Beim „Institut international de commerce“, dessen Ausschluß von der Völkerbund-Familie noch am ehesten auf eine Rechtsüberzeugung schließen lassen könnte, handelte es sich nicht um eine durch völkerrechtlichen Vertrag geschaffene, sondern eine interparlamentarisch getragene Institution.[81] Auf derartige halboffizielle Institutionen erstreckt sich Art. 24 Abs. 1 SVB aber nicht, wie der Rat klarstellte.[82] Auch insofern erscheint daher plausibel, daß der Völkerbund im Rahmen seines Ermessens und damit nicht in Erfüllung einer Rechtspflicht handelte.

2. Die Verhältnisse in der UNO

Wurde während der Völkerbundzeit bereits die Abkehr von einem strikten Zentralismus vollzogen, so liegt in dem System der Sonderorganisationen der UN-Charta eine bewußte Entscheidung für die funktionelle Dezentralisierung, die die eher technischen Sachmaterien vom anfangs noch ungewissen Schicksal der UNO lösen und ihre Behandlung von störenden politischen Auseinandersetzungen freihalten

---

[78] *Schücking/Wehberg*, S. 761; ebs. *Ray*, Commentaire, S. 672: „empiètement sur les attributions d'un autre organe internationale“.

[79] *Schücking/Wehberg*, S. 761.

[80] *Ray*, Commentaire, S. 675.

[81] *Schücking/Wehberg*, S. 761.

[82] *Schücking/Wehberg*, S. 761 f; *Ray*, Commentaire, S. 669 f.

sollte.[83] Gleichwohl wurde nach Gründung der UNO abermals eine Konsolidierung der bestehenden internationalen Institutionen unternommen. Der Wirtschafts- und Sozialrat (ECOSOC) ließ zu Beginn seiner Tätigkeit durch den UN-Generalsekretär einen Bericht über die bestehenden intergouvernementalen Einrichtungen erstellen,[84] auf dessen[85] Grundlage er die Ansichten der Mitgliedstaaten und Sonderorganisationen hinsichtlich „(t)he possible termination(,) absorption or integration of any of these organizations into the United Nations or the specialized agencies" erbat.[86] Obgleich mitunter von Kommentatoren der WIPO als versuchte Vereinnahmung der Berner Verbände durch die UNO gewertet, lassen die Resolutionen ein genuines Bemühen um Koordinierung erkennen, wie sie dem ECOSOC in Art. 63 Abs. 2 UN-Charta aufgetragen ist. So verweist der ECOSOC ausdrücklich auf die ausschließliche Kompetenz der jeweiligen Mitgliedstaaten zur Änderung der Struktur der intergouvernementalen Organisationen und stellt der vorgeschlagenen Übernahme der Einrichtungen durch die UNO als Alternative die bloße Aufnahme von Beziehungen zur Seite.[87] Als ein Jahr später eine Reihe von Umstrukturierungen in Aussicht genommen wurden, empfahl der ECOSOC lediglich Konsultationen zwischen RBÜ und UNESCO und nahm die PVÜ ausdrücklich von allen Umgliederungsabsichten aus.[88]

Gleichwohl begannen sich auf Initiative der Entwicklungsländer die UNCTAD, der ECOSOC und schließlich die UN-Generalversammlung im Rahmen der Diskussion um den Technologietransfer mit Fra-

---

[83] *Jenks*, RdC 77 (1950 II) 157, 172 f.

[84] Resolution 128 (VI) vom 10.3.1948, Teil B, Ziff. 3.

[85] List of Inter-Governmental Organizations, ECOSOC-Dokument E/818 vom 11.6.1948. Der Bericht vermerkt eine Anzahl von insgesamt 65 Organisationen, darunter die RBÜ (aaO., S. 9 [engl. Version]/10 [frz. Version]) und die PVÜ (S. 22 [engl. Version]/29 [frz. Version]).

[86] ECOSOC-Resolution 171 (VII) vom 29.8.1948, operativer Teil, Ziff. 1.

[87] AaO., zweiter Erwägungsgrund und operativer Teil, Ziff. 2.

[88] ECOSOC-Resolution 262 (IX) vom 10.8.1949, Abschnitt D (RBÜ) und M (PVÜ). – *Ekedi-Samnik*, S. 55 f, berichtet unter Bezug auf diese Resolution von Bestrebungen, die Verbände der RBÜ und PVÜ der zu gründenden ITO einzugliedern; dies ergibt sich aus dem Dokument allerdings nicht: Laut Abschnitt C Abs. 2 sollte lediglich das Internationale Zolltarifbüro der entstehenden ITO eingegliedert werden. Wie *Ekedi-Samnik* ohne einschlägige Nachweise auch *Ballreich*, AVR 19 (1980/81) 121, 146.

gen des internationalen Patentrechts zu befassen.[89] Damit wurden im Wege der „Konferenzdiplomatie“[90] den Entwicklungsländern vermeintlich gewogenere Institutionen mit Fragen befaßt, die auch in die Zuständigkeit der WIPO fallen. Das Abkommen mit der UNO soll dabei die Zäsur bezeichnen, die die WIPO diesen Zielen unterordnete.[91] Tatsächlich mag damit ein gewisser Konkurrenzdruck auf die Zuständigkeit der WIPO abgewendet worden sein, dennoch wurde die Diskussion auch in den anderen Foren weitergeführt.[92] Eine ausschließliche Zuständigkeit der WIPO für Fragen des geistigen Eigentums folgte aus dem Abkommen also ganz offensichtlich nicht.

3. Zum Kernwaffengutachten des IGH

Allerdings hat der IGH in seinem von der WHO angeforderten Gutachten zur Rechtmäßigkeit des Einsatzes von Kernwaffen in bewaffneten Konflikten Ausführungen gemacht, die die Debatte über ausschließliche Zuständigkeiten im UNO-System wieder beleben könnten. Zur Antragsberechtigung der WHO im Gutachtenverfahren legte er deren Kompetenz im Lichte des gesamten UN-Systems aus: Zunächst gelte der Grundsatz der Spezialität, nach dem internationale Organisationen nur in den durch ihr Gründungsinstrument vorgegebenen Grenzen tätig werden dürften.[93] Sodann aber sei die WHO eine internationale Organisation besonderer Art, da sie auf der Grundlage ihres eigenen Statuts und des Abkommens mit der UNO als Sonderorganisation ins UN-System eingegliedert sei. Wie Art. 57 Abs. 1, 58 und 63 UN-Charta zeigten, lege die Charta die Grundlage für ein System, das die internationale Zusammenarbeit kohärent organisieren solle, indem die mit allgemeinen Kompetenzen ausgestattete UNO in Beziehung zu verschie-

---

89 Vgl. *Stoll*, Technologietransfer, S. 235-244.

90 So *Ballreich*, AVR 19 (1980/81) 121, 165.

91 *Stoll*, Technologietransfer, S. 245, nach dessen Aussage so der Kompetenzkonflikt durch institutionelle Kooperation überwunden wurde. Zu Befürchtungen einer Abhängigkeit der WIPO von der UNO auch *Ballreich*, AVR 19 (1980/1981) 121, 158-163.

92 Zur Entwicklung des Draft Code on Transfer of Technology *Stoll*, Technologietransfer, S. 90-95; zu den Wirkungen auf die PVÜ aaO., S. 273. Siehe auch oben, Seite 104.

93 *Legality of the Use by a State of Nuclear Weapons in Armed Conflict*, IGH-Gutachten vom 8.7.1996, ICJ Reports 1996, 66, 78 f, Ziff. 25.

denen autonomen und ergänzenden Organisationen mit speziellen Kompetenzen gebracht werde.[94] Diese „logic of the overall system contemplated by the Charter“ müsse neben dem Prinzip der Spezialität zur Auslegung der Kompetenzen der WHO berücksichtigt werden, und dies hindere die WHO, auf Kompetenzbereiche der mit Fragen des Waffeneinsatzes, der Rüstungsregulierung und Abrüstung befaßten Teile des UN-Systems überzugreifen.[95]

Diese Entscheidung ist als allgemeiner Grundsatz über die Zuständigkeitsabgrenzungen zwischen Internationalen Organisationen in Anspruch genommen worden.[96] So weit bräuchte im vorliegenden Zusammenhang gar nicht gegangen zu werden, wenn sich nur darlegen ließe, daß hier ein allgemeiner Grundsatz über eindeutige Zuständigkeitsabgrenzungen mit Wirkung für alle UNO-Mitglieder ausgesprochen wurde. Daß das Diktum hierfür in Anspruch genommen werden kann, erscheint indes zweifelhaft. Der IGH trifft die Kompetenzabgrenzung nicht allgemein für Sonderorganisationen, sondern zieht die Grenze zwischen Sonderorganisationen auf der einen und dem UN-System auf der anderen Seite. Sodann versagt er nicht etwa ein Tätigwerden im Zuständigkeitsbereich der Sonderorganisation, sondern er versagt der WHO das Eindringen in Zuständigkeiten der UNO. Wenn der IGH hier also eine vorrangige Zuständigkeit schützt, so ist es die der UNO, nicht die der Sonderorganisation. Damit aber ergibt sich kein anderer Rechtszustand, als ihn der Vorbehalt in Art. 1 des WIPO/UN-Abkommens von 1972 auch im Verhältnis zur WIPO anordnet. Ihren sachlichen Grund hat die vorrangige Zuständigkeit der UNO in dem politischen Charakter ihrer Gegenstände und Verfahren. Bezeichnenderweise waren es der Waffeneinsatz, die Rüstungsregulierung und die Abrüstung, die der IGH als den UN-Institutionen vorbehaltene Frage erkannte. Es verwundert kaum, daß er eine Entscheidung mit weitreichenden politischen Implikationen wie den Einsatz von Kernwaffen und dessen Androhung nicht auf Anforderung einer der funkti-

---

94 AaO, S. 80, Ziff. 26: „As these provisions demonstrate, the Charter of the United Nations laid the basis of a ‚system‘ designed to organize international co-operation in a coherent fashion by bringing the United Nations, invested with powers of general scope, into relationship with various autonomous and complementary organizations, invested with sectorial powers“.

95 AaO.

96 So *Jan Neumann*, Koordination des WTO-Rechts, S. 401; *ders.*, in: *Nettesheim/Sander (Hrsg.)*, S. 9, 23. Zurückhaltender *Denters*, NYIL 29 (1998), 3, 10 f.

onellen Sachlichkeit verpflichteten Sonderorganisation, sondern erst auf Anforderung der UN-Generalversammlung selbst zu treffen bereit war.[97] Abschließend verweist der IGH abermals auf die in der Entscheidung allein in Frage stehende beschränkte Kompetenz der WHO zur Einholung eines Gutachtens nach Art. 96 Abs. 2 UN-Charta[98] und unterstreicht damit, daß es ihm allein um die Abgrenzung der Zuständigkeiten zwischen Sonderorganisationen und UNO für die Zwecke des UN-Systems geht.

Nach alldem erscheint es kaum vertretbar, daß hier eine Aussage über die Abgrenzung der Zuständigkeiten der verschiedenen dem UNO-System angeschlossenen Sonderorganisationen untereinander, geschweige denn zwischen internationalen Organisationen im allgemeinen getroffen wurde. Für eine ausschließliche Zuständigkeit der WIPO kraft Einbindung in das UN-System kann der Entscheidung daher nichts entnommen werden.

III. Die Gemeinschaftsperspektive

Zu erwägen bleibt, ob sich eine ausschließliche Zuständigkeit der WIPO aus der Einbindung der Staaten in den größeren Rahmen der Völkergemeinschaft[99] ableiten läßt. Geht man davon aus, daß die Staaten der Erde gemeinsame Interessen gemeinschaftlich wahrnehmen, so erscheinen die zu diesem Zweck geschaffenen internationalen Organisationen als Gründungen der Staatengemeinschaft. Die so institutionalisierte Wahrnehmung einer Gemeinschaftsaufgabe könnte eine Bindungswirkung ausüben, die die Gründung konkurrierender Parallelorganisationen durch einzelne Gruppen von Staaten ausschließt.[100] Zu denken wäre an eine Art Bundestreue der Staaten gegenüber der Völkergemeinschaft,[101] die sie daran hindert, ihre Institutionen durch konkurrierende Neugründungen zu unterwandern. Das Kernproblem einer

---

[97] *Legality of the Threat or Use of Nuclear Weapons*, Gutachten vom 8.7.1996, ICJ Reports 1996, 226, erstattet auf Anforderung der UN-Generalversammlung durch Resolution A/RES/49/75 vom 9.1.1995, Teil K.

[98] AaO. (oben, Fn 93), Ziff. 26.

[99] Zum Konzept der Völkergemeinschaft *Tomuschat*, RdC 241 (1993 IV) 195, 219-234; RdC 281 (1999 VI), 73-77.

[100] In diesem Sinne die Überlegungen *Rufferts*, AVR 38 (2000) 129, 161 f.

[101] So ließe sich *Bleckmann*, Rn 269a, verstehen.

solchen Position liegt offen zutage: Wer sollte Anspruch darauf erheben, die Völkergemeinschaft zu vertreten, und also die Bundestreue einfordern können?[102]

A. Die UNO als Verfassung der Staatengemeinschaft

Eine Ansicht sieht in der UNO eine Gründung der Staatengemeinschaft, die sich hierdurch qua revolutionären Gesamtakt eine Verfassung gegeben habe.[103] Dies entspricht wohl der Intention der Gründerstaaten[104] und scheint auch im Bernadotte-Gutachten des IGH anzuklingen, das die UNO als objektive Persönlichkeit des Völkerrechts bezeichnet hat.[105] Als Argument aus dem Normtext läßt sich auf den Drittstaatenbezug in Art. 2 Abs. 6 UN-Charta und die Vorrangregel des Art. 103 UN-Charta,[106] ferner auf die Bezeichnung als „Charter“[107] sowie die an eine sachliche Allzuständigkeit grenzende Zielstellung des Art. 1 UN-Charta[108] verweisen. Andere Gesichtspunkte, wie die Rege-

---

[102] Ebenso *Simma*, RdC 250 (1994 VI) 217, 331, sowie für die Statusverträge *Klein*, Statusverträge, S. 66, 191 f.

[103] In diesem Sinne *Faßbender*, CJTL 36 (1998) 529, 573-584; UN Security Council Reform, Kap. 4. Für ein Erstarken der UN-Charta in eine konstitutionelle Funktion kraft erworbener Universalität *Verdross/Simma*, S. 72, § 91; *Simma*, RdC 250 (1994 VI) 217, 259-262. Ablehnend *Mosler*, RdC 140 (1974 IV) 1, 32, 206 f; *Klein*, Statusverträge, S. 208 f. – Eine Organisation der Staatengemeinschaft erkannte *Schücking* bereits in den Haager Friedenskonferenzen, Das Werk vom Haag, S. 39-58, 70-81 und *passim*. *Bluntschli* sah den Keim einer völkerrechtlichen Organisation im *corps diplomatique*, S. 138, § 182.

[104] Vgl. *Tomuschat*, RdC 241 (1993 IV) 195, 254; *Faßbender*, CJTL 36 (1998) 529, 573 f, 584; *ders.*, UN Security Council Reform, S. 98 f, 109.

[105] Siehe oben (Fn 9). *Mosler*, RdC 140 (1974 IV) 1, 234 f, sah hierin die Anerkennung „that a certain legislative power could be possessed by a large group of States“. Zu einer abweichenden Deutung oben (Fn 9).

[106] *Faßbender*, CJTL 36 (1998) 529, 573, 593 f; UN Security Council Reform, S. 98, 103 f, 129 f.

[107] *Faßbender*, CJTL 36 (1998) 529, 579 f; UN Security Council Reform, S. 106-108.

[108] *Faßbender*, CJTL 36 (1998) 529, 567 mit Hinweis auf die tatsächlich wahrgenommenen Verantwortlichkeiten auf S. 580; entsprechend *ders.*, UN Security Council Reform, S. 86 f und 108. Dagegen spricht für *Paulus*, S. 307 f, 314 f, gerade die inhaltliche Unvollständigkeit der UN-Ordnung gegen einen Verfassungscharakter.

lung gouvernementaler Funktionen und der Mitgliedschaft sowie die Unbefristetheit,[109] weisen dagegen kaum Unterschiede zu den Statuten anderer internationaler Organisationen auf, so daß der besondere Charakter der UNO sich insofern allein aus ihrer nahezu universellen Mitgliedschaft[110] ergäbe. Das konstitutionelle Moment dagegen in der Gewährleistung der souveränen Gleichheit zu erblicken,[111] vermag nicht vollends zu überzeugen, war diese doch auch schon vor Inkrafttreten der UN-Charta ein Grundelement der Völkerrechtsordnung.[112] Zugegebenermaßen bietet die in Kapitel VII vorgesehene kollektive Zwangsausübung eine zumindest normative Sanktionierung des in Art. 2 Abs. 4 UN-Charta angeordneten Gewaltverbots,[113] welches der souveränen Gleichheit erst zur vollen Wirksamkeit verhilft.[114] So gesehen mag es kein Zufall sein, daß ausgerechnet die Schweiz, deren Unangreifbarkeit schon lange vor Gründung der UNO durch ihren Neutralitätsstatus rechtlich abgesichert war, der Mitgliedschaft am längsten entsagen konnte.

Bedeutung hat die Qualifizierung der UNO als Gesamtakt der Völkergemeinschaft vor allem[115] für die Wirkung ihrer Rechtsakte gegenüber Nichtmitgliedern, namentlich für die Frage, ob Sicherheitsratsresolutionen Drittwirkung entfalten können.[116] Desgleichen ließe sich diskutieren, ob Resolutionen der Generalversammlung, obwohl nur empfehlenden Charakters, eine besondere rechtliche Qualität haben[117] und et-

---

[109] *Faßbender*, CJTL 36 (1998) 529, 574-577, 578 f; UN Security Council Reform, S. 99-103, 105-108.

[110] Siehe oben (Fn 63).

[111] So *Faßbender*, CJTL 36 (1998) 529, 582-584.

[112] Vgl. etwa *Roxburgh*, S. 100, § 65; *Verdross/Simma*, S. 59 f, § 75.

[113] *Faßbender* CJTL 36 (1998) 529, 583; UN Security Council Reform, S. 111 f.

[114] *Tomuschat*, RdC 241 (1993 IV) 195, 221 f.

[115] Zu weiteren Konsequenzen *Faßbender*, CJTL 36 (1998) 529, 593-615; UN Security Council Reform, Kap. 6.

[116] Hierzu etwa *Klein*, Statusverträge, S. 200-207; *Tomuschat*, RdC 241 (1993 IV) 195, 252-257.

[117] Zu diesem Ansatz *Mosler*, ZaöRV 36 (1976) 6, 35 f; *Frowein*, ZaöRV 36 (1976) 147-167; *Tomuschat*, ZaöRV 36 (1976) 444, 465-490; *ders.*, Berichte der DGVR 28 (1988) 1, 21 f; *Verdross/Simma*, S. 405-412, §§ 634-639. Ablehnend *Verdross/Simma*, S. 407-409, § 635; *Simma*, RdC 250 (1994 VI) 217, 262 f; *Tomuschat*, RdC 281 (1999 VI) 79 f.

wa zu einer Umgestaltung der Weltwirtschaft taugen.[118] Um derartige Fragen geht es bei der Zuständigkeit für den Schutz geistigen Eigentums indessen nicht. Nur schwer läßt sich ein Fall vorstellen, in dem der zur Wahrung des Weltfriedens und der internationalen Sicherheit berufene Sicherheitsrat mit dem Schutz geistigen Eigentums befaßt werden könnte, und auch die Generalversammlung hat in Art. 27 Abs. 2 der Allgemeinen Erklärung der Menschenrechte[119] nur in allgemeiner Form das Urheberrecht zum Gegenstand ihrer Arbeit gemacht. Schwerpunktmäßig ist das geistige Eigentum vielmehr Gegenstand besonderer Teile des UN-Systems, insbesondere eben der WIPO. Daß sich aus deren Status als UN-Sonderorganisation keine ausschließliche Zuständigkeit ergibt, wurde bereits dargelegt. Inwiefern hieran eine besondere Gemeinschaftsperspektive etwas ändern könnte, ist nicht ersichtlich.

B. Spontanes Handeln der Staatengemeinschaft

Zu erwägen bleibt die These, daß die Staatengemeinschaft Gemeinschaftsaufgaben durch die Gründung internationaler Organisationen spontan in Angriff nimmt. Nicht die UN-Charta bildet dann die eine, geschriebene Verfassung der Staatengemeinschaft. Vielmehr kann jede internationale Organisation, die die Bewältigung einer Gemeinschaftsaufgabe zum Ziel hat, potentiell als Gemeinschaftsorgan der Staatengemeinschaft gelten. Die Vielzahl der bestehenden und ständig neuentstehenden internationalen Organisationen kann so als dezentrale, unkoordinierte Wahrnehmung von Gemeinschaftsaufgaben gedeutet werden, und Staaten, die eine solche Institution zunächst im kleineren Kreise gründen, erscheinen als Sachwalter eines gemeinsamen Interesses, die dessen Bewältigung in die Wege leiten.[120] Die Vorstellung einer sich

---

[118] Vgl. Charter of Economic Rights and Duties of States, Resolution der UN-Generalversammlung Nr. 3281 (XXIX) vom 12.12.1974, angenommen gegen die Stimmen Belgiens, Dänemarks, Deutschlands, Luxemburgs, Großbritanniens und der USA. Hierzu *Tomuschat*, ZaöRV 36 (1976) 444-490.

[119] Resolution der UN-Generalversammlung Nr. 217 (III) vom 10.12.1948, Teil A.

[120] Zum Teil wird auch auf die an § 679 BGB angelehnte Vorstellung einer Geschäftsführung ohne Auftrag im öffentlichen Interesse zurückgegriffen, aus der *Krüger*, in: Festschrift Bilfinger, S. 169, 200-204, die andauernde Wirksamkeit der „eiserne(n) Gesetze der Oligarchie" folgert. Zu Recht ablehnend *Klein*, Statusverträge, S. 197 f.

spontan organisierenden internationalen Gemeinschaft nehmen in der Tat Art. 24 der Satzung des Völkerbundes und Art. 57 Abs. 1 UN-Charta auf, die auf die Koordinierung vorgefundener Institutionen abzielen.[121] Namentlich reagiert Art. 57 Abs. 1 UN-Charta lediglich auf den Tatbestand bestehender Sonderorganisationen und macht es den UN-Institutionen zur Aufgabe, zu ihnen in rechtliche Beziehung zu treten. Aus dieser Sicht konsequent wird die WTO, die gar kein Abkommen mit der UNO geschlossen hat, in der Literatur schon heute als Quasi-Sonderorganisation der UNO apostrophiert. Das ist auch keineswegs abwegig, wenn man bedenkt, daß auch Art. 86 Havanna-Charta eine möglichst baldige Einbindung der ITO in das UN-System vorsah.

Ob sich aus einer solchen Sichtweise eine allgemeine Pflicht zur Achtung der so begründeten Zuständigkeiten herleiten läßt,[122] erscheint allerdings fraglich, zumal nach dem oben Gesagten in einer solchen Pflicht eine Durchbrechung der völkerrechtlichen Grundsätze über die Drittwirkung von Verträgen läge und die staatliche Souveränität selbst in Frage gestellt wäre. Zumindest müßten Kriterien dafür dargelegt werden, welche Gründungen den Anspruch erheben dürfen, ein genuines Gemeinschaftsinteresse zu vertreten, und in welchen Fällen lediglich ein Kreis von Staaten seine Sonderinteressen bündelt.

1. Das Völkerrecht als Rechtsgemeinschaft

Die ältere Lehre verwendete den Begriff der Staatengemeinschaft im Sinne einer Rechtsgemeinschaft, deren Merkmal eben die gemeinsame Bindung an das Recht sei: „Völkerrecht ist die anerkannte Weltordnung, welche die verschiedenen Staten zu einer Rechtsgenossenschaft verbindet".[123] Während eine naturrechtlich inspirierte Tradition den Geltungsgrund des Rechts in einer „nothwendigen", im allgemeinen Rechtsbewußtsein verankerten und damit von der staatlichen Willkür

---

[121] Entsprechend auch schon *Schücking* zur Einbindung der Verwaltungsunionen in den „Weltstaatenbund" der Haager Friedenskonferenzen (oben, Fn 71 und 103).

[122] So *Jan Neumann*, Koordination des WTO-Rechts, S. 398, unter Berufung auf *Schermers/Blokker*, § 1580 (richtig: § 1581).

[123] *Bluntschli*, S. 59, § 1.

unabhängigen Rechtsordnung der Gemeinschaft sah,[124] nahmen positivistisch orientierte Schriftsteller an, daß die Staaten die rechtliche Verbindlichkeit erst kraft eigenen Willensaktes hervorbrächten.[125] Aus dieser Sicht ist die Staatengemeinschaft zunächst ein soziologisches Phänomen: Die Staaten bildeten eine faktische Gemeinschaft im Sinne einer Mehrheit von Personen, die durch gemeinsame Interessen verbunden seien, welche keiner von ihnen allein realisieren könnte. Da kein Staat vollkommen autark sei, hätten alle ein gemeinsames Interesse am Verkehr untereinander;[126] und hierzu hätten sie kraft ihres staatlichen Willens ein rechtliches Normensystem geschaffen, sich gegenseitig als Rechtspersonen anerkannt und so als Gemeinschaft im Recht konstituiert.[127] Dagegen postulierte die in der ersten Hälfte des 20. Jahrhunderts entstandene monistische Schule erneut einen von staatlicher Willkür unabhängigen Geltungsgrund des Völkerrechts, den sie in einer bei der Annahme rechtlicher Verbindlichkeit notwendigerweise vorausgesetzten Grundnorm sah.[128] Hinzu trat die Vorstellung, das Völkerrecht selbst enthalte die Kompetenzzuweisungsnorm, von der sich die rechtliche Handlungsfähigkeit der Staaten erst ableite.[129] Auch hier faßt die

---

[124] So *Bluntschli*, S. 236 f, § 410. Zur naturrechtlichen Lehre auch *Verdross*, Verfassung, S. 23-28.

[125] *Jellinek*, Staatenverträge, S. 15-18, 27 f, 34 f, 36-45; System, S. 313; *Triepel*, Völkerrecht und Landesrecht, S. 28 f, 32, 82. – *Jellinek* sah den letzten Grund des Rechts in einem objektiven Prinzip, das er als „Natur der Lebensverhältnisse, welche der rechtlichen Normirung bedürfen" angab (Staatenverträge, S. 43); der Staat nehme das objektiv Notwendige in seinen Willen auf, weshalb Völkerrecht kein überstaatliches Recht sei, sondern wie alles objektive Recht dem Willen des Staates entspringe (aaO., S. 43-45). Ähnlich auch *Triepel*, der bewußt von einer weiteren Ableitung des völkerrechtlichen Geltungsgrundes absah und sich mit dem staatlichen Willen als formaler Quelle begnügte (Völkerrecht und Landesrecht, S. 82). Dagegen spricht *Mosler*, RdC 140 (1974 IV) 1, 18, von einem aus säkularisiertem Christentum und rationaler Interpretation der menschlichen Natur entstandenen psychologischen Element.

[126] *Jellinek*, Staatenverträge, S. 42 f; System, S. 311 f.

[127] *Jellinek*, Staatenverträge, S. 48 f; Staatenverbindungen, S. 94 f; System, S. 312 f; ebenso *Triepel*, Völkerrecht und Landesrecht, S. 27 f, der allerdings gewisse Folgerungen Jellineks ablehnt, aaO., S. 83, 102.

[128] *Verdross*, Verfassung, S. 21-23, 29; *Kelsen*, S. 66 f, 129 f; *Scelle*, I, S. 30 f.

[129] *Verdross*, Verfassung, S. 35, 118 und *passim*; *Kelsen*, S. 71 f, 147-149. Vgl. *Mosler*, ZaöRV 36 (1976) 6, 9-11. Vgl. auch schon *Jellinek*, System, S. 315-321, der in der gegenseitigen Anerkennung als Rechtssubjekt die Zuerkennung eines von fremden Ansprüchen freien Raums (*status libertatis*) sowie der zum Ver-

gemeinsame Unterwerfung unter das Völkerrecht die Staaten zur Rechtsgemeinschaft zusammen.[130]

Als gemeinsamer Normbestand einer Rechtsgemeinschaft müssen zumindest die Regeln zur Feststellung der verbindlichen Normen angesehen werden; sie bilden zugleich das verfahrensrechtliche Verfassungselement der Rechtsgemeinschaft.[131] Hierbei handelt es sich neben dem an die Willensübereinstimmung anknüpfenden *pacta sunt servanda* um das nichtkonsensuale Instrument des Gewohnheitsrechts, das unter Umständen auch gegen den erklärten Willen eines Staates Bindungen erzeugen kann.[132] Hiermit sind die Methoden bezeichnet, die in einer unorganisierten Staatengemeinschaft für die Rechtssetzung im Gemeininteresse allein in Frage kommen. Hilfsweise ist zu überlegen, ob sich aus den Grundlagen der Rechtsgemeinschaft Grundsätze über das gemeinsame Handeln deduzieren lassen.

a) Legislative Rechtssetzung im Vertragswege

Die Vorstellung eines vertraglichen Handelns im Gemeininteresse findet sich, wie schon angesprochen, bereits in der Lehre des 19. Jahrhunderts zu den Statusverträgen.[133] Offengeblieben ist bisher, ob sich eine rechtliche Bindung auch unter Verzicht auf Elemente der Einwilligung oder des Gewohnheitsrechts unter Rückgriff auf die Idee der Staatengemeinschaft konstruieren läßt. Zwei Hypothesen müssen dabei von vornherein ausscheiden: Den Großmächten allein aufgrund ihrer faktischen Führungsqualitäten auch eine rechtliche Führungsposition einzuräumen war schon in der älteren Lehre keineswegs anerkannt[134] und

---

kehr erforderlichen Rechte und Pflichten (positiver Status, im staatsrechtlichen Zusammenhang als *status civitatis* bezeichnet) sah.

[130] *Verdross*, Verfassung, S. 9, 40; *Kelsen*, S. 83 f, 118 f; *Scelle*, I, S. 30.

[131] *Mosler*, RdC 140 (1974 IV) 1, 32; ZaöRV 36 (1976) 6, 32, 35 f. Ebenso *Verdross/Simma*, S. 59 f, § 75, die die Pflichterfüllung nach Treu und Glauben und die Regeln über die Völkerrechtssubjektivität hinzufügen.

[132] Zur Rechtsfigur des „Persistent Objector" zusammenfassend *Tomuschat*, RdC 241 (1993 IV) 195, 284-289.

[133] Vgl. die Nachweise oben, Fn 57.

[134] Ablehnend etwa *Triepel*, Völkerrecht und Landesrecht, S. 97; *ders.*, Hegemonie, S. 204 f; *Despagnet*, S. 180, Ziff. 167; *Roxburgh*, S. 100, § 65; *Sibert*, Tome I, S. 50, Tome II, S. 628. Vgl. auch *Mosler*, RdC 140 (1974) 1, 26; *Klein*, Statusverträge, S. 99-103, 194-197 mwN. Anders dagegen *Aufricht*, Cornell

muß heute wegen des mit dem Gewaltverbot sanktionierten Gleichheitspostulats des Art. 2 Abs. 1 UN-Charta von vornherein verworfen werden.[135] Solange das Völkerrecht unter dem Paradigma der souveränen Gleichheit steht, sind auch alle Ansätze einer Herrschaft durch Mehrheitsentschluß abzulehnen.[136] Größeres Interesse verdient dagegen der Repräsentationsgedanke, der indessen nur die Fragestellung dahingehend verschiebt, was denn zur Repräsentation qualifiziere.[137]

Ein früher Ansatz schlägt für die europäische Staatengemeinschaft eine Rechtssetzung auf einem allen offenen europäischen Staatenkongreß vor, die zwar im Konsens erfolgen müsse, dann aber auch die nichtvertretenen europäischen Staaten binde.[138] Durch eine solche Übereinkunft komme kein Vertragsrecht im eigentlichen Sinne zustande, vielmehr entstehe dem Inhalt nach Gesetzesrecht.[139] Als legitimierendes Element dient hier offenbar die Offenheit des Verfahrens, die jedem Staat die Formulierung seines Interesses ermöglicht und der Abstinenz gleichsam einen eigenen Erklärungswert zuweist. Ein ganz ähnlicher Gedanke liegt der bereits erwähnten besonderen Betonung der Beitrittsoffenheit bei den Verwaltungsunionen[140] zugrunde. Steht hier auch keine Drittbindung in Frage, so sollte doch erst die Universalität das „internationale Verwaltungsrecht" qualifizieren.[141]

Allerdings stützte sich die These vom rechtssetzenden europäischen Staatenkongreß nicht allein auf eine Verfahrenslegitimation, hinzu trat vielmehr ein objektives Element. Durch die rechtssetzende Übereinkunft entstehe nämlich „nothwendiges Recht",[142] welches nicht auf dem Vertragswillen beruhe, sondern Ausdruck des gemeinsamen Rechtsbe-

---

Law Quarterly, 37 (1952) 655, 673 f, u.a. unter Verweis auf das Münchner Abkommen 1938.

[135] Ebenso *Reuter*, S. 122 f, Ziff. 184; *Geiger*, S. 201 f, 220; *Klein*, Staatenverträge, S. 103; *Tomuschat*, Berichte der DGVR 28 (1988) 1, 36 f.

[136] So bereits *Bluntschli*, S. 111, § 113; *Triepel*, Völkerrecht und Landesrecht, S. 83; ebenso *Klein*, S. 193 f.

[137] *Klein*, Statusverträge, S. 192 f.

[138] *Bluntschli*, S. 110, § 110. Ablehnend *Triepel*, Völkerrecht und Landesrecht, S. 83.

[139] *Bluntschli*, S. 233, § 402.

[140] Siehe oben, Seite 147.

[141] So etwa *Reinsch*, S. 130.

[142] *Bluntschli*, aaO. (Fn 138, 139), jeweils mit Verweis auf S. 65, § 13.

wußtseins der Menschheit sei.[143] Die gemeinsame Anerkennung dieses Rechts geht also seiner Feststellung gewissermaßen voraus, die übereinstimmende Rechtsüberzeugung wird auf dem europäischen Staatenkongreß nur geäußert, nicht erzeugt.[144] Von Bedeutung ist dabei offenbar zum einen die Repräsentativität, die ein solcher Kongreß verkörpert. Zum anderen müßte der Wille, gemeinsame Interessen zu realisieren, hinzutreten, da anderenfalls eine Unterscheidung zum bloßen Vertragsrecht kaum möglich wäre. Wie aber diese Unterscheidung in der Praxis vorgenommen werden soll, bleibt unerklärt. Allerdings weist die Methode gewisse Parallelen zu der Vorstellung auf, das Gemeininteresse einer staatlichen Gemeinschaft realisiere sich im Wege der in einer allgemeinen Abstimmung zutage tretenden *volonté générale*.[145] Es liegt daher keineswegs fern zu erwägen, jene setze sich für die mit dem Ausland gemeinsamen Interessen auch in die internationalen Beziehungen fort.[146] An Grenzen stößt dieser Ansatz indessen wiederum bei der Frage nach dem konkret geeigneten Verfahren. Will man es nicht bei der Leerformel vom „nicht dem eigentlichen Willensbereich entstammende(n) ‚Wollen'"[147] belassen, wird man auf die Willensbeteiligung der Betroffenen letztlich nicht verzichten können.[148]

Besonders deutlich tritt das objektive Element in der Vorstellung eines „droit objectif" hervor, das, im Rahmen der internationalen Gemeinschaft vertraglich beschlossen, auch die Nichtparteien binde.[149] Hier fungiert nicht das Handeln der Gemeinschaft als solches als legitimierendes Element, vielmehr soll die Drittwirkung nur dann eintreten, wenn der fragliche Vertrag als „traduction évidente du droit objectif" erscheint.[150] Jenes aber soll ein biologisch begründetes, dynamisches

---

[143] *Bluntschli*, S. 65, § 13.

[144] Entsprechend deutet auch *Triepel* die Ausführungen Bluntschlis, Völkerrecht und Landesrecht, S. 83.

[145] Vgl. *Jean-Jacques Rousseau*, Zweites Buch, Drittes Kapitel.

[146] *Ballreich*, in: FS Bilfinger, S. 22 f.

[147] *Ballreich*, aaO.

[148] So letztlich auch *Ballreich*, aaO., S. 24.

[149] *Scelle*, I, S. 52; II, S. 369, 374 f. – Nach *Scelle* handelt es sich allerdings, da es um Gesetzgebung gehe, nicht um ein Problem der Drittwirkung, sondern der Kompetenzüberschreitung, II, S. 345 f, 369.

[150] *Scelle*, I, S. 52. Üblicherweise komme „droit objectif" spontan im Gewohnheitsrecht zum Ausdruck, S. 51.

Naturrecht sein,[151] so daß letztlich die objektive Naturerkenntnis zur Legitimation der Bindungswirkung in Anspruch genommen wird. Wenn sich indessen das objektive Recht ableitet von den „conditions de vie propres à la société que ces normes doivent régir",[152] so wird es mit einer Leerformel umschrieben, die es nicht weniger anfällig für subjektive Einflüsse macht als die Moral und die Gerechtigkeit.[153] Allerdings kann der Ansatz beispielhaft für den Versuch stehen, allein aus objektiv geänderten Bedingungen des internationalen Zusammenlebens neue Regeln abzuleiten, der ohne nähere Anhaltspunkte für deren Richtigkeit aber letztlich scheitern muß.

Um eine Rückführung des objektiven Elements auf rechtliche Legitimationsgründe bemüht ist die für Statusverträge entwickelte Konstruktion, nach der bestimmten Staaten die Definitionsmacht für die Regelung eines territorialen Regimes im allgemeinen Wohl stillschweigend soll zuerkannt werden können:[154] Nähmen sich die territorial zuständigen Mächte einer Statusregelung im Gemeininteresse an, so könnten betroffene Dritte nicht abseits stehen bleiben, und daher müsse ihr Schweigen als Zuerkennung der Regelungskompetenz *erga omnes* gelten. Diese Konstruktion hat den Vorteil, daß mit der territorialen Zuständigkeit auf ein eindeutig bestimmbares Merkmal zurückgegriffen werden kann, das völkerrechtliche Anerkennung genießt. Traditionell berechtigt es freilich nicht zu Drittbindungen: „Mehrere Staaten können durch den Abschluß eines Vertrages *inter se* nicht eine Kompetenz gegen Dritte erlangen, die keiner von ihnen einzeln hat."[155] Hinzu tritt bei den Statusverträgen aber ein von den subjektiven Interessen abstrahierender Wille, der eine Erkenntnis des Gemeininteresses verbürgen soll und in der Gemeinwohlbehauptung des Regimes seinen greifbaren Ausdruck findet. Und schließlich kann auch hier nicht auf den Willen der Rechtsunterworfenen verzichtet werden, der in Gestalt der stillschweigenden Kompetenzzuweisung durch die zur Erklärung über das Regime verpflichteten Drittbetroffenen daherkommt.[156] Die besondere

---

[151] *Scelle*, I, S. 4 f.

[152] *Scelle*, I, S. 4.

[153] Beide sollen aber unendlich subjektiver als die „règles inspirées par les nécessités biologiques proprement dites" sein, *Scelle*, I, S. 5.

[154] *Klein* (oben, Fn 57).

[155] *Geiger*, S. 221.

[156] *Verdross/Simma*, S. 489, § 770, betrachten die Statusverträge daher als „bloße Scheinausnahmen" vom Verbot der Verträge zu Lasten Dritter.

Finesse der Kompetenzzuweisung liegt darin, daß im Gegensatz zu früheren Ansätzen über den konkludenten Vertragsbeitritt[157] den territorial Zuständigen die Änderung des Regimes vorbehalten bleibt.[158]

Im Anschluß an diese Lehre ließe sich fragen, ob der WIPO die Definitionsgewalt für das gemeinsame Interesse am geistigen Eigentumsschutz stillschweigend eingeräumt werden konnte. Sieht man die Bedeutung der territorialen Zuständigkeit vor allem in der Sachnähe, so käme eine Übertragung der Argumentation auf die nicht territorial, sondern funktional bestimmte WIPO mit der Erwägung in Betracht, daß auch hier die sachnächsten Staaten eine Zuständigkeit zur Regelung geistigen Eigentums in Anspruch genommen haben. Freilich kennt das Völkerrecht eine ausschließliche Zuständigkeit der Staaten nur über Territorien, nicht aber über funktionelle Probleme.[159] Doch selbst wenn man hiervon absieht und ein besonderes Interesse an der gemeinsamen Problembewältigung für die Sachnähe ausreichen läßt, also etwa annimmt, die unmittelbar betroffenen Staaten seien unter dem Druck der Verhältnisse gewissermaßen in eine Führungsrolle gezwungen, geht die Argumentation nicht auf. Denn gerade in der Verschiebung der inhaltlichen Schwerpunkte der WIPO zeigt sich, wie unscharf derartig interessengeleitete Sachnähe gerät. Wurden die WIPO und die in sie aufgenommenen Verbände noch bis in die 1960er Jahre als Instrumente der Interessenwahrnehmung der Industriestaaten beargwöhnt, so führte die vermehrte Aufnahme von Entwicklungsländern seit den 1970er Jahren in Verbindung mit den Bestrebungen nach einer Neuordnung der Weltwirtschaft in UNO und UNCTAD zu einer solchen Interessenverschiebung, daß Anfang der 1980er Jahre eine Einigung zur Weiterentwicklung des internationalen Patentrechts schon nicht mehr gelang. Ließen sich die Verbände entsprechend der ursprünglichen Konzeption zunächst also als Gründungen derer deuten, die beim Verlauf einer linear gedachten wirtschaftlichen und kulturellen Entwicklung am weitesten vorangekommen waren und denen sich die anderen Staaten im Maße ihres Fortschritts anschlossen, so war Mitte der 1980er Jahre die Forderung nach Freigabe von Schutzrechten im Interesse der Entwicklung so in den Vordergrund getreten, daß die die WIPO ursprünglich tragenden Interessen auf das GATT als Forum auswichen. Wo gegensätzliche Ordnungsvorstellungen einander so durch die Institutionen

157 So z.B. *Roxburgh*, S. 57, § 38; S. 59, § 38.

158 *Klein*, Statusverträge, S. 214 f.

159 Zur Übertragung von Hoheitsrechten siehe oben, ab Seite 270. Siehe auch unten, Fn 173.

jagen, ist jeder Versuch einer objektiven Feststellung der größeren Sachnähe von vornherein zum Scheitern verurteilt. Der für die territorial fixierten Statusverträge durchaus plausible Gedanke einer stillschweigenden Zuerkennung der Regelungskompetenz läßt sich für die funktionale Organisation des weltweiten geistigen Eigentumsschutzes daher nicht fruchtbar machen.

Wie die Diskussion zeigt, fällt es unter der Prämisse einer nicht durch Gesamtakt des *pouvoir constituant* verfaßten Staatengemeinschaft schwer, einen Verzicht auf den zumindest fingierten Willen der im Gemeininteresse Rechtsunterworfenen zu begründen. Durchaus berechtigt erscheint daher der Schluß, die Vorstellung einer verfaßten Staatengemeinschaft sei nichts als ein „academic research tool", das keine weitergehenden rechtlichen Schlüsse erlaubt, als das geltende Völkerrecht zuläßt.[160]

b) Zuständigkeitsabgrenzung aus Gewohnheitsrecht

Die Legitimität des Gewohnheitsrechts, der zweiten in der Völkerrechtsgemeinschaft anerkannten Methode der Rechtssetzung, erwächst daraus, daß die Staaten für gegebene Problemstellungen des Zusammenlebens angemessene rechtliche Regelungen gefunden haben;[161] in der allgemeinen Übung tritt die gemeinsame Rechtsüberzeugung selbst zutage. Im Hinblick auf die hier aufgeworfene Fragestellung wird behauptet, eine Regel des Völkerrechts sei *in statu nascendi*, nach der keine internationale Organisation in den Zuständigkeitsbereich einer anderen übergreifen dürfe.[162] Als Beleg wird auf die vielfältigen Koordinierungsbemühungen verwiesen, mit denen internationale Organisationen sich um eine Entschärfung möglicher Konfliktlagen bemühten.[163] Diese in der Tat beachtlichen Bestrebungen, die einerseits der Verhinderung von Doppelarbeit, andererseits der positiven Harmonisierung von Aktivitäten verschiedener Organisationen dienen, finden Gestalt in Kollisionsnormen und Koordinierungsaufträgen in den Gründungsverträgen sowie einer diplomatischen Praxis, die vom bloßen Austausch von In-

---

[160] *Tomuschat*, RdC 281 (1999 VI) 88.

[161] *Tomuschat*, RdC 241 (1993 IV) 195, 291. Ähnlich auch *Klein*, Statusverträge, S. 192, mit dem Hinweis, dieser Normkreationsprozeß entspreche der „demokratischen" Struktur des Völkerrechts.

[162] *Ruffert*, AVR 38 (2000) 129, 161 f.

[163] *Ruffert*, AVR 38 (2000) 129, 162.

formationen und Beobachtern über den Abschluß von Koordinationsabkommen – für die die Abkommen zwischen WIPO und UNO sowie WTO und WIPO selbst Beispiele sind – bis zur Errichtung gemeinsamer Organe reicht.[164] Indessen geht es hier darum, in der Praxis ein möglichst reibungsloses Funktionieren der bestehenden Systeme sicherzustellen. Selbst wenn man aufgrund der Praxisfülle schließt, daß das von der Vernunft diktierte Koordinierungsgebot[165] sich zunehmend zu einem rechtlichen Prinzip verdichtet, ist doch nicht erkennbar, daß die Koordinierung bereits im Vorfeld möglicher Konflikte durch eine trennscharfe Kompetenzabgrenzung geleistet werden müßte. Im Gegenteil müssen die vertraglichen Koordinierungsklauseln und die verbreiteten Aktivitäten *ad hoc* geradezu als Beleg für die weitverbreiteten Zuständigkeitsdopplungen unter internationalen Institutionen gelten. Von einem gewohnheitsrechtlichen Gebot zur eineindeutigen Zuweisung gemeinsamer Aufgaben an bestimmte Organe der völkerrechtlichen Gemeinschaft kann dagegen keine Rede sein.

c) Deduktive Ableitung einer Zuständigkeitsabgrenzung

Allein die pragmatische Erwägung, daß Zuständigkeitsüberschneidungen zwischen internationalen Organisationen vermieden werden sollen, vermag keine Rechtsregel zur Entstehung zu bringen.[166] Zu erwägen ist aber, ob das praktische Bedürfnis nicht selbst Ausdruck einer Regel ist, die sich ihrerseits zwingend aus Grundprinzipien der Völkerrechtsordnung ableiten läßt. Ob eine Regeldeduktion im Völkerrecht methodisch zulässig ist, ist umstritten.[167] Im Kanon des Art. 38 Abs. 1 IGH-Statut sind abgeleitete Regeln nicht verzeichnet. Gleichwohl finden sich in Entscheidungen internationaler Gerichte und auch des IGH selbst deduktive Argumentationen zur Begründung von Regeln.[168] Anstatt von

---

[164] *Ruffert*, AVR 38 (2000) 129, 151-154.

[165] Siehe schon oben (Fn 71 und zugehöriger Abschnitt).

[166] So scheint aber *Jan Neumann*, Koordination des WTO-Rechts, S. 400, zu argumentieren.

[167] Ablehnend etwa *Schwarzenberger*, The Inductive Approach, S. 12 f, 50, 74 f, der die Deduktion nur zur Gewinnung von Hypothesen, zur Klassifizierung und zur Lehre zuläßt, aaO., S. 38, 50 f, 128-130.

[168] Vgl. *Tomuschat*, Berichte der DGVR 28 (1988) 1, 19 f; *ders.*, RdC 241 (1993 IV) 195, 304. Weitere Praxisbeispiele bei *Mosler*, RdC 140 (1974 IV) 1, 20 f.

Deduktion läßt sich auch von Rechtsgrundsätzen sprechen, die „unmittelbar aus den internationalen Beziehungen stammen"[169] oder von allgemeinen Strukturprinzipien, deren Vorhandensein die geltende Völkerrechtsordnung voraussetzt und die die Staaten sich mit Akzeptanz dieser Ordnung implizit versprochen haben.[170] Worum es im Ergebnis geht, ist eine gedankliche Operation, die ohne unmittelbaren Rückgriff auf die Staatenpraxis zu Aussagen über die gegenseitigen völkerrechtlichen Rechte und Pflichten gelangt.

Im vorliegenden Zusammenhang wäre an einen allgemeinen Grundsatz der Funktionsfähigkeit internationaler Institutionen zu denken, der der „Einmischung" fremder oder eben neugegründeter Institutionen in die Zuständigkeitsbereiche bestehender Institutionen entgegensteht. Tatsächlich wird in der Literatur auf Parallelen zwischen einem „Störungsverbot" internationaler Organisationen untereinander und dem zwischen Staaten geltenden Einmischungsverbot, das aus der souveränen Gleichheit folgt und u.a. in der bereits erwähnten „Friendly Relations Declaration" der UN-Generalversammlung[171] niedergelegt wurde, hingewiesen.[172] Mit diesen bloß formalen Parallelen hat es indessen sein Bewenden:

Das Prinzip der souveränen Gleichheit spiegelt den auf den Westfälischen Frieden zurückgehenden Grundsatz, daß jeder Staat auf seinem Territorium die ausschließliche Hoheitsmacht innehat.[173] Hierin läßt sich eine Grundnorm des Völkerrechts erblicken, die die Zuständigkeit zur Ausübung von Hoheitsmacht den Staaten, gegliedert nach Territorien, ausschließlich zuweist.[174] Aus ihr folgt ohne weiteres, daß ein Staat für Angelegenheiten, die ausschließlich ein Territorium betreffen, das einer anderen Hoheitsgewalt untersteht, nicht zuständig ist. Da ein Eingreifen die fremde Hoheitsmacht verletzen würde, ist es verboten.

---

[169] *Mosler*, ZaöRV 36 (1976) 6, 44.

[170] So *Verdross/Simma*, S. 59-61, §§ 75, 77.

[171] Siehe oben (Fn 24).

[172] *Jan Neumann*, Koordination des WTO-Rechts, S. 398 f; *ders.*, in: *Nettesheim/Sander (Hrsg.)*, S. 22, sowie ZaöRV 61 (2001) 529, 559 f.

[173] Zur territorialen Souveränität vgl. Schiedsspruch von Max Huber im Las-Palmas-Fall, 4.4.1928, RIAA II, S. 829, 838; ferner *Verdross/Simma*, S. 59 f, §§ 75 f; S. 655, § 1038; S. 663, § 1048; *Tomuschat*, RdC 241 (1993 IV) 195, 220 f. Weitere Nachweise bei *Drohla*, in: *Heintschel von Heinegg (Hrsg.)*, Rn 459-464.

[174] Siehe oben, Fn 129. Vgl. auch *Mosler*, ZaöRV 36 (1976) 6, 37-39.

Das gilt für das Setzen von Hoheitsakten auf fremdem Staatsgebiet[175] ebenso wie für die faktische Einwirkung, d.h. die Verletzung fremden Staatsgebiets[176] sowie die Einmischung in innere Angelegenheiten.[177] Internationale Organisationen dagegen erhalten ihre Zuständigkeiten von ihren Gründungsstaaten. Soweit diese völkerrechtlich zur Regelung der betreffenden Angelegenheiten zuständig sind, hindert sie nichts daran, dies in einer gemeinsamen Institution tun. Setzen sie sich Ziele, die über ihre originären Kompetenzen hinausgehen, so können sie hierfür keine Rücksicht von dritten Staaten einfordern. Insofern läßt sich sagen, daß abgeleitete Völkerrechtssubjekte das Einmischungsverbot – erst recht – beachten müssen. Zu argumentieren, weil Staaten die Einmischung in Angelegenheiten anderer Staaten verwehrt ist, dürften sich internationale Organisationen *a fortiori* nicht in die Angelegenheiten anderer internationaler Organisationen einmischen,[178] heißt dagegen eine Rücksichtnahmepflicht der Vertragsstaaten gegenüber einem Vertrag in anderem Kreis zu statuieren und stellt das Einmischungsverbot geradezu auf den Kopf. Vielmehr gilt: Weil internationale Organisationen vertragliche Kreaturen sind, können ihre Kompetenzen nicht weiter reichen, als es das Vertragsrecht zuläßt. Da vertragliche Absprachen an sich keine Drittbindungen erzeugen, könnte ihnen allenfalls ein übergeordnetes Interesse der Staatengemeinschaft zusätzliche Legitimität vermitteln; formelle Mechanismen zur Definition derartiger Interessen hat die geltende Völkerrechtsordnung bislang nicht hervorgebracht.

2. Das Völkerrecht als Wertegemeinschaft

Die Beschränkung der internationalen Gemeinschaft auf eine bloße Rechtsgemeinschaft wird teilweise für trivial[179] und inhaltlich unzurei-

---

[175] StIGH, *Affaire du „Lotus“*, Ser. A, No. 9, S. 18 f.

[176] Zur Ableitung des Verletzungsverbots *Tomuschat*, RdC 241 (1993 IV) 195, 294-297.

[177] Vgl. IGH, *Military and Paramilitary Activities In and Against Nicaragua (Nicaragua v. United States) (Judgment)*, 27.6.1986, ICJ Reports 1986, S. 14, 106 f, Ziff. 202, der das Prinzip zusätzlich durch den pauschalen Hinweis auf den häufigen Ausdruck einer entsprechenden *opinio iuris* und zahlreiche Praxis stützt.

[178] So *Jan Neumann*, Koordination des WTO-Rechts, S. 399, zum von ihm angenommenen Störungsverbot.

[179] *Tomuschat*, RdC 241 (1993 IV) 195, 222.

chend gehalten.[180] Zu fragen sei vielmehr, inwieweit gemeinsame sachliche Interessen der Staaten in rechtliche Regelungen umgesetzt wurden.[181] Zunächst gibt es Belege für die Ausbildung eines Grundbestands an Rechtsnormen, der die allen Staaten gemeinsamen Überzeugungen und Werte schützt und für alle Staaten zwingend ist.[182] Mit einem derartigen materiellen Normbestand verwandelt sich die bloße Rechtsgemeinschaft der Staaten in eine Wertegemeinschaft mit der Folge, daß eine Verletzung der gemeinsamen Grundwerte durch einen einzelnen Staat neben den unmittelbar Beteiligten zugleich alle anderen Staaten betrifft. Gestützt auf die Erwägung, daß jedes Völkerrecht letztlich im Interesse der Menschen besteht,[183] kann dieser internationale *ordre public*[184] als materielle Verfassung der internationalen Gemeinschaft angesehen werden.[185] Seinen Ausdruck findet er im *ius cogens* der internationalen Gemeinschaft, das sich in Art. 53 und 64 WVRK und Art. 50 Abs. 1 lit. d der ILC-Artikel über die Staatenverantwortlichkeit niedergeschlagen hat, in den vom IGH erkannten Verpflichtungen *erga omnes*[186] sowie im Konzept der internationalen Verbrechen und der Verbrechen gegen die Menschlichkeit, wie sie in Art. 40 und 41 über die Staatenverantwortlichkeit der UN-Völkerrechtskommission bzw. in Art. 5 Abs. 1 des Statuts des Internationalen Strafgerichtshofs zum Ausdruck kommen.

Hinzu treten die notwendig gemeinsamen Interessen aufgrund der zunehmenden gegenseitigen Abhängigkeit der Staaten.[187] Wegen der höheren technologischen Entwicklung können viele Probleme heute sinnvoll nur unter Beteiligung vieler, nach Möglichkeit aller Staaten gelöst wer-

---

[180] *Simma*, RdC 250 (1994 VI) 217, 245.

[181] *Klein*, Statusverträge, S. 53-55; *Tomuschat*, RdC 241 (1993 IV) 195, 212 f, 235-239; RdC 281 (1999) 78 f, 88; vgl. auch *Paulus*, S. 253-264.

[182] *Klein*, Statusverträge, S. 55-60; *Mosler*, RdC 140 (1974 IV) 1, 33, 35 f; *Tomuschat*, AVR 33 (1995) 1-5; RdC 281 (1999 VI) 80-88.

[183] *Mosler*, ZaöRV 36 (1976) 6, 30 mwN.

[184] Zum Begriff *Mosler*, RdC 140 (1974 IV) 1, 33 f.

[185] So *Mosler*, ZaöRV 36 (1976) 6, 10, 33, 36 f; *Tomuschat*, AVR 33 (1995) 1, 7; *ders.*, RdC 281 (1999) 88.

[186] *Affaire de la Barcelona Traction Light and Power Company, Limited*, ICJ Reports 1970, 3, 47, Ziff. 91.

[187] Die wachsende Interdependenz der Staaten wird seit langem hervorgehoben, vgl. nur *Jellinek*, Staatenverbindungen, S. 96 f; *Reinsch*, S. 2-8, 11-14 und *passim*; *Ballreich*, in: FS Bilfinger, S. 14-16; *Mosler*, RdC 140 (1974 IV) 1, 21.

den. Hierzu zählen der Schutz der Umwelt, des Klimas und der Ozonschicht, aber auch Sicherheitsinteressen wie die Nichtverbreitung von Kernwaffen und die Vorbeugung von Tankerunfällen. Im Zusammenhang hiermit steht das gemeinsame Interesse an der Konkretisierung allgemeiner Rechtsgrundsätze wie des gegenseitigen Verletzungsverbots, das bei drohenden schweren und irreversiblen Schädigungen den mit der Entstehung des fallweise zur Ausbildung gelangenden Gewohnheitsrechts verbundenen Schadenseintritt nicht mehr dulden kann.[188] In anderen Gebieten ist der Anspruch formuliert worden, hoheitsfreie Gebiete, anstatt sie der Okkupation zu überlassen, als gemeinsames Erbe der Menschheit einer gemeinschaftlichen Verwaltung durch die Staatengemeinschaft zuzuführen, so etwa im Antarktisvertrag und – mit weniger Erfolg – im Mondvertrag sowie im Hinblick auf das „Gebiet" des Meeresbodens im Seerechtsübereinkommen der UNO.[189]

Der Unterschied zum Einsatz des Vertrags als völkerrechtliches Legislativinstrument in der bloßen Rechtsgemeinschaft liegt darin, daß das bei der Feststellung der gemeinsamen Interessen unzureichend bewältigte objektive Element empirisch durch die in der Praxis zutage getretenen materiellen Verfassungs- oder Rechtsgrundsätze ausgefüllt wird. Freilich hat es, soweit sich die Verdichtung zu einem Rechtssatz nicht darlegen läßt, auch hier mit der eindringlich vorgetragenen Forderung nach einheitlichem Handeln sein Bewenden. Ob für die umrissenen gemeinsamen Interessen der Staatengemeinschaft ein Schutz durch spontan konstituierte Avantgarden von Staaten in Betracht kommt, kann hier nicht abschließend entschieden werden. Sofern im offenen Diskurs, der allen Staaten rechtlich und faktisch zugänglich ist, allseits akzeptable und praktikable Lösungen erarbeitet werden, mag in gewissen Zusammenhängen erwogen werden, so gefundene Verhaltensstandards zum Maßstab für das Handeln nichtbeteiligter Mitglieder der Staatengemeinschaft zu machen.[190] Fraglich bliebe dennoch, ob dies auch zu einer ausschließlichen Zuständigkeit so geschaffener Institutionen führen würde oder ob nicht die schlichte Erkenntnis zur Anwendung käme, daß Konkurrenz das Geschäft belebt.

---

[188] Vgl. *Tomuschat*, Berichte der DGVR 28 (1988) 9, 28-34.

[189] Hierzu *Mosler*, RdC 140 (1974 IV) 1, 250-255; *Tomuschat*, Berichte der DGVR 28 (1988) 9, 23-28; AVR 33 (1995) 1, 5 f.

[190] Dies schlägt *Tomuschat*, Berichte der DGVR 28 (1988) 1, 36-38, vor; einschränkend *ders.*, RdC 241 (1993 IV) 195, 269-271. Mit ähnlicher Argumentation befürwortet *Jan Neumann*, S. 374 f, 385, die Berücksichtigung bei der Auslegung sonstiger Verträge.

Im vorliegenden Zusammenhang ist allein darauf hinzuweisen, daß der Schutz geistigen Eigentums kein notwendig gemeinsames Interesse der gesamten Staatengemeinschaft darstellt. Wie oben festgestellt wurde, handelt es sich um wirtschaftspolitische Entscheidungen, die zuvörderst der souveränen Einschätzung jedes Staates selbst unterliegen. Dagegen bedeutet ein mangelnder Schutz geistigen Eigentums in einzelnen Staaten keine Gefährdung übergeordneter gemeinsamer Interessen. Für die Abwehr einsickernder Piraterieprodukte, die die Wirtschaftsabläufe in den schutzgewährenden Staaten stören und so die Frage nach einer indirekten Beeinträchtigung der souveränen Regulierungsgewalt aufwerfen könnten, ist in den bestehenden völkerrechtlichen Instrumentarien hinreichend Sorge getragen. Dagegen hat das geistige Eigentum nicht den Status eines übergeordneten oder zwingenden Rechtsgrundsatzes erlangt, dessen Verletzung durch einzelne Staaten das Gewissen der Weltgemeinschaft engagieren müßte.[191]

3. Fazit

Von den vielfach konvergierenden Interessen beim Schutz des geistigen Eigentums legen die bestehenden Institutionen hinreichend Zeugnis ab. Ein Interesse, diesen aus Erwägungen zwingender Interessen der Staatengemeinschaft gewisse Wirkungen auch gegen nichtbeteiligte Staaten zuzumessen, besteht nicht. Um so weniger läßt sich auf diesem Wege eine ausschließliche Zuständigkeit der WIPO begründen.

IV. Ergebnis zum ersten Abschnitt

Die mit Gründung der WTO eingetretene Konkurrenz in der Zuständigkeit zur Regelung fremdenrechtlicher Mindeststandards geistigen Eigentums ist aus völkerrechtlicher Sicht unbedenklich. Im Gegenteil könnte eine Abrede über die ausschließliche Zuständigkeit einer internationalen Organisation außerhalb des Kreises ihrer Vertragsstaaten keine Wirkung entfalten. Die in der Völkerrechtslehre diskutierten Konstellationen einer möglichen Außenwirkung von Verträgen ein-

[191] Vgl. aber *Paulus*, S. 268 f, der den freien Handel als gemeinsamen Wert der Völkergemeinschaft ansieht. Ähnlich *Jan Neumann* (oben, Fn 190), der das WTO-Abkommen für einen „globalen Ordnungsvertrag" hält und daher für eine Berücksichtigung bei der Auslegung anderer Verträge plädiert. Zur Auslegungsproblematik unten, ab Seite 332.

schließlich Zuständigkeitszuweisungen an internationale Organisationen erweisen sich für das Verhältnis von WTO und WIPO vor allem deshalb als unfruchtbar, weil keine der beiden Organisationen eine ausschließliche Zuständigkeit in Anspruch nimmt. Insbesondere das in den Verbänden der WIPO enthaltene Verbot abweichender Vereinbarungen *inter se* betrifft nicht die Zuständigkeit der Organisation, sondern die inhaltliche Rechtmäßigkeit derartiger Abreden. Auch die Einbindung der WIPO in das System der Sonderorganisationen der UNO vermittelt ihr keine ausschließliche Zuständigkeit. Schließlich ergibt sich auch aus dem Blickwinkel der Gemeinschaftsbindung der Staaten nicht die Notwendigkeit einer abschließenden Kompetenzabgrenzung. Schon da geistiger Eigentumsschutz kein zwingendes Kollektivinteresse der Staatengemeinschaft ist, kann eine begrenzte Anzahl von Staaten keinen Anspruch auf seine Regulierung in Sachwalterschaft des Gemeininteresses erheben. Eine Koordinierung der Ordnungen von WTO und WIPO ergibt sich damit nicht bereits auf der Ebene der Zuständigkeit, sondern kann nur durch Betrachtung möglicher Konfliktlagen selbst vorgenommen werden.

Zweiter Abschnitt: Die Konkurrenz in den materiellen Regelungen

I. Wirkliche Normkonflikte

Beschreibt man den Konflikt zwischen Normen zweier Vertragswerke als rechtliche Situation, in der die Erfüllung einer Pflicht zwingend die Verletzung der anderen nach sich zieht und umgekehrt,[1] so erscheint ein Normkonflikt zwischen den in der WIPO zusammengefaßten Verbänden und den Standards des TRIPS-Abkommens prinzipiell ausgeschlossen. Soweit in den Abkommen lediglich Mindeststandards zum Schutz geistigen Eigentums festgeschrieben sind, wirft die zusätzliche Verpflichtung zur Gewährleistung höherer Standards für den einzelnen Staat keine Probleme auf: Ebenso wie er autonom über die international verbindlichen Standards hinaus einen stärkeren Schutz geistigen Eigentums gewährleisten kann, kann er sich dazu auch in zusätzlichen Abkommen verpflichten. Dem entspricht der im TRIPS-Abkommen verfolgte Bern/Paris-Plus-Ansatz, nach dem in das TRIPS-Abkommen grundsätzlich nur den bisherigen Konventionen entsprechende oder weitergehende Standards aufgenommen wurden. Umgekehrt ist aber auch ein Zurückbleiben der TRIPS-Standards hinter den WIPO-Verpflichtungen, wie etwa beim Urheberpersönlichkeitsrecht (Art. 6bis RBÜ) nicht problematisch, da das TRIPS-Abkommen, selbst wenn es solchen Schutz ausdrücklich ausklammert, selbstverständlich nicht verbietet. Ein wirklicher Normkonflikt würde mit anderen Worten nur dann auftreten, wenn das eine Abkommen den Schutz eines Immaterialguts *verböte*, zu dem das andere verpflichtet, wenn sich also an irgendeiner Stelle eine Obergrenze für den geistigen Eigentumsschutz, eine sog. Maximalschutzbestimmung, fände.[2]

A. Maximalschutz in den Verbänden

Ein Maximalschutz wurde für die RBÜ lange Zeit diskutiert. Ausgehend von der Annahme einer materiellen Verbandsrechtsordnung des Urheberrechts ergab sich die Vorstellung, die RBÜ enthalte eine ab-

---

1 In diesem Sinne *Jenks*, BYIL 30 (1953) 401, 420; *Karl*, EPIL IV, 935, 936; *Marceau*, JWT 35 (2001) 1081, 1084-1086.

2 Ebenso *Drexl*, Entwicklungsmöglichkeiten, S. 362.

schließende Abwägung zwischen Urheber- und Allgemeininteresse. So gesehen erscheinen insbesondere gewisse in der RBÜ enthaltene Ausnahmen als zwingend in dem Sinne, daß die Verbandsstaaten keine weitergehenden Rechte gewähren dürften. Eng verwandt, gleichwohl nicht zu verwechseln mit dem hier zu diskutierenden Maximalschutz ist die Frage, ob die besonders festgelegten Rechte der RBÜ eine abschließende Regelung bilden, so daß dem Verbandsurheber insofern für weitergehende Standards keine Inländerbehandlung zusteht.[3] Diese These versagt lediglich eine Berechtigung aus der Konvention, hindert den Schutzstaat jedoch nicht, aus eigenem Entschluß einen entsprechenden Schutz auch für Ausländer vorzusehen. Im übrigen wird Art. 19 RBÜ seit der Revision 1949 die Klarstellung entnommen, daß sie unrichtig ist.[4]

Was nun den Maximalschutz anbelangt, betrifft er vor allem die im Interesse der Nachrichten- und Pressefreiheit bestehende Zitierfreiheit. Schon die ursprüngliche Fassung des Art. 7 Berner Übereinkunft bestimmte, daß Artikel aus Zeitungen und Zeitschriften in anderen Verbandsländern nachgedruckt werden können, sofern die Urheber oder Herausgeber dies nicht ausdrücklich untersagt haben; Abs. 2 schloß eine solche Untersagung aber für politische Artikel, Tagesneuigkeiten oder Vermischtes aus.[5] Hierdurch sollte die Tätigkeit der Zeitungsverleger und ihr Beitrag zur Meinungsbildung von unnötigen Formalien entlastet werden.[6] Obgleich schon die Redaktionskonferenz 1884 klarstellte, daß die Verbandsstaaten ohne Rechtsverstoß von Art. 7 Abs. 2 BÜ

---

[3] In diesem Sinne *Röthlisberger*, S. 29-31. Vgl. aber *Saenger*, S. 51-55, 68-78, der aus diesem Gedanken den Maximalschutz ableitet. Allgemein zur These auch *Drexl*, Entwicklungsmöglichkeiten, S. 159.

[4] So *Bappert/Wagner*, Art. 19 RBÜ, Rn 2; *Khadjavi-Gontard*, S. 73; *Nordemann/Vinck/Hertin*, RBÜ Art. 5 Rn 4.

[5] Wortlaut Art. 7 BÜ 1886: „Les articles de journaux ou de recueils périodiques publiés dans l'un des pays de l'Union peuvent être reproduits, en original ou en traduction, dans les autres pays de l'Union, à moins que les auteurs ou éditeurs ne l'aient expressément interdit. Pour les recueils, il peut suffire que l'interdiction soit faite d'une manière générale en tête de chaque numéro du recueil. [Abs. 2:] En aucun cas, cette interdiction ne peut s'appliquer aux articles de discussion politique ou à la reproduction des nouvelles du jour et des *faits divers.*"

[6] *Röthlisberger*, S. 199 f.

abweichen können,[7] läßt sich der Wortlaut des Art. 7 BÜ 1886, der in Abs. 1 ein Recht gibt, das er in Abs. 2 wieder versagt, durchaus so lesen, daß Nachrichten keinen Konventionsschutz genießen dürfen.

Die Maximalschutzthese fand in der ersten Hälfte des 20. Jahrhunderts eine ganze Reihe von Anhängern und wurde für die Presseerzeugnisse auch nach wiederholten Revisionen aufrechterhalten.[8] Darüber hinaus wurde sie auch für das Übersetzungsrecht vertreten, dessen Bestand Art. 5 BÜ 1896 davon abhängig machte, daß es innerhalb von zehn Jahren ab Erscheinen ausgeübt sei.[9] Heute sind die umstrittenen Formulierungen weitgehend aus dem Text der RBÜ getilgt. Das Übersetzungsrecht wurde bereits in der Berliner Fassung von 1908 vollständig anerkannt. Die Ausnahmebestimmungen der Art. 9 und 10 RBÜ sind nach wohl zutreffender Auffassung[10] als Ausnahmen vom Mindestrecht zu begreifen, d.h. insofern besteht keine Pflicht zum Urheberschutz, diesen zu gewähren ist aber keineswegs verboten. Mitunter wird zur Ablehnung des Maximalschutzes auch schlicht auf Art. 19 RBÜ verwiesen.[11]

Ganz in diesem Sinne wird zur noch heute strikten Formulierung des Zitierrechts (Art. 10 Abs. 1 RBÜ) erklärt, sie sei eine angeordnete Ausnahme, die *ipso facto* gelte, soweit das nationale Recht sie nicht abdinge.[12] Andere schließen einen Maximalschutz nicht aus, der aber wegen der ohnehin universell anerkannten Entlehnungsfreiheit diesen Namen

---

7 Den Vorschlag, Art. 7 Abs. 2 von der Zulässigkeit weitergehender bilateraler Verträge auszunehmen, lehnte die Konferenz ab mit der Erwägung: „Mais cette idée a été abandonnée, la Commission s'étant convaincue, que des arrangements de ce genre ne pourraient lier que les pays qui les auraient conclus, sans engager en aucune manière les autres pays de l'Union", Actes, Bern 1884, S. 52. Gegen eine zwingende Wirkung des Art. 7 BÜ ebenfalls *Röthlisberger*, S. 203, 205 f.

8 So noch für die Brüsseler Fassung von 1948 *Bappert/Wagner*, RBÜ Einl. Rn 12 (mwN); Art. 9 Rn 3, Art. 19 Rn 5. Siehe auch die Nachweise bei *Ladas*, Literary and Artistic Property, S. 192, § 82; *Khadjavi-Gontard*, S. 74.

9 Vgl. *Nordemann/Vinck/Hertin*, RBÜ Art. 5 Rn 4.

10 *Nordemann/Vinck/Hertin*, RBÜ Art. 9 Rn 1 a.E., Art. 10 Rn 3.

11 So *Ladas*, Literary and Artistic Property, S. 192-194, § 83; aA *Bappert/Wagner*, aaO. (oben, Fn 8), skeptisch auch *Drexl*, Entwicklungsmöglichkeiten, S. 159 f.

12 *Nordemann/Vinck/Hertin*, RBÜ Art. 9 Rn 1, Art. 10 Rn 3. Gestützt auf Zweck und Systematik der RBÜ gegen einen Maximalschutz auch *Drexl*, Entwicklungsmöglichkeiten, S. 160-162.

nicht verdiene.[13] Die Spruchpraxis der WTO hat hierzu klargestellt, daß Art. 9 Abs. 1 TRIPS-Abkommen den *acquis* der RBÜ und insbesondere die sogenannten „kleinen Ausnahmen“ zu den Schutzrechten übernommen hat,[14] zu denen auch Art. 10 Abs. 1 RBÜ gehört.[15] Insofern besteht also kein Konflikt zwischen beiden Ordnungen.

Ein zweiter umstrittener Fall ist Art. 14bis Abs. 2 lit. b RBÜ. Er bestimmt, daß sich Urheber, die Beiträge zur Herstellung eines Filmwerks geleistet haben, der Verwertung des Filmwerks nicht entgegenstellen können, wenn sie nicht eine besondere Vereinbarung mit dem Produzenten geschlossen haben. Es handelt sich bei genauerer Betrachtung um eine Vermutung für den Ausschluß eines Verbotsrechts, die im Prozeß widerlegt werden müßte.[16] Sie soll dem Produzenten eine von der möglichen Vielzahl urheberrechtlicher Prozesse unbelastete Auswertung des Filmwerks sichern.[17] Man kann sie als prozessuales Mindestrecht des Filmproduzenten bezeichnen[18] oder als Bestimmung über die Schutzvoraussetzungen einordnen;[19] da das nationale Recht sie nicht abdingen kann,[20] kann sie aber ebenso als „schwache“ Maximalbestimmung zulasten der vertraglich gebundenen beitragenden Urheber gelten.[21] Das TRIPS-Abkommen trifft keine Bestimmungen zu Filmwerken, übernimmt aber in Art. 9 Abs. 1 auch Art. 14bis RBÜ pauschal in seinen Anwendungsbereich. Auch hier sind materielle Konflikte daher ausgeschlossen.

Im gewerblichen Rechtsschutz findet die grundsätzliche Freiheit zur Bestimmung weitergehender als der in der PVÜ vorgesehenen Schutz-

---

[13] *Khadjavi-Gontard*, S. 74 f. Vgl. aber auch *Ricketson*, S. 682, der in der Tat einen Maximalschutz annimmt.

[14] *US – Section 110(5) of the US Copyright Act*, Panel-Bericht, WTO-Dokument WT/DS160/R vom 15.6.2000, Ziff. 6.62-6.65.

[15] Zu den kleinen Ausnahmen vgl. *Nordemann/Vinck/Hertin*, RBÜ Art. 8 Rn 3.

[16] *Nordemann/Vinck/Hertin*, RBÜ Art. 14/14bis Rn 10; *Masouyé*, Art. 14bis.5.

[17] *Nordemann/Vinck/Hertin*, RBÜ Art. 14/14bis Rn 10 (f); *Masouyé*, Art. 14bis.9.

[18] So *Nordemann/Vinck/Hertin*, RBÜ Art. 14/14bis Rn 10.

[19] So *Drexl*, Entwicklungsmöglichkeiten, S. 163.

[20] *Nordemann/Vinck/Hertin*, RBÜ Art. 14/14bis Rn 10; *Khadjavi-Gontard*, S. 75 mwN.

[21] In diesem Sinne *Khadjavi-Gontard*, S. 75.

rechte ihre Grenze in der Prioritätsfrist von zwölf Monaten nach Art. 4 C Abs. 1 PVÜ.[22] Anders als in den sonstigen Vorschriften der Konvention wird hierin, wie bei den Maximalbestimmungen im Urheberrecht, eine abschließende Abwägung zwischen den Interessen der Schutzrechtsanmelder und denen der Allgemeinheit gesehen.[23] Ähnliches ließe sich über Art. 5ter PVÜ sagen, nach dem ein Patent die Einfuhr des geschützten Produkts als Teil eines Schiffes, Luft- oder Landfahrzeugs nicht beeinträchtigen darf. Beide Vorschriften sind durch Art. 2 Abs. 1 TRIPS-Abkommen ins TRIPS-Abkommen inkorporiert. Eine abweichende besondere Regelung findet sich nicht, so daß ein materieller Konflikt nicht in Betracht kommt.

B. Maximalschutz im TRIPS-Abkommen

Wie die Betrachtung der materiellen Vorschriften des TRIPS-Abkommens gezeigt hat, handelt es sich auch dabei ausschließlich um Mindeststandards. Dies bestätigt Art. 1 Abs. 1 Satz 2 TRIPS-Abkommen, der den WTO-Mitgliedern die Festlegung höherer Schutzstandards – vorbehaltlich sonstiger Vorschriften des TRIPS-Abkommens – freistellt.

Als Begrenzung der mitgliedstaatlichen Regelungsgewalt nach oben käme allerdings Art. 8 Abs. 2 TRIPS-Abkommen in Betracht, welcher im Gegensatz zu Abs. 1 der Vorschrift nicht nur eine staatliche Regelungsbefugnis enthält; vielmehr erscheint es wegen der objektiven Formulierung nicht ausgeschlossen, ihm in bestimmten Fällen auch eine Pflicht zur Begrenzung des geistigen Eigentumsschutzes zu entnehmen.[24] Zwar bezieht sich die Vorschrift auf konkrete Geschäftspraktiken von Schutzrechtsinhabern, soweit die nationale Rechtsordnung diese aber sanktionslos hinnimmt, wäre auch daran zu denken, aus der Bestimmung ein an den nationalen Gesetzgeber gerichtetes Verbot, ein gewisses Höchstniveau geistigen Eigentumsschutzes zu übersteigen, abzuleiten.

Allerdings ist auf die Kompatibilitätsklausel des Art. 2 Abs. 2 TRIPS-Abkommen zu verweisen, welche die Vereinbarkeit der materiellen Bestimmungen des TRIPS-Abkommens mit PVÜ, RBÜ und Romabkommen ausspricht. In ihr kommt der Wille, die Verbände durch die materiellen Bestimmungen des TRIPS-Abkommens unangetastet zu

---

[22] *Bodenhausen*, S. 9.

[23] *Bodenhausen*, S. 36.

[24] Hierzu *Heinemann*, GRUR Int. 1995, 535, 536 f.

lassen, klar zum Ausdruck. Entsprechend der Konfliktlösungsregel des Art. 30 Abs. 2 WVRK tritt das TRIPS-Abkommen daher im Konfliktfall hinter den Regeln der im Rahmen der WIPO vorbestehenden Abkommen zurück. Was Entwicklungen in der WIPO nach Inkrafttreten des WTO-Abkommens betrifft, können zwar Absprachen, die hinter den Anforderungen des Art. 8 Abs. 2 TRIPS-Abkommen zurückstehen, nicht von vornherein ausgeschlossen werden. Die bislang geschlossenen Verträge WCT und WPPT aber enthalten angemessene Ausnahmebestimmungen (Art. 10 WCT, Art. 19 WPPT) und geben daher keinen Anlaß zu der Befürchtung, sie könnten den Mitgliedstaaten die nötigen Instrumente gegen Mißbrauch aus der Hand schlagen. Auch insofern ist daher kein materieller Konflikt zwischen beiden Rechtsordnungen ersichtlich.

Erwägen ließe sich weiter, ob die Einbindung des TRIPS-Abkommens in den Zusammenhang der Handelspolitik zu einer impliziten Begrenzung des geistigen Eigentumsschutzes geführt hat. Da es sich bei geistigem Eigentum um monopolistische Rechte zur Marktbeschränkung handelt, ist die Gefahr, daß Staaten sie gezielt zur Protektion einsetzen, nicht von der Hand zu weisen. Allerdings weist diese Problematik über das Verhältnis der WIPO zur TRIPS-Komponente der WTO hinaus; vielmehr ist hiermit das grundsätzliche Spannungsfeld zwischen geistigem Eigentum und Freihandel aufgetan. Die Literatur ist zu der Frage, ob geistige Eigentumsrechte am Maßstab des GATT zu messen sind, zu unterschiedlichen Ergebnissen gekommen.[25] Frühere GATT-Panels hielten zwar den Hinweis für angebracht, daß das GATT die Notwendigkeit von Maßnahmen zum Schutz geistiger Eigentumsrechte unter ausdrücklicher Erwähnung der Patente anerkenne[26] und im übrigen keine Aussagen über das Schutzniveau in den GATT-Mitgliedstaaten enthalte.[27] Da die WTO-Streitbeilegungspraxis aber die verschiedenen WTO-Abkommen grundsätzlich nebeneinander anwendet[28] und Dis-

---

[25] Zustimmend *Drexl*, Entwicklungsmöglichkeiten, S. 285, 371; *Herrmann*, in: *Weiß/Herrmann*, Rn 907; *Pires de Carvalho*, S. 32, 43; *Freytag*, S. 241 f, 245; aA *Christians*, S. 268; *Senti*, Rn. 956.

[26] *US – Imports of Certain Automotive Spring Assemblies*, BISD 30 S/107, 124 f, Ziff. 53.

[27] *United States – Section 337 of the Tariff Act of 1930* (*AKZO*-Fall), BISD 36S/345, 386, Ziff. 6.1. Näheres siehe oben, Seiteon page 96.

[28] Appellate Body, *Canada – Periodicals*, WTO-Dokument WT/DS31/AB/R vom 30.6.1997, S. 21 zum Verhältnis GATT und GATS; Panel-Bericht *EC – Protection of Trademarks and Geographical Indications for Agricultural*

kriminierungen im Bereich des geistigen Eigentums auch weiterhin am Maßstab des Art. III Abs. 4 GATT mißt,[29] erscheint eine Bewertung des Schutzumfangs geistiger Eigentumsrechte an den Vorgaben der Handelsfreiheit nicht von vornherein ausgeschlossen. Unter keinem Gesichtspunkt ist indessen ersichtlich, daß die bestehenden Standards der WIPO-Verbände, welche zumeist hinter denen des TRIPS-Abkommens zurückbleiben, derartige GATT- oder GATS-Verletzungen darstellen könnten. Ein materieller Konflikt kann daher auch insofern ausgeschlossen werden.

C. Ergebnis

Ein materieller Konflikt im Sinne miteinander unvereinbarer Rechtspflichten besteht zwischen den materiellen Schutzstandards von TRIPS- und WIPO-Ordnung nicht. Der Bern/Paris-Plus-Ansatz des TRIPS-Abkommens stellt sicher, daß dessen materielle Standards lediglich ergänzend neben die Mindestrechte der WIPO-Verbände treten. Selbst wo für die RBÜ ein Maximalschutz diskutiert wird, trifft das TRIPS-Abkommen keine entgegenstehenden materiellen Bestimmungen. Im übrigen räumt Art. 2 Abs. 2 TRIPS-Abkommen den WIPO-Verbandsordnungen im Zweifel den Vorrang ein. Auch die grundsätzlich auf Handelsfreiheit angelegten Bestimmungen von GATT und GATS lassen keinen Konflikt mit den nicht unangemessen hohen Standards der Verbandsordnungen befürchten. Ein materieller Normkonflikt zwischen beiden Ordnungen erscheint damit ausgeschlossen.

II. Zur Schutzaussetzung im Handelssystem

Kein Normkonflikt im eigentlichen Sinn liegt vor, wenn von zwei Verträgen einer eine Handlung gebietet, deren Unterlassung ein anderer nur erlaubt. In diesem Fall steht einer Erfüllung beider Verträge nichts im Wege. Zu denken ist an eine Auslegungsregel, nach der die Erlaubnis dem Gebot zu weichen hat: „Das nur Erlaubte muß vor dem zurücktre-

---

Products and Foodstuffs, WTO-Dokument WT/DS174/R vom 15.3.2005, Ziff. 7.208 mwN.

[29] *EC – Protection of Trademarks and Geographical Indications*, aaO., Ziff. 7.227.

ten, was befohlen ist."[30] Gleichwohl kann sich eine gewisse Inkompatibilität ergeben, wenn die Verpflichtung aus einem Vertrag eine Dispositionsfreiheit einschränkt, die ein anderer zu seinem Funktionieren voraussetzt.[31] So liegt der Fall hier: Das TRIPS-Abkommen, das als Handelszugeständnis im Austausch gegen anderweitige Handelskonzessionen zustande kam, hat teil am fortwirkenden Gleichgewicht der ausgetauschten Leistungen und steht im Fall der Leistungsstörung insgesamt als Sanktionsmasse zur Verfügung. An der Aussetzung von TRIPS-Verpflichtungen als Reaktion auf Vertragsverletzungen der Handelspartner, die in Art. 22 Abs. 3 lit. f (iii), g (iii) DSU ausdrücklich vorgesehen ist, könnte ein Staat aber wegen seiner Verpflichtungen im Rahmen der WIPO gehindert sein. Das materielle Kernproblem des Nebeneinanders der Schutzsysteme von WTO/TRIPS und WIPO liegt in der Frage, ob eine Suspendierung von TRIPS-Verpflichtungen auf inhaltsgleiche Verpflichtungen, die im Rahmen der WIPO bestehen, durchschlägt oder ob der betreffende Staat umgekehrt kraft jener Pflichten zur Gewährleistung der Rechte verpflichtet bleibt und so unter Umständen an der effektiven Ausübung seiner in der WTO bestehenden Repressalienbefugnis gehindert ist.

Offen zutage getreten ist das Problem in dem bisher einzigen Fall, in dem ein WTO-Mitglied die Suspendierung von Zugeständnissen im Bereich des geistigen Eigentums in Erwägung gezogen hat: Im Zuge des Bananenstreits, in dem der DSB das Importregime der EG für Bananen für rechtswidrig befunden hatte,[32] beantragte Ekuador als einer der erfolgreichen Beschwerdeführer beim DSB die Aussetzung von Zugeständnissen im TRIPS-Bereich gegenüber der EG,[33] die daraufhin das

---

[30] *Grotius*, Vom Recht des Krieges und des Friedens, Buch II, Kap. XVI, § XXIX (Übersetzung S. 301).

[31] *Jenks*, BYIL 30 (1953) 401, 426 f. Zu den Normkonflikten im eigentlichen Sinne rechnen die Problematik *Pauwelyn*, AJIL 95 (2001) 535, 551 f, sowie *Jan Neumann*, Koordination des WTO-Rechts, S. 60 f. Undifferenziert zum Vertragskonflikt *Aufricht*, Cornell Law Quarterly, 37 (1952) 655 f.

[32] *European Communities – Regime for the Importation, Sale and Distribution of Bananas, Complaint by Ecuador* (Panel-Bericht) WTO-Dokument WT/DS27/R/ECU vom 22.5.1997, Bericht des Appellate Body WTO-Dokument WT/DS27/AB/R vom 9.9.1997, Feststellung der Unvereinbarkeit der getroffenen EG-Maßnahmen (Panel-Bericht nach Art. 21.5 DSU) WTO-Dokument WT/DS27/RW/ECU vom 12.4.1999.

[33] WTO-Dokument WT/DS27/52 vom 9.11.1999; erneuter Antrag nach dem Schiedsspruch WTO-Dokument WT/DS27/54 vom 8.5.2000. Der Streit

Schiedsverfahren nach Art. 22 Abs. 6 DSU einleitete. Die Entscheidung stellte klar, daß eine nach Art. 22 DSU autorisierte Aussetzung von TRIPS-Verpflichtungen durch etwa bestehende parallele Verpflichtungen im Rahmen der WIPO nicht gehindert wird.[34] Die Frage der Vereinbarkeit mit konkreten WIPO-Verpflichtungen falle nicht in die Zuständigkeit des Schiedsgerichts;[35] sie blieb offen.

Der Fall setzt schlaglichtartig ein mitunter namentlich in der urheberrechtlichen Literatur geäußertes diffuses Unbehagen an der Instrumentalisierung des geistigen Eigentums als Zugeständnis in der Handelspolitik ins Bild. Waren bislang die geistigen Eigentumsrechte im Interesse der privaten Berechtigten nach Möglichkeit der außenpolitischen Disposition der Staaten entzogen worden, so stand die staatliche Verfügung über das geistige Eigentum zu Zwecken der Handelspolitik nunmehr wieder zur Debatte. Dabei stellt sich dieser Einbruch in unangreifbar geglaubte Prinzipien keineswegs als abseitiger Einzelfall dar. Wenn das DSU-Verfahren seine Sanktionsgewalt notfalls aus der Drohung mit Handelsmaßnahmen bezieht, sind Staaten mit kleinen Märkten und geringer Wirtschaftskraft von vornherein in einer schwächeren Position. Es erscheint so geradezu als Gebot der Gerechtigkeit, ihnen die Suspendierung von Verpflichtungen dort zu gestatten, wo sie ihrerseits Zugeständnisse gemacht haben. Die Relativierung des geistigen Eigentums ist nur konsequente Folge seiner Einbeziehung in den Zusammenhang der WTO.

A. Unvereinbarkeit mit dem Verbandsrecht

Wenn sich TRIPS-Verpflichtungen auch ohne Verletzung von WIPO-Standards suspendieren lassen, besteht für die Annahme einer materiellen Unvereinbarkeit beider Ordnungen kaum Anlaß. Daher ist zunächst festzustellen, welches Ausmaß die angesprochene Inkompatibilität überhaupt erreicht.

---

wurde letztlich ohne Aussetzung einvernehmlich beigelegt, vgl. WTO-Dokument WT/DS27/60 vom 9.7.2001.

[34] Schiedsspruch WTO-Dokument WT/DS27/ARB/ECU vom 24.3.2000, Ziff. 150 f.

[35] AaO., Ziff. 152.

1. Die Aussetzungsmethoden

Für die Methoden der Repressalienausübung im TRIPS-Bereich liefert der Fall Ekuadors ein instruktives Beispiel. Ekuador beantragte die Aussetzung von Zugeständnissen im Wert von 450 Mill. US-Dollar.[36] Im TRIPS-Bereich ging es um die Aussetzung von Rechten nach Art. 14 (Rechte von ausübenden Künstlern, Tonträgerhersteller und Rundfunkunternehmen), Abschnitt 2 (geographische Angaben) und Abschnitt 3 (gewerbliche Muster und Modelle) des TRIPS-Abkommens.[37] Ekuador gab an, seine Maßnahmen diskriminierend, und zwar nur gegen 13 der damals 15 Staaten der EG vornehmen zu wollen; Dänemark und die Niederlande blieben ausgenommen.[38] Im Schiedsspruch wurde in diesem Zusammenhang darauf hingewiesen, daß die Aussetzung von TRIPS-Rechten in jedem Fall die nicht streitbeteiligten WTO-Mitglieder unberührt lassen muß.[39] Damit kommt eine generelle Aussetzung der nationalen Schutzvorschriften in den betreffenden Bereichen von vornherein nicht in Betracht. Ein solches allgemeines Absenken des geistigen Eigentumsschutzes mag vor dem Hintergrund der erleichterten Verbreitung der betroffenen Immaterialgüter in gewissen Fällen gerade für Entwicklungsländer attraktiv sein. Es liegt aber in der Logik der in den bilateralen Verhältnissen verhandelten Handelspolitik, daß auch eine Aussetzung von Zugeständnissen nach Ländern unterscheiden muß. Darüber hinaus stellten die Schiedsrichter klar, daß eine Suspendierung der TRIPS-Verpflichtungen Ekuadors keine Auswirkung auf die anderer Länder habe und daher ein Import von Gütern, die in Ekuador in Ausübung der TRIPS-Suspendierung produziert werden, nicht möglich sei.[40]

Konkret nahm Ekuador ein Zwangslizenzierungssystem in Aussicht, nach dem interessierte Private bei einer staatlichen Behörde um die Erlaubnis zur Produktion von Tonträgern aus den betroffenen EG-Staaten nachsuchen könnten. Die Lizenzen sollten nach Zahl, Wert und Zeit begrenzt widerruflich erteilt und auf der Basis der von der „Internatio-

---

[36] Festgesetzt wurden die Ekuador durch die Bananenmarktordnung entstandenen Nachteile schließlich auf 201,6 Mill. US-Dollar pro Jahr, Entscheidung des Schiedsgerichts (oben, Fn 34), Ziff. 170. Kritisch zur Methode der Feststellung der quantitativen Nachteile *Spamann*, JIEL 9 (2006) 31, 53-55.

[37] WTO-Dokument WT/DS27/52 vom 9.11.1999, S. 3.

[38] AaO.

[39] AaO. (oben, Fn 34), Ziff. 141, 147.

[40] AaO. (oben, Fn 34), Ziff. 154-156.

nal Federation of the Phonographic Industry" ermittelten Entgelte für ausübende Künstler und Produzenten bewertet werden. Sollte die Obergrenze der durch den DSB autorisierten Suspendierungen erreicht werden, würde das Programm beendet.[41] Ein entsprechendes System sollte für die gewerblichen Muster und Modelle sowie geographische Angaben gelten.[42]

Dieses System gibt zu zwei Bemerkungen Anlaß. Zum einen beabsichtigte Ekuador keineswegs schlichtweg die Aussetzung geistiger Eigentumsrechte mit der Folge der Gemeinfreiheit der betroffenen Immaterialgüter.[43] Eine solche Maßnahme dürfte schwerlich unter Kontrolle halten lassen, wann der Wert der ausgesetzten Konzessionen den der Verletzung erreicht (Art. 22 Abs. 4 DSU). Die von Ekuador angestrebte staatliche Bewirtschaftung stellt dagegen den fortwährenden Immaterialgüterschutz sicher und gewährleistet dabei eine möglichst weitgehende Verbreitung der betroffenen Immaterialgüter. Zum anderen ist die von Ekuador vorgeschlagene Begrenzung der Lizenzen nach Zahl, Wert und Zeit geeignet, eine allzu pauschale Bewertung der suspendierten Immaterialgüterrechte zu verhindern. Da die ungeschützten Güter billiger angeboten und daher unter Umständen in größeren Mengen abgesetzt werden können, kann nicht ohne weiteres von ihrem Gesamtumsatz auf dem inländischen Markt auf den entgangenen Gewinn der Rechteinhaber geschlossen werden. Die Absicht Ekuadors, diese Faktoren bei der Bewertung der suspendierten geistigen Eigentumsrechte in Rechnung zu ziehen, hat das Schiedsgericht mit Zustimmung vermerkt.[44]

Ein weiteres Problem bereitet schließlich, daß es sich bei den der Zwangslizenz unterworfenen Rechten um Eigentumsrechte handelt. Wie bereits bemerkt besteht zwar gewohnheitsrechtlich im Fremdenrecht kein Anspruch auf Einräumung geistigen Eigentumsschutzes. Wenn die nationale Rechtsordnung aber diesen Schutz gewährt, hat er an der fremdenrechtlichen Eigentumsgarantie teil und kann nicht ohne

---

[41] AaO. (oben, Fn 34), Ziff. 161.

[42] AaO. (oben, Fn 34), Ziff. 162 f. Die lizenzierten geographischen Angaben sollten nach den am Markt eintretenden Verdrängungseffekten der betroffenen Produkte bewertet werden, aaO., Ziff. 162.

[43] Zutreffend *Vranes*, EuZW 2001, 10, 14.

[44] AaO. (oben, Fn 34), Ziff. 160. Zur zweifelhaften Methodik des USITC siehe oben, Seite 107.

weiteres entzogen werden (*acquired rights*).[45] Dies steht im Gegensatz zur Suspendierung von sonstigen Handels-, etwa Zollkonzessionen, weil die durch einen Handelsvertrag gesicherten Erwerbschancen, sofern man nicht dem konstitutionellen Ansatz des Handelsrechts folgt, zumeist keine gesicherten Eigentumspositionen darstellen. Sofern die in Aussicht genommenen Zwangslizenzen vorbestehende Immaterialgüterrechte betreffen, läßt sich daher eine fremdenrechtliche Unzulässigkeit erwägen. Das Schiedsgericht selbst hat die Problematik nur als solche der nationalen Eigentumsordnungen behandelt, immerhin aber angemerkt, daß es auf die konkrete Ausgestaltung der Suspendierung ankomme.[46] Was das gewohnheitsrechtliche Fremdenrecht betrifft, muß berücksichtigt werden, daß es dem Vertragsrecht nachsteht und daher weichen muß, soweit es dem WTO-Abkommen widerspricht. Insbesondere kann nicht angenommen werden, daß ein Staat unter Berufung auf fremdenrechtliche Grundsätze der Aussetzung von TRIPS-Verpflichtungen entgegentreten könnte, wenn dem verletzten Staat dann keine Möglichkeit zur effektiven Ausübung seiner Sanktionsbefugnis verbliebe. Denn die Befugnis zu Kreuzsanktionen in Art. 22 Abs. 3 lit. a DSU zeigt deutlich, daß es dem WTO-Abkommen auf eine größtmögliche Effektivität bei der Ausübung von Repressalien ankommt. Auch das Panel vermerkt letztlich sein grundsätzliches Wohlwollen für die von Ekuador beabsichtigten Sanktionen.[47]

2. Inkompatibilität der Schutzaussetzung

Zu klären bleibt, ob Maßnahmen wie die von Ekuador beabsichtigten zwangsläufig gegen Verpflichtungen aus den WIPO-Konventionen verstoßen.

a) Einwirkung auf die Mindestrechte

Betrachtet man die Sache aus der Perspektive der Mindestrechte, so kann sich ein Konflikt von vornherein nur dann ergeben, wenn die auszusetzenden TRIPS-Verpflichtungen nicht ohnehin über die nach entsprechenden WIPO-Abkommen geltenden Mindeststandards hinausgehen. Konfliktträchtig ist insofern das Verhältnis im Bereich des Ur-

---

[45] Siehe oben, Seite 135.

[46] AaO. (oben, Fn 34), Ziff. 157 f.

[47] AaO. (oben, Fn 34), Ziff. 164.

heberrechts und der benachbarten Schutzrechte, da die recht starken Mindestrechte der RBÜ nur unwesentlich hinter den TRIPS-Standards zurückbleiben. Was den Fall Ekuadors betrifft, so stehen zwar keine Urheberrechte in Frage, die in Betracht gezogene Aussetzung aber betrifft zugleich Rechte nach Art. 7, 10 und 13 des Romabkommens, dem Ekuador seit 1964 angehört.[48] Eine entsprechende grundsätzliche Konfliktneigung bestünde im Verhältnis zu WPPT und WCT, denen die meisten EG-Mitgliedstaaten bislang allerdings noch nicht beigetreten sind.

Weniger konfliktträchtig erscheint dagegen im vorliegenden Zusammenhang der gewerbliche Rechtsschutz, da die PVÜ nur in begrenztem Umfang eigene substantielle Mindestrechte enthält. Suspendierungen der Verpflichtungen zum Schutz von Patentrechten und Marken, die sich an Modalitäten, wie sie Ekuador vorgeschlagen hat, halten, werden sich kaum in Widerspruch zu den entsprechenden spezifischen Bestimmungen der PVÜ setzen. Die Bestimmung des Art. 5 A Abs. 2 PVÜ über Zwangslizenzen bezieht sich spezifisch auf Mißbrauchsfälle und schließt sonstige Zwangslizenzen im öffentlichen Interesse nicht aus.[49] Entsprechendes gilt für gewerbliche Muster und Modelle (Art. 5 A Abs. 5 PVÜ). Daher dürfte die von Ekuador beantragte Aussetzung von Rechten im Bereich der gewerblichen Muster und Modelle kaum zu Konflikten mit der PVÜ führen, die für Ekuador seit 1999 bindend ist.[50]

Geographische Angaben spricht die PVÜ unter den Gesichtspunkten der falschen Herkunftsangaben (Art. 10 PVÜ) und der sonstigen Lauterkeit des Wettbewerbs (Art. 10bis PVÜ) an. In beiderlei Hinsicht erscheint es fragwürdig, wenn einem ekuadorianischen oder sonstigen Anbieter durch den Staat die Verwendung einer europäischen Ursprungsbezeichnung zur Vermarktung seiner Produkte erlaubt wird. Allerdings wurde bereits darauf hingewiesen, daß der Schutz geographischer Angaben nicht nur die bloße Herkunftsbezeichnung erfaßt, sondern sich teilweise auch auf erklärende Zusätze erstreckt.[51] Eine Zwangslizenz mit der Auflage zu entsprechenden Zusätzen würde die

---

[48] BGBl. 1966 II 1473.

[49] *Bodenhausen*, S. 58 f.

[50] BGBl. 1999 II 435.

[51] Siehe oben, Seite 219.

Rufausbeute europäischer Ursprungsbezeichnungen ermöglichen,[52] ohne daß dadurch die Lauterkeit des Wettbewerbs zwingend in Mitleidenschaft gezogen werden müßte. Freilich wäre eine Verwässerung der Unterscheidungswirkung zu befürchten, die gegebenenfalls beim Wert der entzogenen Vorteile berücksichtigt werden müßte. Das Lissabonner Ursprungsabkommen schließlich, dem Ekuador nicht angehört, wird schon wegen seines engen Mitgliederkreises vorerst kaum in Konflikt mit einer TRIPS-Aussetzung geraten. Dies könnte sich ändern, wenn die WTO-Mitgliedstaaten sich im Rahmen der Verhandlungen nach Art. 23 Abs. 4 TRIPS-Abkommen auf eine Aufwertung des Lissabonner Systems verständigen sollten.

b) Einwirkung auf die Inländerbehandlung

Besteht also aus Sicht der Mindestrechte durchaus Spielraum zur Aussetzung von TRIPS-Verpflichtungen unter Achtung der Pflichten im Rahmen des WIPO-Systems, stellt das eigentliche Problem die Pflicht zur Inländerbehandlung (Art. 2 Abs. 1 PVÜ, Art. 5 Abs. 1 RBÜ, Art. 4-6 Romabkommen, Art. 4 WPPT, Art. 3 WCT) dar. Wie bereits dargelegt wurde, erscheint eine allgemeine Aussetzung bestimmter geistiger Eigentumsrechte, welche auch die Inländer erfassen würde, wenig praktikabel. Auch zwingt Art. 3 TRIPS-Abkommen nicht etwa dazu, bei einer zulässigen Aussetzung geistiger Eigentumsrechte die entsprechenden Rechte von Inländern gleichen Restriktionen zu unterwerfen, da die Inländerbehandlung die für Ausländer geltenden Standards den inländischen anpassen soll, nicht aber umgekehrt. Richtig ist daher, daß das Inländerbehandlungsprinzip des TRIPS-Abkommens ebenfalls dem Vorbehalt der Aussetzung nach Art. 22 DSU unterliegt.[53] Allerdings werden Suspendierungsprogramme wie das von Ekuador vorgesehene regelmäßig die entsprechenden Inländerbehandlungspflichten aus den WIPO-Abkommen verletzen, weil sie die betroffenen ausländischen Schutzrechtsinhaber gegenüber den Inländern benachteiligen.

---

[52] Dagegen erkennt *Vranes*, EuZW 2001, 10, 15, keinen möglichen Vorteil ekuadorianischer Lizenznehmer.

[53] Zutreffend *Pires de Carvalho*, S. 282.

c) Suspendierung als Konventionsverletzung

Allerdings läßt sich fragen, ob die WIPO-Abkommen selbst eine solche Suspendierung tolerieren. Immerhin werden die betroffenen Schutzrechte nicht schlichtweg gemeinfrei, sondern nur für eine gewisse Zeit und einen genau definierten Zweck der Verfügung des Berechtigten entzogen. Die in PVÜ, RBÜ und Romabkommen niedergelegten Pflichten zum Schutz geistigen Eigentums dienen allerdings nicht nur in allgemeiner Weise dem Schutz und Anreiz intellektueller oder gewerblicher Anstrengungen, sondern ihr Ziel besteht ohne Zweifel in der Zuweisung privater Rechte an Urheber, Künstler, Erfinder, Hersteller oder Händler, sei es durch die Konventionen selbst oder durch die umsetzenden Regelungen des nationalen Rechts. Schützen aber die Konventionen Immaterialgüter nicht als Selbstzweck, sondern als Eigentumsrechte privater Personen, so kann ein nur nominell aufrechterhaltener Schutz, der die Verfügungsgewalt und möglicherweise auch den Erlös aus den Rechten, wenn auch nur vorübergehend, dem Staat zuweist, den Verpflichtungen nicht gerecht werden. Die Erwägung, auch das TRIPS-Abkommen diene in allgemeiner Weise der weiteren Stärkung der geistigen Eigentumsrechte,[54] hilft hierüber nicht hinweg. Verfügungsrecht und Anspruch auf den Erlös sind unentbehrliche Attribute eines privaten Rechts an Immaterialgütern. Werden sie entzogen, so verletzt dies entsprechende Mindestrechte und verstößt gegebenenfalls gegen den Grundsatz der Inländerbehandlung.

Hiergegen sprechen auch nicht die Erfahrungen, die die Verbände mit Suspendierungen während der Kriegszeit gemacht haben. Noch zu Beginn des ersten Weltkriegs war umstritten, ob die Verbandsübereinkünfte das Schicksal sonstiger Handelsverträge zwischen den Belligeranten teilten und mit Kriegsausbruch *ipso facto* beendet seien.[55] In der Praxis erhielt das Berner Büro seine Arbeit aufrecht und sah zumindest gegenüber den nicht Kriegsbeteiligten die Konventionen für fortbestehend an. Die kriegführenden Staaten suspendierten die geistigen Eigentumsrechte von Staatsangehörigen der feindlichen Seite, teilweise auch im Wege von Zwangslizenzen, trafen allerdings Vorkehrungen für die Wiederaufnahme der Beziehungen nach dem Friedensschluß und sicherten oftmals sogar die Entgeltansprüche der Rechteinhaber.[56] Viel-

---

54 So *Jan Neumann*, Koordination des WTO-Rechts, S. 643.

55 In diesem Sinne etwa *Osterrieth*, GRUR 1914, 289, 290 f.

56 Im einzelnen *Berner Büro*, PI 1918, 99-106. Vgl. auch *Mentha*, S. 23, 33; *Ladas*, Patents, Vol. III, S. 1808-1810, § 967-969.

fach wurde hierbei nach dem Prinzip der Gegenseitigkeit verfahren, namentlich die Inländerbehandlung also suspendiert.[57]

Hieraus kann allerdings nicht geschlossen werden, daß dieses Verhalten konventionskonform wäre. Denn die Suspendierungen beruhten als kriegsbedingte Maßnahmen auf einer besonderen Erlaubnisnorm. Tatsächlich setzte sich die schon vor dem Krieg weithin verbreitete Ansicht durch, daß Konventionen über multilaterale Verbände nicht durch den Kriegsausbruch außer Kraft treten, wohl aber im Verhältnis der Belligerenten suspendiert sind.[58] Dem Ausspruch über die Wiederanwendbarkeit in Friedensverträgen oder besonderen Vereinbarungen[59] ist aus dieser Sicht lediglich deklaratorische Bedeutung beizumessen.[60] Vereinzelt wurde sogar vertreten, PVÜ und RBÜ seien als nichtpolitische, sondern kommerzielle bzw. ideelle Verträge gegen den Kriegszustand zwischen Vertragsparteien völlig immun.[61] Nur in diesem Fall käme das Argument, eine Aussetzung sei konventionskonform möglich, überhaupt in Betracht. Diese Konsequenz aber wurde, soweit ersichtlich, nirgends gezogen. Als Beleg für eine konventionskonforme Suspendierung geistiger Eigentumsrechte können die Erfahrungen der Kriegsjahre daher nicht dienen.

Ähnliches gilt für die Aussetzung von Schutzrechten als Teil von Embargomaßnahmen. Stützen diese sich auf eine Sicherheitsratsresolution nach Kapitel VII der UN-Charta, so genießen sie gemäß Art. 103 UN-Charta Vorrang vor sonstigen völkerrechtlichen Normen und können schon deshalb eine Aussetzung vorbestehender Vertragspflichten rechtfertigen. Sofern in der Literatur autonome Embargos ohne Autorisie-

---

57 *Berner Büro*, PI 1918, 65-69; vgl. auch *Ladas*, Patents, Vol. III, S. 1810 f, § 970.

58 So allgemein *Bluntschli*, 2. Auflage, S. 300 f, Ziff. 538; *McNair*, S. 720. Zu PVÜ und RBÜ: *Berner Büro*, PI 1914, 131 f = DdA 1914, 118 f; DdA 1918, 15 f; DdA 1939, 109 f; *Mentha*, 22 f, 25-30; *Plaisant*, PI 1953, 179-181; *Ladas*, Patents, Vol. III, S. 1806-1808, § 966.

59 Vgl. Art. 286 Versailler Vertrag; Briefwechsel über die Anwendung der internationalen Abkommen über den gewerblichen Rechtsschutz und der Berner Konvention durch die Bundesrepublik Deutschland, DdA 1950, 73 f.

60 *Mentha*, S. 23 f; *Ladas*, Patents, S. 1814 f, § 974.

61 *Despagnet*, S. 633, Ziff. 518. Ebenso das Hanseatische OLG, Entscheidung vom 14.7.1917, französische Übersetzung in Journal du droit international privé 45 (1918) 301 f. Hierzu *Mentha*, S. 17 f.

rung des Sicherheitsrats erwogen werden, soll diese nur unter Wahrung der Interessen der Schutzrechtsinhaber zulässig sein.[62]

Zusammenfassend läßt sich feststellen, daß die einschlägigen WIPO-Verbände zum Schutz geistigen Eigentums ohne besondere Erlaubnisnorm keine Suspendierung der Verfügungsbefugnis oder des Entgeltanspruchs aus den Schutzrechten zulassen. Hieran schließt sich unmittelbar die Frage an, ob – gegebenenfalls nach allgemeinem Völkerrecht – eine im Rahmen der WTO autorisierte Aussetzung von Handelszugeständnissen als derartige Erlaubnisnorm in Betracht kommt.

B. Zur Auslegung des TRIPS-Abkommens als Spezialordnung

Während Embargo-Maßnahmen nach Kapitel VII UN-Charta in Art. 103 der UN-Charta eine ausdrückliche Vorrangregel finden, fehlt eine derartige Anordnung für die WTO. Dagegen folgt die im Kriegsfall je nach Inhalt des Vertrages eintretende Beendigung, Suspendierung oder Fortgeltung vorbestehender Verträge aus einer gewohnheitsrechtlichen Norm, die die Verhältnisse für den Ausnahmezustand des Krieges speziell regelt.[63] In gleicher Weise muß erwogen werden, ob das Handelsrecht der WTO als eine Spezialordnung angesehen werden kann, die sich gegebenenfalls über bestehende Verpflichtungen im Rahmen der WIPO hinwegsetzt.

1. Zur Rechtsfigur des „Self-Contained Régime"

Wenn von einer Spezialität des WTO-Systems die Rede ist, kraft derer es sich über andere Verträge soll hinwegsetzen können, so liegt es nahe zu fragen, ob hier eine abschließende Regelung im Sinne eines „Self-Contained Régime" vorliegt. Obwohl weder über Begriff noch Rechtsfolgen dieser Rechtsfigur Einigkeit besteht, fällt das Stichwort im Zusammenhang mit der WTO,[64] so daß eine Auseinandersetzung mit der Frage angezeigt erscheint.

Dem Wortsinn nach bedeutet „self-contained" „in sich abgeschlossen".[65] In diesem Sinne verwendete der StIGH die Formulierung in sei-

---

62 *Ladas*, Patents, S. 1812, § 972.

63 *Bluntschli*, 2. Auflage, S. 295, § 529; *Karl*, EPIL IV, 935, 937.

64 So etwa bei *Weiß*, in: *Weiß/Herrmann*, Rn 260.

65 *Cassell's German Dictionary*, S. 1390.

nem ersten Fall *S.S. „Wimbledon"*: Deutschland habe einem Waffentransport nach Polen die Durchfahrt durch den Kieler Nord-Ostsee-Kanal nicht unter Berufung auf seine Neutralität im russisch-polnischen Krieg von 1920 verweigern dürfen, da der Versailler Vertrag, der den Kanal einem internationalen Rechtsregime unterworfen habe, insofern abschließend sei.[66] Die heutige Diskussion der Rechtsfigur geht auf den IGH zurück, der das Diplomatenrecht im Teheraner Geiselfall als „self-contained regime" („régime suffisant à lui-même") bezeichnet hat.[67] In seiner Entscheidung in der Hauptsache tat der IGH nicht weiter substantiierte iranische Vorwürfe, die USA hätten sich fortgesetzt völkerrechtswidrigen Verhaltens schuldig gemacht, als unerheblich ab: Die nötigen Reaktionsmöglichkeiten auf den Mißbrauch der diplomatischen Vorrechte seien bereits im Diplomaten- und Konsularrecht selbst geregelt,[68] und sie seien auch ausreichend, weil bei einer darüber hinausgehenden Aussetzung diplomatischer Vorrechte die betroffenen Personen das Land sofort verlassen müßten,[69] womit der Zweck des Diplomatenrechts vereitelt würde. Eine Gesamtschau von Zweck und Regelungszusammenhang führte den IGH also letztlich zu der Aussage, daß die diplomatischen Vorrechte nicht zum Gegenstand von Repressalien gemacht werden dürfen.

Im Anschluß daran spielte der Begriff in den Diskussionen der UN-Völkerrechtskommission zur Staatenverantwortlichkeit eine Rolle. Angeregt durch die kategorische Ablehnung einer einheitlichen Kodifizierung, die die Völkerrechtskommission im Zusammenhang mit den völkerrechtlichen Verbrechen formuliert hatte,[70] beschrieb der Berichterstatter Riphagen das Völkerrecht als Zusammenspiel verschiedener Subsysteme mit jeweils eigenen Sekundärregeln über Rechtsverletzungen,[71] zu denen er, nachdem das Urteil im Teheraner Geiselfall ergangen

---

[66] StIGH, Ser. A, Bd. 1, Judgment No. 1, S. 1, 23 f: „The provisions relating to the Kiel Canal in the Treaty of Versailles are therefore self-contained"; „(l)es stipulations du traité de Versailles relatives au Canal de Kiel se suffisent donc à elles-même".

[67] ICJ Reports 1980, 3-65.

[68] AaO., S. 38-40, Ziff. 83-85.

[69] AaO., S. 40, Ziff. 86.

[70] ILC Report, YBILC 1976 II, Part Two, S. 117 f, Ziff. 53 f. Hierzu *Riphagen*, YBILC 1982 I, 1731st Meeting, S. 200 f, Ziff. 8 sowie sein Dritter Bericht, YBILC II, Part One, S. 26 f, Ziff. 27 f; S. 28, Ziff. 37.

[71] Dritter Bericht, YBILC 1982 II, Part One, S. 28-31, Ziff. 35-53 sowie die Ausführungen in den Beratungen, YBILC 1982 I, 1731st Meeting, S. 200 f, Ziff.

war, insbesondere das Diplomatenrecht als „Self-Contained Régime" zählte.[72] Nach dem Ausscheiden Riphagens aus der ILC sagte sich der neue Berichterstatter Arangio-Ruiz von diesem Konzept los,[73] und aus berufenem Munde ist es gar als Irrweg der ILC gebrandmarkt worden.[74] Gleichwohl zählt die ILC in ihrem offiziellen Kommentar zu den Artikeln über die Staatenverantwortlichkeit die „Self-Contained Régimes" zu den „‚strong' forms of *lex specialis*".[75]

Neue Aufmerksamkeit hat die ILC der Rechtsfigur in ihrem Projekt zur Fragmentierung des Völkerrechts gewidmet.[76] In einem ersten Schritt hat Martti Koskenniemi als Vorsitzender der eingesetzten Studiengruppe drei verschiedene Bedeutungen identifiziert: Zum einen legt der Sprachgebrauch im Fall S.S. Wimbledon nahe, daß unter den Primärnormen eines Vertragssystems eine Abgeschlossenheit erreicht werden kann, die den Rückgriff auf sonstiges Völkerrecht ausschließt.[77] Demgegenüber geht es bei der engeren Konzeption des IGH im Teheraner Geiselfall um Sonderregeln über die sekundären Folgen eines Rechtsverstoßes, in den Worten Koskenniemis eine „*lex specialis* of State responsibility".[78] Und schließlich werde die Bezeichnung „Self-Contained Régime" im akademischen und rechtspraktischen Sprachgebrauch mitunter auf ganze völkerrechtliche Normenbereiche mit be-

---

3 f, 8 f; S. 202 f, Ziff. 16-23. Angedeutet war diese Auffassung auch schon im Ersten Bericht *Riphagens*, YBILC 1981 II, Part One, S. 86, Ziff. 59.

72 Dritter Bericht, YBILC 1982 II, Part One, S. 29, Ziff. 47. Ebenso die Äußerung *Riphagens* in den Beratungen, YBILC 1982 I, 1731st Meeting, S. 202, Ziff. 16.

73 Dritter Bericht, YBILC 1992 II, Part One, S. 41 f, Ziff. 118-126.

74 *Dupuy*, NYUJILP 31 (1999) 791, 797. Zweifelnd auch *Hahn*, S. 159 f.

75 Commentaries to the draft articles on Responsibility of States for internationally wrongful acts adopted by the International Law Commission at its fifty-third session (2001), S. 358, Kommentar (5) zu Art. 55, wiedergegeben in *Crawford*, S. 308.

76 Vgl. „Feasibility Study", Anhang zu ILC Report 52nd Session (2000), UN-Dokument A/55/10 vom 27.9.2000, S. 321-339; ILC Report 54th Session (2002), UN-Dokument A/57/10 vom 7.10.2002, Kap. IX; ILC Reports 55th Session (2003), UN-Dokument A/58/10, sowie 56th Session (2004), UN-Dokument A/59/10, jeweils Kap. X.

77 ILC Report 56th Session (2004), UN-Dokument A/59/10, S. 288, Ziff. 315.

78 AaO. Allein in diesem Sinn versteht z.B. *Jan Neumann*, Koordination des WTO-Rechts, S. 346, den Begriff.

sonderer funktioneller Orientierung oder Zwecksetzung, wie Menschenrechte, WTO-Recht oder Humanitäres Völkerrecht, angewendet. Die Studiengruppe stimmte dem Vorsitzenden, was den dargestellten Sprachgebrauch betrifft, zu[79] und schloß im übrigen: „It was agreed that the notion of ‚self-containedness' did not intend to convey anything more than the idea of ‚speciality' of a regime."[80]

Verspricht das Konzept nach dem Gesagten auch wenig handfeste Erkenntnisse, so öffnet es doch den Blick auf die interessierenden Fragen. Der lose Sprachgebrauch, der die Bezeichnung auf beliebige funktionelle Normbereiche des Völkerrechts anwendet, muß als Ansatz für eine juristische Auseinandersetzung mit der Frage der Spezialität des WTO-Rechts von vornherein entfallen; umgekehrt könnte vielmehr erst die Erkenntnis des rechtlichen Grundes einer solchen Abgeschlossenheit derartige Kategorisierungen stützen. Was die Einteilung in völkerrechtliche Primär- und Sekundärnormen betrifft, hat die ILC-Studiengruppe ihre Unterscheidungskraft ebenfalls in Zweifel gezogen.[81] In der Tat lassen sich die aufgrund einer Völkerrechtsverletzung anwendbaren Sekundärnormen nicht etwa kurzerhand mit der Bedeutung gleichsetzen, in der H.L.A. Hart diesen Begriff verwendete. Die Sekundärregeln für Völkerrechtsverletzungen stellen allenfalls einen Teilbereich der umfassender angelegten Hartschen Konzeption dar, welche alle Regeln zur Ermittlung, Veränderung und Durchsetzung von Rechtsnormen zu den sekundären Normen eines Rechtssystems zählt.[82] Abgesehen von einer gewissen Grauzone dürfte die Definition von Sekundärregeln als solche über die Folgen völkerrechtswidrigen Verhaltens eine hinreichende Arbeitsgrundlage darstellen.

Vorliegend wird zunächst von der Abgeschlossenheit im ersten Sinne, der abschließenden Spezialität der WTO als System von Primärnormen, zu handeln sein. Der Begriff des „Self-Contained Régimes" im zweiten, auf Sekundärregeln bezogenen Sinn wird unten im Zusammenhang mit dem Recht der Gegenmaßnahmen aufgegriffen werden.

---

[79] AaO., S. 292, Ziff. 326.

[80] AaO., Ziff. 327.

[81] ILC Report 2003, aaO. (oben, Fn 76), S. 275, Ziff. 433.

[82] *Hart*, S. 91-95. Ohne die Unterschiede zu verkennen, verwenden den Begriff der Sekundärregeln ausdrücklich im Hartschen Sinne *Wellens*, NYIL 25 (1994) 3, 4 f, 6-8 und *passim*, sowie *Pauwelyn*, AJIL 95, 2001, 535, 536.

2. Der Begriff der Spezialität

Daß es einen Grundsatz der Spezialität im Völkerrecht gibt, ist kaum umstritten.[83] Auf der Wiener Konferenz zum Recht der Verträge 1969 wurde der Grundsatz zwar nur am Rande erwähnt. Im Konventionstext blieb er unberücksichtigt, wenn man von der Beschränkung des Anwendungsbereichs des Art. 30 WVRK auf „treaties relating to the same subject-matter" (Art. 30 Abs. 1 WVRK) absieht, der der als Sachverständiger zugezogene frühere Berichterstatter der ILC Sir Humphrey Waldock einen Vorbehalt des Spezialitätsgrundsatzes entnahm.[84] Die Artikel der ILC zur Staatenverantwortlichkeit dagegen enthalten im mit „Lex specialis" überschriebenen Art. 55 einen ausdrücklichen Vorbehalt für „special rules of international law", und die offiziellen Kommentare der ILC gehen unmißverständlich von der Geltung des Grundsatzes der Spezialität im Völkerrecht aus.[85] Auch die Studiengruppe der ILC zur Fragmentierung des Völkerrechts behandelte die Spezialität als allgemeinen Grundsatz, der der rechtlichen Argumentation als solcher und damit der Auffassung des Völkerrechts als Rechtssystem inhärent sei.[86]

Zur Anwendung des Spezialitätsgrundsatzes gibt es indessen unterschiedliche Auffassungen. Ob man ihn als Regel zur Auslegung oder

---

[83] Grundsätzlich *Grotius*, aaO. (oben, Fn 30). Zustimmend auch *Fitzmaurice*, BYIL 33 (1957) 203, 237; *Bernhardt*, Auslegung völkerrechtlicher Verträge, S. 182, dortige Fn 822; *Zuleeg*, GYIL 20 (1977) 246, 265; *do Nascimento e Silva*, RdC 154 (1977 I) 215, 245 f; *Roucounas*, RdC 206 (1987 VI) 9, 80 f, 158-162; *Karl*, EPIL IV, 935, 937, 941; *Czapliński/Danilenko*, NYIL 21 (1990) 3, 20 f; *Wilting*, S. 87; *Lowe*, AustralianYBIL 20 (1999) 191, 195; *Marceau*, JWT 35 (2001) 1081, 1092 (jeweils mwN). Zu Entscheidungen internationaler Gerichte auch ILC-Bericht 2004, aaO. (oben, Fn 77), S. 285 f, Ziff. 306. Anders *Schwarzenberger*, International Law, Vol. I, S. 472-474, der den Spezialitätsgrundsatz lediglich als Bezeichnung eines Auslegungsergebnisses versteht.

[84] UN Conference on the Law of Treaties, 2nd Session, Official Records, Summary Records (New York 1970), 91st Meeting, S. 253, Ziff. 41. Vgl. auch *Sinclair*, S. 98; *Reuter*, S. 132, Ziff. 201. In diesem Sinne auch schon *Aufricht*, Cornell Law Quarterly 37 (1952) 655, 698.

[85] AaO. (oben, Fn 75), S. 356, Kommentar (2) zu Art. 55, wiedergegeben in *Crawford*, S. 306 f.

[86] AaO. (oben, Fn 77), S. 284, Ziff. 304, S. 287, 311. Als allgemeinen Rechtsgrundsatz i.S.d. Art. 38 Abs. 1 lit. c IGH-Statut sieht den Spezialitätsgrundsatz ebenfalls *Jan Neumann*, Koordination des WTO-Rechts, S. 86, an.

zur Bewältigung von Vertragskonkurrenzen ansieht,[87] dürfte für die Praxis keinen großen Unterschied machen, da es in beiden Fällen um das Auffinden der für den konkreten Lebenssachverhalt einschlägigen Norm geht. Größere Probleme bereitet eine gewisse Beliebigkeit, die der Spezialitätsgrundsatz zu eröffnen scheint.[88] Die Frage nach der größeren Sachnähe einer Norm etwa wird sich selten eindeutig beantworten lassen.[89] Oftmals kommt die Lehre über die eigentlich banale Feststellung, daß es um die Feststellung des Parteiwillens im Wege der Auslegung gehe, kaum hinaus.[90] Nicht viel mehr ist mit der Aussage gewonnen, ob ein Spezialitätsverhältnis die Ergänzung und Verfeinerung oder aber die Modifizierung und Verdrängung eines allgemeineren Standards bewirke, lasse sich nicht allgemein entscheiden.[91] Auch die Kommentare der ILC zu Art. 55 zur Staatenverantwortlichkeit begnügen sich im wesentlichen mit der Aussage: „(T)he question is essentially one of interpretation."[92]

In der Sache plausibel erscheint folgender Ansatz:[93] Spezialität einer Norm im Verhältnis zu einer anderen liegt vor, wenn sie über alle Tatbestandsmerkmale jener generellen Norm hinaus zumindest ein weiteres aufweist, mit anderen Worten wenn sie aus allen von der generellen Norm erfaßten Lebenssachverhalten eine durch mindestens ein weiteres Merkmal geprägte Menge von Sachverhalten aussondert. Soweit sie eine mit der generelleren Norm unvereinbare Rechtsfolge anordnet, also im Falle des Konflikts, verdrängt sie jene; weicht die Rechtsfolge indessen ab, ohne die andere auszuschließen, so bedarf es des Rückgriffs auf andere Auslegungskriterien, um festzustellen, ob die speziellere Norm

---

[87] Diese Unterscheidung trifft in Ansehung seines Gegenstandes *Wilting*, S. 87 f.

[88] *Trüeb*, S. 222-224.

[89] So *Jan Neumann*, Koordination des WTO-Rechts, S. 87-89.

[90] So etwa *Jenks*, BYIL 30 (1953) 401, 450.

[91] So *Aufricht*, Cornell Law Quarterly, 37 (1952) 655, 697 f; *Koskenniemi*, ILC-Bericht (oben, Fn 77), S. 286, Ziff. 308.

[92] AaO. (oben, Fn 75), S. 358, Kommentar (4) zu Art. 55.

[93] Nach *Larenz*, S. 267 f. In diesem Sinne auch *Karl*, EPIL IV, 935, 937. Im Ansatz ähnlich auch die ILC: „For the *lex specialis* principle to apply it is not enough that the same subject matter is dealt with by two provisions; there must be some actual inconsistency between them, or else a discernible intention that one provision is to exclude the other", aaO. (Fn 75), S. 358, Kommentar (4) zu Art. 55.

den Sachverhalt abschließend regeln, die generelle Norm ergänzen oder modifizieren sollte. Nicht um Spezialität im eigentlichen Sinne handelt es sich dagegen, wenn sich die Regelungsbereiche zweier Normen mit unterschiedlichen Tatbestandsmerkmalen so überschneiden, daß bestimmte Sachverhalte durch beide erfaßt werden. In diesem Fall kann eine Kollisionslage nicht aus dem Spezialitätsverhältnis selbst heraus, sondern wiederum nur durch Rückgriff auf andere Kriterien, wie Regelungszweck, Schwerpunkt des Einzelfalls[94] o.ä. gefunden werden.

In diesem Sinne können die TRIPS-Verpflichtungen unter dem Gesichtspunkt des Handelsbezugs als Spezialnormen zu den inhaltsgleichen WIPO-Verpflichtungen aufgefaßt werden. Wie gezeigt übernehmen sie die WIPO-Standards zum Teil pauschal, zum Teil wiederholen sie sie inhaltlich. Sofern das nationale Recht Inländern den TRIPS-Standards entsprechende Rechte gewährt, wirken die Inländerbehandlungspflichten in den WIPO-Konventionen zudem wie Generalverweisungen, die diese Standards pauschal in die fremdenrechtlichen Verpflichtungen inkorporieren. Was im Fall des TRIPS-Abkommens hinzutritt, ist der für Mindestrechte wie Inländerbehandlung gleichermaßen gültige handelsrechtliche Aussetzungsvorbehalt.[95] Darauf, daß der Handelsbezug geistigen Eigentums kein Merkmal ist, nach dem sich Immaterialgüter ihrem Wesen nach unterscheiden lassen, kommt es bei der Frage nach der Spezialität nicht an. Vielmehr erzeugt allein der durch die Aufnahme in das WTO-System willkürlich hergestellte Bezug zur Handelspolitik den Vorbehalt der Aussetzbarkeit als zusätzliches, negatives, Tatbestandsmerkmal. Die betreffenden TRIPS-Standards finden, kurz gesagt, dann Anwendung, wenn ihre nach WIPO- und TRIPS-Abkommen identischen Merkmale erfüllt sind und zusätzlich keine Aussetzung nach WTO-Abkommen (DSU) in Betracht kommt. So gesehen handelt es sich im Fall einer Autorisierung zur Aussetzung von TRIPS-Verpflichtungen nach Art. 22 DSU nicht mehr um die Frage, ob WIPO- oder TRIPS-Standards anwendbar sind, sondern das WTO-System erscheint als gegenüber der WIPO von vornherein speziellere Ordnung.

---

94 Dieser Gesichtspunkt liegt offenbar dem bei *Jenks*, BYIL 30 (1953) 401, 449 f, beschriebenen „‚pith and substance' principle" sowie der Frage nach der Sachnähe bei *Jan Neumann* (oben, Fn 89) zugrunde.

95 Dies verkennt *Jan Neumann*, Koordination des WTO-Rechts, S. 642, der meint, inhaltsgleiche Rechte nach TRIPS-Abkommen und WIPO-Verbandsordnungen könnten *a priori* nur einheitlich ausgesetzt werden.

Etwas anderes gilt, wenn die WIPO-Standards über die des TRIPS-Abkommens hinausgehen. Dann handelt es sich um den oben beschriebenen Fall der Teilüberschneidung zweier Normen mit unterschiedlichen Tatbestandsvoraussetzungen. Autorisiert etwa der DSB die Aussetzung von Urheberrechten, für die zugleich nach Art. 6bis RBÜ ein Urheberpersönlichkeitsrecht gewährt werden muß, so könnte jede der beiden Normen aufgrund unterschiedlicher Gesichtspunkte – Handelsbezug oder Persönlichkeitsbezug – als spezieller betrachtet werden. Dasselbe gilt für WCT und den entsprechenden WPPT, die teilweise über das TRIPS-Abkommen hinausgehende Rechte enthalten.[96] Lösen läßt sich das Problem nur, wenn man als wertendes Kriterium ein Denken in funktionellen Ordnungen einführte[97] und alles, was durch die Aufnahme ins Handelssystem mit einem Handelsbezug versehen wurde, als Regel einer Sonderordnung begriffe. Und auch was die Rechtsfolgen betrifft, läßt sich eine wertende Betrachtung nicht umgehen. Wie bereits eingangs bemerkt besteht nicht von vornherein ein unauflöslicher Konflikt zwischen Verbands- und TRIPS-Standards, da ein Staat zur Aussetzung seiner TRIPS-Verpflichtungen nicht gezwungen ist und deshalb ohne Rechtsverstoß seinen WIPO-Verpflichtungen treu bleiben kann. Eine Verdrängung unter dem Gesichtspunkt der Spezialität ließe sich ebenfalls nur mit einer wertenden Betrachtung begründen, die die Aussetzbarkeit von Handelszugeständnissen als so essentiell für das Handelssystem ansieht, daß sonstige Verpflichtungen zurückstehen müssen.

3. Unanwendbarkeit des Spezialitätsgrundsatzes

Indessen muß der Schluß, das speziellere System der WTO lasse bei einer Aussetzungsentscheidung des DSB keinen Platz für die einschlägigen WIPO-Standards, in dieser Allgemeinheit aus anderen Gründen mißlingen. Der Satz, daß die speziellere Norm die generellere verdrängt, gilt nur innerhalb ein und derselben Rechtsordnung. Er ruht auf der Vorstellung, daß der einheitlich gedachte Normgeber gewisse Sach-

---

[96] Siehe oben, Seite 192.

[97] So wohl *Jan Neumann*, Koordination des WTO-Rechts, S. 86 f, der aber die Schwierigkeiten bei der Feststellung der Spezialität zugibt. Zur Ambivalenz des WTO-Rechts als spezielles oder generelles Recht auch *Pauwelyn*, AJIL 95 (2001) 535, 539 f.

verhalte einer besonderen Regelung zuführen wollte.[98] Die Normgeber völkerrechtlicher Vertragswerke, wie sie WTO und WIPO darstellen, sind aber die jeweiligen Vertragsstaaten. Auf das Verbot drittbelastender Verträge ist bereits hingewiesen worden.[99] Es verhindert die vertragliche Schaffung von verdrängenden Spezialnormen zu Vertragswerken mit anderem Mitgliederkreis.[100] Gleiches gilt im übrigen für andere denkbare Kollisionsnormen wie den Vorrang der *lex posterior.*[101] Verträgen mit unterschiedlichen Vertragsparteien fehlt es schlicht an einem gemeinsamen Bezugsrahmen[102] für die Anwendung von Regeln, die einen fiktiven Normgeber voraussetzen, der sich widerspruchsfrei verhalten will. Dies unterscheidet die Situation von der kriegsbedingten Aussetzung von Verträgen, in welcher eine gewohnheitsrechtliche Regel zur Anwendung kommt, die – soweit ihrerseits nicht abbedungen – allen Staaten gegenüber gilt.

Hierin liegt auch der Grund, warum eine wertende Betrachtung zugunsten der WTO nicht zu überzeugen vermag. Jedenfalls soweit der Mitgliederkreis von WTO und WIPO-Verbänden sich unterscheidet, ist für eine einheitliche ordnungsübergreifende Wertung gar kein Raum, da sich die nur einer Ordnung angehörenden Staaten die mit Schaffung der anderen verbundenen Werte nicht entgegenhalten lassen müssen. Daran vermag auch eine Betrachtung, die geistigen Eigentumsschutz und Handelssystem als verschiedene funktionelle Aufgaben der Völkergemeinschaft ansieht, nichts zu ändern. Denn wie bereits dargelegt wurde, gibt es keine übergreifenden Verfassungsgrundsätze, kraft derer sich eine vertragliche Ordnung in den hier betroffenen Bereichen Nichtmitgliedern entgegenhalten ließe.

---

98 *Bydlinski*, S. 465. Zur Einheit der Rechtsordnung auch *Engisch*, Einführung, S. 210 f; *Wilting*, S. 10.

99 Siehe oben, ab Seite 263.

100 So auch *Zuleeg*, GYIL 20 (1977) 246, 266; *Buck*, S. 175; *Jan Neumann*, Koordination des WTO-Rechts, S. 89.

101 So ILC Report, 17th session, 2nd part, YBILC 1966 II, 215, Kommentar 6 zu Art. 26. In diesem Sinne auch *Rousseau*, RGDIP 39 (1932) 133, 151; *Aufricht*, Cornell Law Quarterly 37 (1952) 655, 656, 670; *Jenks*, BYIL 30 (1953) 401, 445; *Zuleeg*, GYIL 20 (1977) 246, 265-267; *Karl*, EPIL IV 935, 939, 941.

102 Formulierung von *Zuleeg*, GYIL 20 (1977) 246, 266.

C. *Zur Änderung der WIPO-Konvention* inter se

Eine vertraglich geschaffene, verdrängende Spezialordnung zu einem Vertragswerk kommt allerdings dann in Betracht, wenn sie die Rechte der an dem generelleren Vertragswerk übrigen Beteiligten unberührt läßt. Es ist daher zu fragen, ob die an der WTO beteiligten Verbandsstaaten von PVÜ, RBÜ, Romabkommen sowie WCT und WPPT ihre Pflichten durch den Abschluß des WTO-Abkommens untereinander (*inter se*) modifiziert haben.

1. Zur Geltung der *lex posterior*

Teilweise wird das materielle Verhältnis von WIPO-Verbandsstandards und TRIPS-Standards nach der Regel beurteilt, daß spätere Verträge im Verhältnis der Parteien untereinander früheren vorgehen (*lex posterior*, Art. 30 Abs. 3 WVRK).[103] Hierzu ist zunächst der praktische Hinweis angebracht, wie schwer diese Regel bei multilateralen Vertragswerken handhabbar ist.[104] Der Fall Ekuadors ergänzt effektvoll die in der Literatur bemühten theoretischen Beispiele:

Ekuador ist seit dem 18.5.1964 Vertragspartei des Romabkommens,[105] seit 21.1.1996 Mitglied der WTO.[106] Von den durch Ekuador ins Visier genommenen 13 EG-Staaten,[107] die sämtlich Gründungsmitglieder der WTO sind, gehörten bei Inkrafttreten der WTO am 1.1.1995 elf dem Romabkommen an,[108] zum Zeitpunkt der Schiedsentscheidung am 24.3.2000 war ihm zusätzlich Belgien[109] und nach Mitteilung der ein-

---

[103] *Vranes*, EuWZ 2001, 10, 14; *Jan Neumann*, Koordination des WTO-Rechts, S. 643.

[104] Vgl. nur *Jenks*, BYIL 30 (1953) 401, 444, 446. Ebenso für die WTO *Pauwelyn*, AJIL 95 (2001) 535, 545 f; *Tietje*, in: *Zimmermann/Hofmann (Hrsg.)*, S. 169, 195.

[105] Siehe oben, Fn 48.

[106] BGBl. 2000 II 177.

[107] Siehe oben, bei Fn 38.

[108] Deutschland, Finnland, Frankreich, Griechenland, Irland, Italien, Luxemburg, Österreich, Schweden, Spanien, Vereinigtes Königreich; vgl. BGBl. Fundstellennachweis B, 2005, S. 490.

[109] Am 2.7.1999 mit Wirkung zum 2.10.1999, siehe Intellectual Property Laws and Treaties 2 (1999) 119.

vernehmlichen Lösung am 9.7.2001[110] als letzter betroffener EG-Mitgliedstaat Portugal[111] beigetreten. Bei dieser Sachlage müßte nach Maßgabe des Lex-Posterior-Grundsatzes angenommen werden, daß zum Zeitpunkt des Schiedsspruchs materiell gegen zwölf Staaten eine Aussetzungsbefugnis bestand, während Belgien gegenüber seit seinem Beitritt zum Romabkommen die später eingetretene Rechtslage nach dem Romabkommen gegolten hätte. Auch Portugal gegenüber wäre die festgestellte Aussetzungsbefugnis nach Beitritt zum Romabkommen wieder entfallen. Umgekehrt ist die PVÜ, welcher die betreffenden EG-Staaten lange vor Gründung der WTO angehörten,[112] für Ekuador erst mit Wirkung zum 22.6.1999, also nach dem Beitritt zur WTO, verbindlich geworden.[113]

Ganz offensichtlich kann die Aussetzungsbefugnis nicht allein vom Zeitpunkt des Beitritts zur einen oder anderen Konvention abhängen. Nicht nur würde so die Gestaltung der verschiedenen Rechtsverhältnisse unter den Staaten dem Zufall anheimgestellt, darüber hinaus wäre die mit Inkrafttreten des WTO-Abkommens eingetretene Rechtslage für die den WIPO-Verbänden noch fernstehenden Staaten irreversibel. Es ist durchaus plausibel, daß ein Staat, da er sich einmal den strengen TRIPS-Standards unterworfen hat, im Rahmen der WIPO und ihrer Verbände auch Einfluß auf die weitere Gestaltung des internationalen geistigen Eigentumsschutzes nehmen will. Gälte die Lex-Posterior-Regel, so müßte er seine Mitwirkungsmöglichkeit mit dem Verzicht auf sein Sanktionspotential in der WTO erkaufen und stünde insofern ohne sachlichen Grund schlechter als Staaten, die schon vor ihrem Beitritt zur WTO den WIPO-Verbänden angehörten.

Auch ein Rückbezug der Mitgliedschaft auf den Zeitpunkt der Annahme[114] oder etwa des Inkrafttretens der betroffenen Verträge als Ganzes

---

[110] Siehe oben, Fn 33.

[111] Am 17.4.2002 mit Wirkung zum 17.7.2002, Information der Internetseite der WIPO am 30.4.2005.

[112] Vgl. BGBl. Fundstellennachweis B, 2005, S. 219-222.

[113] Siehe oben, Fn 50.

[114] Für diesen Zeitpunkt sprach sich Waldock als Sachverständiger der Wiener Vertragsrechtskonferenz aus, da sich zu diesem Zeitpunkt der legislative Wille manifestiere: UN Conference on the Law of Treaties, 2nd Session, Official Records, Summary records of the plenary meetings and of the meetings of the Committee of the Whole (New York 1970), 91st Meeting, S. 253, Ziff. 39. Ebenso *Zuleeg*, GYIL 20 (1977) 246, 262. Dagegen für ein Anknüpfen ans Inkrafttreten *Czapliński/Danilenko*, NYIL 21 (1990) 3, 19.

schafft kaum Abhilfe, weil auch insofern jeder in der WIPO revidierte oder neugeschlossene Vertrag das WTO-System modifizieren würde. So ratifizierte Ekuador den am 20.12.1996 unterzeichneten WPPT zu dessen Inkrafttreten am 20.5.2002, während die betroffenen EG-Staaten ihn zwar gezeichnet, bislang aber nicht ratifiziert haben. Bezogen sowohl auf den Abschlußzeitpunkt wie auf den Zeitpunkt des Inkrafttretens bestünde im Bereich der benachbarten Leistungsschutzrechte also eine Aussetzungsbefugnis, die bei Beitritt der EG-Staaten zum WPPT wieder entfiele.

Demgegenüber spielen die zeitlichen Erwägungen keine Rolle, wenn man das TRIPS-Abkommen entsprechend dem oben Gesagten als spezielles, nämlich zum Handel in Bezug gesetztes Regime des geistigen Eigentumsschutzes auffaßt. Denn der Vorrang der *lex posterior* gilt nur im Verhältnis zweier Verträge über denselben Gegenstand (Art. 30 Abs. 1 WVRK), an dem es bei einem Spezialitätsverhältnis gerade fehlt.[115]

2. Das Verbot der abweichenden Vereinbarungen *inter se* in den Verbänden

Die Zulässigkeit von Vereinbarungen *inter se* zu multilateralen Vertragswerken richtet sich in erster Linie nach dem Inhalt des betreffenden Vertragswerks; sie ist zulässig, wenn der Vertrag es vorsieht, und ausgeschlossen, wenn er sie verbietet (Art. 41 Abs. 1 WVRK).[116] Art. 19 PVÜ, Art. 20 RBÜ und Art. 22 Romabkommen, die bereits im Zusammenhang mit dem Verbandsprinzip Gegenstand der Betrachtung waren,[117] enthalten derartige Bestimmungen über Vereinbarungen der Verbandsstaaten untereinander. Diese sind erlaubt, soweit sie mit den Konventionen vereinbar sind, namentlich weitere Rechte einräumen, und im übrigen verboten. Soweit der Entzug von Verfügungsbefugnis und Entgeltanspruch für geistige Eigentumsrechte mit den Konventio-

[115] Siehe oben, Fn 84. Im Ergebnis ebenso *Pauwelyn*, AJIL 95 (2001) 535, 546 f.

[116] Der Fall des ausdrücklichen Verbots war in Draft Art. 37 Abs. 1 lit. b (iii) berücksichtigt (YBILC 1996 II, S. 235), fiel aber auf der Wiener Konferenz im Redaktionsausschuß weg, vgl. UN Conference on the Law of Treaties, 1st and 2nd Sessions, Official Records, Documents of the Conference (New York 1970), S. 157, Ziff. 338, sowie UN Conference on the Law of Treaties, 2nd Session, Official Records, Summary Records of the plenary meetings and of the meetings of the Committee of the Whole (New York 1970), S. 254, Ziff. 48.

[117] Siehe oben, ab Seite 148.

nen unvereinbar ist, kommt daher keine abweichende Vereinbarung *inter se* in Betracht.

Was WCT und WPPT betrifft, so fehlen entsprechende Bestimmungen. Der WCT, der selbst eine Sondervereinbarung zur RBÜ darstellt (Art. 1 Abs. 1 WCT), verweist in Art. 1 Abs. 4 pauschal auf den materiellen Teil der RBÜ, trifft aber für eine bilaterale Beschränkung der über die RBÜ hinausgehenden Standards keine Regelung. Der WPPT enthält eine Kompatibilitätsklausel zum Romabkommen (Art. 1 Abs. 1 WPPT) und schließt damit aus, daß das Verhältnis von Mitgliedstaaten des Romabkommens untereinander durch den WPPT modifiziert wird. Offen bleibt aber wiederum, ob die über das Abkommen hinausgehenden Standards des WPPT im Sinne einer Spezialität der WTO-Ordnung modifiziert werden können. Ambivalent erscheint in diesem Zusammenhang die Regelung des Art. 1 Abs. 3 WPPT: „This Treaty shall not have any connection with, nor shall it prejudice any rights and obligations under, any other treaties." Der erste Halbsatz scheint das Durchschlagen einer WTO-Suspendierungsentscheidung auf den WPPT rundheraus auszuschließen, während sich dem zweiten Halbsatz entnehmen lassen könnte, daß die Ausübung einer solchen Suspendierung, im Gegenteil, nicht durch den WPPT behindert werden soll.

Wenngleich ein ausdrückliches Verbot abweichender Vereinbarungen *inter se* fehlt, liefert einen ersten Hinweis auf den Charakter der Vertragsordnungen Art. 22 WCT, der Vorbehalte zum Vertrag verbietet und damit verhindert, daß dem Vertrag Staaten beitreten, die nur einen Teil der Verpflichtungen übernehmen und im Verhältnis zu Mitgliedstaaten, die den Vorbehalt ablehnen, gar nicht gebunden werden. Es ist klar ersichtlich, daß die Einheitlichkeit der Vertragsordnung nicht in Frage gestellt werden soll. In gleicher Weise bestimmt Art. 27 WPPT, daß alle Vertragsstaaten sämtliche Rechte und Pflichten übernehmen müssen. In der Praxis hat dies zur Folge, daß unter Vorbehalt erklärte Annahmeerklärungen als unwirksam anzusehen sind. In der Wirkung entspricht dies einem Verbot von Vorbehalten.

Fragt man weiter nach dem Zweck der Verträge, so ist der Blick auf die Präambeln zu richten, die jeweils in Absatz 1 den privatnützigen Charakter der Urheber- bzw. benachbarten Leistungsschutzrechte hervorheben, ohne – anders als Absatz 1 der TRIPS-Präambel – zugleich auf die Handelsbeziehungen Bezug zu nehmen. Dies spricht für eine privatrechtliche Ausgestaltung, die der Inanspruchnahme für die Handelspolitik widersteht. Zwar spricht der jeweilige Absatz 4 der Präambeln in allgemeiner Form öffentliche Interessen an, die mit dem geistigen Eigentumsschutz ins Gleichgewicht zu bringen sind. Schon die angeführten Regelbeispiele – Bildung, Forschung und Zugang zu Informationen – sprechen nach der Auslegungsregel *eiusdem generis*[118] allerdings dagegen, daß hier ein Bezug zur Handelspolitik hergestellt werden sollte, da es bei ihnen durchweg um die allgemeine Abwägung zwischen Schutz und Verbreitung von Informationen geht. Eine handelspolitisch motivierte Suspendierung greift demgegenüber fallweise zur Sanktionierung von Handelsverträgen auf die geistigen Eigentumsrechte zu, hat also anders als die aufgeführten Regelbeispiele nichts mit dem öffentlichen Interesse an Nutzung und Verbreitung von Informationen zu tun. Im Falle des WCT wird dieses Ergebnis bestärkt durch den Bezug auf die RBÜ im Absatz 4 der Präambel, der ein entsprechender Bezug auf die WTO nicht zur Seite gestellt ist. Sofern man nicht die Anwendbarkeit der Auslegungsregel *eiusdem generis* im Völkerrecht von vornherein bestreitet,[119] bleibt nur der Schluß, daß die in WCT und WPPT enthaltenen Privatrechte nicht für Zwecke der Handelspolitik zur Verfügung stehen sollen. Schließlich kann die Entstehungsgeschichte der Verträge nicht unberücksichtigt bleiben (Art. 32 WVRK). Beide wurden durch dieselbe, vom 2.-20.12.1996 zur Revision von RBÜ und Romabkommen zusammengetretene diplomatische Konferenz beschlossen.[120] Nichts deutet darauf hin, daß die innerhalb der WIPO-Verbände bewährten Schutzprinzipien zugunsten eines Handelsbezugs aufgegeben werden sollten.

Nach alldem ist zu schließen, daß WCT und WPPT, ebenso wie PVÜ, RBÜ, Romabkommen und WCT, integrale Vertragsordnungen *erga omnes* errichten, die eine Suspendierung von Rechten im bilateralen Verhältnis nach Maßgabe der WTO-Rechtsordnung im Sinne des Art. 41 Abs. 1 lit. b WVRK ausschließen.

3. Die Rechtswirkung verbotener Vereinbarungen *inter se*

Verbieten die genannten WIPO-Konventionen gewisse vertragliche Modifizierungen der Vertragsparteien *inter se*, so stellt sich die Frage, welche Folgen an einen Verstoß zu knüpfen wären. Zu denken wäre grundsätzlich an eine Auslegung, die die spätere Vereinbarung *inter se*

---

[118] Hierzu *McNair*, S. 393-399, mit Nachweisen zur Staatenpraxis.

[119] Zweifelnd etwa *Bernhardt*, Auslegung völkerrechtlicher Verträge, S. 176, dortige Fn 809.

[120] Vgl. Aktuelle Informationen in GRUR Int. 1996, 1161 und 1997, 175.

an den Vorgaben des früheren Vertrags ausrichtet.[121] Dies könnte nur zu einer Beschränkung der Aussetzungsmöglichkeit im Verhältnis der Verbandsstaaten untereinander führen, einem Ergebnis, dem der klare Wortlaut des Art. 11 Abs. 3 lit. f (iii), g (iii) DSU entgegensteht und das das Schiedsgericht im Ekuadorfall nicht einmal erwogen hat. Durch einschränkende Auslegung des TRIPS-Abkommens läßt sich die Inkompatibilität der beiden Systeme daher nicht entschärfen.

Was die Behandlung kollidierender Vertragspflichten angeht, erteilt, wie bereits dargestellt, Art. 30 Abs. 4 lit. b WVRK früheren Ansichten über Nichtigkeit oder Nachrang vertragswidriger Verträge (Vorrang der *lex prior*) im Grundsatz eine Absage.[122] Rechtswidrige Vereinbarungen könnten daher im Verhältnis der Parteien als wirksam anzusehen sein und wären lediglich ein nach den allgemeinen Regeln zu sanktionierender Vertragsverstoß. Freilich liegt der Fall etwas anders, wenn Vertragsparteien eines multilateralen Vertrages durch kollusives Zusammenwirken untereinander ihre Verpflichtungen, die sie auch den übrigen Vertragspartnern schulden, unterlaufen. Da alle Beteiligten der Vereinbarung *inter se* sehenden Auges gegen ihre gemeinsamen Verpflichtungen gegenüber Dritten verstoßen, kann der spätere Vertrag kein berechtigtes Vertrauen auf Erfüllung wecken.[123] Einiges spräche daher dafür, Art. 41 Abs. 1 WVRK als Spezialvorschrift zu Art. 30 Abs. 4 WVRK anzusehen, zumal Art. 30 Abs. 5 WVRK insofern einen Vorbehalt enthält.[124] Gleichwohl wird hieraus nicht geschlossen, daß der verbotenen Absprache *inter se* die rechtliche Anerkennung zu verweigern sei.[125] An-

---

[121] *Aufricht*, Cornell Law Quarterly 37 (1952) 655, 678.

[122] Siehe oben, ab Seite 265.

[123] Konsequent für die Nichtigkeit rechtswidriger Vereinbarungen *inter se Schücking*, Opinion individuelle, *Affaire Oscar Chinn*, PCIJ, Ser. A/B, No. 63, S. 148 f; *Kunz*, AJIL 39 (1945) 180, 193. *Rousseau*, RGDIP 39 (1932) 133, 191, stellte die parallele Geltung kollidierender Verträge in unterschiedlichen Verhältnissen unter den Vorbehalt des guten Glaubens bei Vertragsabschluß. Auch *Jenks*, BYIL 30 (1953) 401, 441, hält Art. 15 PVÜ 1934 (heute Art. 19 PVÜ) und Art. 20 RBÜ für Anwendungsfälle des Vorrangs der *lex prior*.

[124] Für die Unwirksamkeit solcher Vereinbarungen *inter se* daher *Czapliński/Danilenko*, NYIL 21 (1990) 3, 24.

[125] Vgl. StIGH, *Affaire Oscar Chinn*, Ser. A/B, No. 63, S. 80 f; *McNair*, S. 222; ILC, YBILC 1966 II, S. 217, Kommentar 13 zu Draft Art. 26 (Art. 30 WVRK); ebd., S. 235, Kommentar 1 zu Draft Art. 37 (Art. 41 WVRK); *Zuleeg*, GYIL 20 (1977) 246, 261, 270 f; *Verdross/Simma*, S. 508, § 796; *Karl*, EPIL IV, 935, 939; *Marceau*, JWT 35 (2001) 1081, 1094; Studiengruppe der ILC zur

ders als im Falle der Art. 53, 64 WVRK sind Vereinbarungen, die gegen vertragliches *ius cogens* verstoßen, grundsätzlich wirksam.

Im hier interessierenden Zusammenhang erscheinen beide Lösungen unbefriedigend. Daß das WTO-Abkommen nicht insgesamt als nichtig angesehen werden kann, beweist die tägliche Praxis. Einer Teilnichtigkeit der Bestimmungen über die Aussetzbarkeit von TRIPS-Verpflichtungen dagegen widerspricht nicht nur die Schiedsentscheidung im Ekuador-Fall. Vor allem hieße dies, einen wesentlichen Teil der in Uruguay verhandelten Masse dem erzielten Gleichgewicht der Handelszugeständnisse zu entziehen. Geht man hingegen davon aus, daß das WTO-Abkommen sich rechtswirksam über die Verbote der WIPO-Konventionen hinweggesetzt hat, so wäre jenen nach praktischem Ermessen jegliche Sanktionierung ihrer Verbandsrechtsordnungen versagt. Denn da die Verbände ihre Wirksamkeit vor allem aus dem grundlegenden Interessengleichklang ihrer Mitglieder beziehen, haben sie keine nennenswerten Durchsetzungsmechanismen entwickelt.[126]

4. Zur Auslegung des TRIPS-Abkommens

Freilich stellt sich die Rechtsfolgenproblematik nur, wenn eine Unvereinbarkeit von WIPO-Standards mit dem WTO-System unterstellt wird.[127] Daß eine restriktive, das TRIPS-Abkommen ausnehmende Auslegung der WTO-Regeln über die Aussetzbarkeit nicht in Betracht kommt, ist bereits deutlich geworden. Ob dagegen die WTO-Rechtsordnung gegenüber den WIPO-Verbänden als Vertragsmodifizierung *inter se* anzusehen ist, läßt sich auf die Auslegungsfrage zuspitzen, ob die Angehörigen der verschiedenen Verbände mit dem Abschluß des WTO-Abkommens tatsächlich gegen die jeweiligen Verbandsrechtsordnungen, die ihnen die Achtung der geistigen Eigentumsrechte auch

---

Fragmentation des Völkerrechts, ILC Report 2004 (oben, Fn 77), S. 298, Ziff. 341; *Pauwelyn*, EJIL 14 (2003) 907, 914. Konsequent hielt schon *Röthlisberger*, S. 284, mit der RBÜ unvereinbare Sonderabkommen für gültig. Entsprechend beurteilen *Vranes* und *Jan Neumann* das Verhältnis von WTO- und WIPO-Recht (oben, Fn 103).

[126] Siehe oben, ab Seite 242.

[127] Dies übersehen *Vranes*, EuZW 2001, 10, 13 f, der eine Unvereinbarkeit ohne Begründung unterstellt, sowie *Jan Neumann*, Koordination des WTO-Rechts, S. 643 f, dessen Auffassung als Konsequenz seines nicht weiter hinterfragten weiten Konfliktbegriffs (hierzu oben, Fn 31) erscheint.

gegenüber allen übrigen Mitgliedern des Verbandes auferlegen, verstoßen wollten.

a) Wortlaut und Systematik

Ein Hinweis auf den Verweis des Art. 2 Abs. 1 TRIPS-Abkommen auf Art. 19 PVÜ oder auch auf die Schutzklausel des Art. 2 Abs. 2 TRIPS-Abkommen genügt hier nicht, da beide Bestimmungen sich nur auf die Teile I bis IV des TRIPS-Abkommens, die die materiellen Standards enthalten, beziehen, während sich Art. 64 TRIPS-Abkommen über die Streitbeilegung in Teil V befindet.[128] Auch der Schiedsspruch im Ekuador-Fall bietet keinen Aufschluß, da eine Stellungnahme zu der Frage, welche Wirkung eine Suspendierung von TRIPS-Verpflichtungen auf entsprechende Verpflichtungen im Rahmen der WIPO hätte, mangels Zuständigkeit ausdrücklich abgelehnt wurde.[129] Nicht einmal implizit läßt sich dem eine Aussage zur materiellen Spezialität entnehmen. Zwar umfaßt das Regelmandat der Panels nach Art. 7 Abs. 2 in Verbindung mit Art. 3 Abs. 2 DSU die Auslegung im Einklang mit völkergewohnheitsrechtlichen Auslegungsregeln, so daß eine Verneinung der Zuständigkeit für Aussagen über Wirkungen auf andere Verträge materiell als Absage an die Auslegung des WTO-Systems im Sinne einer immanenten Spezialität gedeutet werden könnte. Das Mandat der Schiedsgerichte nach Art. 22 Abs. 6 und 7 DSU aber beschränkt sich auf die Prüfung des Werts und der verfahrensmäßigen Voraussetzungen einer Suspendierung[130] und läßt derartige materielle Rückschlüsse daher unter keinen Umständen zu.[131]

Einen ersten Hinweis zur Auslegung des TRIPS-Abkommens liefert der letzte Absatz der Präambel, nach dem die WTO-Mitglieder mit der WIPO „a mutually supportive relationship“ anstreben. Damit scheint die Annahme schwer vereinbar, daß das WTO-System mit dem Geburtsfehler eines gezielten Verstoßes gegen die Verbandsordnungen behaftet sei.

Darüber hinaus darf Art. 1 Abs. 1 Satz 2 TRIPS-Abkommen nicht unbemerkt bleiben. Entsprechend der in Art. 19 RBÜ ausgesprochenen

---

[128] So auch der Schiedsspruch im Ekuador-Fall, aaO. (oben, Fn 34), Ziff. 150.

[129] Schiedsspruch, aaO. (oben, Fn 34), Ziff. 152.

[130] Ebenso der Schiedsspruch, aaO. (oben, Fn 34), Ziff. 11.

[131] Dies übersieht *Jan Neumann*, Koordination des WTO-Rechts, S. 401.

Lösung eröffnet er den WTO-Mitgliedern einen über das TRIPS-Abkommen hinausgehenden geistigen Eigentumsschutz nach ihrem nationalen Recht. Zu fragen ist, ob hierzu auch die einseitige Aufgabe der Aussetzungsfähigkeit von TRIPS-Bestimmungen gehört oder ob dies als Verstoß gegen das TRIPS-Abkommen im Sinne des Art. 1 Abs. 1 Satz 2 Halbsatz 2 TRIPS-Abkommen gelten müßte. Wie bereits deutlich gemacht wurde, errichtet das WTO-Abkommen allerdings keine allgemeinverbindliche Ordnung. Die Befugnis zur Rechtsdurchsetzung im WTO-System ist mit keiner Pflicht zum Vollzug der Handelsdisziplin gegenüber vertragsbrüchigen Partnern verbunden. Daher besteht kein Anlaß zu der Annahme, die WTO könnte ihre Mitglieder zwingen, die Aussetzbarkeit ihrer Handelskonzessionen sicherzustellen. Wenngleich die fortwirkende Reziprozität ein Grundprinzip der Handelsordnung ist, ist doch kein Staat gehindert, seine Wehrhaftigkeit aus eigenem Willen aufzugeben. Die Fürsprecher einer Konstitutionalisierung der internationalen Handelsrechtsordnung erheben diese Selbstbindungen sogar zum Programm.[132] Ein Umkehrschluß aus Art. 2 Abs. 2 TRIPS-Abkommen ist daher ganz abgesehen von der Frage, ob das Völkerrecht diese Art der Beweisführung überhaupt zuläßt,[133] nicht überzeugend.[134] Kann aber ein Staat aus autonomem Entschluß auf die Aussetzbarkeit des TRIPS-Abkommens verzichten, so spricht nichts dagegen, diese Wirkung auch durch entsprechende Verpflichtungen im gegenseitigen Verhältnis herbeizuführen. Zu schließen ist, daß Art. 64 TRIPS-Abkommen in Verbindung mit Art. 22 Abs. 3 DSU nicht etwa verdrängende Wirkung zukommt, sondern im Gegenteil die Verbandsrechtsordnungen als zulässige Vereinbarungen *inter se* zum WTO-Abkommen wirksam bleiben.[135]

---

[132] Siehe oben, Seite 72 sowie Seite 238.

[133] Ablehnend *Bernhardt*, Auslegung völkerrechtlicher Verträge, S. 180 f. Vgl. auch *Schwarzenberger*, Vol. I, S. 496, 511 f; *McNair*, S. 399-410. Gegen pauschale Umkehrschlüsse auf den Ausschluß allgemeinen Völkerrechts im WTO-Recht *Pauwelyn*, AJIL 95 (2001) 535, 541-543.

[134] Den Umkehrschluß aber zieht *Jan Neumann*, Koordination des WTO-Rechts, S. 642.

[135] Im Ergebnis ebenso *Pires de Carvalho*, S. 282 f; aA *Vranes* und *Jan Neumann* (oben, Fn 127).

b) Zur harmonisierenden Auslegung

Bedenken dagegen begegnet der Versuch, die Auslegungsfrage nach Grundsätzen einer harmonisierenden Auslegung zu lösen. Denn ob es einen solchen allgemeinen Auslegungssatz im Völkerrecht gibt, unterliegt ernsten Zweifeln. Zwar wird er in der Lehre befürwortet,[136] und auch der IGH hat teilweise eine dynamische, mit der Entwicklung des Völkerrechts schritthaltende Auslegung vorgenommen.[137] Gleichwohl kann hierin kein ohne Rücksicht auf die konkret auszulegenden Regeln gültiger allgemeiner Grundsatz gesehen werden.[138] Denn wegen des Verbots des Vertrags zu Lasten Dritter erscheint es bedenklich, Anhaltspunkte für die Auslegung eines Vertrags aus Verhältnissen heranzuziehen, an denen nicht alle Vertragsparteien beteiligt sind.[139] Die Ableitung eines allgemeinen Grundsatzes der harmonischen Auslegung aus der Einheit der Völkerrechtsordnung[140] ist daher denselben Einwänden ausgesetzt wie ein genereller Vorrang der *lex prior.*[141] Nichts anderes gilt, wenn die Zulässigkeit der harmonisierenden Auslegung pauschal von der Bedeutung der zu berücksichtigenden Regel oder der Zahl der an sie Gebundenen abhängig gemacht würde. Denn wenn die Qualität des Gewohnheitsrechts nicht erreicht wird, ist jede Mehrheitsentscheidung im Völkerrecht ausgeschlossen. Soweit für den Schutz grundlegender materieller Werte der Völkergemeinschaft etwas anderes gelten sollte,[142] handelt es sich um Ausnahmen, auf die sich ein Grundsatz der

---

[136] Vgl. *Jenks*, BYIL 30 (1953) 401, 428; *Zuleeg*, GYIL 20 (1977) 246, 271, jeweils mwN; mit Bezug zur WTO auch *Pauwelyn*, AJIL 95 (2001) 535, 537, 543, 550 f. Ambivalent *Schwarzenberger*, International Law, Vol. I, der eine harmonisierende Auslegung der Praxis annimmt (S. 477, 480), sie in den Entscheidungen internationaler Gerichte aber nicht erkennt (S. 480-487).

[137] *Namibia-Gutachten*, ICJ Reports 1971, 1, 31 f; *Aegean Sea Continental Shelf*, ICJ Reports 1978, 3, 33 f, Ziff. 80. Vgl. auch *Sinclair*, S. 139 f.

[138] *Verdross/Simma*, § 782, S. 497 f. Offengelassen auch bei *Karl*, EPIL IV, 935, 938.

[139] Insofern zutreffend *Zuleeg*, GYIL 20 (1977) 246, 273 f. Im Grundsatz ebenso *Jan Neumann*, Koordination des WTO-Rechts, S. 372-377, 382, 387.

[140] So *Zuleeg*, GYIL 20 (1977) 246, 272.

[141] Hierzu oben, ab Seite 265.

[142] So *Jan Neumann*, Koordination des WTO-Rechts, S. 382 f, 387, für weithin ratifizierte „globale Ordnungsverträge“, welche indessen nicht hinreichend qualifiziert werden. Zur Berücksichtigung zwingenden Völkergewohnheitsrechts bei der Vertragsauslegung vgl. aber *Orakhelashvili*, ICLQ 53 (2004) 753, 758 mwN.

harmonisierenden Auslegung jedenfalls nicht in aller Allgemeinheit stützen läßt. Jedenfalls das geistige Eigentum ist kein derartiges unabweisbares Interesse. Auch eine an die gemeinsame Zugehörigkeit zum UN-System anknüpfende harmonisierende Auslegung[143] scheitert hier am Fehlen einer solchen Einbindung der WTO.

Selbst die im Ansatz plausible Erwägung, daß die grundsätzliche Vermutung für die Völkerrechtmäßigkeit des Verhaltens eines Staates gegen eine Auslegung spreche, die eine der Vertragsparteien in Widerspruch zu früheren Verpflichtungen setzt,[144] kann einen Grundsatz der harmonisierenden Auslegung nicht begründen. Denn die anderen Parteien müssen sich den früheren Vertrag im Drittverhältnis bei der Auslegung nicht entgegenhalten lassen und werden ihn oftmals gar nicht kennen. Früheren Verpflichtungen einzelner Vertragsparteien kann daher bei der Vertragsauslegung nicht mehr Wert zugebilligt werden als etwa einseitigen Interpretationserklärungen oder einer uneinheitlichen Vertragspraxis.[145]

c) Zur Anwendung von Art. 31 Abs. 3 lit. c WVRK

Schließlich führt auch die Anwendung der Auslegungsregel des Art. 31 Abs. 3 lit. c WVRK zu keinem vom oben gefundenen abweichenden Ergebnis. Klar gesagt werden muß dabei zunächst, was genau zu jenen zwischen den Vertragsparteien anwendbaren sonstigen Völkerrechtssätzen zu zählen ist, welche der Vorschrift zufolge bei der Auslegung eines völkerrechtlichen Vertrages Berücksichtigung finden müssen: Eine Berücksichtigung sämtlicher Verpflichtungen beliebiger Vertragsparteien in Drittverhältnissen liefe auf den Grundsatz einer harmonischen Auslegung selbst hinaus,[146] widerspräche aber dem klaren Wortlaut der

[143] In diesem Sinne grundsätzlich *Aufricht*, Cornell Law Quarterly 37 (1952) 655, 687.

[144] In diesem Sinne *Jan Neumann*, S. 373. Hierauf hinaus läuft auch die Erwägung *Pauwelyns*, AJIL 95 (2001) 535, 543, 550, völkerrechtliche Verträge würden stets mit Blick auf bestehende Verpflichtungen verhandelt. Ähnlich auch *Tietje*, in: *Zimmermann/Hofmann (Hrsg.)*, S. 169, 195.

[145] Zu letzterer *Sinclair*, S. 138, der eine Berücksichtigung als ergänzende Auslegungsmittel (Art. 32 WVRK) in Betracht zieht.

[146] In diesem Sinne der Vorschlag einer Neuformulierung der Regel durch *Bernhardt*, ZaöRV 27 (1967), 491, 500, die *Jan Neumann*, Koordination des WTO-Rechts, S. 370, ihm zu Unrecht als Auslegung des Art. 31 Abs. 3 lit. c WVRK zuschreibt. Gänzlich undifferenziert führt die Vorschrift zur Begrün-

Regel, die nur Verpflichtungen „zwischen den Vertragsparteien“[147] erfaßt. Auch der Kunstgriff, den Grundsatz der harmonisierenden Auslegung kurzerhand zu einer zwischen allen Parteien zu berücksichtigenden Regel des allgemeinen Völkerrechts zu erklären,[148] hilft hierüber schwerlich hinweg. Die ILC ihrerseits hat bei der Formulierung der Regel vor allem an die Berücksichtigung allgemeinen Völkerrechts gedacht[149] und wollte für angemessene Fälle den Weg zur dynamischen Auslegung im Einklang mit der Fortentwicklung des Völkerrechts öffnen.[150] Andererseits erscheint eine generelle Beschränkung auf die im Verhältnis aller Parteien des auszulegenden Vertrags gültigen Regeln zu rigoros.[151] Denn jedenfalls soweit der auszulegende Vertrag Abweichungen *inter se* zuläßt, liefe eine Vernachlässigung derartiger Vereinbarungen bei der Auslegung einer Regel im bilateralen Verhältnis Gefahr, den Willen der Beteiligten nicht adäquat abzubilden.[152]

---

dung der harmonisierenden Auslegung auch *Pauwelyn*, AJIL 95 (2001) 535, 542 f, 550, an.

[147] Im Original „applicable between the parties“; „applicable dans les relations entre les parties“. Zu einem möglichen abweichenden Verständnis aber *Jan Neumann*, Koordination des WTO-Rechts, S. 370.

[148] So der Vorschlag *Zuleegs*, GYIL 20 (1977) 246, 273 f.

[149] So die ursprüngliche Fassung des Art. 69 Abs. 1 (b), YBILC 1964 II, S. 199 mit Kommentar 11, S. 202 f. In diesem Sinne wendete auch der IGH die Vorschrift an, *Case concerning Oil Platforms (Islamic Republic of Iran v. United States of America)*, Merits, 6.11.2003, ILM 42 (2003) 1334, 1352, Ziff. 41. Gleichfalls (allein) in diesem Sinne diskutierte die Problematik bereits *Bernhardt*, Auslegung völkerrechtlicher Verträge, S. 136-143, mit umfangreichen Nachweisen.

[150] YBILC 1966 II, 222, Kommentar 16 zu Draft Art. 27 (heute Art. 31 WVRK). Vgl. auch *Waldock*, Sixth Report on the Law of Treaties, YBILC 1966 II, 51, 97, Ziff. 13. Die heutige Fassung erhielt die Klausel im Redaktionsausschuß, siehe YBILC 1966 I, 883rd Meeting, S. 267, Ziff. 90 und 93. Siehe auch *Sinclair*, S. 139. – Dagegen sieht die ILC-Studiengruppe zur Fragmentation des Völkerrechts den Gegenstand der Bestimmung vor allem im Vertragsrecht, aaO. (oben, Fn 77), S. 301, Ziff. 350.

[151] In diesem Sinne aber zur Vermeidung einer „Segmentierung der Vertragspraxis“ *Trüeb*, S. 250-252.

[152] *Schwarzenberger*, International Law, Vol. I, S. 474 f. Ebenso zu Art. 31 Abs. 3 lit. c WVRK *Jan Neumann*, Koordination des WTO-Rechts, S. 376 f, 382, 387, ähnlich *McLachlan*, ICLQ 54 (2005) 279, 314 f, der aber zwischen einheitlicher Vertragsinterpretation und Anwendung besonderer Bestimmungen im bilateralen Verhältnis unterscheidet. Zu weitgehend dagegen *Marceau*,

Im übrigen aber kann die Berücksichtigung völkerrechtlicher Regeln nach Art. 31 Abs. 3 lit. c WVRK nicht losgelöst vom Inhalt sowohl der auszulegenden wie auch der zu berücksichtigenden Regel erfolgen.[153] Da die Verbände im Gegensatz zum TRIPS-Abkommen zwingendes Vertragsrecht enthalten, könnte eine harmonisierende Auslegung nach dieser Vorschrift auf keinen Fall auf ein Nachgeben der Verbandsvorschriften vor dem Aussetzungsanspruch der WTO hinauslaufen.[154] Dem Willensentschluß zur Ratifikation beider multilateraler Ordnungen kann nur eine kumulative Anwendung gerecht werden.

D. Implizite Vertragsänderung

Nicht mehr um die Problematik der Vertragsmodifizierung *inter se* handelt es sich, wenn alle Mitglieder eines WIPO-Verbandes zugleich Mitglieder der WTO geworden sind. Vielmehr wäre in diesem Fall nach einer impliziten Änderung des Verbandsvertrages zu fragen. Es erscheint dann zumindest denkbar, daß der Verbandsvertrag stillschweigend mit einem Vorbehalt zugunsten der Aussetzbarkeit der TRIPS-Verpflichtungen versehen worden ist.

Was PVÜ und RBÜ betrifft, zeigt schon ein einfacher Vergleich der Mitgliederzahlen, daß von einer vollständigen Anerkennung des WTO-Abkommens durch alle Verbandsstaaten keine Rede sein kann. Den 148 WTO-Mitgliedern stehen 169 Verbandsstaaten der PVÜ und 159 der RBÜ gegenüber.[155] Das Romabkommen hat mit 86 Parteien zwar deutlich weniger Vertragsstaaten, darunter aber einige, die der WTO bislang nicht beigetreten sind. Während einige dieser Staaten Beitrittsverhand-

JWT 35 (2001) 1081, 1107 f, die Art. 31 Abs. 3 lit. c WVRK offenbar auch im Konfliktfall anwendet, wenn sie meint, ein WTO-Panel könne eine Abbedingung der WTO-Regeln durch WTO-fremdes Recht feststellen, müsse sich dann aber wegen seines begrenzten Mandats für unzuständig erklären (*non liquet*).

[153] So der zutreffende Ausgangspunkt *Jan Neumanns*, Koordination des WTO-Rechts, S. 387, 390-392, 394.

[154] Im Ergebnis in diesem Punkt ebenso *Jan Neumann*, Koordination des WTO-Rechts, S. 643.

[155] Stand jeweils 15.4.2007.

lungen führen,[156] sind andere noch nicht einmal Beobachter bei der WTO, so daß ein Beitritt nicht einmal absehbar ist.[157]

Die Befürchtung, einzelne Staaten könnten einer „Fortentwicklung“ des Völkerrechts im Wege stehen oder gar Sondervorteile von der Staatengemeinschaft erpressen,[158] ist jedenfalls im vorliegenden Zusammenhang unbegründet. Wie dargelegt ist das Interesse am Schutz geistigen Eigentums kein materieller Grundwert der Staatengemeinschaft, der zu seiner Durchsetzung dringend der näheren Ausarbeitung in universellen Verträgen bedürfte, sondern eine politische Option der nationalen Gesetzgeber, die im Rahmen des WTO-Abkommens nur als *quid pro quo* für entsprechende Zugeständnisse in der Handelspolitik weltweite Anerkennung gefunden hat. Die Vorstellung, das TRIPS-Abkommen stelle gleichsam eine höhere Stufe in einer evolutiv angelegten Völkerrechtsentwicklung dar, der sich einzelne Staaten nicht entgegenstellen dürften, wäre daher schon im Ansatz verfehlt.

Darüber hinaus stößt die These von der impliziten Vertragsänderung rechtlich auf unüberwindliche Einwände. Art. 18 PVÜ, Art. 27 RBÜ und Art. 29 Romabkommen enthalten Vorschriften über eine förmliche Revision der Verträge. Zwar wird in anderem Zusammenhang vertreten, die Mitglieder einer internationalen Organisation könnten den Vertragstext stillschweigend ändern[159] und auch förmliche Revisionsbestimmungen *ad hoc* abbedingen.[160] Anders als bei der Gründung der EU aber fehlt es vorliegend an einem gemeinsamen Willensentschluß der Verbandsstaaten. Revisionskonferenzen zum Zweck der Anpassung an das WTO-Abkommen sind weder zusammengetreten, noch wurden auch nur entsprechende Beschlüsse auf den Verbandsversammlungen gefaßt; ganz im Gegenteil wurde in der Diskussion des Verhältnisses zur WTO Wert darauf gelegt, jeden Anschein einer autoritativen Auslegung der Verbandsabkommen zu vermeiden.[161] Auch die Annahme ei-

---

[156] Algerien, Andorra, Aserbaidshan, Kapverde, Libanon, Montenegro, Rußland, Serbien, Ukraine, Weißrußland lt. Website der WTO, Stand 15.4.2007.

[157] Monaco, Syrien. Nach gängiger Praxis wird Beitrittskandidaten der Beobachterstatus verliehen, vgl. Protokoll des Allgemeinen Rats vom 31.1.1995, WTO-Dokument WT/GC/M/1 vom 28.2.1995, S. 3, TOP 2.

[158] So *Jan Neumann*, S. 374 f.

[159] *Pechstein/Koenig*, Rn 108.

[160] Zur Diskussion zu EG- und EU-Vertrag vgl. *Meng*, in: *von der Groeben/Thiesing/Ehlermann (Hrsg.)*, 5. Auflage, Band 5, EUV Art N, Rn 18-31.

[161] Siehe oben, Seite 186.

ner bis zum Beitritt der letzten Verbandsstaaten zur WTO aufschiebend bedingten Änderung der Verbandskonventionen erschiene gekünstelt. Denn PVÜ, RBÜ und Romabkommen wurden keineswegs für den Beitritt weiterer Verbandsstaaten geschlossen, wie dies bei den Revisionsfassungen der Verbandsverträge regelmäßig der Fall war. Neuen Verbandsstaaten aber zuzumuten, daß ihre Rechte und Pflichten sich nicht aus dem Text der zu ratifizierenden Konvention selbst ergeben, sondern darüber hinaus aus Verträgen im Drittverhältnis, die weder im Konventionstext Erwähnung finden noch durch einen förmlichen Beschluß gebilligt wurden und obendrein nur in einem Eventualfall Anwendung finden sollen, läßt sich mit dem Gebot von Treu und Glauben bei Auslegung und Erfüllung von Verträgen kaum noch vereinbaren. Und schließlich zwingt nichts in den WTO-Abkommen selbst zu einer solch weitgehenden Interpretation. Ganz im Gegenteil zeigt der Abschluß von WCT und WPPT, daß eine Reihe von WTO-Mitgliedern ein Nebeneinander von Aussetzungsmöglichkeit nach Art. 64 TRIPS, Art. 22 DSU und inhaltsgleicher, aber unbedingter Bindung in einem anderen Vertrag keineswegs für unmöglich halten. Die Hypothese von der impliziten Vertragsänderung muß daher verworfen werden.

E. Aussetzung als Reaktion auf Rechtsverletzungen

Führt die Auslegung des WTO-Abkommens nicht zu dem Ergebnis, daß die aus der Zugehörigkeit zu den verschiedenen WIPO-Verbänden erwachsenden Rechte und Pflichten modifiziert wurden, so ist zu erwägen, ob Verletzungen des TRIPS-Abkommens auf den allgemeinen völkerrechtlichen Sanktionswegen auf die im Rahmen der WIPO bestehenden Verpflichtungen durchschlagen können. Angesprochen sind hierdurch zum einen die Reaktionsmöglichkeiten nach dem Recht der Verträge und zum anderen nach dem allgemeinen Recht der Staatenverantwortlichkeit.

1. Aussetzung nach dem Recht der Verträge

Art. 60 WVRK regelt die Aussetzung von Vertragspflichten als Reaktion auf einen Vertragsbruch. Nach Art. 60 Abs. 2 lit. b WVRK darf namentlich bei multilateralen Verträgen ein besonders betroffener Staat seine Verpflichtungen im Verhältnis zum vertragsbrüchigen Staat suspendieren. Bezogen auf das TRIPS-Abkommen beträfe dies die Aussetzung von TRIPS-Verpflichtungen als Reaktion auf Verletzungen desselben Abkommens, also die Aussetzung im selben Bereich, die Art. 22

Abs. 3 DSU als Regelfall der Sanktionierung von Handelsbeschränkungen im DSU-Verfahren vorsieht.[162] Sofern die TRIPS-Verletzung inhaltsgleiche Pflichten der WIPO-Verbände betrifft, wäre zu fragen, ob Art. 60 WVRK auch innerhalb der Verbandsordnungen zu einer parallelen Aussetzungsbefugnis führen kann.

Zwar handelt es sich bei den Verbandsverträgen nicht um Verträge zum Schutz der menschlichen Person im Sinne des Art. 60 Abs. 5 WVRK, da jene Bestimmung menschenrechtliche und humanitäre Bestimmungen,[163] nicht aber aus wirtschaftlichen Erwägungen verliehene Privatrechte betrifft. Angesichts der Zwecksetzung der Verbände, des Schutzes privater geistiger Eigentumsrechte, muß aber erwogen werden, ob sie – ganz im Sinne des in Art. 60 Abs. 5 WVRK für humanitäre Verträge aufgestellten Kriteriums – Repressalien gegen die von ihnen geschützten Personen verbieten und insofern nach Art. 60 Abs. 4 WVRK als Verträge mit spezifischen Bestimmungen für den Fall der Vertragsverletzung anzusehen sind.

a) Der Grundsatz der formellen Reziprozität

Es ist seit langem anerkannt, daß die Beziehungen der Verbandsstaaten untereinander durch einen Verzicht auf die materielle Reziprozität geprägt sind.[164] Richtig hieran ist, daß die Inländerbehandlung ein direktes Anknüpfen der Schutzgewährung an das Schutzniveau des Herkunftslands des Schutzsuchenden oder im Falle des Urheberrechts des Ursprungslands des Werkes im Regelfall ausschließt. Wurde im Bereich des Urheberrechts früher auch teilweise bestritten, daß ein Verbandsurheber für einen über die in der Konvention geregelten Mindestrechte hinausgehenden Schutz die Inländerbehandlung beanspruchen kann, so stellt Art. 19 RBÜ seit der Brüsseler Revision von 1948 klar, daß die In-

---

[162] Vgl. Panel-Bericht *US – Import Measures on Certain Products from the EC*, WTO-Dokument WT/DS165/R, Ziff. 6.133, Rn 170, der Art. 23 DSU als Art. 60 WVRK vorrangige Spezialregelung qualifiziert.

[163] So der Schweizer Delegierte zum Vorschlag, Abs. 5 an Art. 57 (den späteren Art. 60 WVRK) anzufügen, UN Conference on the Law of Treaties, 2nd Session, Official Documents, Summary records of the plenary meetings and of the meetings of the Committee of the Whole (New York 1970), S. 112, Ziff. 20 f. Diese Sicht wurde von einer Reihe Delegierter ausdrücklich unterstützt, aaO., Ziff. 26 f, 32 f, 38, 42, 43, 47, 48, 49, 51, 57, 60; Abstimmung über das Prinzip S. 115, Ziff. 68.

[164] Siehe oben, Seite 209.

länderbehandlung umfassend gilt.[165] Allgemein gilt daher, daß Ungleichheiten im Schutzstandard zwischen Schutzland und Herkunftsland hinzunehmen sind.[166] Daß als Folge hieraus aber auch die Aussetzung von geistigen Eigentumsrechten als Reaktion auf Vertragsverletzungen durch einzelne Verbandsstaaten ausgeschlossen wäre, ergibt sich nicht zwingend.[167] Tatsächlich haben der deutsche und der österreichische Gesetzgeber früher im Zusammenhang mit dem Schutz von Marken *telle quelle* nach Art. 6[quinquies] PVÜ Vorschriften zur reziproken Vergeltung von Vertragsverstößen eingeführt, wenngleich nicht ohne damit auf nachdrücklichen Widerspruch der Lehre zu stoßen.[168] Rechtlich begründen ließe sich eine solche Maßnahme aber durchaus, nämlich mit einer Aussetzung auch der Inländerbehandlung als Reaktion auf Vertragsverletzungen nach Art. 60 Abs. 1 WVRK. Zu fragen ist daher nach eindeutigen Belegen, die für einen Ausschluß der allgemeinen vertragsrechtlichen Suspendierungsrechte sprechen.

b) Suspendierungsausschluß aufgrund formeller Reziprozität

RBÜ und Romabkommen enthalten eine Reihe von Bestimmungen über die materielle Reziprozität,[169] die möglicherweise im Umkehrschluß Suspendierungsrechte nach Art. 60 WVRK ausschließen. Wenn besondere Ausnahmen von der Inländerbehandlung oder den Mindestrechten vorgesehen sind, die an die Verletzung der Konventionsstandards durch

---

[165] Siehe oben, Seite 302. Zu weiteren, heute überholten Ansätzen zur Beschränkung der Inländerbehandlung *Drexl*, Entwicklungsmöglichkeiten, S. 70 f.

[166] Vgl. nur *Ladas*, aaO. (oben, Fn 64) sowie Literary and Artistic Property, S. 190 f, § 82; *Bappert/Wagner*, RBÜ Art. 4 Rn 24; *Bodenhausen*, S. 21 f; *Bogsch*, PI 1983, 205, 215.

[167] Zutreffend *Ballreich*, GRUR Int. 1983, 470, 474 f. Vgl. aber *ders.*, GRUR Int. 1986, 747, 752, 756, wo er von einem Reziprozitätsverzicht innerhalb der PVÜ – im Gegensatz zum GATT – ausgeht. Anderer Ansicht auch *Collovà/Tournier*, DdA 77 (1964), 10, 16 f; *Buck*, S. 194.

[168] Vgl. *Beier*, in: FS Hefermehl, S. 9, 19 f, der seinerseits „Retorsion oder Vergeltung" innerhalb der PVÜ auch zur Erzwingung rechtstreuen Verhaltens für ausgeschlossen hält.

[169] Hierzu *Bappert/Wagner*, RBÜ Einleitung, Rn 8 und Art. 2 Rn 15, Art. 7 Rn 2, Art. 14bis Rn 4; *Nordemann/Vinck/Hertin*, Einl. Rn 25; *Khadjavi-Gontard*, S. 75-79; *Drexl*, Entwicklungsmöglichkeiten, § 9 sowie S. 236-240; *Buck*, S. 92 f.

andere Verbandsstaaten anknüpfen, so könnte dies gegen eine Aussetzungsbefugnis nach dem allgemeinen Recht der Verträge sprechen.[170]

Indes betreffen die zulässigen Fälle materieller Reziprozität durchweg Reaktionen auf *erlaubte* Abweichungen vom Konventionsstandard. Dies gilt zunächst für den Schutzfristenvergleich nach Art. 7 Abs. 8 RBÜ. Diese Vorschrift verweist für die Dauer der Schutzfrist auf das Recht des Ursprungslandes und soll so eine Handhabe eröffnen, damit Werke in verschiedenen Verbandsländern nicht zu verschiedenen Zeitpunkten gemeinfrei werden. Indessen betrifft sie vor allem den Fall, daß Länder längere Schutzfristen als die des Art. 7 RBÜ vorsehen; an die Reaktion auf konventionswidrig verkürzte Schutzfristen war dagegen wohl nicht gedacht. War dies im Art. 7 Abs. 2 der Brüsseler Fassung noch unzweideutig ausgesprochen, so muß bei verständiger Auslegung auch dem heutigen Art. 7 Abs. 8 RBÜ lediglich eine Ausnahme von der Inländerbehandlung, nicht aber von den in Art. 7 RBÜ genannten Mindestfristen entnommen werden.[171] Nichts anderes gilt für die Ausnahme der Muster und Modelle von der Inländerbehandlung nach Art. 2 Abs. 7 Satz 2 RBÜ, die lediglich auf die Zulassung des dem Urheberrecht gegenüber minderen Musterschutzes nach Abs. 1 der Vorschrift reagiert,[172] sowie für die Reziprozitätsklausel für das Folgerecht (Art. 14ter Abs. 2 RBÜ), dessen Zulassung, Verfahren und Ausmaß Art. 14ter Abs. 2 und 3 RBÜ von vornherein ins Ermessen des Schutzlandes stellt.[173] Auch die Reziprozitätsregel des Art. 30 Abs. 2 lit. b Satz 2 RBÜ ist lediglich das Gegenstück zu dem durch Satz 1 der Vorschrift zugelassenen Vorbehalt für das Übersetzungsrecht. Und schließlich betrifft die „Retorsionsvorschrift“ des Art. 6 Abs. 1 RBÜ die „äußere Reziprozität“[174] gegenüber Drittländern, die ohnehin nicht an die RBÜ gebunden sind. Auch was das Romabkommen betrifft, ist die Reziprozitätsregel des Art. 16 Abs. 1 lit. a (iv) nur Teil einer umfassenderen Vorbehaltsregelung, die ein Abweichen von den Abkommensbestimmungen erlaubt.

---

[170] Zu Zweifeln an der Zulässigkeit des Umkehrschlusses im Völkerrecht siehe oben, Fn 133.

[171] *Drexl*, Entwicklungsmöglichkeiten, S. 130 f.

[172] *Drexl*, Entwicklungsmöglichkeiten, S. 139 mwN.

[173] *Bappert/Wagner*, RBÜ Art. 14bis Rn 4 f; *Nordemann/Vinck/Hertin*, RBÜ Art. 14ter Rn 2; *Drexl*, Entwicklungsmöglichkeiten, S. 142 mwN.

[174] Formulierungen von *Drexl*, Entwicklungsmöglichkeiten, S. 149.

c) Suspendierungsausschluß durch den Verbandscharakter

Letztlich überzeugend läßt sich der Ausschluß der Suspendierungsbefugnis indessen auf den Verbandsgedanken stützen. Hierfür spricht zunächst die interne Pflichtenstruktur der Verbände. Wie bereits dargestellt, ist der gemeinschaftliche Charakter der Verbände durch das Verbot abweichender Vereinbarungen *inter se* untermauert.[175] Es macht die Verbände zu „integralen" oder „interdependenten" Verträgen, in denen jeder Staat seine Verpflichtungen zugleich allen anderen Mitgliedern schuldet. Schuldet aber ein Verbandsstaat die vorgesehene fremdenrechtliche Behandlung der Angehörigen eines vertragsbrüchigen Verbandsstaats nicht nur jenem im bilateralen Verhältnis, sondern zugleich allen anderen Verbandsmitgliedern, so würde eine Suspendierung jener Pflichten zugleich alle anderen Verbandsmitglieder in ihren Rechten verletzen. Sie sollte durch die Vergemeinschaftung des geistigen Eigentumsschutzes im Verband ganz offensichtlich ausgeschlossen werden.

Eine Betrachtung der Zwecksetzung der Verbände bestätigt dieses Ergebnis. Allein aus dem Verbot abweichender Vereinbarungen *inter se* kann noch nicht geschlossen werden, daß ein gegenüber der Verbandsordnung minderer Schutz im bilateralen Verhältnis auch dann verboten sein müsse, wenn er Folge einer Reaktion auf einseitige Vertragsverletzungen ist. Denn isoliert betrachtet stellt sich ein kollusives Zusammenwirken mit dem Ziel, die Verbandsdisziplin zu untergraben, als weit schwerwiegender dar als eine Suspendierung von Vertragsrechten, der immerhin noch ein Zwangscharakter innewohnen mag, welcher auf eine Wiederherstellung der Vertragstreue drängt. Hinzu tritt aber die erklärte Zwecksetzung der Verbände, die Sicherheit privater Rechte an geistigem Eigentum zu schützen. Der ungestörte private Genuß des geistigen Eigentums wäre beeinträchtigt, wenn die Verbandsrechte als Mittel zur Erzwingung der Vertragstreue anderer Verbandsstaaten in Anspruch genommen werden könnten. Auch was die konkreten Entstehungsumstände angeht, ist bereits festgestellt worden, daß die Gründung der Verbände den Schutz geistigen Eigentums im Interesse der privaten Rechteinhaber gerade von handelspolitischen Erwägungen abkoppeln sollte.[176]

Die besondere Vergemeinschaftung zum Zweck eines effektiven Schutzes geistigen Eigentums in privaten Händen ist es, die Art. 60 Abs. 2 lit. b WVRK im Sinne des Abs. 4 der Vorschrift abbedingt. Eine der Aus-

---

[175] Siehe oben, ab Seite 148.

[176] Siehe oben, Seite 30 und Seite 153.

setzungsbefugnis nach TRIPS-Abkommen und DSU parallele Aussetzung geistiger Eigentumsrechte innerhalb der Verbände nach Art. 60 WVRK kommt daher nicht in Betracht.

2. Repressalien nach dem Recht der Staatenverantwortlichkeit

Schließlich ist zu fragen, ob die Verletzung von WTO-Verpflichtungen nach dem allgemeinen Recht der Staatenverantwortlichkeit, welches in den Artikeln zur Staatenverantwortlichkeit der ILC[177] weitgehend kodifiziert wurde, zu Gegenmaßnahmen im Rahmen der WIPO-Verbände berechtigt.

a) Denkbare Konstellationen

Zunächst ließe sich fragen, ob bei der Verletzung inhaltsgleicher Regeln von TRIPS-Abkommen und WIPO-Verbänden unter Rückgriff auf das Recht der Staatenverantwortlichkeit eine Aussetzung von Verbandsverpflichtungen im Gegenzug zur Verletzung der Verbandsnormen in Betracht kommt. Nach Art. 73 WVRK läßt das in der Konvention kodifizierte Recht der Verträge das allgemeine Recht der Staatenverantwortlichkeit unberührt, welches seinerseits ohne Zweifel auch auf Vertragsverletzungen Anwendung findet.[178] Ist daher eine ergänzende Anwendung des Rechts der Staatenverantwortlichkeit nicht grundsätzlich ausgeschlossen, so dürfte doch die Abwegigkeit der aufgeworfenen These ohne weiteres auf der Hand liegen. Der Ausschluß der Aussetzungsbefugnis nach Art. 60 WVRK innerhalb der Verbände könnte nicht durch eine akademische Diskussion um das Verhältnis von Vertragsrecht und Recht der Staatenverantwortlichkeit hinweggewischt werden. Ähnliches gilt für die Frage, ob Verbandsverpflichtungen als Gegenmaßnahme für die Verletzung von TRIPS-Normen ausgesetzt werden können. Jedenfalls soweit die verletzte TRIPS-Norm inhaltlich einer Verbandsverpflichtung entspricht, kommt eine Gegenmaßnahme innerhalb des betroffenen Verbandes nicht in Betracht. Es ginge nicht an, das Verbot der Schutzverschlechterungen *inter se* dadurch zu unter-

---

[177] Anhang zur Resolution 56/83 der UN-Generalversammlung vom 12.12.2001.

[178] StIGH, *Affaire relative à l'Usine de Chorzów (Compétence)*, Ser. A, No. 9, S. 21; Art. 12 ILC-Artikel über die Staatenverantwortlichkeit. Zum Verhältnis von Vertragsrecht und Staatenverantwortlichkeit vgl. auch *Hahn*, S. 61-73.

laufen, daß inhaltsgleiche Verpflichtungen in Sonderabkommen vereinbart werden, deren Verletzung nach dem Recht der Staatenverantwortlichkeit dann durch Aussetzung der Verbandsnormen sanktioniert werden sollte.

Die Aussetzung von Verbandsverpflichtungen als Gegenmaßnahme nach dem Recht der Staatenverantwortlichkeit kommt also überhaupt nur dann in Betracht, wenn die ursprüngliche Rechtsverletzung weder eine Norm des betreffenden Verbandes selbst noch eine inhaltsgleiche TRIPS-Verpflichtung betrifft; die Verbandsrechte könnten allenfalls als Sanktionsmasse für die Verletzung von Verpflichtungen herhalten, die weder formell noch inhaltlich irgendeine Beziehung zu ihnen haben. Für das Verhältnis zur WTO sind hiernach vor allem zwei Fälle denkbar. Der erste, die Aussetzung als Gegenmaßnahme zur Verletzung von TRIPS-Verpflichtungen, welche über die durch die Verbände gewährleisteten Standards hinausgehen, entspricht im Rahmen der WTO immerhin noch der Regelsanktion der Aussetzung von Verpflichtungen im selben Bereich (Art. 22 Abs. 3 DSU). Der andere Fall betrifft die im Ekuador-Fall in Rede stehenden Kreuzsanktionen, nämlich die Aussetzung von WIPO-Verbandsverpflichtungen als Gegenmaßnahme zur Verletzung der Handelskonzessionen nach GATT und GATS.

b) Zur Abgeschlossenheit des WTO-Sanktionssystems

Eine Aussetzung von WIPO-Verbandsverpflichtungen als Gegenmaßnahme für Verletzungen der WTO-Abkommen ist von vornherein ausgeschlossen, wenn das Streitschlichtungsverfahren der WTO Anspruch auf eine abschließende Streitbeilegung erhebt, es sich hierbei also um ein „Self-Contained Régime" im zweiten oben genannten Sinne handelt, welches die Folgen von WTO-Verstößen selbst abschließend regelt.

aa) Zur Zulässigkeit des „Self-Contained Régime"

Die Frage, inwieweit ein mit speziellen Durchsetzungsmechanismen versehenes völkerrechtliches Rechtsregime die ergänzende Heranziehung der allgemeinen Grundsätze zur Staatenverantwortlichkeit zu seiner Durchsetzung überhaupt erlaubt, rührt an den Kern der Debatte um die Zulässigkeit von „Self-Contained Régimes". Es wird argumentiert, eine derartige Isolierung vom allgemeinen Völkerrecht sei in der Praxis nicht nachzuweisen oder aber schon aus rechtlichen Gründen ausgeschlossen, weil anderenfalls die Effektivität der Rechtsdurchsetzung nicht mehr gewährleistet sei und so die Rechtsqualität der betroffenen Regelungen selbst in Zweifel stehe.

Im Teheraner Geiselfall begründete der IGH seine These von der Abgeschlossenheit des Diplomatenrechts nicht nur mit dessen Zweck, sondern ging darüber hinaus auf die Effektivität des speziellen diplomatenrechtlichen Sanktionierungssystems ein, die er, was die Reaktionsmöglichkeiten Iraks angeht, insgesamt für ausreichend hielt. Dagegen griff er auf allgemeine Grundsätze der Staatenverantwortlichkeit zurück, als er den USA wegen der Verletzung *ihrer* Rechte aus dem Diplomatenrecht Wiedergutmachung zusprach.[179] Auch das Sperren iranischer Konten[180] dürfte als Gegenmaßnahme gerechtfertigt gewesen sein, was freilich kaum für einen bewaffneten Befreiungsversuch gelten kann.[181] In der Tat erscheint es nicht von vornherein unberechtigt anzunehmen, das Diplomatenrecht werde ohne derartige Durchsetzungsbefugnisse zu einem Recht zweiter Klasse, möglicherweise zu „soft law".[182]

In ähnlicher Weise ist im Zusammenhang mit den UN-Menschenrechtspakten argumentiert worden. Nach sozialistischer Auffassung sollten deren Beschwerdeverfahren weitgehend abschließende Sanktionierungssysteme darstellen,[183] was das unter Umständen weitaus wirksamere Repressalienrecht ausgeschlossen und letztlich die gesamte Idee des Menschenrechtsschutzes relativiert hätte.[184] Was die Verfahren der Menschenrechtspakte angeht, sieht die Gegenansicht hierin nur zusätz-

---

[179] ICJ Reports 1980, 3, 41, Ziff. 90. Diesen Punkt hebt *Dominicé*, in: FS Huber, S. 541, 549, dortige Fn 30, hervor. Zur Deutung dieser „Durchbrechung" des „self-contained regime" *Marschik*, S. 104 f.

[180] Executive Order 12170 of November 14, 1979 Blocking Iranian Government Property, ILM 18 (1979) 1549. Siehe auch Executive Order 12211, 17.4.1980, AJIL 74 (1980) 671 f sowie allgemein IGH, ICJ Reports 1980, 3, 16 f, Ziff. 30 f.

[181] IGH, ICJ Reports 1980, 3, 17 f, Ziff. 32; S. 43 f, Ziff. 93 f.

[182] So *Marschik*, S. 107.

[183] So z.B. M. *Mohr*, Staat und Recht 29 (1980) 171, 172; *Mohr*, Diss., S. 55 f, 60-66 mit Bezug auf den Teheraner Geiselfall des IGH auf S. 60. Dagegen zieht *Graefrath*, NJ 31 (1977) 1, 4, bei Verletzung der UN-Menschenrechtspakte die allgemeine Staatenverantwortlichkeit neben den speziellen Folgen in Betracht. *Graefrath/Oeser/Steininger*, S. 179, 183, erwähnen die Möglichkeit spezieller Sekundärregeln, ohne die Problematik der Abgeschlossenheit anzusprechen. Im Sinne der Abgeschlossenheit auch *Frowein*, in: *Buergenthal (Hrsg.)*, S. 78-80.

[184] Vgl. *Verdross/Simma*, S. 909, § 1343; *Simma*, NYIL 16 (1985) 111, 132 f, 135.

liche Durchsetzungsinstrumente, die den Menschenrechten – abgesehen vom Repressalienverbot – nichts von ihrer Qualität als reguläre Völkerrechtsnormen mit Sanktionsmöglichkeiten nach den allgemeinen Regeln nähmen.[185] Allerdings darf die besondere Verpflichtungsstruktur der Menschenrechtsverträge nicht unberücksichtigt bleiben. Da sich die Vertragsstaaten gegenseitig zur Einhaltung objektiver Verhaltensstandards verpflichtet haben, ergibt sich eine zumindest vertragsinterne Wirkung *erga omnes*; jede Vertragspartei ist allen anderen gegenüber zur Erfüllung verpflichtet. Die Erfüllungspflichten gelten zwar unabhängig davon, ob man in Menschenrechtsverträgen „objektive" oder „gemeinschaftliche" Interessen verwirklicht sieht.[186] Wollte man aber jedem Vertragsstaat eine Repressalienbefugnis gegen den einzelnen Vertragsbrüchigen zugestehen, so wäre dies eine Ausweitung der völkerrechtlichen Selbstjustiz, die nicht unbedingt den Menschenrechten zugute kommt und die Rechtssicherheit im Völkerrecht untergraben könnte.[187] Der IGH lehnt daher eine allgemeine Repressalienbefugnis bei Menschenrechtsverträgen ab.[188] Auch Art. 42 lit. b der Artikel über die Staatenverantwortlichkeit der ILC erkennt bei der Verletzung von Verpflichtungen *erga omnes* grundsätzlich nur besonders betroffene als verletzte Staaten an, und nur für jene gelten nach Art. 49 Abs. 1 die Regeln über Gegenmaßnahmen. Andererseits wird bei einer so weitgehenden Beschränkung das Repressalienrecht als Zwangsmittel zur Durchsetzung von Menschenrechtsverträgen regelmäßig versagen, da neben dem Staat, der die Menschenrechte seiner eigenen Bevölkerung verletzt, zumeist kein anderer besonders betroffen sein wird. So gesehen könnte sich allein aus der besonderen Verpflichtungsstruktur *erga omnes* ein Ausschluß des allgemeinen Repressalienrechts ergeben, der durch die vertraglich vorgesehenen kollektiven Maßnahmen kompensiert werden

---

[185] *Tomuschat*, VN 1978, 1, 8; *Verdross/Simma*, S. 909, § 1343; *Simma*, NYIL 16 (1985) 111, 134 f mwN; *Arangio-Ruiz*, Dritter Bericht, YBILC 1991 II, Part One, S. 37 f, Ziff. 103-106 mwN.

[186] Vgl. *Simma*, Das Reziprozitätselement, S. 182-189; RdC 250 (1994 VI) 217, 370.

[187] Kritisch etwa *Graefrath*, in: *Weiler/Cassese/Spinedi (Hrsg.)*, S. 161, 168. Diese Gefahr erkennt im Grundsatz auch *Simma* an, RdC 250 (1994 VI) 217, 372 f.

[188] *Affaire de la Barcelona Traction Light and Power Company, Limited*, ICJ Reports 1970, 3, 47, Ziff. 91.

müßte.[189] Ob demgegenüber etwa besondere Repressalienbefugnisse bei Verstößen gegen zwingendes Völkerrecht bestehen (Art. 41 Abs. 3 Articles on State Responsibility),[190] kann hier nicht abschließend geklärt werden. Was WTO und TRIPS-Abkommen betrifft, genügt der Hinweis, daß hier keine allgemeinverbindlichen Pflichten, sondern nur Verpflichtungen im bilateralen Verhältnis unter den Vertragspartnern bestehen[191] und daher eine an die besondere Pflichtenstruktur ansetzende Argumentation von vornherein keinen Anknüpfungspunkt findet.

Aus grundsätzlichen Erwägungen heraus ist auch die Festlegung des EuGH auf die EG als eigenständige, vom sonstigen Völkerrecht abgeschlossene Sonderrechtsordnung[192] mit dem Argument in Zweifel gezogen worden, im Falle schwerwiegender und nachhaltiger Vertragsverstöße könne allein der Verweis auf das bestehende Rechtsschutzsystem schwerlich Befriedigung verschaffen.[193] Entsprechendes läßt sich über das sonstige Völkervertragsrecht sagen. So gelangte im Air-Services-Fall das angerufene Schiedsgericht zu der Überzeugung, daß eine im umstrittenen Vertrag enthaltene Konsultationspflicht Gegenmaßnahmen, die als Antwort auf eine Vertragsverletzung ergriffen wurden, nicht ausschloß.[194] Selbst Streitschlichtungseinrichtungen, so fügte das unter

---

[189] Auch *M. Mohr*, S. 52 f, verweist auf die multilaterale Struktur menschenrechtlicher Verträge, stützt seine Folgerungen aber letztlich auf das Auslegungsargument, S. 55-57, 60.

[190] Hierzu *Pellet* NYIL 32 (2001) 55, 74-76. Grundsätzlich ablehnend etwa *Graefrath*, aaO. (oben, Fn 187) sowie RdC 185 (1984 II) 9, 58.

[191] Siehe oben, ab Seite 180.

[192] EuGH Rs. 90/63 und 91/63, *Kommission/Luxemburg* und *Belgien*, 13.11.1964, Slg. 1964, 1331, 1344; Rs. 232/78, *Kommission/Frankreich* (Schaffleisch-Fall), 25.9.1979, Slg. 1979, 2729, 2739, Rn 9. Nachweise aus der späteren Rechtsprechung bei *Sicilianos*, S. 362, dortige Fn 119, 121. – Die Aussage bezieht sich nur auf die Folgen von Rechtsverstößen, völkerrechtliche Primärnormen gelten grundsätzlich auch im Gemeinschaftsrecht, vgl. Art. 300 Abs. 7 EG, ferner etwa Rs. 41/74, *Yvonne van Duyn/Home Office*, 4.12.1974, Slg. 1974, 1337, 1351, Ziff. 22.

[193] *Verdross/Simma*, S. 521, § 817, dortige Fn 44; *Simma*, NYIL 16 (1985) 111, 127; *White*, NYIL 16 (1985) 137, 162; *Arangio Ruiz*, Dritter Bericht, YBILC 1992 II, Part One, S. 36, Ziff. 99 f; ausführlich *Marschik*, S. 259-272. Differenzierend *Tomuschat*, in: FS Börner, S. 441, 447-456, der nur hinsichtlich des Verhältnisses der Mitgliedstaaten zur Gemeinschaft von einer abschließenden Regelung ausgeht.

[194] U.S.-France Air Services Award, ILR 54 (1979) 306, 339 f, Ziff. 88-91.

Vorsitz Riphagens tagende Schiedsgericht in einem *obiter dictum* hinzu, schlössen Gegenmaßnahmen nur dann aus, wenn sie in einen institutionellen Rahmen eingebunden seien, der einen gewissen Durchsetzungsgrad gewährleiste.[195]

Die ILC hält vertragliche Regelungen, die das allgemeine Recht der Staatenverantwortlichkeit vollständig verdrängen, grundsätzlich für zulässig. Ihre Auseinandersetzung mit dem Begriff des „Self-Contained Régime" ließ allerdings zunächst keine klare Stellungnahme erkennen. Soweit der Begriff nur zum Ausdruck bringt, daß die Regeln einer Vertragsordnung ohne besonderen Anwendungsbefehl in einer anderen keinen Anspruch auf Geltung erheben können, wird eigentlich nur wiederholt, daß Vertragssysteme mit unterschiedlichem Parteienkreis sich rechtlich zueinander nicht in Beziehung setzen lassen.[196] In diesem Sinne müssen aber Riphagens Ausführungen zu den Subsystemen verstanden werden. Nach seiner Ansicht soll ein Subsystem nur in dem Sinne „self-contained" sein, daß es nicht durch Erwägungen anderer Subsysteme beeinflußt werden kann.[197] Scheitere ein Subsystem, so müsse auf die Regeln anderer Subsysteme ausgewichen werden,[198] und im Fall des Konflikts zwischen verschiedenen Subsystemen sei eine Entscheidung unvermeidlich.[199] Dagegen war es die Literatur, die das Verständnis des „Self-Contained Régime" im Sinne einer abschließenden Regelung der Folgen eines Rechtsverstoßes prägte.[200] Der spätere Berichterstatter der Völkerrechtskommission Arangio-Ruiz hat die Ausführungen Riphagens dann ebenfalls in diesem Sinne aufgefaßt[201]

---

[195] AaO., S. 340, Ziff. 94.

[196] Siehe oben, Fn 98-102 und zugehöriger Text.

[197] Dritter Bericht, YBILC 1982 II, Part One, S. 30, Ziff. 54.

[198] Ebd.

[199] AaO., S. 28, Ziff. 38; S. 32, Ziff. 67.

[200] So z.B. *Simma*, NYIL 1985, 111, 117; *Sicilianos*, S. 348; *Mavroidis*, RIW 1991, 497, 500; *Marschik*, S. 81, 173 mit dortiger Fn 84, mit der Bezeichnung „geschlossene Subsysteme".

[201] Dritter Bericht, YBILC 1992 II, Part One, S. 41, Ziff. 120. Diese Ansicht über die Konzeption Riphagens lag offenbar auch schon dem Zweiten Bericht Arangio-Ruiz' zugrunde, obgleich er selbst auf die unterschiedliche Definition des „self-contained regime" bei Riphagen und Simma hinwies, YBILC 1991 II, Part One, S. 25 f, Ziff. 84, dortige Fn 167. – *Hahn*, S. 158, zitiert Riphagen mit der Formulierung, völkerrechtliche Teilrechtsordnungen seien „durch einen ‚exhaustive set of both primary and secondary rules' gekennzeichnet"; in der angegebenen Fundstelle YBILC 1982 I, S. 202, Ziff. 16, findet sich diese Formu-

und dieser Auffassung seine eigene entgegengesetzt, nach der vollständig abgeschlossene Systeme in der Praxis nicht vorkämen und, soweit sie zwingende oder grundlegende Völkerrechtssätze ausschlössen, auch abstrakt unzulässig seien.[202] Wie bereits dargestellt hat die ILC den Ansatz Riphagens zur Kodifizierung verschiedener spezieller Subsysteme der Staatenverantwortlichkeit nicht weiterverfolgt. Selbst die 1976 nachdrücklich bekräftigte besondere Bedeutung der völkerrechtlichen Verbrechen[203] hat in Kapitel III der Artikel zur Staatenverantwortlichkeit lediglich einen Regelungstorso hinterlassen.[204] Im übrigen aber stehen die Artikel nach Art. 55 insgesamt unter dem Vorbehalt spezieller Regeln. In ihrem Kommentar geht die ILC klar davon aus, daß diese auch abschließend sein können.[205] Auch die Studiengruppe zur Fragmentierung des Völkerrechts hat sich zwar grundsätzlich für die Geltung allgemeiner Regeln in speziellen Regimes ausgesprochen,[206] zunächst aber offengelassen, ob im Falle des Scheiterns des Regimes die allgemeinen Regeln generell wieder Anwendung finden.[207]

---

lierung allerdings nicht. Dort heißt es dagegen: „What was meant by the term ‚subsystem of international law'? A theoretical answer might be that a system was an ordered set of conduct rules, procedural rules and status provisions, which formed a closed legal circuit for a particular field of factual relationships", zutreffend zitiert im Dritten Bericht Arangio-Ruiz', aaO., S. 40, Ziff. 112. Zumindest ungenau daher die Aussage Koskenniemis über die Arbeiten der ILC zur Staatenverantwortlichkeit: „Although the Special Rapporteurs had held that States were entitled to set up self-contained regimes on State responsibility, there had never been any suggestion that such regimes would form ‚closed legal circuits'", paraphrasierte Wiedergabe im ILC-Bericht 2004 (oben, Fn 77), S. 289, Ziff. 317.

[202] Dritter Bericht, YBILC 1992 II, Part One, S. 40, Ziff. 112.

[203] Siehe oben, bei Fn 70.

[204] Zu den Konsequenzen der heutigen Fassung *Pellet*, NYIL 32 (2001) 55, 67-76.

[205] Commentaries to the draft articles on Responsibility of States for internationally wrongful acts adopted by the International Law Commission at its fifty-third session (2001), S. 357, Kommentar (3) zu Art. 55, wiedergegeben in *Crawford*, S. 307.

[206] ILC-Bericht 2004 (oben, Fn 77), S. 292, Ziff. 327.

[207] AaO., S. 292 f, Ziff. 329. In ihren Schlußfolgerungen hat sie sich dann allgemein in diesem Sinne ausgesprochen, siehe ILC Report 58th Session (2006), UN-Dokument A/61/10, S. 412, Ziff. 251 (16).

Von besonderer Bedeutung in der Diskussion um die Zulässigkeit abgeschlossener Systeme von Sekundärregeln ist ganz offensichtlich die Effektivität der regimeinternen Sanktionierungssysteme. Ist diese nicht gewährleistet, andererseits aber der Rückgriff auf die allgemeinen Regeln gänzlich ausgeschlossen, so bestünde eine Norm, die den Vorbehalt ihres eigenen Versagens bereits in sich trägt, was zu Zweifeln an ihrem Rechtscharakter selbst Anlaß gibt.[208] Eine strenge Dichotomie zwischen Recht auf der einen und abgeschlossenen Regelungssystemen auf der anderen Seite anzunehmen dürfte indessen zu rigoros sein. Zwar kann eine von vornherein unter dem Vorbehalt der Nichtverbindlichkeit geschlossene Vereinbarung keinen Anspruch auf die Bezeichnung Recht erheben.[209] Es erscheint aber durchaus nicht ausgeschlossen, daß Staaten sich in redlicher Absicht auf ein verbindliches Rechtsregime mit eigener Durchsetzungsmaschinerie verständigen, die sie als effektiv ansehen und daher als abgeschlossen gelten lassen wollen. Angesichts der notorischen Durchsetzungsschwäche des Völkerrechts muß ein Ausschluß der allgemeinen Regeln keineswegs für eine verminderte Durchsetzungskraft der betroffenen Rechtsordnung sprechen, ja er kann unter Umständen sogar das *quid pro quo* für die Schaffung eines effektiven Durchsetzungsmechanismus darstellen. Eine derart abgeschlossene Rechtsordnung mag, wenn sie sich als unwirksam erweist, in der Praxis scheitern und von den Mitgliedern einvernehmlich abgeändert oder aber faktisch nicht mehr angewendet werden (*desuetudo*). Dieser Gefahr ist letztlich jede Rechtsordnung ausgesetzt, ob innerstaatlich oder völkerrechtlich. Wenig wäre dagegen gewonnen, wenn man pragmatische Vereinbarungen der Staaten aus theoretischen Erwägungen heraus als unrechtlich einordnen wollte. Die Zulässigkeit abschließender Sanktionierungssysteme kann daher nicht von vornherein ausgeschlossen werden.[210] Vielmehr liegt es in der Freiheit der Staaten, kraft ihrer Sou-

---

[208] Hierzu ausführlich *Marschik*, S. 160-163 sowie 174-181. Ähnlich auch *Simma*, NYIL 16 (1985) 111, 136. Zweifelnd auch Koskenniemi in der ILC-Studiengruppe zur Fragmentierung des Völkerrechts, aaO. (oben, Fn 77), S. 290, Ziff. 318. Anders dagegen *Jan Neumann*, Koordination des WTO-Rechts, S. 393, der die „allgemein notwendige Unterscheidung zwischen dem Gehalt einer Rechtsnorm und ihrer Durchsetzung" postuliert und daher meint, daß die Durchsetzbarkeit, mit der eine Norm versehen wird, mit ihrem „Gehalt" nichts zu tun habe.

[209] So schon *Jellinek*, Staatenverträge, S. 58 f.

[210] Treffend *Pauwelyn*, AJIL 95 (2001) 535, 539, mit der Aussage, Staaten könnten – abgesehen von *ius cogens* – sämtliche allgemeinen völkerrechtlichen Regeln, aber nicht das völkerrechtliche System als solches abbedingen.

veränität beliebige Vereinbarungen zu treffen, gegebenenfalls auch unter Ausschluß der allgemeinen Regeln über die Staatenverantwortlichkeit.

Von der Zulässigkeit abschließender Sanktionierungssysteme zu trennen ist dagegen die Frage, ob eine auf einen begrenzten Kanon von Sekundärregeln festgelegte Rechtsordnung zweckmäßig ist. Mag speziellen Regeln über Vertragsverletzungen auch der Vorrang einzuräumen sein,[211] so bestätigt doch eine Residualstellung des allgemeinen Rechts der Staatenverantwortlichkeit den Durchsetzungswillen, der bei Vertragsschlüssen regelmäßig vorliegen dürfte. Hieraus erklärt sich die Auffassung, daß derjenige, der ein „Self-Contained Régime" behauptet, hierfür beweispflichtig sei.[212] Eine Auslegung, die allein aus der Aufnahme kollektiver Durchsetzungsmechanismen in ein Vertragswerk auf den Willen der beteiligten Staaten zum Ausschluß des sonstigen Rechts der Staatenverantwortlichkeit schließt, griffe dagegen zu kurz. Auch wenn man das Regel-Ausnahme-Verhältnis für bestimmte Rechtsregimes aufgrund Gegenstands und Zweckes umkehren will,[213] müßten doch der besondere Gegenstand und Zweck zunächst einmal konkret belegt werden.[214] Insbesondere wenn ein System keine ausdrückliche Regelung über seine Abgeschlossenheit aufweist, kann nicht ohne Grund angenommen werden, daß ihm seine Gründer die allgemeine Durchsetzungskraft des Völkerrechts vorenthalten wollten.

bb) Zur Auslegung des WTO-Abkommens

Bereits zum GATT 1947 wurde die Abgeschlossenheit des Panel-Verfahrens im Zusammenhang mit seiner Effektivität behandelt. Allgemeines Völkerrecht sollte dann zur Anwendung kommen, wenn die Annahme einer Panel-Entscheidung verhindert und der verletzte Staat so

---

211 So die einhellige Meinung, etwa *Simma*, in: *Schreuer (Hrsg.)*, S. 129, 151 f; *ders.*, NYIL 16 (1985) 111, 128; Arangio-Ruiz, Dritter Bericht, YBILC 1991 II, Part One, S. 41, Ziff. 116.

212 So zu den UN-Menschenrechtspakten *Tomuschat*, VN 26 (1978) 1, 8 sowie *Simma*, in: *Schreuer (Hrsg.)*, S. 129, 136; *ders.*, NYIL 16 (1985) 111, 133, 135. *Marschik*, S. 110, entnimmt dem Air-Services-Schiedsspruch (oben, Fn 194) eine solche Aussage.

213 *Riphagen*, in: *Mc Donald/Johnston (Hrsg.)*, S. 581, 599, Ziff. 40.

214 Gegen Klassifikationen genereller Art in diesem Zusammenhang auch *Tomuschat*, in: FS Börner, S. 441, 447. Ähnlich der Ausgangspunkt *Hahns*, S. 160 f, mwN.

um eine systeminterne Durchsetzung seiner Rechte gebracht werde.[215] Ganz überzeugt diese Auffassung freilich nicht, da im Interesse eines geordneten Handelssystems die gegenseitigen Rechte eben nicht in rigider und durchsetzbarer Weise festgeschrieben waren, sondern die Lösung von Streitfällen den Vertragsparteien in ihrer Gesamtheit anvertraut war.[216] Dem nicht befriedigten Verletzten blieb als Alternative zur Duldung und diplomatischen Weiterbehandlung von Vertragsverletzungen immerhin die Ausgangsoption, nämlich eine ordentliche Kündigung (Art. XXXI GATT). Vor diesem Hintergrund ist das GATT 1947 teilweise als abschließende Regelung über Repressalien angesehen worden.[217] Von anderer Seite wurde dieses Urteil auch schlicht mit der erreichten tatsächlichen Effektivität der Streitschlichtung begründet.[218]

Das DSU hat die Position des Verletzten erheblich gestärkt. Gegen seinen Willen ist eine Ablehnung eines Panel- oder Appellate-Body-Berichts nicht mehr möglich, und er hat einen Anspruch, nach Art. 22 Abs. 2 DSU zur Suspendierung von Handelskonzessionen ermächtigt zu werden. Durchweg strenge Zeitvorgaben, die auch auf besondere Eilbedürftigkeit Rücksicht nehmen, schließen zudem eine unangemessene Verfahrensverschleppung aus. Im Hinblick auf eine mögliche Rechtsvereitelung erscheint ein Rückgriff auf allgemeine Regeln des Völkerrechts bei Vertragsverletzungen daher nicht angezeigt.[219] Dagegen erheben sich Zweifel an einem effektiven Rechtsschutz, wenn der verletzte Staat gar nicht über genügend Wirtschaftsmacht verfügt, um eine Vertragsverletzung notfalls durch die Suspendierung selbst gewährter Handelskonzessionen aufzuwiegen. In einem solchen Fall läßt sich durchaus plausibel auch ein Rückgriff auf das allgemeine Recht der Gegenmaßnahmen erwägen, damit der Verletzer auch durch Suspendie-

---

[215] So *Mavroidis*, RIW 1991, 497, 500 f; *Kuyper*, NYIL 25 (1994) 227, 251; *Hahn*, S. 253 f; *Marschik*, S. 134-137. Ähnlich auch *Boisson de Chazournes*, S. 183 f, die Repressalien auf Gebieten außerhalb des GATT, die dessen Durchsetzung dienen, generell für zulässig hält, soweit die Bedingungen aufgrund sonstiger Regeln eingehalten werden.

[216] Siehe oben, Seite 248.

[217] *Petersmann*, GYIL 34 (1991) 175, 193-195. Ebenso *Boisson de Chazournes*, S. 148, 183, allerdings nur soweit die Aussetzung von GATT-Verpflichtungen in Rede steht, siehe oben (Fn 215). Unentschieden *Jackson*, World Trade and the Law of GATT, S. 163 f.

[218] So *Hahn*, S. 245 f.

[219] Anderer Ansicht *Marschik*, S. 141, dortige Fn 128.

rung völkerrechtlicher Verpflichtungen außerhalb der WTO zusätzlich zur Vertragstreue veranlaßt werden kann.

Auf den ersten Blick spricht das Normgefüge des DSU gegen eine solche These. Aus Art. 22 Abs. 2 DSU ergibt sich ebenso wie aus dem in Art. 22 Abs. 4 DSU angeordneten Gebot der Gleichwertigkeit von Verletzung und Suspendierung, daß bei der Suspendierung von Handelszugeständnissen der Kompensationscharakter im Vordergrund steht. Art. 22 DSU soll vor allem sicherstellen, daß ein mit einer Vertragsverletzung konfrontierter Staat nicht zur Erfüllung seines Teils der Vereinbarung verpflichtet bleibt. Gleichwohl ist die mit der Suspendierung von Handelszugeständnissen einhergehende Zwangswirkung bewußt einkalkuliert, wie nicht zuletzt in dem durch Ekuador erwirkten Schiedsspruch gegen die EG ausgesprochen wurde.[220] Ziel der Streitbeilegung ist nicht nur die Kompensation entzogener Vorteile, sondern die Wiederherstellung eines vertragsgemäßen Zustands. Daher läßt sich der Rückgriff auf Kreuzsanktionen nach Art. 22 Abs. 3 lit. b und c DSU auch allein mit deren größerer Wirksamkeit rechtfertigen.[221] Die Literatur hält sogar wechselnde, den Partner an besonders empfindlichen Stellen treffende „Karussellsanktionen“ für zulässig.[222] Die bewußt angelegte Zwangswirkung macht deutlich, daß sich die Streitbeilegung nicht in einem Verfahren zur rationalen Behandlung von Vertragsverstößen erschöpft, sondern auch auf eine effektive Rechtsdurchsetzung angelegt ist. Es erscheint nur konsequent, in den Grenzen der Gleichwertigkeit nach Art. 22 Abs. 4 DSU einem verletzten Staat auch den Rückgriff auf allgemeine Gegenmaßnahmen zu eröffnen, wenn allein eine Suspendierung von WTO-Verpflichtungen die Vertragsverletzung nicht wirksam zu sanktionieren vermag.

Demgegenüber fehlen ausdrückliche Hinweise auf eine Abgeschlossenheit des WTO-Sanktionierungssystems. Zwar ordnet Art. 23 Abs. 1 DSU an, daß die Streitbeilegung innerhalb des durch das DSU vorgesehenen Rahmens verfolgt werden muß.[223] Allerdings ist von der Autori-

---

220 AaO. (oben, Fn 34), Ziff. 72, 76. Ebenso bereits der Schiedsspruch nach Art. 22 Abs. 6 DSU in dem parallelen, durch die USA betriebenen Verfahren, WTO-Dokument WT/DS27/ARB vom 9.4.1999, Ziff. 6.1 und 6.3.

221 Schiedsspruch im Ekuador-Fall, aaO. (oben, Fn 34), Ziff. 72-74.

222 *Jürgensen*, RIW 2000, 577, 581; *Weiß*, in: *Weiß/Herrmann*, Rn 320.

223 Vgl. Panel-Bericht *US – Import Measures on Certain Products from the EC*, WTO-Dokument WT/DS165/R, Ziff. 6.133, Rn 170, der Art. 23 DSU als Art. 60 WVRK vorrangige Spezialregelung qualifiziert.

sierung durch den DSB in Art. 23 Abs. 2 lit. c DSU nur insoweit die Rede, als es sich um Zugeständnisse und Verpflichtungen „under the covered agreements" handelt. Die Suspendierung sonstiger völkerrechtlicher Verpflichtungen nach den allgemeinen Regeln als Antwort auf Verletzungen der WTO-Abkommen bleibt dagegen ohne Regelung. Mangels ausdrücklichen Verbots spricht daher nichts dagegen, daß ein Staat auch sonstige völkerrechtliche Verpflichtungen – im Rahmen der Verhältnismäßigkeit – als Gegenmaßnahmen aussetzen kann, wenn die Suspendierung eigener Handelszugeständnisse keine ausreichende Zwangswirkung zu entfalten vermag.[224]

c) Zum Repressalienverbot in den WIPO-Verbänden

Schließt das WTO-Abkommen also eine Sanktionierung seiner Verpflichtungen durch die Aussetzung von WIPO-Verbandsverpflichtungen nach dem Recht der Gegenmaßnahmen nicht aus, so fragt sich, ob die WIPO-Verbände selbst einer solchen Inanspruchnahme als Sanktionsmasse für sonstige Völkerrechtsverletzungen entgegentreten. Geht, mit anderen Worten, die Isolierung der geschützten privaten Rechte von der außenpolitischen Gestaltungsgewalt der Staaten so weit, daß sie mit einem Repressalienverbot versehen wurden?

aa) Zulässigkeit gewillkürter Repressalienverbote

Die vertragliche Abrede von Repressalienverboten ist ein zweiter Gesichtspunkt, der bei der Diskussion von „Self-Contained Régimes" regelmäßig zur Sprache kommt. Erweist sich eine völkerrechtliche Verpflichtung als unangreifbar für Repressalien, die aufgrund anderweitiger Völkerrechtsverletzungen nach allgemeinem Recht der Gegenmaßnahmen verhängt werden könnten, so kann sie insofern als abschließende Regelung über die Staatenverantwortlichkeit angesehen werden, die den Rückgriff auf die allgemeinen Regeln sperrt.[225] Im Gegensatz zur oben diskutierten Problematik handelt es sich dabei nicht um die Frage, ob ein Vertrag sich unter Rückgriff auf allgemeine Grundsätze durchsetzen

[224] Ebenso *Marschik*, S. 142 f. Grundsätzlich gegen die Zulässigkeit von Gegenmaßnahmen nach allgemeinem Völkerrecht dagegen *Weiß*, in: *Weiß/Herrmann*, Rn 260. Unentschlossen *Kuyper*, 25 (1994) 227, 252.

[225] Vgl. *Marschik*, S. 167-169, der insofern von der Öffnung von Subsystemen „nach außen" spricht.

läßt, sondern umgekehrt darum, ob er sich der Inanspruchnahme als Sanktionsmasse für sonstige Völkerrechtsverletzungen entzieht.[226]

Zum Tragen kommt dieser Aspekt namentlich beim Paradebeispiel des „Self-Contained Régime", dem Diplomatenrecht, jedenfalls[227] soweit die diplomatische Immunität betroffen ist. Die Konstruktion des IGH im Teheraner Geiselfall stellt sicher, daß sowohl vertragsintern wie auch nach außen hin jede Infragestellung der diplomatischen Immunität, insbesondere im Wege der Repressalie, ausgeschlossen ist. Entsprechendes gilt für die anderen gängigen Beispiele für „Self-Contained Régimes". Menschenrechte dürfen zwar aufgrund öffentlicher Interessen beschränkt werden, sie in Repressalienabsicht auszusetzen hieße aber, die eigenen Staatsangehörigen für die Erfüllung völkerrechtlicher Verpflichtungen durch das Ausland in Geiselhaft zu nehmen, was schwerlich mit dem Grundgedanken des Menschenrechtsschutzes zu vereinbaren wäre. Konsequent nehmen die Artikel zur Staatenverantwortlichkeit der ILC die grundlegenden Menschenrechte in Art. 50 Abs. 1 lit. b ebenso wie eine Reihe weiterer grundlegender Rechtsgüter von der allgemeinen Repressalienbefugnis aus. In ähnlicher Weise schließt auch innerhalb der EG die anerkannte individuelle Berechtigung, die hinreichend konkrete Primär- und Sekundärnormen vermitteln, die Inanspruchnahme zur Sanktionierung sonstiger Völkerrechtsverletzungen aus.

Warum eine Rechtsmaterie vor der Inanspruchnahme als Sanktionsmasse bewahrt wird, läßt sich letztlich schlicht mit Eigenart und Zweck der jeweiligen Rechtsregimes begründen,[228] etwa der Funktionsfähigkeit

---

226 Zur Unterscheidung beider Fragen *Riphagen*, Dritter Bericht, YBILC 1982 II, Part One, S. 33, Ziff. 72; *Dominicé*, in: FS Huber, S. 541, 552; *Boisson de Chazournes*, S. 183-185; *Sicilianos*, S. 348 f; *Marschik*, S. 167.

227 Über den engen Kernbereich der Funktionswahrung des diplomatischen Verkehrs hinaus wird auch im Diplomatenrecht die Aussetzung von Verpflichtungen als Reaktion auf Völkerrechtsverletzungen für möglich gehalten, vgl. *Tomuschat*, ZaöRV 33 (1973) 179, 180 f; *Simma*, NYIL 1985 16 (1985) 111, 121-123; *Zemanek*, ZaöRV 47 (1987) 32, 40 f; *Sicilianos*, S. 350 f. Dies wurde auch in der ILC vertreten, so *Reuter*, YBILC 1984 I, 1858th Meeting, S. 364, Ziff. 30 f; *Sinclair*, YBILC 1985 I, 1895th Meeting, S. 116 f, Ziff. 7; *Tomuschat*, aaO., 1896th Meeting, S. 126, Ziff. 41. Zu einer Reihe unzulässiger Maßnahmen vgl. auch *Sicilianos*, S. 344-346.

228 So *Simma*, in: *Schreuer (Hrsg.)*, S. 129, 152; *ders.*, NYIL 16 (1985) 111, 122; *Dominicé*, in: FS Huber, S. 541, 543, 550 f; *Sicilianos*, S. 338; *Arangio-Ruiz*, Dritter Bericht, YBILC 1992 II, Part One, S. 39, Ziff. 110; *Reuter*, S. 208, Anm.

des diplomatischen Verkehrs, dem notwendigen Schutz der Person vor dem übermächtigen Staat oder der Effektivität des EG-Binnenmarkts. Eine Rolle spielt vielfach auch eine integrale Pflichtenstruktur, die es mit sich bringt, daß eine zur Abwehr völkerrechtswidrigen Verhaltens eines einzelnen Staates vorgenommene Suspendierung zugleich die Rechtstreuen träfe.[229] Das Beispiel der EG macht überdies deutlich, daß eine Repressalienfestigkeit nicht auf die grundlegenden, in Art. 50 der ILC-Artikel über die Staatenverantwortlichkeit genannten Rechtsgüter beschränkt ist, sondern daß Staaten sich zur Erreichung gemeinsamer Ziele auch willentlich Repressalienverboten unterwerfen können, etwa im Wege der Zuweisung von Rechten an Private.

bb) Verbandsrechte als repressalienfeste Rechtsgüter

Eine Repressalienfestigkeit der WIPO-Verbände folgt ersichtlich nicht schon aus Bedeutung und Natur der betroffenen Rechte. Da schon keine gewohnheitsrechtliche Pflicht zum geistigen Eigentumsschutz besteht, kommt eine Einordnung in die in Art. 50 der ILC-Artikel zur Staatenverantwortlichkeit genannten Rechtsgüter nicht in Betracht. Zu fragen ist daher allein nach einer gewillkürten Repressalienfestigkeit.

Insofern gilt aber nichts anderes als das zu Art. 60 WVRK Gesagte. Ziel der Verbände ist es, privaten Rechten an Immaterialgütern einen umfassenden Schutz zu gewähren und sie namentlich der außenpolitisch motivierten staatlichen Verfügung zu entziehen. Niedergeschlagen hat sich diese Zwecksetzung in der möglichst weitgehenden Subjektivierung der Rechte, die freilich keine privaten geistigen Eigentumsrechte kraft Völkerrechts schuf, von der Erhebung Privater in die Völkerrechtssubjektivität also noch absah. Die besondere Absicherung erfolgte vielmehr durch die Vergemeinschaftung des geistigen Eigentumsschutzes in den Verbänden, d.h. die Verallgemeinerung der bilateralen Pflichten, die im Verbot abweichender Vereinbarungen *inter se* ihren greifbaren Ausdruck finden. Schuldet aber jeder Verbandsstaat den Schutz verbandsangehöriger Personen nicht nur deren jeweiligem Heimatstaat, sondern zugleich allen anderen Verbandsstaaten, so erscheint es nicht überzeugend, daß er als Repressalie gegen Völkerrechtsverletzungen des Heimatstaats seine Verbandsverpflichtungen aussetzen und damit zugleich

zu Ziff. 303; *Marschik*, S. 106 f, 169. Auch Gesichtspunkte der Normenhierarchie werden angeführt, so *Sicilianos*, S. 339, 361.

[229] Vgl. *Simma*, Das Reziprozitätselement, S. 208 (zur EMRK) sowie allgemein S. 219.

seine Verpflichtung gegenüber allen anderen Verbandsstaaten verletzen darf.

Allerdings sind durch die Verbände geschützte private geistige Eigentumsrechte als Kriegsentschädigung in Anspruch genommen worden. So behielten sich die Alliierten insbesondere in Art. 306 Abs. 5 des Versailler Vertrages die Inanspruchnahme in ihren Ländern gültiger deutscher geistiger Eigentumsrechte zur Erfüllung der Reparationszahlungen vor. Nach dem zweiten Weltkrieg wurde die Befugnis zur Liquidierung der auf dem Gebiet der Alliierten befindlichen Vermögenswerte zu Reparationszwecken in den Friedensverträgen mit Italien, Bulgarien, Ungarn und Rumänien festgeschrieben, ausgenommen allerdings die Urheberrechte.[230] In gleicher Weise wurden deutsche geistige Eigentumsrechte in Anspruch genommen.[231] Zumindest die genannten Bestimmungen des Versailler Vertrags sind in der Literatur als Verstoß gegen den Geist der Verbände angesehen worden.[232] In keinem Fall wird man die Inanspruchnahme als Kriegsreparationen indessen als Beleg dafür heranziehen können, daß private geistige Eigentumsrechte allgemein als Haftungsmasse für völkerrechtliches Unrecht eines Staates herhalten sollten. Der Ausnahmefall des Weltkriegs ist mit der Staatenverantwortlichkeit im Friedensvölkerrecht insofern nicht vergleichbar.

III. Ergebnis zum zweiten Abschnitt

Eine Suspendierung von geistigen Eigentumsrechten, wie sie das Handelssystem als Reaktion auf die Verletzung von WTO-Verpflichtungen vorsieht, ist mit entsprechenden Verpflichtungen der WIPO-Verbände unvereinbar. Soweit ein Staat inhaltsgleiche Verpflichtungen parallel in WTO und WIPO übernommen hat, kann er von einer in der WTO erteilten Suspendierungsbefugnis keinen Gebrauch machen, wenn das betroffene WTO-Mitglied ihm zugleich in dem entsprechenden WIPO-Verband verbunden ist. Dem TRIPS-Abkommen ist auch im Zusam-

---

[230] Vgl. Art. 79 Abs. 1 sowie Abs. 5 lit. d des Friedensvertrags mit Italien, PI 1947, 151-154 sowie DdA 1949, 110-113; Angaben zu den anderen Friedensverträgen aaO., S. 152, dortige Fn 1.

[231] Vgl. Accord relatif au traitement des brevets d'invention ayant appartenu à des allemands vom 27.7.1946, PI 1946, 121 f. Hierzu *Ladas*, Patents, S. 1835-1837, § 1000.

[232] *Ladas*, Patents, S. 1818, § 979.

menhang mit dem DSU kein auf einen Verstoß gegen das in den WIPO-Verbänden ausgesprochene Verbot den Verbandsnormen widersprechender Abreden *inter se* gerichteter Wille zu entnehmen. Die WTO-Ordnung setzt sich daher weder als *lex posterior* noch *lex specialis* über die Verbandsordnungen hinweg. Auch eine Aussetzung der Verbandsverpflichtungen im Wege der Suspendierung von Vertragspflichten nach Art. 60 WVRK oder nach allgemeinem Recht der Staatenverantwortlichkeit kommt nicht in Betracht, da die Verbandsnormen nach Struktur und Zwecksetzung repressalienfest sind. Im Ergebnis bleibt es dabei, daß ein Staat geistige Eigentumsrechte auch bei einer einschlägigen Autorisierung durch die WTO nicht aussetzen darf, wenn er sich zusätzlich im Rahmen der WIPO zu ihrem Schutz verpflichtet hat.

Dritter Abschnitt: Die Konkurrenz in der Streitbeilegung

Noch in den 1950er Jahren waren zwingende internationale Streitschlichtungsverfahren eine Ausnahme, so daß in aller Regel allenfalls ein einziges internationales Gericht die Zuständigkeit zur Behandlung eines Streitfalls hatte.[1] Dagegen hat das Nebeneinander von Streitschlichtungsverfahren insbesondere seit Beginn der 1990er Jahre[2] Anlaß zu der Befürchtung gegeben, das völkerrechtliche System sei einer zunehmenden Fragmentation ausgesetzt.[3] Mit den Unterwerfungsklauseln unter die Gerichtsbarkeit des IGH in Art. 28 PVÜ, Art. 33 RBÜ und Art. 30 Romabkommen auf der einen und dem DSU-Verfahren auf der anderen Seite bestehen seit 1.1.1995 auch für den internationalen geistigen Eigentumsschutz parallele Streitbeilegungsmechanismen, die miteinander in Konflikt geraten könnten. Obgleich das Verfahren vor dem IGH bislang noch nie eingeleitet wurde, erscheint es nach Hinzutreten des DSU-Verfahrens nicht ausgeschlossen, daß Staaten – unter Umständen auch zur Meidung eines WTO-Schiedsspruchs – auf dieses Forum auszuweichen versuchen.

I. Zur Überschneidung der Zuständigkeitsbereiche

Eine Zuständigkeitskonkurrenz verschiedener Streitschlichtungseinrichtungen ist grundsätzlich dann gegeben, wenn sie zur Entscheidung über dieselbe Sach- oder Rechtsfrage berufen sind. Hierbei ist die Unterwerfung unter eine internationale Gerichtsbarkeit an sich vom Umfang der hierdurch vermittelten Zuständigkeit zu unterscheiden.[4] An-

---

1 Vgl. *Fitzmaurice*, Law and Procedure, Vol II, S. 437 f.

2 Überblick bei *Shany*, S. 5-7.

3 *Guillaume*, ICLQ 44 (1995) 848, 861 f; *ders.*, RGDIP 100 (1996) 323, 331; *Jennings*, BYIL 68 (1997) 1, 60. Siehe auch *Marceau*, JWT 35 (2001) 1081, 1108; *Koskenniemi/Leino*, LJIL 15 (2002) 553, 553-556, jeweils mwN.

4 Siehe *Fitzmaurice*, Law and Procedure, Vol. I, S. 109 f sowie Vol. II, S. 434 f, sowie *Rosenne*, Vol. II, 528-534, zum Unterschied zwischen „Jurisdiction" und „Competence". Ebenso die Berufungskammer des ICTY zum Verständnis des Begriffs „Jurisdiction" in *Prosecutor v. Duško Tadić*, Decision on the Defence Motion for Interlocutory Appeal on Jurisdiction, 2.10.1995, ILM 35 (1996) 32, 38, Ziff. 10.

ders als es das nationale Recht mitunter vorsieht,[5] berechtigt allein die Gerichtsbarkeit eines internationalen Streitbeilegungsorgans noch nicht zur Entscheidung eines Falls unter allen rechtlichen Gesichtspunkten, vielmehr ist die Zuständigkeit oftmals auf die Entscheidung bestimmter Aspekte eines Falls – z.B. die Anwendung eines bestimmten Vertrags – beschränkt.[6] Wenn aber verschiedene Gerichte über unterschiedliche, klar voneinander abgegrenzte sachliche oder rechtliche Aspekte eines Falles entscheiden, kann von einer Konkurrenzsituation keine Rede sein. In der Literatur wird daher mitunter eine Konkurrenz der WTO-Streitschlichtung zu anderen Verfahren ohne weiteres in Abrede gestellt.[7] Richtig hieran ist, daß Streitbeilegungsverfahren namentlich dann nicht miteinander konkurrieren, wenn sie eine gegebene Sachlage anhand unterschiedlicher rechtlicher Maßstäbe beurteilen.[8] Widersprüche zwischen ihren Entscheidungen wären dann lediglich Ausdruck materieller Widersprüche der angewandten Rechtsmaterien selbst und müßten nach materiellrechtlichen Kriterien gelöst werden,[9] wie sie im vorangegangenen Abschnitt behandelt wurden. Die Feststellung, ob eine Konkurrenz vorliegt, erfordert daher zunächst eine genaue Prüfung, inwiefern sich die zu beurteilenden Rechtsmaterien überschneiden. Selbst wenn eine genaue Abgrenzung möglich ist, kann eine Konkurrenzsituation entstehen, und zwar wenn die jeweils anzuwendenden Rechtssätze die Ermittlung derselben Sachlage erfordern.

A. Konkurrenz in der rechtlichen Beurteilung

Ständige internationale Gerichte mit universeller Zuständigkeit sind der IGH (Art. 38 Abs. 1 IGH-Statut), der Ständige Schiedshof in Den Haag (Art. 21 Haager Abkommen 1899[10]/Art. 42 I. Haager Abkommen

---

[5] Vgl. § 17 Abs. 2 GVG. Allgemein im genannten Sinne *Lowe*, AustralianYBIL 20 (1999) 191, 199.

[6] Vgl. etwa IGH, *Ambatielos (Jurisdiction)*, 1.7.1952, ICJ Reports 1952, 27, 44.

[7] *Marceau*, JWT 35 (2001) 1081, 1113; *Jan Neumann*, Koordination des WTO-Rechts, S. 538 f, 544, 640. Zurückhaltender *Oellers-Frahm*, MPYUNL 5 (2001) 67, 73.

[8] Vgl. *Shany*, S. 26 f, 72.

[9] In diesem Sinne auch *Oellers-Frahm*, MPYUNL 5 (2001) 67, 73.

[10] RGBl. 1901, 393 mit Bekanntmachung der Ratifizierung auf S. 482.

1907[11])[12] sowie der Internationale Seegerichtshof in Hamburg (Art. 293 SRÜ).[13] Auch *ad hoc* eingesetzte Schiedsgerichte werden in der Regel mit einem umfassenden rechtlichen Mandat ausgestattet sein, da sie anderenfalls eine umfassende Streitschlichtung nicht gewährleisten könnten. Hinzu treten eine Reihe regionaler Mechanismen mit unbegrenzter Zuständigkeit *ratione materiae*, die zumeist wenig Relevanz für die Praxis haben.[14] Hiervon abgesehen ist die Begrenzung der Zuständigkeit internationaler Streitschlichtungseinrichtungen nach Rechtsmaterie eher der Regel- als der Ausnahmefall.[15] Sofern nichts anderes bestimmt ist, führt sie dazu, daß das angerufene Streitbeilegungsgremium den Fall nur unter dem Gesichtspunkt der aufgeführten Rechtsmaterie beurteilen darf.[16] Unter dieser Prämisse ist festzustellen, inwiefern sich die in den Verfahren nach WIPO-Unterwerfungsklauseln und DSU zu beurteilenden Rechtsmaterien überhaupt überschneiden.

1. Sachliche Zuständigkeit der WIPO

Die Zuständigkeit des IGH nach Art. 28 PVÜ, Art. 33 RBÜ und Art. 30 Romabkommen ist beschränkt auf Streitigkeiten über die Auslegung oder Anwendung der jeweiligen Übereinkunft. Eine implizite Berücksichtigung des WTO-Rechts kommt nicht in Betracht. Als vorbestehende Verträge weisen die Verbände keinen ausdrücklichen Bezug zum WTO-Abkommen auf, noch verweisen sie in abstrakter Form auf andere Abkommen. Wie im vorigen Abschnitt dargelegt stellt das WTO-Abkommen auch keine implizite oder allein im Verhältnis der WTO-Mitglieder wirksame Änderung der Verbände dar. Als lediglich zusätz-

---

11 RGBl. 1910, 5 mit Bekanntmachung der Ratifizierung auf S. 375.

12 *Shany*, S. 29 f. Ob der Ständige Schiedshof als Gericht einzuordnen ist, ist im übrigen zweifelhaft, vgl. *Tomuschat*, in: Judicial Settlement of International Disputes, S. 285, 307-311; *Jennings*, BYIL 68 (1997) 1, 5-9.

13 Mit der Einschränkung, daß das anzuwendende Recht dem SRÜ nicht widerspricht.

14 Vgl. *Shany*, S. 43 f.

15 Vgl. die Ergebnisse der Studie *Tomuschats*, in: Judicial Settlement of International Disputes, S. 285, 400.

16 Vgl. nur IGH, *Military and Paramilitary Activities (Nicaragua/USA) (Jurisdiction)*, ICJ Reports 1984, 392, 441, Ziff. 111; Entscheidung zur Sache im selben Fall *(Merits)*, ICJ Reports 1986, 14, 135 f, Ziff. 270 f; *Ölplattformfall* (Iran/USA), ILM 42 (2003) 1335, 1347, Ziff. 22; S. 1352, Ziff. 42.

lich übernommene Verpflichtung kann es die Auslegung der Verbandsverträge nicht beeinflussen.

Die Annahme einer Pflicht zur harmonisierenden Auslegung oder gar eines Störungsverbots zwischen internationalen Organisationen geht dagegen fehl. Als Hypothese ist es allerdings denkbar, daß globale Ordnungsverträge gegenseitig auf ihr Funktionieren Rücksicht nehmen müssen, um der internationalen Staatengemeinschaft eine effektive Wahrnehmung ihrer Gemeinschaftsaufgaben zu ermöglichen. Es ist aber bereits hinreichend ausgeführt worden, daß derartige Drittwirkungen von Vertragssystemen, soweit sie nicht die Kraft von Gewohnheitsrecht erlangt haben, allenfalls bei Wahrnehmung grundlegender und unabweisbarer Aufgaben der Staatengemeinschaft angenommen werden könnten, zu denen der internationale Schutz des geistigen Eigentums nicht gehört. Eine zwingende Berücksichtigung des WTO-Rechts bei der Auslegung und Anwendung der WIPO-Verbandsübereinkünfte kann aus diesen Überlegungen nicht abgeleitet werden.

Allerdings ergibt sich eine Besonderheit aus den Bezügen, die das TRIPS-Abkommen zu den Verbandsübereinkünften herstellt. Art. 2 Abs. 1 und Art. 9 Abs. 1 TRIPS-Abkommen inkorporieren durch Verweis einen Großteil der materiellen Bestimmungen von PVÜ und RBÜ, Art. 1 Abs. 3 TRIPS-Abkommen verweist für den persönlichen Anwendungsbereich der materiellen Schutzstandards auf PVÜ, RBÜ und Romabkommen, und Art. 2 Abs. 2 TRIPS-Abkommen proklamiert die Vereinbarkeit der materiellen TRIPS-Standards mit jenen Übereinkünften. Unter diesem Gesichtspunkt kann auch das Verfahren vor dem IGH indirekt zur Beurteilung von TRIPS-Verpflichtungen führen. Der IGH könnte zwar selbst weder Aussagen über das TRIPS-Abkommen treffen noch Handelsmaßnahmen autorisieren, da ihm Art. 28 PVÜ, Art. 33 RBÜ und Art. 30 Romabkommen keine Kompetenz zur Befassung mit WTO-Recht erteilen. Seine Klarstellung der Verbandsrechtslage kann aber über die Kompatibilitätsklausel des Art. 2 Abs. 2 TRIPS-Abkommen dessen Auslegung präjudizieren. Ebenso ist der Schluß auf eine Verletzung des TRIPS-Abkommens unvermeidlich, wenn der IGH die Verletzung einer ins TRIPS-Abkommen inkorporierten Verbandsvorschrift feststellt. Soweit das TRIPS-Abkommen auf die Verbandsnormen Bezug nimmt, ist daher eine Überschneidung der zu beurteilenden Rechtslagen festzustellen.

2. Sachliche Zuständigkeit der WTO

Die Zuständigkeit der WTO-Streitschlichtungseinrichtungen ergibt sich aus Art. 3 Abs. 2 und Art. 7 DSU. Nach dem in Art. 7 Abs. 1 DSU niedergelegten Standardmandat haben die Panels die Streitigkeit im Lichte der Bestimmungen der von den Parteien bezeichneten unter das DSU fallenden Übereinkunft („covered agreement") zu beurteilen. Art. 7 Abs. 2 DSU stellt hierzu klar, daß mangels einer Bezeichnung durch die Parteien die maßgeblichen Bestimmungen aller „covered agreements" heranzuziehen sind. Allgemein bestimmt Art. 3 Abs. 2 Satz 2 DSU, daß die Streitbeilegung nach DSU der Sicherung von Rechten und Pflichten nach den „covered agreements" sowie zur Klärung von deren Bestimmungen im Einklang mit völkergewohnheitsrechtlichen Regeln der Vertragsauslegung dient. Bei den „covered agreements" wiederum handelt es sich nach Art. 1 Abs. 1 DSU um die im Anhang zum DSU aufgelisteten Bestandteile der WTO-Übereinkünfte, die der Streitschlichtung nach dem DSU unterworfen sind, namentlich das WTO-Abkommen, GATT, GATS sowie das TRIPS-Abkommen. Auch die Zuständigkeit der Panels ist also in rechtlicher Hinsicht auf die Anwendung des WTO-Rechts beschränkt.[17]

Soweit eine auf die WIPO-Verbände verweisende TRIPS-Bestimmung streitbefangen ist, wird die WTO-Streitschlichtung auch zur Auslegung und Anwendung des Rechts der WIPO-Verbände gezwungen sein. Tatsächlich haben Panel-Berichte in diesem Zusammenhang WIPO-Verbandsbestimmungen ausgelegt und dazu Materialien und spätere Praxis der Verbandsübereinkünfte herangezogen.[18] Darüber hinaus sind die WIPO-Verbandsübereinkünfte in der Spruchpraxis der Panels mitunter selbst dann berücksichtigt worden, wenn es an einer ausdrücklichen Bezugnahme fehlte. So hat das Panel im Fall *Canada – Patent Protection of Pharmaceutical Products* zur Auslegung der Ausnahmebestimmungen des Art. 30 TRIPS-Abkommen zum Patentrecht den in Teilen wortgleichen Art. 9 Abs. 2 RBÜ, also eine Bestimmung aus dem

---

[17] Angesichts des klaren Wortlauts der Vorschriften überzeugt die von *Bartels*, JWT 35 (2001), Heft 3, 499, 502, 504-506, vertretene Gegenmeinung nicht.

[18] *US – Section 110(5) of the US Copyright Act*, Panel-Bericht, WTO-Dokument WT/DS160/R vom 15.6.2000, Ziff. 6.18-6.29, 6.47-6.63; *US – Section 211 Omnibus Appropriations Act of 1998*, Bericht des Appellate Body, WTO-Dokument WT/DS176/AB/R vom 2.1.2002, Ziff. 124 f, 138-146; *EC – Protection of Trademarks and Geographical Indications for Agricultural Products and Foodstuffs*, Panel-Bericht, WTO-Dokument WT/DS174/R vom 15.3.2005, Ziff. 7.141-7.146.

Urheberrecht, und sogar die Materialien der Brüsseler Revisionskonferenz zur RBÜ von 1948 herangezogen.[19] Ebenso las das Panel im Fall *EC – Protection of Trademarks and Geographical Indications* in die Fußnote zu Art. 3 TRIPS-Abkommen einen Bezug auf die Inländerbestimmung der PVÜ, ohne sich insofern auf die Inkorporierung nach Art. 2 Abs. 1 TRIPS-Abkommen zu berufen.[20] In beiden Fällen stützten die Panels ihr Vorgehen allein auf den Befund, die fraglichen Bestimmungen des TRIPS-Abkommens seien offensichtlich nach dem Vorbild der entsprechenden RBÜ- bzw. PVÜ-Vorschriften geformt. Im Fall *US – Section 110 (5) Copyright Act* bezog das Panel sogar eine gemeinsame Erklärung zu dem zu jenem Zeitpunkt noch gar nicht in Kraft getretenen WCT in seine Auslegungserwägungen ein. In der Literatur ist hieraus auf eine besondere Neigung des WTO-Streitschlichtungsverfahrens zur Berücksichtigung WTO-fremder Rechtsmaterien geschlossen worden,[21] was Zuständigkeitsüberschneidungen einen weiten Raum eröffnen würde.

Einen allgemeinen Grundsatz der harmonisierenden Auslegung, der über Art. 3 Abs. 2 Satz 2 DSU als gewohnheitsrechtlicher Auslegungsgrundsatz im WTO-Recht wirksam werden könnte, kennt das Völkerrecht, wie bereits dargelegt wurde,[22] nicht. Allerdings erklärte das Panel im Fall *US – Section 110 (5)* zum Verhältnis des TRIPS-Abkommens zur RBÜ: „We recall that it is a general principle of interpretation to adopt the meaning that reconciles the texts of different treaties and avoids a conflict between them."[23] Hierbei handelte es sich um ein *obiter dictum*, da das Panel die in Frage stehende Übernahme des vollen *acquis* der RBÜ durch Art. 9 Abs. 1 TRIPS-Abkommen bereits festgestellt und diesen Befund durch die Verhandlungsgeschichte des TRIPS-Abkommens bestätigt gefunden hatte.[24] Zudem muß die Passage im Zusammenhang mit den vorangehenden Sätzen gelesen werden, die RBÜ und TRIPS-Abkommen als „overall framework for multilateral protection" bezeichnet.[25] Aufgrund des Verweises des Art. 9 Abs. 1 TRIPS-

---

[19] *Canada – Patent Protection of Pharmaceuticals*, Panel-Bericht, WTO-Dokument WT/DS114/R vom 17.3.2000, Ziff. 7.29, 7.70-7.72.

[20] AaO. (oben, Fn 18), Ziff. 7.198.

[21] So *Jan Neumann*, ZaöRV 61 (2001) 529, 540.

[22] Siehe oben, ab Seite 335.

[23] AaO. (oben, Fn 18), Ziff. 6.66.

[24] AaO. (oben, Fn 18), Ziff. 6.61-6.65.

[25] AaO. (oben, Fn 23).

Abkommen auf die RBÜ gerade im Urheberrecht ist hieran nichts Besonderes. Es geht nicht etwa um einen allgemeinen völkerrechtlichen Grundsatz der harmonisierenden Auslegung, sondern um die Kohärenz mit einem ausdrücklich in Bezug genommenen Vertragswerk. Dies bestätigen die angeführten Belege. Zwei Entscheidungen des Appellate Body, die das Panel zitiert,[26] betreffen jeweils das Verhältnis von GATT und GATS zueinander, eine dritte das Verhältnis zwischen DSU und besonderen Streitschlichtungsvorschriften im Anti-Dumping-Abkommen zum GATT.[27] Ein weiterer angeführter Panel-Bericht beschränkt sich ebenfalls auf das Verhältnis verschiedener WTO-Abkommen zueinander[28] und stellt überdies in einer Fußnote klar, daß er nur widersprüchliche Verpflichtungen in einem Vertrag über dieselbe Sachmaterie zwischen denselben Parteien im Auge hat.[29] Da alle WTO-Übereinkünfte als „Single Undertaking" definitionsgemäß denselben Mitgliederkreis haben, ist der Versuch, den Willen eines einheitlich gedachten Normgebers im Wege der harmonisierenden Auslegung zu ermitteln, nicht zu beanstanden. Da hingegen Auseinandersetzungen mit der Pacta-Tertii-Problematik sowohl im Bericht zu *US – Section 110(5)* wie auch in den als Beleg angeführten anderen Berichten unterbleiben, kann nicht angenommen werden, daß hier allgemeingültige Aussagen über die harmonisierende Auslegung von Verträgen mit unterschiedlichem Mitgliederkreis getroffen werden sollten. Zu schließen ist, daß das auf den ersten Blick sehr weitgehende Diktum im Bericht *US – Section 110(5)* lediglich den Grundsatz der inneren Widerspruchsfreiheit von Vertragswerken wiedergibt, nichts hingegen über einen allgemeinen völkerrechtlichen Grundsatz der harmonisierenden Auslegung sagt.

Auch die Heranziehung der WTO-Verbandsübereinkünfte ohne ausdrückliche Verweisungsvorschriften erweist sich bei näherer Betrachtung als wenig spektakulär. Daß bei den Verhandlungen des TRIPS-Abkommens die WIPO-Bestimmungen vorlagen, ist offenkundig. Daß die WIPO der Uruguay-Runde umfangreiche Materialien zum interna-

---

[26] *Canada – Periodicals*, WTO-Dokument WT/DS31/AB/R vom 30.6.1997, S. 21; *EC –Bananas III*, WTO-Dokument WT/DS27/AB/R vom 9.9.1997, Ziff. 219-222.

[27] *Guatemala – Cement*, WTO-Dokument WT/DS60/AB/R vom 2.11.1998, Ziff. 65.

[28] *Indonesia – Autos*, WTO-Dokumente WT/DS54/R, WT/DS55/R, WT/DS59/R und WT/DS64/R vom 2.7.1998, Ziff. 14.28.

[29] AaO., dortige Fn 649.

tionalen geistigen Eigentumsschutz vorgelegt hat,[30] kann bei der Auslegung nicht außer acht gelassen werden.[31] Was den Bezug auf den WCT betrifft, hat das Panel im Fall *US – Section 110(5)* klargemacht, daß der WCT kein Auslegungszusammenhang des TRIPS-Abkommens im Sinne des Art. 31 Abs. 3 WVRK ist.[32] Allerdings hat es in der gemeinsamen Auslegungserklärung zu Art. 10 WCT, der die Zulässigkeit von Ausnahmen zum Urheberrecht betrifft, einen zusätzlichen Beleg seiner Feststellungen zum entsprechenden Art. 9 RBÜ gesehen. Die Auslegungserklärung enthält die Erklärung der Unterzeichnerstaaten, daß Art. 10 WCT so zu verstehen sei, daß die bisherigen nach Art. 9 RBÜ zulässigen Ausnahmen übernommen werden dürfen und an das digitale Umfeld angepaßt werden sollen. Darüber hinaus wies das Panel darauf hin, daß eine große Zahl der Signatarstaaten des WCT nur zwei Jahre zuvor ebenfalls das TRIPS-Abkommen unterzeichnet hatten. Bei nüchterner Betrachtung legt das Panel demnach der signierten Auslegungserklärung zum WCT keine andere Bedeutung bei als die einer Manifestierung der Überzeugung eines gewissen Teils der TRIPS-Vertragsstaaten, daß sie ohne Verstoß gegen das TRIPS-Abkommen Ausnahmen zum Urheberrecht in dem in der RBÜ vorgesehenen Umfang in Anspruch nehmen können. Dies ist zwar keine einheitliche Vertragspraxis zum TRIPS-Abkommen nach Art. 31 Abs. 3 lit. b WVRK, wohl aber eine uneinheitliche Praxis, die nach Art. 32 WVRK Berücksichtigung finden kann.[33] Dagegen ginge die Annahme, alle möglichen multilateralen Verträge, ob in Kraft oder nicht und ungeachtet ihres konkreten Mitgliederbestands, könnten gleichsam als wertungsmäßige Aussagen der internationalen Gemeinschaft Anhaltspunkte zur Vertragsauslegung liefern, schon im Ansatz fehl. Die angesprochene Passage im Panel-Bericht *US – Section 110(5)* stützt nach dem soeben Gesagten eine solche Aussage jedenfalls nicht.[34]

Insgesamt zeigt sich ein bemerkenswertes Streben der WTO-Streitschlichtungsinstitutionen nach Auslegung des TRIPS-Abkommens im Einklang mit den Vorschriften der WIPO-Verbände. Dieses folgt freilich nicht aus einem abstrakten Grundsatz der harmonisierenden Aus-

---

30 Siehe oben, Seite 185 f.

31 Zutreffend daher das Panel in *US – Section 110(5)* (oben, Fn 18), Ziff. 6.64 f.

32 AaO. (oben, Fn 18), Ziff. 6.69.

33 *Sinclair*, S. 138.

34 Anderer Ansicht *Jan Neumann*, ZaöRV 61 (2001) 529, 544 f.

legung multilateraler Verträge, sondern aus der gemeinsamen Zwecksetzung und den engen Verbindungen beider Systeme in der Verhandlungsgeschichte des WTO-Abkommens, welche in den Verweisen im TRIPS-Abkommen ebenso ihren Niederschlag gefunden haben wie in dem in Abs. 6 der TRIPS-Präambel niedergelegten Wunsch der WTO-Mitglieder, eine der gegenseitigen Unterstützung dienende Beziehung mit der WIPO aufzubauen. Soweit lediglich zur Feststellung von TRIPS-Standards auf Vorschriften der Verbände oder deren Verhandlungsgeschichte zurückgegriffen wird, sind Konflikte mit Auslegung oder Anwendung der Verbandsübereinkünfte durch den IGH gleichwohl nicht zu befürchten. Denn da es sich bei TRIPS- und Verbandsstandards um parallele, kumulativ übernommene Verpflichtungen handelt, lassen Aussagen über den Inhalt des TRIPS-Abkommens die Verhältnisse innerhalb der Verbände unberührt. Anders dagegen, wenn die WTO-Streitschlichtung kraft der Verweisungs- und Kompatibilitätsklauseln zugleich zur Auslegung und Anwendung der WIPO-Standards selbst berufen ist. In diesem Umfang ist wiederum eine Überschneidung der zu beurteilenden Rechtsmaterien festzustellen.

B. Konkurrenz in der Beurteilung der Sachlage

Im Gegensatz zur Rechtsmaterie sind weder der IGH noch die WTO-Streitschlichtung in der Beurteilung der streitigen Sachmaterie begrenzt. Soweit der IGH nach Art. 28 PVÜ, Art. 33 RBÜ und Art. 30 Romabkommen nur mit der Auslegung eines Verbandsabkommens befaßt ist, mag sich dies abstrakt und losgelöst von einer konkreten Sachlage ins Werk setzen lassen. Die Überprüfung der Anwendung des Abkommens indessen setzt den Bezug zu einem konkreten Sachverhalt voraus. Dieser wird im wesentlichen durch die von den Parteien angebotenen Beweise bestimmt; darüber hinaus hat der IGH die Möglichkeit, zusätzliche Informationen zu erheben (Art. 44, 49-51 IGH-Statut, Art. 62 Abs. 1, 63, 66, 67 VfO IGH).[35] Der Sachverhalt ist im Urteil als „Statement of the Facts“ besonders darzustellen (Art. 95 Abs. 1 VfO IGH).

Was die WTO betrifft, zeigt bereits Art. XXIII Abs. 1 GATT, daß eine Streitschlichtungsentscheidung niemals ein abstraktes Rechtsgutachten darstellt, sondern ausschließlich mit Bezug auf eine bestimmte Situation erfolgt. Im Normalfall handelt es sich um die Verletzung eines Ab-

---

[35] Vgl. nur IGH, *Military and Paramilitary Activities (Nicaragua/USA) (Merits)* ICJ Reports 1986, 14, 25, Ziff. 30 mwN. Im einzelnen *Rosenne*, Vol. III, S. 1360-1372.

kommens durch eine Partei (Art. XXIII Abs. 1 lit a GATT). Ebenso geht es beim „Non-Violation Complaint“ (Art. XXIII Abs. 1 lit. b GATT) um die Anwendung einer Maßnahme, und selbst beim bislang nie angewendeten „Situation Complaint“ (Art. XXIII Abs. 1 lit. c GATT) steht eine konkrete Situation zur Beurteilung. Ebenso enthält das Standardmandat der Panels in Art. 7 Abs. 1 DSU einen Bezug auf eine Angelegenheit, mit der der DSB befaßt wurde („matter referred to the DSB“). Diese Angelegenheit ist ausweislich Art. 4 Abs. 2 DSU die Besorgnis eines Mitglieds, daß Maßnahmen eines anderen Mitglieds seine Rechte aus den „covered agreements“ untergraben hätten, welche zunächst Anlaß zu bilateralen Konsultationen und nach Verstreichen der in Art. 4-6 DSU festgelegten Fristen zur Einberufung eines Panels gibt. Solche Maßnahmen sind Tatsachen, die die Panels zu den maßgeblichen Vorschriften der WTO-Abkommen in Bezug setzen müssen. Wie der IGH haben die Panels die Möglichkeit, selbständig Informationen zu erheben (Art. 13 DSU). Den festgestellten Sachverhalt müssen sie als „Finding of Facts“ in ihrem Bericht besonders darstellen (Art. 12 Abs. 7 Satz 2 DSU).

Welche Sachfragen in einem Verfahren ermittelt werden, hängt von den Anträgen der Parteien und der zugrundeliegenden Rechtsmaterie ab. Soweit die WTO-Panels materielles Recht der Verbände anwenden, überschneidet sich die in beiden Verfahren zu ermittelnde Sachlage geradezu notwendigerweise. Darüber hinaus müßte auch bei der Anwendung inhaltsgleicher Normen von TRIPS-Abkommen und WIPO-Verbandsrecht trotz förmlicher Verschiedenheit der Rechtsquellen in beiden Verfahren dieselbe Sachlage ermittelt werden. In beiderlei Hinsicht liegt eine Zuständigkeitsüberschneidung der Verfahren vor.

C. Fazit

Bei der Beurteilung derselben Rechtsmaterie können die Streitbeilegungsmechanismen in Konkurrenz treten, soweit das TRIPS-Abkommen in Inkorporierungs- und Kompatibilitätsklauseln Bezüge zu den WIPO-Verbandsübereinkünften herstellt. In diesem Bereich überschneiden sich zugleich die zu beurteilenden Sachlagen. Darüber hinaus sind beide Verfahren ebenfalls mit derselben Sachlage befaßt, wenn es um inhaltsgleiche Normen von WIPO-Verbänden und TRIPS-Abkommen geht.

II. Regelung der Zuständigkeitskonkurrenz

Die Gefahr paralleler Streitschlichtungsverfahren liegt in erster Linie darin, daß in demselben Fall widersprüchliche Entscheidungen ergehen könnten. Haben die Parteien zur selben Streitfrage zwei gleichermaßen autoritative Entscheidungen in den Händen, deren Ergebnisse voneinander abweichen, so bleibt der Streit trotz Anrufung einer internationalen Gerichtsbarkeit ungelöst und der Zweck der internationalen Streitschlichtung letztlich unerreicht. Zu fragen ist daher, ob die Streitschlichtungsverfahren vor dem IGH und innerhalb der WTO parallel betrieben werden können und wie ihre Ergebnisse gegebenenfalls koordiniert werden.

A. Vertragliche Einschränkungen

Wie internationale Organisationen entstehen internationale Gerichte durch völkerrechtlichen Vertrag; ebenso ist es die in der Unterwerfung liegende Zustimmungserklärung, die die Gerichtsbarkeit über Staaten begründet.[36] Da sich die im Streit befangenen Kontrahenten Absprachen über die Streitbeilegung, die in einem anderen als ihrem gegenseitigen Verhältnis getroffen wurden, nicht entgegenhalten lassen müssen, sind Regeln über die Zuständigkeiten konkurrierender Einrichtungen in erster Linie in den zwischen den Streitparteien geltenden vertraglichen Absprachen zu suchen. Zunächst ist daher festzustellen, ob sich bereits den Streitbeilegungsklauseln der WTO und der WIPO-Verbände selbst eine Aussage über die Zuständigkeitsabgrenzung entnehmen läßt.

1. Auslegung der Unterwerfungsklauseln der Verbände

Die Klauseln der Art. 28 PVÜ, Art. 33 RBÜ und Art. 30 Romabkommen begründen als Vorabunterwerfungen unter die Gerichtsbarkeit des IGH dessen obligatorische Zuständigkeit, der sich die betroffenen Verbandsstaaten einseitig nicht mehr entziehen können. Allerdings enthalten die Unterwerfungsklauseln einen Vorbehalt. Die Zuständigkeit des IGH wird nur begründet, „sofern die beteiligten Länder [Romabkom-

[36] Nicht in Frage steht hier die Errichtung von Gerichten durch Resolution des Sicherheitsrats, wie ICTY und ICTR, oder die Verletzung von Grundwerten der internationalen Gemeinschaft, die möglicherweise zu einem Verlust der staatlichen Immunität führen können.

men: Staaten] keine andere Regelung vereinbaren".[37] Entsprechende Klauseln finden sich oft in bilateralen Freundschafts- oder Niederlassungsverträgen und bezwecken in den Worten des IGH: „clearly to provide for such a right of unilateral recourse to the Court in the absence of agreement to employ some other means of pacific settlement".[38] Die Frage, die sich im vorliegenden Zusammenhang stellt, ist, ob das DSU als derartige sonstige Regelung zur Beilegung der Streitigkeiten in Betracht kommt und daher die Zuständigkeit des IGH in derselben Sache von vornherein ausschließt.

Die mangelnde Justitiabilität der in den Verbänden festgeschriebenen Standards war eines der Grundanliegen bei der Einbeziehung des geistigen Eigentums in den Zusammenhang der WTO. Obwohl die Verbandsnormen lediglich durch Inkorporierung in das TRIPS-Abkommen der Streitbeilegung im Rahmen der WTO unterstellt wurden, muß deshalb das DSU insoweit als Einigung über die Beilegung von Streitigkeiten über Auslegung oder Anwendung auch der Bestimmungen der Verbände gelten. Problematisch wäre dagegen die Annahme einer solchen Alternativstreitbeilegung, soweit das TRIPS-Abkommen lediglich inhaltsgleiche Regelungen wie die Verbände enthält, etwa beim Schutz der ausübenden Künstler, Tonträgerhersteller und Sendeunternehmen. Nicht nur kann ein besonderes Interesse an der Feststellung der Rechtsverletzung nach den jeweiligen Verträgen bestehen,[39] darüber hinaus stellen die substantiellen Modifizierungen der Schutzstandards selbst die wortgleich übernommenen Regelungen in einen neuen Kontext. Eine Auslegung dieser Bestimmungen durch ein Panel oder den Appellate Body umfaßt daher nicht schlechthin auch die Anwendung etwa des Romabkommens, sondern stellt eine qualitativ andere Beurteilung dar, als der IGH sie vornehmen müßte. Nur soweit die WIPO-Verbandsstandards ausdrücklich in das TRIPS-Abkommen inkorporiert wurden, kommt das DSU daher als alternativer Streitbeilegungs-

---

[37] Gemeinsamer Wortlaut Art. 28 Abs. 1 PVÜ, 33 RBÜ, 30 Romabkommen: „... à moins que les pays [Romabkommen: États] en cause ne conviennent d'un autre mode de règlement"; „... unless the countries concerned [Romabkommen: ‚they' für ‚parties to the dispute'] agree on some other method of settlement".

[38] Vgl. *Teheraner Geiselfall*, ICJ.Reports 1980, 3, 26, Ziff. 50; wortgleich in *Military and Paramilitary Activities (Nicaragua/USA) (Jurisdiction)*, ICJ Reports 1984, 392, 427, Ziff. 81.

[39] *Lowe*, AustralianYBIL 20 (1999) 191, 203.

mechanismus im Sinne der Vorbehalte zu Art. 28 PVÜ, Art. 33 RBÜ überhaupt in Betracht.

Problematisch ist des weiteren, ob allein die abstrakte Abrede über die Zuständigkeit eines anderen Streitbeilegungsmechanismus eine andere Regelung der Streitigkeit im Sinne der Vorbehalte ist. Nimmt man dies an, so käme dem IGH eine bloße Residualstellung zu. Vergleichen ließe sich eine derartige Bestimmung mit Art. 282 SRÜ, der die Streitbeilegung nach Teil XV SRÜ ausdrücklich schon dann ausschließt, wenn sich die Streitparteien nur einem anderen bindenden Streitbeilegungsverfahren unterworfen haben. Andererseits wäre denkbar, daß eine „andere Regelung" im Sinne der Unterwerfungsklauseln nur konkrete Absprachen in bezug auf einen konkreten Streitfall sind. Dann träten sonstige verbindliche Verfahren grundsätzlich neben die Zuständigkeit des IGH.

Der IGH selbst hat seine Zuständigkeit ausdrücklich auch in solchen Fällen auf Unterwerfungsklauseln mit den hiesigen entsprechenden Vorbehalten gestützt, in denen er die betreffenden Rechtsfragen ohnehin auch aufgrund anderweitiger Unterwerfungen hätte beurteilen können.[40] Dies könnte darauf hindeuten, daß abstrakte Streitschlichtungsabreden von vornherein nicht unter derartige Vorbehalte fallen. Da es allerdings beim IGH lediglich um eine zusätzliche Grundlage seiner ohnehin bestehenden Zuständigkeit ging, läßt sich zweifeln, ob die Entscheidungen überhaupt als Vorbild für die Abgrenzung konkurrierender Streitschlichtungsverfahren dienen können. Zudem wäre zu fragen, ob sich die Unterwerfungsklauseln der Verbände mit jenen Vertragsklauseln im Sinne einer Klassifizierung *a priori* vergleichen lassen. Die Bedeutung der Vorbehalte zu den Unterwerfungsklauseln der Verbände muß daher in der Auslegung der Verträge selbst gesucht werden.

Der Wortlaut aller drei Vorbehalte fand sich bereits in der Zuständigkeitsklausel des Art. 27bis RBÜ von 1948. Weder auf der Konferenz von Brüssel[41] noch bei der Verhandlung des Romabkommens[42] wurde die

[40] *Teheraner Geiselfall*, ICJ Reports 1980, 3, 27, Ziff. 52; *Military and Paramilitary Activities (Nicaragua/USA) (Merits)*, ICJ Reports 1986, 14, 135 f, Ziff. 271.

[41] Documents de la Conférence réunie à Bruxelles 1948, Bern 1951, S. 403. Zur Diskussion auch *Baum*, GRUR 1949, 1, 42, und *Collovà/Tournier*, DdA 77 (1964) 10, 11 f.

[42] Records of the Diplomatic Conference (ILO/UNESCO/BIRPI), Genf 1968, S. 58.

Frage konkurrierender Streitbeilegungsverfahren auch nur aufgeworfen. Ebenso belassen es die Materialien der Stockholmer Konferenz bei dem Hinweis auf die Zulassung von Vertragsvorbehalten zur Unterwerfungsklausel, die eine breite Akzeptanz der revidierten Fassung sicherstellen sollten.[43]

Was den Wortlaut der Vorbehalte betrifft, so fällt der Bezug auf bestimmte, nämlich die streitbeteiligten Länder bzw. Staaten auf. Diese sind erst dann bekannt, wenn die Streitigkeit zutage getreten ist. Dagegen steht das Verb, das die Abrede über die sonstige Regelung bezeichnet, im Präsens („agree"/„conviennent"). Hieraus ist zu schließen, daß an Abreden gedacht war, die erst nach Auftreten der Streitigkeit zwischen den beteiligten Parteien getroffen werden. Ein Hinweis, daß auch vorher zwischen den Streitparteien bestehende, abstrakte Streitschlichtungsabreden als andere Regelung in diesem Sinne gelten sollten, fehlt dagegen. Vielmehr ist auch die der Zuständigkeit des IGH unterworfene Streitigkeit nach allen drei Klauseln dadurch qualifiziert, daß sie nicht auf dem Verhandlungsweg beigelegt werden kann, ein zusätzlicher Hinweis, daß den Parteien lediglich die Verfügung über den Streit belassen, also ein Zwang zum Gang vor den IGH ausgeschlossen werden sollte. Zu schließen ist, daß der Vorbehalt der Art. 28 Abs. 1 PVÜ, 33 Abs. 1 RBÜ und 30 Abs. 1 Romabkommen Abreden erfaßt, die *ad hoc* bei Auftreten eines Streitfalls getroffen werden,[44] nicht aber eine Residualstellung des IGH gegenüber etwaigen anderen Streitverfahren begründet. Allein der Umstand, daß einzelne Verbandsstaaten untereinander mit TRIPS-Abkommen und DSU ein weiteres bindendes Streitschlichtungsverfahren vereinbart haben, steht daher der konkurrierenden Zuständigkeit des IGH in ihrem Verhältnis nach den Unterwerfungsklauseln nicht entgegen.

Dagegen ist es nicht ausgeschlossen, daß die Verbandsstaaten die Unterwerfung unter die Gerichtsbarkeit des IGH untereinander durch Vertrag ausdrücklich abbedingen. Eine solche Absprache müßte der IGH bei der Entscheidung über seine Zuständigkeit berücksichtigen.[45] Ein Verstoß gegen das Verbot abweichender Vereinbarungen *inter se* liegt hierin nicht. Da den Verbandsländern die einvernehmliche Beile-

---

[43] Records of the Intellectual Property Conference of Stockholm, Vol. I, S. 472, Ziff. 171-177.

[44] So wohl auch *Masouyé*, S. 160, Ziff. 33.2.

[45] Vgl. StIGH, *Affaire des Concessions Mavrommatis en Palestine*, Ser. A No. 3, S. 29 f.

gung auftretender Streitigkeiten anheimgestellt ist und zudem die Zuständigkeit des IGH im Rahmen der PVÜ und der RBÜ ohnehin durch einen Vertragsvorbehalt ausgeschlossen werden kann (Art. 28 Abs. 2 PVÜ, Art. 33 Abs. 2 RBÜ), laufen solche Absprachen den betreffenden Verbandsübereinkünften nicht zuwider. Ein Ausschluß der Zuständigkeit des IGH liegt insbesondere in Verträgen über eine ausschließliche Zuständigkeit anderer Streitschlichtungseinrichtungen,[46] vergleichbar etwa dem heutigen Art. 292 EG. Es ist daher zu fragen, ob das DSU eine solche ausschließliche Zuständigkeit begründet.

2. Auslegung des DSU

Art. 23 Abs. 1 DSU wird teilweise ein zwingender Charakter des WTO-Streitschlichtungsverfahrens entnommen.[47] In diesem Sinne führte das Panel im Fall *US – Section 301-310 Trade Act* u.a. aus:

> „Members have to have recourse to the DSU dispute settlement system to the exclusion of any other system, in particular a system of unilateral enforcement of WTO rights and obligations. This, what one could call ‚exclusive dispute resolution clause', is an important new element of Members' rights and obligations under the DSU."[48]

Vorweg ist festzuhalten, daß Art. 23 Abs. 1 DSU ausschließlich für Rügen von WTO-Rechtsverletzungen gilt. Weder die Kompatibilitätsklausel des TRIPS-Abkommens noch die Inkorporierung aber macht die WIPO-Verbandsnormen zu Teilen des WTO-Rechts. Da das TRIPS-Abkommen für Verbandsländer, die sich der WTO angeschlossen haben, lediglich zusätzliche Pflichten schafft, ließe sich argumentieren, daß die Streitschlichtung im Rahmen der Verbände von vornherein unberührt bleibt. Andererseits würde eine Ausschließlichkeit des DSU umgangen, wenn der IGH über Fragen entschiede, die die im Rahmen der WTO zu entscheidenden Streitfragen präjudizieren.[49] Gegen eine

---

[46] Vgl. StIGH, *Droit des Minorités en Haute-Silésie*, Ser. A, No. 12, S. 23.

[47] So etwa *Petersmann*, CMLR 31 (1994) 1157, 1208 f; *Marceau*, JWT 35 (2001) 1081, 1101. Vgl. auch die Nachweise bei *Jan Neumann*, ZaöRV 61 (2001) 529, 552 f.

[48] *US – Section 301-310 of the Trade Act of 1974*, WTO-Dokument WT/DS152/R, 22.12.1999, S. 313, Ziff. 7.43.

[49] *Petersmann*, CMLR 31 (1994) 1157, 1209, hält namentlich die WIPO-Streitschlichtung für ausgeschlossen. Vgl. auch *Shany*, S. 184, der eine Aus-

Anrufung des IGH könnte insofern zumindest der Vorwurf der DSU-Verletzung erhoben werden.[50]

Allerdings ergeben sich Zweifel, ob das DSU in der Tat eine umfassende Ausschließlichkeit statuiert.[51] So weist das DSU in Art. 25 Abs. 1 auf die Zweckmäßigkeit schiedsgerichtlicher Verfahren hin, setzt also alternative Methoden der Streitschlichtung selbst voraus. Zudem erscheint es nicht plausibel, daß die WTO-Mitglieder eine außerhalb des Streitbeilegungsverfahrens zulässige bilaterale Abweichung von WTO-Bestimmungen nicht im Wege der alternativen Streitschlichtung sollen treffen dürfen. Die Annahme eines Rechtsprechungsmonopols wie etwa dessen des Art. 292 EG ist nicht nur im Hinblick auf den geringen Integrationsgrad der WTO zweifelhaft,[52] sondern widerspricht auch dem sonstigen Befund, daß die WTO nur ganz rudimentäre Elemente einer Rechtsprechung im Allgemeininteresse aufweist. Schließlich setzt die Ausschließlichkeit sich gegenüber abweichenden Vereinbarungen nicht notwendigerweise durch, weil Verstöße gegen vertragliches *ius cogens* unter Umständen rechtswirksam bleiben.[53] Tatsächlich haben drei WTO-Mitglieder in einem Fall ausdrücklich untereinander eine Wahlmöglichkeit zwischen DSU- oder regionaler Streitschlichtung vereinbart.[54]

Es liegt nach alldem nahe, Art. 23 Abs. 1 DSU im Lichte des Abs. 2, welcher nur einseitige Festlegungen über WTO-Rechtsverletzungen durch andere Mitglieder betrifft,[55] auszulegen und so insgesamt auf den Ausschluß einseitiger Maßnahmen zu beschränken. Eine andere Aussage enthält bei näherer Betrachtung auch die eingangs zitierte Passage aus dem Panel-Bericht *US – Section 301-310* nicht, da das Panel ebenfalls nur mit der einseitigen Feststellung von WTO-Verstößen befaßt war und sich gar nicht zu einvernehmlich beschlossenen anderweitigen

---

schlußwirkung des DSU gegenüber Verfahren annimmt, die zu einer Rechtskraftwirkung gegenüber der WTO führen.

[50] So im Grundsatz auch *Jan Neumann*, ZaöRV 61 (2001) 529, 556 f; *Marceau*, JWT 35 (2001) 1081, 1101.

[51] Vgl. hierzu auch *Jan Neumann*, Die Koordination des WTO-Rechts, S. 531-534; *Shany*, S. 284-186.

[52] *Shany*, S. 185 f.

[53] Siehe oben, Seite 331. Auf diese Problematik weist auch *Jan Neumann*, Koordination des WTO-Rechts, S. 535, hin.

[54] Vgl. *Shany*, S. 208 f, zu Art. 2005 NAFTA.

[55] Panel in *US – Section 301-310*, aaO. (oben, Fn 48), Ziff. 7.38 f.

Methoden der Streitbeilegung geäußert hat. Nichts anderes gilt für einen weiteren Panel-Bericht, der als Beleg für eine umfassende Ausschließlichkeit in Anspruch genommen wird:[56] Allerdings sah das Panel im Fall *US – Import Measures on Certain Products from the EC* – entgegen dem soeben Gesagten – in Art. 23 Abs. 1 DSU offenbar die allgemeine Bestimmung, zu der Abs. 2 lediglich den Spezialfall der einseitigen Maßnahmen regele.[57] Auch im übrigen erscheint die Stellungnahme zur umfassenden Ausschließlichkeit des DSU-Verfahrens oberflächlich betrachtet eindeutig.[58] Allerdings war auch dieses Panel ausschließlich mit einseitigen Maßnahmen befaßt[59] und läßt eine Auseinandersetzung mit den oben formulierten Einwänden nicht einmal im Ansatz erkennen. Da es sich bei den fraglichen Aussagen um *obiter dicta* handelte, waren sie nicht als solche Gegenstand der Berufung. Gleichwohl war der Appellate Body sichtlich um eine Beschränkung seiner Aussagen auf den Ausschluß einseitiger Maßnahmen bemüht:

> „Article 23.1 of the DSU imposes a general obligation of Members to redress a violation of obligations or other nullification or impairment of benefits under the covered agreements only by recourse to the rules and procedures of the DSU, and not through unilateral action. Subparagraphs (a), (b) and (c) of Article 23.2 articulate specific and clearly-defined forms of prohibited unilateral action contrary to Article 23.1 of the DSU. There is a close relationship between the obligations set out in paragraphs 1 and 2 of Article 23. They *all* concern the obligation of Members of the WTO not to have recourse to unilateral action."[60]

---

[56] Durch *Marceau*, JWT 35 (2001) 1081, 1101 dortige Fn 50.

[57] WTO-Dokument WT/DS165/R vom 17.7.2000, Ziff. 6.17 f.

[58] AaO., Ziff. 6.23: „Article 23.1 of the DSU prescribes that when a WTO Member wants to take any remedial action in response to what it views as a WTO violation, it is obligated to have recourse to and abide by the DSU rules and procedures. In case of a grievance on a WTO matter, the WTO dispute settlement mechanism is the only means available to WTO Members to obtain relief, and only the remedial actions envisaged in the WTO system can be used by WTO Members. [Fußnote: This mechanism allows, of course, for consultations to be held outside the WTO.]"

[59] Vgl. nur aaO., Ziff. 6.14, 6.24-6.34.

[60] *US – Import Measures on Certain Products from the EC*, WTO-Dokument WT/DS165/AB/R vom 11.12.2000, Ziff. 111 (Hervorhebung im Original).

Zu schließen ist, daß das DSU einvernehmliche Alternativmechanismen nicht ausschließt und der parallelen Zuständigkeit des IGH nach den Unterwerfungsklauseln der Verbände daher nicht entgegensteht.[61]

3. Fazit

Weder die Unterwerfungsklauseln der WIPO-Verbände noch das DSU erlauben eine eindeutige Zuständigkeitsabgrenzung beider Verfahren.[62] Zur Anwendung und Auslegung der durch das TRIPS-Abkommen in Bezug genommenen WIPO-Verbandsnormen können die Verfahren vor dem IGH und dem WTO-Streitschlichtungsmechanismus parallel betrieben werden. Erst recht gilt dies für parallele Verfahren über inhaltsgleiche Bestimmungen beider Systeme, deren Problematik, wie bereits dargelegt, in der konkurrierenden Zuständigkeit zur Beurteilung derselben zugrundeliegenden Sachlage besteht.

B. Allgemeine Grundsätze

Da die Analyse der vertraglichen Beziehungen ohne Ergebnis bleibt, ist zu fragen, ob das allgemeine Völkerrecht Grundsätze über die Behandlung konkurrierender Streitschlichtungsverfahren enthält. Wenig erhellend ist in diesem Zusammenhang die Vorstellung vom IGH als der Welt höchstem Gericht. Als Hauptrechtsprechungsorgan der UNO (Art. 92 UN-Charta) mag ihm ein besonderes Gewicht zukommen, die strikte Bindung seiner Zuständigkeit an eine ausdrückliche Unterwerfung der Staaten aber schließt jede hierarchische Überordnung über andere Streitbeilegungsverfahren von vornherein aus. Dies bestätigt Art. 95 UN-Charta, der das Recht der Staaten, ihre Streitigkeiten anderen

---

[61] Im Grundsatz ebenso *v. Lewinski*, UFITA 136 (1998) 103, 123 f. Differenzierend *Jan Neumann*, Koordination des WTO-Rechts, S. 533; ZaöRV 61 (2001) 529, 554 f (mwN), der für die Anwendung des WTO-Rechts eine ausschließliche Zuständigkeit des DSU-Verfahrens anerkennt, andere multilaterale Streitschlichtungsverfahren zum selben Lebenssachverhalt dagegen unberührt sieht. Ähnlich auch *Shany* (oben, Fn 49).

[62] Die teilweise erwogene Abgrenzung nach den Kollisionsregeln des Art. 30 WVRK (vgl. etwa *Jan Neumann*, Koordination des WTO-Rechts, S. 539-542) kommt hier nicht in Betracht, da Kollisionen nur zwischen zwei ausschließlichen oder zwei Residualzuständigkeitsklauseln auftreten, siehe *Shany*, S. 268 f.

Gerichten zuzuweisen, ausdrücklich anerkennt.[63] Auch bei Vorschlägen, dem IGH zur Wahrung der Einheit der Völkerrechtsordnung die Rolle einer Vorabentscheidungsinstanz zuzuerkennen,[64] handelt es sich um Erwägungen *de lege ferenda* mit wenig Aussicht auf Realisierung. Diskutabel sind dagegen prozeßrechtliche Grundsätze zur Vermeidung konkurrierender Streitbeilegungsverfahren. Zu denken wäre in erster Linie an die Einrede der anderweitigen Anhängigkeit (*lis alibi pendens*) mit der Folge der Unzuständigkeit einer später in derselben Sache angerufenen Streitbeilegungseinrichtung. Ferner käme eine ins Ermessen des Gerichts gestellte Klageabweisung oder Verfahrenssuspendierung für den Fall in Betracht, daß sich ein anderes Forum als sachnäher oder anderweitig besser zur Beilegung der Streitigkeit geeignet erweist (*forum non conveniens*). Weiter ließe sich beim Handeln der klagenden Partei ansetzen und eine Hinderung der Zulässigkeit wegen Rechtsmißbrauchs, Verstoßes gegen den Grundsatz der Vertragserfüllung nach Treu und Glauben o.ä. denken.

Allerdings ist eine dogmatische Begründung derartiger Grundsätze nicht unproblematisch. Auf die vertragliche Natur der bestehenden Streitbeilegungsverfahren ist bereits eingangs hingewiesen worden. Dieser Befund schließt es aus, in den Streitbeilegungseinrichtungen *a priori* Rechtsprechungsorgane des Völkerrechts[65] oder der internationalen Gemeinschaft zu sehen. Vielmehr dienen die Streitschlichtungsorgane den in ihren jeweiligen Statuten und Mandaten festgelegten Zwecken und stehen im übrigen beziehungslos nebeneinander,[66] so daß sich mit der Berufungskammer des ICTY treffend formulieren läßt: „In international law, every tribunal is a self-contained system (unless otherwise provided).“[67] Hierin liegt ein entscheidender Unterschied zu nationalen Rechtsordnungen, deren Gerichte zumeist in sinnvoll koordinierte Sys-

---

[63] In diesem Sinne grundsätzlich auch *Fleischhauer*, MPYUNL 1 (1997) 327, 328 f.

[64] *Guillaume*, RGDIP 100 (1996) 323, 332 f; *Oellers-Frahm*, MPYUNL 5 (2001) 67, 91-101; *Shany*, S. 275-277.

[65] So *Shany*, S. 114, mit dem Hinweis, internationale Gerichte seien „part of a bigger system, international law“.

[66] Vgl. *Dahm*, Völkerrecht II, S. 515; *Jennings*, BYIL 68 (1997) 1, 59-61; *Oellers-Frahm*, MPYUNL 5 (2001) 67, 75-77; *Shany*, S. 108 f. Ebenso zum Verhältnis von IGH und ITLOS *Fleischhauer*, MPYUNL 1 (1997) 327, 330.

[67] *Prosecutor v. Duško Tadić*, aaO. (oben, Fn 4), Ziff. 11.

temzusammenhänge eingebunden sind.[68] Auch eine weite Verbreitung insbesondere des Grundsatzes *lis alibi pendens* in den nationalen Rechtsordnungen[69] kann daher nicht zu dem Schluß führen, daß es sich um einen allgemeinen Rechtsgrundsatz handelt, der in gleicher Weise im Völkerrecht gälte.[70]

Eine an den Strukturprinzipien der geltenden Völkerrechtsordnung orientierte Begründung konkurrenzregulierender Verfahrensgrundsätze muß vielmehr beim Konsens ansetzen, den die Streitparteien den sich überschneidenden Streitbeilegungsverfahren erteilt haben. Auch hier aber ist vor übermäßig harmonisierenden normativen Auslegungsvermutungen zu warnen. Besteht *prima facie* die Zuständigkeit einer Streitschlichtungseinrichtung, so ist jede Unzuständigerklärung oder Aussetzung des Verfahrens im Hinblick auf anderweitige Verfahren eine potentielle Rechtsverweigerung und bedürfte einer sorgfältigen Prüfung, ob sie dem wirklichen Willen der Streitparteien entspricht. Sollte sich demgegenüber herausstellen, daß internationale Gerichte Verfahrensgrundsätze der genannten Art so regelmäßig anwenden, daß sich der Schluß auf ihre gewohnheitsrechtliche Kraft nicht vermeiden läßt, so wäre dies ein wichtiger Hinweis auf eine Konstitutionalisierung der Völkerrechtsordnung, die vertraglich errichtete Streitschlichtungseinrichtungen in der Tat als Teile eines sinnvoll koordinierten Systems behandelt.

1. Einrede der anderweitigen Anhängigkeit (*lis alibi pendens*)

Eine Anwendung des Grundsatzes *lis alibi pendens* im Völkerrecht wird in der Literatur für wünschenswert gehalten[71] und namentlich in älteren Werken auch teilweise anerkannt.[72] Eine entsprechende Praxis internationaler Gerichte ist aber nicht festzustellen.[73]

---

[68] Vgl. *Lowe*, AustralianYBIL 20 (1999) 191, 201 f.

[69] Vgl. *Shany*, S. 157-161.

[70] In diesem Sinne aber *Lowe*, AustralianYBIL 20 (1999) 191, 202 f. Zurückhaltender *Shany*, S. 162, 244.

[71] *Dahm*, Völkerrecht II, S. 515; *Shany*, S. 162 f, 244.

[72] So etwa *Ténékidès*, RGDIP 36 (1929) 502, 526, der die Regel allerdings auf rechtliche wie politische Institutionen gleichermaßen anwenden will. *O'Connell*, S. 13, hält *litispendence* für einen allgemeinen Rechtsgrundsatz. Vgl. auch die Nachweise bei *Oellers-Frahm*, MPYUNL 5 (2001) 67, 77.

[73] So das Ergebnis der Untersuchung von *Shany*, S. 239-245.

Allerdings setzte sich der StIGH im Fall *German Interests (Jurisdiction)* mit der Einrede der anderweitigen Anhängigkeit auseinander. Unter Hinweis auf den umstrittenen Status dieser Frage in der Völkerrechtslehre begnügte er sich mit der Feststellung, daß eine anderweitige Anhängigkeit derselben Sache nicht gegeben sei, weil das zur Debatte stehende Verfahren vor dem nach Art. 304 Versailler Vertrag errichteten deutsch-polnischen Schiedsgericht in Paris Entschädigungsansprüche Privater gegenüber dem Staat Polen betraf und damit völlig anderer Natur sei als die ihm vorliegende internationale Streitigkeit um die Auslegung des Versailler Vertrages.[74] Im späteren Fall *Chorzów Factory*, in dem es um die aus den umstrittenen Enteignungen erwachsenden Rechtsfolgen ging, zog der StIGH allerdings die Einrede der Gleichartigkeit mit dem vor dem polnisch-deutschen Schiedsgericht anhängigen Verfahren wieder in Erwägung. Nachdem er geschlossen hatte, daß die Verfahren inhaltlich dennoch nicht vergleichbar seien, führte er im Hinblick auf das nicht betriebene, möglicherweise aber ebenfalls in Betracht kommende Verfahren nach Art. 305 Versailler Vertrag aus:

> „(L)a Cour, amenée à délimiter sa propre compétence par rapport à celle d'une autre juridiction, ne peut faire fléchir la sienne que vis-à-vis d'un texte que, de son propre avis, soit suffisamment précis pour exclure la possibilité d'un dénie de justice."[75]

Hieraus kann allerdings nicht auf einen allgemeinen Grundsatz *lis alibi pendens* geschlossen werden. Zunächst war die Frage, worauf der StIGH selbst hinwies,[76] nicht entscheidungserheblich. Sodann hatte er bereits früher entschieden, daß die Parteien einer Streitigkeit eine Unterwerfungsklausel durch spätere und speziellere Vereinbarungen abbedingen können,[77] so daß allein die Erwägung einer Abweisung wegen anderweitig begründeter Zuständigkeiten keineswegs zwingend auf einen allgemeinen Grundsatz hindeutet. Vor allem aber wies die Kompetenzgrundlage des StIGH im betroffenen Fall selbst, Art. 26 der deutsch-polnischen Konvention über Oberschlesien,[78] in Abs. 2 einen

---

[74] *Affaire relative à certains intérêts allemands en Haute-Silésie polonaise (Compétence)*, Ser. A, No. 6, S. 20.

[75] *Affaire relative à l'Usine de Chorzów*, Ser. A, No. 9, S. 30.

[76] AaO.

[77] *Affaire des Concessions Mavrommatis en Palestine* (oben, Fn 45).

[78] Angegeben in *Affaire relative à l'Usine de Chorzów*, aaO. (oben, Fn 75), S. 5 als „Convention relative à la Haute-Silésie" zwischen Deutschland und Polen, abgeschlossen in Genf am 15.5.1922. Wortlaut des Art. 26 in *Affaire relative*

Vorbehalt zugunsten der Mechanismen des Versailler Vertrages auf. Ausdrücklich stellte der StIGH klar, daß er die polnischen Einwände gegen seine Zuständigkeit in erster Linie als Probleme dieses Vorbehalts behandelte.[79] Die zitierte Passage betraf also im wesentlichen die Vertragsauslegung und kann nicht als Beleg für einen allgemeinen Grundsatz über das Verhältnis verschiedener internationaler Spruchkörper zueinander gelten.

Aufgeworfen wurde die Problematik ferner in einem Verfahren vor dem ICTY, in dem die Verteidigung eine Verfahrensaussetzung beantragte, bis der IGH in einem bereits vor Anklageerhebung beim IGH anhängigen Verfahren[80] in teilweise gleicher Sache entschieden habe.[81] Die Tatsacheninstanz wies den Antrag u.a. mit der Begründung ab, mangels vorliegender Entscheidung des IGH in der Sache sei ein Widerspruch zur Entscheidung des ICTY pure Spekulation.[82] Ein Grundsatz *lis alibi pendens* wurde hier nicht einmal erwogen. Auf den Vortrag der Verteidigung, Widersprüche zwischen zwei Rechtsprechungsorganen der Vereinten Nationen müßten – auch aufgrund allgemeinen Völkerrechts – vorbeugend vermieden werden,[83] betonte die Berufungskammer unter Hinweis auf eine frühere Entscheidung des ICTY[84] dessen Autonomie gegenüber dem IGH und wies den Antrag ab.[85] Ergänzend stützte sie sich auf das Recht der Angeklagten auf ein zügiges und faires Verfahren, das zu schützen dem Gericht aufgetragen sei und das

---

à certains intérêts allemands en Haute-Silésie polonaise (Compétence), aaO. (Fn 74), S. 13.

79 *Affaire relative à l'Usine de Chorzów*, aaO. (oben, Fn 75), S. 25.

80 *Application of the Convention on the Prevention and Punishment of the Crime of Genocide (Bosnia and Herzegovina v. Serbia and Montenegro)*, Klage vom 20.3.1993, vgl. Beschluß über vorläufige Maßnahmen, ICJ Reports 1993, 3; Urteil zur Zuständigkeit vom 11.7.1996, ICJ Reports 1996, 595. Das Urteil in der Sache erging am 26.2.2007.

81 Hierzu auch *Koskenniemi/Peivo*, LJIL 15 (2002) 553, 565 f.

82 *Prosecutor v. Kvočka, Kos, Radić, Zigić and Prcac (Omarska, Keraterm and Trnopolje Camps)*, Case No. IT-98-30/1, Entscheidung der Tatsachenkammer vom 5.12.2002, zehnter und elfter Erwägungsgrund.

83 *Omarska, Keraterm and Trnopolje Camps* (oben, Fn 82), Entscheidung der Berufungskammer vom 25.5.2001, Ziff. 4.

84 *Prosecutor v. Delalić, Mucić, Delić and Landžo (Čelebići Case)*, Case No. IT-96-21-A, Urteil der Berufungskammer vom 20.2.2001, S. 9, Ziff. 24.

85 AaO. (oben, Fn 82), Ziff. 16-18.

auch im Interesse der internationalen Gemeinschaft liege, so daß der Angeklagte nicht einseitig darauf verzichten könne.[86] Auf die Gleichartigkeit der zu entscheidenden Fragen ging sie nur insofern ein, als sie ein Zuwarten nicht für erforderlich hielt.[87] Auch sie zog einen Grundsatz *lis alibi pendens* also nicht einmal innerhalb des UN-Systems in Betracht, sondern behandelte die Frage als eine solche ihres Ermessens.

Erwogen wurde die Einrede der anderweitigen Abhängigkeit ferner bei Investitionsstreitigkeiten nach der ICSID-Konvention.[88] Da der Schiedsspruch vor nationalen Gerichten vollstreckbar sein soll (Art. 54 Abs. 1 ICSID-Konvention), besteht hier ein besonderes Interesse an der Vermeidung widersprüchlicher Entscheidungen. Die erhobene Einrede der anderweitigen Anhängigkeit wurde in einem Fall verworfen, da das angeführte nationale Verfahren ganz andere Parteien betraf.[89] In einem anderen, eindeutig gelagerten Fall stellte das angerufene Schiedsgericht rundheraus klar, daß das Völkerrecht eine Einrede der anderweitigen Rechtshängigkeit nicht kennt.[90]

Weitere Entscheidungen, die im hier betrachteten Zusammenhang angeführt werden könnten, betreffen bei näherer Betrachtung andere Fälle als gerade die Einrede der anderweitigen Anhängigkeit. So wird, sofern die Zuständigkeit politischer Organe die Zuständigkeit eines Gerichts beschränken soll, eigentlich ein Vorrang der politischen Entscheidung behauptet, wie er der Doktrin der *political question* des amerikanischen Verfassungsrechts entsprechen mag. Anders als etwa beim Verhältnis des UN-Sicherheitsrats zur Generalversammlung wird ein derartiger Vorrang politischer Organe vor der gerichtlichen Zuständigkeit regelmäßig abgelehnt.[91] Ein Sonderfall ist auch die Konkurrenz verschiedener menschenrechtlicher Streitbeilegungsverfahren. Es geht hier weni-

---

[86] AaO. (oben, Fn 82), Ziff. 20 f.

[87] AaO. (oben, Fn 82), Ziff. 22.

[88] Vgl. *Shany*, S. 243.

[89] *Benvenuti & Bonfant SRL v. People's Republic of the Congo*, 15.8.1980, ICSID Reports Vol. 1 (Cambridge 1993), S. 335, 340, Ziff. 1.14.

[90] *Southern Pacific Properties (Middle East) Limited v. Arab Republic of Egypt*, 27.11.1985, ICSID Reports Vol. 3 (Cambridge 1995), S. 112, 129, Ziff. 84.

[91] Vgl. StIGH, *Droits des minorités en Haute-Silésie*, Ser. A, No. 12, S. 23; IGH, *Teheraner Geiselfall*, ICJ Reports 1980, 21 f, Ziff. 40; *Military and Paramilitary Activities (Nicaragua/USA) (Jurisdiction)*, ICJ Reports 1984, 392, 433-435, Ziff. 93-96.

ger darum, widersprüchliche Entscheidungen zu vermeiden, vielmehr soll der einzelne sein Verfahren nicht gleichzeitig bei mehreren Mechanismen betreiben. „Forum Shopping" wird hier nicht von vornherein ausgeschlossen, vielmehr steht dem einzelnen oftmals die Wahl des Rechtswegs zu, an die er dann allerdings gebunden ist (*electa una via*).[92] Dies kann durch eine vertragliche Klausel (vgl. Art. 35 Abs. 2 lit. b EMRK) oder durch Vorbehalte bewirkt werden.[93] Die besondere Interessenlage in diesen Verfahren läßt keinen Rückschluß auf eine allgemeine Regel *lis alibi pendens* zu.

Schließlich wird auf Fälle hingewiesen, in denen der EuGH eine Neigung zur Anwendung eines allgemeinen Grundsatzes *lis pendens* habe erkennen lassen.[94] Dabei ging es in dem einen Fall um eine Nichtigkeitsklage nach Art. 33 EGKS, welche vorsorglich sowohl vor als auch nach Veröffentlichung der angegriffenen Entscheidung erhoben worden war.[95] Nachdem der EuGH die Klageerhebung gegen eine noch unveröffentlichte Entscheidung für zulässig erklärt hatte, wies er die später erhobene Klage als unzulässig ab.[96] Im zweiten Fall erhob Frankreich in derselben Sache nacheinander zwei Nichtigkeitsklagen gegen das Europäische Parlament, um rechtliche Gründe nachzuschieben, die in der ersten Klage nicht von Anfang an vorgebracht worden waren.[97] Der EuGH sah die nachgeschobenen Gründe als bloße Modalitäten der ersten Klage an und hielt die zweite Klage – wie von Frankreich selbst vorgeschlagen – als *lis pendens* für unzulässig.[98] Beide Entscheidungen können nicht als Beleg für den Grundsatz *lis alibi pendens* in Anspruch genommen werden, weil sie lediglich aufeinanderfolgende Klagen vor demselben Gericht in demselben Verfahrensweg betrafen.[99]

---

[92] Hierzu *Shany*, S. 212 f.

[93] Vgl. *Shany*, S. 213-217.

[94] *Shany*, S. 243.

[95] Rs. 172, 226/83, *Hoogovens Groep BV/Kommission*, 19.9.1985, Slg. 1985, 2831, 2844, Ziff. 2.

[96] AaO., S. 2846 f, Ziff. 8 f.

[97] Rs. 358/95, 51/86, *Frankreich/Parlament*, 22.9.1988, Slg. 1988, 4812, 4813 f, Ziff. 1, 8, 10.

[98] AaO., Ziff. 11 f.

[99] Zum Unterschied von *lis pendens* und *lis alibi pendens Shany*, S. 22, dortige Fn 3.

2. Weitere Grundsätze

Zur Doktrin *forum non conveniens* ist keine einschlägige Rechtsprechung internationaler Gerichte ersichtlich.[100] Ein NAFTA-Schiedsgericht hat die Frage, ob diese dem nationalen Recht angehörige Doktrin überhaupt in der internationalen Schiedsgerichtsbarkeit Anwendung finden könne, offengelassen, ergänzend aber darauf hingewiesen, daß selbst die beklagte Regierung im Laufe des Verfahrens von ihrer entsprechenden Rüge abgerückt sei.[101] Allgemein gilt das zum Verhältnis verschiedener internationaler Gerichte Gesagte. Ein mit der Behandlung eines Streitfalls betrautes internationales Gericht kann sich seinem Mandat nicht einfach entziehen, wenn die Parteien dem Verweis an eine andere Institution nicht in irgendeiner Weise zugestimmt haben. Darüber hinaus ist eine in der Unzuständigkeitserklärung des anderen Gerichts liegende Rechtsverweigerung noch eher zu befürchten, wenn dieses mit der Sache noch gar nicht befaßt ist. Und schließlich verfangen die in den nationalen Rechtsordnungen tragenden sachlichen Erwägungen der Verfahrensfairneß und des effizienten Einsatzes der Justiz im Völkerrecht nicht in gleicher Weise, da die Gerichtsbarkeit auf dem Willen der Streitparteien selbst beruht und signifikante Nachteile aus der Wahl des Forums in der Regel nicht erwachsen.[102]

Soweit Anhaltspunkte für eine Zuständigkeitsabgrenzung auf Erwägungen des Rechtsmißbrauchs gestützt werden, ist darauf hinzuweisen, daß allein die Geltendmachung eines Rechts diesen Vorwurf nicht begründen kann. Selbst wenn bereits eine anhängige Sache zusätzlich einem anderen Streitschlichtungsorgan vorgelegt wird, macht die klagende Partei lediglich von ihren Rechten Gebrauch. Wenn sich aus den Zuständigkeitsregelungen keine Abgrenzungskriterien ergeben, geht der Wille der Parteien aber offensichtlich auf eine konkurrierende Zuständigkeit, auf die sich die Parteien ohne Vorwurf berufen können. Etwas anderes gilt allenfalls bei deutlichen Anhaltspunkten für treuwidriges Verhalten, etwa eine eindeutige destruktive Verzögerungsabsicht.

---

[100] So betreffen außer dem im folgenden behandelten Schiedsspruch alle im Index ILR, Bände 39-125, zum Stichwort *forum non conveniens* aufgeführten einschlägigen Entscheidungen nationales Prozeßrecht. Mit einer – nicht einschlägigen – Ausnahme (ILR 65, 372) entspringen alle dem Common-Law-Rechtskreis.

[101] *Ethyl Corp. v. Canada*, NAFTA-Schiedsgericht nach UNCITRAL-Regeln, Schiedsspruch vom 28.11.1997, ILR 122, 253, 254.

[102] Hierzu *Lowe*, AustralianYBIL 20 (1999) 191, 200 f.

3. Fazit

Für eine vorbeugende Koordinierung der parallelen Zuständigkeit von WTO- und WIPO-Streitbeilegung hält das Völkerrecht keine allgemeinen Rechtssätze bereit. Beide Verfahren können daher gegebenenfalls in derselben Sache parallel betrieben werden.

C. Zur Rechtskraftwirkung

Enthält das allgemeine Völkerrecht auch keine Regeln über die vorbeugende Koordinierung von Klagen, die an verschiedenen internationalen Gerichten anhängig gemacht werden, so sind widersprüchliche Entscheidungen im selben Fall doch ausgeschlossen, wenn entschiedene Sachen nicht vor anderen Gerichten erneut anhängig gemacht werden. Daß den Entscheidungen internationaler Gerichte, sofern die Parteien nichts anderes vereinbart haben, Rechtskraftwirkung zukommt (*res iudicata*), ist weithin anerkannt.[103] Der Grund hierfür liegt im Streben der Parteien nach endgültiger und wirksamer Beilegung ihrer Streitigkeit, das sie durch ihre Unterwerfung unter eine internationale Gerichtsbarkeit zum Ausdruck bringen.

Allerdings wird teilweise angenommen, die Rechtskraft endgültiger Entscheidungen sei auf das erkennende Gericht begrenzt.[104] Dies kann nicht richtig sein: Anders als im nationalen Recht ist es nicht der Gesetzgeber, der den Parteien nach seinem Ermessen Rechtswege eröffnet oder beschränkt, sondern es sind die Parteien selbst, die ihren Streit geschlichtet wissen wollen. Rechtskraft bezeichnet im Völkerrecht daher nicht in erster Linie die Bindung des Gerichts an seine eigenen Entscheidungen, sondern fällt in eins mit der Bindung der Parteien selbst an die Entscheidung.[105] In diesem Sinne erklärte der StIGH: „Reconnaître la chose jugée découlant d'une sentence ne signifie autre chose que reconnaître que les dispositions de la sentence sont définitives et obliga-

[103] Vgl. *Shany*, S. 245-254; zur Anerkennung im nationalen Recht aaO., S. 165-170. Teilweise wird *res iudicata* sogar für einen allgemeinen Rechtsgrundsatz gehalten, so *Oppenheim/Lauterpacht*, Bd. II, S. 275; *O'Connell*, S. 13; vgl. aber *Rosenne*, Vol. III, S. 1656, dortige Fn 206.

[104] So *Dahm*, Völkerrecht II, S. 515, 562; *Jan Neumann*, ZaöRV 61 (2001) 529, 550-552.

[105] Im Sinne einer definitiven Bindung der Parteien auch *Oppenheim/Lauterpacht*, Band II, S. 26 f, 275.

toires".[106] Dem entspricht Art. 59 IGH-Statut, der von der Bindung des Urteils für die Parteien – nicht das Gericht – spricht.[107]

1. Rechtskraftwirkung der Entscheidungen

Was die Unterwerfungsklauseln der Verbände unter die Gerichtsbarkeit des IGH betrifft, so haben die Verbandsmitglieder Streitigkeiten über Auslegung und Anwendung der jeweiligen Abkommen ohne weitere Modifizierung an den IGH verwiesen und damit auch die Festlegungen über die Wirkungen von IGH-Urteilen akzeptiert. Nach Art. 59 und 60 IGH-Statut sind die Entscheidungen des IGH für alle Streitparteien endgültig und verbindlich. Dies gilt insbesondere für den Fall, daß dieselbe Sache in einem anderen Schlichtungsverfahren erneut aufgeworfen wird. Sollte eine vom IGH entschiedene Sache über Auslegung oder Anwendung der WIPO-Verbandsübereinkünfte wegen der Kompatibilitätsklausel des TRIPS-Abkommens oder ihrer Inkorporierung in dasselbe in einem DSU-Verfahren zwischen denselben Parteien erneut in Streit geraten, müßte daher das Panel bzw. der Appellate Body die Frage als rechtskräftig entschieden behandeln und das IGH-Urteil seiner Entscheidung zugrunde legen, ohne selbst in die Sachprüfung einzutreten. Anderes gilt für lediglich inhaltsgleiche Verpflichtungen, da der verschiedene Kontext zu unterschiedlichen Auslegungen Anlaß geben kann.

Weniger eindeutig liegt die Sache bei den Entscheidungen, die im Rahmen der WTO aufgrund des DSU ergehen. Eine Art. 59, 60 IGH-Statut vergleichbare Regelung über die Rechtskraftwirkung abschließender DSB-Entscheidungen nach Art. 16 oder 17 Abs. 14 DSU fehlt.[108] Rechtsnatur und Wirkungen der Panel-Berichte nach dem alten GATT waren umstritten.[109] Hingewiesen wird insbesondere auf die Entscheidung des IGH im Nikaragua-Fall, die einen zuvor angenommenen

---

[106] *Société commerciale de Belgique*, Urteil vom 15.6.1939, Ser. A/B, No. 78, S. 160, 175.

[107] Gleiches gilt für Art. 33 ITLOS-Statut, den *Jan Neumann* (aaO., oben, Fn 104) nicht berücksichtigt.

[108] So auch Panel-Bericht *India – Measures Affecting the Automotive Sector*, WTO-Dokumente WT/DS146/R, WT/DS175/R vom 21.12.2001, Ziff. 7.58. Zur Problematik auch *Jackson*, AJIL 91 (1997) 60, 62; *ders.*, AJIL 98 (2004) 109, 112; *Jan Neumann*, Koordination des WTO-Rechts, S. 639.

[109] Vgl. die Diskussion bei *Jackson*, in: FS Schermers, S. 149, 156-160.

GATT-Panel-Bericht zur Reduzierung der amerikanischen Importquote für nikaraguanischen Zucker[110] nicht berücksichtigt habe.[111] Allerdings sah der IGH sich für die Beurteilung der Rechtslage nach dem GATT nicht zuständig, weil dieses als multilaterales Abkommen unter den Vandenberg-Vorbehalt zur amerikanischen Unterwerfungserklärung falle und eine Verletzung im übrigen gar nicht gerügt worden war.[112]

Auf die Verbesserungen, die das DSU gegenüber dem alten System gebracht hat, ist bereits des öfteren hingewiesen worden. Der grundsätzliche Aufruf zur Beendigung von Vertragsverletzungen und der vorläufige Charakter der Kompensationsbestimmungen lassen keinen Zweifel daran, daß eine rechtliche Bindung an die Entscheidungen des DSB beabsichtigt war.[113] Bestätigt wird dies durch Art. 26 DSU, der allein bei Nichtverletzungsbeschwerden die rechtliche Bindung ausschließt. Der Appellate Body hat die Bindungswirkung sogar mit jener nach Art. 59 IGH-Statut verglichen.[114] Dagegen ließ das Panel in *India – Measures Affecting the Automotive Sector* die Geltung von *res iudicata* innerhalb der WTO-Ordnung zwar offen, da die erhobenen Rügen ohnehin neue Sachen betrafen.[115] Hierbei ging es allerdings um den Wiedereintritt in

---

[110] *US – Import of Sugar from Nicaragua*, Panel-Bericht, angenommen am 13.3.1984, BISD 31S/67. Die Quote diente nach Aussage des amerikanischen Präsidenten dem Zweck, Nikaragua die Mittel für Rüstung und Unterstützung subversiver und extremistischer Gewalt in der Region zu entziehen, aaO., S. 69, Ziff. 2.3.

[111] *Hudec*, in: *Wolfrum (Hrsg.)*, S. 123, 138.

[112] *Military and Paramilitary Activities (Nicaragua/USA) (Merits)*, ICJ Reports 1986, 14, 126, Ziff. 245.

[113] Appellate Body, *Japan – Taxes on Alcoholic Beverages*, WTO-Dokumente WT/DS8/AB/R, WT/DS10/AB/R, WT/DS10/AB/R vom 4.10.1996, S. 14 f. Ebenso *Jackson*, AJIL 91 (1997) 60, 63; *ders.*, AJIL 98 (2004) 109, 115-117; *Hilf*, NVwZ 2000, 481, 483; *Koskenniemi/Leino*, LJIL 15 (2002) 553, 571. Vgl. auch Art. 17 Abs. 14 DSU: „An Appellate Body report shall be adopted by the DSB and *unconditionally accepted by the parties to the dispute* ..." (Hervorhebung hinzugefügt). Eine entsprechende Bestimmung für angenommene Panel-Berichte fehlt in Art. 16 Abs. 4 DSU. Zur Bindungswirkung ferner *Weiß*, in: *Weiß/Herrmann*, Rn 309.

[114] *Japan – Taxes on Alcoholic Beverages*, aaO., S. 14, dortige Fn 30.

[115] Siehe oben (Fn 108), Ziff. 7.58-7.66, 7.102. Allerdings wies das Panel auf die Bindungswirkung der DSB-Entscheidungen als mögliche Grundlage für *res iudicata* im WTO-System hin, aaO., Ziff. 7.58 a.E.

die Sachprüfung innerhalb desselben Systems, also eine Art Wiederaufnahmebefugnis nach DSU. Die Bindung der Parteien an die Streitschlichtungsentscheidungen ist hiervon unbeeinträchtigt. Im übrigen besteht kein Anlaß zu der Annahme, die Bindungswirkung der Streitschlichtung sollte etwa auf das WTO-System beschränkt sein. Besonders der Auftrag zur Entscheidung im Einklang mit allgemeinen völkerrechtlichen Auslegungsgrundsätzen nach Art. 3 Abs. 1 Satz 2 DSU, eines der hauptsächlichen Elemente der Verrechtlichung des Verfahrens,[116] stellt sicher, daß die wirkliche völkerrechtliche Bedeutung der Vertragsbestimmungen ermittelt wird. Auch was die Verfahrensvorschriften im einzelnen betrifft, ergeben sich keine Anhaltspunkte dafür, daß die Parteien ihre Interessen nicht adäquat vertreten könnten oder anderweitig Gesichtspunkte ein besonderes Gewicht erlangen, die einer Bindungswirkung der Entscheidungen für die weiteren völkerrechtlichen Beziehungen der Streitparteien entgegenstünden.

Allerdings wird gegen die Streitschlichtung im WTO-System eingewandt, sie präjudiziere die völkerrechtlichen Verhältnisse zwischen den Parteien negativ, da sie wirtschaftlichen Belangen vor sonstigen Interessen einseitig den Vorzug einräume. Sofern dies zutreffen sollte, ist es aber nicht Folge verfahrensrechtlicher Unzulänglichkeiten, sondern des auf die Anwendung des WTO-Rechts begrenzten Streitbeilegungsmandats. Daß eine WTO-Streitbeilegungsentscheidung, die erklärtermaßen ausschließlich WTO-Recht anwendet, die sonstigen rechtlichen Beziehungen zwischen den Parteien nicht förmlich präjudizieren kann, erscheint selbstverständlich. Hierbei handelt es sich aber um eine Frage des Umfangs der Rechtskraft, nicht darum, ob das DSU-Verfahren geeignet ist, die zwischen den WTO-Mitgliedern geltende Rechtslage zutreffend festzustellen. Da insofern aber keine Defizite ersichtlich sind, steht dem Schluß nichts entgegen, daß das Ziel der WTO-Streitbeilegung eine auch über das WTO-System hinaus verbindliche und abschließende Entscheidung über die Anwendung der ihm unterstellten WTO-Abkommen darstellen sollte. In einem nachfolgenden Verfahren müßte daher auch der IGH in diesem Rahmen entschiedene Sachen als *res iudicata* hinnehmen.

---

[116] Entsprechend verfuhren allerdings schon die Panels des alten GATT, *Charney*, RdC 271 (1998) 101, 145-151.

2. Umfang der Rechtskraftwirkung

Die Rechtskraft beschränkt sich im allgemeinen auf den Tenor der Entscheidung, der gegebenenfalls im Rückgriff auf die Begründung festzustellen ist;[117] teilweise werden auch die tragenden Gründe als solche hinzugerechnet.[118] Bleibt das Gericht in seiner Entscheidung hinter den Anträgen der Parteien zurück, so wird es eine Frage der Auslegung der Entscheidung sein, ob die nicht behandelten Fragen als implizit mitentschieden gelten oder Anlaß für eine Wiedereröffnung des Verfahrens sein können. Die äußere Grenze der Rechtskraftwirkung markiert dagegen *a priori* die Zuständigkeit des internationalen Gerichts. Geht es über das ihm erteilte Mandat hinaus, so fehlt es insofern an der Unterwerfung der Parteien unter das Urteil. Hält ein Gericht sich dagegen in den Grenzen einer Beschränkung seiner Zuständigkeit auf bestimmte Rechtsmaterien, so kann seine Entscheidung nicht als Präjudiz für die Beurteilung des Falles nach anderen Rechtsnormen in Anspruch genommen werden. Die Anträge müssen im Lichte der Zuständigkeit ausgelegt werden, und entsprechend kann nicht angenommen werden, daß der Tenor andere Aussagen als solche über die Anwendung der zu betrachtenden Rechtsmaterie enthält. Anderenfalls fegte der Richterspruch alle sonstigen zwischen den Parteien bestehenden völkerrechtlichen Beziehungen ohne weiteres beiseite. Daß solch ein Ergebnis in den zahlreichen in der Praxis verzeichneten Kompetenzbeschränkungen nach Rechtsmaterien beabsichtigt sein sollte, kann nicht angenommen werden.

Die Rechtskraft der Urteile des IGH gilt nach Art. 59 IGH-Statut zwischen den Parteien und in bezug auf die entschiedene Sache. Wie Art. 61 IGH-Statut über die Wiederaufnahme bei Bekanntwerden neuer Tatsachen zeigt, erstreckt sie sich auf die Feststellungen zur Sachlage, sofern sie für die Entscheidung maßgeblich sind. Hierin dürfte zugleich ein allgemeiner Rechtsgrundsatz liegen, der regelmäßig zur Anwendung kommt, wenn nichts anderes bestimmt ist. Für die Ergebnisse des WTO-Streitverfahrens kann daher nichts anderes gelten. Zu schließen ist, daß den Entscheidungen beider Institutionen Rechtskraft gegenüber der jeweils anderen zukommt, soweit es um die Beurteilung einer Sach-

---

[117] Vgl. *Interprétation des arrêts nos. 7 & 8 (Usine de Chorzów)*, Opinion dissidente de M. Anzilotti, StIGH Ser. A, No. 11, S. 23. Zustimmend *Dahm*, Völkerrecht II, S. 561 f; *Rosenne*, Vol. III, S. 1656.

[118] Vgl. *Dahm*, aaO.

lage am Maßstab der in das TRIPS-Abkommen inkorporierten WIPO-Verbandsbestimmungen geht.

Schwieriger ist die Lage, wenn es um die Anwendung nur inhaltsgleicher Normen geht. Oben wurde bereits argumentiert, daß ins TRIPS-Abkommen aufgenommene Normen, die inhaltlich z.B. denen des Romabkommens entsprechen, gleichwohl in einem anderen Kontext stehen und daher durch die WTO-Streitschlichtung nicht notwendigerweise in gleicher Weise wie die des Romabkommens angewendet werden. Es ist nur konsequent, daß entsprechenden DSB-Entscheidungen über die Auslegung des TRIPS-Abkommens keine Rechtskraft für die Anwendung des Romabkommens zukommen kann. Was hingegen die zugrundeliegende Sachlage betrifft, so kann eine Rechtskraftwirkung kaum bestritten werden, soweit auch die Anwendung des Romabkommens auf ihr beruht. Beide Verfahren sind auf die Feststellung der wirklichen Sachlage ausgerichtet und unterscheiden sich prozessual kaum voneinander, so daß sie jedenfalls nicht planmäßig zu unterschiedlichen Ergebnissen führen können. Dagegen erschiene eine Aufspaltung desselben Lebenssachverhalts in zwei Wahrheiten, deren eine für die WIPO und deren andere für die WTO maßgeblich sein sollte, gekünstelt. Zu schließen ist, daß hinsichtlich der Sachlage die Entscheidungen beider Streitschlichtungseinrichtungen auch dann Rechtskraft gegenüber der jeweils anderen entfalten, wenn nicht die Anwendung derselben Normen in Frage steht.

Schließlich kann nach dem eingangs Gesagten eine Suspendierungsentscheidung der WTO-Streitschlichtung die materiell in den Verbänden bestehenden Rechtsverhältnisse nicht präjudizieren. Da, was die Aussetzung von TRIPS-Verpflichtungen angeht, parallele Verpflichtungen im Rahmen der WIPO durch die WTO-Panels nicht zu beurteilen sind, entfalten entsprechende Entscheidungen insofern auch keine Rechtskraft. Das WTO-Recht kann sich daher auch im Wege der Streitschlichtung nicht materiell über parallele Normen der Verbände hinwegsetzen. Ein Staat muß gegebenenfalls hinnehmen, daß sich die Aussetzung geistiger Eigentumsrechte trotz Autorisierung durch die WTO als völkerrechtlich unzulässig erweist.

D. Verfahrensleitende Entscheidungen

Die Grundsätze der materiellen Rechtskraft ermöglichen eine angemessene Koordinierung konkurrierender Streitbeilegungsverfahren und lassen nur den relativ unwahrscheinlichen Fall ungeregelt, daß zwei Entscheidungen in solch zeitlicher Nähe ergehen, daß sie einander nicht in

Betracht ziehen können. Insofern werden die Streitparteien in aller Regel selbst für die notwendige Koordinierung sorgen, etwa durch den gemeinsamen Antrag auf Verfahrensaussetzung in Erwartung der anderen Entscheidung.[119]

Darüber hinaus können verfahrensleitende Entscheidungen der betroffenen Spruchkörper Abhilfe schaffen.[120] In Betracht kommt namentlich eine Aussetzung des Verfahrens im Hinblick auf die internationale *courtoisie*.[121] In diesem Sinne erbaten die USA in einem Gutachtenverfahren vor dem Interamerikanischen Gerichtshof für Menschenrechte[122] eine Verfahrenssuspendierung gestützt auf „,prudencia, [...ó] de cortesía internacional'"[123] gegenüber dem IGH, wo in zwei Verfahren dieselbe Rechtsfrage – die Pflicht zum Hinweis auf konsularischen Beistand bei Festnahmen im Ausland – anhängig war.[124] Der Interamerikanische Menschenrechtsgerichtshof führte zunächst aus, daß eines der Parallelverfahren bereits eingestellt und das zweite erst nach Abschluß seiner eigenen mündlichen Verhandlungen beim IGH anhängig gemacht wurde,[125] und entschied dann unter Hinweis auf seine Autonomie, daß er den Mitgliedstaaten der OAS eine Entscheidung in der Sache nicht verweigern könne.[126]

---

[119] Vgl. etwa die Order No. 4 vom 14.11.2003 im *MOX-Plant*-Schiedsverfahren (*Irland/Großbritannien*), das im Hinblick auf eine Klärung der EG-Rechtslage durch den EuGH auf Antrag Irlands und nach Anhörung der Parteien ausgesetzt wurde. Zu Einzelheiten *Churchill/Scott*, ICLQ 53 (2004) 643-676.

[120] Vgl. bereits den Ansatz des ICTY (oben, Fn 83 mit zugehörigem Text).

[121] Auf diese Möglichkeit wies das ICSID-Schiedsgericht in *SPP (ME) v. Congo* hin, aaO. (oben, Fn 90).

[122] Opinión consultiva OC-16/99 solicitada por los Estados Unidos Mexicanos, Gutachten, Ser. A, 1.10.1999, erhältlich über <www.corteidh.or.cr> (Stand 30.3.2005).

[123] AaO., S. 50, Ziff. 55.

[124] *Vienna Convention on Consular Relations (Paraguay/USA)*, Request for the Indication of Provisional Measures, 9.4.1998, ICJ Reports 1998, 248, eingestellt durch Beschluß vom 10.11.1998, ICJ Reports 1998, 426; *LaGrand Case (Deutschland/USA)*, Request for the Indication of Provisional Measures, 2.3.1999, ICJ Reports 1999, 9, Urteil vom 27.6.2001. Zur Problematik auch *Oellers-Frahm*, MPYUNL 5 (2001) 67, 84-86; *Shany*, S. 241 f.

[125] AaO., S. 50, Ziff. 56.

[126] AaO., S. 51 f, Ziff. 61-65.

Beide zitierten Entscheidungen geben zutreffende Maßstäbe an die Hand. Das angerufene Streitschlichtungsorgan wird regelmäßig mit der sachgerechten Verfahrensführung beauftragt sein. Namentlich der IGH hat nach Art. 48 seines Statuts die Prozeßleitung inne und kann nach Art. 54 Abs. 1 Satz 2 seiner Verfahrensordnung die mündliche Verhandlung nach eigenem Ermessen verschieben oder verzögern.[127] Ebenso ist den Panels nach Art. 12 Abs. 2 DSU aufgetragen, ihre Verfahren ausreichend flexibel zu gestalten. Dies gibt die angemessene Handhabe, das Verfahren bis zu einer präjudiziellen Entscheidung zu verzögern, wenn diese in einem angemessenen Zeitraum zu erwarten ist. Was eine mögliche Rechtsverweigerung betrifft, träfe ein solches Vorgehen grundsätzlich nicht auf Bedenken. Es kann schwerlich angenommen werden, daß konkurrierende Zuständigkeiten gerade zu dem Zweck errichtet werden, inhaltlich unterschiedliche Entscheidungen zu ermöglichen. Es wäre daher geradezu rechtsmißbräuchlich, auf eine vorgreifliche Entscheidung des angerufenen Gerichts zu bestehen, obwohl dieses das Abwarten der Entscheidung eines gleichermaßen zuständigen anderen Streitbeilegungsorgans für sachgerecht hält. Seine Grenze findet die Verfahrensleitung des Streitschlichtungsorgans, wo einvernehmliche Anweisungen der Parteien im Mandat oder im konkreten Prozeß einer Verzögerung entgegenstehen. Hier ist auf die engen zeitlichen Fristen hinzuweisen, die namentlich Art. 12 Abs. 8 und Art. 17 Abs. 5 DSU setzen. Obwohl auch dem IGH eine zügige Streitbeilegung aufgetragen ist (vgl. etwa Art. 48 Abs. 2 VfO IGH), wird in Anbetracht der tatsächlichen Verfahrensdauer[128] ein Zuwarten der WTO-Streitbeilegung regelmäßig nicht in Betracht kommen.

E. Fazit

Eine vorbeugende Koordinierung der Streitbeilegungszuständigkeiten von WTO und WIPO ist nicht möglich, vielmehr können beide Verfahren auch in derselben Sache gegebenenfalls parallel betrieben werden. Eine Koordinierung erfolgt über die Rechtskraftwirkung. Beide Streitbeilegungsorgane müssen rechtskräftige Entscheidungen des jeweils anderen in derselben Sache beachten. Eine Feinjustierung zur Vorbeugung zeitlicher Überschneidungen oder einer rechtsmißbräuchlichen Aus-

---

[127] *Rosenne*, Vol. III, S. 1328 f.

[128] Vgl. *Guillaume*, ICLQ 44 (1995) 848, 851, der die Verfahrensdauer bei einvernehmlicher Anrufung des IGH mit zwei bis drei Jahren angibt.

nutzung der Parallelzuständigkeit kann über verfahrensleitende Entscheidungen der Streitbeilegungsorgane selbst herbeigeführt werden. In der Praxis dürfte das zügigere Verfahren der WTO ein parallel vor dem IGH betriebenes Verfahren präjudizieren.

III. Auswirkungen auf die Einheitlichkeit der Rechtsordnung

Bisher ist von der Gefahr widersprüchlicher Entscheidungen in derselben Sache die Rede gewesen. Liegen dagegen verschiedene Lebenssachverhalte, die durch dieselben Rechtsnormen geregelt werden, unterschiedlichen internationalen Gerichten zur Entscheidung vor, so wird die geltende Rechtslage im konkreten Fall jeweils klargestellt, es besteht aber die Gefahr, daß dieselben Rechtsnormen unterschiedlich angewendet werden. Eine solche uneinheitliche Rechtspraxis steht dem Zweck der Streitschlichtung nicht von vornherein entgegen. Wenn Staaten eine Streitsache einem internationalen Tribunal unterbreiten, um eine Belastung ihrer Beziehungen aus der Welt zu schaffen, kommt es unter Umständen auf das konkrete Ergebnis weniger an als auf die Lösung des Streites an sich. Für den Einwand einer von früheren Entscheidungen abweichenden oder gar falschen Rechtsanwendung des Gerichts steht dagegen in aller Regel kein Rechtsweg offen. Allerdings kann eine uneinheitliche Rechtspraxis den Aufbau eines einheitlichen Rechtskörpers aus Judikaten behindern. In Abwesenheit einer bindenden Divergenzentscheidung kann sie die Gewißheit über den Inhalt des geltenden Rechts erschüttern.[129] Die negativen Auswirkungen auf die Rechtssicherheit dürfen indessen nicht überschätzt werden.[130] Zum einen tragen internationale Gerichte selbst zur Einheitlichkeit des Völkerrechts bei, indem sie sich um eine kohärente Anwendung des Rechts bemühen und dazu oftmals ausdrücklich Bezug auf die Entscheidungen anderer Foren nehmen.[131] Darüber hinaus können unterschiedliche Rechtsauffassun-

[129] *Charney*, RdC 271 (1998) 101, 134.

[130] In diesem Sinne generell *Charney*, ASIL Proceedings 2002, 369-371.

[131] *Charney*, RdC 271 (1998) 101, 189-236 mit Schlußfolgerungen auf S. 235, 360. *Charney* findet im übrigen für das Recht der Verträge, Staatenverantwortlichkeit, Schadensberechnung, Rechtswegerschöpfung, Staatsangehörigkeit und maritime Grenzziehung keine signifikanten Unterschiede in der Praxis verschiedener internationaler Spruchkörper, aaO., *passim*. Zum professionellen Verhältnis verschiedener Gerichte auch *Charney*, aaO., S. 371 f; *Fleischhauer*, MPYUNL 1 (1997) 327, 333; *Higgins*, ICLQ 55(2006) 791, 797 f, 803 f. Die

gen auch Ausdruck einer Differenzierung nach Fallgestaltungen oder einer dynamischen Entwicklung des Rechts sein.[132] Insofern kann in einer gewissen Uneinheitlichkeit sogar ein kreatives Element für die Fortentwicklung des Rechts selbst gesehen werden.[133]

Problematisch wäre es hingegen, wenn sich voneinander abweichende Rechtsauffassungen in verschiedenen Foren verfestigten. Befürchtet wird in diesem Zusammenhang eine Fragmentierung des Völkerrechts in dem Sinne, daß spezialisierte internationale Gerichte ihre jeweils eigene Agenda verfolgen und so dem allgemeinen Völkerrecht ihren jeweiligen Stempel aufdrücken.[134] So erhält auch die vermeintliche Neigung der WTO-Streitschlichtung zur Betonung wirtschaftlicher Belange eine neue Dimension.[135] Konkret eröffnet eine nach Gerichtsbarkeiten spezialisierte Rechtsauslegung die Gefahr, daß die Parteien eines Streits ihr Recht im jeweils als vorteilhafter empfundenen Forum suchen („Forum Shopping"). So entstünde geradezu ein Anreiz, auch im konkreten Streitfall widersprüchliche Entscheidungen zu provozieren. Indessen ist auch hier zweifelhaft, wie real die Gefahr solcher Auslegungsspezialisierung ist. Internationalen Gerichten sind keine politischen Agenden, sondern die Streitschlichtung unter Anwendung und Wahrung des Rechts aufgetragen. Nicht zuletzt leisten hierfür Auswahl und Unabhängigkeit der Richter Gewähr.[136] Einer nicht mehr hinnehmbaren Verwirrung wirkt die Rechtskraft getroffener Entscheidungen, ergänzt durch eine pragmatische Verfahrenskoordinierung, entgegen. Tatsächlich sind gegenwärtig erhebliche Probleme aus der Fragmentierung der internationalen Rechtsprechungsfunktion nicht feststellbar. Das gilt in besonderer Weise für das Verhältnis von WIPO und WTO, und zwar nicht nur weil der Weg zum IGH bislang nie beschrit-

---

Forderung nach gegenseitigem Austausch zwischen nationalen, regionalen und WTO-Instanzen über die Anwendung des WTO-Rechts hat im übrigen auch die ILA erhoben, Resolution 2/2000, Annex 3, Ziff. 2 lit. c, ILA Report 2000, 23, 24.

[132] *Charney*, RdC 271 (1998) 101, 137, 349.

[133] Vgl. *Charney*, RdC 271 (1998) 101, 352-355.

[134] *Koskenniemi/Peivo*, LJIL 15 (2002) 553, 561 f und *passim*, die von einem „*hegemonic* struggle" der Streitschlichtungsorgane sprechen (aaO., S. 562) (Hervorhebung im Original).

[135] *Koskenniemi/Peivo*, LJIL 15 (2002) 553, 572-574.

[136] In diesem Sinne kommentiert *Wolfrum*, in: *Zimmermann/Hofmann (Hrsg.)*, S. 433: „I did not know that courts are that predictable."

ten wurde, sondern auch wegen des auffälligen Bemühens der WTO-Panels um Kohärenz mit den Rechtsordnungen der Verbände.

IV. Ergebnis zum dritten Abschnitt

Die Streitbeilegungsverfahren in WTO und WIPO können parallel betrieben werden, auch soweit es um die Beurteilung von Verstößen gegen Rechtsnormen geht, die das TRIPS-Abkommen durch Verweis aus den Verbandsordnungen übernommen hat, oder ein Sachverhalt in Frage steht, der in beiden Ordnungen durch inhaltsgleiche Normen geregelt wird. Widersprüchliche Entscheidungen im selben Fall sind durch die Rechtskraft ausgeschlossen, der die Entscheidungen beider Verfahren grundsätzlich fähig sind. Beide Streitschlichtungseinrichtungen müssen vorbestehende rechtskräftige Entscheidungen der jeweils anderen in derselben Sache beachten, so daß sich letztlich die frühere Entscheidung durchsetzt. Unter praktischen Gesichtspunkten wird dies zumeist die des deutlich zügigeren WTO-Verfahrens sein, das indessen keine Aussetzung geistiger Eigentumsrechte mit Wirkung für die Verbände autorisieren kann. Eine zeitliche Überschneidung der Entscheidungen in der Sache kann durch ein kooperatives Verhalten der Parteien oder aber verfahrensleitende Maßnahmen der Streitbeilegungsorgane vermieden werden. Die Verfahrensleitung ist es auch, die auf ein mißbräuchliches Ausnutzen der Parallelzuständigkeiten durch eine Streitpartei reagieren kann. Eine Fragmentierung des internationalen geistigen Eigentumsschutzes wegen uneinheitlicher Spruchpraxis in WTO und WIPO ist nicht zu befürchten. Nicht nur ist das in den WIPO-Verbänden vorgesehene IGH-Verfahren bislang noch nie eingeleitet worden, die Streitschlichtungspraxis der WTO zeigt auch ein erhebliches Bemühen um Kohärenz mit dem weitgehend als komplementär zum TRIPS-Abkommen angesehenen WIPO-System.

Vierter Abschnitt: Konkurrenz in der Normsetzung

Was die Abgrenzung der Rechtssetzungsbefugnisse beider Organisationen betrifft, gilt zunächst das im ersten Abschnitt Gesagte. WIPO und WTO stehen unabhängig nebeneinander und haben sich im übrigen auch nicht über eine Aufgabenteilung im legislativen Bereich verständigt. Einer parallelen Rechtssetzung in beiden Foren steht daher grundsätzlich nichts im Wege. Das Verhältnis zwischen den so entstehenden Verträgen – die selbstverständlich durchweg der Ratifizierung bedürfen – wäre materiell nach den im zweiten Abschnitt angesprochenen Grundsätzen zu behandeln. Gleichwohl ist spekuliert worden, die WIPO könnte die Funktion des technisch-experimentellen Forums zur Entwicklung neuer geistiger Eigentumsstandards einnehmen, während die so entwickelten Standards über die WTO als „forum of last resort" universell in Geltung gebracht werden;[1] die WIPO „produziere" also gleichsam in der Rolle einer Ministerialbürokratie die materiellen Schutzstandards für geistiges Eigentum, welche dann als Verhandlungsmasse in die WTO als eigentliche Rechtssetzungsinstanz gelangten.[2] Wird diese Vorstellung um weitere internationale Organisationen erweitert,[3] so gelangt die WTO in die Funktion einer zentralen Koordinierungsinstanz, vergleichbar der Rolle, die das UN-System dem ECOSOC zuweist. Die Realität zeigt ein anderes Bild. Während die Doha-Runde nur mit Aufgaben versehen wurde, die in der Uruguay-Runde unerledigt geblieben waren, hat die WIPO nach Gründung der WTO drei Verträge hervorgebracht und entfaltet ständig breitangelegte Verhandlungsaktivitäten.

Diese Überlegungen zeigen, daß es zu einer Einschätzung des Verhältnisses der Organisationen in ihrer legislativen Funktion mit einer Abgrenzung der Zuständigkeiten nicht sein Bewenden haben kann. Erforderlich ist vielmehr eine Betrachtung der Einflüsse auf die Verhandlungsdynamik in beiden Foren, die ihrerseits in erster Linie durch die verhandelten Sachfragen geprägt sind. Zu fragen ist nach strukturellen Besonderheiten, die Ansatzpunkt für eine funktionelle Differenzierung beider Systeme sein könnten.

---

1 *F.M. Abbott*, JIEL 3 (2000) 63, 68-73.

2 *F.M. Abbott*, Hastings Int'l & Comp. L. Rev. 20 (1997) 661, 679, 681 f.

3 *F.M. Abbott*, JIEL 3 (2000) 63, 75-78.

I. Verhandlungen in der WIPO

Charakteristisch für die Verhandlungssituation in der WIPO ist der grundlegende Interessengleichklang, der den Verbänden ursprünglich zugrunde lag. Traditionell wurde das geistige Eigentum um seiner selbst willen geschützt. Der Beitritt zum Verband wurde keiner besonderen Prüfung unterworfen, und die im Konsens verhandelten Vertragsrevisionen wurden von denen ratifiziert, die sich zur Einhaltung der verstärkten Schutzstandards willens und in der Lage sahen. Darüber hinaus war mit der Inländerbehandlung auf Mechanismen der materiellen Reziprozität verzichtet worden. Im Vordergrund stand nicht in erster Linie die Verbesserung der Stellung der eigenen Staatsangehörigen im Ausland, sondern die Entwicklung eines gemeinsamen Schutzsystems zu Vorteil der Nutznießer des geistigen Eigentums im allgemeinen.

Unter diesen Voraussetzungen stellte sich den Verhandlungsführern auf den Revisionskonferenzen in erster Linie die Aufgabe, konsensfähige Regeln über den geistigen Eigentumsschutz zu erarbeiten. Sofern die erwogenen Normen mit den nationalen Rechtsordnungen und Interessen für unvereinbar gehalten wurden, bestand die Konsequenz in der Verweigerung der Zustimmung, bis eine Kompromißformel gefunden war, oder der Zustimmung unter einem präjudizierende Bindungen ausschließenden Vorbehalt. Nicht zur Debatte stand hingegen ein „Erkaufen" der Zustimmung durch kompensatorische Zugeständnisse in anderen Bereichen. Für Kompromisse im Wege eines Gebens und Nehmens blieb angesichts der Beschränkung des Verhandlungsgegenstands auf das geistige Eigentum auch wenig Raum. Diesem grundsätzlichen Ansatz entsprechend werden die Verhandlungen der WIPO auch in der Praxis als transparent, sachorientiert und technisch charakterisiert.[4]

Allerdings geriet die Interessenharmonie seit den 1960er Jahren ins Wanken. Die unabhängig gewordenen ehemaligen Kolonien begaben sich auf den Pfad der wirtschaftlichen Entwicklung und empfanden den geistigen Eigentumsschutz als Hindernis. Hierfür stehen das gescheiterte Protokoll zur RBÜ von 1967 ebenso wie die im Rahmen der Diskussion um die neue Weltwirtschaftsordnung über ECOSOC und UNCTAD an die WIPO herangetragene Forderung nach verstärktem Technologietransfer, für den vielen gerade der Patentschutz als Hindernis galt. Seitens der sozialistischen Staaten wiederum wurden weniger

---

[4] *Schäfer*, GRUR Int. 1996, 763, 765, 778; *Cheek*, GWILR 33 (2001) 277, 310 f. Vgl. aber *von Lewinski*, GRUR Int. 1997, 667, 670 f, zu informellen Koordinierungstreffen auf der Konferenz zu WCT und WPPT.

marktgängige Alternativen zum geistigen Eigentumsschutz entwickelt. Erfinderscheine sollten die Remuneration intellektueller Leistungen sicherstellen und einen Anreiz für Neuerungen setzen, ohne die Nutzung der geschaffenen Immaterialgüter der privaten Verfügung zu überantworten. Auch diese Vorstellungen ließen sich nicht ohne weiteres ins bestehende System geistigen Eigentumsschutzes integrieren.

Auf der anderen Seite mußte ein Ansatz, der das geistige Eigentum schlechthin mit dem Schutz der Produkte des menschlichen Geistes in eins setzte und aus idealistischen Motiven dessen universelle Verbreitung betrieb, an dieser Interessendiversität seine Grenze finden. Seinen greifbaren Ausdruck fand dies im Stillstand, zu dem die Entwicklung des geistigen Eigentumsschutzes in den Verbänden in den 1970er und 1980er Jahren kam. In Europa dagegen bauten die Industriestaaten mit weiterhin weitgehend homogenen Interessen erfolgreich ein europäisches Patentschutzsystem auf.[5] Als zu dem idealistischen Interesse am weltweiten geistigen Eigentumsschutz in den 1980er Jahren in die Rhetorik des „fairen“ Handels gekleidete handfeste wirtschaftspolitische Interessen traten, schien das Normsetzungssystem der WIPO dann endgültig ausgedient zu haben. Die entstandenen Interessengegensätze konnte das einseitig am Schutz geistigen Eigentums ausgerichtete System nicht integrieren.

Der Wegfall des weltpolitischen Systemgegensatzes ab 1989 und der Abschied von der Neuen Weltwirtschaftsordnung, vor allem aber die im TRIPS-Abkommen erzielten hohen Standards an geistigem Eigentumsschutz, haben dagegen wieder zu einer Homogenisierung der Interessen geführt. Da den WTO-Mitgliedern die Umsetzung ohnehin aufgegeben ist, stellt eine Schutzabschwächung in den Verhandlungen keine Option mehr dar. Angesichts der gegebenen normativen Vorgaben verlagerte sich das Interesse wieder auf Sachfragen. Die bloße Unterstützung der Entwicklungsländer bei der Umsetzung des TRIPS-Abkommens wich bald breiter angelegten Überlegungen dazu, wie geistiges Eigentum im Rahmen nationaler Wirtschaftsstrategien auch gezielt zur Entwicklung beitragen könnte. Entsprechende Überlegungen enthielten teilweise bereits die Studien, die das Internationale Büro zur Vorbereitung seiner Unterstützungsangebote an Entwicklungsländer

---

[5] Europäisches Patentübereinkommen vom 5.10.1973, BGBl. 1976 II 826, mit Änderungen 1978, 1994, 1995 und 1996, vgl. Fundstellennachweis B vom 4.2.2005, S. 612.

einholte.[6] Andererseits haben technologische Neuerungen, vor allem die digitalen Techniken der Vervielfältigung und das Internet, den geistigen Eigentumsschutz vor neue Probleme gestellt, für deren Bewältigung auch den Industrieländern die WIPO wieder als geeignetes Forum erschien. So führten die lange geplanten Protokolle zu RBÜ und Romabkommen zum Abschluß von WCT und WPPT,[7] und auch über den TLT konnte Einigkeit erzielt werden.

Festzuhalten bleibt, daß die ausschließliche Ausrichtung der WIPO auf das geistige Eigentum eine sachorientierte Diskussion fördert, dagegen wenig Gelegenheit zu politischen Austauschgeschäften bietet. Da die ausgehandelten Verträge zunächst ratifiziert werden müssen, ist die Rechtssetzung an der Konsensfähigkeit der gefundenen Lösungen orientiert. Das klare Mandat gibt dem Internationalen Büro darüber hinaus Freiraum, die Rechtsentwicklung zu verfolgen und eigene Initiativen zu ergreifen, ohne sich dem Vorwurf auszusetzen, die Interessen der Mitgliedstaaten einseitig zu präjudizieren. Andererseits erscheint die WIPO weniger geeignet, grundlegend widersprüchliche Interessen am geistigen Eigentumsschutz zum Ausgleich zu bringen.

II. Verhandlungsrahmen der WTO

Wie bereits dargelegt wurde, sind die Verhandlungen im Handelssystem in erster Linie auf den Austausch von Handelszugeständnissen angelegt. Nicht die Erkenntnis, daß gemeinsame Regeln zu einem allgemein ak-

---

[6] Aufgrund des Auftrags der WIPO-Versammlung, die Auswirkungen des TRIPS-Abkommens auf Entwicklungsländer weiter zu studieren (Report, WIPO-Dokument WO/GA/XVI/7 vom 3.10.1995, S. 6, Ziff. 24, Abs. 9), holte das Internationale Büro Studien von der UNCTAD, dem IfO-Institut in München, einem amerikanischen Experten sowie dem ungarischen Industrie- und Handelsministerium ein, die im September 1996 vorlagen, vgl. Cooperation with the World Trade Organisation, WIPO-Dokument WO/GA/24/5 Rev., Anhang, S. 14, Ziff. 40. Während die UNCTAD-Studie erklärtermaßen die Implikationen des TRIPS-Abkommens für die Entwicklungsstrategie in den Vordergrund stellte (UNCTAD, TRIPS Agreement and Developing Countries, S. 1, Ziff. 1-4 und *passim*), beschränkten sich die IfO-Studie (*Gerstenberger*, IFO-Schnelldienst 1996, 17-28) und die Studie des amerikanischen Experten *Robert Sherwood*, IDEA 37 (1997) 491-544, auf den rechtlichen und verwaltungsmäßigen Anpassungsbedarf der Entwicklungsländer.

[7] Hierzu *von Lewinski*, GRUR Int. 1997, 667 f.

zeptablen Interessenausgleich geführt haben, sondern das Gleichgewicht zwischen empfangenen und gewährten Leistungen begründet die Konsensfähigkeit des Ergebnisses einer Handelsrunde. Dies gilt in besonderem Maße für das geistige Eigentum. Erst die Verknüpfung mit der Handelspolitik brach den Widerstand der Entwicklungsländer gegen eine weltweite Erhöhung der Schutzstandards.

Allerdings wurde bereits darauf hingewiesen, daß sich die Verhandlungen im GATT und heute in der WTO nach der weitgehend erreichten Senkung der Industriezölle auf die nichttarifären Handelshemmnisse und damit auf die Aushandlung abstrakter Regeln verlagert haben („Rules-Based Approach"), bei der im Grundsatz ähnliche am Gemeininteresse orientierte Erwägungen maßgeblich sind wie in den WIPO-Verbänden.[8] In diesem Sinne legte auch die Erklärung von Punta del Este fest, daß eine Einigung jeweils innerhalb der einzelnen Verhandlungsgegenstände gesucht und sektorenübergreifende Zugeständnisse möglichst vermieden werden sollten.[9] Für den Dienstleistungsverkehr ging man sogar noch weiter und setzte das Verhandlungsmandat in Teil II der Erklärung von Punta del Este bewußt von den Verhandlungen im Warenverkehr ab,[10] um einen direkten Austausch von Zugeständnissen zwischen beiden Themen zu erschweren.[11] Dieses Trennungsprinzip spiegelte sich auch in der Verhandlungsstruktur wider: Zölle, geistiges Eigentum und die anderen Verhandlungsgegenstände wurden innerhalb der Verhandlungsgruppe zum Warenverkehr („Group of Negotiations on Goods"), allerdings getrennt voneinander in verschiedenen Untergruppen verhandelt. Die Dienstleistungen verhandelte man in einer nochmals vom Warenverkehr abgesetzten Verhandlungsgruppe, der „Group of Negotiations in Services". Gleichwohl wurden die Verhandlungsergebnisse der einzelnen Gruppen am Ende der Handelsrunde miteinander verknüpft. Entsprechend dem Ansatz des „Single Under-

---

[8] Siehe oben, ab Seite 83.

[9] „Balanced concessions should be sought within broad trading areas and subjects to be negotiated in order to avoid unwarranted cross-sectoral demands", Ministerial Declaration on the Uruguay Round, Declaration of 20 September 1986, Part I B. (iii), BISD 33S/21.

[10] Ministerial Declaration on the Uruguay Round, Declaration of 20 September 1986, Part II, BISD 33S/28.

[11] *Winham*, in: *Stein (Hrsg.)*, S. 55, 63, unter Berufung auf nicht näher spezifizierte Interviews mit Verhandlungsteilnehmern (S. 44). Demnach war die getrennte Verhandlung von Waren und Dienstleistungen ein Zugeständnis der USA an Indien für die Einbeziehung von Dienstleistungen in die Runde.

taking" wurde anders als in der Tokio-Runde, die formal allerdings demselben Prinzip unterlag,[12] der Erfolg der Handelsrunde insgesamt von der Akzeptanz des ausgehandelten Gesamtpakets abhängig gemacht.

Eine solche Paketlösung hat wenig mit einem „Rules-Based Approach" zu tun. Sofern das Gesamtpaket Verpflichtungen enthält, die ein Staat bei autonomer Betrachtung nicht akzeptiert hätte, liegen der Ratifikationsentscheidung offensichtlich keine Erwägungen der Gemeinwohlkompatibilität der Regeln als solcher, sondern ein Kosten-Nutzen-Kalkül in bezug auf das Gesamtpaket zugrunde. Diese Kosten-Nutzen-Analyse ist unbedenklich, soweit es nur um den Austausch von Handelszugeständnissen geht. Die im GATT beabsichtigte Rückführung der Handelspolitik auf Zölle soll die Voraussetzungen für eine eindeutige Bewertung von Handelsströmen schaffen, während das Meistbegünstigungsprinzip eine nachträgliche Entwertung verhindert. Den an den Verhandlungen Beteiligten stellt sich ebenso wie den nationalen Gesetzgebern lediglich die Aufgabe, empfangene und gewährte Konzessionen als vergleichsweise exakt in Geld bewertete Handelsströme zu vergleichen. So läßt sich eine Handelsliberalisierung selbst in einer durch stark organisierte protektionistische Interessen geprägten innenpolitischen Landschaft vermitteln. Darüber hinaus ist daran zu erinnern, daß der Handelsliberalisierung eine klare „regulative Idee"[13] zugrunde liegt, da aus Sicht der Wirtschaftstheorie selbst einseitige Handelsliberalisierungen langfristig wohlstandsfördernde Wirkung haben. Treffend läßt sich mit Blick auf die Verhandlungen formulieren:

> „(W)hile the mercantilist economics that underlies negotiations treats a tariff reduction as a ‚concession', in real economics such reforms have positive effects on both the ‚giver' and the ‚receiver'. There is thus no need for negotiators to do a cost-benefit analysis. Even ‚concessions' are a blessing, negotiators cannot get it wrong."[14]

Gleiches läßt sich nicht behaupten, wenn positive Regulierungsentscheidungen wie die Einführung geistigen Eigentums zur Debatte stehen. Diese geben zu sehr komplexen volkswirtschaftlichen Erwägungen Anlaß, die sich nur schwer in ein ökonomisches Kosten-Nutzen-Kalkül

---

[12] „The negotiations shall be considered as one undertaking, the various elements of which shall move forward together", Declaration of Ministers Approved at Tokyo on 14 September 1973, BISD 20S/19, 22, Ziff. 8.

[13] Ausdruck von *Christians*, S. 231.

[14] *Finger/Nogués*, World Economy 25 (2002) 321, 325.

übersetzen lassen. Zwar sind die Geldströme, die aus gegebenen geistigen Eigentumsrechten vor allem im Verkehr mit dem Ausland resultieren, recht exakt zu bemessen.[15] Ein Verhandlungsansatz, der die aufgrund der Einführung geistigen Eigentums zu erwartenden Geldströme ins Ausland zu den im Gegenzug gewährten ausländischen Marktzugangskonzessionen ins Verhältnis setzte,[16] vernachlässigte aber die in den nationalen Volkswirtschaften wirksamen komplexen Zusammenhänge aus Wissensverknappung und Wettbewerbsbeschränkung und die mit ihnen verbundenen Anreizwirkungen. Diese haben sich eindeutigen ökonomischen Bewertungen bislang als unzugänglich erwiesen; vielmehr bedarf die Abwägung der zu erwartenden wirtschaftlichen und gesellschaftlichen Auswirkungen einer politischen Entscheidung.[17] Aus ökonomischer Sicht kann allein als sicher gelten, daß der geistige Eigentumsschutz auf die Gegebenheiten der nationalen Volkswirtschaften Rücksicht nehmen und das Schutzniveau dementsprechend variieren muß;[18] eben diese Flexibilität aber versagt die im Gesamtpaket enthaltene Lösung des TRIPS-Abkommens, die lediglich den Entwicklungsländern zur Einführung der hohen Standards einen zeitlichen Aufschub gewährt.

Komplexe politische Entscheidungen in einen eng verstandenen handelspolitischen Zusammenhang zu stellen ist problematisch.[19] Zwar belegt die Zustimmung zur Paketlösung formal deren Akzeptanz.[20] Die umfassende Verknüpfung der vielfältigen Verhandlungsergebnisse aber erhöht die Komplexität der Entscheidung in einer Weise, daß eine informierte und transparente Abwägung von Vor- und Nachteilen kaum

---

[15] Dies geschieht etwa auch bei der Suspendierung geistiger Eigentumsrechte, siehe oben, Seite 310.

[16] Vgl. *Stegemann*, S. 29.

[17] Auf diesen Unterschied zu herkömmlichen Handelsrunden weisen hin: *Jackson*, VandJTL 22 (1989) 343, 350; *Hartridge/Subramanian*, ebd., 893, 906; *Subramanian*, World Economy 13 (1990) 509, 519; *Maskus*, Intellectual Property Rights in the Global Economy, S. 111; *Finger/Nogués*, World Economy 25 (2002) 321, 326.

[18] *Govaerd/Demaret*, in: *Esty/Geradin (Hrsg.)*, S.367. Siehe auch oben, Seite 24.

[19] Vgl hierzu auch *H. Ullrich*, GRUR Int. 1995, 623, 633.

[20] In diesem Sinne *Trachtman*, in: FS Hudec, S. 172.

noch möglich erscheint.[21] Noch verstärkt wird dieser Effekt durch den gegen Ende einer multilateralen Verhandlungsrunde eintretenden Einigungsdruck, wenn auf den Bestand der bereits in verschiedenen Bereichen erreichten Verhandlungsergebnisse Rücksicht genommen werden muß.[22] Was die Kosten-Nutzen-Analyse im nationalen Ratifikationsverfahren betrifft, ist auch in Deutschland moniert worden, daß die kurze Ratifizierungsfrist des WTO-Abkommens den Abgeordneten kaum genügend Zeit ließ, dessen Implikationen zu verstehen.[23]

Angesichts der Ungewißheit über die Auswirkungen der einzuführenden Regulierungen dürften die vermeintlich greifbareren Vorteile aus der Sicherung des (weiteren) Zugangs zu ausländischen Märkten regelmäßig grundlegendere politische Erwägungen überlagern. Dies gilt insbesondere für die Verhandlungen des geistigen Eigentums in der Uruguay-Runde. Auf die zweifelhafte Zweckmäßigkeit einheitlicher Schutzstandards insbesondere für Entwicklungsländer wurde bereits hingewiesen.[24] Als Alternative zur Akzeptanz des Gesamtpakets kam allerdings allein ein Ausscheiden aus dem Welthandelssystem in Betracht. Daß eine bilaterale Neuverhandlung ihrer Handelsbeziehungen den Entwicklungsländern kaum eine bessere Lösung gebracht hätte, dürfte auf der Hand liegen.[25] Gleichwohl hatte auch das *quid pro quo* des WTO-Pakets, die Öffnung der Agrar- und Textilmärkte in den Industrieländern, weitgehend symbolischen Charakter und wurde bislang nur ansatzweise eingelöst. Im Rückblick wird die „Gegenleistung" von USA und EG für die weltweite Einführung geistigen Eigentums in der

---

[21] Auch aus politikwissenschaftlicher Sicht werden die Grenzen eines vorteilhaften „Issue Linkage" dort gesehen, wo die Verbindungen die Verhandlungsgegenstände zu komplex und unübersichtlich machen und wo es sich nicht um klar definierte Verhandlungsgegenstände, sondern politisch umstrittene Entscheidungen handelt, vgl. *Tollison/Willet*, IO 33 (1979) 425, 444 f.

[22] So für die Kennedy-Runde *J.W. Evans*, The Kennedy Round, S. 276-279.

[23] Zum Ratifikationsverfahren, das durch die Bundestagswahl 1994 unter Zeitdruck geriet, *Hilf*, in: *Jackson/Sykes (Hrsg.)*, S. 126-131; vgl. auch *Petersmann*, JIEL 4 (2001) 3, 35 f. Allerdings veranlaßte das gesamte WTO-Paket für die deutsche Rechtsordnung kaum Änderungsbedarf, vgl. *Hilf*, in: *Jackson/Sykes (Hrsg.)*, S. 132 f; *Stegemann*, S. 14 f.

[24] Siehe oben, ab Seite 32. Auch *Petersmann* hält die Ratifizierung handelspolitischer „package deals" nicht für ausreichend zur Sicherung der Vereinbarkeit mit Menschenrechten und demokratischen Verfassungen, CMLR 37 (2000) 1363, 1380.

[25] *Stegemann*, S. 16.

Uruguay-Runde heute als gering eingeschätzt.[26] Als wesentliche Errungenschaft der Entwicklungsländer kann allenfalls die Sicherung der im multilateralen Handelssystem in der Vergangenheit erzielten Ergebnisse im Angesicht einer in den Industrieländern vermeinten „Unfairneß" des internationalen Handelssystems gelten.[27]

Die unter der Prämisse einer engen ökonomischen Reziprozität stehende WTO erscheint nach alldem nicht als geeignetes Forum, um der Weltwirtschaft einen ordnungspolitisch sinnvollen und interessengerechten positiven Rahmen zu setzen.[28] Vielmehr öffnet die Verknüpfung ordnungspolitischer Rahmenentscheidungen mit Fragen des Marktzutritts die Normsetzung einseitig dem Einfluß von Staaten, deren Marktgröße ihnen eine überlegene Verhandlungsmacht vermittelt.[29] Treffend ist dies im Hinblick auf die Verhandlung des geistigen Eigentums mit den Worten charakterisiert worden:

> „Die TRIPS-Verhandlungen sind (...) weniger das Ergebnis eines konsensualen Rechtsfindungsprozesses oder einer von allgemeiner Überzeugung getragenen, völkerrechtlichen Privatrechtsetzung, als einer wirtschaftspolitischen Machtauseinandersetzung".[30]

Demgegenüber versprechen Forderungen nach einer „Demokratisierung" des Welthandelssystems, etwa durch Einrichtung parlamentari-

---

[26] *Stegemann*, S. 17; *Finger/Nogués*, World Economy 25 (2002) 321, 322-327; *Ostry*, in: FS Hudec, S. 287 f.

[27] *Stegemann*, S. 19 f. Ähnlich *Pires de Carvalho*, S. 30, 50.

[28] Kritisch zur Verhandlung positiver Regulierungen in der WTO auch *Petersmann*, CMLR 37 (2000) 1363, 1372-1374, 1378 f; *ders.* in: FS Jackson, S. 121-125, 133: „[M]ercantilist negotiation methods" könnten sich für die weitere Normsetzung als ungeeignet erweisen, die Weiterentwicklung des WTO-Systems dürfe nicht den „often one-sided, utilitarian perspectives of trade politicians, trade bureaucrats and their rent-seeking clientèles" überlassen werden (aaO., S. 133); ähnlich auch *ders.*, JIEL 4 (2001) 3, 27.

[29] *H. Ullrich*, GRUR Int. 1995, 623, 634.

[30] *H. Ullrich*, GRUR Int. 1995, 623, 638 f. Kritisch zum Fehlen von Wohlfahrtserwägungen in den TRIPS-Verhandlungen auch *Petersmann*, CMLR 37 (2000) 1363, 1371; *ders.*, in: FS Jackson, S. 120 f; JIEL 4 (2001) 3, 27; *Govaere/Demaret*, in: *Esty/Geradin (Hrsg.)*, S. 380 f; *Alston*, EJIL 13 (2002) 815, 836. Zum Mangel an wohlfahrtsanalytischen Erwägungen in Handelsrunden allgemein *Hoekman/Kostecki*, S. 131; *Finger/Nogués*, World Economy 25 (2002) 321, 333.

scher oder ähnlich repräsentativer Gremien bei der WTO,[31] keine Abhilfe. Die Ausrichtung der WTO an einer klar quantifizierbaren Reziprozität macht sie zu einem angemessenen Verhandlungsforum für die Handelspolitik. Eine Optimierung der Organisation, die sie in die Lage zur sachgerechten Behandlung auch darüber hinausgehender politischer Normsetzungsentscheidungen versetzt, müßte die Verknüpfung mit dem Marktzutritt abschwächen oder ganz aufgeben. Dann aber ist ein struktureller Unterschied zu den anderen funktionellen Organisationen des UN-Systems nicht mehr ersichtlich. Namentlich für das geistige Eigentum erschiene die WIPO schon aufgrund ihrer Ausstattung mit Sachverstand und Finanzkraft als Normsetzungsforum klar überlegen. Dagegen wäre zu befürchten, daß die WTO bei einer solchen Umgestaltung ihre Funktionalität auch in bezug auf die Handelspolitik einbüßte.

III. Ergebnis zum vierten Abschnitt

Es erscheint schwierig, die unterschiedlichen Charaktere der WIPO als Instrument der Normsetzung im Allgemeininteresse einerseits und der WTO als Verhandlungsforum im Zeichen der quantifizierbaren Reziprozität andererseits in einen systematischen Rahmen einzupassen, der eine Aussage über eine sinnvolle funktionelle Aufgabenteilung erlaubte. Die Vorstellung einer rechtstechnischen Aufbereitung des Immaterialgüterschutzes in der WIPO zur Behandlung als Verhandlungsgegenstand in der WTO, die der WIPO die Funktion einer entscheidungsvorbereitenden Ministerialbürokratie und der WTO die entscheidende koordinierende Rolle zuwiese, beschreibt lediglich ein mögliches Szenario. Zwar kann nicht völlig ausgeschlossen werden, daß auch in Zukunft wieder Schutzstandards des geistigen Eigentums mit der Handelspolitik verknüpft werden. Momentan spricht allerdings viel für das Gegenteil. Das Scheitern der „Midterm Review“ der Doha-Runde 2003 in Cancún, das maßgeblich auf Unstimmigkeiten in den Bereichen Investitionsschutz, öffentliches Beschaffungswesen, internationales Kar-

---

[31] So z.B. *Petersmann*, JIEL 4 (2001) 3, 36. Eine entsprechende Forderung erhob auf Vorschlag ihres Handelsrechtsausschusses unter dem Vorsitz Petersmanns auch die ILA, Resolution 2/2000, Annex 3, Ziff. 3 lit. a, ILA Report 2000, 23, 25. Vgl. auch den Vorschlag, in einem offenen Internetverfahren Empfehlungen zur Auslegung der WTO-Regeln zu generieren, bei *F.M. Abbott*, JIEL 3 (2000) 63, 79 f.

tellrecht und Zollformalitäten zurückzuführen war,[32] belegt die Zurückhaltung, mit der namentlich Entwicklungsländer einer Verknüpfung zwischen der Handelspolitik und Fragen mit weiterreichenden politischen Implikationen heute begegnen.

Auf der anderen Seite ist die WTO zu einem bedeutenden und stabilen Rahmen der internationalen Handelspolitik geworden. Da anders als in den 1980er Jahren ein Ausstieg aus dem multilateralen Handelssystem für die aktivsten Handelsstaaten nicht zur Debatte steht, erscheint eine Aktivierung des in den Handelszugeständnissen vergangener Verhandlungsrunden liegenden Machtpotentials unwahrscheinlich. Nicht zuletzt erreichen die Schutzstandards mit dem TRIPS-Abkommen im wesentlichen das in den Industriestaaten für angemessen gehaltene Niveau. Aus heutiger Sicht erscheint die Einbeziehung des geistigen Eigentumsschutzes in das internationale Handelssystem daher als singuläres Ereignis. Abgesehen von den heute noch in der Doha-Runde verhandelten TRIPS-Mandaten zu geographischen Angaben und Patentschutz ist eine allmähliche weitere Entwicklung des internationalen geistigen Eigentumsschutzes eher im Rahmen der WIPO zu erwarten.

Ergebnis zum dritten Teil

Die Zuständigkeitskonkurrenz zwischen WTO und WIPO beim Schutz geistigen Eigentums ist aus völkerrechtlicher Sicht unbedenklich. Die Staaten sind rechtlich frei, nach Gutdünken internationale Institutionen zu schaffen und diese gegebenenfalls in Konkurrenz zueinander treten zu lassen. Es ist allein Frage der Zweckmäßigkeit, inwieweit die verfolgten Ziele eine Koordinierung oder eine Bündelung der Ressourcen erforderlich machen. Allerdings müssen die Staaten bei der Schaffung von Institutionen mit parallelen Zuständigkeiten gegebenenfalls eine Kumulation ihrer Rechtspflichten in Kauf nehmen.

Materielle Konflikte zwischen dem geistigen Eigentumsschutz in WTO und WIPO sind schon deshalb ausgeschlossen, weil das TRIPS-Ab-

---

[32] Vgl. nur *Decker/Mildner*, Internationale Politik 58 (2003), Heft 10, 57-60, die im übrigen empfehlen, Investitionsschutz und Wettbewerbspolitik von der Verhandlungsagenda zu entfernen, aaO., S. 59. Auch *Tietje*, in: *Zimmermann/Hofmann (Hrsg.)*, S. 169, 190 f, vermerkt, daß die in der WTO die Mehrheit stellenden Entwicklungsländer die Streichung der nicht in ihrem Interesse liegenden Themen von der Verhandlungsagenda der Doha-Runde veranlaßt hätten.

kommen komplementär zu den bestehenden Schutzsystemen angelegt ist. Kollisionen mit möglichen Maximalschutznormen der PVÜ oder der RBÜ schließt das TRIPS-Abkommen durch eine pauschale Übernahme jener Standards und eine zusätzliche Kompatibilitätsklausel von vornherein aus. Problematisch erscheint allein die handelsrechtliche Aussetzungsmöglichkeit von TRIPS-Verpflichtungen, die zu der zusätzlichen faktischen Absicherung der privaten Schutzrechte in den kollektiven Vertragsstrukturen der Verbände im Widerspruch steht.

Was dies betrifft, ist indes von einer kumulativen Pflichtenübernahme durch die betreffenden Vertragsstaaten auszugehen. Wegen der unterschiedlichen Mitgliederkreise von WTO einerseits und Verbänden andererseits können die jeweiligen Regelsysteme nicht pauschal zueinander ins Verhältnis gesetzt werden. Auch die Vorstellung, es handele sich um „globale Ordnungsverträge", hilft hierüber schon deshalb nicht hinweg, weil geistiges Eigentum weder ein zwingender Wert noch ein notwendig gemeinsames Interesse der Völkergemeinschaft ist. Eine Modifizierung der Verbandsverpflichtungen im Verhältnis von WTO-Mitgliedern untereinander käme zwar in Betracht, wäre aber aus Sicht der Verbände rechtswidrig. Dem TRIPS-Abkommen hingegen ist ebensowenig wie der gesamten WTO-Rechtsordnung zu entnehmen, daß ein solcher Widerspruch herbeigeführt werden sollte. Ganz im Gegenteil geht das TRIPS-Abkommen von einer Komplementarität der Systeme aus und ist damit nur neben die Verbandsverpflichtungen getreten, ohne Anspruch auf Lösung der Kollektivbindung zu erheben. Im übrigen steht die besondere Absicherung des geistigen Eigentums in der kollektiven Pflichtenstruktur der Verbände auch einer Aussetzung als Reaktion auf die Verletzung von WTO-Recht nach dem allgemeinen Recht der Verträge oder dem Recht der Staatenverantwortlichkeit entgegen.

Die Freiheit der Staaten zur Schaffung konkurrierender internationaler Institutionen gilt auch für die Einrichtung von Streitbeilegungsverfahren. Es ist daher rechtlich unbedenklich, wenn das Streitbeilegungsverfahren der WTO gegebenenfalls parallel zu dem in PVÜ, RBÜ und Romabkommen vorgesehenen Verfahren vor dem IGH betrieben würde. Widersprüchliche Entscheidungen in derselben Sache schließt die Rechtskraft aus, der die DSB-Entscheidungen in gleicher Weise wie die IGH-Urteile fähig sind. Notwendige Feinjustierungen, insbesondere was zeitliche Überschneidungen betrifft, können durch ein Zusammenwirken der Parteien und erforderlichenfalls durch verfahrensleitende Entscheidungen der Streitschlichtungsorgane herbeigeführt werden. Eine uneinheitliche Interpretation der Regelwerke beider Organisationen ist kaum zu befürchten, da internationale Gerichte nach aller praktischen Erfahrung widersprüchliche Auslegungen des Völkerrechts nach Möglichkeit vermeiden.

Problematisch erscheint dagegen die in der WTO zur Anwendung kommende Methodik der Normerzeugung. Anders als in der WIPO, die keine Vorgaben für die Mitgliedschaft in den einzelnen Verbänden macht, ersetzt die WTO den geistigen Eigentumsschutz nach Maßgabe des staatlichen Eigeninteresses durch die Verknüpfung mit dem Zugang zu ausländischen Märkten im Gesamtpaket. Die politische Entscheidung über die nationale Marktordnung wird so nicht mehr aufgrund einer umfassenden Abwägung getroffen, sondern durch die unmittelbaren Vorteile aus dem Marktzugang überlagert. Ob der Weltwirtschaft so ein angemessener und ausgeglichener positiver Ordnungsrahmen gegeben werden kann, unterliegt ernsten Zweifeln.

Zusammenfassende Thesen

1. Geistiger Eigentumsschutz und eine am Freihandel orientierte Außenhandelspolitik lassen sich nicht auf ein gemeinsames ökonomisches Erklärungsmodell zurückführen. Ein Fehlen geistigen Eigentumsschutzes läßt sich weder als nichttarifäres Handelshemmnis deuten, noch gibt das bestehende Handelssystem allgemeingültige Maßstäbe für eine „faire" Handelsordnung an die Hand.
2. Der Handelsbezug geistigen Eigentums ist in der Uruguay-Runde des GATT willkürlich hergestellt worden, um die durch die Marktgröße der Industrieländer vermittelte wirtschaftliche Macht in eine weltweite Erhöhung des geistigen Eigentumsschutzes im Interesse dieser Länder umzusetzen, da ein Fehlen solchen Schutzes im Ausland ihnen angesichts ihrer Wirtschaftsstruktur unfair erschien.
3. Der Schutz geistigen Eigentums ist keine völkergewohnheitsrechtliche Pflicht. Der Mangel einer entsprechenden Rechtsüberzeugung zeigt sich unter anderem darin, daß der geistige Eigentumsschutz nur als Gegenleistung für handelspolitische Zugeständnisse eine weltweite Akzeptanz erfahren hat.
4. Von den in der WIPO verfolgten Strategien zum internationalen Schutz geistigen Eigentums – Festlegung fremdenrechtlicher Mindeststandards für die nationalen Rechtsordnungen, internationale Anmeldungs- und Registrierungssysteme sowie technische Harmonisierung – übernimmt das TRIPS-Abkommen im wesentlichen die erste. Es ist auf eine Remuneration der Schutzrechtsinhaber, nicht aber auf eine Harmonisierung der nationalen Schutzsysteme untereinander angelegt. Dies entspricht der handelspolitischen Logik, die geistiges Eigentum als vermögenswertes Handelszugeständnis begreift.
5. Als Reaktion auf das unstete Schicksal der Handelsverträge im 19. Jahrhundert koppelten PVÜ und RBÜ den geistigen Eigentumsschutz von der Handelspolitik ab. Durch eine kollektive Pflichtenstruktur sicherten sie das geistige Eigentum vor dem staatlichen Zugriff für handelspolitische Zwecke und bewirkten so im Reflex einen faktischen Schutz der privaten Rechtspositionen. Das TRIPS-Abkommen stellt den Handelszusammenhang des geistigen Eigentums wieder her und sieht konsequent eine Aussetzung geis-

tiger Eigentumsrechte als Reaktion auf Verstöße gegen die Regeln des Handelssystems vor.

6. Das TRIPS-Abkommen schließt materielle Konflikte zu den Regeln der WIPO-Verbände aus. Sein Paris/Bern-Plus-Ansatz stellt sicher, daß es das Schutzniveau der Verbände allenfalls übertrifft, nicht aber untergräbt. Soweit die Verbände Maximalschutzbestimmungen enthalten, hat das TRIPS-Abkommen diese übernommen. Im übrigen erklärt das TRIPS-Abkommen über eine Kompatibilitätsklausel die Verbandsordnungen materiell für vorrangig.
7. Die Pflichten nach den Verbänden der WIPO und nach dem TRIPS-Abkommen bestehen gegebenenfalls kumulativ. Die Berechtigung zur Aussetzung von geistigen Eigentumsrechten im Rahmen der WTO schlägt daher nicht auf die Rechtslage zwischen den betreffenden Staaten nach Maßgabe der Verbände durch. Denn das TRIPS-Abkommen will sich nicht über die Kollektivbindung der Verbände hinwegsetzen, sondern erklärt sich mit dem System der WIPO für vereinbar.
8. Die Absicherung des geistigen Eigentums in der kollektiven Pflichtenstruktur der Verbände schließt es aus, bei einer festgestellten Verletzung von WTO-Regeln geistige Eigentumsrechte, die durch Verbandsnormen geschützt werden, nach dem allgemeinen Recht der Verträge oder dem Recht der Staatenverantwortlichkeit auszusetzen.
9. Völkerrechtlich sind die Staaten nicht gehindert, nach Gutdünken internationale Institutionen ins Leben zu rufen, auch wenn diese in Konkurrenz zueinander treten. Derartige Institutionen sind voneinander unabhängig. Sie sind nicht aufgrund allgemeinen Völkerrechts verpflichtet, auf Absprachen im Verhältnis anderer Staaten als ihrer Vertragsparteien Rücksicht zu nehmen. Anderes gilt allenfalls im Verhältnis zu „globalen Ordnungsverträgen“, die einen gemeinsamen Wert oder eine notwendig gemeinsame Aufgabe der Völkergemeinschaft regeln. Hierzu gehört weder das geistige Eigentum noch die Regelung der Handelspolitik im multilateralen Rahmen.
10. Die Freiheit zur Gründung internationaler Institutionen gilt auch für die Einrichtung von Verfahren zur internationalen Streitschlichtung. Auch sie sind voneinander unabhängig. Die Streitbeilegungsverfahren der WTO vor dem DSB und der WIPO-Verbände PVÜ, RBÜ und Romabkommen vor dem IGH können daher in derselben Sache parallel betrieben werden. Widersprüchliche Ent-

scheidungen in derselben Sache verhindert die Rechtskraft, deren die DSB-Entscheidungen ebenso wie IGH-Urteile fähig sind. Verfahrensleitende Entscheidungen des Streitschlichtungsorgans können einer zeitlichen Überschneidung der Entscheidungen entgegenwirken, nicht hingegen das parallele Betreiben der Verfahren behindern.

11. Eine Fragmentierung des internationalen geistigen Eigentumsschutzes durch uneinheitliche Auslegung der in beiden Systemen enthaltenen identischen oder inhaltsgleichen Regeln ist nicht zu befürchten. Zum einen gelten die Regeln gegebenenfalls kumulativ in der Auslegung beider Institutionen. Zum anderen berücksichtigt die Spruchpraxis der Panels und des Appellate Body die Rechtslage der Verbände einschließlich der Materialien und der gängigen Rechtsmeinungen. Dies entspricht einer allgemeinen Tendenz internationaler Gerichte, sich angemessen mit den Bezügen der ihnen anvertrauten Rechtsmaterie zu anderen Rechtsgebieten auseinanderzusetzen.

12. Im Gegensatz zur Rechtssetzung in den Verbänden der WIPO, die sich allmählich vollzog und die Fortschreibung des geistigen Eigentumsschutzes der freien Entscheidung jedes Staates anheimstellte, verlangt die WTO im Grundsatz von allen Staaten, die am internationalen Handelssystem teilnehmen wollen, einen geistigen Eigentumsschutz auf dem Niveau der Industrieländer. Diese Verknüpfung politischer Entscheidungen mit Fragen des Marktzugangs ist geeignet, eine umfassende Abwägung über Vor- und Nachteile geistigen Eigentumsschutzes für die nationale Volkswirtschaft zu überlagern. Es ist zweifelhaft, ob die WTO unter diesen Bedingungen für die Schaffung eines angemessenen positiven Ordnungsrahmens für die Weltwirtschaft im allgemeinen und eine sinnvolle Fortentwicklung des geistigen Eigentumsschutzes im besonderen geeignet ist.

Summary Conclusions

1. The protection of intellectual property rights (IPRs) and a liberalisation-oriented trade policy do not follow a common economic rationale. Neither can a lack of IPR protection be interpreted as a non-tariff barrier, nor does the existing international trade regime provide a general yardstick for a "fair" international trading order.
2. The trade relation of IPRs was deliberately established during the GATT Uruguay Round in order to transform the economic power industrial countries derived from their import market size into a world-wide strengthening of IPRs in their particular interest, as, considering their economic structure, they perceived a lack of IPR protection unfair.
3. There is no obligation under customary international law to provide IPR protection. The lack of a respective *opinio juris* is demonstrated by the fact that IPR protection derives its quasi-global acceptance from its being used as a *quid pro quo* for trade concessions.
4. While WIPO pursues three main strategies to protect IPRs – setting of international minimum standards, international registration systems and technical harmonisation –, TRIPS is essentially confined to the first of those strategies. It aims at a remuneration of rights holders rather than at a harmonisation of national protection systems. This corresponds to the logic of international trade that sees intellectual property as a valuable trade concession.
5. As a reaction to the unsteady fate of bilateral trade treaties in the 19th century, the Paris and Berne Conventions de-coupled IPR protection and trade policy. They secured IPRs against trade-related state intervention through a collective structure of obligations and thereby effected, as a reflex, a protection of individual property in fact. The TRIPS agreement re-establishes the trade relation of intellectual property and, consistently, foresees IPR suspension in reaction to a breach of the international trade rules.
6. The TRIPS agreement excludes any conflict with the WIPO Unions' substantive rules. Its "Paris/Berne Plus" approach ensures that its level of protection complements that of the Unions, but does not undermine it. As far as the Unions contain maximum protection provisions, those have been incorporated into TRIPS.

Moreover, under a compatibility clause, TRIPS substantive rules yield precedence to those of the Unions.

7. In case of conflict, obligations under the WIPO Unions and the TRIPS agreement apply cumulatively. Therefore, the right to suspend IPRs under the WTO agreements leaves the legal relations between the respective states under the Unions' rules unaffected. This is because the TRIPS agreement does not venture to interfere with the Unions' collective obligations, but declares itself compatible with the WIPO system.
8. The Unions' collective structure of obligations shields the IPRs covered by substantive Union rules against suspension by way of countermeasure under the general law of treaties or the law of state responsibility in exchange for an established WTO infringement.
9. International law does not prevent states from establishing international organisations at their discretion, even though they enter into competition. Moreover, such institutions are independent of each other. General international law does not compel them to take account of understandings between states other than those party to their founding instruments. Something else might apply to so-called "global order treaties" that relate to a common value or challenge of the international community. However, neither the protection of IPRs nor the regulation of trade policy in a multilateral framework appertains to that realm.
10. The freedom to found international institutions applies equally to the establishment of international dispute settlement procedures. They, too, are independent of each other. The dispute settlement procedures under the WTO before the DSB and under the WIPO Paris and Berne Unions and the Rome agreement before the ICJ can therefore be pursued in parallel even though the same subject matter is concerned. The principle of *res judicata*, which applies to DSB and ICJ decisions alike, prevents contradictory decisions on the same subject matter. Procedural decisions of the dispute settlement organ can thwart an intersection of decisions in time, but may not hinder the parallel pursuit of action under both procedures.
11. There is no threat of fragmentation of the international IPR protection stemming from a non-uniform interpretation of substantive rules identical or substantially equal under both systems. Firstly, if occasion arises both institutions' interpretations apply cumulatively. Secondly, WTO panels as well as the Appellate Body take

account of the legal position under the Unions' legal systems, including reference to the *travaux préparatoires* and current legal doctrine. This corresponds to a more general tendency of international tribunals to discuss appropriately the relation between the questions entrusted to them and other fields of international law.

12. In contrast to legislation in the Unions, which has proceeded gradually and left the development of IPR protection to the discretion of each member state, the WTO, in principle, demands of every state that wishes to partake in the international trade system to protect IPRs at the level of industrial countries. This linking of political decisions with questions of market access is susceptible to superseding a comprehensive balancing of advantages and disadvantages of IPRs for a particular economy. Under such conditions, it is open to doubt whether the WTO is the appropriate instrument to give the global economy a positive legal framework, in general, or to sensibly develop international IPR protection, in particular.

Eléments de synthèse

1. La protection de la propriété intellectuelle et une politique basée sur l'idéologie du libre échange ne suivent pas la même logique. Une faible protection de la propriété intellectuelle ne peut être assimilée à une barrière non-tarifaire au commerce, et le système mondial de commerce tel qu'il existe ne propose pas des critères abstraits pour un ordre commercial « fair ».
2. La relation de la propriété intellectuelle avec l'échange de biens a été établie volontairement lors du Cycle d'Uruguay du GATT afin de faire jouer le pouvoir économique dont jouissaient les pays industrialisés du fait de la taille de leurs marchés. En effet, étant donné leurs propres structures économiques, ils considéraient « unfair » la faiblesse d'une telle protection à l'étranger.
3. La protection de la propriété intellectuelle n'est pas une obligation coutumière du droit international public. Le manque d'une *opinio iuris* à cet effet est mis en évidence par le fait, parmi d'autres, que la protection de la propriété intellectuelle n'a pas été acceptée à l'échelle mondiale qu'en tant que contrepartie aux concessions commerciales.
4. Des différentes stratégies que poursuit l'OMPI afin de protéger la propriété intellectuelle – établissement des standards minimum pour les ordres juridiques nationaux ; systèmes internationaux de notification et d'enregistrement ; harmonisation technique –, l'accord ADPIC en ne retient que la première. Il vise la rémunération des titulaires des droits de protection, mais pas une harmonisation des systèmes de protection nationaux. Cela correspond à une logique de politique commerciale où la protection de la propriété intellectuelle est une concession potentielle dans la négociation.
5. Suite au destin précaire des accords commerciaux du XIXième siècle, les conventions de Berne et de Paris coupèrent les liens entre la protection de la propriété intellectuelle et la politique commerciale. Elles sécurisèrent la propriété intellectuelle contre les interventions étatiques motivées par des objectifs de politique commerciale et eurent ainsi pour effet une protection de fait des positions juridiques individuelles. C'est l'accord ADPIC qui a renoué la relation entre la propriété intellectuelle et la politique commerciale. Logiquement, il prévoit une suspension des droits de propriété intellec-

tuelle en réaction aux infractions aux règles du système commercial.

6. L'accord ADPIC exclut les conflits substantiels avec les règles des Unions gérées par l'OMPI. Son approche « Paris/Berne Plus » garantit que, le cas échéant, son niveau protecteur est complémentaire de celui des Unions, mais qu'il ne l'affaiblit jamais. Au fur et à mesure de l'adoption par les Unions des règles stipulant une limite maximale de protection, celles-ci ont été incorporées dans l'accord ADPIC. Au reste, l'accord ADPIC ordonne au moyen d'une clause de compatibilité que les ordres juridiques des Unions priment sur le sien.
7. Le cas échéant, les obligations des Unions de l'OMPI et celles de l'accord ADPIC s'appliquent de manière cumulative. Or, une autorisation de suspendre des droits de propriété intellectuelle dans le cadre de l'OMC n'a aucune influence sur la situation juridique entre les Etats concernés au sein des Unions car l'accord ADPIC ne vise pas à priver d'effet les obligations collectives des Unions et se veut compatible avec le système établi par l'OMPI.
8. Au cas où une infraction des règles OMC est établie, la sauvegarde de la propriété intellectuelle par la structure collective d'obligations des Unions exclut que des droits de la propriété intellectuelle protégés par les Unions soient suspendus selon les règles générales du droit des traités ou du droit international de la responsabilité de l'Etat pour fait internationalement illicite.
9. Le droit international public n'empêche pas que les Etats établissent à leur discrétion des organisations internationales même si celles-ci entrent en concurrence entre elles. De telles institutions sont indépendantes les unes des autres. Elles ne sont pas tenues par le droit international public de respecter que les accords conclus par eux ou entre leurs membres. Peut-être les choses sont-elles différentes quand il s'agit des « traités d'ordre public à portée globale » qui protègent une valeur commune ou une tâche nécessairement commune de la communauté internationale. Par contre, ni la protection internationale de la propriété intellectuelle, ni la politique commerciale multilatérale ne tombent dans cette catégorie.
10. La liberté d'établir des institutions internationales s'applique également aux procédures de règlement des conflits. Aussi celles-ci sont-elles indépendantes les unes des autres. D'où la faculté de poursuivre en parallèle les procédures devant l'Organe de règlement de différends (ORD), selon le Mémorandum d'accord sur le

règlement des différends de l'OMC, et celles devant la Cour internationale de Justice (CIJ) déclenchées par les Unions de l'OMPI, sur la base des Conventions de Berne et de Paris et de l'accord de Rome. La force de chose jugée, dont jouissent également les décisions de l'ORD et celles de la CIJ, empêche que soient rendus des jugements contradictoires dans une même affaire. Les décisions de procédure arrêtées par le tribunal concerné peuvent prévenir un conflit temporel entre les décisions, mais elles ne sauraient empêcher la poursuite parallèle des procédures.

11. Il n'y a pas à craindre une fragmentation de la protection internationale de la propriété intellectuelle à cause d'une éventuelle interprétation incohérente des règles identiques ou substantiellement correspondantes contenues dans les deux systèmes. D'une part, les règles s'appliquent, le cas échéant, dans les interprétations que leur donnent les deux institutions de manière cumulative. De l'autre, la pratique des groupes spéciaux et de l'Organe d'appel de l'OMC prend en compte la situation juridique prévalant dans les Unions, y inclus les travaux préparatoires et l'état de la doctrine. Cela correspond à une tendance des tribunaux internationaux à traiter, de façon appropriée, des relations entre les matières juridiques confiées à eux et d'autres domaines du droit.

12. Contrairement à la législation dans les Unions de l'OMPI, qui s'est développée progressivement et a soumis le progrès de la protection de la propriété intellectuelle à la décision souveraine de chaque Etat membre, l'OMC demande, en principe, à tous les Etats désirant participer dans le système mondial du commerce une protection de la propriété intellectuelle au niveau atteint par les Etats industrialisés. Ce lien entre les décisions politiques et l'accès au marché est susceptible de se substituer à une considération équilibrée des avantages et désavantages de la protection de la propriété intellectuelle pour l'économie nationale concernée. Il reste des doutes que, dans de telles conditions, l'OMC soit bien outillée pour, dans le même temps, fournir un cadre général de règlements positifs adapté à l'économie mondiale et développer d'une manière sensée la protection de la propriété intellectuelle.

Literaturverzeichnis

Abbott, Frederick M., The Future of the Multilateral Trading System in the Context of TRIPS, Hastings International and Comparative Law Review 20 (1997) 661-682.

Abbott, Frederick M., The WTO TRIPS Agreement and Global Economic Development, in: *Abbott, Frederick M./Gerber, David J. (Hrsg.)*, Public Policy and Global Technological Integration, London u.a. 1997, S. 39-58.

Abbott, Frederick M., (Diskussionsbeitrag) in: *Abbott, Frederick M./ Gerber, David J. (Hrsg.)*, Public Policy and Global Technological Integration, London u.a. 1997, S. 123.

Abbott, Frederick M., Distributed Governance at the WTO-WIPO: An Evolving Model for Open-Architecture Integrated Governance, JIEL 3 (2000) 63-81 (ebenfalls in: *Bronckers, Marco/Quick, Reinhard (Hrsg.)*, New Directions in International Economic Law, Essays in Honour of John H. Jackson, Den Haag u.a. 2000, S. 15-33).

Abbott, Kenneth W., The Trading Nations Dilemma: The Functions of the Law of International Trade, Harvard International Law Review 26 (1985) 501-532.

Adalsteinsson, Ragnar/Thórhallson, Páll, Article 27, in: *Alfredsson, Gudmundur/Eide, Asbjørn*, The Universal Declaration of Human Rights, A Common Standard of Achievement, Den Haag u.a. 1999, S. 575-596.

Alston, Philip, Resisting the Merger and Acquisition of Human Rights by Trade Law: A Reply to Petersmann, EJIL 13 (2002) 815-844.

Anzilotti, Dionisio, Lehrbuch des Völkerrechts, Band 1: Einführung – Allgemeine Lehren, Berlin/Leipzig 1929.

Aufricht, Hans, Supersession of Treaties in International Law, Cornell Law Quarterly 37 (1952) 655-700.

Bagwell, Kyle/Mavroidis, Petros C./Staiger, Robert W., It's a Question of Market Access, AJIL 96 (2002) 56-76.

Baldwin, Robert E., Nontariff Distortions of International Trade, Washington 1970.

Baldwin, Robert E., Toward More Efficient Procedures for Multilateral Trade Negotiations, Aussenwirtschaft 41 (1986) 379-394.

Ballreich, Hans, Völkerrechtliche Verträge zu Lasten Dritter, in: Völkerrechtliche und staatsrechtliche Abhandlungen, Carl Bilfinger zum 75. Geburtstag am 21. Januar 1954 gewidmet von Mitgliedern und Freunden des Instituts, Köln/Berlin 1954, S. 1-26.

Ballreich, Hans, Die Interdependenz internationaler Organisationen, AVR 19 (1980/81) 121-168.

Ballreich, Hans, Ist „Gegenseitigkeit" ein für die Pariser Verbandsübereinkunft maßgebliches Völkerrechtsprinzip?, GRUR Int. 1983, 470-476.

Ballreich, Hans, Enthält das GATT den Weg aus dem Dilemma der steckengebliebenen PVÜ-Revision?, GRUR Int. 1987, 747-758.

Bartels, Lorand, Applicable Law in WTO Dispute Settlement Proceedings, Journal of World Trade 35 (2001), Heft 3, 499-519.

Baum, Alfred, Die Brüsseler Konferenz zur Revision der revidierten Berner Übereinkunft, GRUR 1949, 1-44.

Baum, Alfred, Völkerrecht, Berner Konvention und Landesgesetze, GRUR 1950, 437-480.

Baumbach, Adolf/Hefermehl, Wolfgang, Warenzeichenrecht und Internationales Wettbewerbs- und Zeichenrecht, Warenzeichengesetz, Pariser Verbandsübereinkunft, Madrider Herkunftsabkommen, Madrider Markenabkommen, Nizzaer Klassifikationsabkommen, Zweiseitige Abkommen (Kommentar), 12. Auflage, München 1985.

Beath, John, Innovation, Intellectual Property Rights and the Uruguay Round, The World Economy 13 (1990) 411-426.

Béguin, G., The Universal Declaration of Human Rights (of the 10th December 1948) and the Protection of Intellectual Property, Industrial Property 2 (1962) 267-271.

Beier, Friedrich-Karl, Geographische Herkunftsangaben und Ursprungsbezeichnungen (Soll Deutschland dem Lissaboner Ursprungsabkommen beitreten?), GRUR Int. 1968, 69-81.

Beier, Friedrich-Karl, Unabhängigkeit und Abhängigkeit der Marke nach der Lissaboner Revisionskonferenz, in: *Möhring, Philipp/Ulmer, Peter/Wilde, Günther (Hrsg.)*, Neue Entwicklungen im Wettbewerbs- und Warenzeichenrecht, Festschrift für Wolfgang Hefermehl zum 65. Geburtstag, Heidelberg 1971, S. 9-26.

Beier, Friedrich-Karl, Internationaler Schutz von Ursprungsbezeichnungen, GRUR Int. 1974, 134-139; 452 f.

Beier, Friedrich-Karl, Hundert Jahre Pariser Verbandsübereinkunft, Ihre Rolle in Vergangenheit, Gegenwart und Zukunft, GRUR Int. 1983, 339-347.

Beier, Friedrich-Karl/Kur, Annette, Deutschland und das Madrider Markenabkommen, GRUR Int. 1991, 677-387.

Beier, Friedrich-Karl/Schricker, Gerhard (Hrsg.), GATT or WIPO? New Ways in the International Protection of Intellectual Property, Weinheim 1989 (zitiert: Beier/Schricker I).

Beier, Friedrich-Karl/Schricker, Gerhard (Hrsg.), From GATT to TRIPS – The Agreement on Trade-Related Aspects of Intellectual Prooperty Rights, Weinheim u.a. 1996 (zitiert: Beier/Schricker II).

Beise, Marc, Die Welthandelsorganisation (WTO), Baden-Baden 2001.

Bello, Judith, Section 301 of the US Trade Laws: Champion of Market Liberalisation, in: *Demaret, Paul/Bourgeois, Jean/Bael, I. van (Hrsg.)*, Trade Laws of the European Community and the United States in a Comparative Perspective: Conference organised with the support of the Commission of the EC, 14 - 15 - 16 September 1989, Brüssel 1992, S. 109-131.

Bello, Judith Hippler, The WTO Dispute Settlement Understanding: Less Is More, AJIL 90 (1996) 416-418.

Bello, Judith Hippler, Book Review: John H. Jackson, The Jurisprudence of GATT and the WTO, AJIL 95 (2001) 984-989.

Benedek, Wolfgang, Die Rechtsordnung des GATT aus völkerrechtlicher Sicht, Heidelberg 1990.

Benkard, Georg/Bearbeiter, Patentgesetz, Gebrauchsmustergesetz, Kommentar, 9. Auflage, München 1993.

Bergsma, Regula, Das Prinzip der Inländerbehandlung im internationalen und schweizerischen Urheberrecht, Bern 1990.

Berner Büro, Les Unions internationales et la guerre, PI 1914, 131 f, sowie DdA 1914, 118 f.

Berner Büro, L'Union internationale après la guerre, DdA 1918, 15-17.

Berner Büro, De la réciprocité prévue dans les dispositions législatives promulguées en raison de l'état de guerre, PI 1918, 65-69.

Berner Büro, Résumé systématique des mesures de guerre en matière de propriété industrielle, PI 1919, 99-106.

Berner Büro, La guerre et les Conventions de Paris et de Berne pour la protection des droits intellectuels, DdA 1939, 109-111.

Bernhardt, Rudolf, Die Auslegung völkerrechtlicher Verträge, insbesondere in der neueren Rechtsprechung internationaler Gerichte, Köln/Berlin 1963.

Bernhardt, Rudolf, Interpretation and Implied (Tacit) Modification of Treaties, ZaöRV 27 (1967) 491-506.

Bernhardt, Rudolf, Treaties, in: *Bernhardt, Rudolf (Hrsg.)*, EPIL, Band IV, Amsterdam 2000, S. 926-932.

Bhagwati, Jagdish, Multilateralism at Risk: The GATT Is Dead – Long Live the GATT, The World Economy 13 (1990) 149-169.

Bhagwati, Jagdish, Afterword: The Question of Linkage, AJIL 96 (2002) 126-134.

Bindschedler, Rudolf L., Kollektivverträge, in: *Strupp/Schlochauer*, Wörterbuch des Völkerrechts, Band II, 2. Auflage, Berlin 1961, S. 252-254.

Blakeney, Michael, Trade Related Aspects of Intellectual Property Rights: A Concise Guide to the TRIPS Agreement, London 1996.

Bleckmann, Albert, Self-Executing Treaty Provisions, in: *Bernhardt, Rudolf (Hrsg.)*, EPIL, Band IV, Amsterdam u.a. 2000, S. 374-377.

Bleckmann, Albert, Völkerrecht, Baden-Baden 2001.

Bluntschli, J.C., Das Moderne Völkerrecht der civilisierten Staten als Rechtsbuch dargestellt, 3. Auflage, Nördlingen 1878.

Bodenhausen, Georg Hendrik Christiaan, Pariser Verbandsübereinkunft zum Schutz des gewerblichen Eigentums, Kommentar, Köln u.a. 1971.

Bogsch, Arpad, Les cent premières années de la Convention de Paris pour la protection de la propriété industrielle, PI 1983, 205-264.

Boisson de Chazournes, Laurence, Les contre-mesures dans les relations internationales économiques, Paris 1992.

Brie, Siegfried, Zur Lehre von den Staatenverbindungen (Rezension zu Jellinek), Nachdruck Zeitschrift für das Privat- und Öffentliche Recht der Gegenwart 11 (1884) 85-159, in: *Pauly, Walter (Hrsg.)*, Nachdruck Jellinek, Georg, Die Lehre von den Staatenverbindungen, Goldbach 1996, S. 329-403.

Brie, Siegfried, Theorie der Staatenverbindungen (Festgabe zum 500jährigen Bestehen der Universität Heidelberg), Breslau 1886.

Briggs, William, The Law of International Copyright, London 1906.

Bronckers, M.C.E.J., The Potential and Limitations of the Community's New Trade Policy Instrument, in: *Demaret, Paul/Bourgeois, Jean/ Bael, I. van (Hrsg.)*, Trade Laws of the European Community and the United States in a Comparative Perspective: Conference organised with the support of the Commission of the EC, 14 - 15 - 16 September 1989, Brüssel 1992, S. 133-164.

Buchanan, James M., The Limits of Liberty: Between Anarchy and Leviathan, Chicago/London 1975.

Buergenthal, Thomas, Self-Executing and Non-Self-Executing Treaties in National and International Law, RdC 235 (1992 IV) 303-400.

Bydlinski, Franz, Juristische Methodenlehre und Rechtsbegriff, 2. Auflage, Wien/New York 1991.

Cassell's German Dictionary, Deutsch-englisches, englisch-deutsches Wörterbuch, completely revised by Harold T. Betteridge, New York 1978.

Castillo de la Torre, Fernando, The EEC New Instrument of Trade Policy: Some Comments in the Light of the Latest Developments, CMLR 30 (1993) 687-719.

Cavalli, Jean, La genèse de la Convention de Berne pour la protection des œuvres littéraires et artistiques du 9 septembre 1886, Lausanne 1986.

Charney, Jonathan I., Is International Law Threatened by Multiple Tribunals?, RdC 271 (1998) 101-382.

Charney, Jonathan I., Bemerkung zu: The „Horizontal" Growth of International Courts and Tribunals: Challenges or Opportunities?, Proceedings of the 96th Annual Meeting of the American Society of International Law, 2002, S. 369-371.

Charnovitz, Steve, Triangulating the World Trade Organization, AJIL 96 (2002) 28-55.

Cheek, Marney L., The Limits of Informal Regulatory Cooperation in International Affairs: A Review of the Global Intellectual Property Regime, The George Washington International Law Review 33 (2001) 277-323.

Christians, Andreas, Immaterialgüterrechte und GATT, Die Initiative zur Fortentwicklung des internationalen Schutzes geistigen Eigentums im Rahmen der Uruguay-Runde, Frankfurt am Main u.a. 1990.

Churchill, Robin/Scott, Joanne, The MOX Plant Litigation: The First Half-Life, ICLQ 53 (2004) 643-676.

CIPR – Commission on Intellectual Property Rights (Barton, John/ Alexander, Daniel/Correa, Carlos/Mashelkar, Ramesh/Samuels, Gill/ Thomas, Sandy), Integrating International Property Rights and Development Policy, Report of the Commission on Intellectual Property Rights, London 2002.

Collovà, Taddeo/Tournier, Jean-Loup, Des sanctions et la notion de réciprocité dans la Convention de Berne, DdA 77 (1964) 10-17.

Correa, Carlos M., TRIPS Agreement: Copyright and Related Rights, IIC 25 (1994) 543-552.

Correa, Carlos M., The GATT Agreement on Trade-Related Aspects of Intellectual Property Rights: New Standards for Patent Protection, European Intellectual Property Review 8 (1994) 327-335.

Correa, Carlos M., Patent Rights, in: *Correa, Carlos M./Yusuf, Adulqawi A. (Hrsg.)*, Intellectual Property and International Trade: The TRIPS Agreement, London u.a. 1998, S. 189.

Correa, Carlos M., Layout Designs of Integrated Circuits, in: *Correa, Carlos M./Yusuf, Adulqawi A. (Eds.)*, Intellectual Property and International Trade: The TRIPS Agreement, London u.a. 1998, S. 223.

Correa, Carlos M., Implementing the TRIPS Agreement, General Context and Implications for Developing Countries, Penang/Malaysia 1998.

Cottier, Thomas, The Prospects for Intellectual Property in GATT, CMLR 28 (1991) 383-414.

Craven, Matthew, The International Covenant on Economic, Social, and Cultural Rights, A Perspective on its Development, Oxford 1995.

Curzon, Gerard, Multilateral Commercial Diplomacy: The General Agreement on Tariffs and Trade and its Impact on National Commercial Policies and Techniques, London 1965.

Curzon-Prize, V./Curzon, Gerard, Non-Discrimination and Reciprocity in the GATT: Two Principles on a Collision Course?, in: *Demaret, Paul/Bourgeois, Jean/van Bael, I. (Hrsg.)*, Trade Laws of the European Community and the United States in a Comparative Perspective: Conference organised with the support of the Commission of the EC, 14 - 15 - 16 September 1989, Brüssel 1992, S. 303-322.

Czapliński, Władisław/Danilenko, Gennadij M., Conflicts of Norms in International Law, NYIL 21 (1990) 3-42.

Dahm, Georg, Völkerrecht, Band II, Stuttgart 1961.

Darras, Alcide, Du droit des auteurs et des artistes dans les rapports internationaux, Paris 1887.

David, Paul A., Intellectual Property Institutions and the Panda's Thumb: Patents, Copyrights and Trade Secrets in Economic Theory and History, in: *Wallerstein, Mitchell B. u.a. (Hrsg.)*, Global Dimensions of Intellectual Property Rights in Science and Technology, Washington D.C. 1993, S. 19-61.

Davies, Gillian, Copyright and the Public Interest, London 2002.

Deardorff, Alan V., Should Patent Protection Be Extended to All Developing Countries?, The World Economy 13 (1990) 497-507.

Decke, Claudia/Mildner, Stormy, Wo war der Wille in Cancún? Der Fehlschlag der WTO-Ministerkonferenz, Internationale Politik 58 (2003), Heft 10, 57-60.

Denters, Erik, New Challenges to IMF Jurisdiction, NYBIL 29 (1998) 3-43.

Despagnet, Frantz, Cours de droit international public, 3. Auflage, Paris 1905.

Devaux, L., Protection internationale des inventions brevetées, législations intérieures et Convention du 20 mars 1883, Conférence de Rome et de Madrid, Paris 1892.

Dewost, Jean-Louis, Vers un ordre juridique mondial?, in: *v. Bogdandy, Armin/Mavroidis, Petros C./Mény, Yves (Hrsg.)*, European Integration and International Co-Ordination: Studies in Transnational Economic Law in Honour of Claus-Dieter Ehlermann, Den Haag/London/New York 2002, S. 125.

Dominicé, Christian, Représsailles et droit diplomatique, in: Recht als Prozeß und Gefüge, Festschrift für Hans Huber zum 80. Geburtstag, Bern 1981, S. 541-552.

Donzel, Louis, Commentaire [et critique] de la Convention internationale signée à Paris le 20 mars 1883 pour la protection de la propriété industrielle, Paris o.J. [1892].

Drahos, Peter, A Philosophy of Intellectual Property, Dartmouth u.a. 1996.

Dreier, Thomas, TRIPS and the Enforcement of Intellectual Property Rights, *in: Beier, Karl-Friedrich/Schricker, Gerhard (Eds.)*, From GATT to TRIPS – The Agreement on Trade-Related Aspects of Intellectual Property Rights, Weinheim u.a. 1996, S. 248-277.

Drexl, Josef, Entwicklungsmöglichkeiten des Urheberrechts im Rahmen des GATT, München 1990.

Drexl, Josef, Unmittelbare Anwendbarkeit des WTO-Rechts in der globalen Privatrechtsordnung, in: *Großfeld, Bernhard u.a. (Hrsg.)*, Festschrift für Wolfgang Fikentscher, Tübingen 1998, S. 822-851.

Drexl, Josef, Durchsetzungsmechanismen im internationalen Immaterialgüterrecht, in: *Straus, Joseph (Hrsg.)*, Aktuelle Herausforderungen des geistigen Eigentums, Festgabe von Freunden und Mitarbeitern für Friedrich-Karl Beier zum 70. Geburtstag, Köln u.a. 1996 (zitiert: FS Beier), S. 593-605.

Drohla, Jeannine, Grundrechte und Grundpflichten der Staaten, in: *Heintschel von Heinegg (Hrsg.)*, Casebook Völkerrecht, S. 164-267.

Dunn, Robert M./Mutti, John H., International Economics, 5. Auflage, London/New York 2000.

Dupuy, Pierre-Marie, The Danger of Fragmentation or Unification of the International Legal System and the International Court of Justice, New York University Journal of International Law and Politics 31 (1999) 791-807.

Eeckhout, Piet, The Domestic Legal Status of the WTO Agreement: Interconnecting Legal Systems, CMLR 34 (1997) 11-58.

Ekedi-Samnik, Joseph, L'Organisation mondiale de la propriété intellectuelle (OMPI), Brüssel 1975.

Elstermann, Heinrich, Die Tätigkeit des Völkerbunds auf dem Gebiete der Wirtschaft, Osnabrück 1932.

Engisch, Karl, Einführung in das juristische Denken, herausgegeben und bearbeitet von Thomas Würtenberger und Dirk Otto, 9. Auflage, Köln 1997.

Evans, Alona E., Self-Executing Treaties in the United States of America, BYIL 30 (1953) 178-205.

Evans, John W., The GATT as an Instrument for Tariff Bargaining, Proceedings of the American Society of International Law 61 (1967) 141-144.

Evans, John W., The Kennedy Round in American Trade Policy: The Twilight of GATT?, Cambridge (Mass.) 1971.

Faßbender, Bardo, The United Nations Charter As Constitution of The International Community, Columbia Journal of Transnational Law 36 (1998) 529-619.

Faßbender, Bardo, The UN Security Council Reform and the Right of Veto, A Constitutional Perspective, Den Haag u.a. 1998.

Fikentscher, Wolfgang, Wirtschaftsrecht, Band I: Weltwirtschaftsrecht, Europäisches Wirtschaftsrecht, München 1983.

Fikentscher, Wolfgang, Ist das GATT ein praktikables Instrument zur Verbesserung des Schutzes intellektuellen Eigentums?, in: *Andreae, Clemens-August u.a. (Hrsg.)*, Wettbewerb als Herausforderung und Chance, Festschrift für Werner Benisch, Köln u.a. 1989, S. 475-489.

Fikentscher, Wolfgang, Was bedeutet „self-executing"? Überlegungen zur Rechtsnatur des GATT im Hinblick auf einen GATT-Immaterialgüterschutz, in: *Baur, Jürgen F./Hopt, Klaus J./Mailänder, K. Peter (Hrsg.)*, Festschrift für Ernst Steindorff zum 70. Geburtstag am 13. März 1990, Berlin/New York 1990, S. 1175-1191.

Fikentscher, Wolfgang/Lamb, Irene, The Principles of Free and Fair Trading and of Intellectual Property Protection in the Legal Framework of a New International Economic Order, in: *Fikentscher, Wolfgang*, Recht und wirtschaftliche Freiheit, 2. Band, S. 309-326.

Fikentscher, Wolfgang/Theiss, Simone, Josef Kohler und das Monopol: Ein Schlüssel zu TRIPS vs. WIPO?, in: *Adrian, Johann/Nordemann, Wilhelm/Wandtke, Artur-Axel (Hrsg.)*, Josef Kohler und der Schutz des geistigen Eigentums in Europa, Berlin 1996, S. 55-72.

Finger, Michael J./Nogués, Julio J., The Unbalanced Uruguay Round Outcome: The New Areas in Future WTO Negotiations, The World Economy 25 (2002) 321-340.

Fischer, Wolfram, Die Weltwirtschaft im 20. Jahrhundert, Göttingen 1979.

Fischer, Wolfram (Hrsg.), Handbuch der europäischen Wirtschafts- und Sozialgeschichte, Band 5: Europäische Wirtschafts- und Sozialgeschichte von der Mitte des 19. Jahrhunderts bis zum ersten Weltkrieg, Stuttgart 1985.

Fitzmaurice, Sir Gerald, The Law and Procedure of the International Court of Justice 1951-4: Treaty Interpretation and Other Treaty Points, BYIL 33 (1957) 203-293.

Fitzmaurice, Sir Gerald, The Law and Procedure of the International Court of Justice, Vol. I und II, Cambridge 1995.

Fleischhauer, Carl-August, The Relationship between the International Court of Justice and the Newly Created International Tribunal for the Law of the Sea in Hamburg, Max Planck Yearbook of United Nations Law 1 (1997) 237-333.

Fleischmann, Adolf, Die Berner Übereinkunft zum Schutze des Urheberrechts (Wiederabdruck aus Unsere Zeit, 1888), in: UFITA 103 (1986) 45-59.

Flux, A.W., The Flag and Trade: a Summary Review of the Trade of the Chief Colonial Empires, Wiederabdruck aus Journal of the Royal Statistical Society LXII (1899), 489-522, in: *Foreman-Peck, James (Hrsg.)*, Historical Foundations of Globalization, Cheltenham/ Northampton (Mass.) 1998, S. 206-237.

Foreman-Peck, James, A History of the World Economy, International Economic Relations Since 1850, London u.a. 1995.

Freund-Magnus, Günther Siegfried, Das deutsche Warenzeichenrecht, Teil I: Die internationalen Verträge, 6. Auflage, Berlin/Leipzig 1924.

Freytag, Christiane, Parallelimporte nach EG- und WTO-Recht: Patente und Marken versus Handelsfreiheit, Berlin 2001.

Fried, Ferdinand, Die Zukunft des Welthandels, München 1942.

Fritschak, Claudio R., Harmonization Versus Differentiation in Intellectual Property Right Regimes, in: *Wallerstein, Mitchell B./Mogee, Mary Ellen/Schoen, Roberta A. (Hrsg.)*, Global Dimensions of Intellectual Property Rights in Science and Technology, Washington D.C. 1993, S. 89-106.

Frowein, Jochen Abr., Der Beitrag der internationalen Organisationen zur Entwicklung des Völkerrechts, ZaöRV 36 (1976) 147-167.

Frowein, Jochen Abr., The Interrelationship between the Helsinki Final Act, the International Covenants on Human Rights, and the European Convention on Human Rights, in: *Buergenthal, Thomas (Hrsg.)*, Human Rights, International Law and the Helsinki Accord, Montclair (N.J.)/New York 1977, S. 71-82.

Gardner, Richard N., Sterling-Dollar Diplomacy in Current Perspective, The Origins and the Prospects of Our International Economic Order, Neuauflage, New York 1980.

Garnreiter, Sebastian, Nicht-tarifäre Handelshemmnisse: Dargestellt am Beispiel der Einfuhruntersuchung nach §§ 13, 23 des Fleischbeschaugesetzes, Eine rechtliche und wirtschaftliche Betrachtung, Bonn 1979.

Geiger, Rudolf, Die völkerrechtliche Beschränkung der Vertragsschlußfähigkeit von Staaten, Berlin 1979.

Geiger, Rudolf, EG-Vertrag, Kommentar zu dem Vertrag zur Gründung der Europäischen Gemeinschaft, München 1993.

Gerken, Lüder, Von Freiheit und Freihandel: Grundzüge einer ordoliberalen Außenwirtschaftstheorie, Tübingen 1999.

Gerken, Lüder, Der Wettbewerb der Staaten, Tübingen 1999.

Gerstenberger, Wolfgang, Erweiterter Schutz des geistigen Eigentums durch das TRIPS-Abkommen: Anpassungsbedarf der Entwicklungsländer, IFO-Schnelldienst 34-35/96, 17-28.

Gervais, Daniel, The TRIPS Agreement: Drafting History and Analysis, London 1998.

Goldman, Abe A., Observations on Copyright and Ideas, New York University Law Review 44 (1969) 574-588.

Govaere, Inge/Demaret, Paul, The TRIPS Agreement: A Response to Global Regulatory Competition or an Exercise in Global Regulatory Coercion?, in: *Esty, Daniel C./Geradin, Damien (Hrsg.)*, Regulatory Competition and Economic Integration: Comparative Perspectives, Oxford 2001, S. 364-381.

Graefrath, Bernhard, Internationale Zusammenarbeit der Staaten zur Förderung der Menschenrechte, Neue Justiz 1977, 1-7.

Graefrath, Bernhard, Responsibility and Damages Caused: Relationship between Responsibility and Damages, RdC 185 (1984-II) 9-150.

Graefrath, Bernhard, International Crimes – A Specific Regime of International Responsibility of States and its Legal Consequences, in: *Weiler, Joseph H. H./Cassese, Antonio/Spinedi, Maria*, International Crimes, A Critical Analysis of the ILC's Draft Article 19 on State Responsibility, Berlin u.a. 1989, S. 161-169.

Graefrath, Bernhard/Oeser, Edith/Steininger, Peter Alfons, Völkerrechtliche Verantwortlichkeit der Staaten, Berlin (DDR) 1977.

Gröner, Helmut, Probleme Nichttarifärer Handelshemmnisse, Wirtschaftspolitische Chronik 1974, Heft 2, 29-49.

Grotius, Hugo, De iure belli et pacis (1625), Deutsche Übersetzung von Walter Schätzel: Vom Recht des Krieges und des Friedens, Tübingen 1950.

Grotius, Hugo, Mare Liberum (1633), Englische Übersetzung von Ralph van Deman Magoffin: The Freedom of the Seas or The Right Which Belongs to the Dutch to Take Part in the East Indian Trade, New York 1916.

Guillaume, Gilbert, The Future of International Judicial Institutions, ICLQ 44 (1995) 848-862.

Guillaume, Gilbert, La Cour internationale de justice, Quelques propositions concrètes à l'occasion du Cinquantenaire, RGDIP 100 (1996) 323-333.

Gurry, Francis, The Evolution of Technology and Markets and the Management of Intellectual Property Rights, in: *Abbott, Frederick M./Gerber, David J. (Hrsg.)*, Public Policy and Global Technological Integration, London u.a. 1997, S. 25-38.

Haas, Franz-Werner, Das TRIPS-Abkommen: Geistiges Eigentum als Gegenstand des Welthandelsrecht, Das TRIPS-Abkommen und seine Auswirkungen unter Berücksichtigung der Rechtsordnung der Europäischen Gemeinschaft, Baden-Baden 2003.

Haberler, Gottfried, Der internationale Handel: Theorie der weltwirtschaftlichen Zusammenhänge sowie Darstellung und Analyse der Außenhandelspolitik, Berlin 1933.

Haertel, Kurt, Die Internationale Patentklassifikation und ihre Bedeutung für die Neuheitsrecherche, GRUR Int. 1972, 65-68.

Hahn, Michael Johannes, Die einseitige Aussetzung von GATT-Verpflichtungen als Repressalie, Heidelberg 1996.

Hallmann, Ulrich C., Der Budapester Vertrag über die internationale Anerkennung der Hinterlegung von Mikroorganismen, GRUR Int. 1978, 55-61.

Hamilton, Alexander, Report on Manufactures, Communicated to the House of Representatives December 5, 1791, in: *Hamilton, Alexander*, Papers on Public Credit, Commerce and Finance (ed. by Samuel McKee Jr.), New York 1934, S. 175-275.

Hart, Herbert Lionel Adolphus, The Concept of Law, 11. Auflage, Oxford 1981.

Hartridge, David/Subramanian, Arvind, Intellectual Property Rights: The Issues in GATT, Vanderbilt Journal of Transnational Law 22 (1989) 893-922.

Hasenpflug, Hajo, Nicht-tarifäre Handelshemmnisse: Formen, Wirkungen und wirtschaftspolitische Beurteilung, Hamburg 1977.

Heckscher, Eli F., The Effect of Foreign Trade on the Distribution of Income, in: *Flam, Harry/Flanders, M. June (Hrsg.)*, Heckscher-Ohlin Trade Theory, Cambridge (Mass.)/London 1991, S. 43-69 (englische Übersetzung aus: Ekonomisk Tidskrift 21 (1919), 497-512).

Heinemann, Andreas, Das Kartellrecht des geistigen Eigentums im TRIPS-Übereinkommen der Welthandelsorganisation, GRUR Int. 1995, 535.

Hermes, Christoph Julius, Das TRIPS-Übereinkommen vor dem EuGH: Auslegungszuständigkeit und unmittelbare Anwendbarkeit, EuR 2001, 253-261.

Hermes, Christoph Julius, TRIPS im Gemeinschaftsrecht, Zu den innergemeinschaftlichen Wirkungen von WTO-Übereinkünften, Berlin 2002.

Higgins, Rosalyn, A Babel of Judicial Voices? Ruminations from the Bench, ICLQ 55 (2006) 791-804.

Hilf, Meinhard, Negotiating and Implementing the Uruguay Round: The Role of EC Member States – The Case of Germany, in: *Jackson, John H./Sykes, Alan O. (Hrsg.)*, Implementing the Uruguay Round, Oxford 1997, S. 121-136.

Hilf, Meinhard, Freiheit des Welthandels contra Umweltschutz?, NVwZ 2000, 481-490.

Hilf, Meinhard/Schorkopf, Frank, WTO und EG: Rechtskonflikte vor dem EuGH?, Anm. zum Urteil des EuGH vom 23.11.1999 – Rs. C-149/96, Portugal/Rat, EuR 2000, 74-91.

Hindley, Brian, What Subjects Are Suitable for WTO Agreements?, in: *Kennedy, Daniel L. M./Southwick, James D. (Hrsg.)*, The Political Economy of International Trade Law: Essays in Honour of Robert E. Hudec, Cambridge 2002, S. 157-170.

Hippel, Eric von, The Sources of Innovation, New York/Oxford 1995.

Hirshleifer, J./Riley, John G., The Analytics of Uncertainty and Information – An Expository Survey, Journal of Economic Literature 17 (1979) 1375-1421.

Hoekman, Bernard M./Kostecki, Michel M., The Political Economy of the World Trading System: The WTO and Beyond, 2. Auflage, Oxford 2001.

Horejš, Milan, Garantien für Hinterleger von Mikroorganismen gegen mißbräuchliche Verwendung nach den Bestimmungen des Budapester Abkommens, in: Schutz von mikrobiologischen Erfindungen mit besonderer Rücksicht auf das Budapester Abkommen, Budapest, 4.-5. Oktober 1977, Budapest 1977, S. 31-35.

Hornbeck, Stanley K., The Most Favoured Nations Clause, AJIL 3 (1909) 395-422.

Howse, Robert, Human Rights in the WTO: Whose Rights, What Humanity? Comment on Petersmann, EJIL 13 (2002) 651-659.

Hubmann, Heinrich/Götting, Horst-Peter, Gewerblicher Rechtsschutz, Lehrbuch, 6. Auflage, München 1998.

Hudec, Robert E., The GATT Legal System and World Trade Diplomacy, New York u.a. 1975.

Hudec, Robert E., Tiger, Tiger in the House: A Critical Appraisal of the Case Against Discriminatory Trade Measures, in: *ders.*, Essays on the Nature of International Trade Law, London 1999, S. 227-250.

Hudec, Robert E., Remarks, Vanderbilt Journal of Transnational Law 22 (1989) 321-323.

Hudec, Robert E., Thinking About the New Section 301: Beyond Good and Evil, in: *ders.*, Essays on the Nature of International Trade Law, London 1999, S. 153-206.

Hudec, Robert E., Mirror, Mirror on the Wall: The Concept of Fairness in U.S. Trade Policy, in: *ders.*, Essays on the Nature of International Trade Law, London 1999, S. 227-250.

Hudec, Robert E., The Role of Judicial Review in Preserving Liberal Foreign Trade Policies, in: *ders.*, Essays on the Nature of International Trade Law, London 1999, S. 133-151.

Hudec, Robert E., „Circumventing Democracy“: The Political Morality of Trade Negotiations, in: *ders.*, Essays on the Nature of International Trade Law, London 1999, S. 215-225.

Hudec, Robert E., Enforcing International Trade Law, The Evolution of the Modern GATT Legal System, Salem (New Hampshire) u.a. 1993.

Hudec, Robert E., The GATT/WTO Dispute Settlement Process: Can It Reconcile Trade Rules and Environmental Needs?, in: *Wolfrum, Rüdiger (Hrsg.)*, Enforcing Environmental Standards: Economic Mechanisms as Viable Means?, Heidelberg 1996, S. 123-164.

Hume, David, Über Handel, in: *Hume, David*, Politische und Ökonomische Essays, Hamburg 1988, Teilband 2, S. 175-190.

Hummer, Waldemar/Weiß, Friedl (Hrsg.), Vom GATT '47 zur WTO '94, Wien 1997.

ILA Committee on Formation of Customary (General) International Law, International Law Association, Report of the 69th Conference, London 2000, S. 712-777.

(The) Intellectual Property Committee/Keidanren/UNICE, Basic framework of GATT Provisions on Intellectual Property, Statement of Views of the European, Japanese and United States Business Communities, Juni 1988, abgedruckt in: *Beier, Friedrich-Karl/Schricker, Gerhard (Eds.)*, GATT or WIPO? New Ways in the International Protection of Intellectual Property, Weinheim 1989, S. 355-402.

Jackson, John H., GATT as an Instrument for the Settlement of Trade Disputes, Proceedings of the American Society of International Law 61 (1967) 144-155.

Jackson, John H., World Trade and the Law of GATT, Indianapolis u.a. 1969.

Jackson, John H., Remarks, Vanderbilt Journal of Transnational Law 22 (1989) 343-355.

Jackson, John H., The Legal Meaning of a GATT Dispute Settlement Report: Some Reflections, in: *Blokker, Niels u.a. (Hrsg.)*, Towards More Effective Supervision by International Organizations, Essays in Honour of Henry G. Schermers, Dordrecht 1994, 149-164.

Jackson, John H., The World Trading System: Law and Policy of International Economic Relations, Cambridge (Mass.)/London, 2. Auflage 1994.

Jackson, John H., Reflections on Constitutional Changes to the Global Trading System, in: *Abbott, Frederick M./Gerber, David J. (Hrsg.)*, Public Policy and Global Technological Integration, London u.a. 1997, S. 185-193.

Jackson, John H., The WTO Dispute Settlement Understanding – Misunderstandings on the Nature of Legal Obligation, AJIL 91 (1997) 60-64.

Jackson, John H., Afterword: The Linkage Problem – Comment on Five Texts, AJIL 96 (2002) 118-125.

Jackson, John H., International Law Status of WTO Dispute Settlement Reports: Obligation to Comply or Option to „Buy Out"?, AJIL 98 (2001) 109-125.

Jaenicke, Günther, Das Allgemeine Zoll- und Handelsabkommen, AVR 7 (1957/58) 371-420.

Jellinek, Georg, Die rechtliche Natur der Staatenverträge, Ein Beitrag zur juristischen Konstruktion des Völkerrechts, Wien 1880.

Jellinek, Georg, Die Lehre von den Staatenverbindungen, Wien 1882 (Nachdruck 1996).

Jellinek, Georg, System der subjektiven öffentlichen Rechte, 2. Auflage, Tübingen 1905.

Jenks, Wilfred, Co-ordination: A New Problem of International Organization, A Preliminary Survey of the Law and Practice of Interorganizational Relationships, RdC 77 (1950 II) 157-301.

Jenks, Wilfred, The Conflict of Law-Making Treaties, BYIL 30 (1953) 401-453.

Jennings, Sir Robert, The Role of the International Court of Justice, BYIL 68 (1997) 1-63.

Jennings, Sir Robert/Watts, Sir Arthur, Oppenheim's International Law, Vol. I Peace, 9. Auflage, London 1992.

Jessup, Philip C., A Modern Law of Nations, New York 1950.

Jürgensen, Thomas, Das WTO-Schiedsverfahren zur Feststellung von Sanktionen nach Art. 22 DSU, RIW 2000, 577-583.

Kaboth, Daniel, Das Schlichtungs- und Schiedsgerichtsverfahren der Weltorganisation für geistiges Eigentum (WIPO), Frankfurt am Main u.a. 2000.

Kaddous, Christine, Le droit des relations extérieures dans la jurisprudence de la Cour de justice des Communautés européennes, Basel u.a. 1998.

Kant, Immanuel, Über den Gemeinspruch: Das mag in der Theorie richtig sein, taugt aber nicht für die Praxis/Zum ewigen Frieden, Hamburg 1992.

Karl, Wolfram, Treaties, Conflicts between, in: *Bernhardt, Rudolf (Hrsg.)*, EPIL, Band IV, Amsterdam u.a. 2000, S. 935-941.

Karnell, Gunnar, Die verschiedenen Fassungen der Berner Übereinkunft: Ihre Geltung im Verhältnis der Verbandsländer zueinander, GRUR Int. 1968, 25-31.

Katzenberger, Paul, TRIPS und das Urheberrecht, GRUR Int. 1995, 447.

Katzenberger, Paul, TRIPS and Copyright Law, in: *Beier, Karl-Friedrich/Schricker, Gerhard (Eds.)*, From GATT to TRIPS – The Agreement on Trade-Related Aspects of Intellectual Property Rights, Weinheim u.a. 1996, S. 59-92.

Kaufmann, Wilhelm, Les Unions internationales de nature économique, RdC 3 (1924 II) 181-282.

Kazanski, Peter (Kazansky, Pierre), Théorie de l'administration internationale, RGDIP 9 (1902) 353-367.

Kazanski, Peter, Die allgemeinen administrativen Staatenvereine, Jahrbuch der internationalen Vereinigung für vergleichende Rechtswissenschaft und Volkswirtschaftslehre zu Berlin 6 (1904) 275-291.

Kelsen, Hans, Reine Rechtslehre, Einleitung in die rechtswissenschaftliche Problematik, Leipzig/Wien 1934.

Keohane, Robert O./Nye, Joseph S., Power and Interdependence, 3. Auflage, New York u.a. 2001.

Keon, Jim, Intellectual Property Rules for Trademarks and Geographical Indications: Important Parts of the New World Trade Order, in: *Correa, Carlos M./Yusuf, Adulqawi A. (Eds.)*, Intellectual Property and International Trade: The TRIPS Agreement, London u.a. 1998, S. 165.

Khadjavi-Gontard, Bardia, Der Grundsatz der Inländerbehandlung im internationalen Urheberrecht, Berlin 1975.

Klein, Eckart, Statusverträge im Völkerrecht, Rechtsfragen territorialer Sonderregime, Berlin u.a. 1980.

Knaak, Roland, The Protection of Geographical Indications According to the TRIPS Agreement, in: *Beier, Karl-Friedrich/Schricker, Gerhard (Hrsg.)*, From GATT to TRIPS – The Agreement on Trade-Related Aspects of Intellectual Property Rights, Weinheim u.a. 1996, S. 117-140.

Kohler, Josef, Handbuch des deutschen Patentrechts in rechtsvergleichender Darstellung, Mannheim 1900.

Kohler, Josef, Urheberrecht an Schriftwerken und Verlagsrecht, Stuttgart 1907.

Kohler, Josef, Grundlagen des Völkerrechts, Stuttgart 1918.

Kommission der Europäischen Gemeinschaften, Grünbuch über Urheberrecht und die technologische Herausforderung – Urheberrechtsfragen, die sofortiges Handeln erfordern, Mitteilung der Kommission, KOM (88) 172 endg., Brüssel, 23.8.1988.

Koskenniemi, Martti/Leino, Päivi, Fragmentation of International Law? Postmodern Anxieties, Leiden Journal of International Law 15 (2002) 553-579.

Kramer, Stefan, Die Meistbegünstigung, RIW 1989, 473-484.

Krasser, Rudolf, The Protection of Trade Secrets in the TRIPS Agreement, in: *Beier, Karl-Friedrich/Schricker, Gerhard (Hrsg.)*, From GATT to TRIPS – The Agreement on Trade-Related Aspects of Intellectual Property Rights, Weinheim u.a. 1996, S. 216-225.

Krieger, Albrecht, Die Lissaboner Konferenz, Bericht der Mitglieder der deutschen Delegation – D. Unlauterer Wettbewerb – Herkunftsangaben, GRUR Ausl. 1959, 90-99.

Krieger, Albrecht, Neugestaltung des internationalen Markenschutzes?, in: *Möhring, Philipp/Ulmer, Peter/Wilde, Günter (Hrsg.)*, Neue Entwicklungen im Wettbewerbs- und Warenzeichenrecht, Festschrift für Wolfgang Hefermehl zum 65. Geburtstag am 18. September 1971, Heidelberg 1971, S. 105-121.

Krieger, Albrecht, Erwägungen über eine Revision des Lissaboner Abkommens über den Schutz von Ursprungsbezeichnungen, GRUR 1972, 304-311.

Krieger, Albrecht/Rogge, Dirk/(Bearbeiter), Die neue Verwaltungsstruktur der Pariser und Berner Union und die neue Weltorganisation für geistiges Eigentum, GRUR Int. 1967, 462-489.

Krüger, Herbert, Geschäftsführung ohne Auftrag für die Völkergemeinschaft, in: Völkerrechtliche und staatsrechtliche Abhandlungen, Carl Bilfinger zum 75. Geburtstag am 21. Januar 1954 gewidmet von Mitgliedern und Freunden des Instituts, Köln/Berlin 1954, S. 169-204.

Krugman, Paul R./Obstfeld, Maurice, International Economics, Theory and Policy, 5. Auflage, Reading (Mass.) u.a. 2000; 6. Auflage, Boston u.a. 2003.

Kunz, Josef L., The Meaning and the Range of the Norm Pacta Sunt Servanda, AJIL 39 (1945) 180-197.

Kunz-Hallstein, Hans Peter, Die Genfer Konferenz zur Revision der Pariser Verbandsübereinkunft zum Schutze des gewerblichen Eigentums, GRUR Int. 1981, 137-151.

Kunz-Hallstein, Hans Peter, Verschärfter Ausübungszwang für Patente? Überlegungen zur geplanten Revision des Art. 5 A PVÜ, GRUR Int. 1981, 347-357.

Kur, Annette, TRIPS and Trademark Law, in: *Beier, Karl-Friedrich/Schricker, Gerhard (Eds.)*, From GATT to TRIPS – The Agreement on Trade-Related Aspects of Intellectual Property Rights, Weinheim u.a. 1996, S. 93-116.

Kur, Annette, TRIPS and Design Protection, in: *Beier, Karl-Friedrich/Schricker, Gerhard (Eds.)*, From GATT to TRIPS – The Agreement on Trade-Related Aspects of Intellectual Property Rights, Weinheim u.a. 1996, S. 141-159.

Kuyper, Pieter Jan, The Law of GATT as a Special Field of International Law: Ignorance, Further Refinement or Self-Contained System of International Law?, NYBIL 25 (1994) 227-257.

Lacharrière, Guy Ladreit de, The Settlement of Disputes Between Contracting Parties to the General Agreement, in: Trade Policy for a Better Future: the ‚Leutwiler Report', the GATT and the Uruguay Round, Dordrecht u.a. 1987, S. 119-135.

Ladas, Stephen Pericles, The International Protection of Industrial Property, Cambridge (Mass.) 1930.

Ladas, Stephen Pericles, The International Protection of Literary and Artistic Property, New York 1938.

Ladas, Stephen Pericles, Patents, Trademarks, and Related Rights, National and International Protection, Volume III, Cambridge (Mass.) 1975.

Lammel, Siegbert, Wettbewerbsfreiheit und Staatsintervention, GRUR 1986, 362-369.

Landau, Herbert, Die Geschichte der Revidierten Berner Übereinkunft zum Schutz von Werken der Literatur und Kunst, Deutsche Richterzeitung 1986, 325-329.

Larenz, Karl, Methodenlehre der Rechtswissenschaft, 6. Auflage, Berlin u.a. 1991.

Lauterpacht, Hersch, The Covenant as the „Higher Law", BYIL 17 (1936) 54-65.

Lauterpacht, Hersch, Contracts to Break a Contract, The Law Quarterly Review 52 (1936) 494-529.

Lauterpacht, Hersch, International Law, A Treatise, Vol. I Peace, 8. Auflage, London 1955.

Lavollée, René, Les Unions internationales, Revue d'histoire diplomatique I (1887) 331-362.

League of Nations, Commercial Policy in the Interwar Period: International Proposals and National Policies, Genf 1942.

League of Nations, International Currency Experience: Lessons of the Inter-War Period, Genf 1944.

League of Nations, Commercial Policy in the Post-War World, Report of the Economic and Financial Committee, Genf 1945.

Leebron, David W., Linkages, AJIL 96 (2002) 5-27.

Leier, Klaus-Peter, Fortentwicklung und weitere Bewährung: Zur derzeitigen Überprüfung des Streitbeilegungsverfahrens in der WTO, EuZW 1999, 204-211.

Leutwiler, Fritz u.a., Trade Policy for a Better Future – The Report, in: Trade Policy for a Better Future: the ‚Leutwiler Report', the GATT and the Uruguay Round, Dordrecht u.a. 1987, S. 9-59 (zitiert: Leutwiler-Report).

Lewinski, Silke von, Urheberrecht als Gegenstand des internationalen Wirtschaftsrechts, GRUR Int. 1996, 630-641.

Lewinski, Silke von, Die diplomatische Konferenz der WIPO 1996 zum Urheberrecht und zu verwandten Schutzrechten, GRUR Int. 1997, 667-681.

Lewinski, Silke von, Das Urheberrecht zwischen GATT/WTO und WIPO, UFITA 136 (1998) 103-127.

Lieberwirth, Rolf, Latein im Recht, 4. Auflage, Berlin 1996.

List, Friedrich, Das nationale System der politischen Ökonomie (Stuttgart und Tübingen 1841), Nachdruck Berlin (DDR) 1982.

Liszt, Franz von, Das Völkerrecht, 3. Auflage, Berlin 1904.

Liszt, Franz von/Fleischmann, Max, Das Völkerrecht, 12. Auflage, Berlin 1925.

Loschelder, Caroline/Loschelder, Michael, Geographische Angaben und Ursprungsbezeichnungen, 2. Auflage, Köln u.a. 2002.

Lowe, Vaughan, Overlapping Jurisdiction in International Tribunals, Australian Yearbook of International Law 20 (1999) 191-204.

Luce, R. Duncan/Raiffa, Howard, Games and Decisions: Introduction and Critical Survey, New York/London/Sydney 1957.

Machlup, Fritz, Die wirtschaftlichen Grundlagen des Patentrechts, GRUR Int. 1961, 373-460 (1. Teil), 473-482 (2. Teil), 524-537 (3. Teil).

Machlup, Fritz, The Political Economy of Monopoly: Business, Labor and Government Policies, Baltimore 1952.

Machlup, Fritz/Penrose, Edith, The Patent Controversy in the Nineteenth Century, Journal of Economic History 10 (1950) 1-29.

Maneschi, Andrea, Comparative Advantage in International Trade: A Historical Perspective, Cheltenham/Northampton (Mass.) 1998.

Mansani, Luigi, Die Genfer Revision des Haager Musterabkommens und ihre Bedeutung für die Rechtsordnungen der Vertragsstaaten, GRUR Int. 2000, 896-898.

Mansfield, Edwin, Unauthorized Use of Intellectual Property: Effects on Investment, Technology Transfer and Innovation, in: *Wallerstein, Mitchell B./Mogee, Mary Ellen/Schoen, Roberta A. (Hrsg.)*, Global Dimensions of Intellectual Property Rights in Science and Technology, Washington D.C. 1993, S. 107-145.

Mansfield, Edwin, Intellectual Property Protection, Foreign Direct Investment, and Technology Transfer, World Bank Discussion Paper No. 19, International Finance Corporation, Washington 1994 (zitiert: Mansfield, ITC I).

Mansfield, Edwin, Intellectual Property Protection, Direct Investment, and Technology Transfer: Germany, Japan and the United States, World Bank Discussion Paper No. 27, International Finance Corporation, Washington 1995 (zitiert: Mansfield, ITC II).

Marceau, Gabrielle, Conflicts of Norms and Conflicts of Jurisdictions, The Relationship between the WTO Agreements and MEAs and other Treaties, Journal of World Trade 35 (2001) 1081-1131.

Marschik, Axel, Subsysteme im Völkerrecht, Ist die Europäische Union ein „Self-Contained Regime"?, Berlin 1997.

Maskus, Keith E., Normative Concerns in the International Protection of Intellectual Property Rights, The World Economy 13 (1990) 387-409.

Maskus, Keith E., Intellectual Property Rights in the Global Economy, Washington 2000.

Mason, Sir Anthony, Developments in the Law of Copyright and Public Access to Information, European Intellectual Property Review 11 (1997) 636-643.

Masouyé, Claude, Guide to the Berne Convention (Hrsg. WIPO), Genf 1978.

Mavroidis, Petros C., Das GATT als „self-contained" Regime, RIW 1991, 497-501.

May, Christopher, A Global Political Economy of Intellectual Property Rights – The New Enclosures?, London/New York 2000.

McLachlan, Campbell, The Principle of Systemic Integration and Article 31 (3) (c) of the Vienna Convention, ICLQ 54 (2002) 279-320.

McNair, Arnold D., The Law of Treaties, Oxford 1961.

Meili, F., Die internationalen Unionen, Über das Recht der Weltverkehrsanstalten und des geistigen Eigentums, Leipzig 1889.

Meister, Herbert, Produktpiraterie, Der Markenartikel 1987, 157-160, 420-425.

Melander, Göran, Article 27, in: *Eide u.a. (Hrsg.)*, The Universal Declaration of Human Rights, A Commentary, 2. Auflage, London 1993, S. 429-432.

Meng, Werner, Streitbeilegung im GATT, ZaöRV 41 (1981) 69-102.

Meng, Werner, Kommentierung zu Art N EUV, in: *Groeben, Hans von der/Thiesing, Jürgen/Ehlermann, Claus-Dieter (Hrsg.)*, Kommentar zum EU-/EG-Vertrag, Band 5, 5. Auflage, Baden-Baden 1997.

Mentha, Bénigne, La guerre et les Unions internationales pour la protection de la propriété industrielle et des œvres littéraires et artistiques, Zürich/Leipzig 1943.

Mieck, Ilja (Hrsg.), Handbuch der europäischen Wirtschafts- und Sozialgeschichte, Band 4: Europäische Wirtschafts- und Sozialgeschichte von der Mitte des 17. Jahrhunderts bis zur Mitte des 19. Jahrhunderts, Stuttgart 1993.

Mill, John Stuart, Principles of Political Economy with Some of Their Applications to Social Philosophy, Nachdruck Toronto 1965.

Miller, William H.H., Caveats for Patents for Inventions, US Department of Justice, Official Opinions of the Attorneys-General, Vol. XIX, S. 274-279.

Miosga, Willy, Zur Einführung der internationalen Klassifikation, Der Markenartikel 1967, 469-474.

Mohr, Manfred, Rechtsfragen internationaler Organisationen, Staat und Recht 1980, 171-173.

Mohr, Manfred, Fragen der Durchsetzung von Völkerrechtsnormen, dargestellt anhand der Antirassismuskonvention von 1965 und der UN-Menschenrechtskonventionen von 1966, Dissertation, Humboldt-Universität zu Berlin (DDR) 1981.

Mosler, Hermann, The International Society as a Legal Community, RdC 140 (1974 IV) 1-320.

Mosler, Hermann, Völkerrecht als Rechtsordnung, ZaöRV 36 (1976) 6-49.

Nascimento e Silva, Geraldo Eulalio do, Le facteur temps et les traités, RdC 154 (1977 I) 215-297.

Neumann, Jan, Die materielle und prozessuale Koordination völkerrechtlicher Ordnungen, Die Problematik paralleler Streitbeilegungsverfahren am Beispiel des Schwertfisch-Falls, ZaöRV 61 (2001) 529-576.

Neumann, Jan, Die Koordination des WTO-Rechts mit anderen völkerrechtlichen Ordnungen, Konflikte des materiellen Rechts und Konkurrenzen der Streitbeilegung, Berlin 2002.

Neumann, Jan, Die Koordination des WTO-Rechts mit anderen völkerrechtlichen Verträgen, in: *Nettesheim, Martin/Sander, Gerald G. (Hrsg.)*, WTO-Recht und Globalisierung, Berlin 2003, S. 9-42.

Neumann, Johann von, Zur Theorie der Gesellschaftsspiele, Mathematische Annalen 100 (1928) 295-320.

Neumann, Johann (John) von/Morgenstern, Oskar, Theory of Games and Economic Behavior, Princeton 1944.

Neumeyer, Karl, Les Unions internationales, Revue de droit international, de sciences diplomatiques, politiques et sociales 2 (1924) 18-41, 139-144, 343-362; 3 (1925) 20-25, 102-108.

Niehans, Jürg, Geschichte der Außenwirtschaftstheorie im Überblick, Tübingen 1995.

Nolde, Boris, Droit et technique des traités de commerce, RdC 3 (1924 III), 295-462.

Nolde, Boris, La clause de la nation la plus favorisée et les tarifs préférentiels, RdC 39 (1932 I), 1-130.

Nordemann, Wilhelm/Vinck, Kai/Hertin, Paul W., Internationales Urheberrecht und Leistungsschutzrecht der deutschsprachigen Länder unter Berücksichtigung auch der Staaten der Europäischen Gemeinschaft, Kommentar, Düsseldorf 1977.

Nowak, John E./Rotunda, Ronald D., Constitutional Law, 5. Auflage, St. Paul (Minn.) 1995.

Nussbaum, Arthur, Geschichte des Völkerrechts, München/Berlin 1960.

O'Connell, Daniel Patrick, International Law, Volume One, 2. Auflage, London 1970.

Oddi, A. Samuel, Un-Unified Economic Theories of Patents – The Not-Quite-Holy Grail, Notre Dame Law Review 71 (1995) 267-327.

Oddi, A. Samuel, TRIPS – Natural Rights and a „Polite Form of Economic Imperialism", Vanderbilt Journal of Transnational Law, 29 (1996) 415-479.

Odell, John S., Negotiating the World Economy, Ithaca/London 2000.

Oellers-Frahm, Karin, Multiplication of International Courts and Tribunals – Problems and Possible Solutions, Max Planck Yearbook of International Law 5 (2001) 67-104.

Ohlin, Bertil, Interregional and International Trade, Cambridge (Mass.) 1933.

Ohlinger, Hans A., Die Relevanz nicht-tarifärer Handelshemmnisse im internationalen Handel und ihre Wirkungen auf die Integration der Entwicklungsländer in die Weltwirtschaft, Frankfurt am Main u.a. 1986.

Olson, Mancur, The Logic of Collective Action, Public Goods and the Theory of Groups, Cambridge (Mass.)/London 1971.

Oppenheim, L./Lauterpacht, Hersch, International Law, A Treatise, Vol. II, 7. Auflage, 5. Impression, London 1952.

Oppermann, Thomas, Geistiges Eigentum – Ein „Basic Human Right" des Allgemeinen Völkerrechts: Eine deutsche Initiative innerhalb der International Law Association (ILA), in: *Weber, Albrecht (Hrsg.)*, Währung und Wirtschaft: Das Geld im Recht, Festschrift für Prof. Dr. Hugo J. Hahn zum 70. Geburtstag, Baden-Baden 1997.

Orakhelashvili, Alexander, Oil Platforms (Islamic Republic of Iran v. United States of America), Merits, Judgment of 6 November 2003 [Urteilsanmerkung], ICLQ 53 (2004) 753-761.

Osterrieth, Albert, Der gewerbliche Rechtsschutz und der Krieg, GRUR 1914, 289-299.

Otten, Adrian, Improving the Playing Field for Exports: The Agreements on Intellectual Property, Investment Measures and Government Procurement, in: *Thomas Cottier (Hrsg.)*, GATT-Uruguay Round, Neun Beiträge, Bern 1995, S. 67-90.

Otten, Adrian/Wagner, Hannu, Compliance with TRIPS, The Emerging World View, Vanderbilt Journal of Transnational Law 29 (1996) 391-413.

Pacón, Ana María, Was bringt TRIPS den Entwicklungsländern?, GRUR Int. 1995, 875.

Pacón, Ana María, What Will TRIPS Do for Developing Countries?, in: *Beier, Karl-Friedrich/Schricker, Gerhard (Hrsg.)*, From GATT to TRIPS – The Agreement on Trade-Related Aspects of Intellectual Property Rights, Weinheim u.a. 1996, S. 329-356.

Pacón, Ana María, TRIPS und die Durchsetzung von Schutzrechten: südamerikanische Erfahrungen, GRUR Int. 1999, 1004-1006.

Palágyi, Tivadar, Ablauf und Ergebnisse der diplomatischen Konferenz der WIPO, in: Schutz von mikrobiologischen Erfindungen mit besonderer Rücksicht auf das Budapester Abkommen, Budapest, 4.-5. Oktober 1977, Budapest 1977, S. 11-17.

Partsch, Karl Josef, International Law and Municipal Law (1987), in: *Bernhardt, Rudolf (Hrsg.)*, EPIL Band II, Amsterdam u.a. 1995, S. 1183-1202.

Paulus, Andreas, Die internationale Gemeinschaft im Völkerrecht, Eine Untersuchung zur Entwicklung des Völkerrechts im Zeitalter der Globalisierung, München 2001.

Pauwelyn, Joost, The Role of Public International Law in the WTO: How Far Can We Go?, AJIL 95 (2001) 535-578.

Pauwelyn, Joost, A Typology of Multilateral Treaty Obligations: Are WTO Obligations Bilateral or Collective in Nature?, EJIL 14 (2003) 907-951.

Pellet, Alain, The New Draft Articles of the International Law Commission on the Responsibility of States for Internationally Wrongful Acts: A Requiem for States' Crime?, NYIL 32 (2001) 55-78.

Petersmann, Ernst-Ulrich, Violation Complaints and Non-Violation Complaints in Public International Trade Law, GYIL 34 (1991) 175-229.

Petersmann, Ernst-Ulrich, The Dispute Settlement System of the World Trade Organization and the Evolution of the GATT Dispute Settlement System since 1948, CMLR 31 (1994) 1157-1244.

Petersmann, Ernst-Ulrich, The GATT/WTO Dispute Settlement System, International Law, International organizations and Dispute Settlement, London 1997.

Petersmann, Ernst-Ulrich, How to Constitutionalize International Law and Foreign Policy for the Benefit of Civil Society?, Michigan Journal of International Law, 20 (1998) 1-30.

Petersmann, Ernst-Ulrich, From „Negative“ to „Positive“ Integration in the WTO: Time for „Mainstreaming Human Rights“ into WTO Law?, CMLR 37 (2000) 1363-1382.

Petersmann, Ernst-Ulrich, The WTO Constitution and Human Rights, JIEL 3 (2000) 19-26.

Petersmann, Ernst-Ulrich, The WTO Constitution and the Millennium Round, in: *Bronckers, Marco/Quick, Reinhard*, New Directions in International Economic Law, Essays in Honour of John H. Jackson, Den Haag u.a. 2000, S. 111-133.

Petersmann, Ernst-Ulrich, Human Rights and International Economic Law in the 21st Century, The Need to Clarify Their Relationships, JIEL 4 (2001) 3-39.

Petersmann, Ernst-Ulrich, Time for a United Nations ‚Global Compact' for Integrating Human Rights into the Law of Worldwide Organizations: Lessons from European Integration, EJIL 13 (2002) 621-650.

Phegan, Colin, GATT Article XVI.3: Export Subsidies and „Equitable Shares", JWTL 16 (1982) 251-264.

Phillips, Jeremy, Protecting Values in Industrial Designs, in: *Correa, Carlos M./Adulqawi, Yusuf A. (Eds.)*, Intellectual Property and International Trade: The TRIPS Agreement, London u.a. 1998, S. 179.

Pires de Carvalho, Nuno, The TRIPS Regime of Patent Rights, London u.a. 2002.

Plaisant, R., Les effets de la guerre sur les traités plurilatéraux, PI 69 (1953) 179-181.

Posner, Bernhard, Purposes and Scope of the Green Paper on Copyright and the Challenge of Technology, in: *Gotzen, F. (Hrsg.)*, Copyright and the European Community: The Green Paper on Copyright and the Challenge of New Technology, Brüssel 1989, S. 1-8.

Posner, Richard A., Economic Analysis of Law, 4. Auflage, Boston u.a. 1992.

Potter, Pitman B., The Doctrine of Servitudes in International Law, AJIL 9 (1915) 627-641.

Potter, Pitman B., Développement de l'organisation internationale, RdC 64 (1938 II) 71-151.

Primo Braga, Carlos Alberto, The Economics of Intellectual Property Rights and the GATT: A View from the South, Vanderbilt Journal of Transnational Law 22 (1989) 243-264.

Primo Braga, Carlos Alberto/Fink, Carsten, The Economic Justification for the Grant of Intellectual Property Rights: Patterns of Convergence and Conflict, in: *Abbott, Frederick M./Gerber, David, J. (Hrsg.)*, Public Policy and Global Technological Integration, Dordrecht u.a. 1997, S. 99-121.

Primo Braga, Carlos Alberto/Fink, Carsten/Paz Sepulveda, Claudia, Intellectual Property Rights and Economic Development, World Bank Discussion Paper No. 412, Washington 2000.

Ray, Jean, Commentaire du Pacte de la Société des Nations selon la politique et la jurisprudence des organes de la Société, Paris 1930.

Rehbinder, Manfred, Urheberrecht, 13. Auflage, München 2004.

Rehbinder, Manfred/Staehelin, Alesch, Das Urheberrecht im TRIPS-Abkommen, Entwicklungsschub durch die New Economic World Order, UFITA 1995, 5-34.

Reichman, J.H., Intellectual Property in International Trade: Opportunities and Risks of a GATT Connection, 22 Vanderbilt Journal of Transnational Law 747 (1989) 747-981.

Reichman, J.H., Universal Minimum Standards of Intellectual Property Protection under the TRIPS Component of the WTO Agreement, The International Lawyer 29 (1995) 345-388.

Reid, Helen Dwight, International Servitudes in Law and Practice, Chicago 1932.

Reinbothe, Jörg, Der Schutz des Urheberrechts und der Leistungsschutzrechte im Abkommensentwurf GATT/TRIPS, GRUR Int. 1992, 707-715.

Reinsch, Paul S., Public International Unions, Their Work and Organization, Boston/London 1911.

Renault, Louis, Les Unions internationales: Leurs avantages et leurs inconvénients, RGDIP III (1896) 14-26.

Reuter, Paul, Introduction to the Law of Treaties, 2. Auflage, Genf 1995.

Revesz, Richard L., Rehabilitating Interstate Competition: Rethinking the „Race-to-the-Bottom“ Rationale for Federal Environmental Regulation, New York University Law Review 67 (1992) 1210-1254.

Revesz, Richard L., Federalism and Regulation: Extrapolating from the Analysis of Environmental Regulation in the United States, JIEL 3 (2000) 219-233.

Ricardo, David, On the Principles of Economy and Taxation, in: The Works and Correspondence of David Ricardo, Vol. I, Cambridge 1951.

Ricketson, Sam, The Berne Convention for the Protection of Literary and Artistic Works: 1886-1986, London 1987.

Riphagen, Willem, State Responsibility: New Theories Of Obligation in Interstate Relations, in: *Macdonald, Ronald St. John/Johnston, Douglas M. (Hrsg.)*, The Structure and Process of International Law: Essays in Legal Philosophy Doctrine and Theory, Den Haag u.a. 1983, S. 581-625.

Röthlisberger, Ernst, Die Berner Übereinkunft zum Schutze von Werken der Literatur und Kunst und die Zusatzabkommen, Bern 1906.

Rose, Klaus/Sauernheimer, Karlhans, Theorie der Außenwirtschaft, 11. Auflage, München 1992.

Rosenne, Shabtai, The Law and Practice of the International Court, Vol. II: Jurisdiction; Vol. III: Procedure, Den Haag u.a. 1997.

Ross, Julie C./Wasserman, Jessica A., Trade-Related Aspects of Intellectual Property Rights, Deventer/Boston 1993.

Roucounas, Emmanuel, Engagements parallèles et contradictoires, RdC 206 (1987 VI) 9-288.

Rousseau, Jean-Jacques, Vom Gesellschaftsvertrag oder Die Grundsätze des Staatsrechts (1762), Reclam-Ausgabe Stuttgart 1986.

Rousseau, Charles, De la compatibilité des normes juridiques contradictoires dans l'ordre international, RGDIP 39 (1932) 133-193.

Roxburgh, Ronald F., International Conventions and Third States, A Monograph, London u.a. 1917.

Rozek, Richard P., Protection of Intellectual Property Through Licencing: Efficiency Considerations, Journal of World Trade 22 (1988) Heft 5, 27-34.

Ruffini, Francesco, De la protection internationale des droits sur les œuvres littéraires et artistiques, RdC 12 (1926 II) 391-571.

Saenger, August, Das Verhältnis der Berner Konvention zum innerstaatlichen Urheberrecht, Basel 1940.

Samuelson, Paul A./Nordhaus, William D., Economics (International Edition), 16. Auflage, Boston u.a. 1998.

Scelle, Georges, Précis de droit des gens, Principes et systématique, Première partie, Paris 1932, Deuxième partie, Paris 1934 (Nachdruck I und II, Paris 1984).

Schack, Haimo, Urheber- und Urhebervertragsrecht, 2. Auflage, Tübingen 2001.

Schäfers, Alfons, Normsetzung zum geistigen Eigentum in internationalen Organisationen: WIPO und WTO – ein Vergleich, GRUR Int. 1996, 769.

Scharpf, Fritz W., Negative and Positive Integration in the Political Economy of European Welfare States, in: *Marks, Gary u.a. (Hrsg.)*, Governance in the European Union, London u.a. 1996, S. 15-39.

Scheer, Stefan, Internationales Patent-, Muster- und Warenzeichenrecht, 54. Auflage, Hürth/Köln 1995.

Schiefler, Kurt, Das Protokoll betreffend die Entwicklungsländer, GRUR Int. 1967, 454-460.

Schlochauer, Hans-Jürgen, Atlantic Charter, in: *Bernhardt, Rudolf (Hrsg.)*, EPIL Band I, Amsterdam u.a. 1993, 288 f.

Schücking, Walter/Wehberg, Hans, Die Satzung des Völkerbundes, 2. Auflage, Berlin 1924.

Schwarzenberger, Georg, The Principles and Standards of International Economic Law, RdC 177 (1966 I) 9-98.

Schwarzenberger, Georg, International Law, Vol. I – International Law as Applied by International Courts and Tribunals, 3. Auflage, London 1957.

Schwarzenberger, Georg, The Inductive Approach to International Law, London/New York 1965.

Scott, Joanne, GATT and Community Law: Rethinking the ‚Regulatory Gap', in: *Shaw, Jo/More, Gillian (Hrsg.)*, New Legal Dynamics of European Union, Oxford 1995.

Sebenius, James K., Negotiation arithmetic: adding and subtracting issues and parties, International Organization 37 (1983) 281-316.

Seidl-Hohenveldern, Ignaz/Loibl, Gerhard, Das Recht der internationalen Organisationen einschließlich der supranationalen Gemeinschaften, 7. Auflage, Köln 2000.

Senti, Richard, GATT, Allgemeines Zoll- und Handelsabkommen als System der Welthandelsordnung, Zürich 1986.

Senti, Richard, WTO: System und Funktionsweise der Welthandelsordnung, Wien/Zürich 2000.

Shany, Yuval, The Competing Jurisdictions of International Courts and Tribunals, Oxford 2003.

Sherwood, Robert M., Why a Uniform Intellectual Property System Makes Sense for the World, in: *Wallerstein, Mitchell B./Mogee, Mary Ellen/Schoen, Roberta A. (Hrsg.)*, Global Dimensions of Intellectual Property Rights in Science and Technology, Washington D.C. 1993, S. 68-88.

Sherwood, Robert M., The TRIPS Agreement: Implications for Developing Countries, IDEA – The Journal of Law and Technology 37 (1997) 491-544.

Sibert, Marcel, Traité de droit international public, Tome I: Introduction; Tome II: Les relations pacifiques entre états, Paris 1951.

Sicilianos, Linos-Alexandre, Les réactions décentralisées à l'illicite, Des contre-mesures à la légitime défense, Paris 1990.

Simma, Bruno, Das Reziprozitätselement im Zustandekommen völkerrechtlicher Verträge, Berlin 1972.

Simma, Bruno, Zur bilateralen Durchsetzung vertraglich verankerter Menschenrechte: Aktivlegitimation und zulässige Mittel nach allgemeinem Völkerrecht, in: *Schreuer, Christoph (Hrsg.)*, Autorität und internationale Ordnung, Aufsätze zum Völkerrecht, Berlin 1979, S. 129-154.

Simma, Bruno, Self-Contained Regimes, NYIL 16 (1985) 111-136.

Simma, Bruno, From Bilateralism to Community Interest in International Law, RdC 250 (1994 VI) 217-384.

Sinclair, Sir Ian, The Vienna Convention on the Law of Treaties, 2. Auflage, Manchester 1984.

Singer, Peter, One World: The Ethics of Globalization, New Haven/ London, 2002.

Singer, Romuald, The Infringement of Supranational Patent Rights in a Future Europe, Industrial Property 1973, 380-390.

Smith, Adam, An Inquiry into the Nature and Causes of the Wealth of Nations, The Glasgow Edition of the Works and Correspondence of Adam Smith, Oxford 1976.

Sodipo, Bankole, Piracy and Counterfeiting, GATT, TRIPS and developing Countries, London u.a. 1997.

Spamann, Holger, The Myth of „Rebalancing" Retaliation in WTO Dispute Settlement Practice, JIEL 9 (2006) 37-79.

Staehelin, Alesch, Das TRIPS-Abkommen, Immaterialgüterrechte im Licht der globalisierten Handelspolitik, Bern 1997.

Stegemann, Klaus, The Integration of Intellectual Property Rights in the WTO System, Jena 1998.

Stewart, Richard B., Environmental Regulation and International Competitiveness, Yale Law Journal 102 (1993) 2039-2106.

Stoll, Peter-Tobias, Technologietransfer: Internationalisierungs- und Nationalisierungstendenzen, Berlin u.a. 1994.

Stoll, Peter-Tobias, Die WTO: Neue Welthandelsorganisation, neue Welthandelsordnung, Die Ergebnisse der Uruguay-Runde des GATT, ZaöRV 54 (1994) 241-339.

Stoll, Peter-Tobias/Schorkopf, Frank, WTO – Welthandelsordnung und Welthandelsrecht, Köln u.a. 2002.

Straus, Joseph, Die Bedeutung des TRIPS für das Patentrecht, GRUR Int. 1996, 179-205.

Straus, Joseph, Implications of the TRIPS Agreement in the Field of Patent Law, in: *Beier, Karl-Friedrich/Schricker, Gerhard (Hrsg.)*, From GATT to TRIPS – The Agreement on Trade-Related Aspects of Intellectual Property Rights, Weinheim u.a. 1996, S. 160-215.

Strupp, Karl, Verwaltungsgemeinschaften (Internationale Unionen), in: *Stengel, Karl von/Fleischmann, Max (Hrsg.)*, Wörterbuch des Deutschen Staats- und Verwaltungsrechts, Dritter Band O-Z, Tübingen 1914.

Strupp, Karl (Hrsg.), Documents pour servir à l'histoire du droit des gens, 2. Auflage der „Urkunden zur Geschichte des Völkerrechts", Berlin 1923.

Subramanian, Arvind, TRIPS and the Paradigm of the GATT: a Tropical, Temperate View, The World Economy 13 (1990) 509-521.

Talalajew, Anatoli Nikolajewitsch, Das Recht der internationalen Verträge, Berlin (DDR) 1977.

Templeman, Lord Sydney, Intellectual Property, Journal of International Economic Law 1998, 603-606.

Ténékidès, G., L'exception de litispendance devant les organismes internationaux, RGDIP 36 (1929) 502-527.

Tietje, Christian, Questionnaire International Economic Law, in: *Zimmermann, Andreas/Hofmann, Rainer (Hrsg.)*, Unity and Diversity in International Law, Proceedings of an International Symposium of the Kiel Walther Schücking Institute of international Law, Nov. 4-7, 2004, Berlin 2006, S. 169-216.

Tilmann, Winfried, Die geographische Herkunftsangabe, Tatsachen, Rechtsschutz und rechtspolitische Entwicklung im Inland, im Ausland und im internationalen Bereich, München 1976.

Toll, Benno Baron von, Die internationalen Bureaux der allgemeinen völkerrechtlichen Verwaltungsvereine, Tübingen 1910.

Tollison, Robert D./Willett, Thomas D., An economic theory of mutually advantageous issue linkages in international negotiations, International Organization 33 (1979) 425-449.

Tomuschat, Christian, Repressalie und Retorsion – Zu einigen Aspekten ihrer innerstaatlichen Durchführung, ZaöRV 33 (1973) 179-222.

Tomuschat, Christian, International Courts and Tribunals with Regionally Restricted and/or Specialized Jurisdiction, in: Judicial Settlement of International Disputes, International Court of Justice, Other Courts and Tribunals, Arbitration and Conciliation, An International Symposium, Berlin u.a. 1974.

Tomuschat, Christian, Die Charta der wirtschaftlichen Rechte und Pflichten der Staaten, ZaöRV 36 (1976) 444-491.

Tomuschat, Christian, Die Bundesrepublik Deutschland und die Menschenrechtspakte der Vereinten Nationen, Neue Perspektiven weltweiter Verwirklichung der Menschenrechte, VN 1978, 1-10.

Tomuschat, Christian, Zur Rechtswirkung der von der Europäischen Gemeinschaft abgeschlossenen Verträge in der Gemeinschaftsrechtsordnung, in: *Lüke, Gerhard u.a. (Hrsg.)*, Rechtsvergleichung, Europarecht und Staatenintegration, Gedächtnisschrift für Léontin-Jean Constantinesco, Köln u.a. 1983, S. 801-822.

Tomuschat, Christian, Völkerrechtlicher Vertrag und Drittstaaten, Berichte der Deutschen Gesellschaft für Völkerrecht 28 (1988) 9-49.

Tomuschat, Christian, Völkerrechtliche Schadensersatzansprüche vor dem EuGH, in: *Baur, Jürgen F./Müller-Graff, Peter-Christian/Zuleeg, Manfred (Hrsg.)*, Europarecht – Energierecht – Wirtschaftsrecht, Festschrift für Bodo Börner zum 70. Geburtstag, München 1992, S. 441-458.

Tomuschat, Christian, Obligations Arising for States without or against Their Will, RdC 241 (1993 IV) 195-374.

Tomuschat, Christian, International Law: Ensuring the Survival of Mankind, General Course on Public International Law, RdC 281 (1999 VI).

Tomuschat, Christian, Human Rights, Between Idealism and Realism, Oxford 2003.

Tomuschat, Christian, Art. 300 EG (Kommentierung), in: *Groeben, Hans von der/Schwarze, Jürgen (Hrsg.)*, Kommentar zum EUV/EGV, Band 4, 6. Auflage, Baden-Baden 2004.

Trachtman, Joel P., Institutional Linkage: Transcending „Trade and ...“, AJIL 96 (2002) 77-93.

Trachtman, Joel P., We Have Met the Enemy and He Is Us (Comment), in: *Kennedy, Daniel L. M./Southwick, James D. (Hrsg.)*, The Political Economy of International Trade Law: Essays in Honour of Robert E. Hudec, Cambridge 2002, S. 171-176.

Triepel, Heinrich, Völkerrecht und Landesrecht, Leipzig 1899.

Triepel, Heinrich, Die Hegemonie, Ein Buch von führenden Staaten, 2. Auflage, Stuttgart 1943.

Troller, Alois, Immaterialgüterrecht, Band I, 3. Auflage, Basel und Frankfurt/Main 1983.

Trüeb, Hans Rudolf, Umweltrecht in der WTO, staatliche Regulierung im Kontext des internationalen Handelsrechts, Zürich 2001.

Tumlir, Jan, International Economic Order and Democratic Constitutionalism, ORDO – Jahrbuch für die Ordnung von Wirtschaft und Gesellschaft 34 (1983) 71-83.

Turner, Donald F., The Patent System and Competitive Policy, New York University Law Review 44 (1969) 450-476.

Ullrich, Gerhard, Der Rechtsschutz von geographischen Angaben als Warenkennzeichen in der BRD und nach internationalen Abkommen, Potsdam 1988.

Ullrich, Hanns, Technology Protection According to TRIPS: Principles and Problems, in: *Beier, Karl-Friedrich/Schricker, Gerhard (Eds.)*, From GATT to TRIPS – The Agreement on Trade-Related Aspects of Intellectual Property Rights, Weinheim u.a. 1996, S. 357-400.

Ulmer, Eugen, Gewerblicher Rechtsschutz und Urheberrechte im internationalen Privatrecht, RabelsZ 41 (1977) 479-513.

Umozurike, U. Oji, The African Charter on Human and Peoples' Rights, Den Haag u.a. 1997.

UNCTAD, The role of the patent system in the transfer of technology to developing countries, Report prepared jointly by the United Nations Department of Economic and Social Affairs, the UNCTAD secretariat and the International Bureau of the World Intellectual Property Organization, New York 1975.

UNCTAD, The TRIPS Agreement and Developing Countries, New York/Genf 1996.

Ungerer, Friedrich, Englische Grammatik heute, Stuttgart u.a. 1999.

United States General Accounting Office, International Trade: Strengthening Worldwide Protection of Intellectual Property Rights, Report to Selected Congressional Subcommittees, GAO/NSIAD-87-65, Washington 1987.

United States International Trade Commission, Foreign Protection of Intellectual Property Rights and the Effect on U.S. Industry and Trade, Report to the United States Trade Representative, Investigation No. 332-245, Under Section 332 (g) of the Tariff Act of 1930, Washington 1988 (Kapitel 4 auch in: Journal of World Trade 22 [1988] Heft 4, 101-114).

UPOV, International Union for the Protection of New Varieties of Plants, What It Is, What It Does, UPOV Publication No. 437 (E), Genf 2004.

Váli, Ferenc Albert, Servitudes of International Law, A Study of Rights in Foreign Territory, 2. Auflage, London 1958 (Nachdruck London/ Littleton [Col.] 1986).

Vaver, David, Die Inländerbehandlung nach der Berner Übereinkunft und dem Welturheberrechtsabkommen, GRUR Int. 1988, 191-214.

Verdross, Alfred, Die Verfassung der Völkerrechtsgemeinschaft, Wien/ Berlin 1926.

Verdross, Alfred/Simma, Bruno, Universelles Völkerrecht, 3. Auflage, Berlin 1984.

Viana, Michael, Die Rechte der Tonträgerhersteller im schweizerischen, amerikanischen und internationalen Urheberrecht, unter besonderer Berücksichtigung des WIPO Performances and Photographs Treaty (WPPT), Basel u.a. 1999.

Vranes, Erich, Principles and Emerging Problems of WTO Cross Retaliation, EuZW 2001, 10-15.

Walter, Ingo, Nontariff Barriers and the Free-Trade Option, Banca Nazionale del Lavoro Quarterly Review 88 (1969) 16-45.

Walter, Rolf, Merkantilpolitische Handelshemmnisse (im territorialen Vergleich) am Beispiel eines territorial relativ zersplitterten Gebiets, in: *Volckart, Oliver (Hrsg.)*, Frühneuzeitliche Obrigkeiten im Wettbewerb: Institutioneller und wirtschaftlicher Wandel zwischen dem 16. und 18. Jahrhundert, Baden-Baden 1997, S. 212-243.

Wandtke, Artur-Axel, Die Kommerzialisierung der Kunst und die Entwicklung des Urheberrechts im Lichte der Immaterialgüterrechtslehre von Josef Kohler, in: *Adrian, Johann/Nordemann, Wilhelm/*

Wandtke, Artur-Axel (Hrsg.), Josef Kohler und der Schutz des geistigen Eigentums in Europa, Berlin 1996.

Wandtke, Artur-Axel, Goethe und das Urheberrecht, UFITA 2000, 453.

Wassermann, Martin, Deutschland und das Madrider Abkommen betreffend die Unterdrückung falscher Herkunftsbezeichnungen, Markenschutz und Wettbewerb 24 (1924) 21-28.

Weber, Robert, System der deutschen Handelsverträge, Leipzig 1912.

Weiler, Joseph, The Community System: the Dual Character of Supranationalism, Yearbook of European Law 1 (1981) 267-306.

Weiß, Wolfgang/Herrmann, Christoph/Ohler, Christoph, Welthandelsrecht, München 2003 (zitiert: [Bearbeiter], in: *Weiß/Herrmann*).

Wellens, K.C., Diversity in Secondary Rules and the Unity of International Law: Some Reflections on Current Trends, NYIL 25 (1994) 3-37.

White, G.M., Legal Consequences of Wrongful Acts in International Economic Law, NYIL 16 (1981) 137-173.

Wilcox, Clair, A Charter for World Trade, New York 1949.

Wildhaber, Luzius, Treaties, Multilateral, in: *Bernhardt, Rudolf (Hrsg.)*, EPIL Bd. IV, Amsterdam 1995, S. 949-953.

Wilson, Woodrow, War and Peace: Presidential Messages, Addresses, and Public Papers, Vol. I (1917-1921), New York/London 1927.

Wilting, Wilhelm Heinrich, Vertragskonkurrenz im Völkerrecht, Köln u.a. 1996.

Winham, Gilbert R., The Prenegotiation Phase of the Uruguay Round, in: *Stein, Janice Gross (Hrsg.)*, Getting to the Table, The Process of International Prenegotiation, Baltimore/London 1989.

Winkler, Heinrich August, Der lange Weg nach Westen, Deutsche Geschichte 1806-1933, Bonn 2002.

Wippermann, Antje, Der urheberrechtliche Schutz von Mikrochips, Berlin 1993.

Wolfrum, Rüdiger, Commentary, in: *Zimmermann, Andreas/Hofmann, Rainer (Hrsg.)*, Unity and Diversity in International Law, Proceedings of an International Symposium of the Kiel Walther Schücking Institute of international Law, Nov. 4-7, 2004, Berlin 2006, S. 433-435.

World Intellectual Property Organization, Leitfaden für die internationale Registrierung von Marken, Ausgabe April 1990, Genf u.a. 1991.

World Intellectual Property Organization, Implications of the TRIPS Agreement on Treaties administered by WIPO, WIPO Publication No. 464 (E), Genf 1996, Reprint 1997.

World Intellectual Property Organization, Introduction to Intellectual Property, Theory and Practice, London u.a. 1997.

World Intellectual Property Organization, Yearly Review of the PCT: 2003, WIPO Publ. No. 901 (E), Genf 2004.

Wuesthoff, Franz/Leßmann, Herbert/Würtenberger, Gert, Handbuch zum deutschen und europäischen Sortenschutz, Band I: Gesetze und Erläuterungen, Weinheim u.a. 1999.

Zemanek, Karl, The Unilateral Enforcement of International Obligations, ZaöRV 47 (1987) 32-43.

Zuleeg, Manfred, Die innerstaatliche Anwendbarkeit völkerrechtlicher Verträge am Beispiel des GATT und der Europäischen Sozialcharta, ZaöRV 35 (1975) 341-363.

Zuleeg, Manfred, Vertragskonkurrenz im Völkerrecht Teil I: Verträge zwischen souveränen Staaten, GYIL 20 (1977) 246-276.

Sachregister

Max-Planck-Institut für ausländisches öffentliches Recht und Völkerrecht

Beiträge zum ausländischen öffentlichen Recht und Völkerrecht

Hrsg.: A. von Bogdandy, R. Wolfrum

Bde. 27–59 erschienen im Carl Heymanns Verlag KG Köln, Berlin (Bestellung an: Max-Planck-Institut für Völkerrecht, Im Neuenheimer Feld 535, 69120 Heidelberg); ab Band 60 im Springer Berlin, Heidelberg, New York, London, Paris, Tokyo, Hong Kong, Barcelona

---

193 Doris *König*, Peter-Tobias *Stoll*, Volker *Röben*, Nele *Matz-Lück* (eds.): **International Law Today: New Challenges and the Need for Reform?** 2008. VIII, 260 Seiten. Geb. € 69,95

192 Ingo *Niemann*: **Geistiges Eigentum in konkurrierenden völkerrechtlichen Vertragsordnungen.** 2008. XXV, 463 Seiten. Geb. € 94,95

191 Nicola *Wenzel*: **Das Spannungsverhältnis zwischen Gruppenschutz und Individualschutz im Völkerrecht.** 2008. XXXI, 646 Seiten. Geb. € 99,95

190 Winfried *Brugger*, Michael *Karayanni* (eds.): **Religion in the Public Sphere: A Comparative Analysis of German, Israeli, American and International Law.** 2007. XVI, 467 Seiten. Geb. € 89,95 zzgl. landesüblicher MwSt.

189 Eyal *Benvenisti*, Chaim *Gans*, Sari *Hanafi* (eds.): **Israel and the Palestinian Refugees.** 2007. VIII, 502 Seiten. Geb. € 94,95 zzgl. landesüblicher MwSt.

188 Eibe *Riedel*, Rüdiger *Wolfrum* (eds.): **Recent Trends in German and European Constitutional Law.** 2006. VII, 289 Seiten. Geb. € 74,95 zzgl. landesüblicher MwSt.

187 Marcel *Kau*: **United States Supreme Court und Bundesverfassungsgericht.** 2007. XXV, 538 Seiten. Geb. € 99,95 zzgl. landesüblicher MwSt.

186 Philipp *Dann*, Michał *Rynkowski* (eds.): **The Unity of the European Constitution.** 2006. IX, 394 Seiten. Geb. € 79,95 zzgl. landesüblicher MwSt.

185 Pál *Sonnevend*: **Eigentumsschutz und Sozialversicherung.** 2008. XVIII, 278 Seiten. Geb. € 74,95

184 Jürgen *Bast*: **Grundbegriffe der Handlungsformen der EU.** 2006. XXI, 485 Seiten. Geb. € 94,95

183 Uwe *Säuberlich*: **Die außervertragliche Haftung im Gemeinschaftsrecht.** 2005. XV, 314 Seiten. Geb. € 74,95

182 Florian *von Alemann*: **Die Handlungsform der interinstitutionellen Vereinbarung.** 2006. XVI, 518 Seiten. Geb. € 94,95

181 Susanne *Förster*: **Internationale Haftungsregeln für schädliche Folgewirkungen gentechnisch veränderter Organismen.** 2007. XXXVI, 421 Seiten. Geb. € 84,95

180 Jeanine *Bucherer*: **Die Vereinbarkeit von Militärgerichten mit dem Recht auf ein faires Verfahren gemäß Art. 6 Abs. 1 EMRK, Art. 8 Abs. 1 AMRK und Art. 14 Abs. 1 des UN Paktes über bürgerliche und politische Rechte.** 2005. XVIII, 307 Seiten. Geb. € 74,95

179 Annette *Simon*: **UN-Schutzzonen – Ein Schutzinstrument für verfolgte Personen?** 2005. XXI, 322 Seiten. Geb. € 74,95

178 Petra *Minnerop*: **Paria-Staaten im Völkerrecht?** 2004. XXIII, 579 Seiten. Geb. € 99,95

177 Rüdiger *Wolfrum*, Volker *Röben* (eds.): **Developments of International Law in Treaty Making.** 2005. VIII, 632 Seiten. Geb. € 99,95 zzgl. landesüblicher MwSt.

176 Christiane *Höhn*: **Zwischen Menschenrechten und Konfliktprävention. Der Minderheitenschutz im Rahmen der Organisation für Sicherheit und Zusammenarbeit in Europa (OSZE).** 2005. XX, 418 Seiten. Geb. € 84,95

175 Nele *Matz*: **Wege zur Koordinierung völkerrechtlicher Verträge. Völkervertragsrechtliche und institutionelle Ansätze.** 2005. XXIV, 423 Seiten. Geb. € 84,95

174 Jochen Abr. *Frowein*: **Völkerrecht – Menschenrechte – Verfassungsfragen Deutschlands und Europas. Ausgewählte Schriften.** Hrsg. von Matthias *Hartwig*, Georg *Nolte*, Stefan *Oeter*, Christian *Walter*. 2004. VIII, 732 Seiten. Geb. € 119,95

173 Oliver *Dörr* (Hrsg.): **Ein Rechtslehrer in Berlin. Symposium für Albrecht Randelzhofer.** 2004. VII, 117 Seiten. Geb. € 54,95

172 Lars-Jörgen *Geburtig*: **Konkurrentenrechtsschutz aus Art. 88 Abs. 3 Satz 3 EGV. Am Beispiel von Steuervergünstigungen.** 2004. XVII, 412 Seiten (4 Seiten English Summary). Geb. € 84,95

171 Markus *Böckenförde*: **Grüne Gentechnik und Welthandel. Das Biosafety-Protokoll und seine Auswirkungen auf das Regime der WTO.** 2004. XXIX, 620 Seiten. Geb. € 99,95

170 Anja *v. Hahn*: **Traditionelles Wissen indigener und lokaler Gemeinschaften zwischen geistigen Eigentumsrechten und der public domain.** 2004. XXV, 415 Seiten. Geb. 84,95

169 Christian *Walter*, Silja *Vöneky*, Volker *Röben*, Frank *Schorkopf* (eds.): **Terrorism as a Challenge for National and International Law: Security versus Liberty?** 2004. XI, 1484 Seiten. Geb. € 169,95 zzgl. landesüblicher MwSt.

168 Kathrin *Osteneck*: **Die Umsetzung von UN-Wirtschaftssanktionen durch die Europäische Gemeinschaft.** 2004. XXXIX, 579 Seiten. Geb. € 99,95

167 Stephan *Sina*: **Der völkerrechtliche Status des Westjordanlandes und des Gaza-Streifens nach den Osloer Verträgen.** 2004. XXI, 410 Seiten. Geb. € 84,95

166 Philipp *Dann*: **Parlamente im Exekutivföderalismus.** 2004. XXIII, 474 Seiten. Geb. € 89,95

165 Rüdiger *Wolfrum* (Hrsg.): **Gleichheit und Nichtdiskriminierung im nationalen und internationalen Menschenrechtsschutz.** 2003. VIII, 299 Seiten. Geb. € 74,95

164 Rüdiger *Wolfrum*, Nele *Matz*: **Conflicts in International Environmental Law.** 2003. XI, 213 Seiten. Geb. € 64,95 zzgl. landesüblicher MwSt.

163 Adam *Bodnar*, Michał *Kowalski*, Karen *Raible*, Frank *Schorkopf* (eds.): **The Emerging Constitutional Law of the European Union.** 2003. IX, 595 Seiten. Geb. € 99,95 zzgl. landesüblicher MwSt.

162 Jochen Abr. *Frowein*, Klaus *Scharioth*, Ingo *Winkelmann*, Rüdiger *Wolfrum* (Hrsg.): **Verhandeln für den Frieden/Negotiating for Peace. Liber Amicorum Tono Eitel.** 2003. XIII, 866 Seiten. Geb. € 129,95

161 Michaela *Fries*: **Die Bedeutung von Artikel 5 (f) der Rassendiskriminierungskonvention im deutschen Recht.** 2003. XIX, 429 Seiten. Geb. € 84,95

160 Helen *Keller*: **Rezeption des Völkerrechts.** 2003. XXXV, 855 Seiten. Geb. € 129,95

159 Cordula *Dröge*: **Positive Verpflichtungen der Staaten in der Europäischen Menschenrechtskonvention.** 2003. XX, 432 Seiten. Geb. € 89,95

158 Dagmar *Richter*: **Sprachenordnung und Minderheitenschutz im schweizerischen Bundesstaat.** 2005. LIV, 1315 Seiten. Geb. € 179,95

157 Thomas *Giegerich*: **Europäische Verfassung und deutsche Verfassung im transnationalen Konstitutionalisierungsprozeß: Wechselseitige Rezeption, konstitutionelle Evolution und föderale Verflechtung.** 2003. LXV, 1534 Seiten. Geb. € 199,95

156 Julia *Sommer*: **Verwaltungskooperation am Beispiel administrativer Informationsverfahren im Europäischen Umweltrecht.** 2003. XXX, 891 Seiten. Geb. € 129,95

155 Frank *Schorkopf*: **Die Maßnahmen der XIV EU-Mitgliedstaaten gegen Österreich – Möglichkeiten und Grenzen einer „streitbaren Demokratie" auf europäischer Ebene.** 2002. XIII, 217 Seiten. Geb. € 64,95

154 Hanri *Mostert*: **The Constitutional Protection and Regulation of Property and its Influence on the Reform of Private Law and Landownership in South Africa and Germany.** 2002. XXV, 643 Seiten. Geb. € 99,95 zzgl. landesüblicher MwSt.

153 Stefan *Ohlhoff*: **Methoden der Konfliktbewältigung bei grenzüberschreitenden Umweltproblemen im Wandel.** 2003. XXX, 651 Seiten. Geb. € 99,95

FSC
www.fsc.org
MIX
Papier | Fördert
gute Waldnutzung
FSC® C083411

Kolibri 360 GmbH
Ferdinand-Jühlke-Straße 7
99095 Erfurt, Deutschland
produktsicherheit@kolibri360.de